LE DROIT À L'ASSISTANCE D'UN AVOCAT DURANT L'ENQUÊTE DANS L'ESPACE UEMOA

L'exemple du Sénégal

2e édition

Papa Assane TOURÉ
Inspecteur général d'État
Docteur en droit privé et sciences criminelles

LE DROIT À L'ASSISTANCE D'UN AVOCAT DURANT L'ENQUÊTE DANS L'ESPACE UEMOA

L'exemple du Sénégal

2e édition

Préface du Pr Ismaïla Madior FALL
Ancien Garde des Sceaux, Ministre de la Justice

Avant-propos de Maître Mbaye GUEYE
Ancien Bâtonnier de l'Ordre des Avocats

L'Harmattan Sénégal

Du même auteur

Droit pénal général sénégalais, tome 1 et tome 2, 2024

Les grandes décisions de la jurisprudence de droit pénal général sénégalais Commentées et annotées, 2024

La juridiction compétente, statuant à bref délai dans l'espace OHADA, Un objet judiciaire non identifié ?, 2021

Recueil de textes relatifs au travail législatif et réglementaire du gouvernement Commentés et annotés, 2020

La légistique. Technique de conception et de rédaction des lois et des actes administratifs, une tradition de gouvernance normative., 2018.

La réforme de l'organisation judiciaire du Sénégal commentée et annotée, 2016.

Le traitement de la cybercriminalité devant le juge. L'exemple du Sénégal, 2014.

10 VDN, Sicap Amitié 3, Lotissement Cité Police, DAKAR

senharmattan@gmail.com
senlibrairie@gmail.com

ISBN : 978-2-336-52957-8
EAN : 9782336529578

SOMMAIRE

Je dédie cet ouvrage à mes chers enfants : Libasse, Papy, Maman, Issa et Bouba. Je vous adore.

SIGLES ET ABRÉVIATIONS

Act. jur. pén.	Actualité juridique pénal
AJDA	Actualité juridique de droit administratif
AJPI	Actualité juridique de la propriété immobilière
ALD	Actualité législative Dalloz
Ann. fr. dr. intern	Annuaire français de droit international
Arch. phil. dr.	Archives de philosophie du droit
Arch. pol. crim.	Archives de politique criminelle
AUSCGIE	Acte uniforme relatif au droit des sociétés commerciales et du groupement d'intérêt économique
Bull. civ.	Bulletin des arrêts de la chambre civile de la Cour de Cassation
Bull. crim.	Bulletin des arrêts de la chambre criminelle de la Cour de Cassation
C. ass.	Cour d'assises
C. cass.	Cour de Cassation
CA	Cour d'appel
Cah. dr. entr.	Cahier de droit de l'entreprise
Cah. lamy dr. inf.	Cahiers Lamy droit de l'informatique
Cah. séc.	Cahiers de la sécurité
Cass. ass. plén.	Assemblée plénière de la Cour de Cassation
Cass. crim.	Chambre criminelle de la Cour de Cassation
Cass. req.	Chambre des requêtes de la Cour de Cassation
CCE	Cour des Communautés Européennes
CE	Conseil d'État
CEDEAO	Communauté Economique des États de l'Afrique de l'Ouest

CEDH	Cour européenne des droits de l'homme
Ch. civ. et comm.	Chambre civile et commerciale
Ch. acc.	Chambre d'accusation
Ch. crim.	Chambre criminelle
Ch. crim. spéc.	Chambre criminelle spéciale
Ch. corr.	Chambre correctionnelle
Ch. mil.	Chambre militaire
Ch. min.	Chambre des mineurs
Ch. réun.	Chambres réunies
Chr.	Chronique
Comm. com. électr.	Revue commerce communication électronique
COCC	Code des obligations civiles et commerciales
Concl.	Conclusions
Cons. const.	Conseil constitutionnel
CP	Code pénal
CPC	Code de procédure civile
CPP	Code de procédure pénale
CREDILA	Centre de recherche, d'étude et de documentation sur les institutions et les législations africaines
CS	Cour suprême
D. aff.	Recueil Dalloz affaires
D.	Recueil Dalloz
Délib.	Délibération
Dir.	Sous la direction de
Doc. fr.	La Documentation française
Doct.	Doctrine
Dr. banc. fin.	Revue de droit bancaire et financier
Dr. et patr.	Droit et patrimoine
Dr. fam.	Revue de droit de la famille
Dr. pén.	Revue de droit pénal
Dr. soc.	Revue de droit social

EDJA	Editions juridiques africaines
Expertises	Expertises des systèmes d'information
Gaz. pal.	Gazette du palais
Ibid.	Ibidem
IDEF	Institut international de droit d'expression française
IR	Informations rapides (Dalloz)
Juris-class. pén	Juris-classeur pénal
JAP	Juge de l'application des peines
Juri-class. pén. aff	Juris-classeur droit pénal des affaires
Juris-class. proc. pén.	Juris-classeur procédure pénale
Juris-class. comm.	Juris-classeur communication
Juris-class. intern	Juris-classeur international
JCP, éd. E.	Semaine juridique édition entreprise
JCP, éd. G.	Semaine juridique édition générale
JOAN	Journal officiel de l'Assemblée nationale
JOCE	Journal officiel des communautés européennes
JORS	Journal officiel de la République du Sénégal
JT	Journal des tribunaux
Juris-data	Bases de données juridiques
Lamy dr. médias comm	Lamy droit des médias et de la communication
Le Monde	Journal le Monde
Le Monde diplomatique	Journal le Monde diplomatique
Les Échos	Le journal des Échos
LGDJ	Librairie générale de droit et de jurisprudence
OAPI	Organisation africaine de la propriété intellectuelle
OHADA	Organisation pour l'harmonisation en Afrique du droit des affaires
Option Finance	Magasine Option finance

PA	Les petites affiches
PNUD	Programme des Nations unies pour le développement
Pouvoirs	La revue Pouvoirs
Procédures	Revue Procédures
Propr. intell.	Propriétés intellectuelles
PUAM	Presses universitaires d'Aix-Marseille
PUF	Presses universitaires de France
RDP	Revue de droit public
RDTI	Revue du droit des technologies de l'information
Rép. civ.	Répertoire civil
Rép. intern.	Répertoire international
Rép. pén.	Répertoire pénal
Rép. pén. proc. pén.	Répertoire pénal et procédure pénale
Rép. soc.	Répertoire sociétés
Rev. (belge) dr. pén.	Revue belge de droit pénal
Rev. adm.	Revue administrative
Rev. ass. sén. dr. pén	Revue de l'association sénégalaise de droit pénal
Rev. Banque	Revue Banque
Rev. déf. nat. et séc. coll.	Revue Défense nationale et sécurité collective
Rev. dr. aff.	Revue de droit des affaires
Rev. dr. pén. crim.	Revue de droit pénal et de criminologie
Rev. fr. dr. adm.	Revue française de droit administratif
Rev. inter. pol. crim.	Revue internationale de police criminelle
Rev. intern. crim. pol. tech.	Revue internationale de criminologie et de police technique
Rev. intern. dr. comp.	Revue internationale de droit comparé
Rev. jur. pol. ind. coop.	Revue juridique et politique indépendance coopération.
Rev. pénit. dr. pén	Revue pénitentiaire et de droit pénal
Rev. sén. dr	Revue sénégalaise de droit

RGCT	Revue générale des collectivités territoriales
RIDA	Revue internationale du droit d'auteur
RIDP	Revue internationale de droit pénal
RIPAS	Revue des institutions politiques et administratives du Sénégal
RLDI	Revue Lamy droit de l'immatériel
RRJ	Revue de recherche juridique et de droit prospectif
RSC	Revue de sciences criminelles et de droit pénal comparé
RTD civ.	Revue trimestrielle de droit civil
RTD com.	Revue trimestrielle de droit commercial
RTDH	Revue trimestrielle de droits de l'homme
Sem. jur.	Semaine juridique
Somm.	Sommaires commentés (Dalloz)
TGIHC	Tribunal de grande instance hors classe
Trib. corr.	Tribunal correctionnel
UEMOA	Union économique et monétaire ouest-africaine

PRÉFACE

La présence essentielle de l'avocat pour assister son client dans le cadre du procès pénal est une remarquable avancée civilisationnelle.

En effet, le périmètre du procès a été confiné, pendant longtemps, à un espace relativement exigu ; un espace qui ne s'étendait pas à la phase de l'enquête policière. C'est pourtant pendant cette phase délicate, celle du premier contact du suspect avec le système de justice répressive, que les aveux ou autres preuves décisives sont souvent recueillis. Le climat intimidant de la salle d'enquête, les pressions psychologiques ou parfois même la torture ont pu être évoqués durant les phases ultérieures du procès pour semer le doute, jeter le discrédit sur les preuves rassemblées au cours de l'enquête policière ; toutes choses de nature à fragiliser le procès-verbal d'enquête de police.

L'enjeu était donc énorme d'admettre l'avocat dans les locaux de la police judiciaire. Ce droit à être assisté par un conseil depuis l'enquête policière, connu également comme les droits de Miranda, du nom de l'affaire qui aux États unis a cristallisé cette exigence depuis cinquante ans, a fini par acquérir depuis au moins deux décennies une certaine universalité.

Les nombreux débats et polémiques autour de ce droit portent depuis un certain temps en vérité moins sur sa consécration de principe que sur ses modalités d'application. Le Sénégal a ouvert- les sceptiques diront entre-ouvert - aux avocats les portes des commissariats de police et brigades de gendarmerie depuis très longtemps. Il l'a fait en suivant le modèle français qui porte la marque de l'héritage inquisitorial. L'avocat n'était dans un premier temps admis qu'après le renouvellement de la garde à vue.

Pour beaucoup c'était trop peu et trop tard. Cette conviction était finalement l'une des plus partagée dans notre pays. Il était déjà acté par le Gouvernement que la réforme de l'article 55 de notre Code de Procédure pénale (CPP), initiée depuis 2014, inviterait plus tôt l'avocat dans les lieux d'enquête. Le long parcours législatif était déjà enclenché quand est intervenu l'article 5 du Règlement de n° 05/CM/UEMOA relatif à l'harmonisation des règles régissant la profession d'avocat dans l'espace UEMOA. Le texte dispose que « les avocats assistent leurs clients dès leur interpellation, durant l'enquête préliminaire, dans les locaux de la Police, de la Gendarmerie ou devant le parquet. »

On aurait pu s'attendre à ce que ce texte qui dans une large mesure enfonçait une porte déjà entrouverte s'intégrât sans coup férir à notre corpus légal. Cette intégration devrait être d'autant moins problématique qu'il n'est pas discutable que les règlements de l'UEMOA n'ont pas besoin d'être reçus dans notre ordre domestique. Le texte a pourtant tardé à être connu et reconnu. Cette petite crise de légitimité, si on peut l'appeler ainsi, tenait sans doute à la démarche. Les praticiens se réfèrent généralement au CPP pour s'instruire de ce qu'ils doivent ou ne doivent pas faire. Cette référence univoque semble d'autant plus autorisée chez nous que ce Code a repris les principes majeurs proclamés par les instruments internationaux comme le Pacte relatif aux droits civils et politiques ou la Charte africaine des droits de l'homme et des peuples.

Aussi importe-t-il de rappeler que la démarche oblique qui a consisté à inscrire une règle de procédure pénale dans le Règlement d'une institution dont la vocation est de s'occuper de questions d'intégration économique et financière, a pu en dérouter plus d'un.

C'est dans cette logique de donner de la vigueur au Règlement n° 5 de l'UEMOA que le Sénégal a complété sa réforme de l'article 55 du CPP. Il en a infléchi le contenu, en reprenant notamment la terminologie (« interpellation » plutôt que « garde à vue ») du règlement pour être mieux en phase avec une norme communautaire. La circulaire détaillée que j'ai signée le 11 janvier 2018 n'avait d'autre objet que de parachever cette mise en harmonie tout en guidant les acteurs de la procédure pénale.

Ainsi, je me réjouis de voir que ce travail d'harmonisation et de vulgarisation des normes, que nous avons initié dans notre propre espace national, est prolongé à l'échelle sous-régionale à travers le livre de M. Papa Assane TOURE. Le double profil de praticien et de chercheur de M. TOURE le dispose naturellement à une telle entreprise. L'auteur est en outre très familier avec la plupart des cadres normatifs des pays de l'UEMOA et de la CEDEAO.

En faisant la compilation des actes complémentaires qui ont été pris au Niger et au Burkina et en s'appuyant principalement sur la circulaire ministérielle du 11 janvier 2018, le magistrat Touré est largement revenu, dans une démarche pédagogique, sur la définition de la notion d'interpellation et sur le contenu multifonctionnel qu'on pourrait donner à ce concept. La consécration sans équivoque du droit à l'assistance d'un conseil qui constitue la première partie de l'ouvrage contient des développements instructifs sur le moment et l'étendue du droit à l'assistance. Les diligences de l'enquêteur et l'office de l'avocat, titres des sections 1 et 2 de la deuxième partie, traduisent l'interaction parfois difficile mais nécessaire entre ces deux acteurs de la procédure pénale.

L'ouvrage procède à une mise en perspective particulièrement intéressante des imbrications entre le droit communautaire et les droits pénaux nationaux des États membres de l'UEMOA. Cette vision transversale me semble vitale pour la consolidation de notre espace juridique et économique unifié. L'avocat établi à Bobo Dioulasso devrait pouvoir marcher avec confiance et clarté d'esprit dans les dédales des couloirs de la Brigade des Affaires générales de la Police judiciaire à Dakar, pour y assister son client, homme d'affaires nigérien, pour une affaire d'abus de confiance qui l'oppose à un fournisseur ivoirien. Tel est le défi auquel le livre de M. TOURE tente de donner une réponse.

L'abondante documentation qui a supporté la rédaction de l'ouvrage et la profondeur de l'analyse du juge Touré font de cette publication un outil de référence pour les professionnels et les universitaires et au-delà, pour toute personne désireuse de mieux saisir la nouvelle dimension donnée dans notre espace de l'UEMOA au rôle de l'avocat durant la phase policière de la procédure pénale.

Ismaïla Madior FALL

Professeur titulaire / Agrégé de droit public et de Science politique

Ancien Garde des Sceaux, Ministre de la Justice de la République du

AVANT-PROPOS

Le Règlement n°05/CM/UEMOA est né de la volonté des États membres de l'UEMOA d'une part, la commission de l'UEMOA d'autre part, les différents barreaux de l'espace afin, d'harmoniser les règles qui régissaient la profession d'avocat dans l'espace.

Ces règles étaient jusque-là différentes en fonction des États, alors pourtant qu'en 2006 déjà, un premier règlement relatif à la profession d'avocat dans l'espace UEMOA avait été pris.

Il s'agit du Règlement n°10/06/CM/UEMOA du 25 juillet 2006 relatif à la libre circulation et à l'établissement des avocats ressortissants de l'Union au sein de l'espace UEMOA.

Ce règlement qui permet aux avocats inscrits dans les différents barreaux des États membres de l'UEMOA de circuler librement au sein de l'espace et même de s'établir dans l'un quelconque des États membres, au titre d'un cabinet principal ou secondaire, rendait nécessaire l'harmonisation des règles régissant la profession d'avocat dans les États membres.

Il s'est agi de faire en sorte que les avocats, qui peuvent circuler librement et s'établir dans les différents pays de l'union, soient régis partout par les mêmes règles.

Ce travail de production de normes harmonisées mené par les experts des différents États (souvent des magistrats détachés au niveau de l'administration centrale de la justice), la direction juridique de la commission de l'UEMOA et les délégations des huit barreaux de l'espace UEMOA a abouti en 2014 au Règlement n°05/CM/UEMOA dont l'article 5 constitue l'objet du livre de Monsieur Papa Assane TOURE magistrat émérite, intellectuel de haut niveau, ayant déjà à son actif plusieurs productions juridiques et judiciaires.

L'importance de l'œuvre qu'il produit est capitale à plus d'un titre.

En effet, celle-ci est relative certes à la matière juridique parce qu'étant consacrée à une norme juridique édictée par l'autorité habilitée, mais elle touche également au domaine sensible du respect des droits humains dans la procédure pénale, et en particulier au cours de l'enquête de police.

En outre, l'auteur est un précurseur en ce qu'il aborde un sujet nouveau au Sénégal parce que n'étant apparu qu'à compter du 1er janvier 2015, avec l'entrée en vigueur du Règlement N°05/CM/UEMOA et n'a pas encore fait l'objet d'une étude systématique qui en définit le sens, en mesure la portée et aborde les modalités et difficultés d'application.

Le livre de Papa Assane TOURE est en effet le premier ouvrage qui traite du droit du justiciable à se faire assister par un avocat à l'enquête de police, au regard de l'article 5 du Règlement n°05/CM/UEMOA.

Les praticiens du droit (Magistrats, Avocats...), les officiers et agents de police judiciaire mais également les enseignants et les étudiants trouveront alors avec ce livre, une documentation de premier choix sur cet aspect nouveau de l'enquête de police et de la procédure pénale en général, tant en ce qui concerne la consécration du droit à l'assistance d'un avocat durant l'enquête, que relativement aux difficultés d'application de ce droit.

Les premières difficultés d'application de ce droit fondamental n'ont pas d'ailleurs été d'ordre juridique mais résidaient dans la barrière psychologique qui acceptaient difficilement l'accueil des avocats dans les commissariats de police et les brigades de gendarmerie, pour qu'ils s'occupent de la manière dont leurs mandants sont traités et dont leurs interrogatoires sont menés.

Pour ainsi dire, les habitudes ont la peau dure.

Un travail a dû être fait entre Magistrats, Avocats, Officiers de police et Officiers de gendarmerie qui a abouti à la circulaire de Monsieur le Garde des Sceaux, Ministre de la Justice N°00179MJ/DACG/MN, en date du 11 janvier 2018.

L'objectif était de vaincre toute méfiance par un échange direct entre les acteurs mais également, au plan juridique de partager la compréhension des concepts et des modalités d'application de l'assistance.

Monsieur Papa Assane TOURE a été l'un des acteurs de ce travail, ce qui lui confère davantage de légitimité pour aborder le sujet dans cet ouvrage de référence.

Certains ont soutenu que ladite circulaire est de nature à vider de sa substance l'article 5 du Règlement n°05/CM/UEMOA.

Il est vrai que la disposition communautaire peut difficilement être interprétée comme ne conférant à l'avocat qu'une présence passive lors de l'interrogatoire de son mandant.

Cela est d'autant plus vrai que l'assistance n'est pas une notion nouvelle dans la procédure pénale dans la mesure où il est connu qu'en matière pénale, l'avocat assiste son mandant, mais ne le représente pas.

Si l'assistance qui est la notion reprise par l'article 5 du Règlement n°05/CM/UEMOA doit renvoyer à une présence passive, qu'en serait-il du travail que l'avocat effectue régulièrement au niveau des cabinets d'instruction, de la chambre d'accusation ou des juridictions de jugement où il n'est même pas possible de penser que l'assistance qu'il apporte à son mandant se résume en une présence passive.

En vérité, il nous faut admettre que la méfiance qui a accueilli la nouvelle règle a été à l'origine d'une volonté d'en restreindre la portée.

Une fois cette méfiance totalement levée, le procédé de la circulaire pourra constituer un avantage en ce qu'il ne sera pas nécessaire de recourir à la voie législative ou règlementaire pour donner à la notion d'assistance un contenu plus conforme au droit et à une meilleure protection des droits humains.

L'auteur aborde une autre difficulté d'application du droit à l'assistance d'un avocat durant l'enquête de police, qui intéresse particulièrement les justiciables et les Barreaux de l'espace UEMOA ; il s'agit du nombre d'avocats jugé insuffisant.

Il s'agit d'une difficulté réelle même si un nombre consistant d'avocats est déjà installé à Thiès, Saint-Louis, Ziguinchor et Kaolack rendant le nombre d'avocats exerçant en dehors de Dakar supérieur aux statistiques données.

La solution viendra certainement de l'instauration du Certificat d'Aptitude à la Profession d'Avocat (CAPA) dont le règlement d'exécution est en cours de finalisation au niveau de la commission de l'UEMOA.

Au Sénégal, elle viendra également de l'appui de la puissance publique qui se soucie du recrutement mais laisse la formation initiale et continue ainsi que l'installation au Barreau, qui ne dispose que de moyens limités.

L'assistance judiciaire est un début de solution, même si le budget alloué reste encore faible (500 000 000F pour l'année 2017, 600 000 000F pour l'année 2018) outre une mise en place tardive (à titre d'exemple, l'assistance judiciaire fonctionne en 2018 avec les allocations de 2016 et 2017).

Une étude réalisée à la demande du Ministère de la Justice évalue l'enveloppe minimum nécessaire pour une assistance judiciaire de qualité à trois (3) milliards de francs CFA.

Une augmentation de l'enveloppe et sa répartition entre les différentes régions du pays favoriseraient une installation des avocats partout au Sénégal.

En effet, la faiblesse économique de certaines localités fait que des cabinets d'avocats installés dans celles-ci ne seraient pas viables.

L'installation ne renvoie pas seulement à un local et un mobilier ; elle requiert surtout de la matière, c'est-à-dire des dossiers qui permettent à l'unité économique qu'est le cabinet d'avocat, de supporter ses charges fixes et de procurer à l'avocat des revenus propres.

Au total, la réflexion du Docteur Papa Assane TOURE reste une contribution essentielle dans la recherche de réponses pertinentes à la problématique de l'effectivité du droit pour tout citoyen, à l'assistance d'un avocat dès l'interpellation.

Maître Mbaye GUEYE

Ancien Bâtonnier de l'Ordre des Avocats

INTRODUCTION

1. Principe des droits de la défense. « *Vous avez le droit de garder le silence. Si vous renoncez à ce droit, tout ce que vous direz pourra être et sera utilisé contre vous devant une cour de justice. Vous avez le droit à un avocat et d'avoir un avocat présent lors de l'interrogatoire. Si vous n'en avez pas les moyens, un avocat vous sera fourni gratuitement* ». L'énoncé de ces droits dits « *Droits Miranda* » (« *Miranda Rights* »), consacrés en 1966 par la Cour suprême des États-Unis dans l'affaire *Miranda*[1], rendus célèbres par les films américains, constitue l'une des expressions les plus achevées de la pénétration progressive des garanties de procédure et de l'immersion des droits de la défense dans les systèmes pénaux contemporains.

Principe inhérent à toute légitimité processuelle, le principe des droits de la défense suppose une procédure juste et équitable[2].

Ce principe est consacré par la Déclaration universelle des droits de l'homme du 10 décembre 1948[3], par le Pacte international relatif aux

---

[1] CS États-Unis juin 1966, Miranda c/ Arizona. Selon cet arrêt : « La personne en garde à vue doit, préalablement à son audition, être clairement informée qu'elle a le droit de garder le silence et que tout ce qu'elle dira pourra être utilisé contre elle devant les tribunaux ; elle doit être clairement informée qu'elle a le droit de consulter un avocat et d'être assistée par lui durant l'audition, et que, si elle n'a pas les moyens, un avocat lui sera désigné d'office ».

[2] G. GUIDICELLI-DELAGE, « Droits de la défense », in L. CADIET (dir), *Dictionnaire de la Justice*, Paris, PUF, 1 ère édition, 2004, p. 365 ; M. ALLÉHAUT, «Les droits de la défense», in *Mélanges Patin*, 1965, Paris, Cujas, p. 453 et s.; N. DIOUF, « Procès pénal et droits de l'homme : l'exemple du Sénégal », *RASDP*, n° 02, juillet-décembre, 1995, p. 1.

[3] Aux termes de l'article 11 de cette Déclaration : « Toute personne accusée d'un acte délictueux est présumée innocente jusqu'à ce que sa culpabilité ait été légalement établie au cours d'un procès public où toutes les garanties nécessaires à sa défense lui auront été assurées».

droits civils et politiques du 16 décembre 1966[4] et par la Charte africaine des droits de l'homme et des Peuples[5].

La plupart des Constitutions des États membres de l'Union économique et monétaire ouest-africaine (UEMOA) ont consacré le principe des droits de la défense dans la formulation du principe de la présomption d'innocence. C'est le cas du Bénin[6], du Burkina Faso[7], de la Côte d'Ivoire[8], de la Guinée-Bissau[9], du Niger[10] et du Togo[11].

D'autres États ont même admis le principe des droits de la défense à toute hauteur de la procédure ; il en est ainsi du Mali[12] et du Sénégal[13].

2. Consistance des droits de la défense. Les droits de la défense constituent une composante du droit à un procès équitable[14]. Dans son

---

[4] L'article 14. 3 du Pacte international relatif aux droits civils et politiques du 16 décembre 1966 énonce que toute personne accusée d'une infraction pénale a droit, en pleine égalité, « à disposer du temps et des facilités nécessaires à la préparation de sa défense et à communiquer avec le conseil de son choix ».

[5] La Charte africaine des droits de l'homme et des Peuples n'a retenu parmi les droits de la défense que le droit de se défendre soi-même ou par un défenseur de son choix. Selon l'article 7 de cette charte, toute personne a droit à ce que sa cause soit entendue. Ce droit comprend le droit à la défense, y compris celui de se faire assister par un défenseur de son choix.

[6] V. art. 17 de la loi n° 90-32 du 11 décembre 1990 portant Constitution de la République du Bénin.

[7] V. art. 4 de la Constitution du 02 juin 1991 du Burkina Faso ; Sur la présomption d'innocence, S. DETRAZ, « La prétendue présomption d'innocence, *Dr. pén.* 2004, chron 3 ; J. PRADEL, « La présomption d'innocence : un colosse aux pieds d'argile ? » in, *Droit de la France et droits d'ailleurs, Mélanges J.-H. Robert*, Paris, Lexisnexis, 2012, p. 605.

[8] V. art. 7 de la Constitution de la Côte d'Ivoire.

[9] V. art. 32-2 de la Constitution de la Guinée-Bissau.

[10] V. art. 20 de la Constitution du Niger.

[11] V. art. 18, alinéa 1er de la Constitution du Togo du 14 octobre 1992.

[12] V. art. 9, alinéa 4 de la Constitution du Mali du 27 février 1992 : « Le droit à la défense, y compris celui de se faire assister par l'avocat de son choix est garanti depuis l'enquête préliminaire ».

[13] V. art. 9, alinéa 2 de la Constitution sénégalaise.

[14] Sur le droit à un procès équitable, V. S. GUINCHARD, « Le procès équitable, droit fondamental ? », *AJDA* 1998, p. 191, n° spécial annuel ; du même auteur, « Le procès équitable, garantie formelle ou droit substantiel ? », *Mélanges Farjat*, 1999 ; L.-E. PETTITI, « Le rôle de l'équité dans le système juridique de la Cour européenne des droits de l'homme», Justice, médiation, équité, Doc. fr. 1992, p. 35 ; J.-P. SPITZER, *Le procès équitable devant la Cour de justice des Communautés européennes, Le*

arrêt *Dayanan* rendu le 13 octobre 2009, la Cour européenne des droits de l'homme a énoncé que « *le droit de tout accusé à être effectivement défendu par un avocat, au besoin commis d'office, figure parmi les éléments fondamentaux du procès équitable* »[15]. En matière pénale, ces droits renvoient à un ensemble de prérogatives qui garantissent à l'inculpé, au prévenu ou à l'accusé la possibilité d'assurer effectivement sa défense au cours du procès pénal et dont la violation constitue une cause de nullité d'un acte ou de la procédure ultérieure[16]. Il s'agit des droits que possède toute personne de se protéger de la menace que constitue pour elle un procès[17]. C'est un contrepoids nécessaire à l'accusation et aux pouvoirs inquisitoriaux des magistrats et des enquêteurs. Les droits de la défense recouvrent notamment le droit de se défendre soi-même, le droit à l'assistance d'un avocat, le droit d'être informé de la nature et de la cause de l'accusation, le droit de discuter l'accusation, le droit de ne pas s'auto-accuser, le droit au silence et le droit à l'assistance gratuite d'un interprète[18].

---

procès équitable et la protection juridictionnelle du citoyen, UAE, Bruylant, 2001, p. 101 ; P. TAVERNIER, «Le droit à un procès équitable dans la jurisprudence du Comité des droits de l'homme des Nations unies», *RTDH* 1996, p. 3.

[15] CEDH, 13 octobre 2009, n° 7377/03, Dayanan c/ Turquie, § 30, *D.* 2009, p. 2897, obs. J.-F. Renucci ; sur cet arrêt, V. D. ROETS, « Du droit à l'assistance d'un avocat dès le début de la garde à vue : bis repetita placent... (CEDH, 2e section, 13 octobre 2009, Dayanan c/ Turquie », *D.* 2009, p. 2897, note J. Renucci.

[16] V. G. CORNU, *Vocabulaire juridique*, Paris, PUF, 2014, V° Droits de la défense.

[17] M. ALLEHAUT, « Les droits de la défense », *Mélanges Patin*, Paris, Cujas, 1965 ; C. GINESTET, « Les droits de la défense en procédure pénale », in E. CABRILLAC, M. A. FRISON-ROCHE et Th. REVET, *Libertés et droits fondamentaux*, Paris, Dalloz, 16e éd., 2010, p. 543 ; S. GUINCHARD, « La défense pénale », *Rev. pénit.*,2010, n° spécial, p. 275; J. LEAUTE, « Les principes généraux relatifs aux droits de la défense », *RSC* 1953, p. 47 ; Y. MAYAUD « Les droits de la défense, cause d'irresponsabilité pénale », in *Mélanges GASSIN*, Marseilles, PUAM, 2007 ; J. PRADEL, « Défense pénale et régime de procédure», *Rev. pénit.* 2010, n° spécial, p. 153 ; F. SAINT-PIERRE, « La nature juridique des droits de la défense dans le procès pénal », *D.* 2007, p. 260 ; C. SOURZAT, « Les droits de la défense », *Dr. pén.*, 2011, étude 18 ; C. DIAKHOUMPA, *Le régime juridique des nullités dans le Code de Procédure pénale sénégalais,* Thèse Doctorat, Dakar, année 2011-2012, p. 95 et s.

[18] F. DESPORTES et L. LAZERGES-COUSQUER, *Traité de procédure pénale*, Paris, Economica, 2e éd., 2013, p. 354 et s., n° 491 et s. ; G. ANDRE, « La protection et les garanties de la personne soupçonnée ou poursuivie en droit sénégalais », *Rev. sén. dr.*, n° 11, 1972, p. 3 ; J. DANET, *Défendre : pour une défense pénale critique*,

3. Les droits de la défense pendant la phase préparatoire du procès. Les droits de la défense s'appliquent non seulement au stade du jugement, mais également « *avant la saisine du juge du fond si et dans la mesure où leur inobservation initiale risque de compromettre gravement le caractère équitable du procès* »[19]. Certes, il se s'agit pas encore à ce stade de juger du bienfondé de l'accusation mais il est évident que les investigations préalables, et notamment les interrogatoires et confrontations de la personne suspectée ou mise en cause, sont déterminantes pour l'issue du procès[20].

La présence de l'avocat pendant l'enquête, et notamment en cas de garde à vue, en tant que composante des droits de la défense, a toujours été une question sensible dans les systèmes procéduraux contemporains[21]. L'assistance de la personne gardée à vue par un avocat constitue sans nul doute l'une des expressions des droits de la défense au cours de l'enquête[22]. Le Conseil constitutionnel français a clairement énoncé,

---

Paris, Dalloz, 2004; F. SAINT-PIERRE, *Le guide de la défense pénale,* Dalloz, 2004 ; F. SAINT-PIERRE, « L'avocat face au dossier de la procédure », *Act.jur.pén*, 2007, p. 306 ; J. BEAUME et J. DANET, « Les droits de la défense et les évolutions à venir de l'enquête », *Arch.pol. crim.* 2015/1, n° 37, p. 109-114.

[19] CEDH, 24 novembre 1992, Imbrioscia c/ Suisse, req. n° 13972/88.

[20] F. DESPORTES et L. LAZERGES-COUSQUER, *Traité de procédure pénale*, Paris, Economica, 2e éd., 2013, p. 346 et s., n° 482 ; J. BEAUME et J. DANET, « Les droits de la défense et les évolutions à venir de l'enquête », *Arch. pol. crim.* 2015/1 (n° 37), p. 109 à 114 ; D. KANDJI, « Le procès pénal », *Nouvelles Annales Africaines*, Revue de la FSJP, n°8, 2008, p. 287.

[21] Sur cette question, N. FRICERO, « Droit à l'assistance d'un avocat », *Procédures* n° 12, décembre 2011, comm. 368 ; également, « L'assistance de l'avocat : un élément fondamental du procès équitable. Garde à vue », *Sem. Jur.* éd. G. n° 44, 26 Octobre 2009, 382.

[22] J.-Y. MARECHAL, « Les droits de la défense durant l'enquête de police. Avis de la CNCDH du 29 avril 2014 », *JCP* éd. G. 2014, 605 ; C. SAAS, « Défendre en garde à vue : une révolution… de papier ? », *AJ pén.* 2010, p. 27 ; D. ROETS, « Du droit à l'assistance d'un avocat dès le début de la garde à vue », *RSC* 2010, p. 231 ; M. GENDREL, « Garde à vue et droits de l'individu. La défense doit-elle commencer dans les locaux de gendarmerie ou de police ? », *Dr. pén.* 1992, chron. 10 ; J-F. DREUILLE, « Droits de la défense au cours de la garde à vue : la réforme des juges et le projet de loi », in *Les lumières du pénal*, L'irascible, Paris, l'Harmattan, 2011, p. 209 s. ; L.F. LIÉNARD, « L'avocat et la garde à vue : le malaise », *Gaz. Pal.*, n° 78-80, 2012, p. 14 ; J-F. RENUCCI, « L'avocat et la garde à vue : exigences européennes et réalités nationales », *D.* 2009, p. 2897 ; E. VERGÈS, «Garde à vue : le rôle de

dans une décision rendue le 11 août 1993[23] que « le *droit de la personne à s'entretenir avec un avocat au cours de la garde à vue constitue un droit de la défense, qui s'exerce durant la phase d'enquête de la procédure pénale* ». On se souvient que le Conseil constitutionnel français a qualifié l'intervention de l'avocat « *d'acte de droit de la défense* ». Quant à la Cour de Cassation française, elle a jugé que la possibilité pour toute personne poursuivie d'être assistée ou représentée par un avocat constitue un « *droit fondamental à caractère constitutionnel* »[24].

4. État des droits pénaux des États membres de l'UEMOA. Malgré l'importance de la présence de l'avocat à l'étape de l'enquête, tous les États membres de l'UEMOA ne l'ont pas inscrit dans leurs ordres procéduraux. Les Codes de Procédure pénale burkinabé, bissau-guinéen et togolais sont restés silencieux sur la présence de l'avocat durant l'enquête. Au Burkina Faso, seule la loi n° 015-2014/AN du 13 mai 2014 portant protection de l'enfant en conflit avec la loi a consacré le droit pour l'enfant en conflit avec la loi à l'assistance d'un avocat durant l'enquête[25].

Par ailleurs, dans les pays ayant consacré le droit à l'assistance d'un avocat pendant l'enquête, l'intervention du conseil est souvent liée à la garde à vue. En effet, l'ouverture des droits de la défense ainsi que l'intervention de l'avocat pendant l'enquête étaient tributaires du placement du mis en cause en position de garde à vue.

Dans ces États de l'espace UEMOA, les législateurs ont instauré un système consacrant une dissymétrie entre l'enquête et l'instruction préparatoire du point de vue de l'exercice des droits de la défense. Il

---

l'avocat au cœur d'un conflit de normes nationales et européennes», *D.* 2011, p. 3005 ; J. LEROY, « Garde à vue : le droit à l'avocat », *Gaz. pal.* n° 209-211, 2013, p. 19.

[23] Cons. const. n° 93-326 DC du 11 août 1993, n° 2004-492 DC, 02 mars 2004.

[24] Cass., ass. plén., 15 avril 2011, n° 10-17.049, *Bull. ass. plén.* n° 1 ; Cass., ass. plén., 30 juin 1995, n° 94-20.302, *Bull. civ.*, n° 4.

[25] V. art. 12 de la loi n° 015-2014/AN du 13 mai 2014 portant protection de l'enfant en conflit avec la loi.

existerait ainsi durant l'enquête une « sorte de plafond de verre » empêchant le déploiement des droits de la défense[26].

En droit pénal positif sénégalais, la présence de l'avocat pendant la garde à vue[27] a été consacrée assez tardivement par la loi n° 99-06 du 29 janvier 1999 modifiant certaines dispositions du Code de Procédure pénale[28]. Selon l'article 55 bis du Code de Procédure pénale issu de ce texte, l'avocat pouvait s'entretenir avec son client pendant trente (30) minutes à partir de la seconde période de la garde à vue, c'est-à-dire en cas de prolongation de la mesure[29].

Au Niger, l'article 71, alinéa 3 de la loi n° 61-33 du 14 août 1961 portant institution du Code de Procédure pénale modifiée par la loi n° 2003-26 du 13 juin 2003 prévoit l'obligation pour l'officier de police judiciaire de notifier au suspect son droit de prendre un avocat à partir de la vingt quatrième (24ème) heure de la garde à vue sous peine de nullité de la procédure. Ce délai commence à courir à compter de l'interpellation.

D'autres droits pénaux ouest-africains ont consacré un véritable droit à l'assistance d'un avocat durant l'enquête au profit du mis en cause, du témoin et de la victime indépendamment de la prescription d'une mesure de garde à vue. C'est le cas du droit pénal malien. En vertu de l'article 76, alinéa 6 de la loi malienne n° 01-080 du 20 août 2001 portant Code de Procédure pénale, au cours de l'enquête préliminaire, toute personne

---

[26] F. DESPORTES et L. LAZERGES-COUSQUER, *Traité de procédure pénale*, Paris, Economica, 2e éd., 2013, p. 31, n° 48.

[27] Sur la garde à vue, M. GIACOPELLI et J-B. PERRIER, *La garde à vue : De la réforme à la pratique*, Paris, Dalloz collection, 2013 ; R. MERLE, « La garde à vue », *Gaz. pal.* 1969, 2, doctr. p. 18A.

[28] JORS, n° 5847 du 27 février 1999, p. 836.

[29] C. DIAKHOUMPA, *Le régime juridique des nullités dans le Code de Procédure pénale sénégalais*, Thèse Doctorat, Dakar, année 2011-2012, p. 31 et s., n° 64 ; également ; S. THIAM, « Une vieille habitude malheureuse de la procédure pénale sénégalaise : de la légalité à la transgression de la personne humaine », *Annales africaines*, Nouvelle série, vol. 02, décembre 2014, p. 259 ; Y. DIALLO, *Le procureur de le République. La pratique du parquet*, Dakar, L'Harmattan-Sénégal, 2018, p. 219.

mise en cause ou victime d'une infraction a le droit de se faire assister, à sa diligence, d'un ou plusieurs avocats de son choix[30].

Les droits ivoirien et béninois sont allés plus loin, puisqu'ils ajoutent à la liste des titulaires de ce droit les personnes appelées à apporter leur concours à la manifestation de la vérité. L'article 76-1 de la loi du 14 novembre 1960 portant Code de Procédure pénale modifiée par la loi n° 98-747 du 23 décembre 1998 énonce que toute personne contre qui il existe des indices graves et concordants de participation à une infraction ou qui en a été victime ou qui est appelée à apporter son concours à la manifestation de la vérité peut, au cours des enquêtes, se faire assister d'un avocat.

Selon l'article 78, alinéas 3 et 4 de la loi n° 2012-15 du 17 décembre 2012 portant Code de Procédure pénale en République du Bénin, dès l'enquête préliminaire, et dans tous les actes de la procédure, le mis en cause peut se faire assister d'un avocat. Ce texte ajoute que toute personne contre qui il existe des indices graves et concordants de participation à une infraction, qui en a été victime ou a été appelée à apporter son concours à la manifestation de la vérité peut, au cours des enquêtes, se faire assister d'un défenseur.

5. Adoption du Règlement n° 05/CM UEMOA du 25 septembre 2014. C'est dans ce contexte juridique qu'il faut inscrire l'adoption du Règlement n° 05/CM UEMOA du 25 septembre 2014 relatif à l'harmonisation des règles régissant la profession d'Avocat dans l'espace UEMOA. Ce texte a été pris en application de l'article 95 du Traité de l'UEMOA, selon lequel l'Union doit harmoniser les dispositions nationales règlementant l'exercice de certaines professions en vue de faciliter le développement du marché commun.

Le Règlement du 25 septembre 2014 a pour objet de fixer les règles régissant l'exercice de la profession d'Avocat dans les États membres de

[30] J.-L. HAMPERIN, « La défense de la victime en France aux XIX eme et XX eme siècles », *in* B. GARNOT (dir), *Les victimes, des oubliées de l'histoire ?* Paris, PUR, 2000.

l'Union Économique et Monétaire Ouest Africaine (UEMOA)[31], en vue de renforcer davantage l'indépendance de la Justice dans ces pays et de contribuer à la sécurisation des investissements dans l'Union[32].

De façon assez surprenante c'est dans ce texte que le législateur communautaire de l'UEMOA a consacré une puissante garantie de procédure : le droit à l'assistance d'un avocat dès l'interpellation durant l'enquête. Aux termes de l'article 5, alinéa 1er du Règlement n° 05/CM UEMOA du 25 septembre 2014 : « *Les Avocats assistent leurs clients dès leur interpellation, durant l'enquête préliminaire, dans les locaux de la police, de la gendarmerie, ou devant le parquet.*

A ce stade, aucune constitution ne peut être exigée de l'Avocat ».

La consécration communautaire du droit à l'assistance d'un avocat dès l'interpellation devant le parquet est passée inaperçue dans la plupart des États membres de l'UEMOA. Cela ne saurait étonner, puisque dans ces États, dans le cadre de la procédure de flagrant délit, ce droit était déjà consacré. En effet, le procureur de la République ne peut interroger la personne conduite devant lui sur son identité et sur les faits qui lui sont reprochés qu'en présence de son conseil[33].

Mais la règle de l'intervention de l'avocat dans la phase de l'enquête n'a pas manqué de bouleverser les systèmes procéduraux des États de l'UEMOA. En effet, comme un coup de tonnerre dans un ciel serein, l'adoption du Règlement n° 05/CM UEMOA du 25 septembre 2014, qui a introduit une grande innovation en ce qui concerne le moment d'intervention de l'avocat durant l'enquête, a brouillé les repères des droits pénaux des États.

---

[31] V. art. 1er du Règlement du 25 septembre 2014.

[32] V. Préambule du Règlement du 25 septembre 2014.

[33] V. art. 63, alinéa 1er du Code de Procédure pénale issu de la loi n° 99-06 du 29 janvier 1999 modifiant le Code de Procédure pénale ; art. 64, alinéa 2 du Code de Procédure pénale du Niger ; art. 70, alinéa 2 du Code de Procédure pénale du Bénin ; art. 69, alinéa 2 du Code de Procédure pénale de la Côte d'Ivoire ; art. 82, alinéa 2 du Code de Procédure pénale du Mali ; art. 68, alinéa 2 du Code de Procédure pénale du Burkina Faso.

La législation communautaire de l'UEMOA a consacré un véritable droit à l'assistance d'un avocat bien avant la notification par l'officier de police judiciaire des faits reprochés à la personne.

Il est vrai que le Règlement de l'UEMOA ne contient pas beaucoup de précisions sur les justifications de la consécration du droit à l'assistance d'un avocat dès l'interpellation. Les considérants de ce texte, qui insistent sur le besoin d'« *harmoniser les dispositions nationales règlementant l'exercice de certaines professions en vue de faciliter le développement du marché commun* », ne donnent aucune indication sur la philosophie qui irrigue l'article 5 du Règlement communautaire.

Quoi qu'il en soit, dans la perspective de faciliter le développement du marché commun, il ne fait pas l'ombre d'un doute que le législateur communautaire, en fixant des règles uniformes d'exercice de la profession d'avocat dans les États membres de l'UEMOA, se soucie de la préservation des droits et libertés des personnes, notamment au cours de la phase préparatoire du procès pénal. L'article 5 du Règlement du 25 septembre 2014 s'inscrit bien dans ce cadre. Ce texte, qui prévoit l'assistance par les avocats de leurs clients dès leur interpellation, tend à consolider les droits de la défense au cours de l'enquête.

6. Débat de l'applicabilité de l'article 5 du Règlement communautaire. L'article 5 du Règlement du 25 septembre 2014 a vite jeté un trouble dans l'esprit des praticiens et des théoriciens du droit et a suscité un vif débat sur son applicabilité[34].

---

[34] Sur ce débat, O. BADIANE, « Le Sénégal doit se conformer aux règles régissant la profession d'avocat dans l'espace UEMOA (Droits de l'homme) » : http://www.pressafrik.com/Le-Senegal-doit-se-conformer-aux-regles-regissant-la-profession-d-avocat-dans-l-espace-UEMOA-Droits-de lhomme_a138206.html (consulté le 27 juillet 2014) ; Y. BODIAN et P. T. FALL, « À propos de la présence de l'Avocat aux premières heures de la garde-à-vue », *Le Soleil* du 28 août 2015, p. 5 ; P. A. TOURE, « L'article 5 du Règlement 05/CM UEMOA du 25 septembre 2014 relatif à l'assistance de l'avocat dès l'interpellation devant la Chambre d'accusation de la Cour d'appel de Dakar : à propos de l'arrêt n° 149 du 22 septembre 2015, affaire Thione SECK », *Annales africaines*, nouvelle série, vol 2, n° 3, décembre 2015, p. 323 et s. ; C. DIAKHOUMPA, *Traité théorique et pratique de procédure pénale. Tome I, La phase préparatoire du procès pénal*, 1ère édition, 2015, p. 49 ; P. A. TOURE, *La réforme de l'organisation judiciaire du Sénégal commentée et annotée*, Paris,

Certains auteurs[35] ont pu douter de l'applicabilité du Règlement communautaire de l'UEMOA. Ils ont soutenu que, si les principes d'applicabilité directe et de supranationalité d'un règlement ne peuvent être discutés, la présence de l'avocat auprès du suspect est une question de procédure pénale. Or, il est de principe qu'un règlement communautaire ne peut pas comporter des dispositions pénales (qu'elles soient de droit pénal de fond ou de procédure pénale), le droit pénal relevant de la souveraineté des États. Ils ont ajouté que si la volonté du législateur communautaire était de faire de l'article 5 du Règlement de l'UEMOA une règle de procédure, il reste que cette disposition n'est assortie d'aucune sanction.

7. Éléments de réponse. Cette analyse n'emporte pas notre conviction.

En premier lieu, par sa nature, le règlement est une norme communautaire qui est d'application immédiate. Il s'agit d'une manifestation du principe de l'effet direct du droit communautaire[36]. Il résulte des dispositions de l'article 43 du Traité modifié de l'UEMOA du 10 janvier 1994 que : « *Les règlements ont une portée générale. Ils sont obligatoires dans tous leurs éléments et sont directement applicables dans tout État Membre* ».

L'applicabilité directe s'oppose à toute formalité nationale d'insertion ou de transposition dans l'ordre interne. Il n'est nul besoin d'un acte national qui aurait pour objet d'introduire dans l'ordre interne le règlement en cause et qui conditionnerait son entrée en vigueur[37]. Un tel acte serait

---

l'Harmattan, 2016, p. 119 et s. ; M. KONATE, *Le temps et le procès pénal*, Thèse de Doctorat, Université de Dakar, 2017, p. 241 et s., n° 547 et s. ; M. FAYE, « La présence de l'avocat dans le Règlement de l'UEMOA et les procédures douanières », in *Le droit africain à la quête de son identité,* Mélanges offerts au Professeur Isaac Yankhoba Ndiaye, Dakar, l'Harmattan, 2021, p. 525.

[35] Y. BODIAN et P. T. FALL, « À propos de la présence de l'Avocat aux premières heures de la garde-à-vue », *Le Soleil* du 28 août 2015, p. 05.

[36] M. BLANQUET, « Effet direct du droit communautaire », *Rép. comm.*, Dalloz, août 2008, n° 1 ; R. MEHDI, « Ordre juridique communautaire. Effet direct », *J-cassl. eur.*, fasc. 195, 2008 ; R. KOVAR, « L'applicabilité directe du droit communautaire », *JDI* 1973, p. 279.

[37] S. N. TALL, *Droit des organisations internationales africaines. Théorie générale. Droit communautaire comparé. Droit de l'homme, paix et sécurité*, Paris, l'Harmattan, 2015, p. 250-251.

inutile en droit communautaire. Il y a là une différence fondamentale avec la directive qui suppose l'édiction de mesures nationales de transposition[38]. Contrairement à la directive, le règlement est en principe directement applicable dans l'ordre juridique national[39].

Dans l'arrêt rendu le 10 octobre 1973[40], la Cour de Justice des communautés européennes a jugé que : « *L'applicabilité directe d'un règlement exige que son entrée en vigueur et son application en faveur ou à la charge des sujets de droit se réalisent sans aucune mesure portant réception dans le droit national* ».

En outre, l'édiction d'un règlement fait obstacle à l'application de toute disposition nationale contraire, quel que soit le rang de la règle concernée qu'elle soit législative ou réglementaire au sens du droit national. La Cour de Justice de l'UEMOA a rappelé le principe de la primauté du droit communautaire dans son avis n° 001/2003 du 18 mars 2003 émis sur la demande de la Commission de l'UEMOA relative à la création de la Cour des Comptes du Mali[41]. Selon la Cour de l'UEMOA : « *La primauté bénéficie à toutes les normes communautaires, primaires comme dérivées, immédiatement applicables ou non, et s'exerce à l'encontre de toutes les normes nationales administratives, législatives, juridictionnelles et même constitutionnelles parce que l'ordre juridique communautaire l'emporte dans son intégralité sur les ordres juridiques nationaux* ».

---

[38] Y. GALMOT, « Directives et règlements en droit communautaire », *CJEG* 1990, p.73.

[39] T. ZOGBELEMOU, *Droit des organisations d'intégration économique en Afrique (CEDEAO-CEMAC-UEMOA-ZMAO),* Paris, l'Harmattan, 2014, p. 14 et s.

[40] CJCE, 10 octobre 1973, Variola c/Administration des finances italienne, affaire 34/73, *Rec.* 981 : « Les États membres ne sauraient donc adopter, ni permettre aux organismes nationaux ayant un pouvoir normatif d'adopter, un acte par lequel la nature juridique d'un règlement et les effets qui en découlent seraient dissimulés aux justiciables » ; CJCE, 02 février 1977, Amsterdam Bulb c/Produktschapvoor Siergewassen, aff. 50/76, *Rec.* 137 ; CJCE, 31 janvier 1978, Zerbone c/Amministrazione delle finanzedello Stato, aff. 94/77, *Rec.* 99 ; CJCE, 30 novembre 1978, Bussone c/ Ministère italien de l'agriculture, aff. 31/78, *Rec.* 2429.

[41] Cet avis est cité par S. N. TALL, *Droit des organisations internationales africaines. Théorie générale. Droit communautaire comparé. Droit de l'homme, paix et sécurité*, Paris, l'Harmattan, 2015, p. 253.

Le juge communautaire de l'UEMOA a précisé que : « *(...) le juge national, en présence d'une contrariété entre l'ordre juridique communautaire et une règle de droit interne, devra faire prévaloir le premier sur la seconde en appliquant l'un et en écartant l'autre* »[42].

En deuxième lieu, le discours souverainiste d'un droit pénal échappant à toute emprise du droit communautaire, outre le fait qu'il ne ressort pas des textes fondateurs de l'UEMOA, n'a manifestement plus cours[43].

Dans les espaces communautaires, le besoin de rapprochement des législations nationales en vue d'atteindre les objectifs de l'organisation d'intégration, justifie souvent des incursions du droit communautaire dans les systèmes procéduraux des États. Même en ce qui concerne les sanctions pénales, la législation communautaire s'arroge de plus en plus le droit de fixer des principes directeurs de répression.

En réalité, une incursion communautaire dans le champ pénal est possible dès lors qu'elle peut servir à remplir les objectifs de l'organisation communautaire. Or, l'harmonisation des règles régissant la profession d'avocat et notamment l'encadrement de l'intervention de l'avocat durant l'enquête pénale, n'est pas sans lien avec l'atteinte des objectifs de développement du marché commun[44]. En effet, comme l'énonce le préambule du Règlement de l'UEMOA, cette option est « de nature à contribuer à la sécurisation des investissements dans l'Union ».

Ainsi, même si l'aménagement de règles de procédure pénale n'est pas toujours habituel en droit communautaire, force est de constater que le droit à l'assistance d'un avocat dès l'interpellation consacré par l'article

---

[42] Pour un commentaire de cette décision, V. A. SALL, *La justice de l'intégration. Réflexions sur les institutions judiciaires de la CEDEAO et de l'UEMOA*, Dakar, l'Harmattan, 2008, 2e édition revue, corrigée et augmentée, p. 184 et s.

[43] D. SIMON, « Constitution, souveraineté pénale, droit communautaire », *Cahiers du Conseil constitutionnel* n° 26, Dossier : La Constitution et le droit pénal, août 2009.

[44] Sur cette question, B. BOULOC, « L'influence du droit communautaire sur le droit pénal interne », *Mélanges offerts à Georges Levasseur*, Paris, Litec 1992, p. 103 s. ; J. BORE, « La difficile rencontre du droit pénal français et du droit communautaire », *Mélanges A. VITU*, Paris, Cujas, 1989, p. 25 s. ; F. RYZIGZER, « Les rapports entre le droit pénal français et le droit communautaire », *Gaz. pal.* 1986, I, doctr. 219 ; J. BIANCARELLI et D. MAIDANI, « L'incidence du droit communautaire sur le droit pénal des États membres », *RSC* 1984, p. 225 s.

5 du Règlement n° 05/CM/UEMOA est « *self-executing* » (auto-exécutoire), puisque son application n'est subordonnée à l'intervention d'aucun règlement d'exécution[45]. L'applicabilité de ce texte est d'autant moins contestable qu'aucun recours en appréciation de la légalité du Règlement du 25 septembre 2014 n'a été formé dans le délai de deux mois à compter de sa publication, conformément à l'article 8 du Protocole additionnel n° 01 relatif aux organes de contrôle de l'UEMOA[46].

En troisième lieu, l'on fonderait vainement l'inapplicabilité de l'article 5 du Règlement de l'UEMOA sur le fait qu'il n'est pas assorti de sanction. En effet, dans la théorie générale de la nullité des actes de l'information, la méconnaissance des formalités substantielles liées notamment aux droits de la défense est susceptible d'entraîner la nullité, même en l'absence de texte sanctionnateur spécifique[47].

La Chambre d'Accusation de la Cour d'appel de Dakar, dans l'arrêt *Thione Ballago SECK* rendu le 22 septembre 2015[48], a déjà eu l'occasion d'affirmer clairement l'applicabilité directe de l'article 5 du Règlement du 25 septembre 2014. Elle a jugé que les dispositions de ce texte « ne subordonnent pas leur entrée en vigueur à la prise d'un quelconque acte ».

---

[45] F. RIGAUX, *Le problème des dispositions directement applicable [self-executing] des traités internationaux et son application aux traités instituant les Communautés*, Deuxième colloque international de droit européen, La Haye, 1963.

[46] V. également art. 15.2) du Règlement n° 01/96/CM du 05 juillet 1996 portant règlement de procédure de la Cour de Justice de l'UEMOA ; art. 27 de l'Acte additionnel n° 10/96 du 10 mai 1996 portant statuts de la Cour de Justice de l'Union économique et monétaire ouest-africaine ; sur ce recours, T. ZOGBELEMOU, *Droit des organisations d'intégration économique en Afrique (CEDEAO-CEMAC-UEMOA-ZMAO)*, Paris, l'Harmattan, 2014, p. 267 et s.

[47] V. art. 166 du Code de Procédure pénale du Sénégal. Dans ce sens, EL. B. FAYE, « Droit à un conseil dès l'interpellation : de la portée de la réforme du Code de Procédure pénale » : http://ums.sn/droit-a-un-conseil-des-linterpellation-de-la-portee-de-la-reforme-du-code-de-procedure-penale

[48] CA Dakar, ch. acc. n° 149 du 22 septembre 2015, affaire Thione Ballago SECK in, *Annales africaines,* nouvelle série, vol 2, n° 03, décembre 2015, p. 323 et s., obs. P. A. TOURE, *annexe n° 6.*

La première Chambre correctionnelle du Tribunal de grande Instance hors Classe de Dakar a, dans un jugement rendu le 03 mai 2018[49], réaffirmé l'applicabilité directe de l'article 5 du Règlement de l'UEMOA. Selon le tribunal, « *en vertu des stipulations de l'article 43 du Traité de l'UEMOA, les règlements sont obligatoires dans tous leurs éléments et sont directement applicables dans tout État membre ; Qu'il est de principe qu'aucune mesure de réception en droit interne n'est nécessaire pour qu'un règlement de l'UEMOA soit applicable en droit sénégalais ; Qu'en conséquence, l'applicabilité du règlement précité ne saurait être tributaire de l'entrée en vigueur de la loi portant modification du Code sénégalais de Procédure pénale* ».

Dans les systèmes procéduraux dans États membres de l'UEMOA, le droit à l'assistance d'un avocat dès l'interpellation durant les enquêtes pénales tire son fondement dans l'article 5 du Règlement précité directement applicable dans les ordres juridiques desdits États.

8. Péripéties législatives et réglementaires. Le Règlement de l'UEMOA a posé le principe de l'assistance d'un avocat dès l'interpellation sans en fixer les modalités. Aussi, a-t-il vite suscité des problèmes d'interprétation.

Pourtant en droit communautaire de l'UEMOA, lorsqu'un problème d'interprétation d'un acte pris par les organes de l'UEMOA, notamment un règlement, se pose devant une juridiction nationale dont les décisions sont susceptibles de recours, cette juridiction peut, si elle l'estime nécessaire, poser des questions préjudicielles à la Cour de Justice de l'UEMOA. Lorsqu'une question est posée devant une juridiction nationale statuant en dernier ressort, celle-ci est obligée de saisir la Cour[50]. Les interprétations formulées par la Cour de Justice s'imposent à

---

[49] TGIHC Dakar, 1ère ch. corr. n° 407 du 03 mai 2018, MP c/ Hameth FALL et Khadim DRAME et autres, *annexe n° 12*.

[50] V. art. 12 du Protocole additionnel n° 01 relatif aux organes de contrôle de l'UEMOA ; art. 27 de l'Acte additionnel n° 10/96 du 10 mai 1996 portant statuts de la Cour de Justice de l'Union économique et monétaire ouest-africaine. art. 15.6) du Règlement n° 01/96/CM du 5 juillet 1996 portant règlement de procédure de la Cour de Justice de l'UEMOA ; sur le renvoi préjudiciel en interprétation, T. ZOGBELEMOU, *Droit des organisations d'intégration économique en Afrique*

toutes les autorités administratives et juridictionnelles dans l'ensemble des États membres, l'observation de ces interprétations pouvant même donner lieu à un recours en manquement[51].

Force est de constater que les juridictions des États membres de l'UEMOA n'ont porté aucun recours préjudiciel en interprétation de l'article 5 du Règlement de l'UEMOA devant la Cour de l'UEMOA.

Face à cette situation, certains États membres ont senti la nécessité de prendre des mesures nationales en vue de préciser les modalités d'intervention de l'avocat. C'est le cas du Burkina Faso et du Sénégal.

9. Situation du droit burkinabé. Au Burkina Faso, où le droit pénal procédural ignorait la présence de l'avocat pendant la garde à vue, le Ministre de la Justice, des Droits humains et de la Promotion civique a, par une circulaire n° 2015-004/MJDHPC/CAB du 05 mars 2015 relative à la présence de l'avocat dès l'interpellation[52], prescrit aux magistrats du parquet et aux officiers de police judiciaire de se conformer aux dispositions du Règlement du 25 septembre 2014.

Devant l'absence de précision des conditions de mise en œuvre du droit à l'assistance d'un avocat dès l'interpellation, qui a donné lieu à plusieurs incidents entre avocats et officiers de police judiciaire[53], le Ministre de la Justice, des Droits humains et de la Promotion civique du Burkina Faso

---

(CEDEAO-CEMAC-UEMOA-ZMAO), Paris, l'Harmattan, 2014, p. 290 et s. ; également, M. DIOUF, « De l'absence du renvoi préjudiciel au sein de l'OHADA : oubli ou manque d'intérêt ? », *EDJA* n° 90, juillet-août-septembre 2011, p. 51 et s.

[51] V. art. 13 du Protocole additionnel n° 01 relatif aux organes de contrôle de l'UEMOA. Le droit communautaire de l'UEMOA prévoit également un recours en direct en interprétation, V. art. 14 du Protocole additionnel n° 01 relatif aux organes de contrôle de l'UEMOA.

[52] V. *annexe n° 02.*

[53] À titre d'exemple, au Burkina Faso, le vendredi 13 janvier 2017, un incident avait opposé le Chef adjoint de la Section de Recherches de Gendarmerie de Ouagadougou à un avocat qui s'était rendu dans les locaux de la gendarmerie, sur le fondement de l'article 5 du Règlement de l'UEMOA, pour s'entretenir avec son client gardé à vue depuis plus de cinq (5) jours. L'avocat aurait été victime de violences physiques et verbales. Le Syndicat des Avocats du Faso (SYNAF) a, dans son communiqué, dénoncé le comportement de l'officier de police judiciaire et a réclamé l'application effective du texte communautaire au Burkina Faso. Sur cet incident, consulter : https://www.faso-actu.net.

a, par un arrêté n° 2017-030 MJDHPC du 09 mars 2017, mis en place un Comité tripartite chargé de réfléchir sur les modalités pratiques de la présence de l'avocat durant l'enquête préliminaire.

L'assistance de l'avocat durant l'enquête pénale, constituant une question de procédure pénale relevant du domaine exclusif de la loi en vertu de l'article 101 de la Constitution du Burkina Faso, le Gouvernement a envisagé de soumettre un projet de loi ayant pour objet d'insérer dans le Code de Procédure pénale des dispositions fixant les modalités de l'assistance de l'avocat durant l'enquête pénale.

Conscients des lenteurs de la procédure législative classique, les propositions et recommandations du comité tripartite ont abouti à la conclusion d'un protocole de procédures et de bonnes pratiques relatif à l'assistance de l'avocat dans les enquêtes pénales signé par le Ministre de la Justice, le Ministre de la Sécurité, le Ministre de la Défense nationale et des anciens combattants et le Bâtonnier de l'Ordre des Avocats[54]. Ce protocole, qui contient quinze (15) règles ayant pour objet de déterminer les modalités de l'assistance de l'avocat dès l'interpellation, constitue le siège des conditions d'exercice du droit à l'assistance de l'avocat pendant l'enquête au Burkina Faso.

10. État du droit sénégalais. Au Sénégal, depuis d'adoption du Règlement de l'UEMOA, le droit à l'assistance d'un avocat dès l'interpellation a connu plusieurs rebondissements et péripéties juridiques.

En effet, devant les réticences de certains officiers de police judiciaire à appliquer l'article 5 du Règlement, malgré son entrée en vigueur le 1er janvier 2015, dénoncées par Bâtonnier de l'Ordre des Avocats du Sénégal dans une correspondance en date du 16 août 2016, le Directeur général de la police judiciaire, par une note de service, a instruit le Directeur de la Police judiciaire, le Directeur de la Sécurité publique et le Directeur de l'Office central pour la Répression du Trafic illicite des Stupéfiants (OCRTIC), de prendre les mesures idoines pour se conformer à l'article 5 du Règlement communautaire, « *au regard de la clarté de cette*

---

[54] V. *annexe n° 03.*

disposition dont la supériorité sur les lois nationales n'est pas discutable en droit ».

À la faveur de la réforme du Code pénal et du Code de Procédure pénale, le Gouvernement avait prévu, dans le projet de loi modifiant le Code de Procédure pénale, une disposition consacrant la présence de l'avocat dès la prise de la mesure de garde à vue.

Toutefois, à l'occasion du vote de ce texte, un amendement admettant l'intervention de l'avocat dès l'interpellation, conformément au Règlement du 25 septembre 2014, s'est invité aux débats parlementaires.

La règle de la présence de l'avocat dès l'interpellation a été finalement insérée dans le Code de Procédure pénale. La loi n° 2016-30 du 08 novembre 2016 modifiant la loi n° 65-61 du 21 juillet 1961 portant Code de Procédure pénale[55] a ainsi abrogé et remplacé l'ancien article 55 du Code de Procédure pénale par un nouvel article.

Mais le législateur a opéré un montage normatif assez confus qui a contribué à obscurcir l'article 55 du Code de Procédure pénale. En choisissant de « *fondre* » la règle de l'assistance de l'avocat dès l'interpellation dans le siège légal de la présence de l'avocat durant la garde à vue, le législateur a opéré un véritable mélange de genres entre la garde à vue et l'interpellation. La « *greffe* » opérée n'avait pas bien pris ! Cette opération normative de « *transplantation* » de régimes avait contribué à altérer la règle posée par l'article 5 du Règlement n° 05 de l'UEMOA[56]. Par son intervention, le législateur de 2016 n'a pas réussi à dissiper toute ambiguïté sur les modalités de l'assistance de l'avocat dès l'interpellation, notamment dans les interactions entre l'avocat, son client et l'officier de police judiciaire.

---

[55] JORS, n° 6976 du samedi 26 novembre 2016, p. 1627.

[56] En ce sens, V. P. A. TOURE, « L'assistance de l'avocat dès l'interpellation dans la réforme du Code pénale et du Code de Procédure pénale du Sénégal : la greffe processuelle n'a pas bien pris ! », *La Balance, Revue semestrielle de L'union des Magistrats Sénégalais*, n° 01, janvier-juin 2017, p. 315 et s. ; M. KONATE, *Le temps et le procès pénal*, Thèse de Doctorat, Université de Dakar, 2017, p. 244 et s., n° 553 ; Y. DIALLO, *Le procureur de le République. La pratique du parquet*, Dakar, L'Harmattan-Sénégal, 2018, p. 219.

Par la suite, la Direction des Affaires criminelles et des Grâces du Ministère de la Justice a organisé le 16 mars 2017 un atelier, qui a réuni avocats, officiers de police judiciaire et procureurs de la République, pour recenser les problèmes posés par la mise en œuvre du Règlement n° 05 de l'UEMOA et les nouvelles dispositions du Code de Procédure pénale. Les ébauches de réponse proposées lors de cet atelier ont servi d'ossature à la circulaire du Ministre de la Justice n° 00179 MJ/DACG/MN du 11 janvier 2018 relative aux modalités d'application de l'article 5 du Règlement n°05/CM/UEMOA et des dispositions du Code de Procédure pénale, relativement à la présence de l'avocat dès l'interpellation de son client par l'officier de police judiciaire[57]. Cette circulaire ministérielle a pour objet « *d'apporter davantage de clarté à quelques zones d'ombre* »[58]. Elle a recensé certaines bonnes pratiques développées dans un environnement juridique similaire, pour favoriser le respect de l'esprit des textes et l'application homogène dans l'espace UEMOA d'une norme communautaire. Cette circulaire a également contribué à clarifier des aspects importants du régime de l'assistance de l'avocat dès l'interpellation.

Après la réception de la circulaire ministérielle n° 00179 MJ/DACG/MN du 11 janvier 2018 précitée, la Division des Investigations criminelles (DIC) du Ministère de l'Intérieur a organisé une réunion impliquant les commissariats et brigades du ressort en vue d'harmoniser les pratiques des officiers de police judiciaire. À la suite de cette réunion, un document intitulé « *Application des dispositions des articles 5 du Règlement 05/CM/ UEMOA et 55 du Code de Procédure pénale relatives à la présence de l'avocat. Guide de l'officier de police judiciaire* » a été élaboré à l'intention des officiers de police judiciaire[59].

---

[57] V. *annexe n° 04.*

[58] F. SY, « Présence de l'avocat durant la garde à vue : une circulaire pour l'effectivité de la loi » : http://www.enqueteplus.com ; A. N. NDIAYE, « Droits de la défense : Désormais, l'avocat peut être présent dès l'interpellation » : http://www.lesoleil.sn/2016-03-22-23-29-31/item/74285-droits-de-la-defense-desormais-l-avocat-peut-etre-present-des-l-interpellation.html.

[59] V. *annexe n° 05.*

Ce guide a fixé un cadre standardisé décrivant les obligations des officiers de police judiciaire. Il définit le moment de la notification du droit à l'assistance de l'avocat, les actes de procédure concernés par la notification, la forme de la notification ainsi que le contenu de l'assistance de l'avocat. Ce document propose également des modèles de notification du droit d'accéder à un avocat.

Au niveau de la Gendarmerie nationale[60], dès le lendemain de la signature de la circulaire ministérielle n° 00179 MJ/DACG/MN du 11 janvier 2018, le Commandant de la Gendarmerie territoriale l'a fait parvenir aux officiers de police judiciaire. Il leur a ordonné de se conformer aux prescriptions de ladite circulaire, qui constitue « *un effort d'éclairer l'officier de police judiciaire dans l'interprétation de l'article 55 nouveau du Code de Procédure pénale* », et en cas de difficulté, de s'en référer au procureur de la République territorialement compétent.

11. Objet de l'étude. Le présent ouvrage est consacré à l'étude du droit à l'assistance d'un conseil dès l'interpellation dans les États membres de l'UEMOA. Cette réflexion, orientée vers une perspective communautaire, ambitionne de contribuer à affiner les contours de ce droit de nature procédurale et d'étudier ses modalités de mise en œuvre à la lumière du Règlement n° 05/CM UEMOA du 25 septembre 2014 relatif à l'harmonisation des règles régissant la profession d'Avocat dans l'espace de l'UEMOA et des dispositions des Codes de Procédure pénale applicables dans les huit (8) États membres de l'UEMOA. Ces dispositifs nationaux sont précisés par les textes d'application et mesures pris dans ces États. Il s'agit notamment du protocole burkinabé de procédures et de bonnes pratiques relatif à l'assistance de l'avocat dans les enquêtes pénales.

L'ouvrage prend également appui sur le modèle juridique sénégalais, éclairé par la circulaire du Ministre de la Justice n° 00179 MJ/DACG/MN du 11 janvier 2018 précitée.

Quoi qu'il en soit, en dépit de l'objectif d'unification du dispositif applicable au droit à un avocat durant l'enquête recherché par le

[60] Sur la gendarmerie, J. CATHELINEAU, « La gendarmerie », *D.* 1964, chron. 109.

législateur communautaire de l'UEMOA, le régime procédural du droit à l'assistance d'un avocat durant l'enquête aménagé dans les différents États membres de l'UEMOA, oscille entre la clarté de sa consécration juridique et les difficultés persistantes de sa mise en œuvre.

En effet, si en l'état actuel de la législation communautaire de l'UEMOA, la consécration de ce droit n'est pas discutable (chapitre premier), l'encadrement de ses modalités de mise en œuvre, malgré les efforts de clarification consentis dans certains États, n'en pose pas moins des difficultés (chapitre II).

CHAPITRE PREMIER

LA CONSÉCRATION DU DROIT À L'ASSISTANCE D'UN AVOCAT DURANT L'ENQUÊTE

12. « *Fondamentalité* » du droit à l'assistance d'un avocat. L'intervention de l'avocat dès le moment de l'interpellation apparaît comme un droit de nature procédurale, c'est-à-dire une garantie de procédure permettant le respect des droits de la défense de la personne interpellée[61].

Le droit à l'assistance d'un avocat dès l'interpellation durant l'enquête est un droit de l'homme considéré comme un droit fondamental.

La notion de droit fondamental ou de « *liberté fondamentale* », apparue postérieurement à la Seconde Guerre mondiale, a supplanté le concept de droits de l'homme et de libertés publiques. La catégorie juridique des

[61] F. SUDRE, *Droit européen et international des droits de l'homme*, Paris, PUF, 7e édition 2005, p. 318.

droits fondamentaux n'est pas facile à définir[62]. Ils consistent en réalité en une « *positivation* » des droits de l'homme[63].

Deux critères principaux permettent d'isoler la notion de droits fondamentaux.

Le premier critère de nature formelle est tiré du support juridique de protection du droit. Un droit fondamental doit être proclamé par une norme de valeur au moins supra-législative[64]. Ce critère formel permet de distinguer les droits fondamentaux des libertés publiques. La « *liberté* » se définit comme un pouvoir d'autodétermination par lequel l'homme choisit lui-même ses comportements[65]. Les libertés publiques, dérivées des droits de l'homme, constituent l'ensemble des droits et des libertés individuelles et collectives qui sont garantis par les textes législatifs et uniquement par ceux-ci (liberté d'aller et de venir, de

---

62 Sur l'ensemble de cette question, L. FAVOREU, (dir), *Droit des libertés fondamentales*, Paris, Dalloz, 2000, p. 86 ; P. WACHSMANN, « L'importation en France de la notion de droits fondamentaux », *R.U.D.H.*, 2004, vol. 16, n° 1-4, p. 42 ; E. PICARD, « L'émergence des droits fondamentaux en France », *AJDA*, n° spécial 1998, p. 6 ; E. PICARD, « Droits fondamentaux », in D. ALLAND et S. RIALS, *Dictionnaire de la culture juridique*, Paris, Lamy-PUF, 2003, p. 544 et s. ; M.-L. PAVIA, « Éléments de réflexion sur la notion de droit fondamental », *LPA* 06 mai 1994, p. 6 ; R. KOERING-JOULIN, « Droits fondamentaux et droit criminel », *AJDA* 1998 p.106 ; V. CHAMPEIL-DESPLATS, « La notion de droit fondamental et le droit constitutionnel français », *D.* 1995, chron. p. 323 ; V. CHAMPEIL-DESPLATS, «L'affirmation des droits fondamentaux : quelles significations ? Quelles conséquences ? », *Cahiers français*, n° 354, février 2010, p. 21. P. FRAISSEX, « Les droits fondamentaux, prolongement ou dénaturation des droits de l'homme », *RDP* 2001, p. 531 ; J. VILLACEQUE, « La notion de droit fondamental et le droit constitutionnel français », *D.* 1995, chron. p. 323 ; V. TCHEN, « Les droits fondamentaux dans l'élaboration de la Veme République », *Rev. jur. Auvergne*, vol. 97-98-3, p. 119 ; T. MEINDL, *La notion de droit fondamental dans les jurisprudences constitutionnelles française et allemande*, LGDJ, coll. Bibliothèque constitutionnelle et de science politique, 2003.

63 B. KANTE, « Les droits fondamentaux constituent-ils une nouvelle catégorie juridique en Afrique ? », in *L'homme et le droit, Mélanges en hommage au Professeur Jean-François FLAUSS*, Paris, Pédone, 2014, p. 450.

64 Sur la contestation de ce critère formel, E. PICARD, « Droits fondamentaux », in *Dictionnaire de la culture juridique,* Paris, PUF, 2003, p. 547.

65 J. RIVERO, *Les libertés publiques*, Paris, PUF., collection Thémis, 1987, t. 1, p. 15 ; P. BRAUD, *La notion de liberté publique en droit français*, Paris, L.G.D.J., 1968, p. 85 et s. ; Ch. DENIZEAU, *Droit des libertés fondamentales*, 4e édition, Paris, Vuibert, 2015, p. 01.

réunion, de manifester, etc.). Ainsi, contrairement aux libertés fondamentales (droits fondamentaux), les libertés publiques, pour n'être pas proclamées par une norme supra-législative, ne sont pas à l'abri d'atteintes du pouvoir législatif. [66]

Le second critère des droits fondamentaux, relatif à leur régime de protection, tient à l'existence d'une protection juridictionnelle. En effet, la qualification de droit fondamental suppose l'existence d'un système de protection juridictionnelle pour sanctionner la méconnaissance des droits. Alors que la protection des libertés publiques est pour l'essentiel assurée par les juridictions administratives (chambre administrative de la Cour suprême), les droits fondamentaux bénéficient aussi bien d'une protection des juridictions nationales (tribunaux, cour d'appel, Conseil constitutionnel et Cour suprême, notamment) que de celle des juridictions communautaires (Cour de Justice de la CEDEAO, Cour africaine des droits de l'homme et des Peuples).

Si en Afrique, la catégorisation des droits fondamentaux n'est pas aisée[67], la Cour de Justice de la CEDEAO ainsi que la Cour d'appel de Dakar ont tendance à «*fondamentaliser*» du droit l'assistance d'un avocat dès l'interpellation.

Dans l'arrêt *Khalifa Ababacar SALL et autres c/ l'État du Sénégal*, rendu le 29 juin 2018, la Cour de Justice de la CEDEAO a énoncé que : « *le droit à l'assistance d'un conseil est un droit fondamental institué au profit de toute personne faisant l'objet d'une procédure pénale; il apparait que*

---

[66] L. BURGORGUE-LARSEN, *Les concepts de liberté publique et de droit fondamental. L'influence du droit européen sur les catégories du droit public*, Dalloz, 2010, p. 389-407 ; X. DUPRE DE BOULOIS, « Les notions de liberté et de droit fondamentaux en droit privé », *JCP*, 05 décembre 2007, n° 49, p. 11 ; T. LETERRE, « Les libertés publiques : fondements et transformations », in *Les libertés publiques*, La Documentation française, 2000, p. 3-10 ; V. CHAMPEIL-DESPLATS, «Des libertés publiques aux droits fondamentaux : effets et enjeux d'un changement de dénomination », *Jus Politicum*, n° 05.

[67] En ce sens, B. KANTE, « Les droits fondamentaux constituent-ils une nouvelle catégorie juridique en Afrique ? », in *L'homme et le droit, Mélanges en hommage au Professeur Jean-François FLAUSS*, Paris, Pédone, 2014, p. 445 et s. ; également ; M. SY, *La protection constitutionnelle des droits fondamentaux en Afrique : l'exemple du Sénégal*, Paris, l'Harmattan, 2007, p. 36.

ce droit doit être observé dès l'interpellation de la personne par l'information qui doit être portée à sa connaissance de son droit de se faire assister d'un défenseur »[68].

Dans la même affaire, la Cour d'appel de Dakar, dans son arrêt en date du 30 août 2018[69], a également affirmé le caractère fondamental du droit à l'assistance de l'avocat dès l'interpellation. Selon la cour « *l'assistance d'un conseil est un droit dont tout justiciable peut réclamer le bénéfice dans les conditions déterminées par le Règlement n° 05 (...) Qu'il ne peut être contesté que le droit de la personne arrêtée ou interpellée de recevoir la visite de son avocat, de le consulter et de communiquer avec lui, est un droit fondamental de la défense, en tant qu'il permet de garantir que les droits du suspect sont respectés* ».

Cette orientation jurisprudentielle doit être approuvée puisque la « *fondamentalité* » du droit à l'assistance d'un avocat durant l'enquête ne saurait être discutée.

En premier lieu, les droits de la défense, dont le droit à l'assistance d'un avocat dès l'interpellation constitue une composante, sont proclamés par plusieurs normes supra législatives. Il s'agit de la Déclaration universelle des droits de l'homme du 10 décembre 1948[70], du Pacte international relatif aux droits civils et politiques du 16 décembre 1966[71] et de la Charte africaine des droits de l'homme et des Peuples[72]. La plupart des

---

[68] CJ CEDEAO, arrêt n° ECW/CCJ/JUD/17/18 du 29 juin 2018, khalifa Ababacar SALL et autres c/ État du Sénégal, *annexe n° 14.*

[69] CA Dakar, ch. corr. n° 454 du 30 août 2018, MP et État du Sénégal et la ville de Dakar c/ Khalifa Ababacar SALL et autres, *annexe n° 16.*

[70] Aux termes de l'article 11 de cette Déclaration : « *Toute personne accusée d'un acte délictueux est présumée innocente jusqu'à ce que sa culpabilité ait été légalement établie au cours d'un procès public où toutes les garanties nécessaires à sa défense lui auront été assurées*».

[71] L'article 14 3 du Pacte international relatif aux droits civils et politiques du 16 décembre 1966 énonce que toute personne accusée d'une infraction pénale a droit, en pleine égalité, « *à disposer du temps et des facilités nécessaires à la préparation de sa défense et à communiquer avec le conseil de son choix* ».

[72] La Charte africaine des droits de l'homme et des Peuples n'a retenu parmi les droits de la défense que le droit de se défendre soi-même ou par un défenseur de son choix. Selon l'article 7 de cette Charte, toute personne a droit à ce que sa cause soit entendue.

Constitutions des États membres de l'Union économique et monétaire ouest-africaine (UEMOA) ont également prévu le principe des droits de la défense. C'est le cas du Bénin[73], du Burkina Faso[74], de la Côte d'Ivoire[75], de la Guinée-Bissau[76], du Niger[77] et du Togo[78]. Certains États ont même admis le principe des droits de la défense à toute hauteur de la procédure ; il en est ainsi du Mali[79] et du Sénégal[80].

En second lieu, dans la plupart des États membres de l'UEMOA, il a été prévu un système de protection juridictionnelle du droit d'accéder à un avocat dans la phase policière du procès. En effet, nonobstant la possibilité d'engager la responsabilité de l'officier de police judiciaire ainsi que celle de l'État, le non-respect de ce droit est assimilé à une « *violation des droits de la défense* » de nature à entraîner la nullité de la procédure[81].

Quoi qu'il en soit, le droit communautaire de l'UEMOA, en consacrant un nouveau droit à l'assistance d'un avocat, a fixé clairement le moment de l'assistance de l'avocat (section première), tout en délimitant l'étendue de son intervention pendant l'enquête (section II)

Ce droit comprend le droit à la défense, y compris celui de se faire assister par un défenseur de son choix.

[73] V. art. 17 de la loi n° 90-32 du 11 décembre 1990 portant Constitution de la République du Bénin.

[74] V. art. 4 de la Constitution du 02 juin 1991 du Burkina Faso ; Sur la présomption d'innocence, S. DETRAZ, « La prétendue présomption d'innocence, *Dr. pén.* 2004, chron 3 ; J. PRADEL, « La présomption d'innocence : un colosse aux pieds d'argile ? » in, *Droit de la France et droits d'ailleurs*, *Mélanges J.-H. Robert*, Paris, LexisNexis, 2012, p. 605.

[75] V. art. 7 de la Constitution de la Côte d'Ivoire.

[76] V. art. 32-2 de la Constitution de la Guinée-Bissau.

[77] V. art. 20 de la Constitution du Niger.

[78] V. art. 18, alinéa 1er de la Constitution du Togo du 14 octobre 1992.

[79] V. art. 9, alinéa 4 de la Constitution du Mali du 27 février 1992 : « *Le droit à la défense, y compris celui de se faire assister par l'avocat de son choix est garanti depuis l'enquête préliminaire* ».

[80] V. art. 9, alinéa 2 de la Constitution sénégalaise.

[81] V. art. 166 du Code de Procédure pénale du Sénégal

SECTION PREMIÈRE

LE MOMENT DE L'ASSISTANCE DE L'AVOCAT

13. Une assistance dès l'interpellation. Les rédacteurs du Règlement n° 05/CM UEMOA du 25 septembre 2014 ont entendu aménager un droit à l'assistance de l'avocat dès l'aurore de l'enquête, c'est-à-dire dès le début des investigations policières. L'exercice du droit à l'assistance d'un conseil n'est plus subordonné à la prolongation de la mesure de garde à vue, mais plutôt à l'interpellation de la personne concernée.

L'objectif visé est donc de consolider les droits de la défense en tant que composante du droit à un procès équitable dans la phase policière du procès.

C'est sans doute la raison pour laquelle le texte communautaire a bouleversé les droits pénaux nationaux de certains États de l'UEMOA, comme ceux du Burkina Faso, de la Guinée-Bissau et du Togo et qui ignoraient la présence de l'avocat durant l'enquête. Il en est de même des droits nigérien et sénégalais où l'intervention de l'avocat était subordonnée au placement en position de garde à vue du mis en cause.

L'arrêt *Idrissa SECK* rendu par la Chambre d'Accusation de la Cour d'appel de Dakar le 10 octobre 2005[82], rend bien compte des liens existant, à l'époque, entre l'assistance d'un avocat et la décision de prolongation de la garde à vue. Selon la Chambre d'accusation : « *il résulte de la lecture des dispositions de l'article 55, alinéa 9 du Code de Procédure pénale que le droit de constituer un avocat n'est offert à la personne gardée à vue qu'en cas de prolongation de la garde à vue et non à l'expiration de celle-ci* ».

D'ailleurs, selon l'arrêt *Thione Ballago SECK* précité, l'article 5 du Règlement de l'UEMOA, « *en prévoyant l'assistance d'un avocat dès l'interpellation à l'enquête préliminaire, n'a dérogé au droit national qu'en ce qui concerne le moment d'intervention de l'avocat, puisque ce*

[82] CA Dakar, ch. acc., n° 123 du 10 octobre 2005, MP c/ Idrissa SECK, *inédit*.

moment était fixé à la prolongation de la garde à vue par l'article 55 in fine du Code de Procédure pénale ».

Les citoyens peuvent exercer leur droit à l'assistance d'un avocat durant l'enquête préliminaire, dans les locaux de la police, de la gendarmerie « *dès leur interpellation* ».

Dès lors, il apparaît nécessaire de cerner les contours conceptuels de la notion d'interpellation (paragraphe premier). Cette entreprise de balisage sémantique nous conduira à distinguer le concept d'interpellation de notions voisines (paragraphe II).

PARAGRAPHE PREMIER : LA NOTION D'INTERPELLATION

14. Difficultés de conceptualisation. Dès l'adoption du Règlement de l'UEMOA du 25 septembre 2014, le contenu conceptuel de la notion d'interpellation a suscité des hésitations et des interprétations divergentes. Que faut-il entendre par la notion d'« *interpellation* » évoquée par le Règlement de l'UEMOA ? Ce concept renvoie-t-il à la notion d'arrestation bien connue du droit pénal ? Est-il permis d'établir un départ sémantique entre l'interpellation et la garde à vue en tant qu'acte de police judiciaire ? Les réponses à ces questions ne sont pas toujours aisées.

L'introduction du concept aussi filandreux que brumeux d'interpellation dans le texte communautaire ainsi que l'absence d'un corps précis de règles de référence dans le Règlement de l'UEMOA pour donner un contenu à cette notion ont contribué à nourrir équivoques et malentendus.

Pour mieux affiner les contours de la notion d'interpellation, il convient d'analyser l'approche juridique de l'interpellation (I) avant d'étudier le concept d'interpellation au sens du Règlement de l'UEMOA (II).

I.- LE CONCEPT JURIDIQUE D'INTERPELLATION

15. Généralité sémantique. L'article 5, alinéa 1er du Règlement n° 05/CM UEMOA du 25 septembre 2014 a consacré le droit l'assistance d'un avocat « *dès leur interpellation* ». Il faut préciser que les rédacteurs du Règlement n'ont employé le terme « *interpellation* » que dans l'article 5, alinéa 1er dudit Règlement.

Dans sa plus grande généralité sémantique, interpeller veut dire « *adresser la parole, d'une façon plus ou moins brusque, à quelqu'un pour lui demander quelque chose* ». Il désigne encore le fait de « *sommer quelqu'un de répondre, lui demander de s'expliquer sur un fait* », de « *vérifier son identité* »[83]. L'interpellation désigne la sommation adressée à une personne à l'effet de répondre à une question ou de s'expliquer sur des faits.

16. interpellation en matière civile. Dans le discours juridique, l'interpellation est « *la sommation adressée par un agent de l'autorité à un individu (suspect ou agent de trouble) en vue d'un contrôle ou d'un rappel à l'ordre* »[84]. Cette dernière approche de l'interpellation est souvent celle retenue dans les textes juridiques.

La notion d'interpellation n'est pas inconnue du droit civil. À titre d'exemple, en droit sénégalais, le législateur dans le Code de la Famille a eu recours à deux reprises à ce concept dans le cadre de la procédure de célébration du mariage.

L'article 116, alinéa 3 du Code de la Famille énonce qu'en vue de la préparation de l'acte de mariage, *« l'officier de l'état civil interpelle les futurs époux* » sur le régime matrimonial qu'ils entendent ; en recueillant éventuellement le choix des époux.

Lorsque l'un des futurs époux est mineur, « *l'officier de l'état civil interpelle, s'il est présent, le parent dont le consentement est requis* ». S'il est absent, il donne lecture de l'acte par lequel ce consentement est exprimé.

Le Code de Procédure civile du Sénégal évoque la notion d'interpellation dans les dispositions relatives à l'instruction des affaires civiles. En effet, l'article 146, alinéa 3 du Code de Procédure civile modifié par le décret

---

83 V. *Le petit Larousse illustré*, 2002, p. 555, V° interpeller.

84 Sur la notion d'interpellation, G. CORNU, *Vocabulaire juridique*, Paris, PUF, 2014, p. 566.

n° 2013-1071 du 06 août 2013 habilite les parties, après la déposition du témoin, sous le contrôle du juge, à « *l'interpeller directement en lui posant toute question utile à aider à établir les faits* »[85].

L'article 148 du Code de Procédure civile retient la même acception de l'interpellation lorsqu'il reconnait au président ou au juge commis la faculté, soit d'office, soit sur la demande des parties ou de l'une d'elles, de « *faire au témoin les interpellations qu'il croit convenables pour éclaircir sa déposition* ».

En outre, en cas de comparution personnelle des parties, l'article 187, alinéa 1er du Code de Procédure civile énonce qu'après l'interrogatoire par le tribunal, lecture en est donnée à chacune des parties avec interpellation de déclarer si elle a dit la vérité et persiste. Lorsqu'une partie ajoute de nouvelles déclarations, l'addition est rédigée en marge ou à la suite de l'interrogatoire ; elle lui est lue et « *il lui est fait la même interpellation* ».

Le concept d'interpellation est également présent dans les dispositions relatives à la signification des exploits d'huissier. Selon l'article 187, alinéa 2 du Code de Procédure civile, en cas de signification soit à domicile ou à voisin, « *si la personne interpellée refuse de recevoir l'acte ou ne peut présenter sa carte d'identité, l'huissier remet sans délai la copie au maire ou à un adjoint ou encore, à défaut de ceux-ci, au chef d'arrondissement* ».

17. L'interpellation en matière pénale. Le concept d'interpellation est souvent utilisé dans les textes pénaux.

En premier lieu, cette notion est évoquée par plusieurs dispositions du Code de Procédure pénale relatives à l'exécution des mandats d'amener et d'arrêt. En vertu de l'article 118 du Code de Procédure pénale, si l'inculpé recherché en vertu d'un mandat d'amener est trouvé hors du ressort du magistrat instructeur qui a délivré le mandat, il est conduit

[85] Sur cette question, P. A. TOURE, « Le décret n° 2013-1071 du 06 août 2013 modifiant le Code de procédure civile : entre l'accélération de la cadence judiciaire et la préservation des droits des parties au procès », *EDJA*, n° 102, juillet-août-septembre 2014, p. 49.

devant le procureur de la République du lieu de l'arrestation. Ce magistrat l'interroge sur son identité, reçoit ses déclarations, après l'avoir averti qu'il est libre de ne pas en faire, « *l'interpelle* » afin de savoir s'il consent à être transféré ou s'il préfère prolonger les effets du mandat d'amener en attendant la décision du juge d'instruction saisi de l'affaire.

Aussi, l'article 124 du Code de Procédure pénale prévoit que lorsque l'inculpé ne peut être saisi, le mandat d'arrêt est notifié à sa dernière habitation et il est dressé procès-verbal de perquisition. Ce procès-verbal est dressé en présence des deux (2) plus proches voisins du prévenu que le porteur du mandat d'arrêt peut trouver. Ils le signent ou, s'ils ne savent pas ou ne veulent pas signer, il en est fait mention, ainsi que de « *l'interpellation qui leur a été faite* ».

En deuxième lieu, la notion d'interpellation est présente dans les dispositions relatives aux citations et significations. Il résulte de l'article 539, alinéa 6 du Code de Procédure pénale du Sénégal que la citation délivrée à la partie civile contiendra interpellation de l'huissier sur le montant des dommages-intérêts que cette partie civile réclame et invitation à fournir les pièces justificatives de son action.

L'article 544 du Code de Procédure pénale précise que lorsque la personne concernée par l'exploit est absente de son domicile, l'huissier interpelle la personne présente audit domicile sur ses prénoms, nom et qualité ainsi que sur la durée de l'absence de l'intéressé et sur l'adresse à laquelle celui-ci peut être trouvé.

Enfin, l'article 551 du Code de Procédure pénale fait obligation à l'huissier de mentionner sur l'original de l'exploit, et sous forme de procès-verbal, ses diligences ainsi que « *les réponses qui ont été faites à ses différentes interpellations* ».

En troisième lieu, le Code pénal sénégalais fait référence à la notion d'interpellation dans le texte d'incrimination de l'abandon de famille. En vertu de l'article 350 du Code pénal, dans les cas d'abandon par le conjoint de la résidence familiale pendant plus d'un mois ou dans le cas d'un abandon par le mari de sa femme pendant plus d'un mois, la poursuite comportera initialement « *une interpellation, constatée par procès-verbal, de la personne poursuivie, par un officier de police judiciaire ou un huissier* ». Un délai de quinze (15) jours lui sera accordé pour exécuter ses obligations. Lorsque la personne poursuivie est en fuite ou si elle n'a pas de résidence connue, l'interpellation est remplacée par l'envoi d'une lettre recommandée au dernier domicile connu ou par avis donné au chef de village ou au délégué de quartier de ce dernier domicile.

Il résulte des textes juridiques précités que l'interpellation renvoie à une sommation faite par une autorité publique (un juge, un huissier, un officier de police judiciaire, etc.) à une personne (une victime, un témoin, une partie, etc.) de s'expliquer sur la véracité ou la fausseté de faits ou de fournir des renseignements[86].

Par exemple, l'exploit de citation délaissé à la partie civile contient interpellation de l'huissier sur le montant des dommages-intérêts qu'elle réclame[87]. En d'autres termes, l'huissier instrumentaire doit mentionner dans l'acte de citation qu'il a sommé la partie civile de s'expliquer sur le montant des dommages intérêts réclamé.

II.- L'INTERPELLATION AU SENS DE L'ARTICLE 5 DU RÈGLEMENT DE L'UEMOA

18. Élucidations conceptuelles. Au lendemain de l'adoption du Règlement communautaire du 25 septembre 2014, et face aux difficultés de cerner les contours de la notion d'interpellation à laquelle fait référence ce texte, certains États membres de l'UEMOA ont entrepris de conceptualiser cette notion (A). Quoi qu'il en soit, la consécration du concept d'interpellation par l'article 5 du Règlement de l'UAMOA a favorisé l'émergence d'un nouveau statut pénal dans le paysage procédural des États de l'UEMOA : celui de personne interpellée (B).

---

[86] EL. H. B. FAYE, « Droit à un conseil dès l'interpellation : de la portée de la réforme du Code de Procédure pénale », *Les Echos du Palais*, n° 01, février 2018, p. 25.
[87] V. art. 539, al. 6 du Code de Procédure pénale du Sénégal.

A.- La conceptualisation de la notion d'interpellation

19. Efforts conceptuels. Les efforts de conceptualisation de la notion d'interpellation ont permis de mieux baliser son champ sémantique (1) et de fixer ses critères de définition (2).

1.- Le balisage du cadre sémantique du concept d'interpellation

20. Exigence d'une enquête en cours. L'acception juridique de la notion d'interpellation, renvoyant à une sommation faite par une autorité publique (un juge, un huissier, etc.) à une personne (une victime, un témoin, une partie) de s'expliquer sur la véracité ou la fausseté de faits ou de fournir des renseignements, est-elle transposable à la phase policière du procès pénal ? En d'autres termes, la définition juridique de l'interpellation recoupe-t-elle le sens du concept d'interpellation donné par les rédacteurs de l'article 5 du Règlement de l'UEMOA ?

Rien n'est moins sûr. En effet, le texte communautaire contient une précision d'importance, puisque le droit à l'assistance d'un conseil est prévu « *durant l'enquête préliminaire* », dans les locaux de la police, de la gendarmerie ou devant le parquet.

L'exigence communautaire d'une enquête en cours conduit à exclure de la définition de l'interpellation certaines opérations de police administrative et d'autres mesures de contrainte accomplies soit avant l'ouverture (a), soit après la clôture de l'enquête (b).

a.- L'exclusion des mesures de contrôle prises avant l'ouverture de l'enquête

21. Variété des mesures de contrôle. L'exercice du droit à un avocat suppose au moins l'ouverture d'une enquête pénale[88]. Les mesures prises par les agents de la force publique[89] et par certaines administrations

[88] EL. H. B. FAYE, « Droit à un conseil dès l'interpellation : de la portée de la réforme du Code de Procédure pénale », *Les Echos du Palais*, n° 01, février 2018, p. 25.

[89] J. MOREAU, « Police administrative et police judiciaire. Recherche d'un critère de distinction », *AJDA* 1963, p. 68 ; J. BUISSON, *L'acte de police*, Thèse, Lyon III, 1988, p. 187.

habilitées (administration douanière, fiscale, etc.) même si elles revêtent un caractère contraignant, ne constituent pas des interpellations au sens communautaire du terme. Il s'agit de certaines mesures de police administrative et autres opérations de contrôle effectuées par des administrations spécialisées.

22. Opérations de police administrative. Pour les besoins du maintien de l'ordre public, les autorités de police sont parfois amenées à restreindre momentanément la liberté d'aller et de venir de certaines personnes. Il s'agit de mesures de police de droit commun tendant à assurer le maintien de l'ordre public en le préservant des troubles qui pourraient l'atteindre. Il en est ainsi du relevé, du contrôle ou de la vérification d'identité.

23. Relevé d'identité. Le relevé d'identité est la procédure consistant à relever et non à contrôler l'identité d'une personne ; il se révèle nettement moins contraignant que d'autres mesures. Il s'agit de la possibilité accordée aux services de police de recueillir, sans possibilité de contrainte, l'identité de personnes. Dans le cadre de sa mission de police administrative, la gendarmerie nationale dispose d'un droit d'identification. Il résulte de l'article 77, alinéas 1er et 2 du décret n° 74-571 du 13 juin 1974 portant règlement sur l'emploi et le service de la gendarmerie[90] que, pour lui permettre de déceler les suspects, les individus qui circulent irrégulièrement et ceux recherchés à quelque titre que ce soit, la gendarmerie a le droit d'exiger de quiconque l'exhibition de ses pièces d'identité ou, en tout cas, la justification de son identité. Nul ne peut refuser de présenter ses pièces d'identité lorsque l'officier, le gradé ou le gendarme qui le requiert, est revêtu de son uniforme ou décline ses qualités. L'agent qui invite une personne à décliner son identité pour rédiger un procès-verbal n'est pas habilité à le retenir contre son gré.

24. Contrôle d'identité. Il s'agit d'une invitation adressée à une personne de justifier de son identité par tout moyen. Le contrôle d'identité est en réalité une injonction ou une sommation adressée par les forces de

---

[90] JORS n° 4368 du lundi 22 juillet 1974, p. 1161.

l'ordre à une personne qui est « *interpellée* » et contrainte de rester sur place pour révéler son identité[91].

C'est un examen, effectué par un officier de police judiciaire sur la voie publique ou dans un lieu public, d'un document de nature à prouver l'identité d'une personne. Il constitue la première étape de l'opération tendant à établir l'identité. La personne interpellée est donc tenue à la disposition des autorités de police ou de gendarmerie, le plus souvent sur les lieux de l'opération, le temps nécessaire à la démonstration de son identité et à la consultation éventuelle de fichiers de police.

Cette procédure semble être prévue par l'article 77, alinéa 5 du décret n° 74-571 du 13 juin 1974 portant règlement sur l'emploi et le service de la gendarmerie selon lequel le personnel de la gendarmerie retient les personnes à identifier pendant le temps strictement nécessaire aux vérifications.

En matière douanière, le législateur a habilité l'Administration douanière à procéder à des contrôles d'identité dans l'exercice de sa mission. Il résulte de l'article 57 de la loi n° 2014-10 du 28 février 2014 portant Code des Douanes, intitulé « *vérification d'identité* », que les agents des douanes peuvent contrôler l'identité des personnes qui entrent dans le territoire douanier ou qui en sortent ou qui circulent dans le rayon des douanes.

25. Vérification d'identité. La procédure de vérification d'identité est mise en œuvre à la suite d'un contrôle ou d'un relevé d'identité infructueux[92]. Dès lors que l'identité d'une personne n'a pu être établie, des recherches plus approfondies, nécessitant la rétention de l'intéressé, doivent être accomplies. Il s'agit de la recherche coercitive, effectuée par

---

[91] C. BERLAUD, « Contrôle d'identité discriminatoire ? », *Gaz. Pal.* 22 novembre 2016, n° 41, p. 43 ; J. MORANGE, « Le nouveau régime des contrôles d'identité », *RFDA* 1987, p. 85 ; F. FOURMENT, « Contrôles d'identité : « Contrôlez, contrôlez, il en restera toujours quelque chose », *Gaz. pal.* 14 janv. 2012, n° 14, p. 8 ; J. KARSENTI, « Contrôles d'identité : comment lutter contre le contrôle au faciès ? », *Gaz. pal.* 14 janv. 2012, n° 14, p. 19 ; J.-Y. MARECHAL, « Contrôles d'identité abusifs : les propositions du Défenseur des droits », *JCP* 2012. 1168.

[92] J. MORANGE, « Les vérifications d'identité », *AJDA* 1981, p. 285 ; J. BUISSON, «Contrôles et vérifications d'identité », *Jurisclass. pr. pén.,* fasc. 10 et 20.

un officier de police judiciaire sur l'identité d'une personne qui ne peut ou ne veut en justifier lors d'un contrôle. Elle implique la rétention de l'intéressé sur les lieux du contrôle ou dans un service de police ou de gendarmerie.

Ce pouvoir d'investigation est prévu dans presque tous les États membres de l'UEMOA. Les textes pénaux de ces États évoquent souvent la vérification d'identité dans le cadre des actes de police judiciaire[93].

À titre d'exemple, au Sénégal, l'article 53, alinéa 2 du Code de Procédure pénale énonce que : « *Toute personne dont il apparaît nécessaire, au cours des recherches judiciaires, d'établir ou de vérifier l'identité, doit à la demande de l'officier de police judiciaire, se prêter aux opérations qu'exige cette mesure. Tout contrevenant aux dispositions des alinéas précédents est passible d'une peine qui ne peut excéder quinze jours d'emprisonnement et 18.000 francs d'amende* ».

D'ailleurs, pour les nécessités de l'enquête, la personne soumise à la vérification d'identité peut être gardée à la disposition de la police judiciaire pour une durée qui ne peut excéder vingt-quatre (24) heures[94]. Au Sénégal, le Code de Procédure pénale est précisé par l'article 77, alinéa 6 et 7 du décret n° 74-571 du 13 juin 1974 portant règlement sur l'emploi et le service de la gendarmerie. Ce texte dispose que l'officier de police judiciaire prend une mesure de garde à vue à l'encontre de la personne qui refuse, dans le cadre d'une procédure de flagrance, de décliner son identité, d'exhiber ses pièces d'identité ou de se prêter aux opérations techniques d'identification. Le conducteur de véhicule qui refuse de décliner son identité est conduit à la brigade et son véhicule est immobilisé.

La Cour de Cassation française a déjà jugé que les services de la police judiciaire n'excèdent pas leurs pouvoirs en gardant à leur disposition

---

[93] V. art. 73 du Code de Procédure pénale du Mali, art. 55 du Code de Procédure pénale du Bénin, art. 60 du Code de Procédure pénale du Burkina Faso et art. 50 du Code de Procédure du Togo.

[94] V. art. 55, alinéa 1er du Code de Procédure pénale du Sénégal.

pendant dix (10) heures un individu dont la carte d'identité était suspecte et laissait présumer que des infractions pouvaient avoir été commises[95].

En tout état de cause, la personne faisant l'objet d'un relevé d'un contrôle ou d'une vérification d'identité, en dehors d'une enquête, ne saurait se prévaloir d'un droit à l'assistance d'un conseil. Il en est de même de l'usager de la circulation sommé de présenter ses pièces au cours de contrôle de la circulation, faute de l'ouverture d'une enquête.

Selon la circulaire du Ministre de la Justice du Sénégal du 11 janvier 2018, l'interpellation « *ne s'étend pas cependant à la brève vérification d'identité ou verbalisation, notamment dans la rue, qui ne conduit pas à une enquête ou à une audition sur procès-verbal* ».

Cette lecture ne résulte pas seulement d'une « *conclusion de bon sens, au regard de l'impossibilité pratique d'associer l'avocat non présent sur les lieux à une procédure qui en principe ne dure que quelques minutes* ».

Elle est suggérée également par les dispositions de l'alinéa 14 de l'article 55 du Code de Procédure pénale qui associent la présence de l'avocat à sa faculté de présenter, « *le cas échéant, des observations écrites qui sont jointes à la procédure* »[96].

D'après le guide de l'officier de police judiciaire élaboré par la Division des Investigations criminelles (DIC), à la suite de la signature de la circulaire ministérielle du 11 janvier 2018, « *la brève vérification d'identité ou verbalisation, notamment dans la rue qui ne conduit pas à une enquête ou à une audition sur procès-verbal, ne fera pas l'objet d'une notification* ».

26. Opérations de contrôle des administrations habilitées. Certaines administrations spécialisées se sont vu reconnaître des pouvoirs de contrôle et de surveillance leur permettant de vérifier le respect de la législation et de la réglementation dont elles sont chargées d'assurer la bonne application. L'accent sera mis sur le pouvoir de vérification de

---

[95] Cass. crim. 05 janvier 1973, *Bull. crim.* n° 07; *D.* 1973. 541, note Roujou de Boubée.
[96] V. la circulaire ministérielle du 11 janvier 2018, note n° 07.

marchandises de l'Administration douanière et le pouvoir de vérification de comptabilité de l'Administration fiscale.

27. Vérification de marchandises. L'Administration des douanes accomplit souvent des opérations de surveillance en vue d'assurer le respect de la réglementation douanière, à l'image de la vérification de marchandises. L'article 1er du Code des Douanes du Sénégal définit la vérification de marchandises comme une « *opération par laquelle la douane procède au contrôle physique de tout ou partie des marchandises afin de s'assurer que leur nature, origine, état, quantité et valeur sont conformes aux données de la déclaration en détail des marchandises à celles des documents annexes et à la législation douanière* ».

En vertu de l'article 130 du Code des Douanes du Sénégal, la vérification des marchandises déclarées dans les bureaux de douane ne peut être faite que dans les magasins de la douane ou dans les lieux désignés à cet effet par le service des douanes.

Le transport des marchandises sur les lieux de la vérification ainsi que, le cas échéant, le déballage, le remballage, le prélèvement d'échantillons et toutes les autres manipulations nécessaires sont effectués aux frais et sous la responsabilité du déclarant.

La vérification des marchandises a lieu en présence du déclarant ou de son représentant. Lorsque le déclarant ou son représentant ne se présente pas pour assister à la vérification, le service des douanes lui notifie, au besoin par écrit ou par messagerie électronique et avec accusé de réception, son intention de commencer les opérations de vérification ou de les poursuivre s'il les avait suspendues. Lorsque cinq (05) jours après la date fixée pour la vérification le déclarant ne se présente pas, les marchandises sont constituées d'office en dépôt de douane par le service des douanes[97].

Les actions accomplies par l'Administration douanière peuvent être de nature à apporter des restrictions ou des limitations aux libertés individuelles, puisque le contrôle physique exercé sur les marchandises

---

[97] V. art. 131 du Code des Douanes du Sénégal.

afin de s'assurer de la conformité de leur nature, origine, état, quantité et valeur aux données de la déclaration en détail des marchandises à la législation douanière contraint souvent le déclarant à se soumettre audit contrôle.

28. Vérification de compatibilité. Le système fiscal sénégalais est fondé sur le régime de la déclaration. Les contribuables déclarent sous leur propre responsabilité leur base imposable[98].

C'est la raison pour laquelle le Code général des Impôts a accordé à l'Administration fiscale un pouvoir de contrôle qui constitue un ensemble d'actions qui concourt au rapprochement des éléments déclarés ou susceptibles de l'être avec d'autres éléments pour déterminer, au besoin, des insuffisances, les redresser ou en recouvrer les montants.

Le contrôle fiscal a notamment une finalité répressive, en ce qu'il cherche à sanctionner financièrement et pénalement les irrégularités constatées[99].

Le pouvoir de vérification de comptabilité constitue un puissant moyen de contrôle de l'Administration fiscale[100]. Il s'agit d'une opération qui permet aux agents des impôts et domaines, ayant au moins le grade de contrôleur, de vérifier sur place la comptabilité et les documents détenus par les contribuables de nature à asseoir et à contrôler les impôts, taxes et redevances[101].

La vérification de compatibilité porte sur l'ensemble de la situation fiscale du contribuable vérifié[102]. Au cours de cette opération, l'Administration des impôts peut constater des minorations de droits ou

---

[98] EL. H. D. BA, *Procédures fiscales. Sénégal*, Paris, l'Harmattan, 2016, p. 13.

[99] J.-P. CASIMIR, *Contrôle fiscal : Les codes RF*, Paris, éd. Revue Fiduciaire, 10e éd., 2007.

[100] N. ESCAUT, « Les contrôles inopinés ne font pas partie de la vérification de comptabilité » ; D. FAUCHER, « Le contrôle sur pièces et sur place », *JCP* N 1999, n° 13, p. 561-564.

[101] G. NOEL, « Définition de la vérification de comptabilité-Définition jurisprudentielle », *Jurisclass. Procédures fiscales*, fasc. 323-10, dernière mise à jour, mars 2014 ; J.-C. DRIE, *La vérification de comptabilité,* Paris, Litec Fiscal, 1ère éd., 2007 ; J. LAMARQUE, « Vérification de comptabilité et droit de communication », *Procédures,* 1998, n° 01, p. 118-126 ; J. MEURANT, « La distinction entre le droit de communication et vérification de comptabilité », *Rev. sociétés* 1984, p. 483.

[102] V. art. 582 du Code général des Impôts du Sénégal.

de base, des déductions abusives et des manquements aux obligations prévues pour la déclaration et le paiement des impôts, droits, taxes et redevances.

Les opérations de surveillance et de contrôle que sont la vérification de marchandises et la vérification de comptabilité peuvent conduire à la constatation par l'administration d'irrégularités supportant une qualification pénale et conduire ainsi à l'ouverture d'une enquête pénale.

Mais elles ne sont pas dans le champ couvert par les dispositions de l'article 5 du Règlement de l'UEMOA, l'exercice du droit à l'assistance d'un avocat supposant au moins l'ouverture d'une enquête au sens de la législation communautaire. Ainsi, la personne soumise à la vérification de marchandises ou à une vérification de comptabilité, ne saurait être assimilée à une personne interpellée et réclamer ainsi son droit à l'assistance d'un avocat.

Il est vrai qu'il est loisible au déclarant de constituer conseil pour défendre ses intérêts devant l'Administration douanière, en vertu de l'article 3, alinéa 2 du Règlement de l'UEMOA, selon lequel les avocats « *assistent également leurs clients dans toutes les administrations publiques* ».

Cependant, l'Administration des impôts et l'Administration fiscale ne sont pas tenues de notifier à la personne objet de la vérification son droit à l'assistance d'un avocat ; ce dernier ne saurait d'ailleurs invoquer une nullité tirée d'une méconnaissance de son droit d'accès à un avocat.

D'ailleurs, à cette étape de la procédure, aucun procès-verbal d'enquête n'est souvent établi.

b.- L'exclusion des mesures de contrainte accomplies après la clôture de l'enquête

29. Diversité des mesures de contrainte. Certaines mesures coercitives (arrestation, incarcération, extraction, etc.) peuvent prises sur les réquisitions des magistrats durant l'instruction ou même après le prononcé de la décision de condamnation. L'article 78, alinéa 2 du décret n° 74-571 du 13 juin 1974 portant règlement sur l'emploi et le service de la gendarmerie énonce que la gendarmerie a le droit d'arrestation contre notamment les personnes objets d'un mandat d'amener, de dépôt ou d'arrêt, d'une contrainte par corps, d'un arrêté d'expulsion, d'un ordre d'arrestation en vue d'une extradition ou d'un ordre d'arrestation d'un libéré conditionnel.

L'accent sera mis sur l'exécution des mandats de justice, l'arrestation d'un condamné ou d'un étranger en vue d'une extradition et l'exécution d'un ordre d'extraction de détenus.

30. Exécution des mandats de justice. Pour les besoins de l'exécution des mandats (mandats d'amener, de dépôt et d'arrêt) décernés par le magistrat instructeur au cours de l'information, les agents de la force publique, peuvent procéder à l'arrestation d'inculpés[103]. À titre d'exemple, il résulte de l'article 116, alinéa 2 du Code de Procédure pénale du Sénégal que la personne arrêtée en vertu d'un mandat d'amener du juge d'instruction est interrogée ou auditionnée immédiatement par le magistrat instructeur.

Mais le juge d'instruction peut ne pas être disponible pendant vingt-quatre (24) heures. Il en est ainsi lorsque l'arrestation a lieu en pleine nuit. Dans ce cas, l'inculpé est conduit dans la maison d'arrêt où il ne peut être détenu plus de vingt-quatre (24) heures[104].

Si l'inculpé recherché en vertu d'un mandat d'amener est trouvé hors du ressort du magistrat instructeur qui a délivré ce mandat, il est conduit devant le procureur de la République du lieu de l'arrestation[105].

Ce magistrat l'interroge sur son identité, reçoit ses déclarations, après l'avoir averti qu'il est libre de ne pas en faire et l'interpelle afin de savoir s'il consent à être transféré ou s'il préfère prolonger les effets du mandat d'amener, en attendant la décision du juge d'instruction saisi de l'affaire.

---

[103] Sur cette question, Ch. GUÉRY, « Mandats », *Rép. dr. pén. proc. pén.,* Dalloz, février 2005 ; J. DUMONT, « Mandats », *J-class. pr. pén.*, art. 122 à 136 ; Ch. GUÉRY « Mandats et suspect », *AJ pén.* 2004, p. 256.

[104] Ch. GUÉRY, « Mandats », *Rép. dr. pén. proc. pén.*, Dalloz, février 2005, n° 78.

[105] V. article 118 du Code de Procédure pénale du Sénégal.

Lorsque l'inculpé déclare s'opposer au transfèrement, il est conduit dans la maison d'arrêt et avis est immédiatement donné au juge d'instruction compétent.

Le juge d'instruction saisi de l'affaire décidera s'il y a lieu d'ordonner le transfèrement de la personne[106].

Quant à la personne faisant l'objet d'un mandat d'arrêt, l'article 123 du Code de Procédure pénale énonce qu'il est procédé à son interrogatoire dans les quarante-huit (48) heures de son incarcération. Si cette personne est arrêtée hors du ressort du juge d'instruction qui a délivré le mandat, elle est conduite immédiatement devant le procureur de la République du lieu de l'arrestation qui reçoit ses déclarations, après l'avoir averti qu'il est libre de ne pas en faire.

Le procureur de la République informe sans délai le magistrat qui a décerné le mandat et requiert le transfèrement. Si celui-ci ne peut être effectué immédiatement, le procureur de la République en réfère au juge mandant[107].

31. Réquisitions d'incarcération du condamné. Dans le cadre de la procédure de contrainte par corps, des mesures de contrainte peuvent être prises contre des personnes ayant fait l'objet de condamnations à des amendes ou à des dommages et intérêts[108].

En effet, le condamné peut faire l'objet des réquisitions d'incarcération du Ministère public, soit d'office soit à la requête de la partie civile, lorsqu'il ne s'acquitte pas volontairement de sa dette entre les mains de l'agent du trésor à l'expiration du délai de trois (3) mois à compter du

---

[106] V. art. 119 du Code de Procédure pénale du Sénégal.

[107] H. LE GALL, « Mandats d'arrêt et mandats d'amener », *Gaz. pal.* 1985. 1, doctr. 117.

[108] S. DETRAZ, « Rémanence et renaissance d'une institution : de la contrainte par corps à la contrainte judiciaire », *Dr. pén.* 2004, étude 14 ; D. LOCHOUARN, « La contrainte par corps : nature, évolution, actualité », *Rev. huiss.* 1998, p. 449 ; M. H. RENAUT, « La contrainte par corps. Une voie d'exécution civile à coloris pénal », *RSC* 2002, p. 791.

jour où la décision prononçant l'amende ou les dommages-intérêts est devenue définitive[109].

Ces réquisitions du parquet sont exécutées par les officiers de police judiciaire pour les besoins de l'incarcération du condamné.

32. Arrestation du libéré conditionnel. Une mesure de contrainte peut être décidée au cours de l'exécution d'une décision de libération conditionnelle. En effet, la personne ayant bénéficié d'un arrêté de libération conditionnelle du Ministre chargé de l'Administration pénitentiaire, qui a fait l'objet d'une nouvelle condamnation ou qui ne s'est pas conformée aux conditions de la mise en liberté conditionnelle, peut faire l'objet d'une arrestation.

Il résulte de l'article 703 du Code de Procédure pénale qu'en cas de nouvelle condamnation, d'inconduite notoire, d'infraction aux conditions ou d'inobservation des mesures énoncées dans la décision de mise en liberté conditionnelle, le Ministre chargé de l'Administration pénitentiaire peut prononcer la révocation de cette décision sur avis du procureur de la République et du chef de la circonscription administrative où est située la résidence du libéré.

En cas d'urgence, l'arrestation peut être provisoirement ordonnée par le procureur de la République du lieu où se trouve le libéré, à charge de saisir immédiatement le Ministre chargé de l'Administration pénitentiaire.

33. Arrestation provisoire en vue d'une extradition. En vertu de l'article 11 de la loi n° 71-77 du 28 décembre 1971 relative à l'extradition[110], en cas de demande d'extradition adressée au Gouvernement, l'étranger concerné peut faire l'objet d'une arrestation

---

[109] V. art. 709 et 715, alinéa 2 du Code de Procédure pénale du Sénégal.

[110] JORS, n° 4207 du 05 février 1972, p. 176. Sur ce texte, V. L. KAMA, « Commentaire de lois, loi n° 71-77 du 28 décembre 1971 relative à l'extradition », *Rev.sén.dr,* mars 1970, p. 113 ; A. DIOP, « La coopération interétatique au Sénégal», *Rev.jur.pol.ind.coop.*, 1983, n°1, XVe Congrès de l'IDEF, Caire, 20-27 novembre 1982, p. 257.

provisoire[111]. Dans les vingt-quatre (24) heures de l'arrestation, il est procédé, par les soins du procureur général ou d'un membre de son parquet, à un interrogatoire d'identité dont il est dressé procès-verbal.

L'étranger ainsi est transféré dans le plus bref délai et écroué à la maison d'arrêt du chef-lieu de la Cour d'appel dans le ressort de laquelle il a été arrêté[112].

34. Exécution d'un ordre d'extraction de détenus. Aux termes de l'article 134 du décret n° 66-1081 du 31 décembre 1966 portant organisation et régime des établissements pénitentiaires, l'extraction est *« l'opération par laquelle un détenu est conduit sous surveillance en dehors de l'établissement pénitentiaire, par exemple lorsqu'il doit comparaître en justice ou lorsqu'il doit recevoir des soins qu'il n'est pas possible de lui donner en prison »*.

La charge de procéder aux extractions de détenus, qui sont requises par l'autorité judiciaire, incombe à l'Administration pénitentiaire et aux services de police et de gendarmerie[113].

L'article 132 du décret n° 66-1081 du 31 décembre 1966 portant organisation et régime des établissements pénitentiaires énonce qu'aucun transfèrement ou extraction ne peut être opéré sans un ordre écrit que délivre l'autorité compétente et qui est présenté à l'établissement de détention pour y être conservé.

L'extraction n'est qu'une opération réalisée par les services de police et de gendarmerie ou par l'Administration pénitentiaire en vue faire comparaître un détenu devant un magistrat, à l'audience ou pour lui permettre de recevoir des soins hors de l'établissement pénitentiaire.

En tout état de cause, la subordination de l'exercice du droit à l'assistance d'un avocat à l'ouverture d'une enquête pénale en cours conduit à exclure

---

[111] G. LEVASSEUR, « Les avatars du droit et de la pratique de l'extradition », *Rev. fr. dr. adm.* 1984, p. 146 ; H. SCHULTZ, « Les problèmes actuels de l'extradition », *R.I.D.P,* 1974, p. 496.

[112] V. art. 12 de la loi n° 71-77 du 28 décembre 1971 relative à l'extradition.

[113] V. art. 143 du décret n° 66-1081 du 31 décembre 1966 portant organisation et régime des établissements pénitentiaires.

du champ de l'article 5 du Règlement de l'UEMOA les mesures de coercition susmentionnées prises par les agents de la force publique après la clôture de l'enquête. Dès la clôture de leurs opérations, les officiers de police judiciaire doivent faire parvenir directement au Ministère public l'original des procès-verbaux ainsi que tous actes, et documents y afférents. Les objets saisis sont tenus à sa disposition au greffe de la juridiction. Une copie certifiée conforme des procès-verbaux est envoyée au procureur de la République dans tous les cas où il n'est pas saisi de la procédure[114].

Une fois que les officiers de police judiciaire ou les agents des administrations habilitées auront transmis les procès-verbaux d'enquête au procureur de la République, les personnes objet de l'enquête ne peuvent plus invoquer un droit à l'assistance d'un avocat, sur le fondement du Règlement communautaire de l'UEMOA.

Pourtant, on peut lire dans le guide de l'officier de police judiciaire élaboré par la Division des Investigations criminelles (DIC) que le suspect, dès son interpellation peut invoquer son droit à l'assistance d'un avocat, « *peu importe (...) l'objet (enquête, exécution d'un mandat de justice, suite à un ordre d'extraction, etc.)* ».

Cette affirmation doit être nuancée puisqu'à la lumière de l'article 5 du Règlement de l'UEMOA, le droit à un avocat ne peut plus être invoqué après la fin des opérations d'enquête. Dès lors, l'inculpé appréhendé en exécution d'un mandat de justice, le détenu faisant l'objet d'un ordre d'extraction ainsi que l'étranger ou le condamné arrêté ne peuvent être considérés comme des personnes interpellées et ne sauraient faire valoir leur droit à l'assistance d'un avocat, du moins sur le fondement de l'article 5 du Règlement de l'UEMOA.

2.- Les critères de définition de la notion d'interpellation

35. Critères de définition. À la lumière des mesures prises dans les États membres de l'UEMOA (circulaires, protocole), force est de constater que le soupçon a été érigé au rang de critère permettant de conceptualiser la

[114] V. art 18, alinéa 2 du Code de Procédure pénale du Sénégal.

notion d'interpellation (a). Le critère tiré de la contrainte est indifférent à la définition du concept d'interpellation (b).

a.- Le soupçon : le critère pivot de la définition de l'interpellation

36. Critère tiré du soupçon. L'article 5 du Règlement de l'UEMOA s'est contenté de consacrer le droit à l'assistance de l'avocat dès l'interpellation durant l'enquête sans énoncer les critères permettant de la distinguer d'autres notions.

Dans certains États membres de l'UEMOA, des textes ont été adoptés en vue de clarifier la notion d'interpellation, qui, dès l'adoption du Règlement de l'UEMOA, était envahie par des « *nuages d'incertitudes* ».

Il en est ainsi du Sénégal et du Burkina Faso.

Le droit sénégalais, éclairé par la circulaire du Ministre de la Justice n° 00179 MJ/DACG/MN du 11 janvier 2018 précitée, a retenu une approche de l'interpellation fondée sur la notion de soupçon. Cette circulaire ministérielle a énoncé que l'interpellation « *s'étend à toutes les situations dans lesquelles le suspect est à la disposition de l'officier de police judiciaire aux fins d'un interrogatoire ou d'une enquête* ».

La première chambre correctionnelle du Tribunal de grande Instance hors Classe de Dakar, dans un jugement rendu le 03 mai 2018[115], a eu recours à cette même approche définitionnelle de la notion d'interpellation. Le tribunal a énoncé, en effet, que « *l'interpellation est définie comme toute situation dans laquelle le suspect est à la disposition de l'officier de police judiciaire aux fins d'un interrogatoire ou d'une enquête* ».

Dans cette espèce, le juge correctionnel, partant de cette définition de l'interpellation, a estimé que les prévenus convoqués à la police dont les déclarations ont été recueillies et consignées sur des procès-verbaux, même s'il n'est pas précisé qu'ils ont été entendus en qualité de suspects, peuvent être considérés comme des personnes interpellées. En outre, la

---

[115] TGIHC Dakar, 1ère ch. corr. n° 407 du 03 mai 2018, MP c/ Hameth FALL et Khadim DRAME et autres, *annexe n° 12.*

nature des questions qui leur ont été posées démontre à suffisance les suspicions qui pesaient sur eux. Le tribunal a précisé que l'emploi du terme « *interrogatoire* » renseigne sur leur qualité de suspects à ce stade de la procédure.

Cette approche de l'interpellation est proche de celle retenue par le protocole burkinabé de procédures et de bonnes pratiques relatif à l'assistance de l'avocat dans les enquêtes pénales. Aux termes de la règle 2 dudit protocole : « *Au sens du présent protocole, le terme interpellation désigne le moment à partir duquel une personne mise en cause dans une enquête pénale comparaît ou est conduite dans les locaux de police judiciaire en vue d'y être entendue* ».

La règle 13 du protocole confirme cette conception de la notion d'interpellation puisqu'elle déclare son dispositif applicable « *à toute personne mise en cause dans une enquête pénale et retenue dans les locaux d'un service de police judiciaire* ». Il en est de même des « *personnes placées en garde à vue dans le cadre d'une enquête préliminaire, d'une enquête de flagrance ou sur commission rogatoire* ».

D'après la conception de l'interpellation retenue par l'UEMOA, la personne interpellée au cours de l'enquête est celle qui est suspectée d'avoir été l'auteur, le co-auteur ou le complice d'une infraction pénale.

Il s'agit de la personne à l'encontre de laquelle est établi le caractère vraisemblable de sa participation à une entreprise infractionnelle[116].

Au Sénégal, l'approche de la notion d'interpellation fondée sur l'existence de soupçons pesant sur le mis en cause est légitimée par l'exposé des motifs de la loi n° 2016-30 du 08 novembre 2016 qui indique qu'« *en vue de renforcer les droits de la défense, il a paru nécessaire d'admettre la présence de l'avocat dès l'interpellation* ». Donc la consécration de l'assistance de l'avocat dès l'interpellation a été justifiée par un besoin de renforcer les droits de la défense.

---

[116] F. DERRERARD, *Le suspect dans le procès pénal*, Paris, LGDJ, Systèmes-Droit, 2005, p. 01.

Certes, la règle 12 du protocole du Burkina Faso reconnait à la victime confrontée avec une personne interpellée, le droit de demander à être assistée par un avocat choisi par elle, ou à sa demande et à ses frais, désigné par le bâtonnier.

En procédure pénale ivoirienne, l'article 90 de la loi n° 2018-975 du 27 décembre 2018 portant Code de Procédure pénale énonce que « *toute personne contre qui il existe des indices graves et concordants de participation à une infraction, ou qui en a été victime ou qui est appelée à apporter son concours à la manifestation de la vérité, peut, au cours de l'enquête, se faire assister d'un avocat* ».

Mais dans cette situation, la victime de l'infraction n'est pas assimilée à une personne interpellée ; d'ailleurs son droit à l'assistance d'un conseil n'est pas lié à son audition mais plutôt à sa confrontation avec la personne interpellée (le suspect).

Ni la victime d'une infraction, ni le témoin, fut-il invité de s'expliquer sur des faits objet de l'enquête, ni une autre personne amenée à apporter son concours à l'enquête (expert, etc.) ne saurait être assimilée à une personne interpellée et faire valoir son droit à l'assistance d'un avocat durant l'enquête sur le fondement de l'article 5 du Règlement de l'UEMOA.

37. La notion de soupçon. Le suspect est celui qui éveille le soupçon. Ce dernier terme désigne, selon le Dictionnaire *Le Robert,* une « *conjecture par laquelle on attribue à quelqu'un des actes blâmables* ».

Le soupçon est inhérent à tout déclenchement d'une enquête à l'encontre d'une personne[117].

Le suspect, c'est-à-dire la personne suspectée d'avoir commis une infraction, comme auteur co-auteur ou complice au cours de l'enquête[118],

---

[117] F. DEFFERARD, « Réflexions sur la preuve dans la suspicion légitime d'infraction pénale », *D.* 2001, p. 2692.

[118] Sur la notion de suspect, G. ANDRE, « La protection et les garanties de la personne soupçonnée ou poursuivie en droit sénégalais », *Rev. sén. dr.*, n° 11, 1972, p. 3 ; A. FAYE, « Le suspect dans les enquêtes de police », *Rev.ass.sén.dr.pén*, 2010, n° 9, p. 17 ; J. PRADEL, « Les personnes suspectes ou poursuivies après la loi du 15 juin 2000. Evolution ou révolution ? », *D.* 2001, n° 13, p. 1039-1124.

mérite protection puisqu'en raison de sa situation pénale, sa liberté est menacée[119].

La personne contre qui il existe « *des indices graves et concordants, de nature à motiver son inculpation* » fait partie des personnes qui sont susceptibles d'être placées en garde à vue pour les nécessités de l'enquête[120]. Selon la circulaire générale d'application du Code de Procédure pénale du Sénégal du 13 janvier 1966, les personnes suspectées sont celles qui peut sont « *d'ores et déjà inculpables* ». Le suspect désigne alors toute personne mise en cause dans une affaire pénale en raison de l'existence d'indices de culpabilité pesant sur elle[121].

L'existence d'indices graves et concordants, laissée à l'appréciation de l'officier de police judiciaire sous le contrôle du procureur de la République, peut se manifester dès le début de l'enquête. Ce sera le cas de l'individu pris sur le fait. Ces indices peuvent également se manifester au cours de l'enquête, soit pendant l'audition du mis en cause ou d'un témoin, soit au cours de la garde à vue d'une personne[122].

38. Causes du soupçon. Objectivement, le soupçon peut prendre appui sur des indices. Sous l'angle juridique, « *la preuve indiciale ou circonstancielle consiste à relever et à examiner tous les faits matériels*

---

[119] N. LAURENT, *La notion de suspect en matière pénale*, Thèse Lyon 3, 2001 ; D. THOMAS, « Le suspect en quête d'un statut procédural », in *Mélanges Cabrillac*, Paris, Dalloz, Litec, 1999, p. 823 s. ; F. DERRERARD, *Le suspect dans le procès pénal*, Paris, LGDJ, Systèmes-Droit, 2005 ; Ch. GUERY, « L'avenir du suspect », *AJ pén.* 2005, p. 232. Ch. GUERY, « L'avenir du suspect (suite...) », *AJ pén.* 2013, p. 459 ; E. VERGES, « Le statut juridique du suspect : un premier défi pour la transposition du droit de l'Union européenne en procédure pénale », *Dr. pén.* 2014, étude 15.

[120] R. OLLARD, « Quel statut pour le suspect au cours de l'enquête pénale ? », *JCP* G. 2014, doctr. 912 ; M. TOUILLIER, « Le statut du suspect à l'ère de l'européanisation de la procédure pénale : entre "petite" et "grande" révolutions », *RSC* 2015, p. 127.

[121] Ch. GUERY, « L'avenir du suspect », *AJ pén.* 2005, p. 232.

[122] En ce sens, V. la circulaire générale d'application du Code de procédure du Sénégal du 13 janvier1966, p. 18 et s.

qui peuvent conduire à la découverte de la vérité »[123]. L'indice rejoint ainsi la présomption du fait de l'homme du droit civil.

L'indice peut être défini comme l'élément de fait qui, exclusif du simple soupçon du policier, doit être apparent et rendre vraisemblable la commission actuelle d'une infraction[124] ou encore le « *signe apparent qui indique avec probabilité* »[125].

La Cour de Cassation française n'exige pas l'évidence de l'indice ; l'apparence semble lui suffire[126]. Il faut que l'actualité de la commission de l'infraction se révèle par un indice « *apparent* »[127]. Elle exige que soit caractérisé un fait qui, sans fournir une preuve immédiate de l'implication de la personne concernée, la rend probable avec l'aide du raisonnement[128]. Pour que l'indice apparent soit valide, il faut qu'il soit dans un rapport logique suffisant avec le fait dont on présume la commission[129].

L'indice est normalement perçu par l'un des sens que sont, la vue, l'ouïe, l'odorat ou le goût (notamment pour vérifier si le produit découvert entre dans la catégorie des produits stupéfiants)[130]. En France, la Cour de Cassation a considéré que constituent des indices apparents pouvant révéler l'existence d'une infraction, la découverte, dans une maison vide de tout occupant et demeurée ouverte tout un après-midi, d'un sac en plastique laissant apparaître des paquets de stupéfiants[131].

---

[123] R. MERLE et A. VITU, *Traité de droit criminel, Procédure pénale*, Paris, Cujas, 5e éd., 2001, n° 191.
[124] Cass. crim., 02 février 1988, *Jurisdata* n° 1988-000526 ; *Bull. crim.* 1988, n° 52 ; Cass. crim., 08 novembre 1989, *Bull. crim.* 1989, n° 406 ; Cass. crim., 23 mars 1992, *Jurisdata* n° 1992-001939 ; *Bull. crim.* 1992, n° 123 ; Cass. crim., 22 avril 1992, *Jurisdata* n° 1992-001905 ; *Bull. crim.* 1992, n° 169.
[125] *Dictionnaire Littré.*
[126] Cass. crim., 22 avril 1992, *D.* 1995, p. 59, note H. Matsopoulou.
[127] Cass. crim., 22 janvier 1953, *JCP* G 1953, II, 7456.
[128] Cass. crim., 07 février 2001, *Jurisdata* n° 2001-008611 ; *Bull. crim.* 2001, n° 40.
[129] Sur ce point, R. GARRAUD, *Traité théorique et pratique du droit pénal français*, Paris, Sirey, 3e éd. 1914, t. II, p. 252.
[130] Cass. crim., 04 novembre 1999, PG-CA Lyon, *Jurisdata* n° 1999-004545 ; *Bull. crim.* 1999, n° 247.
[131] Cass. crim., 12 mai 1992, *Jurisdata* n° 1992-001452 ; *Bull. crim.* 1992, n° 187.

Subjectivement, le soupçon renvoie à « *l'intime suspicion* » qui dépasse le seul relevé d'indices matériels. Elle peut tenir au silence de la personne : soit d'initiative, (lorsque par exemple, cette personne ne révèle pas certains faits utiles à l'enquête), soit à la suite d'une question de l'enquêteur ; une fausse réponse peut aussi être cause de soupçon. Une simple attitude peut contribuer à forger la conviction des enquêteurs.

39. Changement de terminologie pénale. En droit français, la loi n° 2014-535 du 27 mai 2014 portant transposition de la directive 2012/13/UE du Parlement européen et du Conseil du 22 mai 2012, relative au droit à l'information dans le cadre des procédures pénales[132] a préféré une tournure subjective, fondée sur des raisons plausibles de soupçonner la commission d'une infraction, à la formulation qu'objective, basée sur des « *indices* » faisant présumer une telle commission.

Il n'est toutefois pas certain qu'une telle différence de rédaction, invitant à distinguer les indices objectifs des raisons subjectives de soupçonner la commission d'une infraction, induise une véritable différence d'appréciation.

Cette modification terminologique tient à une volonté de mettre le droit français en conformité avec la Convention européenne des droits de l'homme qui utilise l'expression « *raisons plausibles* ». La nouvelle terminologie n'est en réalité que la reproduction servile de l'article 5, § 1 de la Convention européenne des droits de l'homme[133]. Les indices de culpabilité et les raisons plausibles recouvrent exactement la même réalité pénale[134]. La Cour européenne des droits de l'homme se montre très attentive à la « *plausibilité* » des soupçons quand il s'agit de justifier

---

[132] V. J.-Y. MARECHAL, « Loi du 27 mai 2014 : principales dispositions relatives aux droits de la personne suspectée », *JCP* éd. G 2014, 09 juin 2014, p. 649 ; R. OLLARD, « Quel statut pour le suspect au cours de l'enquête pénale ? À propos de la loi du 27 mai 2014 », *JCP* G. 2014, doctr., p. 912 ; S. PELLE, « Garde à vue : la réforme de la réforme (acte 1) », *D.* 2014, chron., p. 1508.

[133] R. OLLARD, « Quel statut pour le suspect au cours de l'enquête pénale ? », *JCP* éd. G. 2014, doctr. 912, n° 16.

[134] JOAN CR 17 janvier 2003, p. 244 ; J. LEROY « Personnes soupçonnées et ne faisant pas l'objet d'une garde à vue », *Jurisclass. proc. pén.* art. 53 à 73, fasc. 40, n° 23 *; Dr. pén.* 2012, étude 4, n° 07.

une détention. Selon la Cour de Strasbourg, les soupçons sont plausibles quand il y a « *des faits ou des renseignements propres à persuader un observateur objectif que l'individu en cause peut avoir accompli l'infraction* »[135]. La Cour de Cassation française rejette toute approche purement subjective de la « *plausibilité* » ; sa chambre criminelle juge illégal un placement en garde à vue aux seules fins d'entendre les explications de la personne sur son refus de recevoir et de signer une convocation[136].

b.- L'indifférence du critère tiré de la contrainte

40. Les liens classiques entre l'assistance d'un avocat et la privation de liberté. Avant l'adoption du Règlement de l'UEMOA, dans la plupart des droits pénaux ouest-africains, les législateurs avaient établi un lien ombilical entre la contrainte et l'assistance d'un avocat. En effet, l'exercice du droit à l'assistance d'un conseil durant la phase de l'enquête supposait que le mis en cause soit privé de liberté. À titre d'exemple, au Sénégal, sous l'empire du droit antérieur, issu de la loi n° 99-06 du 29 janvier 1999 modifiant le Code de Procédure pénale, l'avocat n'était présent pendant l'enquête que dans la seconde période de la garde à vue, c'est-à-dire en cas de prolongation de la mesure[137].

Le dispositif prévu par la loi n° 99-06 du 29 janvier 1999 constituait une réponse du législateur aux revendications des organisations des droits de l'homme qui ont constamment exigé la présence de l'avocat pendant l'enquête[138].

L'arrêt *Idrissa SECK* rendu par la Chambre d'Accusation de la Cour d'appel de Dakar le 10 octobre 2005[139], illustre bien les liens existant, à

---

[135] CEDH, 30 août 1990, Fox, Campbell et Hartley c/ Royaume-Uni, Série A, n° 182 ; F. SUDRE, J.-P. MARGUENAUD, J. ANDRIANTSIMBAZOVINA, A. GOUTTENOIRE et M. LEVINET, *Les grands arrêts de la Cour européenne des droits de l'homme,* Paris, PUF, 2003, p. 135. Dans le même sens, CEDH, 20 mai 2010, n° 20259/06, Aytimur c/ Turquie, *précité.*

[136] Cass. crim., 1er avril 2008, n° 07-83.341, *Jurisdata* n° 2008-043862.

[137] V. l'ancien art. 55 bis du Code de Procédure pénale du Sénégal.

[138] V. ND. FALL, *Le droit pénal africain à travers le système sénégalais*, Dakar, EDJA, 2003, p. 184.

[139] CA Dakar, ch. acc., n° 123 du 10 octobre 2005, MP c/ Idrissa SECK, *inédit.*

l'époque, entre l'assistance d'un avocat et la contrainte. Selon la Chambre d'accusation : « *Il résulte de la lecture des dispositions de l'article 55, alinéa 9 du Code de Procédure pénale que le droit de constituer un avocat n'est offert à la personne gardée à vue qu'en cas de prolongation de la garde à vue et non à l'expiration de celle-ci ; (...) en effet, en cas de refus du procureur de la République d'autoriser la prolongation de la garde à vue, la loi ne permet pas à la personne gardée à vue de constituer un avocat devant les agents enquêteurs à l'expiration de la période de garde à vue, que cette garde à vue ait été abusive ou non, que les délais prévus par la loi aient été dépassés ou non* ».

La contrainte était le critère exclusif d'attribution des droits de la défense. En effet, le bénéfice du droit à l'assistance d'un conseil était subordonné à la prolongation de la mesure de garde à vue ; hors de toute contrainte, le législateur ne reconnaissait pas le droit à l'assistance d'un conseil.

Cette corrélation entre l'intervention de l'avocat et la contrainte est toujours exprimée dans l'état actuel du droit pénal nigérien. Il résulte de l'article 71, alinéa 3 du Code de Procédure pénale du Niger que l'officier de police judiciaire ne notifie au suspect son droit de prendre un avocat qu'à partir de la vingt-quatrième (24e) heure de la garde à vue sous peine de nullité de la procédure, ce délai commençant à courir à compter de l'interpellation.

Cette analyse classique, bien ancrée dans le droit français, jusqu'à l'adoption de la loi n° 2014-535 du 27 mai 2014 instaurant le statut de suspect libre dans la procédure pénale[140], a été quelque peu validée par le Conseil constitutionnel. Selon le juge constitutionnel, les droits de la défense accordés au suspect pendant la garde à vue sont liés à la privation de liberté dont il fait l'objet. C'est parce qu'elle est « *retenue contre sa volonté* » que la personne suspectée bénéficie du droit à l'assistance d'un avocat[141]. Le Conseil constitutionnel, à la suite d'ailleurs de la Cour suprême des États-Unis dans son arrêt *Miranda c/ Arizona* rendu en

---

[140] J. ALIX, « Les droits de la défense au cours de l'enquête de police après la réforme de la garde à vue : état des lieux et perspectives », *D.* 2011 p. 1699.

[141] Cons. const. n° 2010-14/22 QPC du 30 juillet 2010, cons. 28.

1966, établit ainsi un lien entre l'exercice des droits de la défense et la privation de liberté.

Explicitant de manière parfaitement claire sa position à l'occasion de la question prioritaire de constitutionnalité dirigée contre les dispositions issues de la loi du 14 avril 2011, le Conseil constitutionnel a posé le principe selon lequel : « *Si le respect des droits de la défense impose, en principe, qu'une personne soupçonnée d'avoir commis une infraction ne peut être entendue, alors qu'elle est retenue contre sa volonté, sans bénéficier de l'assistance effective d'un avocat, cette exigence constitutionnelle n'impose pas une telle assistance dès lors que la personne soupçonnée ne fait l'objet d'aucune mesure de contrainte et consent à être entendue librement* »[142].

41. Critiques de l'exclusivisme du critère de la contrainte. Cette approche traditionnelle, subordonnant l'assistance d'un avocat au placement en position de garde à vue du suspect, n'est pas satisfaisante.

Cette solution était contestable, du moins si l'on adhère à l'idée selon laquelle les droits de la défense trouvent leur fondement dans la nécessité de se défendre contre une accusation. À partir du moment où la personne auditionnée est suspectée, elle doit pouvoir bénéficier de l'assistance d'un avocat puisque, dès cet instant, la nécessité de se défendre devient impérieuse.

Si l'on conçoit que les droits de la défense soient renforcés en cas de privation de liberté, il paraît excessif qu'ils soient exclus au seul motif que la personne suspecte ne fait pas l'objet d'une telle mesure[143].

Cela est d'autant plus vrai que la relation établie entre les droits de la défense et la contrainte expose à des risques de détournement de procédure. En effet, la décision de placement d'une personne en garde à vue est laissée à l'appréciation de l'officier de police judiciaire sous le contrôle du Ministère public ou, le cas échéant, du juge d'instruction. La Chambre criminelle de la Cour de Cassation française a déjà jugé dans

---

[142] Cons. const. n° 2011-191/194/195/196/197 QPC du 18 novembre 2011, cons. 19.

[143] En ce sens, S. PELLE, « Garde à vue : la réforme de la réforme (acte I) », *D.* 2014, chron. 1508, spéc. n° 12.

un arrêt de principe du 04 janvier 2005[144]que : « *la décision de placer en garde à vue une personne à l'encontre de laquelle il existe une ou plusieurs raisons plausibles de soupçonner qu'elle a commis ou tenté de commettre une infraction relève d'une faculté que l'officier de police judiciaire tient de la loi et qu'il exerce, dans les conditions qu'elle définit, sous le seul contrôle du procureur de la République ou, le cas échéant, du juge d'instruction* ».

La décision de placement en garde à vue, relevant de l'appréciation souveraine de l'officier de police judiciaire, ce dernier pourrait être tenté d'entendre un suspect en audition libre, dans le seul but d'éluder les droits de la défense[145]. Il s'agit de la pratique connue de la « *garde à vue à distance* » par laquelle le suspect, sans être juridiquement en situation de garde à vue, est retenu dans les locaux de la police ou de la gendarmerie pendant des heures pour les besoins d'interrogatoires, sans bénéficier de l'assistance d'un conseil.

42. Dissociation entre la contrainte et l'assistance d'un avocat. Désormais, la porte ouverte de « *l'arbitraire policier* » s'est refermée puisque la seule existence de soupçons engendre l'application des droits de la défense, que le suspect soit entendu librement ou non.

Le guide de l'officier de police judiciaire élaboré par la Division des Investigations criminelles (DIC) énonce que le droit à l'assistance d'un avocat doit être notifié à tout suspect « *qu'il soit placé en position de garde à vue ou laissé en liberté provisoire pendant la durée de l'enquête* ».

L'ouverture des droits de la défense est assurée dès lors que des « *indices graves et concordants de culpabilité* » sont réunis à l'encontre d'une personne pendant l'enquête[146]. L'un des apports du Règlement n° 05 de

---

[144] Cass. crim. 04 janvier 2005, *Bull. crim.*, n° 03 ; *JCP* 2005. II. 10176, obs. P. Conte ; *D.* 2005, p. 761, note J.-L. Lennon, et 2006. 620, obs. J. Pradel ; *AJ pén.* 2005. 160, obs. J. Leblois-Happe.

[145] R. OLLARD, « Quel statut pour le suspect au cours de l'enquête pénale ? », *JCP* éd. G 2014, doctr. 912, n° 12.

[146] En ce sens, F. DESPORTES et L. LAZERGES-COUSQUER, *Traité de procédure pénale*, Paris, Economica, 2e éd., 2013, p. 351, n° 487.

l'UEMOA est d'avoir déconnecté l'ouverture des droits de la défense, et en particulier l'exercice du droit à l'assistance d'un avocat, de la privation de liberté[147]. Le droit à l'assistance d'un conseil est déterminé par la seule existence d'indices de culpabilité à l'encontre d'une personne. En faisant du soupçon le critère pivot de l'interpellation et de l'assistance d'un conseil au cours de l'enquête, le Règlement de l'UEMOA du 25 septembre 2014, s'inspire du régime de l'intervention de l'avocat applicable à l'instruction préparatoire[148].

43. Appréciation du critère tiré du soupçon. Dans les droits des États membres de l'UEMOA, si dans la phase policière du procès pénal, les personnes non soupçonnées, sont souvent entendus sans faire l'objet de mesures de contrainte (notamment la garde à vue), elles peuvent si les nécessités de l'enquête le justifient être retenues sous la contrainte le temps strictement nécessaire à leur audition.

À titre d'exemple, en droit criminel sénégalais[149], s'il est vrai que l'officier de police judiciaire peut, au cours de l'enquête de flagrance, garder à vue la personne sur qui pèsent des indices graves et concordants de nature à motiver son inculpation (suspect), l'article 55 du Code de Procédure pénale vise parmi les personnes pouvant être gardées à la disposition de la police judiciaire pour une durée n'excédant pas vingt-quatre (24) heures trois autres catégories de personnes[150].

Il s'agit de la personne qui fait l'objet d'une interdiction de s'éloigner[151], de celle dont il apparait nécessaire au cours des recherches judiciaires d'établir ou de faire vérifier son identité [152]et enfin de la personne appelée à fournir des renseignements (témoin)[153]. À ce titre, la personne

---

[147] J. LEROY « Personnes soupçonnées et ne faisant pas l'objet d'une garde à vue », *Jurisclass. Procédure pénale,* art. 53 à 73, fasc. 40, n° 04.
[148] V. art. 101 du Code de Procédure pénale du Sénégal.
[149] Au Niger, seul un suspect peut être placé en garde à vue ; V. art. 71 du Code de Procédure pénale du Niger.
[150] Sur la liste des personnes pouvant faire l'objet d'une garde à vue, V. la circulaire générale d'application du Code de procédure du Sénégal du 13 janvier1966, p. 17.
[151] V. art. 53, alinéa 1er du Code de Procédure pénale du Sénégal.
[152] V. art. 53, alinéa 2 du Code de Procédure pénale du Sénégal.
[153] V. art. 54 du Code de Procédure pénale du Sénégal.

convoquée est tenue de comparaître et de déposer[154]. D'ailleurs, si elle ne satisfait pas à cette obligation, avis en est donné au procureur de la République, qui peut la contraindre à comparaître par la force publique.

Il résulte de ces dispositions qu'indépendamment de l'existence de soupçons, les personnes faisant l'objet d'une interdiction de s'éloigner, d'une vérification d'identité ou de simples témoins peuvent être gardés à la disposition des officiers de police judiciaire si les nécessités de l'enquête le justifient[155].

La seule particularité réside dans le fait que cette mesure de contrainte ne peut être renouvelée[156]. Les personnes susmentionnées ne peuvent être retenues à la disposition de la police judiciaire pour les nécessités de l'enquête que pour une durée qui ne peut excéder vingt-quatre (24) heures.

44. Articulation des critères alternatifs de la contrainte et du soupçon ? Face à ces situations, certains auteurs ont proposé l'articulation d'un double critère alternatif tiré du soupçon et de la contrainte pour justifier l'ouverture des droits de la défense. Il s'agirait d'attribuer au droit à l'assistance d'un avocat un double fondement : la nécessité de se défendre contre une accusation, dans le cas de l'existence de soupçons et le besoin de contester utilement une mesure privative de liberté dans l'hypothèse de la prescription d'une mesure de contrainte[157].

---

154 J. MONTREUIL, « L'audition du témoin par la police : base légale technique et valeur de la preuve par témoin», *Police nat.,* oct.-déc. 1976, p. 25 ; J. DUMONT, « Audition des témoins », *Jurisclass. pr. pén.*, art. 101 à 113-8, fasc. 10 ; R. SCREVENS, « Le statut du témoin et sa protection avant, pendant et après le procès pénal », *RD pén. crim.* 1989. 3 ; J. SUSINI, « Le témoin, le témoignage et la police », *RSC* 1980. 499.

155 Ph. CONTE, « Placement en garde à vue et nécessités de l'enquête », *Dr. pén.* 2015, étude 12, p. 8 ; ND. FALL, *Le droit pénal africain à travers le système sénégalais*, Dakar, EDJA, 2003, p. 187.

156 EL. B. FAYE, « Droit à un conseil dès l'interpellation : de la portée de la réforme du Code de Procédure pénale » : http://ums.sn/droit-a-un-conseil-des-linterpellation-de-la-portee-de-la-reforme-du-code-de-procedure-penale

157 V. R. OLLARD, « Quel statut pour le suspect au cours de l'enquête pénale ? », *JCP* éd. G 2014, doctr. 912, n° 11.

Dès qu'il existe contre une personne des indices graves et concordants de nature à justifier son inculpation ou même sans avoir le statut de suspect, lorsque cette personne a été privée de liberté à la suite notamment d'une décision de placement en garde à vue, le droit à l'assistance d'un conseil pourrait être exercé. Ainsi, en l'absence de tout soupçon pesant sur la personne faisant l'objet d'une interdiction de s'éloigner ou d'une vérification d'identité et sur le témoin retenu à la disposition de la police judiciaire, l'officier devrait lui notifier son droit à l'assistance d'un conseil.

Il serait, en effet, impératif de vérifier que, la personne non soupçonnée, n'a pas été entendue en qualité de témoin aux seules fins d'éluder les droits de la défense. La détention ou la rétention de la personne comporterait en elle-même les germes de l'interpellation[158].

D'ailleurs, un auteur[159] a écrit que l'interpellation au sens du texte communautaire de l'UEMOA « *renvoie à toute forme de privation de liberté pouvant consister à une interdiction de s'éloigner, à une rétention policière aux fins de vérification d'identité, à une garde à vue ou, de manière générale, dans tous les cas de privation de liberté* ».

Un autre auteur a récemment soutenu qu'« *au titre des mesures privatives de liberté, il faut ajouter l'interpellation qui peut précéder la garde à vue* »[160].

Pendant l'enquête, le rôle de l'avocat ne serait pas seulement celui d'un défenseur contre une accusation portée à l'encontre de son client ; selon l'expression de la Cour européenne des droits de l'homme, il serait aussi le garant de la légalité de la privation de liberté et du « *contrôle des conditions de détention* ».

---

158 En ce sens, EL. H. B. FAYE, « Droit à un conseil dès l'interpellation : de la portée de la réforme du Code de Procédure pénale », *Les Echos du Palais*, n° 01, février 2018, p. 23.

159 C. DIAKHOUMPA, *Traité théorique et pratique de procédure pénale. Tome I, La phase préparatoire du procès pénal,* 1 ère édition, 2015, p. 49, n° 38.

160 Y. DIALLO, *Le procureur de le République. La pratique du parquet*, Dakar, L'Harmattan-Sénégal, 2018, p. 212.

45. Critiques de l'articulation des critères du soupçon et de la contrainte. Toutefois, à la lumière du Règlement de l'UEMOA et des instruments internationaux de protection des droits de l'homme, l'exercice du droit à l'assistance d'un avocat s'inscrit dans le cadre de la mise en œuvre des droits de la défense, qui suppose une accusation dirigée contre une personne.

Sous ce rapport, seule la personne suspectée d'être l'auteur, le co-auteur ou le complice d'une infraction peut être considérée comme une personne interpellée et peut dès lors invoquer un droit à l'assistance d'un avocat.

Dans leur pureté originelle, les droits de la défense dont le droit à l'assistance d'un avocat n'est qu'une composante, constituent des droits défensifs, qui sont fortement liés à une agression ou un danger qui « *guette* » une personne au cours du procès. Ce sont des droits que possède toute personne pour se protéger de la menace que constitue pour elle un procès[161]. Leur mise en œuvre est de nature à entraver ou à anéantir la répression pénale puisque la violation des droits de la défense est susceptible d'entraîner le prononcé de la nullité de la procédure[162].

46. « *L'accusation* » : un critère attributif du droit à l'assistance d'un avocat. Il est certain qu'en vertu des instruments internationaux de protection des droits de l'homme intégrés au bloc de constitutionnalité, la notion d'accusation est le critère d'attribution des droits de la défense et notamment du droit à l'assistance d'un avocat.

Il résulte de l'article 11 de la Déclaration universelle des droits de l'homme, toute personne accusée d'un acte délictueux est présumée innocente jusqu'à ce que sa culpabilité ait été légalement établie au cours d'un procès public où toutes les garanties nécessaires à sa défense lui auront été assurées.

---

161 En ce sens, C. GINESTET, « Les droits de la défense en procédure pénale », in E. CABRILLAC, M. A. FRISON-ROCHE et Th. REVET, *Libertés et droits fondamentaux*, Paris, Dalloz, 16e édition, 2010, p. 544.
162 M. GUERRIN, « Les changements opérés par la loi relative à la présomption d'innocence sur les nullités de procédure dans la phase préalable au jugement pénal », *RSC* 2000, p. 135-144.

L'article 14. 3 du Pacte international relatif aux droits civils et politiques du 16 décembre 1966 va dans le même sens. Ce texte énonce que « *toute personne accusée d'une infraction pénale* » a droit, en pleine égalité, à disposer du temps et des facilités nécessaires à la préparation de sa défense et à communiquer avec le conseil de son choix.

47. Concept d'accusation. L'accusation génératrice des droits de la défense peut être définie comme la notification officielle émanant de l'autorité compétente du reproche d'avoir commis une infraction pénale[163]. L'acte d'accusation ouvrant les droits de la défense peut intervenir au stade des poursuites (réquisitoire introductif, plainte avec constitution de partie civile, etc.), de l'information (inculpation) ou du jugement (citation directe, ordonnance de renvoi, etc.).

Il peut également intervenir dès le stade de l'enquête de police. Si pendant longtemps dans les États membres de l'UEMOA, l'exercice des droits de la défense était tributaire d'une décision de placement en garde à vue (quelquefois de sa prolongation), désormais avec l'article 5 du Règlement de l'UEMOA, l'interpellation du mis en cause, considérée comme une « *accusation* » au sens conventionnel du terme, ouvre droit à l'assistance d'un avocat.

Les droits de la défense s'appliquent non seulement au stade du jugement, « *mais également avant la saisine du juge du fond si et dans la mesure où leur inobservation initiale risque de compromettre gravement le caractère équitable du procès* »[164]. Certes, il ne s'agit pas encore à ce stade de juger du bienfondé de l'accusation mais il est certain que les interrogatoires de la personne suspectée ou mise en cause sont déterminantes pour l'issue du procès[165].

En France, le Conseil constitutionnel ne subordonne pas davantage les droits de la défense à la saisine d'une juridiction qu'elle soit d'instruction ou de jugement. Il a jugé que : « *Le droit de la personne à s'entretenir*

---

[163] F. DESPORTES et L. LAZERGES-COUSQUER, *Traité de procédure pénale*, Paris, Economica, 3e édition, 2016, p. 356, n° 484.
[164] CEDH, 24 novembre 1993, Imbrioscia c/ Suisse, précité.
[165] F. DESPORTES et L. LAZERGES-COUSQUER, *Traité de procédure pénale*, Paris, Economica, 2e éd., 2013, n° 482.

avec un avocat au cours de la garde à vue constitue un droit de la défense, qui s'exerce durant la phase d'enquête de la procédure pénale »[166].

Dans l'arrêt *Salduz*, la Cour de Strasbourg a estimé que la notion d'équité consacrée par l'article 6 de la Convention européenne des droits de l'homme « *exige que l'accusé ait le bénéficie de l'assistance d'un avocat dès les premiers stades des interrogatoires de police* »[167]. Or, au stade de l'enquête, « *l'accusé* » au sens des instruments internationaux de protection des droits de l'homme renvoie aussi bien à l'inculpé, au prévenu et à l'accusé qu'à la personne suspectée d'avoir commis une infraction pénale[168].

Dès lors, en vertu des instruments internationaux de protection des droits de l'homme, le droit à l'assistance d'un avocat doit être exercé dès le premier stade de l'enquête pénale et précisément dès le début de l'interrogatoire du suspect. Ces exigences conventionnelles sont conformes aux dispositions de l'article 5 du Règlement de l'UEMOA qui ouvre le droit à l'assistance de l'avocat dès l'interpellation.

L'exercice du droit à l'assistance d'un avocat est attaché au statut d' « *accusé* », qui se décline au stade de l'enquête autour de la qualité de personne interpellée, dont l'octroi dépend de circonstances objectives tenant à la gravité des indices réunis à l'encontre du suspect[169].

---

166 Cons. const. n° 93-326 DC du 11 août 1993, n° 2004-492 DC, 02 mars 2004.

167 CEDH, 08 février 1996, affaire *John Murray c/ Royaume-Uni*, *JCP* G. 1997, I, 4000, obs. F. Sudre ; *Procédures* 1996, comm. 194, obs. J. Buisson ; *RSC* 1997, p. 476, obs. Koering-Jouin, *Justices* 1997, p. 203, obs. Cohen-Jonathan et Flauss ; CEDH, 27 novembre 2008, arrêts Salduz c/ Turquie n° 36391/02, *Dr. pén.* 2009, chron. 4, par E. Dreyer, n° 27 ; *RSC* 2010, p. 184 s., obs. A Giudicelli ; CEDH, 13 octobre 2009, Dayanan c/ Turquie n° 7377/03, *D.* 2009, p. 2897, note J.-F. Renucci ; *AJ pén.* 2010, p. 27, étude C. Saas ; *RSC* 2010, p. 231, obs. *D.* Roets.

168 EL. M. MBOUP, « Les nullités de l'enquête et de l'instruction : un exemple de déclin de la légalité procédurale ? », in M. BADJI, O. DEVAUX et B. GUEYE, *Droit sénégalais. Conflictualité en Afrique francophone*, n° 10, 2011-2012, Presses de l'Université de Toulouse I, p. 329, note n° 15.

169 F. DESPORTES et L. LAZERGES-COUSQUER, *Traité de procédure pénale*, Paris, Economica, 2e éd., 2013, p. 31, n° 48.

L'article 3 de la Directive 2013/48/UE du Parlement européen et du Conseil du 22 octobre 2013 relative au droit d'accès à un avocat dans le cadre des procédures pénales énonce que les suspects ont accès à un avocat sans retard indu « *avant qu'ils ne soient interrogés par la police ou par une autre autorité répressive ou judiciaire* ».

La victime et le témoin ne sauraient être assimilés à des personnes faisant l'objet d'une interpellation au sens du Règlement de l'UEMOA.

En effet, dès lors qu'aucun indice de culpabilité ne pèse sur elles, ces personnes ne font pas l'objet d'une « *accusation* » justifiant l'ouverture des droits de la défense et notamment l'assistance d'un conseil.

Le guide de l'officier de police judiciaire élaboré par la Division des Investigations criminelles (DIC), à la suite de la signature de la circulaire ministérielle du 11 janvier 2018, a retenu le même critère tiré du soupçon dans l'identification de la personne interpellée. Selon ce guide, la personne concernée par la notification du droit à l'assistance d'un avocat est « *le suspect ou mis en cause. Les victimes et témoins ne sont donc pas concernés* ».

48. Incertitudes de la distinction des qualités de témoin et de suspect. Il est vrai qu'au cours de l'enquête la distinction entre les qualités de témoin et de suspect est assez incertaine.

Le témoin peut être défini comme la personne à l'encontre de laquelle il n'existe aucune raison plausible de soupçonner qu'elle a commis ou tenté de commettre une infraction et qui est susceptible de fournir des renseignements sur les faits ou sur les objets et documents saisis[170].

Le passage du statut de témoin à celui de suspect tient souvent à peu de chose[171]. « *Vous êtes là parce que vous êtes soupçonné. Oui c'est comme ça : de témoin vous êtes devenu suspect. De fil en aiguille. Il y a eu*

---

[170] V. art. 54 du Code de Procédure pénale ; M. GIACOPELLI et Y. JOSEPH-RATINEAU, « Témoin », *Rép. dr. pén.* proc. pén., n° 01.

[171] J. LEROY « Personnes soupçonnées et ne faisant pas l'objet d'une garde à vue », *Juriclass. proc. pén.* art. 53 à 73, fasc. 40, n° 27.

quelque part comme un glissement, voyez-vous ? D'ailleurs je suis sûr que ça ne vous a pas échappé ».

À la lecture de cet extrait du célèbre film *Garde à vue* (1981), le « *glissement* » évoqué par l'inspecteur Gallien traduit l'ambiguïté de la distinction entre les qualités de témoin et de suspect.

Il arrive souvent que l'officier de police judiciaire, qui a entendu une personne en qualité de victime ou de témoin au début de l'enquête, finisse au cours des investigations par disposer d'indices de culpabilité contre cette dernière.

Dans ce cas, cette personne acquiert la qualité de personne interpellée et peut invoquer à partir de ce moment le droit à l'assistance d'un avocat. En conséquence, dès lors qu'il existe contre une personne des indices graves et concordants de nature à motiver son inculpation, l'officier de police judiciaire a l'obligation de lui notifier son droit à l'assistance d'un avocat, à peine de nullité de la procédure.

Le guide de l'officier de police judiciaire élaboré par la Division des Investigations criminelles (DIC) est très clair sur cette question. Il énonce, en effet, que « *lorsqu'un individu est convoqué en qualité de témoin ou de plaignant mais, en cours d'enquête, devient mis en cause, notification doit aussitôt lui être faite de son droit de constituer conseil* ».

49. Droit de la victime et du témoin à l'assistance d'un avocat. Il est vrai que certains États membres de l'UEMOA ont reconnu aux témoins libres et même aux victimes le droit à l'assistance d'un avocat.

Le droit pénal malien a franchi ce pas. Aux termes de l'article 76, alinéa 6 du Code de Procédure pénale du Mali : « *Au cours de l'enquête préliminaire, toute personne mise en cause ou victime d'une infraction a le droit de se faire assister à sa diligence, d'un ou plusieurs avocats de son choix* ». Ainsi, ce texte reconnait le droit d'accéder à un avocat aussi bien au suspect (mis en cause) qu'à la victime d'une infraction[172].

---

[172] P. MATHIEU, « La victime de l'infraction pénale dans l'histoire », in C. RIBEYRE (dir.), *La victime de l'infraction pénale*, Paris, Dalloz, 2016, p. 5 ; Y. STRICKLER, *La place de la victime dans le procès pénal*, Bruxelles Bruylant, 2009 ; E. VERGES,

Le législateur béninois est allé plus loin. Il résulte de l'article 78, alinéas 3 et 4 du Code de Procédure pénale du Bénin que dès l'enquête préliminaire, et dans tous les actes de la procédure, le mis en cause peut se faire assister d'un avocat.

Toute personne contre qui il existe des indices graves et concordants de participation à une infraction, qui en a été victime ou qui est appelée à apporter son concours à la manifestation de la vérité peut, au cours des enquêtes, se faire assister d'un défenseur.

L'article 90 du Code de Procédure pénale ivoirien énonce que toute personne contre qui il existe des indices graves et concordants de participation à une infraction, ou qui en a été victime ou qui est appelée à apporter son concours à la manifestation de la vérité, peut, au cours de l'enquête, se faire assister d'un avocat.

Les droits pénaux béninois et ivoirien ajoutent ainsi aux bénéficiaires du droit à l'assistance d'un conseil la personne appelée à apporter son concours à la manifestation de la vérité ; il s'agit de la personne convoquée à la police ou à la gendarmerie en vue d'éclairer les enquêteurs sur des faits objet d'une enquête (témoin), même non privée de liberté.

La rédaction des textes précités ne conduirait-elle pas à admettre qu'un expert invité à apporter son appui technique à l'enquête peut se faire assister par un conseil ? Rien dans les textes béninois et ivoirien ne semble exclure cette possibilité. En effet, s'il y a lieu de procéder à des constatations qui ne puissent être différées, l'officier de police judiciaire a recours à toutes personnes qualifiées. Les personnes ainsi appelées prêtent, par écrit, serment de donner leur avis en leur honneur et conscience[173].

Il est vrai que la victime d'une infraction pénale a la faculté de constituer conseil dès la phase de l'enquête en vue de faire valoir ses intérêts au titre

---

« Peut-on parler d'un droit des victimes d'infraction ? Éclatement et croisement des sources », in C. RIBEYRE (dir.), *La victime de l'infraction pénale*, Paris, Dalloz, 2016, p. 29.

[173] V. art. 52 du Code de Procédure pénale du Sénégal.

des droits procéduraux reconnus à la victime (droit de mettre en mouvement l'action publique, droit de participer au déroulement de la procédure pénale, droit à l'interprétation et à la traduction, etc.)[174].

D'ailleurs, en vertu de l'alinéa 4 de l'article 16 du Code de Procédure pénale du Sénégal, les victimes peuvent se constituer partie civile devant l'officier de police judiciaire[175]. Selon ce texte, les officiers de police judiciaire peuvent recevoir les déclarations des victimes désireuses de se constituer partie civile qui peuvent par procès-verbal ou par lettre fixer le montant de la réparation demandée pour le préjudice qui leur a été causé.

Si les textes africains précités consacrent un droit à l'assistance d'un avocat durant l'enquête au profit de la victime et du témoin, il convient de préciser que ce n'est pas en vertu de l'article 5 du Règlement de l'UEMOA. Ces textes sont même entrés en vigueur bien avant l'adoption du Règlement n° 05 de l'UEMOA.

En d'autres termes, l'officier de police judiciaire n'est pas tenu, à peine de nullité, de notifier au témoin, ou à la victime son droit à l'assistance de l'avocat. Ainsi, les témoins et les victimes ne peuvent être assimilés à des personnes interpellées conformément à la législation communautaire de l'UEMOA.

50. Droit de la victime à l'assistance d'un avocat en cas de confrontation. Il faut préciser que le droit à l'assistance d'un avocat prévu pour la personne interpellée a eu des incidences sur les droits procéduraux de la victime. Sa consécration a conduit à reconnaitre le même droit à la victime. Dans les États membres de l'UEMOA, seul le Burkina Faso a prévu le droit de la victime à l'assistance d'un conseil en cas de confrontation avec la personne interpellée. Aux termes de la règle 12 du protocole du Burkina Faso, inspiré de l'article 63-4-5 du Code de

---

[174] E. VERGES, « Principes directeurs du procès pénal-Principes propres aux droits des victimes. Droits des victimes », *Jurisclass. proc. pén.*, art. prél., fasc. 40, 2017, n° 28 ; P. MATHIEU, « La victime de l'infraction pénale dans l'histoire », in C. RIBEYRE (dir.), *La victime de l'infraction pénale*, Paris, Dalloz, 2016, p. 5 ; Y. STRICKLER, *La place de la victime dans le procès pénal*, Bruxelles Bruylant, 2009 ; E. VERGES, « Un corpus juris des droits des victimes : le droit européen entre synthèse et innovations », *RSC* 2013, p. 121.

[175] V. art. 16, alinéa 4 du Code de Procédure pénale du Sénégal.

Procédure pénale français : « *Si la victime est confrontée avec une personne interpellée, elle peut demander à être assistée par un avocat choisi par elle, ou à sa demande et à ses frais, désigné par le bâtonnier* ».

La victime est informée de ce droit avant qu'il ne soit procédé à la confrontation avec la personne interpellée. Mention de l'information est portée au procès-verbal. À sa demande, l'avocat peut consulter les procès-verbaux d'audition de la personne qu'il assiste.

En France, en matière de garde à vue, la circulaire du 15 avril 2011 relative aux droits de la personne gardée à vue, suite aux arrêts de l'Assemblée plénière de la Cour de Cassation du 15 avril 2011, a énoncé que le droit d'accéder à un avocat a été reconnu à la victime « *pour garantir le respect de l'égalité des armes au cours de la procédure pénale et éviter qu'une victime soit confrontée sans être assistée par un avocat avec une personne gardée à vue elle-même assistée* ».

B.- L'émergence du statut de personne interpellée

51. Consécration d'un statut autonome. La reconnaissance du statut de personne interpellée est un fait marquant du Règlement de l'UEMOA du 25 septembre 2014[176]. En consacrant le droit à l'assistance d'un conseil dès l'interpellation durant l'enquête, les rédacteurs du texte communautaire semblent avoir voulu consacrer un statut autonome de personne interpellée, porteur de droits au cours de l'enquête ; ils ont marqué l'entrée sur la scène procédurale de la qualité de personne interpellée attributive du droit à l'assistance d'un conseil durant la phase policière du procès. La consécration d'un statut de personne interpellée traduit une véritable « *révolution* » en faveur des droits de la défense au stade de l'enquête.

Dans sa quête de se conformer au Règlement de l'UEMOA, la réforme du Code de Procédure pénale du Sénégal a procédé au remplacement de l'expression « *personne gardée à vue* » contenue dans l'ancien article 55 du Code de Procédure pénale par celle de « *personne interpellée* ». Aux termes de l'article 55, alinéa 10 du Code de Procédure pénale, modifié

[176] EL. H. B. FAYE, « Droit à un conseil dès l'interpellation : de la portée de la réforme du Code de Procédure pénale », *Les Echos du Palais*, n° 01, février 2018, p. 25 et s.

par la loi n° 2016-30 du 08 novembre 2016 : « *L'officier de police judiciaire informe la personne interpellée de son droit de constituer conseil parmi les avocats inscrits au tableau ou admis en stage. Mention de cette formalité est faite obligatoirement sur le procès-verbal d'audition à peine de nullité* ».

Le protocole du Burkina Faso a également accueilli la notion de personne interpellée dans le dispositif qu'il a mis en place. La règle 4 dudit protocole énonce que la personne interpellée a droit à l'assistance d'un avocat et est, à ce titre, immédiatement informée de ce droit par un officier de police judiciaire ou, sous le contrôle de celui-ci, par un agent de police judiciaire, dans une langue qu'elle comprend.

52. Personne interpellée et suspect libre. La consécration communautaire de la qualité de personne interpellée n'est pas sans rappeler le statut de suspect libre prévu en France par loi n° 2014-535 du 27 mai 2014 portant transposition de la directive 2012/13/UE du Parlement européen et du Conseil du 22 mai 2012 relative au droit à l'information dans le cadre des procédures pénales[177].

Il s'agit de la personne à l'égard de laquelle il existe des raisons plausibles de soupçonner qu'elle a commis ou tenté de commettre une infraction et qui est entendue librement[178]. Le suspect libre bénéficie ainsi d'un véritable statut et de garanties procédurales approchantes de celles du suspect privé de liberté.

Mais le statut de « *personne interpellée* » aménagé par le Règlement de l'UEMOA présente des particularités.

---

[177] Sur le statut français de suspect libre, V. J. LEROY « Personnes soupçonnées et ne faisant pas l'objet d'une garde à vue », *Jurisclass. proc. pén.* art. 53 à 73, fasc. 40 ; O. BACHELET, « Droits de la défense : transposition ambivalente de la « directive information » », *Gaz. pal.* 1er février 2014, p. 09, 165 p. 2 ; D. PÈRE, « Pour une réflexion sur le statut juridique du suspect », *D.* 2010. 1638 ; G. TAUPIAC-NOUVEL et A. BOTTON, « La réforme du droit à l'information en procédure pénale », *JCP* éd. G 2014, p. 80 ; R. MESA, « Le renforcement relatif des droits procéduraux du suspect pendant la phase d'enquête », *Gaz. pal.* du 20 septembre 2014, n° 263, p. 17 ; R. OLLARD, « Quel statut pour le suspect au cours de l'enquête pénale ? », *JCP* éd. G 2014, doctr. 912.

[178] V. article 61-1 du Code de Procédure pénale français.

En premier lieu, ce dernier statut est plus englobant que celui de suspect libre du droit français. Il résulte de l'interprétation de la notion d'interpellation que la personne interpellée peut être un suspect, c'est-à-dire celle qui est d'ores et déjà inculpable qu'elle soit détenue ou libre.

Alors le suspect libre du droit français est la personne à l'égard de laquelle il existe des raisons plausibles de soupçonner qu'elle a commis ou tenté de commettre une infraction et qui est entendue librement[179].

En second lieu, il y a une différence de régimes entre le suspect libre et la personne interpellée. Le statut de suspect libre emporte ouverture complète des droits de la défense. Dès que la qualité de suspect libre est reconnue à une personne durant l'enquête, la loi lui fait bénéficier d'une palette de droits liés à l'organisation de sa défense.

Il s'agit notamment du droit de ne pas s'auto-incriminer, du droit d'être informé de la qualification, de la date et du lieu présumés de l'infraction dont il est soupçonné, du droit de quitter à tout moment les locaux où il est entendu, du droit d'être assisté par un interprète, du droit au silence et du droit à l'assistance d'un conseil.

Par contre, le Règlement de l'UEMOA n'a prévu au bénéfice de la personne interpellée que le droit à l'assistance d'un conseil durant l'enquête, même si les textes de certains États membres de l'UEMOA ajoutent le droit d'être informé de la nature de la qualification objet de l'enquête.

PARAGRAPHE II : INTERPELLATION ET NOTIONS VOISINES

53. Distinctions terminologiques. Le concept d'interpellation, au sens de la législation communautaire de l'UEMOA, même s'il peut se rattacher à d'autres actes de police judiciaire (notamment l'audition du suspect, la garde vue, l'arrestation, etc.), ne constitue pas en soi un acte de police judiciaire, c'est-à-dire un acte accompli par les officiers de police judiciaire au cours de l'enquête en vue de la recherche et de la

179 J. LEROY « Personnes soupçonnées et ne faisant pas l'objet d'une garde à vue », *Jurisclass. proc. pén.* art. 53 à 73, fasc. 40, n° 17.

manifestation de la vérité[180]. En réalité, tout acte de police judiciaire (perquisition, audition, transport sur les lieux, etc.) peut être assimilée à un acte d'instruction puisqu'elle tend à la manifestation de la vérité[181].

Techniquement, l'interpellation doit être distinguée de notions voisines constituant de véritables mesures de police judiciaire. Il convient en effet de distinguer cette notion de l'arrestation (I), de la garde à vue (II) et de la retenue douanière (III).

I.- INTERPELLATION ET ARRESTATION

54. Concept d'arrestation. Il convient de ne pas confondre le concept d'arrestation avec la notion d'interpellation. Le Code de Procédure pénale n'a pas procédé à la définition de l'arrestation, même s'il l'évoque dans plusieurs de ses dispositions. L'article 78 du décret n° 74-571 du 13 juin 1974 portant règlement sur l'emploi et le service de la gendarmerie, intitulé « *droit d'arrestation* » énonce que « *l'arrestation consiste dans la saisie d'un individu, au besoin par la force, et dans sa conduite soit à la brigade, dans le cadre d'une enquête, soit devant une autorité compétente pour statuer sur son sort* ». Il s'agit de l'appréhension au nom de la loi d'une personne suspecte devant être conduite devant l'autorité policière ou judiciaire[182]. Elle est généralement justifiée par la flagrance des faits, l'exécution de mandats d'amener, de dépôt ou d'arrêt décernés

---

[180] M. BLONDET, « Les pouvoirs de la police et de la gendarmerie au cours de l'enquête préliminaire », *JCP* éd. G 1956, I, 1311.

[181] V. G. STEFANI, « L'acte d'instruction », in *Problèmes contemporains de procédure pénale, Mélanges Hugueney*, Paris, Sirey, 1965, p. 135. La jurisprudence paraît s'être ralliée à une conception large de l'acte d'instruction incluant l'acte d'enquête, du moins en matière de prescription de l'action publique, V. Cass. crim., 15 avril 1937, *S.* 1938, 1, p. 233, note Hugueney ; Cass. crim., 29 novembre 1983, *Bull. crim.* 1983, n° 323 ; Cass. crim., 17 décembre 1991, *Bull. crim.* 1991, n° 483 ; CA Paris, 18 mars 1959, *JCP* éd. G 1959, II, 11230, obs. Larguier.

[182] C. AMBROISE-CASTÉROT, « Arrestation », *Rép. proc. pén.* octobre 2006, n° 1 ; J. SUSINI, « Un pouvoir de police l'arrestation », *RSD*, 1979, p. 901 ; J. MONTREUIL, « Les arrestations », *Rev. pol. nat.* mars 1979, p. 5-16 ; I.-M. ABDOULATIF, *L'arrestation en droit pénal*, Thèse, Strasbourg III, 1999 ; P. FERNANDEZ, *L'arrestation par la force publique ou par un particulier*, Thèse, Toulouse I, 1996 ; F. FOURMENT, *L'arrestation, menace à la liberté individuelle devant le droit français (de source nationale ou internationale)*, Thèse, Paris II, 1995.

contre une personne ou par la mise en œuvre d'une contrainte par corps ou d'une décision d'expulsion.

Selon l'article 78, alinéa 2 du décret n° 74-571 du 13 juin 1974 portant règlement sur l'emploi et le service de la gendarmerie, la gendarmerie a le droit d'arrestation contre les auteurs présumés d'un crime ou délit flagrant comportant une peine d'emprisonnement, les individus objets d'un mandat d'amener, de dépôt ou d'arrêt, d'une ordonnance de prise de corps, d'un extrait de jugement ou de condamnation ou d'une contrainte par corps, les individus faisant l'objet d'un arrêté d'expulsion, d'un ordre d'arrestation en vue d'une extradition ou d'un ordre d'arrestation d'un libéré conditionnel et les insoumis ou déserteurs objets d'un signalement n° 01.

55. Mesure transitoire. L'arrestation est une mesure privative de liberté, même si la privation de liberté y est éphémère. La personne arrêtée doit être conduite immédiatement devant l'autorité policière la plus proche (si l'arrestation est le fait d'un citoyen) ou devant l'autorité judiciaire (si l'arrestation est le fait de la police judiciaire) sous peine de poursuite pour séquestration ou arrestation arbitraire[183].

C'est la même exigence qui est posée par l'article 70, alinéa 3 du décret n° 74-571 du 13 juin 1974 précité. Selon ce texte : « *En règle générale, l'autorité qui procède à l'arrestation d'un individu doit le conduire soit au parquet, soit à la maison d'arrêt la plus proche* ».

L'arrestation d'une personne constitue un acte « *transitoire* »[184] dont le but n'est autre que de mettre un individu à la disposition des autorités compétentes pour l'exécution d'un acte procédural distinct. Lors de l'enquête policière, l'arrestation d'un témoin récalcitrant est ainsi destinée à sa comparution devant l'officier de police judiciaire, le temps nécessaire à son audition. L'appréhension de la personne soupçonnée est souvent nécessaire à son placement en garde à vue.

---

[183] C. DIAKHOUMPA, *Traité théorique et pratique de procédure pénale. Tome I, La phase préparatoire du procès pénal,* 1 ère édition, 2015, p. 105, n° 108, note n° 163.
[184] F. DESPORTES et L. LAZERGES-COUSQUER, *Traité de procédure pénale*, Corpus Droit privé, Paris, Economica, 2009, n° 2513.

Les droits pénaux des États membres de l'UEMOA incriminent l'arrestation arbitraire. À titre d'exemple, l'article 334 du Code pénal sénégalais punit de la peine des travaux forcés à temps de dix (10) à vingt (20) ans « *ceux qui, sans ordre des autorités constituées et hors les cas où la loi ordonne de saisir des prévenus, auront arrêté, le détenu ou séquestré des personnes quelconques* ».

56. Régime de l'arrestation de droit commun. L'arrestation est un acte de police judiciaire qui en principe n'est possible qu'en matière d'enquête de flagrance. Dans le cadre de l'enquête de flagrant délit, le droit d'arrêter le délinquant présumé est prévu par plusieurs dispositions légales.

D'abord, il résulte de l'article 55 du Code de Procédure pénale du Sénégal que s'il existe contre une personne des indices graves et concordants de nature à motiver son inculpation, l'officier de police judiciaire doit la conduire devant le procureur de la République ou son délégué, sans pouvoir la garder à sa disposition plus de quarante-huit (48) heures.

L'article 78, alinéa 2 du décret n° 74-571 du 13 juin 1974 portant règlement sur l'emploi et le service de la gendarmerie évoque d'ailleurs le droit d'arrestation de la gendarmerie nationale.

Ensuite, l'article 65 du Code de Procédure pénale du Sénégal prévoit que dans les cas de crime ou de délit flagrant puni d'une peine d'emprisonnement, toute personne a qualité pour en appréhender l'auteur et le conduire devant l'officier de police judiciaire le plus proche.

Enfin, le Code de Procédure pénale permet à l'officier de police judiciaire de conduire au parquet, donc d'arrêter préalablement, l'individu contre qui existent des indices graves et concordants de culpabilité. En vertu de l'article 62 du Code de Procédure pénale du Sénégal, en cas de crime flagrant et si le juge d'instruction n'est pas encore saisi, le procureur de la République peut décerner mandat d'amener contre toute personne soupçonnée d'avoir participé à l'infraction. Le procureur de la République interroge sur le champ la personne ainsi conduite devant lui.

L'article 62, alinéa 2 du Code de Procédure pénale précise que si la personne soupçonnée se présente spontanément, accompagnée d'un défenseur, elle ne peut être interrogée qu'en présence de ce dernier.

Comme en cas d'interpellation, il s'agit aussi d'une hypothèse d'assistance par un avocat avant inculpation.

Contrairement à l'hypothèse de l'interpellation, ce texte ne donne au défendeur d'autre droit que d'être présent à l'interrogatoire[185].

Dans la pratique, le procureur de la République décerne rarement dans ces situations un mandat d'amener, l'officier de police judiciaire procédant à l'arrestation du mis en cause dès qu'il existe contre lui des indices graves et concordants de nature à motiver son inculpation.

Si l'arrestation n'est en principe autorisée qu'en cas d'infraction flagrante, le Code de Procédure pénale permet indirectement une sorte d'arrestation dans le cadre de l'enquête préliminaire. En effet, l'officier de police judiciaire doit déférer au parquet la personne gardée à vue à l'expiration du délai de quarante-huit (48) heures à l'issue de laquelle les personnes retenues devront être immédiatement conduites devant le procureur de la République.

Avant l'expiration de ce délai, l'officier de police judiciaire peut également conduire le mis en cause au parquet lorsqu'il découvre des indices graves et concordants de nature à justifier une inculpation, résultant par exemple d'aveux ou de témoignages accablants. Cette mise en arrestation en vue d'une présentation au procureur de la République est donc liée à une décision de placement en garde à vue dont elle est l'une des issues possibles[186].

En matière d'enquête préliminaire, l'arrestation est donc impossible quand la personne soupçonnée n'a pas fait l'objet d'une mesure de garde à vue.

---

[185] R. MERLE et A. VITU, *Traité de droit criminel, Procédure pénale*, Paris, Cujas, 5e éd., 2001, p. 858.
[186] V. MERLE et VITU, *op.cit.* p. 847.

57. Arrestation en matière douanière : « *la capture* ». En matière douanière, une mesure d'arrestation peut être prise pour les nécessités de l'enquête aussi bien par les agents des douanes que par les agents assermentés de la force publique et les autres administrations habilitées à constater des infractions à la loi[187].

58. Pouvoir d'arrestation de l'Administration douanière. En vertu de l'article 311. 2 du Code des Douanes du Sénégal, les agents des douanes peuvent procéder à l'arrestation des responsables d'une infraction douanière. Toutefois, ils ne peuvent procéder à cette arrestation qu'en cas de flagrant délit et lorsque cette mesure est justifiée par les nécessités de l'enquête douanière.

Lorsqu'il y a arrestation de délinquants, les agents assermentés de douanes ou les officiers de police judiciaire, doivent se conformer aux dispositions du Code de Procédure pénale relatives à la garde à vue.

Ainsi, pour être décidée par l'Administration douanière, l'arrestation doit être nécessaire à l'enquête ouverte à la suite de la commission d'un délit douanier flagrant. Le terme « *capture* », évocateur d'opérations quasi militaires, rappelle le lourd héritage historique du droit douanier ; bien entendu, la seule expression juridiquement correcte est celle d'« *arrestation* »[188].

À la fin des investigations douanières, les délinquants doivent être conduits devant le procureur de la République, le délégué du procureur de la République ou le président du tribunal d'instance exerçant les fonctions du Ministère public[189].

59. Pouvoir d'arrestation des agents assermentés de la force publique et des autres administrations habilitées. La mission de recherche et de constatation des infractions en matière douanière relève

[187] K. SY, *Douanes sénégalaises. Vie et vues du brigadier de brousse*, Paris, l'Harmattan, 2015, p. 94.

[188] En ce sens, C.-J. BERR, « Douane », *Rép. dr. pén. proc. pén.* Dalloz, octobre 2017, n° 166.

[189] V. art. 311 3 du Code des Douanes du Sénégal.

à titre principal de la compétence des inspecteurs, contrôleurs et, d'une manière générale, des agents de l'Administration des douanes[190].

Toutefois, les agents assermentés de la force publique et des autres administrations habilitées à constater des infractions à la loi, peuvent apporter leur concours à l'Administration des douanes conformément aux conditions et limites fixées par le Code des Douanes.

Les agents assermentés susmentionnés sont les officiers, sous-officiers et gendarmes de la Gendarmerie nationale, les officiers et les officiers mariniers de la Marine nationale, les agents de la Police nationale, les agents des Eaux, Forêts et Chasses, les agents du Service du Commerce, les agents des Parcs nationaux et d'une manière générale tous les agents assermentés.

L'article 301. 3 du Code des Douanes du Sénégal énonce que lorsque la constatation de l'infraction douanière est suivie d'une saisie ou de la capture de délinquants, les agents assermentés de la force publique et des autres administrations habilitées à constater des infractions à la loi doivent obligatoirement mettre le receveur poursuivant territorialement compétent en mesure d'exercer un contrôle et une surveillance sur la procédure diligentée.

Ce pouvoir de contrôle et de surveillance du receveur poursuivant sur la procédure est rappelé par l'article 311. 4 du Code des Douanes. Selon ce texte, lorsque la saisie de marchandises ou la capture de délinquants est faite par une administration autre que celle des douanes, celle-là doit obligatoirement mettre le receveur poursuivant en mesure d'exercer les poursuites douanières.

60. Distinction entre l'arrestation et l'interpellation. L'arrestation d'une personne par les services de police, de gendarmerie, par les administrations habilitées ou par un citoyen, qui suppose souvent l'existence d'indices de commission d'une infraction flagrante, peut être suivie de son interpellation.

---

[190] V. art. 301. 1 du Code des Douanes du Sénégal.

Toutefois, l'interpellation ne suppose pas forcément l'appréhension de la personne suspectée au nom de la loi[191].

En effet, en premier lieu, une personne suspectée d'avoir commis une infraction pénale peut être interpellée au cours de l'enquête sans avoir au préalable fait l'objet d'une arrestation.

Il en est ainsi par exemple, d'une personne, visée dans une plainte qui est convoquée par l'officier de police judiciaire pour s'expliquer sur les faits à elle reprochés et qui est laissée en liberté au cours d'une enquête préliminaire (enquête de renseignements judiciaires). Cette dernière peut par la suite avoir été placée en garde à vue, mais, elle aura comparu librement devant l'officier de police judiciaire.

En second lieu, le cas d'une arrestation sans interpellation n'est pas une hypothèse d'école. L'article 65 du Code de Procédure pénale du Sénégal habilite, dans les cas de crime ou de délit flagrant puni d'une peine d'emprisonnement, toute personne à appréhender l'auteur et le conduire devant l'officier de police judiciaire le plus proche[192].

Le législateur communautaire de l'UEMOA semble avoir fait une nette distinction entre l'arrestation et l'interpellation. Aux termes de l'article 6, alinéa 2 du Règlement UEMOA, les avocats « *ne peuvent être entendus, arrêtés ou détenus sans l'ordre du procureur général près la cour d'appel ou du président de la chambre d'accusation, le Bâtonnier préalablement entendu* ». La notion d'arrestation renvoie dans ce dernier texte à l'acte d'appréhension d'une personne en ayant recours à la force, si besoin est, en vue de sa comparution devant une autorité judiciaire ou administrative ou à des fins d'incarcération[193].

Ainsi, la notion d'interpellation visée à l'article 5 du Règlement est à distinguer du concept d'arrestation employé par d'autres dispositions du Règlement communautaire.

---

[191] A. HAROUNE, « Quand appréhender n'est pas interpeller », *D.* 2000, chron., p. 856.

[192] J.-L. LENNON, « L'arrestation flagrante du délinquant sur le fondement de l'article 73 du Code de Procédure pénale », *D.* 2005, chron. 42.

[193] *Lexique des termes juridiques*, Paris, Dalloz, 2010, 17e édition, 2009, p. 57.

II.- INTERPELLATION ET GARDE À VUE

61. Notion de garde à vue. L'interpellation ne doit pas être confondue avec la garde à vue en tant qu'acte de police judiciaire. Dans le discours pénal, la garde à vue est une mesure consistant pour un officier de police judiciaire à garder une personne à sa disposition « *pour les nécessités de l'enquête* »[194]. Littéralement, « *garder à vue* » signifie « *garder sans cesser jamais d'avoir l'œil sur la personne gardée* » ; c'est-à-dire la « *surveiller* »[195].

La garde à vue est une « *mesure de police en vertu de laquelle sont retenues dans certains locaux non pénitentiaires et pour une durée limitée variable selon le type d'infractions des personnes qui, tout en n'étant ni prévenues ni inculpées, doivent rester à la disposition des autorités de police ou de gendarmerie pour les nécessités de l'enquête* »[196]. La Cour de Cassation française met particulièrement

---

[194] V. art. 55, alinéa 1er du Code de Procédure pénale.

[195] R. MERLE, « La garde à vue », *Gaz. pal.* 1969, 2, doctr. p. 18 ; H. VLAMYNCK, « Approche policière pratique du projet de loi relatif à la garde à vue », *AJ pén.* 2010, p. 474 ; H. VLAMYNCK, « La garde à vue, du Code d'instruction criminelle à nos jours », *AJ pén.* 2008. p. 257 ; H. VLAMYNCK, « Approche policière de la garde à vue », *AJ pén.* 2008. 26 ; H. VLAMYNCK, « Le policier et la garde à vue : remarques et interrogations », *AJ pén.* 2004, p. 269 ; J. LEROY, « Garde à vue », *Jurisclass. proc. pén.*, 2011, app. art. 53 à 73, n° 55 et s. ; C. LAZERGES, « Les désordres de la garde à vue », *RSC* 2010, p. 275 ; J. LEROY, « La garde à vue : des pistes pour une réforme », in MALABAT, DE LAMY et GIACOPELLI (dir.), *La réforme du Code pénal et du Code de Procédure pénale. Opinio Doctorum*, Paris, 2009, Dalloz, p. 179 s. ; V. LESCLOUS, « Un an de droit de la garde à vue », *Dr. pén.* 2007, p. 37 ; 2008, p. 43, *Dr. pén.* 2009, p. 42 ; *Dr. pén.* 2010, p. 36 ; C. MAURO, « Réflexions sur la garde à vue : à propos de l'arrêt Brusco c. France de la Cour européenne des droits de l'homme du 14 octobre 2010 », *Dr. pén.* 2010. Étude 29 ; J. PRADEL, « Un regard perplexe sur la nouvelle garde à vue », *JCP* 2011. 665 ; REBSTOCK, « L'évolution de la garde à vue », in *L'évolution de la justice pénale, Les nouveaux problèmes actuels de sciences criminelles*, PU Aix-Marseille, vol. 24, 2013 ; Y. MAYAUD, « La garde à vue "à la française" aux oubliettes ? », *D.* 2010, p. 2696 ; G. ROUJOU DE BOUBÉE, « La réforme de la garde à vue : commentaire de la loi n° 2011-392 du 14 avril 2011 », *D.* 2011. chron. p. 1570 ; Y. MULLER, « La réforme de la garde à vue ou la figure brisée de la procédure pénale française », *Dr. pén.* 2011, étude 6 ; B. BOULOC, « La réforme de la réforme du Code de Procédure pénale », *Rev. pénit.* 1994, p. 09 et s.

[196] G. CORNU, *Vocabulaire juridique*, Paris, PUF, 2014, V° garde à vue ; A. MARON, « La garde à vue fait une poussée de Bourbouille », *Dr. pén.* 1999, chron. 5.

l'accent sur « *la contrainte* » à laquelle est soumise la personne présente dans les locaux de police[197]. Il s'agit donc d'une mesure de police judiciaire et d'une mesure privative de liberté.

Une circulaire du Ministre de la Justice du Sénégal du 26 octobre 1989 relative au contrôle effectif de la garde à vue par les parquets a qualifié la garde à vue d'une « *atteinte grave à l'un des droits fondamentaux* ».

La mesure de garde à vue ne saurait être confondue avec l'interpellation au sens du Règlement communautaire de l'UEMOA.

Une personne suspectée, un témoin ou même une personne faisant l'objet d'une vérification d'identité ou d'une interdiction de s'éloigner peut être sommée de s'expliquer sur les faits objet de l'enquête après avoir été placée en garde à vue[198].

Dans ces cas, l'interpellation est effectuée au cours de l'exécution de la mesure de garde à vue. Même dans ces situations, la mesure de placement en garde à vue prise en tant qu'acte de police judiciaire privatif de liberté se distingue de l'acte d'interpellation.

Par contre, l'interpellation peut être décidée dans le cadre d'une enquête par un officier de police judiciaire, indépendamment d'une décision de placement en garde à vue du mis en cause[199]. Il s'agit notamment de la situation où une personne soupçonnée d'avoir commis une infraction, à qui a été notifié les faits imputés avant d'être entendue librement à la police ou à la gendarmerie. C'est ainsi le cas du suspect libre qui a connu

---

[197] Cass. crim., 28 juin 2000 et cass. crim., 25 octobre 2000, *Dr. pén.* 2001, comm. 25, note A. Maron ; Cass. crim., 11 octobre 2000, *Jurisdata* n° 2000-006748 et n° 2000-006760 ; Cass. crim., 18 octobre 2000, *Jurisdata* n° 2000-006701 ; *Dr. pén.* 2001, comm. 13, note A. Maron ; Cass. crim., 06 décembre 2000, *Jurisdata* n° 2000-007692, *Dr. pén.* 2001, comm. 39, note A. Maron ; Cass. crim., 06 mai 2003, *Jurisdata* n° 2003-019167 ; *Procédures* 2003, comm. 178, note J. Buisson ; Cass. crim., 02 septembre 2004, *Jurisdata* n° 2004-025153 ; Cass. crim., 07 septembre 2004, *Jurisdata* n° 2004-025102 ; Cass. crim., 15 septembre 2004, *Jurisdata* n° 2004-025165 ; *Dr. pén.* 2004, comm. 185, note A. Maron, ; Cass. crim., 23 mai 2007, *Jurisdata* n° 2007-039879 ; Cass. crim., 13 mai 2009, n° 08-86.103.

[198] J.-L. LENNO, « Les raisons justifiant le placement en garde à vue du suspect », *D.* 2006, p. 887.

[199] A. GOGORZA, « Arrestation et garde à vue : des fondements et de la régularité des interpellations pendant la phase policière », *Dr. pén.* 2012, étude 23.

un statut aménagé récemment en France par la loi n° 2014-535 du 27 mai 2014 portant transposition de la directive 2012/13/UE du Parlement européen et du Conseil du 22 mai 2012 relative au droit à l'information dans le cadre des procédures pénales[200].

En définitive, la garde à vue et l'interpellation constituent deux concepts pénaux distincts.

62. Mélange de genre. La réforme du Code de Procédure pénale, introduite par la loi n° 2016-30 du 08 novembre 2016, a semblé avoir confondu les régimes de la garde à vue et de l'interpellation. En effet, en voulant incorporer la règle communautaire de l'assistance de l'avocat dès l'interpellation dans l'ordre juridique sénégalais, le législateur a, semble-t-il, opéré une confusion entre la garde à vue et l'interpellation. Aux termes de l'article 55, alinéa 10 du Code de Procédure pénale : « *L'officier de police judiciaire informe la personne interpellée de son droit de constituer conseil parmi les avocats inscrits au tableau ou admis en stage. Mention de cette formalité est faite obligatoirement sur le procès-verbal d'audition à peine de nullité* ».

En réalité, les rédacteurs de la loi du 08 novembre 2016 n'ont fait que remplacer l'expression « *personne gardée à vue » contenue dans l'ancien article 55 du Code de Procédure pénale par celle de « personne interpellée* ».

Pris au pied de la lettre, ce texte ne semble pas renseigner sur le moment d'intervention de l'avocat. Mais il ne doit pas être interprété isolément ; il doit être replacé dans son environnement normatif. Le nouvel article 55, alinéa 10 du Code de Procédure pénale, fait suite à l'alinéa 09 de l'article 55 du Code de Procédure pénale, qui prévoit « *en cas de prolongation de la garde à vue* », l'obligation pour l'officier de police judiciaire d'informer la personne gardée à vue des motifs de la

[200] G. TAUPIAC-NOUVEL ET A. BOTTON, « La réforme du droit à l'information en procédure pénale », *JCP* G. 2014, p. 80 ; D. PÈRE, « Pour une réflexion sur le statut juridique du suspect, *D.* 2010. 1638 ; R. MESA, « Le renforcement relatif des droits procéduraux du suspect pendant la phase d'enquête », *Gaz. pal.* du 20 septembre 2014, n° 263, p. 17.

prolongation de la mesure et de son droit de se faire consulter par un médecin.

Ainsi, le droit de la personne interpellée de constituer conseil s'inscrit dans le cadre de la prolongation de la garde à vue. En d'autres termes, il semble que l'assistance de la personne interpellée par son avocat soit subordonnée au placement de la personne en garde à vue.

Mieux, cette personne, pour bénéficier de l'assistance de l'avocat, doit faire l'objet d'une mesure de prolongation de la garde à vue, suite à l'autorisation donnée par le procureur de la République, son délégué ou par le juge d'instruction[201]. Le législateur sénégalais a semblé avoir consacré un droit à l'assistance de la personne interpellée par un avocat dans la seconde période de la garde à vue.

Fait-il sens d'admettre l'assistance de la personne interpellée par un avocat seulement en cas de prolongation de la garde à vue ?
La rédaction de l'article 55, alinéa 11 du Code de Procédure pénale ne semble apporter au fond aucune innovation par rapport au droit pénal antérieur de la garde à vue. L'intervention de l'avocat pour assister la personne interpellée est toujours circonscrite à la seconde période de la garde à vue[202].

63. Altération de la lettre du Règlement de l'UEMOA. Le législateur sénégalais, en choisissant de procéder à la « *greffe* » du dispositif de l'assistance de l'avocat dès l'interpellation dans le siège légal de la présence de l'avocat pendant la garde à vue, a opéré un mélange de genre entre la garde à vue et l'interpellation[203].

En tout état de cause, cette consécration maladroite et confuse de la présence de l'avocat dès l'interpellation vide manifestement les dispositions du Règlement communautaire de leur substance.

---

201 V. art. 55, alinéa 8 du Code de Procédure pénale.
202 P. A. TOURE, « L'assistance de l'avocat dès l'interpellation dans la réforme du Code pénale et du Code de Procédure pénale du Sénégal : la greffe processuelle n'a pas bien pris ! », *La Balance, Revue semestrielle de L'union des Magistrats Sénégalais,* n° 01, janvier-juin 2017, p. 315 et s.
203 P. A. TOURE, *Ibid.*

Le législateur de l'UEMOA, en admettant l'assistance des avocats « *dès l'interpellation durant l'enquête préliminaire dans les locaux de la police de la gendarmerie ou devant le parquet* », n'a entendu nullement subordonner leur intervention à une décision de placement en garde à vue, encore moins à sa prolongation.

L'assistance de l'avocat suppose seulement l'ouverture d'une enquête ainsi que des soupçons pesant sur une personne sommée de s'expliquer sur des faits objet d'une enquête pénale.

64. Question de la subsistance du régime de la présence de l'avocat pendant la garde à vue. Force est de constater que le législateur sénégalais n'a pas procédé à l'abrogation de l'article 55 bis du Code de Procédure pénale qui, pourtant, est le siège légal des modalités d'intervention de l'avocat pendant la garde à vue.

Ce texte a été refondu dans le nouvel article 55 issu de la loi n° 2016-30 du 08 novembre 2016 modifiant la loi n° 65-61 du 21 juillet 1961 portant Code de Procédure pénale ; c'est ce qui explique, dans une certaine mesure, la longueur du nouvel article 55 du Code de Procédure pénale qui comporte désormais seize (16) alinéas.

La survivance juridique de l'article 55 bis du Code de Procédure pénale constitue-t-elle un oubli ou une option législative ?

La réforme du Code de Procédure pénale a-t-elle voulu maintenir deux régimes d'intervention de l'avocat suivant qu'il assiste une personne interpellée (nouvel art. 55 du Code de Procédure pénale) ou une personne gardée à vue (article 55 bis du Code de Procédure pénale) ?

Rien n'est moins sûr. Le maintien de ces deux régimes serait tout à fait incompréhensible, du moins, si l'on interroge la volonté du législateur.

Comment expliquer sans incohérence, la subsistance des règles organisant les modalités d'intervention de l'avocat en cas de prolongation de la garde à vue[204], lorsque dès son interpellation, la personne suspectée peut exercer son droit à l'assistance d'un conseil

[204] V. art. 55 bis du Code de Procédure pénale du Sénégal.

suivant les mêmes modalités (entretien confidentiel avec son conseil pendant une demi-heure, etc.) ? A la lecture de l'exposé des motifs de la loi du 08 novembre 2016, l'intention du législateur d'abroger l'article 55 bis du Code de Procédure pénale ne fait pas l'ombre d'un doute.

D'ailleurs, la circulaire du Ministre de la Justice n° 00179 MJ/DACG/MN du 11 janvier 2018 laisse entendre que l'article 55 bis du Code de Procédure pénale « *est virtuellement abrogé* ».

En réalité, l'abrogation « *virtuelle* » de l'article 55 bis du Code de Procédure pénale devrait logiquement emporter celle de l'article 55 ter du Code de Procédure pénale. En effet, ce texte dispose que l'officier de police judiciaire mentionne au procès-verbal d'audition de toute personne gardée à vue les informations données et les demandes faites en application de l'article 55 bis du Code de Procédure pénale ainsi que la suite qui leur a été donnée. Ces mentions doivent être spécialement émargées sur la personne intéressée et, en cas de refus, il en est fait mention. Ces mentions sont prescrites à peine de nullité du procès-verbal. Ainsi, l'article 55 ter du Code de Procédure pénale renvoie à l'article 55 bis du Code de Procédure pénale, puisqu'il est relatif à l'obligation de l'officier de police judiciaire de mentionner dans le procès-verbal les informations données et les demandes devant être faites dans le cadre de la présence de l'avocat pendant la garde à vue.

Il faut se convaincre qu'en droit positif, il ne subsiste qu'un seul régime de l'intervention de l'avocat durant l'enquête : celui de l'assistance d'un conseil dès l'interpellation consacré par le droit communautaire de l'UEMOA. Ce nouveau régime, précisé par l'article 55 du Code de Procédure pénale et par la circulaire ministérielle du 11 janvier 2018, bénéfice à toute personne interpellée, qu'elle soit gardée à vue ou qu'elle soit un suspect libre.

C'est d'ailleurs la raison pour laquelle dans la pratique, en cas d'interpellation, les officiers de police judiciaire ne procèdent qu'à une seule notification du droit à l'assistance d'un avocat, même si au cours des investigations la personne interpellée est, par la suite, placée en garde à vue ou que cette mesure est prolongée. Ainsi, la notification du droit à un avocat, faite à un suspect libre, n'est renouvelée, ni lorsque ce dernier est gardé à vue, ni lorsque cette garde à vue est prolongée sur autorisation du Ministère public. La notification faite dès l'interpellation vaut pendant toute l'enquête.

65. Sort du dispositif de protection relatif à la garde à vue. Si le législateur a mis en place un dispositif uniforme de l'assistance de l'avocat durant l'enquête fixant le moment (dès l'interpellation) et les modalités d'intervention de l'auxiliaire de justice (entretien confidentiel de trente minutes, assistance aux auditions et confrontations), ce nouveau cadre pénal a-t-il pour effet de supprimer les règles de protection aménagées par le Code de Procédure pénale en matière de garde à vue ?

Le Code de Procédure pénale du Sénégal, prenant en compte le caractère attentatoire aux libertés individuelles de la garde à vue, a prévu en la matière des règles protectrices.

66. Contrôle effectif du Ministère public. En vertu de l'article 55 du Code de Procédure pénale, la mesure de garde à vue s'applique sous le contrôle effectif du procureur de la République, de son délégué ou le cas échéant du président du tribunal d'instance investi des pouvoirs du procureur de la République. Le parquet a une mission essentielle de contrôle de la garde à vue[205].

En outre, dans tous les lieux où elle s'applique, les officiers de police judiciaire sont astreints à la tenue d'un registre de garde à vue côté et paraphé par le parquet qui est présenté à toutes réquisitions des magistrats chargés du contrôle de la mesure[206].

Par ailleurs, l'officier de police judiciaire a l'obligation d'informer immédiatement le procureur de la République, son délégué ou le cas échéant le président du tribunal d'instance investi des pouvoirs du

---

[205] R. MERLE, « Le problème du contrôle juridictionnel de la garde à vue », *Mélanges Couzinet*, Paris, Université des sciences sociales, 1974, p. 159 ; V. BÜCK, « Vers un contrôle plus étendu de la garde à vue. Contentieux relatif à la notification immédiate des droits », *RSC* 2001, p. 325 ; Y. DIALLO, *Le procureur de le République. La pratique du parquet*, Dakar, l'Harmattan-Sénégal, 2018, p. 225 et s.

[206] V. art. 55 du Code de Procédure pénale du Sénégal.

procureur de la République, de la mesure dont il a l'initiative et faire connaître à la personne retenue les motifs de sa mise sous garde à vue[207].

Il résulte de l'article 55 du Code de Procédure pénale du Sénégal que le délai de garde à vue peut être prorogé d'un nouveau délai de quarante-huit (48) heures sur autorisation du procureur de la République, de son délégué ou du juge d'instruction, confirmé par écrit. La jurisprudence pénale sénégalaise a eu l'occasion de rappeler à plusieurs reprises l'exigence de l'autorisation du procureur de la République, en cas de prolongation de la garde à vue.

Un arrêt de la Cour d'appel de Dakar du 24 novembre 2008[208] a procédé à l'annulation d'un procès-verbal d'enquête, pour violation de l'article 55 du Code de Procédure pénale, dans une espèce où l'officier de police judiciaire avait outrepassé les délais de garde à vue sans l'autorisation du Ministère public.

Selon la cour, « *les délais de garde à vue en l'espèce ont largement dépassé les quarante-huit (48) heures légales sans qu'il ne soit produit ou rapporté une autorisation du procureur de la République aux fins de prorogation ; que cette dernière formalité substantielle n'étant pas respectée, ce manquement entache la sincérité du procès-verbal rédigé dans ces conditions* ».

Un autre arrêt de la Cour d'appel de Dakar rendu le 18 mai 2009[209] a été plus explicite. Selon les juges d'appel : « *Il résulte de l'article 55 du Code de Procédure pénale qu'en cas de prolongation de la garde à vue, l'officier de police judiciaire informe la personne concernée des motifs ; lui donne connaissance des dispositions de l'article 56 du Code de Procédure pénale, lui notifie son droit de constituer conseil ; que mention de ces formalités doit être faite obligatoirement dans le procès-verbal à*

---

[207] V. art. 55 du Code de Procédure pénale du Sénégal.

[208] CA Dakar, ch. corr., n° 791 du 24 novembre 2008, MP c/ Richard LOMBOT - Moustapha GUEYE, *inédit* ; CA Dakar, ch. corr., n°182 du 03 mars 2008, MP c/ Sadio Baldé Séne Embalo, *inédit*.

[209] CA Dakar, ch. corr., n° 379 du 18 mai 2009, MP et Déguène MBAYE c/ Henry Louis Houmenou alias Loulou CAMARA et Aliou SENE, in *Bulletin des arrêts rendus par la Cour d'Appel de Dakar en matière pénale*, vol. n° 02, 2001, p. 28

peine de nullité ; Considérant qu'au vu du procès-verbal, les agents enquêteurs ont manifestement violé les dispositions de l'article 55 du Code de Procédure pénale ; Considérant qu'il y a lieu de faire observer que les formes et délais prescrits par l'article 55 du Code de Procédure pénale constituent des formalités substantielles dont l'inobservation est sanctionnée par la nullité du procès-verbal d'enquête et des actes ultérieurs ». La cour a, en conséquence, annulé le procès-verbal d'enquête et la procédure subséquente.

Par contre, la Chambre criminelle du Tribunal de grande Instance de Dakar a jugé, dans une décision du 05 décembre 2017, que lorsque l'enquête a été clôturée dans les quarante-huit (48) heures, aucune nullité ne peut être encourue en raison en l'absence d'autorisation de prolongation de la garde à vue donnée par le procureur de la République[210].

67. Droit à un examen médical. L'officier de police judiciaire a également l'obligation d'informer le gardé à vue de son droit à un examen médical[211]. En vertu de l'article 56 du Code de Procédure pénale sénégalais, si le procureur de la République ou son délégué l'estime nécessaire, il peut faire examiner la personne gardée à vue par un médecin qu'il désigne, à n'importe quel moment. Il peut aussi être saisi aux mêmes fins et dans les mêmes délais par la personne gardée à vue sous le couvert de l'officier de police judiciaire par toute personne ou par son conseil ; dans ce cas, il doit ordonner l'examen médical demandé.

---

[210] TGIHC Dakar, ch. crim., n° 116 du 05 décembre 2017, MP c/ Adama DIA, *inédit* ; également, TGIHC Dakar, ch. crim., n° 04 du 25 janvier 2016, MP c/ Souleymane GUEYE dite Pape, *inédit* ; TGIHC Dakar, ch. crim., n° 109 du 09 juin 2016, MP c/ Alioune Badara NIANG et autres, *inédit*.

[211] V. sur cette question, P. CARIOT, (dir.), *L'intervention du médecin en garde à vue*, Paris, Dalloz, 2006 ; J. COEMHO, « Garde à vue, examen médical et confidentialité », *AJ pén*, 2006, p. 35 ; A. GARAY, « L'avocat et la garde à vue médicalisée », *Gaz. pal.* 1998, 1. Doctr. 20 ; P. CHARIOT et C. BORAUD, « L'intervention du médecin en garde à vue : le chemin sinueux vers une harmonisation des pratiques », *AJ pén*, 2008, p. 265 ; P. CHARIOT, BRIFFA et LEPRESLE, « Intervention du médecin en garde à vue : contenu du certificat médical et de ses à-côtés », *AJ pén*. 2012, p. 521.

Cet examen médical est pratiqué sur les lieux où la personne est gardée à vue et lorsqu'il n'est pas demandé d'office par le procureur de la République aux frais consignés préalablement par la partie requérante.

Dans ce dernier cas, l'acte de désignation porte mention de l'existence de cette consignation[212].

Dans le cadre de la procédure relative aux infractions prévues par le Code des Drogues, l'article 123, alinéa 2 dudit code énonce que les personnes mises en cause peuvent être soumises à des examens médicaux, toutes les vingt-quatre (24) heures, pour déceler une consommation de drogues. Les certificats médicaux délivrés sont joints à la procédure établie.

Sous l'empire de la législation antérieure, l'article 55, alinéa 9 du Code de Procédure pénale énonçait qu'en cas de prolongation de la garde à vue, l'officier de police judiciaire informe la personne gardée à vue des motifs de la prorogation en lui donnant connaissance des dispositions de l'article 56.

Il lui notifie le droit qu'elle a de constituer conseil parmi les avocats inscrits au tableau ou admis en stage. Ce texte ajoutait que « *mention de ces formalités est faite obligatoirement dans le procès-verbal d'audition à peine de nullité* ». Il résulte de ce texte que la violation par l'officier de police judiciaire de son obligation d'information de la personne gardée à vue de son droit à un examen médical, à l'image du non-respect de l'obligation de mention de la notification du droit à un conseil sur le procès-verbal, était sanctionnée par une nullité textuelle[213].

À la suite de l'adoption de la loi du 08 novembre 2016 modifiant le Code de Procédure pénale, les dispositions de l'article 55 du Code de Procédure pénale du Sénégal a été réaménagées et la nouvelle rédaction de ce texte ne sanctionne désormais plus par la nullité la méconnaissance de l'obligation d'information du gardé à vue de son droit à un examen médical.

---

[212] Sur une critique de ce dispositif, V. C. DIAKHOUMPA, *Traité théorique et pratique de procédure pénale*. Tome I, La phase préparatoire du procès pénal, 1ère édition, 2015, p. 115.

[213] C. DIAKHOUMPA, *op. cit.*, p. 115.

On peut se demander si une telle irrégularité ne peut être considérée comme une violation des droits de la défense au sens de l'article 166 du Code de Procédure pénale. Quoi qu'il en soit, il serait excessif d'affirmer que le non-respect de l'obligation d'information du gardé à vue de son droit à un examen médical entraîne systématiquement la nullité de la procédure pour violation des droits de la défense, puisque cette irrégularité n'implique pas nécessairement une atteinte aux droits de la défense.

D'ailleurs, dans un jugement de la Chambre criminelle du Tribunal de grande Instance hors classe de Dakar du 30 juin 2015[214], les conseils de l'accusé avaient soulevé la nullité de la procédure au motif que la possibilité n'a pas été donnée à leur client de se faire examiner par un médecin. Le Tribunal a rejeté l'exception de nullité en ce qu'à aucun moment l'accusé ne peut invoquer un grief ou une méconnaissance substantielle de ses droits résultant notamment de son état de santé ou de son intégrité physique.

Toutefois, il arrive des cas où, cette irrégularité peut avoir des incidences sur l'organisation de la défense de la personne interpellée et gardée à vue. Il en est ainsi notamment lorsque cette dernière est alitée ou est dans une situation de dépendance à l'égard de la drogue ou de l'alcool. En raison de son état de santé ou de sa dépendance à l'égard de produits stupéfiants ou de l'alcool, la personne peut ne pas être en état de supporter une mesure privative de liberté ; ce qui risque d'altérer gravement ses capacités de se défendre devant les officiers de police judiciaire[215].

En outre, l'examen médical constitue un précieux élément d'appréciation en cas d'allégations de violences policières[216]. Le médecin est, en effet, en mesure de déceler d'éventuels traitements inhumains et dégradants

---

214 TGIHC Dakar, ch. crim., n° 08 du 30 juin 2015, MP c/ Abdou Khadre Dieylani DABO, *inédit*.

215 En ce sens, V. C. MAURO, « Garde à vue » *Rép. pén.* Dalloz, n° 146.

216 F. DESPORTES et L. LAZERGES-COUSQUER, *Traité de procédure pénale*, Paris, Economica, 2e éd., 2013, p. 1710, n° 2586.

(sévices, brimades ou tortures) subis lors de l'interpellation ou pendant la garde à vue ou tout au moins les prévenir[217].

D'ailleurs, la Cour de Cassation française a jugé que si l'état de santé de la personne gardée à vue se révèle incompatible avec la privation de liberté, la garde à vue doit être interrompue. Dans le cas contraire, il y aurait nullité de plein droit des actes subséquents sans que le gardé à vue ait à prouver de grief[218].

Mais la haute juridiction considère que l'absence de diligences normales de l'officier de police judiciaire dans la désignation d'un médecin n'entraîne la nullité de la garde à vue qu'en présence d'un grief[219].

68. Consignation sur le procès-verbal des informations relatives au déroulement de la garde à vue. Parmi les règles protectrices de la personne gardée à vue, on peut évoquer l'obligation pour l'officier de police judiciaire de mentionner sur le procès-verbal d'audition de toute personne gardée à vue le jour et l'heure à partir desquels elle a été placée dans cette position, les motifs de la mise sous garde à vue, la durée des interrogatoires, la durée des repos, ainsi que le jour et l'heure à partir desquels elle a été soit libérée, soit conduite devant le magistrat compétent[220].

Selon l'article 57 du Code de Procédure pénale sénégalais, cette mention doit être spécialement émargée par les personnes intéressées et en cas de refus, il en est fait mention au procès-verbal, à peine de nullité.

---

[217] F. MASSIAS, « Traitements inhumains et dégradants », in L. CADIET (dir), *Dictionnaire de la Justice*, Paris, PUF, 1 ère éd., 2004, p. 1300 et s. ; B. BOULOC, « Les abus en matière de procédure pénale », *RSC* 1991, p. 221 ; E. MICHELET, « Flash sur la procédure pénale sénégalaise issue de la loi du 27 février 1985 », *RIPAS*, n° 12-13, janvier-juin 1985, p. 205.

[218] Cass. crim., 27 octobre 2009, *Jurisdata* n° 2009-050067 ; *Bull. crim.* 2009, n° 176 ; *Dr. pén.* 2010, chron. 1, n° 13, obs. D. Guérin ; *JCP* G 2010, 85, note M.-C. Guérin ; *D.* 2010, p. 245, obs. P.-J. Delage ; Cass. crim., 1er février 2011, n° 10-83.017.

[219] Cass. civ. 10 octobre 2012, n° 11-30.131, *JCP* 2012. 2204, obs. Desprez ; *D.* 2012. 2453, obs. Léna.

[220] C. DIAKHOUMPA, *Traité théorique et pratique de procédure pénale*. Tome I, La phase préparatoire du procès pénal, 1ère édition, 2015, p. 107.

Cette disposition est précisée par l'article 20 du décret n° 74-571 du 13 juin 1974 portant règlement sur l'emploi et le service de la gendarmerie relatif aux mentions à consigner en cas de garde à vue.

D'après ce texte, les procès-verbaux d'audition ou d'interrogatoire de toute personne gardée à vue doivent comporter les lieux et motifs de la garde à vue (nécessités de l'enquête ou indices graves et concordants à préciser sommairement), les jour et heure à partir desquels la personne a été gardée à vue, la durée de chaque audition ou interrogatoire (heure de début et de fin) et les jour et heure auxquels la personne a été libérée ou mise en route pour être conduite devant le magistrat compétent.

Ce texte énonce que chacune de ces indications est portée au fur et à mesure et émargée séance tenante par la personne intéressée, soit sur le procès-verbal d'audition, soit au carnet de déclarations lorsqu'il en est fait usage. Dans ce dernier cas, les mentions seules sont reproduites au procès-verbal transmis à l'autorité judiciaire.

L'article 57 du Code de Procédure pénale du Sénégal, qui vise à garantir le respect de la dignité de la personne placée en garde à vue[221], semble avoir sanctionné par une nullité textuelle l'émargement par les personnes intéressées de la mention relative au jour et heure et motifs de la mise sous garde à vue, de la durée des interrogatoires, des repos ainsi que du jour et de l'heure de la libération du mis en cause ou de sa conduite devant le magistrat compétent.

D'ailleurs, la Cour d'appel de Dakar, dans un arrêt rendu le 14 mai 1973, a jugé qu'un procès-verbal, base des poursuites, qui n'est pas signé par l'agent verbalisateur doit entraîner l'annulation de tous les actes de procédure, le défaut de signature ôtant toute valeur probante au procès-verbal[222].

D'abord, l'accomplissement par l'officier de police judiciaire des formalités relatives à la consignation sur le procès-verbal des informations relatives au déroulement de la garde à vue présente une grande utilité pour la personne gardée à vue. En effet, la consignation du

---

[221] En ce sens, V. C. MAURO, « Garde à vue » *Rép. pén.* Dalloz, n° 205.

[222] CA Dakar, n° 249 du 14 mai 1973, MP c/ KEITA, *inédit*.

jour et de l'heure à partir desquels la garde à vue a été décidée permet au gardé à vue et à son conseil de vérifier le respect des délais de garde à vue.

Ensuite, la mention des motifs de la mise en position de garde à vue, présente l'intérêt de permettre un contrôle de la décision de placement en garde à vue.

Enfin, la consignation sur le procès-verbal de la durée des interrogatoires, de la durée des repos ainsi que des jour et heure à partir desquels le gardé à vue est libéré ou conduit devant le magistrat compétent, permet de lutter contre les pratiques de certains officiers de police judiciaire consistant à soumettre les suspects à des interrogatoires très saccadées et rudes en vue de leur extorquer des aveux. Selon le Professeur MICHELET[223], le but de cette disposition introduite par la réforme prévue par la loi n° 85-25 du 27 février 1985 est de « *contrôler la cadence des interrogatoires qui peuvent s'être succédés sans relâche pendant 48 heures et plus par des policiers se relayant de façon à épuiser la résistance nerveuse du suspect et le faire passer à des aveux extorqués sous la torture de la fatigue* ».

En France, la jurisprudence exige que les procès-verbaux de garde à vue présentent les mentions exigées par l'article 64 du Code de Procédure pénale sous peine de nullité car elles constituent un moyen de vérifier que l'officier de police judiciaire a bien respecté les conditions de la garde à vue et les droits de la personne retenue[224].

En droit positif sénégalais, un arrêt de la première Chambre correctionnelle de la Cour d'appel de Dakar rendu le 13 décembre 1999[225] a semblé avoir conforté cette analyse. Dans cette décision, les juges d'appel ont énoncé que « *les dispositions de l'article 57 du Code de Procédure pénale quant à elles n'ont d'intérêts que lorsqu'on allègue*

---

[223] E. MICHELET, « Flash sur la procédure pénale sénégalaise issue de la loi du 27 février 1985 », *RIPAS*, n° 12-13, janvier-juin 1985, p. 205.

[224] Cass. crim. 08 mars 2000, n° 99-87.319, *D*. 2000. IR 165 ; *Procédures* 2000. 176, obs. Buisson ; Cass. civ., 23 janvier 2003, n° 01-50.066, *D*. 2003. IR 667 ; *JCP* 2003. IV. 1426.

[225] CA Dakar, ch. corr. n° 755 du 13 décembre 1999, MP et Abdoulaye NDAO c/ Pape Birame NDIAYE, *inédit*.

et prouve qu'il a été porté atteinte aux droits de la défense dans l'application de la mesure de garde à vue, de sorte qu'on pourrait mettre en doute les déclarations du prévenu pendant l'enquête de flagrance ; Que le premier juge observe justement que le procès-verbal dénoncé comporte bien des mentions relatives au début et à la fin de la mesure de garde à vue et a été émargé par l'intéressé ; Qu'en sus et plus décisivement ce dernier se reconnaît dans ses propres déclarations (puisqu'il ne les conteste pas) ce qui fait présumer qu'il a été mis à même de se défendre conformément à la loi ; Que dans ces conditions l'absence de mentions de la durée du repos dans le procès-verbal ne saurait signifier violation de l'esprit des dispositions de l'article 57 du Code de Procédure pénale ».

La Cour d'appel de Dakar a eu l'occasion de considérer que la consignation sur le procès-verbal des heures de garde à vue, de la durée des interrogatoires et des repos et du jour et de l'heure de la conduite des prévenus au parquet, constitue une formalité substantielle dont le non-respect entraîne la nullité de la procédure.

Dans un arrêt rendu le 08 août 2008[226], la Cour d'appel a jugé que lesdites mentions n'ont pas été respectées par l'officier de police judiciaire « *en ce qu'il n'est mentionné ni les heures de garde à vue, ni la durée des interrogatoires et des repos, ni le jour et l'heure de la conduite des prévenus devant le magistrat compétent; Qu'il est manifeste que de telles omissions portent atteinte aux droits de la défense et sont de nature à entraîner la nullité* ». La cour a ainsi confirmé le jugement d'instance qui avait prononcé l'annulation du procès-verbal d'enquête et de la procédure subséquente.

69. Règles protectrices spécifiques aux mineurs. Au Sénégal, le législateur pénal a mis en place des règles spécifiques protectrices des mineurs délinquants pendant la garde à vue.

Cependant, ce dispositif est caractérisé par son indigence. En effet, seules des règles relatives aux conditions de privation de liberté du mineur ont

[226] CA Dakar, ch. corr. n° 651, du 08 août 2008, MP et Administration des Douanes c/ Nouha SIDIBE et Bernard NDECHOUAN, *inédit*.

été aménagées. L'article 55 du Code de Procédure pénale du Sénégal dispose que lorsque la personne gardée à vue est un mineur de 13 à 18 ans, l'officier de police judiciaire doit le retenir dans un local isolé des détenus majeurs[227].

Il n'est pas douteux que les autres règles protectrices applicables aux gardés à vue majeures (contrôle effectif du procureur, tenue d'un registre de garde à vue, consignation par l'officier de police judiciaire des informations sur le déroulement de la garde à vue, droit à un examen médical, etc.) ont vocation à s'appliquer aux mineurs.

70. Maintien du dispositif de protection relatif à la garde à vue. Le dispositif protecteur prévu en matière de garde à vue (examen médical, contrôle effectif du procureur de la République, etc.) a vocation à s'appliquer à la personne interpellée, dès lors qu'elle fait l'objet d'une mesure de garde à vue au cours de l'enquête.

Il est évident que ces règles protectrices se sauraient trouver à s'appliquer lorsque la personne interpellée comparait libre devant les enquêteurs (suspect libre), puisque ce dernier ne fait l'objet d'aucune mesure de contrainte. En effet, les règles protectrices instaurées au profit du gardé à vue sont justifiées par le fait qu'il est privé de liberté pour les nécessités de l'enquête.

III.- INTERPELLATION ET RETENUE DOUANIÈRE

71. Institution de la retenue douanière. L'article 1er du Code des Douanes du Sénégal définit la retenue douanière comme « *une mesure administrative de maintien temporaire d'une personne sous la surveillance de la douane en cas de constatation à son encontre d'un flagrant délit douanier* ». Il faut distinguer la retenue physique sur la personne (retenue douanière) d'un autre mécanisme douanier appelé retenue sur les biens. Cette dernière institution permet aux agents assermentés des douanes, lorsqu'ils constatent une infraction douanière de retenir les documents relatifs aux objets saisis ou de procéder à la

---

[227] En ce sens, V. H. DEME, « Le mineur délinquant de moins de 13 ans devant la justice : entre théorie et pratique », *Revue EDJA*, n° 77, avril-mai-juin 2008, p. 25.

retenue préventive des objets affectés à la sûreté des pénalités[228]. Il s'agit d'une véritable sûreté.

Auparavant en France, les agents des douanes disposaient simplement d'un pouvoir de « *capture* » de l'individu[229], lequel était remis au procureur de la République une fois le procès-verbal de flagrance rédigé.

La retenue douanière est prévue par la loi n° 2014-10 du 28 février 2014 portant Code des Douanes du Sénégal[230]. Aux termes de l'article 311. 2 du Code des Douanes : « *Les agents des douanes peuvent procéder à l'arrestation et au placement en retenue douanière des responsables d'une infraction douanière. Toutefois, ils ne peuvent procéder à cette arrestation et à ce placement en retenue qu'en cas de flagrant délit et lorsque cette mesure est justifiée par les nécessités de l'enquête douanière* ».

En France, il a été jugé qu'une mesure de contrainte physique, d'une durée excédant le temps nécessaire à l'exercice du droit de contrôle prévu par l'article 60 du Code des Douanes, ne peut être exercée que dans le cadre d'une mesure de retenue douanière[231].

La retenue douanière, en tant que mesure de privation temporaire de la liberté propre à la matière douanière, instaurée en France par l'article 22 de la loi n° 87-502 du 08 juillet 1987[232], n'était assortie d'aucune garantie de procédure au profit du retenu douanier sous l'empire de l'ancien Code des Douanes du Sénégal[233].

---

[228] V. article 301.2 du Code des Douanes du Sénégal.

[229] V. ancien art. 323 du Code des Douanes de la France.

[230] En ce sens, A. O. DIENG, *Le contentieux dans la loi n° 2014-10 du 28 février 2014 portant Code des douanes du Sénégal : un équilibre réussi ?*, 2014, p. 49 et s. ; M. FAYE, « La présence de l'avocat dans le Règlement de l'UEMOA et les procédures douanières », in *Le droit africain à la quête de son identité,* Mélanges offerts au Professeur Isaac Yankhoba Ndiaye, Dakar, l'Harmattan, 2021, p. 525.

[231] Cass. crim. 12 novembre 2015, n° 15-83.714 P, *Dalloz actualité*, 14 décembre 2015, obs. Gallois; *AJ pén.* 2016. 212, obs. Roussel ; *RSC* 2016. 532, obs. Detraz ; *Dr. pén.* 2016. chron. 9, spéc. n° 13, par Detraz.

[232] JO 09 juill. 1987, p. 7470.

[233] Sur la retenue douanière, C.-J. BERR et H. TREMEAU, *Le droit douanier communautaire et national,* Paris, Économica, coll. Droit des affaires et de

Dans sa décision rendue le 22 septembre 2010[234], le Conseil constitutionnel français a jugé que l'article 323 du Code des Douanes, qui ne permettait pas à la personne retenue contre sa volonté de bénéficier de l'assistance effective d'un avocat pendant la phase d'interrogatoire, n'est pas conforme au principe constitutionnel des droits de la défense.

Néanmoins, il a reporté les effets de la déclaration d'inconstitutionnalité au 1er juillet 2011[235]. De même, la Cour de Cassation française a considéré que les dispositions relatives à la rétention douanière méconnaissaient l'article 6, § 3 de la Convention européenne des droits de l'homme[236].

72. Régime de la retenue douanière. En France, il a fallu attendre l'adoption de la loi n° 87-502 du 08 juillet 1987, pour assister à l'encadrement de la retenue douanière. Le régime aménagé par le législateur s'inspire étroitement de celui de la garde à vue de droit commun, tant en ce qui concerne sa durée et la prolongation de celle-ci, que s'agissant des garanties accordées au retenu douanier (droit à un examen médical, contrôle du parquet, droit à l'assistance d'un avocat, etc.)[237].

---

l'entreprise, 7e éd., 2006, n° 960 à 962 ; V. CARPENTIER, *Guide pratique du contentieux douanier*, Paris, Litec, 1996, p. 56 à 62 ; S. DETRAZ, « Douanes. Procédure », *Jurisclass.lois pénales spéciales*, Fasc. 40, n° 70 à 76 ; S. RIDEAU VALENTINI, *Contribution à l'étude des particularismes de la matière pénale douanière*, Thèse Nice, 1999 ; Ch. SOULARD, *Guide pratique du contentieux douanier*, Paris, Litec, coll. Litec professionnels, 2008, n° 232 ; D. SOULAS DE RUSSEL, « La retenue des personnes pour délits de douanes : une mesure mal connue de privation temporaire de liberté », *RPD*, 1999, p. 503 ; S. DETRAZ, « La retenue douanière des personnes : une anomalie persistante de la procédure pénale », *Dr. pén.* 2010, étude 4.

[234] Cons. const., 22 septembre 2010, n° 2010-32 QPC, *Jurisdata* n° 2010-030636 ; *D.* 2010. 2301, obs. Berr ; sur cette décision, A. MARON et M. HAAS, « Retenue douanière - La retenue douanière au piquet », *Dr. pén.* n° 11, nov. 2010, comm. 131.

[235] V. S. DETRAZ, « La retenue douanière des personnes : une anomalie persistante de la procédure pénale », *Dr. pén.* 2010, étude 4 ; D. SOULAS DE RUSSEL, « La retenue des personnes pour délits de douanes : une mesure mal connue de privation temporaire de liberté », *Rev. pénit.* 1999, p. 503

[236] Cass. crim., 08 février 2012, n° 11-87.716, *Jurisdata* n° 2012-004212 ; Da. act. 24 février 2012, obs. Bombled.

[237] V. art. 323-2 et s. du Code des Douanes français.

Au Togo, le législateur a également encadré assez timidement le mécanisme de la retenue douanière. En effet, l'article 242 de la loi n° 2014-003 du 28 avril 2014 portant Code des Douanes prévoit que l'Administration douanière peut procéder à la capture des prévenus qu'en cas de flagrant délit. Dans ce cas, la durée de la retenue ne peut excéder vingt-quatre (24) heures, sauf prolongation d'une même durée autorisée par le procureur de la République. En outre, pendant la retenue, le procureur de la République peut se transporter sur les lieux pour vérifier les modalités de la retenue et se faire communiquer les procès-verbaux et registres prévus à cet effet. S'il l'estime nécessaire, il peut désigner un médecin. Les agents mentionnent, par procès-verbal de constat, la durée des interrogatoires, le jour et l'heure du début et la fin de la retenue.

Lorsque les personnes retenues sont placées en garde à vue au terme de la retenue, la durée de celle-ci s'impute sur la durée de la garde à vue.

Mais la garde à vue et la retenue douanière sont deux institutions qui ne sont pas totalement identiques.

Contrairement à son homologue français, le législateur douanier sénégalais, tirant pourtant les leçons de l'évolution législative et jurisprudentielle française, n'a pas cependant procédé à un véritable encadrement de la retenue douanière. Il s'est juste contenté d'instituer le mécanisme avant de procéder à un renvoi aux dispositions du Code de Procédure pénale sur la garde à vue en cas d'arrestation. Il résulte, en effet, de l'article 311. 2 de la loi n° 2014-10 du 28 février 2014 portant Code des Douanes du Sénégal que : « *Lorsqu'il y a arrestation de délinquants, les agents assermentés de douanes ou les officiers de police judiciaire, doivent se conformer aux dispositions du Code de Procédure pénale relatives à la garde à vue* ».

73. Problème de la transposition du régime de la garde à vue à la retenue douanière. La rédaction de l'article 311. 2 du Code des Douanes suscite des interrogations. En énonçant sans autres précisions qu'en cas d'arrestation de délinquants, l'Administration douanière se conforme aux dispositions du Code de Procédure pénale relatives à la garde à vue, le législateur douanier a-t-il entendu procéder à un alignement du régime de la retenue douanière sur celui de la garde à vue, en cas d'arrestation[238] ?

La transposition des règles de la garde à vue suppose-t-elle seulement l'arrestation du délinquant ? Le Code des Douanes du Sénégal entretient un véritable flou sur le régime de la retenue douanière.

En tout état de cause, l'article 311. 2 du Code des Douanes du Sénégal, pris au pied de la lettre, ne postule-t-il pas l'obligation pour l'Administration des Douanes de recourir au droit commun de la garde à vue, lorsqu'elle procède à l'arrestation de délinquants au cours de l'enquête ? Il est légitime de le penser.

Il faut préciser qu'une disposition similaire était déjà prévue par l'ancien Code des Douanes du Sénégal alors que le mécanisme de la retenue douanière n'était pas encore consacré en droit positif. Selon l'ancien article 229. 3 du Code des Douanes, lorsqu'il y a arrestation de délinquants, les agents assermentés de douanes ou les officiers de police judiciaire, doivent se conformer aux dispositions des articles 55 à 58 du Code de Procédure pénale. Les dispositions auxquelles renvoie ce texte sont celles relatives à la garde à vue[239].

Dans un arrêt rendu par l'ancienne Cour de Cassation sénégalaise le 20 octobre 2001[240], l'auteur du pourvoi avait soulevé un moyen tiré de la violation de l'ancien article 229 du Code des Douanes, prescrivant l'application en matière douanière des articles 55 à 58 du Code de Procédure pénale, qui sanctionnent de nullité toute inobservation des formalités prescrites en cas de prolongation de garde à vue. La haute juridiction a rejeté ce moyen au motif que la demanderesse n'a pas spécifié en quoi le texte visé a été violé.

---

[238] M. J. ARCAUTE-DESCAZEAUX, « Retenue douanière et garde à vue », *RSC* 1994, p. 721.

[239] En ce sens, V. M. L. FOFANA, « La procédure douanière et la garantie des libertés individuelles », in *L'État de droit au Sénégal*, Actes du 8e colloque de la RIPAS, Dakar, 1er - 4 décembre 1992, *RIPAS*, janvier-décembre 1993, n° 29-30, p. 37.

[240] C. cass. (Sénégal), n° 02/2001 du 20 octobre 2001, Kandia NDIAYE c/ MP et La Douane sénégalaise : https://juricaf.org

Il faut donc se convaincre que le législateur douanier n'a pas procédé à une transposition du droit commun de la garde à vue à la retenue douanière. En réalité, le mécanisme de la retenue douanière a été institué au Sénégal par la loi n° 2014-10 du 28 février 2014 portant Code des Douanes, sans véritablement faire l'objet d'un encadrement juridique ; ce qui constitue une grande lacune, compte tenu des risques d'atteintes aux libertés individuelles qu'il présente en tant que mesure de surveillance privative de liberté.

74. Garde à vue et retenue douanière. La transposition des règles de la garde à vue à la retenue douanière opérée en France traduit un mouvement de rapprochement de la procédure pénale douanière avec la procédure pénale de droit commun ainsi qu'un renforcement des droits de la personne placée en retenue douanière[241].

Cet alignement n'est pas sans poser problème. Il est vrai que la retenue douanière se présente comme une institution « *jumelle de la garde à vue* »[242].

En premier lieu, les deux institutions constituent des mesures privatives de liberté.

En second lieu, dans les deux cas, il s'agit de placer les individus suspects « *sous-main de justice* » afin de pouvoir les interroger.

D'ailleurs, en France, à la suite de la jurisprudence[243], la loi a tiré la conséquence logique de la similitude entre la retenue douanière et la garde à vue, en disposant que « *lorsque les personnes retenues sont placées en garde à vue au terme de la retenue, la durée de celle-ci s'impute sur la durée de la garde à vue* »[244].

Cette solution est consacrée par certaines législations des États membres de l'UEMOA. Il en est ainsi du droit togolais. En effet, aux termes de

---

[241] V. En ce sens, E. BELFAYOL, *Le contentieux pénal douanier*, Paris, Economica, 2016, p. 189.
[242] V. S. DETRAZ, « La retenue douanière des personnes : une anomalie persistante de la procédure pénale », *Dr. pén.* 2010, étude 4.
[243] Cass. crim. 11 décembre 1997, *Jurisdata*, n° 1997-005495. *Bull. crim.* 1997, n° 424.
[244] art. 323, § 3, al. 7 du Code des Douanes de la France.

l'article 242-3 du Code des Douanes du Togo : « *Lorsque les personnes retenues sont placées en garde à vue au terme de la retenue, la durée de celle-ci s'impute sur la durée de la garde à vue* ».

L'imputation de la durée de la retenue douanière sur les délais de garde à vue est conforme à la jurisprudence selon laquelle les privations de liberté qui précèdent sans discontinuité la garde à vue doivent être prises en compte pour déterminer la durée maximale de la privation de liberté, alors même qu'elles ont une justification propre.

Mais malgré ces similitudes, la retenue douanière est un mécanisme autonome, à la fois au sein du contentieux douanier et au regard de la garde à vue.

Alors que la garde à vue est possible dans le cadre d'une enquête préliminaire et d'une enquête de flagrance, le placement en retenue douanière ne peut être décidé qu'en cas de délit flagrant. Il y a une différence de régimes entre la garde à vue et la retenue douanière.

La Chambre criminelle de la Cour de Cassation française a déjà énoncé que « *l'imputation de la retenue douanière sur la durée de la garde à vue a seulement pour objet de limiter la durée maximale de la privation de liberté de la personne en cause et [...] est sans effet sur les régimes respectifs de ces mesures* »[245].

75. Retenue douanière et interpellation. À la lumière de la définition proposée de l'interpellation mettant en avant le critère tiré du soupçon, la retenue douanière constitue une interpellation au sens du Règlement de l'UEMOA. En effet, cette retenue physique de la personne ne peut être décidée qu'« *en cas de constatation à son encontre d'un flagrant délit douanier* » ; le placement donc d'une personne en retenue douanière suppose l'existence d'indices laissant penser qu'elle a commis un délit douanier flagrant. Le retenu douanier ne peut être qu'un suspect sur qui

---

[245] Cass. crim., 1er mars 1994, *Bull. crim.* 1994, n° 80 ; *RSC* 1994, p. 721, obs. M.-J. Acaute-Descazeaux ; Cass. crim., 07 mars 1994, n° 83-85.698, P, *Bull. crim.* 1994, n° 89 : « Si la durée de la retenue douanière est imputable sur celle de la garde à vue, aucune disposition légale n'étend à la première le régime prévu pour la seconde par l'article 63-1 du Code de Procédure pénale ».

pèsent des indices graves et concordants de culpabilité. Sous ce rapport, un simple témoin ne saurait être placé en situation de retenue douanière. Le retenu douanier peut en conséquence invoquer son droit à l'assistance d'un avocat dès la prise de la mesure.

L'exercice de ce droit ne peut être fondé sur les dispositions de l'article 311. 2 du Code des Douanes du Sénégal, qui n'ont pas procédé à la transposition des règles de la garde à vue au régime de la retenue douanière, mais sur celles de l'article 5 du Règlement de l'UEMOA qui consacre ce droit au bénéfice de toute personne interpellée au cours d'une enquête.

Ainsi, dès l'interpellation du retenu douanier, l'agent des douanes a l'obligation de lui notifier son droit à l'assistance d'un conseil.

Mais il serait excessif de réduire à l'unité retenue douanière et interpellation. Le concept d'interpellation est beaucoup plus large que la notion de retenue douanière. En effet, si la retenue douanière constitue forcément une interpellation, l'inverse n'est pas toujours vrai ; il peut y avoir interpellation sans retenue douanière. Il en est ainsi lorsqu'au cours de l'enquête douanière, une personne sur qui pèsent des indices de culpabilité, est entendue par les agents des douanes sans avoir fait l'objet d'une mesure de retenue douanière.

SECTION II

L'ÉTENDUE DU DROIT À L'ASSISTANCE D'UN AVOCAT

76. Principe d'indifférence. Les rédacteurs du Règlement de l'UEMOA du 25 septembre 2014, en énonçant que les avocats assistent leurs clients dès l'interpellation durant l'enquête, ont délimité un large périmètre d'intervention de l'avocat ; l'objectif visé étant de consolider les droits de la défense dans la phase policière du procès pénal.

À la lecture du texte communautaire, précisé par les textes et mesures prises dans les États membres de l'UEMOA, les citoyens sont habilités à exercer leur droit à l'assistance d'un conseil quelle que soit la nature de l'enquête ouverte (paragraphe premier) et quelle que soit l'infraction pour laquelle l'enquête est diligentée (paragraphe II).

PARAGRAPHE PREMIER : L'INDIFFÉRENCE DE LA NATURE DE L'ENQUÊTE PÉNALE

77. Indifférence de l'enquête. L'article 5 du Règlement communautaire a prévu que les avocats assistent leurs clients dès leur interpellation, « *durant l'enquête préliminaire* », dans les locaux de la police, de la gendarmerie ou devant le parquet. L'assistance de l'avocat suppose au moins l'ouverture d'une enquête préliminaire.

Que faut-il entendre par l'expression « *enquête préliminaire* » ? Faudrait-il retenir une approche restrictive de cette notion ? L'enquête préliminaire renvoie-t-elle à la procédure d'enquête en général ?

À la lumière des textes pénaux des États membres de l'UEMOA, il semble que le législateur communautaire a retenu une conception générique de la notion d'enquête préliminaire (I). Cette approche extensive permet d'appliquer le droit à l'assistance d'un avocat durant l'enquête même aux enquêtes dites spécialisées (II).

I.- L'APPROCHE GÉNÉRIQUE DE L'ENQUÊTE PRÉLIMINAIRE

78. Position de la Chambre d'Accusation. Avant l'adoption de la loi n° 2016-30 du 08 novembre 2016 modifiant le Code de Procédure pénale, la Chambre d'Accusation de la Cour d'appel de Dakar, dans l'arrêt *Thione Ballago SECK*, a eu recours à une approche très restrictive de l'enquête préliminaire. Elle a énoncé que « *l'intervention de l'avocat n'est prévue par ce texte (article 5 du Règlement de l'UEMOA) que lorsque le mis en cause a été interpellé dans le cadre d'une enquête préliminaire. Or, il a été rappelé supra que l'enquête préliminaire est différente de l'enquête de flagrance en vertu de laquelle les enquêteurs ont agi dans le cas d'espèce* ». Ainsi, la cour estime que l'intervention de l'avocat dès l'interpellation, n'est prévue qu'en matière d'enquête préliminaire, elle ne saurait être envisagée lorsque les officiers de police judiciaire agissent dans le cadre d'une enquête de flagrance.

79. Caractères de l'enquête préliminaire. En droit pénal procédural, l'enquête préliminaire est définie comme « *une procédure de caractère policier, diligentée d'office ou sur instructions du parquet par un officier de police judiciaire ou un agent de police judiciaire* »[246].

L'article 67 du Code de Procédure pénale du Sénégal énonce que les officiers de police judiciaire et les gendarmes, soit sur les instructions du procureur de la République, soit d'office, procèdent à des enquêtes préliminaires. Ce type d'enquête se distingue de l'enquête sur infraction flagrante par l'inexistence de circonstances de flagrance ; c'est ce qui explique l'absence de caractère coercitif de cette enquête. En effet, les perquisitions, visites domiciliaires et saisies de pièces à conviction ne peuvent être effectuées sans l'assentiment exprès de la personne chez qui les opérations ont lieu[247]. Les citoyens peuvent ne pas déférer aux convocations reçues, refuser de répondre aux questions posées par les officiers de police judiciaire et ne pas ouvrir leurs portes aux enquêteurs effectuant une perquisition[248].

Seule la garde à vue échappe au caractère non coercitif de l'enquête préliminaire puisqu'elle permet, pour un bref laps de temps, d'obliger la personne concernée à rester à la disposition des enquêteurs.

Il résulte de l'article 69 du Code de Procédure pénale sénégalais que si, pour les nécessités de l'enquête, l'officier de police judiciaire est amené à retenir une ou plusieurs personnes contre lesquelles existent des indices de culpabilité, il ne peut les retenir plus de quarante-huit (48) heures. Avant l'expiration de ce délai, il doit rendre compte au parquet compétent qui peut autoriser de prolonger la garde à vue d'une nouvelle période de quarante-huit (48) heures à l'issue de laquelle les personnes ainsi

---

[246] V. art. 67 à 69 du Code de Procédure pénale du Sénégal.

[247] V. art. 68 du Code de Procédure pénale du Sénégal.

[248] G. DENIS, *L'enquête préliminaire,* Paris, 1ère éd. Police-Revue, 1974 ; H. MATSOPOULOU, *Les enquêtes de police*, Paris, LGDJ 1996 ; G. DENIS, « De quelques aspects de l'enquête préliminaire », *Rev. pol.nat.* 1969, juin-juillet, p. 05 ; M. BLONDET, « L'enquête préliminaire dans le nouveau Code de Procédure pénale », *JCP* 1959. I. 1513.

retenues devront être immédiatement conduites devant le procureur de la République[249].

La loi n° 99-06 du 29 janvier 1999 modifiant le Code de Procédure pénale avait instauré un régime de la présence de l'avocat durant la garde à vue assez simple. Il résulte de ce dispositif que l'avocat était habilité à assister son client en cas de prolongation de la mesure de garde à vue. Ce régime avait vocation à s'appliquer aussi bien à l'enquête de flagrance[250] qu'à l'enquête préliminaire. En vertu de l'article 69 du Code de Procédure pénale, les dispositions de l'article 55, alinéa 9 dudit code relatives à la présence de l'avocat dans la période de la garde à vue sont applicables à l'enquête préliminaire.

Le droit positif sénégalais avait consacré un régime uniforme de la présence de l'avocat dans la garde à vue, quel que soit le type d'enquête diligenté par l'officier de police judiciaire.

Le Code de Procédure pénale ne semble pas avoir soumis les deux types d'enquêtes à un régime tout à fait uniforme. En effet, de façon assez curieuse, l'article 69 du Code de Procédure pénale n'a pas transposé les dispositions de l'article 55 bis du Code de Procédure pénale, qui décrivent les modalités d'intervention de l'avocat à l'enquête préliminaire. Cette lacune tient au fait que ce dernier texte introduit dans le Code de Procédure pénale par la loi du 29 janvier 1999, est bien postérieur à l'article 69 du Code de Procédure pénale. Il semble que, suite à la modification introduite par ce texte, le législateur pénal n'a pas procédé au réaménagement de l'article 69 du Code de Procédure pénale, c'est-à-dire à la réglementation des modalités d'intervention de l'avocat au cours de l'enquête préliminaire.

80. Instauration d'un régime dual de la garde à vue. L'arrêt *Thione Ballago SECK,* en excluant l'assistance d'un avocat dès l'interpellation dans le cadre de l'enquête de flagrant délit a retenu une approche très restrictive de l'enquête préliminaire. L'attendu principal de l'arrêt est

---

[249] ND. FALL, *Le droit pénal africain à travers le système sénégalais*, Dakar, EDJA, 2003, p. 197.

[250] V. art. 55 du Code de Procédure pénale du Sénégal.

sans équivoque : « *l'enquête de flagrance n'ayant pas été visée par le Règlement précité, demeure par conséquent régie par les articles 45 et suivants du Code de Procédure pénale, notamment l'article 55 in fine dudit code qui, inapplicable dorénavant en matière d'enquête préliminaire, demeure en vigueur en matière de flagrance ; qu'il ressort de ce texte que l'intervention de l'avocat n'est permise qu'après la prolongation de la garde à vue, d'où il suit qu'en refusant cette intervention au début de la garde à vue aux conseils de l'inculpé, les enquêteurs n'ont pas commis d'irrégularité* ».

La Cour en a conclu qu'en refusant l'intervention des conseils de Thione Ballago SECK au début de la garde à vue, les gendarmes enquêteurs n'ont pas commis d'irrégularité.

Quant à l'enquête de flagrance, les juges estiment qu'elle est soumise aux dispositions des articles 55 et suivants du Code de Procédure pénale qui ne prévoient qu'un entretien de trente (30) minutes de l'avocat avec son client dans la seconde période de la garde à vue.

Quoi qu'il en soit, la Chambre d'Accusation de la Cour d'appel de Dakar a manifestement pris l'article 5 du Règlement de l'UEMOA au pied de la lettre. Cette lecture très restrictive de la législation communautaire n'a pas été sans influence sur le dispositif national. Elle a ouvert les vannes d'une scission du droit de la présence de l'avocat dans la garde à vue suivant que cette mesure est prise dans le cadre d'une enquête préliminaire ou d'une enquête de flagrance.

Cette interprétation de l'article 5 du Règlement de l'UEMOA n'est pas conforme avec l'esprit de la législation communautaire ; elle s'accommode mal de la philosophie qui irrigue ce texte communautaire.

81. Éviction des garanties de procédure. L'exclusion du jeu de l'article 5 du Règlement de l'UEMOA dans le cadre de l'enquête de flagrance consacrée par l'arrêt *Thione Ballago SECK*, est particulièrement préoccupante. En effet, contrairement à l'enquête préliminaire dont l'accomplissement suppose en principe le consentement des personnes concernées, l'enquête de flagrant délit est marquée par sa nature coercitive ; elle a été conçue pour permettre aux officiers de police judiciaire de procéder dans l'urgence à des investigations nécessitées par la commission actuelle d'une infraction ne pouvant plus attendre l'ouverture d'une information judiciaire[251]. Cette enquête a pour objet de conférer à la police judiciaire des pouvoirs plus étendus que dans le cadre de l'enquête préliminaire[252].

Si l'approche restrictive de l'enquête préliminaire retenue par l'arrêt de la chambre d'accusation devait être validée, comment expliquer que le législateur communautaire ait envisagé une assistance de l'avocat dès l'interpellation au cours de l'enquête préliminaire, en excluant cette puissante garantie de procédure en matière d'enquête de flagrance ?

Cette interrogation est d'autant plus légitime que ce dernier type d'enquête de nature coercitive présente plus de risques pour les libertés individuelles que l'on justifie souvent par le fait que les investigations se déroulent dans des conditions de proximité spatio-temporelle et par la flagrance des faits objet de l'enquête[253]. Sous ce rapport, l'arrêt de la chambre d'accusation affaiblit sensiblement les garanties de procédure offertes aux personnes.

82. Vices de la réforme du Code de Procédure pénale. Au Sénégal, à la faveur de la modification du Code de Procédure pénale par la loi n° 2016-30 du 08 novembre 2016, le législateur a choisi de graver la règle de l'assistance de l'avocat dès l'interpellation dans le « *marbre* » du Code de Procédure pénale.

Mais il a malencontreusement procédé au confinement du droit à l'assistance d'un avocat à l'enquête de flagrance. En effet, cette garantie de procédure a été insérée dans l'article 55 du Code de Procédure pénale

---

[251] F. DESPORTES et L. LAZERGES-COUSQUER, *Procédure pénale*, Paris, Economica, 2009, p. 940, n° 1530 ; P. MININ, « La nouvelle enquête policière », *JCP*, G. 1959, I, 1500.

[252] J. L. LENNON, « Les aspects coercitifs et intrusifs de l'enquête préliminaire ou l'effritement de la distinction entre enquête de flagrance et enquête préliminaire », *Dr. pén*, 2007, Etudes. 21.

[253] A. BESSON, « L'origine, l'esprit et la portée du Code de Procédure pénale », *RSC* 1959, p. 273 ; ND. FALL, *Le droit pénal africain à travers le système sénégalais*, Dakar, *EDJA*, 2003, p. 194.

contenu dans le chapitre premier du titre II, du livre premier du Code de Procédure pénale relatif aux enquêtes pour crimes et délits fragrants[254].

Sous l'empire de la législation antérieure, l'article 59, alinéa 1er du Code de Procédure pénale, issu de la loi n° 85-25 du 27 février 1985[255], avait étendu les dispositions relatives à la garde à vue[256] à toutes les procédures où la loi avait prévu une peine d'emprisonnement. En vertu de ce texte, les dispositions des articles 46 à 58 du Code de Procédure pénale sont applicables aux délits flagrants ainsi qu'à tous les cas où la loi prévoit une peine d'emprisonnement. En d'autres termes, le dispositif juridique relatif à la garde à vue avait également vocation à s'appliquer même à une enquête préliminaire ouverte pour une infraction à propos de laquelle la loi avait prévu une peine d'emprisonnement.

La loi n° 99-06 du 29 janvier 1999 modifiant certaines dispositions du Code de Procédure pénale a abrogé et remplacé l'article 59, alinéa 1er du Code de Procédure pénale. Il résulte de ce texte modifié que seules les dispositions des articles 46 à 48 sont applicables aux cas de délits flagrants ainsi qu'à tous les cas où la loi prévoit une peine d'emprisonnement.

Ainsi, la loi du 29 janvier 1999, qui a consacré pour la première fois la présence de l'avocat dans la seconde période de la garde à vue, a exclu l'application des anciens articles 55, 55 bis et 55 ter du Code de Procédure pénale à l'enquête préliminaire, dans le cas où la loi avait prévu une peine d'emprisonnement.

Cette solution législative était tout à fait logique puisque le législateur a aménagé à la garde à vue décidée durant l'enquête préliminaire des règles assez spécifiques. Il résulte de l'article 69 du Code de Procédure pénale que si, pour les nécessités de l'enquête, l'officier de police judiciaire est amené à retenir une ou plusieurs personnes contre lesquelles existent des indices de culpabilité, il ne peut les retenir plus de quarante-huit (48)

---

[254] V. art. 45 à 66 du Code de Procédure pénale du Sénégal.

[255] Sur ce texte, E. MICHELET, « Flash sur la procédure pénale sénégalaise issue de la loi du 27 février 1985 », *RIPAS*, n° 12-13, janvier-juin 1985, p. 205.

[256] V. ancien art. 55 du Code de Procédure pénale du Sénégal.

heures. Avant l'expiration de ce délai, il doit rendre compte au parquet compétent qui peut autoriser de prolonger la garde à vue d'une nouvelle période de quarante-huit (48) heures à l'issue de laquelle les personnes ainsi retenues devront être immédiatement conduites devant le procureur de la République.

Le dernier alinéa de l'article 69 du Code de Procédure pénale a même prévu un doublement des délais de garde à vue en ce qui concerne les crimes et délits contre la sûreté de l'État, les crimes et délits en période d'état d'urgence, d'état de siège ou en cas d'application des mesures exceptionnelles prises par le Président de la République.

En ce qui concerne de façon plus spécifique la présence de l'avocat pendant la garde à vue, l'article 69, alinéa 4 du Code de Procédure pénale, résultant de la loi n° 85-25 du 27 février 1985, déclare applicables à l'enquête préliminaire les dispositions de l'article 55, alinéa 9 du Code de Procédure pénale. Ces dernières dispositions étaient depuis l'adoption de la loi n° 99-06 du 29 janvier 1999 modifiant certaines dispositions du Code de Procédure pénale, relatives à l'obligation de l'officier de police judiciaire, en cas de prolongation de la garde à vue, d'informer la personne gardée à vue des motifs de la prolongation ainsi que de son droit d'être consulté par un médecin et d'être assistée par un conseil.

Le législateur pénal de 2016 semble avoir oublié qu'il a lui-même refondu l'article 55 dudit code dont l'alinéa 9 ne concerne plus la présence de l'avocat dans la seconde période de la garde à vue. Ce texte est désormais relatif à l'obligation de l'officier de police judiciaire, en cas de prolongation de la garde à vue, d'informer la personne gardée à vue des motifs de la mesure ainsi que de son droit d'être consulté par un médecin. L'assistance de la personne interpellée par son avocat a désormais pour siège légal les dispositions de l'article 55, alinéa 10 du Code de Procédure pénale.

En termes plus clairs, dans le nouveau dispositif mis en place, l'assistance de l'avocat dès l'interpellation, limitée à l'enquête de flagrance, ne s'applique pas, en principe, à l'enquête préliminaire.

83. Approche extensive de l'enquête préliminaire. En tout état de cause, la mauvaise « *transcription* » de l'article 5 du Règlement de l'UEMOA dans le texte du Code de Procédure pénale sénégalais est sans conséquence sur la possibilité pour la personne interpellée d'exercer son droit à l'assistance d'un conseil.

En faisant référence à « *l'enquête préliminaire* » dans l'article 5 du Règlement précité, le législateur communautaire n'a-t-il pas entendu cette notion dans son sens large et générique ? La législation de l'UEMOA n'avait-elle pas l'ambition d'étendre le droit à l'assistance d'un avocat dès l'interpellation à tous les types d'enquêtes, en vue de renforcer les garanties offertes aux personnes durant l'enquête ? Il est légitime de le penser.

Les méthodes d'interprétation des normes communautaires doivent prendre en considération le particularisme de la légistique communautaire, c'est-à-dire la spécificité des techniques de rédaction des textes de droit communautaire. Le législateur communautaire est souvent confronté à un dilemme lié à la nécessité d'édicter une législation uniforme applicable dans tous les États membres de l'organisation d'intégration, tout en prenant en compte les spécificités juridiques propres à chaque État. Dès lors, en raison de « *l'impossibilité d'employer des termes précis et spécifiques appartenant à l'organisation judiciaire ou administrative des États parties* »[257], le législateur communautaire, comme à son habitude, se garde d'employer des notions propres aux systèmes juridiques des États, se contentant de faire référence à des concepts génériques et des périphrases souples susceptibles de se couler dans le moule des catégories juridiques des États membres. Il en est ainsi des concepts d'« *autorité judiciaire* », de « *juridiction compétente* ». La notion d'« *enquête préliminaire* » semble être de ces « *concepts standards* ».

[257] Selon l'expression du Professeur J. ISSA-SAYEGH, « Le bilan jurisprudentiel du droit uniforme OHADA (incertitudes législatives et turbulences jurisprudentielles) » : www.ohada.com : « Les spécificités nationales donnant lieu en ce domaine, à une multiplicité de vocables pour désigner le même organe judiciaire ou administratif, ont conduit les rédacteurs à faire usage de périphrases ou de termes génériques».

Dans sa plus grande généralité sémantique, l'enquête préliminaire, qui se confond à l'enquête en général, renvoie à « *l'ensemble des actes effectués par la police judiciaire, sous la direction du procureur de la République, avant toute décision sur la poursuite, aux fins de constater les infractions à la loi pénale, d'en rassembler les preuves et d'en rechercher les auteurs* »[258]. Il s'agit d'une procédure antérieure à la saisine des juridictions compétentes diligentée par la police judiciaire sous l'impulsion et le contrôle du Ministère public, qui a pour objet, par les premiers renseignements qu'elle apporte sur les faits, d'éclairer le procureur de la République, sur la décision à prendre au sujet des poursuites[259].

Cette interprétation large de la notion d'enquête préliminaire présente d'une part le mérite de réconcilier la lettre du texte communautaire avec son esprit tiré de la consolidation de la protection des droits et libertés individuelles pendant l'enquête policière.

D'autre part, elle permet d'inoculer une dose de cohérence et d'harmonie dans les régimes applicables à l'assistance de l'avocat dès l'interpellation au lendemain de l'adoption du Règlement du 25 septembre 2014, en soumettant toutes les enquêtes aux mêmes règles. En effet, à la lumière de cette interprétation large, l'intervention de l'avocat dès l'interpellation prévue par le Règlement sera possible aussi bien au cours de l'enquête de flagrance que durant l'enquête préliminaire[260].

---

[258] F. DESPORTES et L. LAZERGES-COUSQUER, *op. cit*, p. 937, n° 1526.

[259] R. MERLE et A. VITU, *Traité de droit criminel, Procédure pénale*, Paris, Cujas, 5e éd., 2001, p. 832.

[260] En ce sens, P. A. TOURE, « L'article 5 du Règlement n° 05/CM UEMOA du 25 septembre 2014 relatif à l'assistance de l'avocat dès l'interpellation devant la Chambre d'accusation de la Cour d'appel de Dakar : à propos de l'arrêt n° 149 du 22 septembre 2015, *affaire Thione SECK* », *Annales africaines*, nouvelle série, vol 02, n° 03, décembre 2015, p. 323 et s. ; également, P. A. TOURE, «L'assistance de l'avocat dès l'interpellation dans la réforme du Code pénale et du Code de Procédure pénale du Sénégal : la greffe processuelle n'a pas bien pris ! », *La Balance, Revue semestrielle de L'union des Magistrats Sénégalais*, n° 01, janvier-juin 2017, p. 315 et s. ; plus récemment, M. KONATE, *Le temps et le procès pénal*, Thèse de Doctorat, Université de Dakar, 2017, p. 243 et s. n° 551.

La circulaire du Ministre de la Justice du Sénégal du 11 janvier 2018 a tiré la même conclusion. Aux termes de cette circulaire : « *Le Règlement n° 05 de l'UEMOA se réfère à l'enquête préliminaire. La Chambre d'accusation de la Cour d'appel de Dakar, dans son arrêt n° 149 du 22 septembre 2015, dans l'affaire le procureur de la République c/. Thione Ballago SECK, avait privilégié la lettre du texte, en consacrant un domaine d'application limité aux seules enquêtes préliminaires. Il était reproché à cette interprétation de méconnaitre le caractère générique du langage du Règlement n° 5 qui en fait, entendait couvrir toutes les enquêtes. En tout état de cause, avec l'avènement du nouvel article 55 du Code de Procédure pénale, cette restriction ne peut plus être de mise. L'article 55 nouveau est logé dans une section consacrée à l'enquête de flagrance. Les deux dispositions mises ensemble couvrent donc autant l'enquête préliminaire que l'enquête de flagrance* ».

D'après le guide de l'officier de police judiciaire élaboré par la Division des Investigations criminelles (DIC), à la suite de la signature de la circulaire ministérielle du 11 janvier 2018, la notification du droit à l'assistance d'un conseil doit être faite au suspect « *peu importe le cadre juridique de l'enquête (enquête préliminaire ou de flagrance)...* ».

Le Burkina Faso a retenu la même approche générique de l'enquête préliminaire. La règle 1 du protocole dispose que les avocats assistent leurs clients dès leur interpellation « *durant l'enquête préliminaire ou l'enquête en matière de crime ou délit flagrant* » dans les locaux de la police, de la gendarmerie, des administrations et services publics dont les fonctionnaires ou agents sont chargés de certaines fonctions de police judiciaire.

Dans les systèmes proceduraux des États membres de l'UEMOA ayant consacré le droit à l'assistance d'un conseil, les législateurs ont pris le soin de préciser l'applicabilité de cette règle à l'enquête préliminaire et à l'enquête de flagrance.

En droit pénal béninois, l'article 75 du Code de Procédure pénale déclare applicables les dispositions de l'article 78, alinéa 3 du Code de Procédure pénale relatives à l'assistance du mis en cause dès l'enquête préliminaire, à tous les actes de la procédure et à l'enquête en matière de crimes et délits flagrants.

L'article 76-1 du Code de Procédure pénale ivoirien issu de la loi n° 98-747 du 23 décembre 1998, en énonçant que toute personne contre qui il existe des indices graves et concordants de participation à une infraction, qui en a été victime ou qui est appelée à apporter son concours à la manifestation de la vérité, peut, « *au cours des enquêtes », se faire assister d'un avocat, étend le droit à l'assistance d'un conseil à toutes les enquêtes. D'ailleurs, ce texte est inséré dans le chapitre III intitulé « de l'intervention des avocats au cours des enquêtes* ».

Il en est de même du législateur malien qui a déclaré l'article 76 du Code de Procédure pénale, relatif au droit à l'assistance d'un avocat durant l'enquête, applicable à l'enquête préliminaire[261].

II.- L'APPLICABILITÉ DU DROIT À L'ASSISTANCE D'UN AVOCAT AUX ENQUÊTES SPÉCIALISÉES

84. Applicabilité aux enquêtes spécialisées. Le droit à l'assistance d'un avocat dès l'interpellation a vocation à s'appliquer même aux enquêtes diligentées par certaines administrations ayant des pouvoirs de police judiciaire. Dans cette étude, l'accent sera mis sur les enquêtes menées par les administrations habilitées (A) et sur l'enquête en matière d'enrichissement illicite (B).

A.- Droit à l'assistance d'un avocat et enquêtes des administrations habilitées

85. Termes du problème. Il résulte de l'article 21 du Code de Procédure pénale du Sénégal que les fonctionnaires et agents des administrations et services auxquels certains pouvoirs de police judiciaire sont attribués par des textes spéciaux exercent ces pouvoirs dans les conditions et limites fixées par ces textes. Il s'agit notamment de l'Administration fiscale, de l'Administration des douanes, du service d'hygiène, du service du commerce intérieur, du service des Eaux et forêts, de la chasse, etc.

---

[261] V. art. 86, alinéa 2 du Code de Procédure pénale du Mali.

En énonçant que les avocats assistent leurs clients dès l'interpellation durant l'enquête préliminaire, « *dans les locaux de la police, de la gendarmerie ou devant le parquet* », l'article 5 du Règlement de l'UEMOA semble exclure de son champ les enquêtes diligentées par les fonctionnaires et agents de certaines administrations, chargés de fonctions de police judiciaire. En effet, ces dernières enquêtes ne sont pas menées au niveau des services de la police ou de la gendarmerie mais par des administrations spécialisées.

86. Droit à l'assistance d'un avocat dans toutes les administrations publiques. L'article 3, alinéa 2 du Règlement de l'UEMOA a consacré un droit à l'assistance d'un avocat dans les administrations publiques en général. Ce texte énonce, en effet, que les avocats « *assistent également leurs clients dans toutes les administrations publiques* ». Une disposition similaire était déjà prévue par l'article 4, alinéa 3 de la loi n° 84-09 du 4 janvier 1984 relative à l'Ordre des Avocats modifiée par loi n° 2009-25 du 08 juillet 2009. Aux termes de ce texte, les avocats assistent leurs clients devant toutes les administrations, notamment celles qui sont habilitées à transiger en cas de litige.

Comme le suggère l'usage de l'adverbe « *également* » par le législateur communautaire, cette dernière disposition semble avoir consacré un véritable droit à l'assistance d'un avocat devant les administrations publiques.

Par exemple, pour les besoins de la régularisation d'une parcelle ou d'une procédure de redressement fiscal ou de la délivrance d'un acte d'état civil, un usager du service public a le droit de se faire assister par un avocat devant l'Administration.

Mais l'article 3 du Règlement de l'UEMOA présente une particularité puisque le droit à l'assistance d'un avocat devant l'Administration publique, ne s'inscrivant pas dans le cadre d'une procédure pénale (enquête), n'est pas sanctionné par la nullité d'un quelconque acte d'enquête (qui par hypothèse n'existe pas). Le législateur de l'UEMOA ne précise d'ailleurs pas le moment d'exercice de ce droit. Ainsi, contrairement à la police judiciaire, l'Administration n'est donc pas tenue de notifier à l'usager du service public son droit d'accéder à un avocat.

Dès lors, en vertu de l'article 3, alinéa 2 du Règlement de l'UEMOA, un usager de l'Administration peut constituer un avocat pour l'assister auprès d'un service public (administration douanière, fiscale, eaux et forêts, commerce intérieur, etc.) sans que la méconnaissance de ce droit puisse entraîner une quelconque nullité.

87. Appréciation critique. L'exclusion des enquêtes menées par les administrations spécialisées du champ de la garantie de l'assistance de l'avocat dès l'interpellation n'est pas logique. En effet, sans appartenir à la police judiciaire, certains fonctionnaires et agents de l'Administration disposent de certains pouvoirs de police judiciaire en ce qui concerne les infractions relevant de leur compétence. Pour l'accomplissement de leur mandat, ils peuvent d'ailleurs requérir main-forte des services de police ou de gendarmerie du ressort dans lequel ils opèrent[262].

À titre d'exemple, les agents assermentés des services du commerce intérieur ayant au moins le grade de contrôleur ou un grade équivalent sont habilités à requérir la détention de suspects. C'est ce qui résulte de l'article 77 de la loi n° 94-63 du 22 août 1994 sur les prix, la concurrence et le contentieux économique selon lequel sous réserve des pouvoirs propres des officiers de police judiciaire en cas de flagrant délit, les agents assermentés des services du commerce intérieur ayant au moins le grade de contrôleur ou un grade équivalent peuvent « *requérir la détention du mis en cause* ». Le législateur voulait sans doute faire référence à la garde à vue qui constitue le pouvoir de détention dont disposent les officiers de police judiciaire durant l'enquête.

En matière forestière, l'article 46 de la loi n° 2018-25 du 12 novembre 2018 portant Code forestier du Sénégal[263] est plus explicite. En effet, ce texte énonce que dans l'accomplissement de leur mission, les agents assermentés du Service des Eaux et forêts, Chasses et de la Conservation

---

[262] V. ND. FALL, *Le droit pénal africain à travers le système sénégalais*, Dakar, EDJA, 2003, p. 200.

[263] JORS n° 7138 du 12 novembre 2018, p. 1691.

des Sols « *ont le droit de requérir la force publique et de faire procéder à la garde à vue* ».

88. Renvoi aux dispositions du Code de Procédure pénale. En droit criminel sénégalais, l'option législative d'incorporer la règle de l'assistance de l'avocat dès l'interpellation dans le texte du Code de Procédure pénale[264] a permis de l'étendre à des enquêtes diligentées par certaines administrations spécialisées. En effet, certains textes spéciaux fixant les prérogatives des fonctionnaires desdites administrations renvoient aux dispositions du Code de Procédure pénale notamment à celles relatives à la garde à vue.

À titre d'exemple, l'article 47 de la loi n° 2018-25 du 12 novembre 2018 portant Code forestier du Sénégal[265] dispose que les agents des Eaux et Forêts, Chasses et de la Conservation des Sols et les agents commissionnés du Service des Eaux et Forêts, Chasses et de la Conservation des Sols non assermentés conduisent tout individu surpris en flagrant délit devant l'agent des Eaux et Forêts, Chasses et de la Conservation des Sols compétent ou devant l'officier de police judiciaire le plus proche « *qui dresse procès-verbal et déclenche la procédure dans les conditions prévues par le Code de Procédure pénale* ».

En matière d'hygiène, l'article L 62 du Code de l'Hygiène a prévu une disposition similaire. Selon ce texte, les officiers de l'hygiène ou ingénieurs du génie sanitaire, les techniciens supérieurs du génie sanitaire et les sous-officiers de l'hygiène et les agents de l'hygiène peuvent en cas de flagrant délit faire procéder à l'arrestation des délinquants et les conduire devant le procureur de la République ou le président du tribunal d'instance compétent.

Quant aux agents de l'hygiène et les agents appartenant à des administrations autres que celle du Service national de l'hygiène et qui ont été commissionnés par le Ministre chargé de la Santé publique, ils conduisent tout individu surpris en flagrant délit devant l'agent du Service national d'hygiène compétent ou devant l'officier de police judiciaire le

---

[264] V. art. 55 du Code de Procédure pénale du Sénégal.
[265] JORS n° 7138 du 12 novembre 2018, p. 1691.

plus proche qui dresse procès-verbal et « *instrumente la procédure dans les conditions prévues aux articles 46 à 58 du Code de Procédure pénale* ».

En renvoyant aux dispositions des articles 46 à 58 du Code de Procédure pénale, les textes précités ouvrent le droit à l'assistance d'un conseil à toute personne interpellée dans le cadre des enquêtes en matière forestière et d'hygiène, en vertu de l'article 55 du Code de Procédure pénale du Sénégal.

89. Applicabilité du droit à l'assistance d'un avocat aux enquêtes des administrations habilitées. En raison du caractère générique de la notion d'enquête préliminaire employée par le législateur communautaire de l'UEMOA, l'exercice du droit à l'assistance d'un avocat dès l'interpellation durant les enquêtes diligentées par les administrations dont les fonctionnaires disposent de pouvoirs de police judiciaire trouve un fondement confortable dans les dispositions de l'article 5 du Règlement de l'UEMOA.

D'ailleurs, la règle 1 du protocole du Burkina Faso énonce que les avocats assistent leurs clients dès leur interpellation durant l'enquête dans les locaux de la police, de la gendarmerie et des « *administrations et services publics dont les fonctionnaires ou agents sont chargés de certaines fonctions de police judiciaire* ».

90. Cas spécifique de l'enquête douanière. L'enquête douanière est une procédure au cours de laquelle les inspecteurs, contrôleurs et, d'une manière générale, les agents de l'Administration des douanes procèdent à la recherche et à la constatation des infractions en matière douanière[266].

Le Règlement de l'UEMOA ne fait pas référence expressément à l'enquête douanière.

La circulaire sénégalaise du 11 janvier 2018 n'indique pas explicitement que le droit à l'assistance d'un conseil s'applique à l'enquête douanière. Elle énonce en effet que : « *la nature de l'enquête est indifférente à l'obligation de notification du droit à l'assistance d'un avocat. Ce droit*

---

[266] V. art. 301 1° du Code des Douanes du Sénégal.

est consacré autant pour les enquêtes préliminaires que pour les enquêtes de flagrance ».

Au cours des investigations douanières, les agents de douane peuvent être amenés à procéder à l'arrestation de délinquants, à prendre ou à faire prendre des mesures privatives de liberté à l'encontre de ces derniers. Il en est ainsi notamment de la retenue douanière[267] et de la garde à vue.

Une mesure de garde à vue peut être décidée au cours de l'enquête douanière. Les agents des douanes n'ont pas la qualité d'officiers de police judiciaire, pour n'être pas visés par les dispositions de l'article 15 du Code de Procédure pénale. Au Sénégal, le corps des officiers de police judiciaire de la douane n'existe pas encore.

C'est pourquoi dans la pratique, on affirme souvent que l'Administration douanière est sans qualité pour décider d'une mesure de garde à vue, cette mesure relevant de la compétence exclusive des officiers de police judiciaire. Lorsqu'à l'issue du placement de la personne en retenue douanière, les agents des douanes relèvent des indices de culpabilité pesant sur cette personne, ils s'en réfèrent aux officiers de police judiciaire en vue de l'exécution d'une mesure de garde à vue. La mesure de garde à vue est ainsi exécutée par des officiers de police judiciaire (police ou gendarmerie) pour le compte de l'Administration douanière sur le fondement de l'article 37.4 du Code des Douanes du Sénégal. En vertu de ce texte, les autorités civiles et militaires sont tenues, à la première réquisition, de prêter main-forte aux agents des douanes pour l'accomplissement de leur mission.

En pratique, l'Administration des Douanes n'exécute pas, elle-même, les mesures de garde à vue ; elles sont accomplies par les officiers de police judiciaire[268].

L'affirmation selon laquelle les agents des douanes sont sans qualité pour décider d'une mesure de garde à vue nous semble discutable.

---

267 Sur la retenue douanière, V. *supra,* n° 71 et s.

268 En ce sens, V. Cour ass. Dakar, n° 19 du 08 mars 2011, MP c/ Mario Martinez Pallares et autres, *inédit*. V. également, K. SY, *Douanes sénégalaises. Vie et vues du brigadier de brousse*, Paris, l'Harmattan, 2015, p. 95.

Il est vrai qu'il résulte de l'article 15 du Code de Procédure pénale sénégalais que les agents des douanes n'ont pas la qualité d'officiers de police judiciaire.

Mais on peut se demander si les dispositions dérogatoires du Code des Douanes du Sénégal n'ont pas habilité l'Administration des Douanes à décider d'une mesure de garde à vue. En effet, aux termes de l'article 311.2 du Code des Douanes : « *Lorsqu'il y a arrestation de délinquants, les agents assermentés de douanes ou les officiers de police judiciaire, doivent se conformer aux dispositions du Code de Procédure pénale relatives à la garde à vue* ». En faisant obligation aux agents assermentés de douanes ou aux officiers de police judiciaire de se conformer aux dispositions du Code de Procédure pénale relatives à la garde à vue en cas d'arrestation, le législateur douanier n'a-t-il pas entendu habiliter l'Administration douanière à décider d'une mesure de garde à vue ?

Comment les agents assermentés des douanes peuvent-ils se conformer au droit commun de la garde à vue s'ils sont sans qualité pour placer des délinquants en position de garde à vue ?

Certes, conformément à l'article 37 du Code des Douanes du Sénégal, les agents des douanes peuvent requérir les services de la gendarmerie ou de la police, pour les besoins de l'incarcération de la personne placée en garde à vue, si l'on sait que l'Administration des Douanes ne dispose pas toujours de locaux de garde à vue adaptés à l'incarcération des suspects.

Toutefois, la responsabilité de l'exécution de la mesure de garde à vue incombe à l'Administration douanière et non pas à la police judiciaire.

D'ailleurs, même si l'Administration des douanes requiert les services de la police judiciaire pour l'exécution de la garde à vue, il devrait revenir aux agents des douanes de consigner sur le procès-verbal les mentions exigées par la loi (notification du droit à l'assistance d'un avocat, mention des motifs de la garde à vue, de la durée des repos, etc.).

Le droit pénal béninois semble avoir habilité l'Administration douanière à décider de mesures de garde à vue pour les nécessités de l'enquête. Il résulte de l'article 363 de la loi n° 2014-20 du 27 juin 2014 portant Code des Douanes en République du Bénin que les agents de l'Administration des douanes ayant au moins le grade d'inspecteurs et les receveurs peuvent, pour les nécessités des enquêtes préliminaires, retenir à leur disposition dans les conditions du Code de Procédure pénale, une ou plusieurs personnes soupçonnées de commission ou de participation à un délit douanier. Les personnes ainsi retenues sont gardées dans les locaux du commissariat de police ou de brigade de gendarmerie le plus proche.

Ce texte renvoie les modalités d'exécution de la garde à vue au Code de Procédure pénale. La seule particularité réside dans le fait que les personnes retenues sont gardées dans les locaux de la police ou de la gendarmerie.

En tout état de cause, malgré l'exorbitance de la procédure pénale douanière, le droit à l'assistance d'un conseil peut être invoqué lorsqu'une mesure de garde à vue est décidée au cours de l'enquête douanière sur le fondement des dispositions de l'article 5 du Règlement de l'UEMOA. En effet, dès l'interpellation du suspect, les agents des douanes doivent lui notifier son droit à un conseil. L'avocat constitué dès l'interpellation du suspect, peut poursuivre les actes d'assistance lorsque son client est par la suite placé en position de garde à vue.

L'on pourrait objecter que le texte communautaire évoque l'assistance de l'avocat à la police, à la gendarmerie ou au parquet sans viser expressément l'Administration douanière.

Mais la force de cet argument, fondé sur une interprétation littérale de l'article 5 du Règlement de l'UEMOA, est tempérée par le caractère générique de la notion d'enquête préliminaire évoquée par ce texte qui englobe forcément l'enquête douanière.

B.- Droit à l'assistance et enquêtes pénales dérogatoires

91. Enquêtes dérogatoires. Le droit à l'assistance d'un avocat a vocation à s'appliquer à toutes les enquêtes dérogatoires du droit commun. Il peut être exercé dans la cadre des enquêtes en matière de terrorisme et d'actes assimilés (1), de criminalité organisée (2) et de criminalité économique et financière (3).

1. L'enquête en matière de terrorisme et d'actes assimilés

92. Terrorisme. La multiplication des actes de terrorisme dans le monde ainsi que la stupeur suscitée par les attentats terroristes ont incité le législateur sénégalais à apporter quelques aménagements au Code pénal par l'adoption de la loi n° 2007-01 du 12 février 2007 modifiant le Code pénal[269]. Ce texte a intégré dans l'arsenal répressif une nouvelle catégorie d'infractions qualifiées « *actes terroristes* ». L'article 1er de cette loi a inséré, après l'article 279 du CP, une section VII intitulée « *Des actes terroristes* »[270].

Avec l'acuité particulière que revêt le phénomène du terrorisme au regard de ses manifestations récentes aussi bien sur le plan international que dans la sous-région, « *il a paru nécessaire de renforcer la lutte contre le cyberterrorisme* »[271].

À cet effet, la loi n° 2016-29 du 08 novembre 2016 modifiant le Code pénal[272] a intégré les infractions liées aux technologies de l'information et de la communication dans la liste des actes terroristes.

Plus récemment, la loi n° 2021-33 du 23 juillet 2021 modifiant le Code pénal a renforcé le dispositif de lutte contre le terrorisme par la prise en compte d'incriminations prévues, notamment par la Convention internationale pour la répression du financement du terrorisme du 09 décembre 1999. Ce texte a également autonomisé le délit d'apologie du terrorisme en l'incriminant dans un texte spécifique[273].

La loi n° 2016-30 du 08 novembre 2016 modifiant la loi n° 65-61 du 21 juillet 1961 portant Code de Procédure pénale du Sénégal a abrogé et remplacé le titre XV du livre IV du Code de Procédure pénale relatif à l'enquête, à la poursuite, à l'instruction et au jugement des infractions en

---

[269] JORS n° 6323 du 10 mars 2007, p. 2375.
[270] J. PRADEL, « Les infractions de terrorisme, un nouvel exemple de l'éclatement du droit pénal », *D.* 1987, chron. p. 39 à 50.
[271] V. exposé des motifs de la loi n° 2016-29 du 08 novembre 2016 modifiant le Code pénal.
[272] JORS n° 6975 du vendredi 25 novembre 2016. p. 1613.
[273] V. art. 279-2 du CP.

matière de terrorisme et d'actes assimilés par un nouveau titre (art. 677-24 à 677-31 du Code de Procédure pénale)[274].

En vertu de l'article 677-24 du Code de Procédure pénale, les infractions en matière de terrorisme sont poursuivies, instruites et jugées selon les règles du Code de Procédure pénale sous réserve des dispositions des articles 677-24 et suivants du Code précité.

Le législateur sénégalais a aménagé des règles spéciales relatives à la garde à vue en matière de terrorisme[275].

L'article 677-28 du Code de Procédure pénale a dérogé aux délais de garde de vue de droit commun. Selon ce texte, ce délai est de quatre-vingt-seize (96) heures et peut être prorogé de deux nouveaux délais de quatre-vingt-seize (96) heures chacun, sur autorisation du juge d'instruction ou du procureur de la République, si le juge d'instruction n'est pas encore saisi.

Par ailleurs, le titre XV relatif au terrorisme et aux actes assimilés a semblé avoir prévu des dispositions dérogeant à celles de l'article 55 du Code de Procédure pénale relatives à l'assistance de l'avocat dès l'interpellation.

L'article 677-26, alinéa 2 du Code de Procédure pénale prévoit qu'en cas de crime ou de délit flagrant en rapport avec le terrorisme, l'officier de police judiciaire, s'il y a lieu de proroger la garde à vue, notifie à la personne gardée à vue son droit de constituer conseil parmi les avocats inscrits au tableau ou admis en stage. En d'autres termes, ce texte prévoit

---

[274] Sur ce texte, TH. A. NDIOGOU, « Réflexions sur la nouvelle législation sénégalaise antiterroriste » *Droits fondamentaux*, n° 16, janvier 2018, décembre 2018.
[275] M. TOUILLIER, « Les droits de la défense dans les procédures « d'exception : une évolution ''vent dessus, vent dedans'' », *AJ pén.* 2016, p. 122 ; E. RUBI-CAVAGNA, « L'extension des procédures dérogatoires », *RSC* 2008, p. 23 ; M. TOUILLIER, *L'évolution des procédures spéciales et dérogatoires, in Problèmes actuels de sciences criminelles*, Paris, LGDJ, vol. XXIV, 2013, p. 35.

en matière de terrorisme et d'actes assimilés une présence de l'avocat dans la seconde période de la garde à vue et non dès l'interpellation[276].

Mais en raison de l'effet direct du Règlement de l'UEMOA, cette disposition spéciale du droit national est neutralisée par l'article 5 du Règlement communautaire qui consacre la règle de l'assistance de l'avocat dès l'interpellation.

La Cour de Justice de l'UEMOA, dans son avis n° 001/2003 du 18 mars 2003 émis sur la demande de la Commission de l'UEMOA relative à la création de la Cour des Comptes du Mali[277] a clairement énoncé que : « *(...) le juge national, en présence d'une contrariété entre l'ordre juridique communautaire et une règle de droit interne, devra faire prévaloir le premier sur la seconde en appliquant l'un et en écartant l'autre* »[278].

En d'autres termes, nonobstant la nature dérogatoire de l'article 677-26 du Code de Procédure pénale, la personne mise en cause dans le cadre d'une enquête diligentée pour terrorisme ou actes assimilés a le droit à l'assistance d'un conseil dès son interpellation au sens du Règlement de l'UEMOA.

La circulaire du Ministre de la Justice du Sénégal du 11 janvier 2018 a conforté l'applicabilité du régime communautaire de l'assistance de l'avocat dès l'interpellation en matière de terrorisme et d'actes assimilés.

Selon cette circulaire, l'article 677-26, alinéa 2 du Code de Procédure pénale « *semble suggérer que la présence de l'avocat reste subordonnée au renouvellement de la garde à vue. Dans l'apparente contradiction des textes, il faudra privilégier la volonté du législateur qui, à travers la*

---

276 En ce sens, EL. H. B. FAYE, « Droit à un conseil dès l'interpellation : de la portée de la réforme du Code de Procédure pénale », *Les Echos du Palais*, n° 01, février 2018, p. 23.

277 Cet avis est cité par S. N. TALL, *Droit des organisations internationales africaines. Théorie générale. Droit communautaire comparé. Droit de l'homme, paix et sécurité*, Paris, l'Harmattan, 2015, p. 253.

278 Pour un commentaire de cette décision, V. A. SALL, *La justice de l'intégration. Réflexions sur les institutions judiciaires de la CEDEAO et de l'UEMOA*, Dakar, l'Harmattan, 2008, 2e édition revue, corrigée et augmentée, p. 184 et s.

réécriture de l'article 677-28, a voulu consacrer une application sans exception du droit à l'assistance du suspect par son conseil dès l'interpellation ».

2. L'enquête en matière de criminalité organisée

93. Instauration du régime de criminalité organisée. La réforme du Code pénal et du Code de Procédure pénale résultant de l'adoption de la loi n° 2021-33 modifiant la loi n° 65-60 du 21 juillet 1965 portant Code pénal[279] et de la loi n° 2021-34 du 23 juillet 2021 et la loi n° 65-61 du 21 juillet 1965 portant Code de Procédure pénale[280] a réaménagé le dispositif pénal en vue de l'adapter aux évolutions de la criminalité[281].

En vue de mieux lutter contre la criminalité économique, le législateur a instauré un régime spécifique de saisie pour garantir l'effectivité des peines de confiscation susceptibles d'être prononcées par le juge et a procédé à une refonte du régime des confiscations. Le législateur a également créé un organe de gestion et de recouvrement des avoirs criminels (ONRAC), chargé notamment de la gestion de tous les biens saisis ou confisqués au cours d'une procédure pénale[282].

La criminalité organisée occupe une place importante dans la réforme du Code de Procédure pénale. Cette réforme a apporté des innovations majeures dans l'édifice pénal qui s'articulent autour de la redéfinition de l'infraction d'association de malfaiteurs, de la répression des faits de piraterie maritime, tels que spécifiés dans la Convention des Nations Unies sur le droit de la mer du 10 décembre 1982 et de la fixation d'un régime général de la responsabilité pénale des personnes morales, conformément à la Convention de Palerme.

---

[279] JORS n° 7444 du 30 juillet 2021, p. 1049.

[280] JORS n° 7444 du 30 juillet 2021, p. 1056.

[281] P. A. TOURE, *Droit pénal général sénégalais, tome 1, L'infraction pénale,* Dakar, l'Harmattan, 2023, n° 174.

[282] V. art. 677-47 et s. du CPP. Sur cette question, V. C. DIAKHOUMPA, *Traité théorique et pratique de procédure pénale. Tome I : la phase préparatoire du procès pénal*, 3e édition, 2022, p. 408 et s.

À la faveur de la réforme, le législateur a innové en organisant, pour la première fois, un régime pénal général relatif à la criminalité organisée.

La loi n° 2021-34 du 23 juillet 2021 modifiant la loi n° 65-61 du 21 juillet 1965 portant Code de Procédure pénale a inséré dans le Code de procédure pénale un titre XVIII intitulé « *De la procédure applicable à la criminalité organisée* », comportant les articles 677-65 à 677-91, qui prévoit la procédure applicable à l'enquête, la poursuite, l'instruction et au jugement des crimes et des délits relevant de la criminalité organisée.

Le législateur n'a pas entrepris de définir le concept de criminalité organisée. Il a tout au plus choisi d'énumérer de façon exhaustive les infractions relevant de cette forme de délinquance. Selon l'article 677-65 du Code de Procédure pénale, les infractions relatives à la criminalité organisée sont les suivantes :

- les infractions contre la chose publique du titre premier du livre troisième du Code pénal ;
- les crimes et délits constituant de la piraterie maritime, des actes de terrorisme et des actes assimilés du titre II du livre troisième du Code pénal ;
- les infractions relatives aux stupéfiants et substances psychotropes ;
- les infractions relatives au régime des armes et munitions ;
- les infractions relatives à la traite des personnes et aux pratiques assimilées, y compris le trafic de migrants ;
- les infractions relatives à la corruption de mineur ;
- les infractions relatives au proxénétisme prévues par les articles 323 à 327 du CP ;
- les infractions de trafic illicite de bois ;
- les infractions de trafic illicite d'espèces protégées et de chasse illégale ;

- l’infraction d’association de malfaiteurs prévue par les articles 238 à 240 du CP, lorsqu'elle a pour objet la préparation de l'une des infractions relatives à la criminalité organisée ;
- les actes de corruption et les pratiques assimilées prévus par les articles 159 à 168 du CP;
- les infractions de blanchiment de capitaux et de financement du terrorisme;
- les infractions relatives au faux monnayage et autres atteintes aux signes monétaires ;
- les infractions liées aux technologies de l’information et de la communication prévues au titre IV du CP.

L’enquête, l’instruction et le jugement des infractions relatives à la criminalité organisée sont souvent très souvent ardus et nécessitent le recours à des mesures, telles que des techniques d’enquête spéciales, encore appelées « *techniques d’enquêtes discrètes* ». L’efficacité de la répression de ces infractions est souvent tributaire de la qualité des investigations.

Le titre XVIII du Code de Procédure pénale relatif à la procédure applicable à la criminalité organisée (art. 677-65 à 677-91 du CPP), qui a été inséré dans ce code par la loi n° 2021-34 du 23 juillet 2021 modifiant la loi n° 65-61 du 21 juillet 1965 portant Code de Procédure pénale, prévoit le régime procédural applicable à la criminalité organisée.

Il résulte de l’article 677-65 du CPP que la procédure applicable à l'enquête, à la poursuite, à l'instruction et au jugement des crimes et des délits relatifs à la criminalité organisée est celle prévue par le Code de procédure pénale, sous réserve des dispositions du titre XVIII précité, lorsque ces crimes et délits sont commis par un groupe criminel organisé.

En d’autres termes, les infractions relatives à la criminalité organisée relèvent d’un régime procédural spécifique, puisque l'enquête, la poursuite, l'instruction et le jugement de ces infractions sont régis par des dispositions dérogatoires. Ce n’est que dans le silence des règles spéciales qu’elles sont soumises au droit commun procédural.

94. Régime spécial de garde à vue. Le régime procédural dérogatoire prévu est orienté vers l'efficacité des investigations, par une extension des pouvoirs d'investigations des autorités policières et judiciaires[283]. Dans ce cadre, le législateur a aménagé un régime spécial de garde à vue[284].

Selon l'article 677-74 du Code de Procédure pénale, pour l'application de l'article 55, si les nécessités de l'enquête ou de l'instruction relative à l'une des infractions visées à l'article 677-65 du CPP l'exigent, la garde à vue d'une personne peut, à titre exceptionnel, faire l'objet d'une prolongation supplémentaire de vingt-quatre heures.

Ces prolongations sont autorisées, par décision écrite et motivée, selon le cas, par le procureur de la République ou par le juge d'instruction.

Lorsque la première prolongation est décidée, la personne gardée à vue est examinée par un médecin désigné par le procureur de la République, le juge d'instruction ou l'officier de police judiciaire, selon le cas. Le médecin délivre un certificat médical par lequel il doit notamment se prononcer sur l'aptitude au maintien en garde à vue, qui est versé au dossier. La personne est avisée par l'officier de police judiciaire de son droit de demander un nouvel examen médical. Ces examens médicaux sont de droit.

Mention de cet avis est portée au procès-verbal et émargée par la personne intéressée ; en cas de refus d'émargement, il en est fait mention.

Ce texte précise que par dérogation aux dispositions du premier alinéa, si la durée prévisible des investigations restant à réaliser à l'issue des premières quarante-huit heures de garde à vue le justifie, le procureur de

---

283 H. MATSOPOULOU, « Les nouveaux moyens de preuve au service de la criminalité organisée : à propos de la loi n° 2016-731 du 3 juin 2016 », *JCP* 2016. 707 ; Th. MEINDL, « Procédure applicable à la criminalité et la délinquance organisées. Poursuite. Instruction. Jugement. Assistants spécialisés. Dispositions dérogatoires de procédure », *Juris-class. proc. pén.*, art. 706-73 à 706-106, fasc. 20, 2020 ; W. JEANDIDIER, « Criminalité et délinquance organisées », *Rep. dr. pén. proc. pén.*, Dalloz, janvier 2017, n° 03 ; J. DANET, « De la procédure à la répression de la criminalité organisée, ou laquelle est l'instrument de l'autre ? », *Act. jur. pén.* 2004, p. 192 ; M. D. DIOUF DIOP, « La lutte contre le terrorisme, un défi pour les États africains à l'aube du 21e siècle », Discours d'usage audience solennelle de rentrée des cours et tribunaux, 9 janvier 2020.
284 V. art. 677-74 du CPP.

la République ou le juge d'instruction peuvent décider, selon les modalités prévues au deuxième alinéa, que la garde à vue fera l'objet d'une seule prolongation supplémentaire de quarante-huit heures.

L'article 677-74 du Code de Procédure pénale se contente de prévoir une possible prolongation supplémentaire de vingt-quatre heures du délai de garde à vue, sans subordonner l'assistance de l'avocat à la prolongation de la mesure, comme en matière de terrorisme.

Il en résulte, dès lors, que le droit à l'assistance d'un avocat dès l'interpellation prévu par l'article 5 du Règlement de l'UEMOA a vocation à s'appliquer en matière de criminalité organisée.

3. L'enquête en matière de criminalité économique et financière

95. Régime classique de l'enrichissement illicite. La Cour de Répression de l'enrichissement illicite (*CREI*) avait été instituée par la loi n° 81-54 du 10 juillet 1981 créant une Cour de répression de l'enrichissement illicite[285] à la suite de l'accession au pouvoir du Président Abdou DIOUF, le 31 décembre 1980.

Il s'agissait pour les pouvoirs publics de se donner les moyens d'extirper de la société sénégalaise des pratiques non conformes aux mœurs sénégalaises, pratiques qui créent l'injustice sociale, paralysent le développement du pays et peuvent à la longue saper la démocratie[286]. La CREI était un instrument judiciaire spécial de répression du délit d'enrichissement illicite prévu par l'article 163 bis du Code pénal[287].

Il résulte de ce texte que l'enrichissement illicite de tout titulaire d'un mandat public électif ou d'une fonction gouvernementale, de tout magistrat, agent civil ou militaire de l'État, ou d'une collectivité publique, d'une personne revêtue d'un mandat public, d'un dépositaire public ou

---

[285] (JORS spécial n° 4846 du 24 juillet 1981, p. 713

[286] Ch. T. LAM, p. 132.

[287] (J. M. MAROUN, « La loi n° 81-53 du 10 juillet 1981 relative à la répression de l'enrichissement illicite », RIPAS, n° 02, octobre-décembre 1981, p. 274 et s. ; A. CISSE, « Lois relatives à la répression de l'enrichissement illicite de retour ou le lifting laborieux d'un lit de procuste mite par une désuétude méritée », Revue EDJA, n° 106, juillet-août-septembre 2015, p. 9 et s.)

d'un officier public ou ministériel, d'un dirigeant ou d'un agent de toute nature des établissements publics, des sociétés nationales, des sociétés d'économie mixte soumises de plein droit au contrôle de l'État, des personnes morales de droit privé bénéficiant du concours financier de la puissance publique, des ordres professionnels, des organismes privés chargés de l'exécution d'un service public, des associations ou fondations reconnues d'utilité publique, est puni d'un emprisonnement de cinq à dix ans et d'une amende au moins égale 96 au montant de l'enrichissement et pouvant être portée au double de ce montant.

Selon l'exposé des motifs de cette loi, le délit d'enrichissement illicite est constitué, non pas par l'enrichissement en soi qui peut avoir été réalisé à n'importe quelle date dans le passé, mais par le fait qu'une personne donnée, ayant pu abuser de sa qualité et de ses fonctions, se trouve dans l'impossibilité, après la sommation qui lui en a été faite, d'apporter la preuve de l'origine licite de son patrimoine actuel ou de son train de vie. Il s'agit d'un délit instantané qui ne se caractérise qu'au moment de la réponse faite à la mise en demeure.

La CREI était saisie par un arrêt de renvoi de la Commission d'instruction ; elle a son siège à Dakar.

Toutefois, par ordonnance de son président prise sur réquisitions conformes du procureur spécial, elle peut tenir des audiences en tout autre lieu du territoire national.

La CREI avait une compétence nationale ; elle était chargée uniquement de réprimer l'enrichissement illicite et tout délit de corruption ou de recel connexe.

Dans le cadre de la procédure spéciale d'enrichissement illicite[288] prévue par la loi n° 81-54 du 10 juillet 1981 créant la Cour de répression de l'Enrichissement illicite[289], il revenait au procureur spécial, saisi d'une

---

[288] J. M. MAROUN, « La loi n°81-53 du 10 juillet 1981 relative à la répression de l'enrichissement illicite », *RIPAS*, n° 02, octobre-décembre 1981, p. 274 et s. ; A. CISSE, « Lois relatives à la répression de l'enrichissement illicite de retour ou le lifting laborieux d'un lit de procuste mite par une désuétude méritée », *Revue EDJA*, n° 106, juillet-août-septembre 2015, p. 09 et s.

[289] JORS spécial, n° 4846 du 24 juillet 1981.

dénonciation, d'une plainte ou par toute autre voie de « *faire procéder à une enquête préliminaire* ». Après achèvement de l'enquête et s'il y a des indices d'enrichissement illicite, le parquet spécial convoque la personne mise en cause.

Il lui précise, dans l'éventualité d'une poursuite pour enrichissement illicite, que les pièces du dossier sont tenues à sa disposition, pour communication, quarante-huit (48) heures à l'avance et en l'avertissant de son droit de se faire assister par le conseil de son choix[290].

Avant de mettre en demeure la personne concernée de justifier de l'origine licite de son patrimoine, le procureur spécial l'entend, assistée éventuellement de son conseil et lui faire connaître les résultats de l'enquête en ce qui concerne le montant de ses ressources connues, comparé au détail des éléments de son patrimoine ou de son train de vie.

Le procureur spécial met ensuite la personne entendue en demeure de justifier dans le délai d'un mois de l'origine licite desdits éléments. Il est dressé procès-verbal de cette mise en demeure.

Si la personne convoquée présente des justifications suffisantes, le procureur spécial classe le dossier sans suite.

Lorsque la personne convoquée ne se présente pas ou si elle ne fournit, dans le délai imparti, aucune justification ou si les justifications fournies sont insuffisantes, le procureur spécial saisit la Commission d'Instruction[291].

Il résulte de la loi n° 81-54 du 10 juillet 1981 précitée qu'au cours de la procédure d'enrichissement illicite, l'avocat n'intervient pas au moment de l'enquête préliminaire mais lors de l'audition de son client par le procureur spécial avant la mise en demeure.

Le Conseil constitutionnel, dans son arrêt rendu le 03 mars 2014, a déjà eu l'occasion de répondre à un moyen d'inconstitutionnalité soulevé par

---

[290] V. art. 6, alinéa 2 de la loi n° 81-54 du 10 juillet 1981 créant une Cour de Répression de l'Enrichissement illicite.

[291] C. DIAKHOUMPA, *Traité théorique et pratique de procédure pénale. Tome II : la phase décisoire du procès pénal,* 1 ère édition, 2018, p. 263.

les conseils de M. Karim WADE tiré de l'absence de conseil durant l'enquête préliminaire. Selon la haute juridiction constitutionnelle : « *si la présence d'avocat au niveau de l'enquête préliminaire peut s'avérer utile, son absence ne constitue pas pour autant une violation des droits de la défense, dès l'instant que la personne poursuivie est assistée à toutes les autres phases de la procédure ; qu'il n'apparaît nulle part dans la cause que Monsieur Karim WADE ait subi des contraintes ou violences ; qu'il est resté libre de participer activement ou non à son audition et que ses avocats ont pu, à temps, prendre connaissance des toutes les charges qui lui sont imputées (...)* »[292].

L'absence de l'avocat durant l'enquête de patrimoine pourrait s'expliquer par le fait qu'au moment de l'adoption de la loi n° 81-54 du 10 juillet 1981 créant la Cour de répression de l'Enrichissement illicite, la procédure pénale sénégalaise n'avait pas encore connu la présence de l'avocat durant l'enquête. Il fallait, en effet, attendre l'entrée en vigueur de la loi n° 99-06 du 29 janvier 1999 modifiant le Code de Procédure pénale pour assister, pour la première fois, à l'intervention de l'avocat dans la seconde période de la garde à vue.

Par ailleurs, malgré la consécration de l'assistance de l'avocat en garde à vue en 1999, les textes relatifs à l'enrichissement illicite, qui avaient connu des applications rares, étaient restés inchangés.

La solution de la non-présence de l'avocat pendant l'enquête de patrimoine, validée par le Conseil constitutionnel sénégalais, pourrait-elle prévaloir à la suite de l'adoption du Règlement de l'UEMOA consacrant l'assistance d'un conseil dès l'interpellation durant l'enquête préliminaire ?

En d'autres termes, l'assistance de l'avocat dès l'interpellation prévue par le Règlement de l'UEMOA peut-elle également bénéficier à la personne faisant l'objet d'une enquête préliminaire ouverte dans le cadre de la procédure d'enrichissement illicite ? Cette question ne manquera pas de faire débat dans la pratique judiciaire.

---

[292] Cons. const. n°01/C/2014 du 03 mars 2014, *affaire Karim Meissa WADE et autres, inédit.*

En premier lieu, les partisans de la non-présence de l'avocat ont fait valoir que la procédure spéciale d'enrichissement illicite ne prévoit pas l'intervention de l'avocat durant l'enquête préliminaire (enquête de patrimoine).

En second lieu, l'on objectera qu'en vertu de l'article 163 bis, alinéa 3 du Code pénal, le délit d'enrichissement illicite est constitué lorsque, sur simple mise en demeure, la personne poursuivie, se trouve dans l'impossibilité de justifier de l'origine licite des ressources qui lui permettent d'être en possession d'un patrimoine ou de mener un train de vie sans rapport avec ses revenus légaux.

Or, à l'étape de « *l'enquête de patrimoine* », souvent considérée comme une « *enquête administrative* », l'infraction d'enrichissement illicite n'étant pas encore constituée, les investigations menées durant cette phase de la procédure, ne s'analyseraient pas en une enquête au sens pénal du terme. L'enquête a, en effet, pour objet de constater une infraction à la loi pénale, d'en rassembler les preuves et d'en rechercher les auteurs[293]. Ce qui ne serait pas le cas de l'enquête de patrimoine, dès lors qu'aucune infraction n'est encore constituée à l'étape de l'enquête de patrimoine.

Ce raisonnement n'emporte pas notre conviction. En effet, l'ouverture d'une enquête peut supposer une suspicion d'infraction déterminée fondée sur des éléments objectifs, fussent-ils ténus. L'article 14, alinéa 1er du Code de Procédure pénale n'énonce-t-il pas que la police judiciaire est chargée « *de rechercher* » les infractions à la loi pénale ? Les investigations judiciaires réalisées en dehors de tout élément révélant des faits délictueux, mais fondées sur la suspicion de la commission d'une infraction peuvent être qualifiées enquête[294].

En matière d'enrichissement illicite, l'enquête de patrimoine a pour objet d'éclairer le parquet spécial sur le montant des ressources connues du mis en cause, comparé au détail des éléments de son patrimoine ou de son train de vie. Ce n'est que lorsque cette enquête révèle des indices

[293] V. art. 14, alinéa 1er du Code de Procédure pénale du Sénégal.
[294] En ce sens, F. DESPORTES et L. LAZERGES-COUSQUER, *op. cit.*, n° 1526.

d'enrichissement illicite que le procureur spécial met le mis en cause en demeure de justifier dans le délai d'un mois de l'origine licite des éléments de son patrimoine ou de son train de vie.

Il ne fait pas l'ombre d'un doute qu'une enquête de patrimoine n'est pas ouverte contre une personne sur qui ne pèse aucun indice d'enrichissement illicite. L'ouverture de l'enquête de patrimoine par le parquet spécial informé par des rapports de police, des rapports administratifs, des plaintes ou dénonciations ou d'office, n'est pas décidée *ex nihilo*.

Elle est assise sur des suspicions d'enrichissement illicite pouvant aboutir à une mise en demeure. Comment, en effet, une enquête de patrimoine pourrait-elle être diligentée contre une personne dont les éléments patrimoniaux ainsi que le train de vie ne révèlent aucun soupçon d'enrichissement illicite ?

C'est certainement la raison pour laquelle la loi n° 81-54 du 10 juillet 1981 créant la Cour de répression de l'Enrichissement illicite qualifie expressément l'enquête de patrimoine d' « *enquête préliminaire* »[295].

L'article 2 du décret n° 81-839 du 18 août 1981 relatif à la création et à l'organisation des brigades spécialisées pour la recherche des enrichissements illicites[296] énonce d'ailleurs que ces brigades « *effectuent des enquêtes préliminaires sur instructions écrites du procureur spécial. Elles exécutent les délégations judiciaires et les mandats délivrés par la Commission d'instruction ou par le membre de la Cour de Répression de l'Enrichissement illicite procédant à un supplément d'information* ».

En raison de la nature et de l'objet de cette enquête, les enquêteurs sont amenés à « *sommer* » le mis en cause de s'expliquer sur le montant de ses ressources connues, sur les éléments de son patrimoine ainsi que sur son

---

295 V. art. 5 et 6 de la loi n° 81-54 du 10 juillet 1981 créant une Cour de Répression de l'Enrichissement illicite.

296 JORS, n° 4858 du 26 septembre 1981.

train de vie. En outre, les résultats de cette enquête sont déterminants par rapport à la suite de la procédure.

Certes, à la lecture de la loi n° 81-54 du 10 juillet 1981 créant la Cour de Répression de l'Enrichissement illicite, les enquêteurs ne disposent pas à l'étape de l'enquête de patrimoine du pouvoir de décider d'une mesure de garde à vue contre le mis en cause.

Mais en vertu de la législation communautaire de l'UEMOA, l'exercice du droit à l'assistance d'un avocat durant l'enquête n'est pas subordonné à une mesure de contrainte, comme la garde à vue ; il est seulement lié à l'interpellation du mis en cause dont le critère pivot réside dans l'existence de soupçons pesant sur ce dernier.

La personne faisant l'objet d'une « *enquête de patrimoine* » peut être assimilée à une personne interpellée conformément au Règlement de l'UEMOA.

Dans le cadre de la procédure d'enrichissement illicite, le mis en cause a, dès l'étape de l'enquête préliminaire, le droit à l'assistance d'un avocat. Ainsi, dès son premier contact avec les enquêteurs, ce droit doit lui être notifié par les officiers de police judiciaire, à peine de nullité, sur le fondement de l'article 5 du Règlement de l'UEMOA.

96. Suppression de la CREI. Le législateur a entendu « *tourner la page* » de la CREI, puisque l'article 2 de la loi n° 2023-14 du 02 août 2023 a procédé l'abrogation expresse de la loi n° 81-54 du 10 juillet 1981 créant la Cour de Répression de l'enrichissement illicite (CREI). Cette option législative est conforme à une tendance contemporaine des législations pénales à la suppression des juridictions d'exception.

Sans trop insister sur les récriminations dirigées contre la CREI, le législateur a justifié la « *mise à mort* » de cette juridiction d'exception et la création du Pool judiciaire financier pour l'essentiel par le besoin de spécialiser la complexité du contentieux économique et financier et le besoin de spécialiser les magistrats.

D'après l'exposé des motifs de la loi n° 2023-14 du 02 août 2023 modifiant le Code de procédure pénale[297], « *Compétente pour la répression de l'enrichissement illicite, la CREI a su déployer des efforts importants afin de participer de manière efficiente à la sauvegarde des ressources publiques, nécessaire à la mise en œuvre des politiques publiques et au renforcement de l'État de droit.*

Cependant, force est de constater que la criminalité financière, devenue transnationale, ne cesse de croître et de se complexifier. Elle est par ailleurs traitée par des magistrats non spécialisés, cumulant cette tâche avec d'autres attributions juridictionnelles, toutes particulièrement importantes.

Ce défaut de spécialisation ainsi que ce cumul de fonctions prévalent aussi au niveau de la CREI dont les efforts, aussi appréciables qu'ils puissent être, n'ont pas permis d'endiguer l'enrichissement illicite et les autres formes de criminalité financière.

A cela s'ajoute, la perception négative de cette juridiction aux yeux d'une bonne partie de l'opinion publique. Elle est surtout critiquée par rapport à l'absence d'un double degré de juridiction. Il est apparu nécessaire de mettre en place un organe juridictionnel qui allie à la fois, l'efficacité dans la répression de la criminalité économique et financière et le respect des principes directeurs du procès pénal ».

97. Régime de criminalité économique et financière. La loi n° 2023-14 du 02 août 2023 précitée a institué au Tribunal de grande Instance hors Classe et à la Cour d'Appel de Dakar, un Pool judiciaire spécialisé dans la répression des crimes et délits économiques ou financiers, dénommé « *Pool judiciaire financier* », en abrégé « *PJF* ».

Le « *Pool judiciaire financier* » remplace la Cour de Répression de l'Enrichissement illicite.

Le législateur a ainsi créé une nouvelle catégorie d'infractions à caractère économique et financier de la compétence du Pool judiciaire financier. Il exerce une compétence concurrente et une compétente exclusive pour

---

[297] JORS n° 7647 du 02 août 2023, p. 968.

connaître de certaines infractions financières. À l'image des infractions relatives à la criminalité organisée, les infractions à caractère économique et financier constituent des infractions de droit commun à régime procédural particulier[298].

La création du pool judiciaire financier répond à une volonté de centralisation des affaires les plus importantes au profit de juridictions très spécialisées. Ainsi ne peut relever de ces juridictions qu'un nombre limité d'infractions à caractère économique et financier limitativement énumérées.

Selon l'article 677-93 du CPP, le Pool judiciaire financier exerce une compétence concurrente à celle des juridictions de droit commun, pour la poursuite, l'instruction et le jugement des infractions à caractère économique ou financier présentant une grande complexité, en raison notamment du nombre important d'auteurs, de complices ou de victimes, de l'importance du préjudice, ou du ressort géographique sur lequel elles s'étendent ci-après :

- la corruption et les pratiques assimilées ;
- les détournements, escroqueries et soustractions liés aux deniers publics;
- les infractions liées à la fausse monnaie ;
- le blanchiment de capitaux ;
- les infractions fiscales ;

[298] Sur cette question, V. C. GINESTET, « Le regroupement fondé sur la complexité du contentieux : la matière économique et financière », in La spécialisation des juges, Presses de l'Université Toulouse 1 Capitole, 2012 ; A. GIUDICELLI, « Poursuite, instruction et jugement des infractions en matière économique et financière », RSC 2002, p. 623 ; S. M. DIAKHATE, La lutte contre la délinquance économique et financière dans l'Union Économique et Monétaire Ouest Africaine (UEMOA) et dans l'Organisation pour l'Harmonisation du Droit des Affaires en Afrique (OHADA) : état des lieux et perspectives, Thèse de doctorat, Université Panthéon-Sorbonne, Paris I, 2017, n° 99 ; W. JEANDIDIER, « Infractions économiques », *Rép. dr. pén. proc.* pén., Dalloz, 2016 ; D. PERE, « Infractions en matière économique et financière. Poursuite. Instruction. Jugement. Assistants spécialisés», *Jurisclass. proc. pén.*, art. 704 à 706-1-2, fasc. 20, 2021.

- les infractions douanières ;
- le trafic de stupéfiants, de substances psychotropes et de précurseurs ;
- les infractions liées aux technologies de l'information et de la communication ;
- les infractions en matière de chèque, de carte bancaire et des autres instruments et procédés électroniques de paiement ;
- les infractions à caractère économique ou financier pour lesquelles une loi spéciale lui donne compétence ;
- les infractions connexes aux infractions visées aux infractions précitées.

En outre, le pool judiciaire financier exerce aussi une compétence exclusive. Selon l'article 677-94 du Code de Procédure pénale, le Pool judiciaire financier exerce une compétence exclusive pour la poursuite, l'instruction et le jugement des infractions à caractère économique ou financier, dans les domaines suivants :

- les infractions liées à la corruption et pratiques assimilées, à la fraude et au blanchiment de capitaux résultant des enquêtes diligentées par les autorités administratives indépendantes, notamment la Cellule nationale de Traitement des Informations financières et l'Office national de Lutte contre la Fraude et la Corruption ;
- les infractions liées à la réglementation des marchés publics ;
- la piraterie maritime ;
- le financement du terrorisme ;
- le trafic de migrants ;
- l'enrichissement illicite ;
- les infractions liées à la réglementation bancaire ;
- les infractions boursières sur le marché financier ;

- les infractions visées à l'article 677-93 du CPP, lorsque le montant du préjudice est supérieur ou égal à cinquante millions (50 000 000) de francs ;
- l'escroquerie et l'abus de confiance, dont le préjudice est supérieur ou égal à cinquante millions (50 000 000) francs, lorsque les faits impliquent plusieurs auteurs, complices, ou victimes ou s'étendent sur plus d'un ressort d'un tribunal de grande instance ;
- les infractions visées à l'article 677-93 du CPP lorsqu'elles comportent, au moins, un élément d'extranéité, à l'exception des infractions liées aux technologies de l'information et de la communication ;
- les infractions connexes aux infractions précitées.

Du point de vue procédural, l'article 677-95 du Code de Procédure pénale énonce que les infractions relatives à la criminalité économique et financière visées aux articles 677-93 et 677-94 dudit code « *sont poursuivies, instruites et jugées selon les règles du Code de Procédure pénale, sous réserve des dispositions du présent titre et des lois particulières* ».

Or, en matière de criminalité économique et financière, le législateur n'a pas mis en place, comme en matière de terrorisme et de criminalité organisée, un régime spécial de garde à vue repoussant le moment d'intervention de l'avocat.

On doit, dès lors, considérer que le régime de droit commun de l'assistance de l'avocat dès l'interpellation prévu par l'article 5 du Règlement de l'UEMOA et par l'article 55 du Code de Procédure pénale a vocation à s'appliquer en matière de criminalité économique et financière.

De façon plus spécifique, en matière d'enrichissement illicite, le nouvel article 677-102 du Code de Procédure pénale énonce que le Procureur de la République financier est seul compétent pour effectuer la mise en demeure prévue par l'article 163 bis du Code pénal et relative à l'enrichissement illicite.

Après achèvement de l'enquête préliminaire et s'il y a des indices d'enrichissement illicite, il convoque la personne mise en cause, en lui précisant que dans l'éventualité d'une poursuite, les pièces du dossier sont tenues à sa disposition, pour communication, 48 heures à l'avance à son secrétariat et en l'avertissant de ce qu'elle peut se faire assister du conseil de son choix.

Au jour fixé, le Procureur de la République financier entend la personne concernée, assistée le cas échéant de son conseil. Il lui fait ensuite connaître les résultats de l'enquête en ce qui concerne le montant de ses ressources connues, comparé au détail des éléments de son patrimoine ou de son train de vie.

Le Procureur de la République financier met ensuite la personne entendue en demeure de justifier dans le délai d'un mois l'origine licite desdits éléments, et en dresse procès-verbal.

Si la personne convoquée présente des justifications suffisantes, le Procureur de la République financier classe le dossier sans suite.

Ce texte ajoute que si la personne convoquée ne se présente pas ou ne fournit, dans le délai imparti, aucune justification ou si les justifications fournies sont insuffisantes, le Procureur de la République financier saisit le président du Collège des juges d'instruction financiers.

Ainsi, après l'achèvement de l'enquête préliminaire et s'il y a des indices d'enrichissement illicite, le parquet spécial convoque la personne mise en cause en l'avertissant de ce qu'elle peut se faire assister du conseil de son choix.

Dès lors, le droit à l'assistance d'un avocat dès l'interpellation peut être exercé en matière de criminalité économique et financière, y compris en matière d'enrichissement illicite.

PARAGRAPHE II : L'INDIFFÉRENCE DE L'INFRACTION OBJET DE L'ENQUÊTE

98. Principe d'indifférence. Le caractère extensif du domaine de l'assistance de l'avocat dès l'interpellation concerne également l'infraction objet de l'enquête. A la lecture de la législation communautaire de l'UEMOA, le droit à l'assistance de l'avocat peut être invoqué quelle que soit la gravité de l'infraction (I) et quelle que soit la nature de l'infraction objet de l'enquête (II).

I.- L'INDIFFÉRENCE DE LA GRAVITÉ DE L'INFRACTION OBJET DE L'ENQUÊTE

99. Crimes, délits et contraventions. Le Règlement de l'UEMOA ne distingue pas suivant que l'enquête est ouverte pour crime, délit ou contravention. L'exercice du droit à l'assistance d'un avocat dès l'interpellation est indifférent de la gravité de peine encourue par le suspect[299].

Ce droit peut être exercé lorsque la personne interpellée est suspectée d'avoir commis un crime, c'est-à-dire une infraction que les lois punissent de peines afflictives ou infamantes[300]. Il s'agit des travaux forcés à perpétuité, des travaux forcés à temps, de la détention criminelle et de la dégradation civique[301].

Ce droit s'applique aussi aux délits, c'est-à-dire aux infractions que les lois punissent de peines correctionnelles, à savoir l'emprisonnement à temps dans un lieu de correction, l'interdiction à temps de certains droits civiques, civils ou de famille et l'amende[302].

En matière correctionnelle, la durée de la peine d'emprisonnement est supérieure à un mois, c'est-à-dire à trente (30) jours sans dépasser dix (10) ans, sauf les cas de récidive ou ceux pour lesquels la loi aura déterminé d'autres limites. L'amende est supérieure à vingt-mille (20.000) francs[303].

---

[299] Sur la classification des infractions, V. G. RIVES, « La classification des infractions selon leur gravité en droit sénégalais », *Annales africaines* 1973, p. 185 ; J. MOULY, « La classification tripartite dans la législation contemporaine », *RSC* 1982, p. 3 ; C. POTERON, « Infraction », *Rép. pén.* Dalloz, 2002 ; J.-H. ROBERT, « La classification tripartite des infractions dans le nouveau Code pénal », *Dr. pén.* 1995, chron. 1 ; D. ROETS, « Classification des infractions », *Jurisclass. pén. Code*, art. 111-1 fasc. 20, 15 avril 2010.

[300] V. art. 6 du Code pénal du Sénégal.

[301] V. art. 7 et 8 du Code pénal du Sénégal.

[302] V. art. 9 du Code pénal du Sénégal.

[303] V. art. 33 du Code pénal du Sénégal.

Le droit d'accès à un avocat bénéficie également aux personnes sur qui pèsent des soupçons d'avoir commis des contraventions. Il s'agit d'infractions punies de peines de police, à savoir l'emprisonnement, l'amende et la confiscation de certains objets saisis[304].

L'emprisonnement pour contravention de police ne peut être inférieur à un jour ou excéder un mois, c'est-à-dire trente (30) jours.

L'amende pour contravention est d'un montant de deux cents (200) francs à vingt-mille (20.000) francs[305].

D'après le guide de l'officier de police judiciaire élaboré par la Division des Investigations criminelles (DIC), la notification du droit à l'assistance d'un conseil doit être faite au suspect « *peu importe la nature de l'infraction (crimes, délits) ...* ».

Il résulte des dispositions du Code de Procédure pénale du Sénégal, que si l'ouverture d'une enquête de flagrance est exclue en matière contraventionnelle[306], rien ne s'oppose à ce qu'une enquête préliminaire soit diligentée pour réaliser des investigations à la suite à la commission d'une contravention[307]. Il en est ainsi par exemple, de la destruction d'un bien appartenant à autrui[308] ou du tapage nocturne[309]. Aussi, toutes les infractions peuvent-elles faire l'objet d'une enquête préliminaire. Cette dernière est même la seule qui puisse être ouverte en cas de commission d'une contravention. En effet, la procédure de flagrance est inapplicable aux contraventions[310].

---

304 V. art. 1er du Code des Contraventions du Sénégal.

305 V. art. 2 et 3 du Code des Contraventions du Sénégal.

306V. En effet, l'ouverture d'une enquête de flagrance suppose au moins la commission d'un crime ou d'un délit flagrant. V. art. 45 et s. du Code de Procédure pénale du Sénégal J. MONTREUIL, « Crimes et délits flagrants », *J-class. proc pén.*, art. 53 à 73, fasc. 10 ; L. LANGLOIS, « L'enquête de flagrant délit », *JCP* éd. G 1961, I, 1611.

307 F. CHABAS, « La notion de contravention », *RSC* 1969, p. 1 et 1969, p. 281 ; J. SALVAIRE, « Contraventions », *JCP* 1975. I. 2741 ; A. LEGAL, « Le nouveau régime des contraventions », *Mélanges Lebret*, 1968, Paris, PUF, p. 157.

308 V. art. 13 du Code des Contraventions du Sénégal.

309 V. art. 8 du Code des Contraventions du Sénégal.

310 V. LESCLOUS, « Enquête préliminaire », *Jurisclass.proc. pén.* art. 75 à 78, n° 26 et 26.

II.- L'INDIFFÉRENCE DE LA NATURE DE L'INFRACTION OBJET DE L'ENQUÊTE

100. Infractions de droit commun. Le droit à l'assistance d'un conseil durant l'enquête a vocation à s'appliquer aussi bien aux infractions de droit commun qu'aux infractions de droit commun à régime particulier. Le mode d'exécution des infractions importe peu ; il peut s'agir d'infractions instantanées, d'infractions continues, d'infractions formelles ou matérielles ou d'infractions tentées, etc.

L'infraction de droit commun est « *celle qui est soumise aux règles de fond, de compétence judiciaire et de procédure généralement applicables aux crimes, aux délits et aux contraventions* »[311]. Il s'agit notamment du vol, du meurtre, de l'abus de blanc-seing, de l'abus de confiance, etc.

Quant aux infractions de droit commun à régime spécial, ce sont des infractions de droit commun qui obéissent à des règles spéciales de fond et de procédure. Il en est ainsi des crimes de guerre et des crimes contre l'humanité[312], du terrorisme et des actes assimilés, des infractions relatives aux stupéfiants, des infractions de blanchiment de capitaux et de financement du terrorisme, des infractions douanières et de la cybercriminalité.

La première Chambre correctionnelle du Tribunal de grande Instance hors Classe de Dakar, dans un jugement rendu le 03 mai 2018[313], a eu l'occasion d'appliquer l'article 5 du Règlement de l'UEMOA en matière de cybercriminalité[314]. Dans cette espèce, le juge correctionnel a annulé

---

[311] R. MERLE et A. VITU, *Traité de droit criminel. Problèmes généraux de la science criminelle. Droit pénal général*, Paris, édition Cujas, 1973, n ° 375 ; C. PORTERON « Infraction », *Rép. dr. pén. proc. pén.* Dalloz, février 2002, n° 20.

[312] V. J.L. BIJU-DUVAL, « La défense devant la Cour pénale internationale », *AJ pén.* 2007. 257 ; P. BOURETZ, « Crimes de guerre-Crimes contre l'humanité », *Rép. pén. Dalloz* ; G. FRANCILLON, « « Crimes de guerre-Crimes contre l'humanité », *Juriscl. intern.*, fasc. 410 ; G. DESOUS, « Réflexions sur le régime juridique des crimes contre l'humanité (à propos des arrêts Barbie) », *RSC* 1984, p. 657.

[313] TGIHC Dakar, 1ère ch. corr. n° 407 du 03 mai 2018, MP c/ Hameth FALL et Khadim DRAME et autres, *annexe n° 12.*

[314] Sur cette question, P. A. TOURE, « Cybercriminalité : garanties mises en place au titre de l'état de droit pour la limitation des pouvoirs d'enquête », Conférence régionale

les procès-verbaux d'enquête concernant des prévenus poursuivis pour accès frauduleux à un système informatique et injures commises par le biais d'un système informatique. L'irrégularité était tirée de la violation par les enquêteurs de leur obligation de mention sur le procès-verbal de la notification du droit à l'assistance d'un avocat dès l'interpellation.

101. Infractions commises par les mineurs. Les articles 565 et suivants du Code de Procédure pénale n'ont aménagé aucune règle spéciale relative à l'assistance du mineur par un avocat durant la phase policière de la procédure pénale.

L'article 55 du Code de Procédure pénale précise seulement que lorsque la personne gardée à vue est un mineur de 13 à 18 ans, l'officier de police judiciaire doit le retenir dans un local spécial isolé des détenus majeurs[315].

Dans le silence de la procédure pénale spéciale applicable aux mineurs, la règle de droit commun de l'assistance de l'avocat dès l'interpellation durant l'enquête prévue par l'article 55 du Code de Procédure pénale demeure applicable aux mineurs délinquants.

102. Infractions en matière de stupéfiants. S'agissant des infractions en matière de stupéfiants, l'article 123 du Code des Drogues du Sénégal dispose que « *la garde à vue et les conditions de son déroulement sont soumises aux dispositions des articles 55 à 59 du Code de Procédure pénale* ». Ce texte renvoie le régime procédural de la garde à vue en matière d'infractions relatives aux stupéfiants aux dispositions du Code de Procédure pénale.

Mais il est certain qu'en vertu du Règlement de l'UEMOA, dès leur interpellation, les personnes mises en cause pour des infractions prévues par le Code des Drogues, ont le droit à l'assistance d'un avocat.

---

conjointe entre la CEDEAO et le Conseil de l'Europe, avec la Participation des États membres de la CEDEAO, 11-13 septembre 2017 à Abuja, Nigeria.

315 En ce sens, V. H. DEME, « Le mineur délinquant de moins de 13 ans devant la justice : entre théorie et pratique », *Revue EDJA*, n° 77, avril-mai-juin 2008, p. 25.

Dans un jugement rendu le 13 janvier 2017[316] par le Tribunal de grande Instance de Thiès, des prévenus ont été renvoyés devant le tribunal des flagrants délits sous la prévention d'offre et de cession de cornets de chanvre indien en vue d'une consommation personnelle conformément à l'article 99 du Code des Drogues.

Le tribunal a jugé qu'en vertu de l'article 5 du Règlement n°05/ CM UEMOA du 25 septembre 2014 et de l'article 55 du Code de Procédure pénale issu de la loi n° 2016-30 du 08 novembre 2016 modifiant la loi n° 65-61 du 21 juillet 1965 portant Code de Procédure pénale « *la notification au mis en cause de son droit de constituer conseil doit être faite dès son interpellation, soit préalablement à son audition, la formalité étant portée sur le procès-verbal d'audition* ». L'officier de police judiciaire, n'ayant pas procédé à cette notification dès l'interpellation des prévenus, le Tribunal des flagrants délits de Thiès a prononcé l'annulation tant du procès-verbal d'enquête que des actes postérieurs de la procédure pour violation des droits de la défense.

103. Infractions spéciales. La garantie de l'assistance d'un conseil dès l'interpellation s'applique également aux infractions dites spéciales (infractions politiques, infractions de presse[317], infractions militaires).

S'agissant des infractions militaires[318], les modalités de l'enquête sont régies par les dispositions spéciales prévues par la loi n° 94-44 du 27 mai 1994 portant Code de Justice militaire, dont l'article 2 dispose que « *sous réserve des dispositions qui suivent, les infractions sont instruites et jugées selon les règles du Code de Procédure pénale* ». Le Code de Justice militaire a également renvoyé expressément les règles relatives à

---

[316] TGI Thiès, n° 64 du 13 janvier 2017, MP c/ Maguette NDIAYE, et Aly CAMARA, *annexe n° 08* ; dans le même sens, TGI Fatick, n° 490 du 06 décembre 2017, MP c/ Mohamed NDIAYE, *annexe n° 11*. Dans cette dernière décision, le Tribunal correctionnel de Fatick a fait application du droit à l'assistance d'un avocat dès l'interpellation dans une espèce où le prévenu était poursuivi pour offre et cession de chanvre indien en application de l'article 99 du Code des Drogues du Sénégal.

[317] J. GENTHIAL, « Les principales infractions en matière de presse », *Rev. pol. nat.*, janv. 1972, p. 29 ; M. PATIN, « La répression des délits de presse », *RSC* 1954, p. 445 ; J. ROBERT, « Propos sur la liberté de la presse », *D.*1964, chron. 189.

[318] S. RAYNE, « Justice militaire », *Rép. pén.* Dalloz, 2015.

la garde à vue aux dispositions du Code de Procédure pénale. En effet, l'article 48 du Code de Justice militaire énonce que les obligations et pouvoirs des autorités ayant qualité pour accomplir, personnellement à l'intérieur des établissements militaires, tous les actes nécessaires à l'effet de constater les infractions relevant des juridictions ordinaires à formation spéciale, d'en rassembler les preuves et d'en chercher les auteurs et ceux des officiers par elles délégués sont soumis aux « *dispositions relatives à la garde à vue* »[319].

En tout état de cause, même en dehors d'une décision de placement en garde à vue du suspect, en raison de l'effet direct du Règlement de l'UEMOA, le droit à l'assistance d'un avocat dès l'interpellation durant l'enquête s'applique dans le cadre de la procédure spéciale en matière d'infractions militaires.

---

[319] M. D. MBALLO, B. SENE et M. B. WANE, *Justice militaire. Recueil de textes annoté*, Dakar, éditions Abis, 1ère édition, 2018, p. 100.

CHAPITRE II

LES DIFFICULTÉS D'EXERCICE DU DROIT À L'ASSISTANCE D'UN AVOCAT DURANT L'ENQUÊTE

104. Non exigence de mesures d'application. L'article 5 du Règlement de l'UEMOA du 25 septembre 2014 a consacré clairement le principe de l'assistance d'un avocat durant l'enquête dès l'interpellation, tout en restant muet sur les modalités de l'assistance de la personne interpellée.

En droit communautaire, malgré le principe de l'effet direct des règlements, il arrive des cas où leur mise en œuvre effective suppose l'intervention de mesures d'application complémentaires[320]. En effet, un règlement peut renvoyer les modalités de son application à des dispositions complémentaires à prendre soit par les autorités communautaires, soit par les autorités nationales. La Cour de Justice des communautés européennes a déjà jugé que l'applicabilité directe d'un règlement « *ne fait pas obstacle à ce que le texte même du règlement habilite une institution communautaire ou un État membre à prendre des mesures d'application* »[321].

S'agissant spécifiquement du Règlement n° 05 de l'UEMOA, il précise que les modalités d'application de certaines de ses dispositions sont fixées par voie de règlements d'exécution[322].

---

[320] En ce sens, J-C. MASCLET, « Règlement », *Rép. dr. eur.*, juin 2011, n° 103.
[321] CJCE, 27 septembre 1979, Eridania c/Ministre de l'Agriculture et des forêts, aff. 230/78, Rec. 2749.
[322] Il en est ainsi notamment de l'article 4 du Règlement de l'UEMOA relatif aux pouvoirs de conseils et de rédaction d'actes sous seing privé des avocats, de l'article 23 sur la délivrance du certificat d'aptitude à la profession d'Avocat, de l'article 29 relatif à la formation professionnelle initiale et continue des Avocats et de l'article 38 dudit Règlement sur les conditions d'exercice de la profession d'avocat. Ces textes

Toutefois, l'article 5 du Règlement n'exige pas l'adoption de règlements d'exécution.

La Chambre d'Accusation de la Cour d'appel a jugé que ce texte est « *self-executing* », c'est-à-dire immédiatement applicable, puisque son application n'est subordonnée à l'intervention d'aucun règlement d'exécution.

105. Difficultés de mise en œuvre. Toutefois, si le caractère auto-exécutoire du Règlement du 25 septembre 2014 n'est pas discuté, les États membres de l'UEMOA ont été très vite confrontés à des difficultés liées au silence dudit règlement sur les modalités précises de l'intervention de l'avocat dès l'interpellation de son client, c'est-à-dire sur les conditions d'exercice du droit à l'assistance d'un avocat. Quelles sont les obligations auxquelles sont soumis les officiers de police judiciaire ainsi que les fonctionnaires auxquels certains pouvoirs de police judiciaire sont attribués, dans le cadre de l'exercice du droit à l'assistance d'un avocat ? Quelles diligences devraient-ils accomplir en vue de faciliter l'assistance de l'avocat ? Quel est l'office de l'avocat durant l'enquête ? Cet auxiliaire de justice est-il habilité à assister aux auditions et aux confrontations ? Peut-il accéder au dossier d'enquête et à quelles conditions ? La réponse à ces questions majeures a donné lieu à des discussions et à des controverses dans les milieux judiciaires.

106. Encadrement des modalités d'intervention de l'avocat. L'article 91 du Règlement de l'UEMOA, en déclarant applicables, les législations et règlementations nationales des États membres qui ne sont pas contraires à ses dispositions, a légitimé la prévision dans les États membres de l'UEMOA de dispositions spécifiques encadrant les modalités d'intervention de l'avocat durant l'enquête.

Certains États, comme le Bénin, le Burkina Faso, la Côte d'Ivoire, le Mali et le Sénégal ont prévu dans leurs Codes de procédure pénale ou dans des mesures d'ordre intérieur (circulaires, protocole) des dispositions précisant les obligations des enquêteurs ainsi que l'office de l'avocat

---

spécifiques prescrivent l'édiction de règlements d'exécution en vue de fixer leurs modalités d'application.

dans le cadre de la mise en œuvre du droit à un avocat dans la phase policière de la procédure pénale[323].

Force est de constater que malgré la différence de nature entre la notion d'interpellation et le concept de garde à vue, ces États se sont pour l'essentiel inspirés du dispositif classique relatif à la présence de l'avocat durant la garde à vue, pour encadrer aussi bien les diligences de l'enquêteur (section première) que pour fixer l'office de l'avocat (section II).

SECTION PREMIÈRE

LES DILIGENCES DE L'ENQUÊTEUR

107. Centralité du rôle l'enquêteur. Les enquêteurs constituent une pièce maîtresse du dispositif de mise en œuvre du droit à l'assistance d'un avocat durant l'enquête mis en place par le Règlement de l'UEMOA. Compte tenu de l'applicabilité du droit à un avocat à toutes les enquêtes, dans notre étude, on entendra par le terme « *enquêteurs* » aussi bien les officiers de police judiciaire de droit commun que les fonctionnaires auxquels certains pouvoirs de police judiciaire sont attribués.

Au Sénégal, la liste des agents ayant la qualité d'officiers de police judiciaire est fixée par le Code de Procédure pénale[324]. Ont la qualité d'officiers de police judiciaire, les officiers de gendarmerie, les sous-officiers de gendarmerie exerçant les fonctions de commandant de brigade, les commissaires de police, les officiers de police, les élèves officiers et les sous-officiers de gendarmerie nominativement désignés par arrêté conjoint du Ministre chargé de la Justice et du Ministre chargé des Forces armées après avis conforme d'une commission et les fonctionnaires du cadre de la police nominativement désignés par arrêté

[323] Les droits bissau-guinéen, togolais et nigérien n'ont pas prévu de dispositions spécifiques aux modalités d'intervention de l'avocat durant l'enquête.
[324] G. ROUSSEL, « Police judiciaire », *Rép. dr. pén. proc. pén.*, Dalloz, septembre 2014 (actualisation, janv. 2018), n° 24.

du Ministre chargé de la Justice, sur proposition des autorités dont ils relèvent, après avis conforme d'une commission[325].

Quant aux fonctionnaires et agents des administrations et services, auxquels certains pouvoirs de police judiciaire sont attribués par des textes spéciaux, ils exercent ces pouvoirs dans les conditions et limites fixées par ces textes[326]. Il s'agit des agents des douanes, des impôts, des eaux et forêts, du commerce intérieur, etc.

Il appartient à la police judiciaire et aux administrations habilitées d'accomplir les diligences et les formalités nécessaires à l'exercice effectif du droit d'accéder à un avocat dès l'interpellation de la personne concernée.

Les textes d'application pris dans les États membres de l'UEMOA ont mis à la charge de l'enquêteur des obligations (paragraphe premier) dont le non-respect donne lieu à des sanctions (paragraphe II).

PARAGRAPHE PREMIER : LES OBLIGATIONS INCOMBANT À L'ENQUÊTEUR

108. Obligations de diligences. Dans le cadre de l'application de la règle de l'assistance d'un avocat dès l'interpellation, les enquêteurs contractent de véritables obligations de diligences. Ils sont tenus d'une part, à des obligations d'information à l'égard de la personne interpellée (I) et d'autre part, à des obligations relatives à la facilitation de l'assistance de l'avocat (II).

[325] V. art. 15 du Code de Procédure pénale du Sénégal. Les arrêtés interministériels n° 7877 et n° 7878 du 07 décembre 1966 ont fixé la composition des commissions prévues par l'article 15 du Code de Procédure pénale pour la désignation des fonctionnaires du cadre de la police et des gendarmes ayant la qualité d'officiers de police judiciaire.

[326] V. art. 21 du Code de Procédure pénale du Sénégal.

I.- Les obligations d’information à l’égard de la personne interpellée

109. Obligations d’information. Au cours de l’enquête, certaines informations fournies par l’officier de police judiciaire sont essentielles à l’exercice des droits de la défense et notamment à la mise en œuvre du droit à l’assistance d’un avocat[327].

Le respect de l’obligation d’information de l’enquêteur est d’autant plus important que dans le contexte des États membres de l’UEMOA, fortement marqué par l’analphabétisme, les citoyens ne sont pas toujours au fait de leurs droits et des garanties de procédure prévues par la loi.

Les textes des États membres ont prévu plusieurs types d’obligations d’information à la charge des officiers de police judiciaire.

Ces obligations s’articulent autour de la notification à la personne interpellée de son droit à l’assistance d’un conseil (A) et de l’information de cette dernière sur la nature de l’infraction objet de l’enquête (B).

A.- La notification à la personne interpellée de son droit à l’assistance d’un avocat

110. Intérêts de la notification du droit. Le droit à l’assistance d’un avocat n'est effectif que si la personne interpellée est informée de la possibilité qu’elle a de faire appel à un avocat dans des circonstances suffisamment précises et détaillées. Seule cette information lui permet de prendre une décision libre et éclairée sur l'opportunité de solliciter l’assistance d’un avocat. Ce n'est qu'après avoir été dûment informée de l'existence de ce droit et de sa teneur que la personne interpellée peut, le cas échéant, renoncer à l'assistance d'un conseil[328].

---

[327] Sur l’ensemble de cette question, C. FLEURIOT, « Droit à l'information dans le cadre des procédures pénales », *AJ pén.* 2012, p. 307.

[328] C. DIAKHOUMPA, *Le régime juridique des nullités dans le Code de Procédure pénale sénégalais*, Thèse Doctorat, Dakar, année 2011-2012, p. 115, n° 204.

111. Possible renonciation au droit à l'assistance d'un avocat. Il faut d'emblée relever que le droit de la personne interpellée à l'assistance d'un avocat constitue un droit et non une obligation[329].

En matière de garde à vue, la Cour de Cassation française rappelle souvent que « *toute personne soupçonnée d'avoir commis une infraction doit, dès le début de la garde à vue, être informée de son droit de se taire et bénéficier, sauf renonciation non équivoque, de l'assistance d'un défenseur* »[330]. La renonciation à ce droit, annihile le bénéfice de l'assistance d'un avocat durant toute la procédure d'enquête. Lorsque la personne interpellée a refusé de s'entretenir avec un avocat et ne s'est pas ravisée pendant l'enquête, il lui devient ensuite impossible de critiquer la validité de ses auditions. La Chambre criminelle de la Cour de Cassation a jugé que, dès lors qu'un individu n'a pas souhaité disposer d'un avocat au cours de ses auditions en garde à vue et que cette « *renonciation éclairée* » a été faite avec l'assistance d'un interprète, « *il n'est pas fondé à critiquer l'absence d'assistance par un avocat alors qu'il y a librement renoncé* »[331].

D'ailleurs, la jurisprudence de la Cour européenne des droits de l'homme admet que le droit à l'assistance de l'avocat peut faire l'objet d'une renonciation[332]. Dans l'arrêt *Salduz* du 27 novembre 2008[333], la Cour de

---

[329] CA Versailles, 30 août 1994, *Gaz. Pal.*, 1995, 1, jurispr. p. 230, note J. Monteils.
[330] Cass. crim. 19 octobre 2010, n° 10-82.902 ; cass. crim. 27 octobre 2010, n° 10-83.848 ; cass. crim. 09 novembre 2010, n° 10-83.204. En droit sénégalais, en matière d'instruction, V. TGI Saint-Louis, ch. crim. n° 04 du 08 mars 2017, MP et Fama DIOP c/ Ousseynou KA et Sidy SOW, *inédit* ; TGI Saint-Louis, ch. crim. n° 05 du 08 mars 2017, MP et Abou Sow et autres c/ Babacar TRAORE et autres, *inédit* : « La partie envers laquelle les dispositions (articles 101 et 105) ont été méconnues, peut effectivement renoncer à s'en prévaloir et régulariser ainsi la procédure ; que le législateur n'a pas fait de différence entre une inculpation pour délit ou crime ; qu'en l'espèce, les prévenus ont expressément renoncé au droit d'être assisté par l'avocat commis d'office par le juge d'instruction ».
[331] Cass. crim. 17 janvier 2012, n° 11-86.797, *D.* 2012. 503, obs. S. Lavric, et 2125, obs. J. Pradel.
[332] CEDH 20 octobre 2009, Yunus Aktas c/ Turquie, req. n° 24744/03, *Dr. pén.* 2010. 7, obs. Lesclous
[333] CEDH du 27 novembre 2008, n° 36391/02, *AJDA* 2009, p. 872, chron. J.-F. Flauss; GAPP, éd., 2011, n° 2 ; CEDH 1er décembre 2009, Ahmet Engin Satir c/ Turquie, req. n° 17879/04, *Dr. pén.* 2010. 7, obs. Lesclous. Pour une analyse de l'arrêt et de ses

Strasbourg a rappelé que : « *Pour être effective aux fins de la Convention, la renonciation au droit de prendre part au procès doit se trouver établie de manière non équivoque et être entourée d'un minimum de garanties correspondant à sa gravité* ». En Europe, la directive n° 2013/48/UE du 22 octobre 2013 relative au droit d'accès à un avocat dans le cadre des procédures pénales exige également que la renonciation soit formulée de plein gré et sans équivoque[334].

En France, la Cour d'appel d'Agen a jugé que la renonciation au bénéfice de l'assistance d'un avocat doit être libre et éclairée, sans quoi elle ne peut produire aucun effet[335].

La renonciation n'est cependant jamais définitive ; l'intéressé peut toujours se raviser et demander en définitive l'assistance d'un avocat[336].

Ainsi, sollicitée par l'officier de police judiciaire de dire si elle désire un avocat, la personne peut renoncer dans un premier temps, puis se raviser[337].

La Cour européenne des droits de l'homme admet que le fait de signer le procès-verbal constatant que le droit à l'assistance de l'avocat avait été

conséquences en droit belge, M.-A. BEERNAERT, « Salduz et le droit à l'assistance d'un avocat dès les premiers interrogatoires de la police», *R.D.P.C.*, 2009, pp. 971-988 ; B. DEJEMEPPE, « La loi Salduz », *J.T.*, 2011 ; J. VAN MEERBEECK, « Le droit à l'assistance d'un avocat à l'aune de la jurisprudence Salduz : le pouvoir judiciaire entre Charybde et Scylla après l'arrêt de la Cour de Cassation du 24 février 2010 », *J.T.*, 2010, p. 382 ; A. LEROY, « L'avocat et la loi Salduz », *J.T.*, 2011, p. 851.

334 V. art. 9 de la directive n° 2013/48/UE du 22 octobre 2013 relative au droit d'accès à un avocat dans le cadre des procédures pénales.

335 CA Agen, 18 février 2010, *Dr. pén.* 2010, étude 25, obs. Capdebon.

336 P.-V. VEIL et D. PERE, « La renonciation à l'assistance d'un avocat en garde à vue est-elle conforme aux exigences du procès équitable ? », *D.* 2012, p. 2400.

337 CEDH, 20 octobre 2009, n° 24744/03, Yunus Aktas et a. c/ Turquie ; Cass. crim., 04 janvier 1994, *Bull. crim.* 1994, n° 01 ; C A Caen, 16 février 1994, *Jurisdata* n° 1994-040467 ; C A Grenoble, 08 juillet 1994, *Jurisdata* n° 1994-045403 ; cass. crim. 17 janvier 2012, *Bull.crim.* n° 15. La renonciation doit être donnée en connaissance de cause, CA Agen, 18 février 2010, *Jurisdata* n° 2010-003487. Sur cet arrêt, Y. CAPDEPON, « La régularité d'une garde à vue à la lumière du droit européen », *Dr. pén.* 2010, étude 25.

notifié à une personne et qu'elle avait refusé cette assistance permet d'établir une renonciation libre et volontaire[338].

112. Obligation de notification du droit à l'assistance d'un avocat. La première obligation qui pèse sur l'officier de police judiciaire ou le fonctionnaire auquel certains pouvoirs de police judiciaire sont attribués est d'informer la personne interpellée de son droit à l'assistance d'un avocat. En vertu de l'article 55, alinéa 9 du Code de Procédure pénale, l'officier de police judiciaire informe la personne interpellée de son droit de constituer conseil parmi les avocats inscrits au tableau ou admis en stage. Ce texte précise que mention de cette formalité est obligatoirement faite sur le procès-verbal d'audition à peine de nullité.

Au Bénin, après avoir posé le droit à l'assistance d'un conseil du suspect, de la victime et de la personne appelée à apporter son concours à la manifestation de la vérité, l'article 78, alinéa 5 du Code de Procédure pénale du Bénin énonce que : « *Les magistrats et les fonctionnaires chargés de la mise en œuvre et de l'exercice de l'action publique doivent l'avertir de ce droit. Mention de cet avertissement et éventuellement du nom du défenseur est porté au procès-verbal* »[339].

Selon le guide de l'officier de police judiciaire élaboré par la Division des Investigations criminelles (DIC), à la suite de la signature de la circulaire ministérielle du 11 janvier 2018, la notification du droit à l'assistance d'un avocat doit permettre « *d'informer d'une manière explicite le suspect* » qu'il a le droit de s'entretenir confidentiellement avec son client pendant une durée n'excédant pas trente (30) minutes et que s'il le désire, son conseil peut assister passivement aux interrogatoires et confrontations auxquels il sera soumis, pendant toute la durée de l'enquête.

En droit français, en cas d'audition libre, l'information sur le droit à l'assistance d'un avocat peut être donnée dans la convocation écrite adressée à la personne suspectée, pour limiter les délais d'attente

---

[338] CEDH 23 février 2010, Yoldas c/ Turquie, req. n° 27503/04, *Dr. pén.* 2011. 3, obs. Dreyer

[339] V. également art. 76, alinéa 8 du Code de Procédure pénale du Mali.

excessifs liés à la désignation d'office d'un avocat[340]. Selon l'alinéa 3 de l'article 61-1 : « *Si le déroulement de l'enquête le permet, lorsqu'une convocation écrite est adressée à la personne en vue de son audition, cette convocation indique [...] son droit d'être assistée par un avocat ainsi que les conditions d'accès à l'aide juridictionnelle, les modalités de désignation d'un avocat d'office et les lieux où elle peut obtenir des conseils juridiques avant cette audition* ».

Cette information préalable est de nature à permettre aux personnes suspectées de s'organiser suffisamment en amont de leur convocation pour se présenter dans les services de police ou de gendarmerie accompagnées de leurs avocats. La circulaire française du 19 septembre 2014 recommande d'ailleurs d'y recourir chaque fois que possible et d'appeler l'attention des personnes convoquées sur la nécessité d'entreprendre au plus tôt les démarches nécessaires pour l'obtention de l'aide à l'intervention de l'avocat au cours de l'audition libre.

113. Notification dans une langue comprise. Pour garantir l'effectivité de l'information du suspect, le protocole du Burkina Faso précise que la personne interpellée est immédiatement informée par un officier de police judiciaire ou, sous le contrôle de celui-ci, par un agent de police judiciaire, « *dans une langue qu'elle comprend* » du droit d'être assistée d'un avocat[341]. La notification du droit à l'assistance d'un conseil dans une langue que le mis en cause comprend était déjà une exigence d'une jurisprudence française qui s'est dégagée en matière de garde vue[342].

Selon la Cour de Strasbourg, la notification du droit à un avocat doit être faite dans une langue que comprend la personne gardée à vue[343].

---

[340] V. M. JACQUELIN, « Audition libre », *Rép. dr pén. proc. pén.* Dalloz, 2017, n° 57.

[341] V. la règle 4 du protocole du Burkina Faso.

[342] V. Cass. crim., 11 février 1998, *Bull. crim.* 1998, n° 55 ; CA Paris, 26 mai 2000, *Jurisdata* n° 2000-121594 ; CA Toulouse, 23 février 2005, *Jurisdata* n° 2005-271340 ; Cass. crim., 15 mars 2011, n° 10-88.767, *Jurisdata* n° 2011-006159. Sur cette question, S. THIAM, « Une vieille habitude malheureuse de la procédure pénale sénégalaise : de la légalité à la transgression de la personne humaine », *Annales africaines*, Nouvelle série, vol. 2, décembre 2014, p. 259.

[343] CEDH 14 octobre 2014, req. n° 45440/04, Baytar c/ Turquie.

Un arrêt de la Cour de Cassation française rendu le 21 février 2017 a rejeté le pourvoi formé contre un arrêt d'une cour d'appel rejetant une demande en annulation d'un procès-verbal d'enquête au motif que les mentions portées au procès-verbal de notification des droits émargées par l'officier de police judiciaire et la personne gardée à vue ne sachant pas lire attestent de l'accomplissement de la formalité de notification du droit à l'assistance d'un conseil « *dans une langue comprise par celle-ci* »[344].

114. Recours à un interprète ou à une personne qualifiée. Pour les besoins de l'accomplissement de son obligation de notification, l'officier de police judiciaire peut recourir à un interprète[345].

Dans un arrêt rendu le 25 mai 2005, la Chambre criminelle de la Cour de Cassation française a jugé que l'assistance par un interprète des personnes de langue étrangère lors de leurs entretiens avec l'avocat est un droit de la défense[346].

À cet égard, toute notification par une autre personne qu'un interprète dûment requis est interdite. L'interprète assurera la traduction de la notification du droit à l'assistance d'un avocat faite par l'officier de police judiciaire[347].

Au Sénégal, législateur n'a pas prévu expressément la possibilité de recourir à un interprète pour notifier à la personne interpellée son droit à l'assistance d'un conseil. Le décret n° 74-571 du 13 juin 1974 portant règlement sur l'emploi et le service de la gendarmerie envisage la possibilité de recours à un interprète pour les besoins de la traduction des déclarations en général. L'article 21, alinéa 5 de ce texte énonce que lorsque la personne entendue ne comprend pas la langue officielle, lecture et traduction de sa déclaration lui sont faites dans la langue

---

[344] Cass. crim., 21 février 2017, n° 16-85.224, *Jurisdata* n° 2017-002924.

[345] J.-F. ESCHYLLE, « L'interprète en matière pénale », *RSC*, 1992, p. 259 et s., spéc. n° 01 ; J. BUISSON, « Droit à l'interprétation et à la traduction », *Procédures* 2013, comm. 357 ; E. DAOUD et L RENNUIT-ALEZRA, « Le droit à un interprète : la consécration d'un nouveau droit », *AJ pén.* 2013, p. 527.

[346] Cass. crim. 25 mai 2005, n° 05-81. 628, *Bull. crim.* n° 157 ; Cass. crim. 06 décembre 1994, n° 94-84.235, *Bull. crim.* n° 394.

[347] CA Versailles, 03 mai 2000, *Jurisdata* n° 2000-112981 ; *Dr. pén.* 2000, comm. 94, note A. Maron.

nationale qu'elle entend. Dans ce cas, il est spécifié au procès-verbal que lecture et traduction de sa déclaration lui ont été faites par le rédacteur avec ou sans la présence d'un interprète.

Mais rien ne s'oppose à ce que l'officier de police judiciaire s'attache les services d'un interprète pour s'acquitter de son obligation de notification, lorsque la personne interpellée ne comprend pas la langue officielle.

Par ailleurs, la Cour de Cassation française admet que, lorsqu'il est dans l'impossibilité matérielle de se déplacer, l'interprète intervienne par voie de télécommunication[348]. En d'autres termes, il peut interpréter la notification du droit à l'assistance d'un conseil par téléphone par exemple.

Malgré le silence des textes des États membres de l'UEMOA, dans le cas où la personne interpellée est atteinte de surdité et qu'elle ne sache ni lire ni écrire, elle devrait être assistée par un interprète en langue des signes ou par toute personne qualifiée maîtrisant un langage ou une méthode permettant de communiquer avec elle[349].

115. Mention de la notification sur le procès-verbal. L'obligation de notification du droit à l'assistance d'un avocat est tellement importante que les formalités accomplies pour son respect doivent être portées sur le procès-verbal d'audition, comme en matière de garde à vue[350]. Au Sénégal, l'article 55, alinéa 10 du Code de Procédure pénale énonce que mention de la formalité d'information de la personne interpellée de son droit à l'assistance d'un avocat est faite obligatoirement par l'officier de police judiciaire sur le procès-verbal d'audition.

D'après le guide de l'officier de police judiciaire élaboré par la Division des Investigations criminelles (DIC), la notification du droit à l'assistance d'un avocat « *se fait par écrit et sur procès-verbal* ».

---

[348] Cass. crim. 15 septembre 2009, n° 09-84. 329, *Dr. pén.* 2010. 7, obs. Lesclous ; a contrario, cass. civ., 12 mai 2010, n° 09-12.923, *Procédures* 2010, 289, obs. Chavent-Leclère ; *Dr. pén.* 2010. 7, obs. Lesclous.

[349] V. l'article 63-1 du Code de Procédure pénale français.

[350] V. BÜCK, « Vers un contrôle plus étendu de la garde à vue. Contentieux relatif à la notification immédiate des droits », *RSC* 2001, p. 325.

Le procès-verbal constitue, en effet, le principal instrument probatoire de la procédure d'enquête. Le Code de Procédure pénale sénégalais l'évoque dans plusieurs de ses dispositions sans le définir[351].

L'article 12, alinéa 1er du décret n° 74-571 du 13 juin 1974 portant règlement sur l'emploi et le service de la gendarmerie définit les procès-verbaux comme « *des actes par lesquels les officiers et agents de police judiciaire rendent compte aux autorités compétentes des infractions qu'ils ont constatées, des opérations qu'ils ont faites et des renseignements qu'ils ont obtenus* ».

Les procès-verbaux sont établis sur papier libre ou pré-imprimé. Ils contiennent en général l'exposé des constatations matérielles qui ont été faites par les rédacteurs ainsi que la reproduction fidèle des déclarations de toutes personnes utiles à entendre, recueillis par eux sur le carnet de déclarations du modèle réglementaire ou sur imprimés prévus à cet effet[352].

Chaque fois que la police judiciaire est requise pour une opération quelconque, elle en dresse procès-verbal, même en cas de non réussite, pour constater son transport et ses recherches[353].

Dans la pratique, les procès-verbaux peuvent comporter plusieurs feuillets relatant diverses opérations. Il peut s'agir de l'audition d'une personne, d'une perquisition, d'une saisie, d'une garde à vue ou d'un transport sur les lieux.

Le procès-verbal d'audition obéit à un formalisme assez rigoureux. Il porte la mention de l'heure à laquelle elle a commencé. À la fin de l'audition, la personne entendue relit elle-même sa déclaration ou, si elle déclare ne pas savoir lire, il est spécifié au procès-verbal que lecture de sa déclaration lui a été faite. Elle est ensuite invitée à faire savoir si elle

---

351 V. art. 18, 21, 32, 44, 49, 54, 55, 57 du Code de Procédure pénale du Sénégal.

352 V. L'article 13, alinéa 1er du décret n°74-571 du 13 juin 1974 portant règlement sur l'emploi et le service de la gendarmerie.

353 V. art. 12, alinéa 2 du décret n° 74-571 du 13 juin 1974 portant règlement sur l'emploi et le service de la gendarmerie.

a des observations à formuler. Dans la négative, mention en est faite au procès-verbal[354].

116. Notification verbale du droit. Dans la pratique, les agents enquêteurs sont souvent confrontés à des difficultés pour se conformer à l'obligation de notification du droit à l'assistance d'un avocat « *dès l'interpellation* », lorsque des suspects sont appréhendés dans un lieu éloigné du service d'enquête (commissariat de Police ou brigade de Gendarmerie). Il en est ainsi par exemple, lorsqu'une personne est interpellée à l'aéroport de Diass. Comment, dans ces situations, procéder à la notification immédiate du droit d'accès à un avocat et à sa consignation sur le procès-verbal d'audition ?

D'après la Cour de Cassation française, si en principe la consignation de la notification du droit à l'assistance d'un conseil doit avoir lieu sur le champ, pour des raisons pratiques, l'officier de police judiciaire peut, au moment de l'interpellation, procéder à une notification simplement verbale à condition qu'elle porte sur les droits de la personne concernée et que la rédaction du procès-verbal intervienne dès le retour des enquêteurs au service de police. Selon les hauts magistrats, « *les intéressés, placés en garde à vue dès leur interpellation, ont été immédiatement avisés [oralement] des droits prévus par les articles 63-2, 63-3 et 63-4 du Code de Procédure pénale ; la consignation de ces formalités, à l'issue des opérations de perquisition dans un procès-verbal relatant cette notification, dont l'existence et le contenu sont établis par les pièces de la procédure, n'a pas eu pour effet de porter atteinte à leurs intérêts* »[355].

En tout état de cause, l'information orale doit porter sur les mêmes droits et être donnée avec la même précision qu'une notification écrite au risque

---

[354] V. art. 21, alinéa 1er du décret n°74-571 du 13 juin 1974 portant règlement sur l'emploi et le service de la gendarmerie.

[355] Cass. crim., 12 février 1997, *Jurisdata* n° 1997-001341 ; Cass. crim., 18 juin 1998, *Bull. crim.* 1998, n° 200 ; *Procédures* 1999, comm. 15, obs. J. Buisson ; Cass. crim., 13 janv. 1999, *Procédures* 1999, comm. 185, obs. J. Buisson ; Cass. crim., 09 février 2000, *Jurisdata* n° 2000-001009 ; *Dr. pén.* 2000, comm. 79, note A. Maron. ; Cass. crim., 21 mars 2000, *Jurisdata* n° 2000-001537 ; Cass. civ., 23 janvier 2003, *D.* 2003, inf. rap. p. 667.

de porter atteinte aux intérêts de la personne concernée. En effet, le procès-verbal ne vient que relater cette notification dont l'existence et le contenu sont établis par les pièces de la procédure.

117. Moment de la notification du droit. À partir de quel moment précis la notification du droit l'assistance d'un conseil doit-elle être faite ? Les textes des États membres de l'UEMOA n'ont pas précisé le moment à partir duquel la personne interpellée doit être informée de son droit à l'assistance d'un conseil. Le Règlement de l'UEMOA se contente d'énoncer que le droit à l'assistance d'un avocat peut être exercé « *dès l'interpellation* ».

Selon la circulaire ministérielle du Sénégal du 11 janvier 2018 : « *l'officier de police judiciaire, à moins qu'il ne soit absolument sûr à l'avance que l'interpellation à laquelle il procède sera très brève et ne conduira à aucune audition ou interrogatoire à consigner sur procès-verbal, doit procéder à la notification au suspect de son droit à être assisté par un avocat* ». Cette circulaire énonce que l'officier de police judiciaire « *doit s'en acquitter sans délai* ».

Que l'interpellation de la personne résulte d'une mesure de contrainte (arrestation, garde à vue, retenue douanière) ou tienne à l'existence de soupçons pesant sur cette dernière, indépendamment de toute mesure privative de liberté (suspect libre), la notification du droit à l'assistance d'un avocat devrait intervenir dès son premier contact avec l'officier de police judiciaire, c'est-à-dire avant le début de son premier interrogatoire. D'ailleurs, en vertu de l'article 76, alinéa 8 du Code de Procédure pénale du Mali, le droit à l'assistance d'un avocat est porté à la connaissance de l'intéressé « *avant tout interrogatoire ou audition » ; mention devra en être faite au procès-verbal*.

Le droit à l'assistance d'un avocat peut être exercé dès le premier contact du suspect avec l'enquêteur, bien avant son interrogatoire.

Le Parquet d'instance de Saint-Louis applique une démarche de prudentielle qui consiste à instruire systématiquement les officiers de police judiciaire de notifier aux suspects leur droit à l'assistance d'un avocat et ce, « *dès le premier contact* » avec l'officier de police judiciaire.

La circulaire ministérielle du 11 janvier 2018 a élevé cette démarche au rang de bonne pratique qu'il faut encourager.

D'après le guide de l'officier de police judiciaire, élaboré par la Division des Investigations criminelles (DIC), la notification du droit à l'assistance d'un avocat doit intervenir « *dès l'interpellation du suspect d'après les textes ; en d'autres termes dès son arrivée devant l'officier de police judiciaire (...)* ».

Dès le premier contact de la personne interpellée avec l'officier de police judiciaire, ce dernier devrait lui notifier son droit de constituer conseil, conformément au Règlement de l'UEMOA[356].

Dans un jugement rendu le 13 janvier 2017[357] par le Tribunal de grande Instance de Thiès, des prévenus ont été renvoyés devant le tribunal des flagrants délits sous la prévention d'offre et de cession de cornets de chanvre indien en vue d'une consommation personnelle conformément à l'article 99 du Code des Drogues.

Le tribunal a jugé qu'en vertu de l'article 5 du Règlement n°05/ CM UEMOA du 25 septembre 2014 et de l'article 55 du Code de Procédure pénale issu de la loi n° 2016-30 du 08 novembre 2016 modifiant le Code de Procédure pénale, « *la notification au mis en cause de son droit de constituer conseil doit être faite dès son interpellation, soit préalablement à son audition, la formalité étant portée sur le procès-verbal d'audition* ».

118. Notification différée du droit. Une jurisprudence dégagée à propos de la garde à vue a admis la possibilité d'un report de la notification du droit à l'assistance d'un avocat lorsque la personne mise en cause est incapable de comprendre et d'apprécier la portée et l'utilité des droits qui

---

[356] E. VERGÈS, « L'enquête pénale au cœur d'un changement de paradigme : le statut et les droits du mis en cause dans la procédure pénale », *Rev. pénit.* 2009, p. 837 ; E. VERGES, « Emergence européenne d'un régime juridique du suspect, une nouvelle rationalité juridique », *RSC* 2012, p. 635 ; A. GOGORZA, « L'interrogatoire au stade policier. À propos d'un concept oublié », *Dr. pén.* 2015, étude 16.

[357] TGI Thiès, n° 64 du 13 janvier 2017, MP c/ Maguette NDIAYE, et Aly CAMARA, *annexe n° 08*.

lui sont octroyés, en raison notamment de son état d'ivresse manifeste[358]. Un arrêt de la chambre criminelle de la Cour de Cassation française a rejeté un pourvoi formé contre un arrêt d'appel ayant jugé qu'en présence de l'état d'excitation et d'ébriété de l'intéressé la notification des droits peut être différée de quarante-cinq (45) minutes après le placement en garde à vue[359].

En effet, pour être effective et efficace, l'information doit être faite à une personne en état d'en apprécier la portée. La haute juridiction considère même que l'état d'imprégnation alcoolique de la personne placée en garde à vue qui ressort du dossier de la procédure peut justifier un différé de la notification du droit à l'assistance d'un avocat[360].

Dans l'appréciation du caractère tardif de l'information du mis en cause, la Cour de Cassation française tient compte de l'existence de circonstances particulières qui justifieraient le retard. La notification différée des droits est admise généralement lorsque l'officier de police se trouve devant une « *circonstance insurmontable* »[361]. Il en est ainsi par

---

[358] Cass. crim., 03 janvier 1995, *Bull. crim.* 1995, n° 140 ; *Dr. pén.* 1995, comm 187, obs. A. Maron ; *Gaz. Pal.* 1995, 2, chron. dr. crim. p. 361, note J.-P. Doucet ; Cass. crim., 11 janv. 2001, *Jurisdata* n° 2001-008733 ; *Bull. crim.* 2001, n° 7 ; *Dr. pén.* 2001, comm. 107, note A. Maron ; Cass. crim., 25 avril 2001, *Jurisdata* n° 2001-009990. Cet arrêt rejette un pourvoi contre un arrêt d'appel ayant admis que la notification des droits peut être différée de quarante-cinq (45) minutes lorsque l'intéressé était en état d'excitation et d'ébriété après le placement en garde à vue ; Cass. crim., 04 janvier 2005, *Dr. pén.* 2005, comm. 49, note A. Maron ; *D.* 2005, p. 761, note J.-L. Lennon ; Cass. crim., 1er avr. 2009, *Jurisdata* n° 2009-048066 ; Cass. crim., 19 mai 2009, *Jurisdata* n° 2009-048842.

[359] V. Cass. crim., 25 avril 2001, *Jurisdata* n° 2001-009990 ; Cass. crim., 04 janvier 2005, *Dr. pén.* 2005, comm. 49, note A. Maron ; *D.* 2005, p. 761, note J.-L. Lennon ; Cass. crim., 1er avril 2009, *Jurisdata* n° 2009-048066 ; Cass. crim., 19 mai 2009, *Jurisdata* n° 2009-048842.

[360] Cass. crim. 04 janvier. 2005, n° 04-84.876, *D.* 2005. 761, obs. Lennon ; *D.* 2006. Pan. 620, obs. Pradel ; *AJ pén.* 2005. 160, obs. J. Leblois-Happe ; *Dr. pén.* 2005. 49, obs. Maron ; *Dr. pén.* 2007. 39, obs. Lesclous ; *JCP* 2005. I. 161, obs. Maron ; *JCP* 2005. II. 10176, note Conte. Sur cet arrêt, J. LEBLOIS-HAPPE, « La notification des droits n'a pas à intervenir tant que l'intéressé n'est pas en mesure d'en comprendre le sens », *AJ pén.* 2005, p.160.

[361] Sur l'ensemble de cette question V. BÜCK, « Vers un contrôle plus étendu de la garde à vue : l'exemple du contentieux relatif à la notification immédiate des droits », *RSC* 2001, p. 325.

exemple en cas d'interpellation de nuit d'une personne saisie d'un froid intense devant recevoir des soins d'urgence et être transportée à l'hôpital avant la notification des droits[362]. L'existence de circonstances insurmontables doit être établie par le dossier de la procédure de façon objective. Ainsi, l'impossibilité effective de faire appel à un interprète, malgré les recherches effectuées par l'officier de police, constitue une circonstance insurmontable[363].

La jurisprudence relative à la notification différée du droit à l'assistance d'un avocat, forgée à propos de la garde à vue, devrait avoir vocation à s'appliquer dans les cas où la personne interpellée comparait libre devant l'officier de police judiciaire.

B.- L'information de l'avocat sur la nature de l'infraction objet de l'enquête

119. Obligation d'information. L'agent enquêteur a l'obligation d'informer la personne interpellée de la nature de l'infraction objet de l'enquête. L'article 55, alinéa 13 du Code de Procédure pénale du Sénégal énonce que l'avocat est informé par l'officier de police judiciaire ou sous le contrôle de celui-ci par l'agent de police judiciaire « *de la nature de l'infraction recherchée* ».

Le conseil de la personne interpellée doit ainsi être informé de la nature de l'infraction que son client est soupçonné d'avoir commise ou pour laquelle il fait l'objet d'une interpellation. Il faut préciser qu'au Burkina Faso, cette information est donnée à la personne interpellée et non à son avocat[364].

Il n'est pas exigé que l'information porte sur les faits concrets, mais seulement sur la qualification de l'infraction (vol, meurtre, détournement de deniers publics, etc.).

---

362 Cass. crim., 17 mai 2000, *Jurisdata* n° 2000-002732.
363 Cass. crim., 15 janvier 1997, *Jurisdata* n° 1997-000957, cité par BATUT, *Le contrôle de la garde à vue par la chambre criminelle,* Rapp. C. cass. 1997, Doc. fr. 1998, p. 41, spéc. p. 47.
364 V. la règle 4 du protocole du Burkina Faso.

Il a été déjà jugé que l'officier de police judiciaire n'est pas tenu d'informer le suspect des autres infractions qui se sont révélées ultérieurement s'il n'est ordonné aucun nouveau placement en garde à vue[365].

Il faut préciser que contrairement à l'obligation de notification du droit à l'assistance d'un avocat, l'obligation d'information sur la nature de l'infraction recherchée peut être accomplie par l'officier de police judiciaire lui-même ou par un agent de police judiciaire qui agit sous son contrôle[366].

En matière de garde à vue, la nouvelle formulation de l'article 63-1 du Code de Procédure pénale français s'éloigne largement de l'ancienne. Le législateur exige désormais que la personne soit informée non seulement de la qualification retenue mais également des date et lieu présumés de l'infraction. De plus, il précise désormais que la personne est informée de la nature de l'infraction dont elle est « *soupçonnée* » et non pas seulement de l'infraction sur laquelle porte l'enquête[367].

La Chambre criminelle de la Cour de Cassation française a jugé, dans un arrêt rendu le 21 février 2017, qu'encourt la cassation l'arrêt qui rejette l'exception de nullité tirée de la notification incomplète des infractions reprochées à la personne gardée à vue, dès lors qu'il existait, dès le début de cette mesure, une ou plusieurs raisons plausibles de soupçonner que cette personne avait également commis des agressions sexuelles ou tenté de les commettre et que « *le défaut d'information de ces infractions et de leur date a porté atteinte aux intérêts de la personne concernée* »[368].

La circulaire de la chancellerie française du 19 septembre 2014 précise les contours de l'obligation d'informer le suspect sur la qualification juridique des faits en soulignant qu'il s'agit de la qualification « *telle qu'elle peut être appréciée à ce stade de l'enquête* ».

---

[365] Cass. crim., 05 février 2004, *Dr. pén.* 2004, comm. 135, note A. Maron ; Cass. crim., 10 novembre 2009, *Jurisdata* n° 2009-050615 ; Cass. civ., 06 janvier 2010, *Jurisdata* n° 2010-051003.

[366] V. La circulaire du Ministre de la Justice du Sénégal du 11 janvier 2018.

[367] C. MAURO, « Garde à vue » *Rép. pén.* Dalloz, n° 114.

[368] Cass. crim., 21 février 2017, n° 16-85.224, *Jurisdata* n° 2017-002924.

Cette circulaire rappelle qu'il n'est pas nécessaire « *d'indiquer à la personne le détail des faits qu'elle est soupçonnée d'avoir commis ou tenté de commettre* ». De la même façon, « *l'information sur la date et le lieu présumés de l'infraction impose seulement de faire référence à une date ou à une période de temps et à un lieu géographique [commune notamment] tels qu'ils peuvent être appréciés à ce stade de l'enquête : une date ou un lieu imprécis à ce stade de la procédure ne sauraient faire grief à la personne, dès lors que ceux-ci résultaient des éléments tirés de la procédure au moment où l'audition est réalisée* ».

Dans le même sens, la règle 4 du protocole du Burkina Faso énonce que la personne interpellée est immédiatement informée par un officier de police judiciaire ou, sous le contrôle de celui-ci, par un agent de police judiciaire, dans une langue qu'elle comprend « *de la qualification, de la date et du lieu présumé de l'infraction qu'elle est soupçonnée d'avoir commis ou tenté de commettre* ».

120. Mention de l'information donnée sur le procès-verbal. La loi n'exige pas la mention de la formalité de l'information de l'avocat sur la nature de l'infraction objet de l'enquête sur le procès-verbal de police.

D'ailleurs, au Sénégal, la circulaire sénégalaise du 11 janvier 2018 précise que l'accomplissement de cette obligation n'est pas enfermé dans une forme particulière. Cette circulaire énonce que l'information peut être verbale, y compris par téléphone lorsque la communication est entretenue par ce biais avec l'avocat qui n'a pas pu se présenter dans les locaux de la police ou de la gendarmerie.

Mais l'information donnée oralement sur la nature de l'infraction objet de l'enquête risque de poser des problèmes probatoires surtout lorsque l'auxiliaire de justice conteste devant le juge des nullités avoir reçu une telle information.

C'est certainement la raison pour laquelle, la circulaire ministérielle du 11 janvier 2018 recommande à l'officier de police judiciaire de mentionner sur le procès-verbal l'information donnée à la personne interpellée. Selon la circulaire précitée, cette diligence « *ne serait pas superflue et pourrait même éviter toute équivoque* ».

En droit pénal burkinabé, le protocole prévoit que l'information fournie à la personne interpellée et la réponse donnée sont portées au procès-verbal d'audition ou de placement en garde à vue et signée par la personne interpellée et en cas de refus de signer, il en est fait mention[369].

II.- Les obligations relatives à la facilitation de l'assistance de l'avocat

121. Facilitation de l'intervention de l'avocat. Au-delà de son obligation d'information à l'égard de la personne interpellée ou de son avocat, l'officier de police judiciaire et l'agent auquel des pouvoirs de police judiciaire sont attribués contracte d'importantes autres obligations tendant à faciliter l'intervention de l'avocat durant la procédure d'enquête.

À cet égard, les textes pénaux des États membres de l'UEMOA ont encadré les modalités d'exécution des obligations de l'enquêteur (A) tout en mettant à sa charge une obligation de moyens (B).

A.- Les modalités d'exécution des obligations de l'enquêteur

122. Liberté de choix de l'avocat. Lorsque la personne interpellée sollicite la présence d'un avocat, elle a la faculté de le choisir elle-même.

La personne interpellée à une liberté dans le choix de l'avocat devant l'assister. La liberté du choix de l'avocat constitue un aspect important de l'exercice des droits de la défense.

En France, les dispositions de l'article 706-88-2 du Code de Procédure pénale prévoyaient que la liberté de choisir son avocat soit suspendue pendant la durée d'une garde à vue décidée dans le cadre d'une enquête ouverte pour des crimes et délits constituant des actes de terrorisme. Le législateur a ainsi entendu prendre en compte la complexité et la gravité de cette catégorie d'infractions ainsi que la nécessité d'entourer le secret de l'enquête de garanties particulières.

---

[369] V. la règle 4, alinéa 2 du protocole du Burkina Faso.

Curieuse méfiance à l'égard des auxiliaires de justice. A-t-on jamais empêché une femme accusée de viol d'être assistée par une avocate féministe ?

Le Conseil constitutionnel français a eu l'occasion de rappeler le principe de la liberté de choix de l'avocat par la personne gardée à vue.

Dans une décision rendue le 17 février 2012[370], le juge constitutionnel a estimé que : « *Si la liberté, pour la personne soupçonnée, de choisir son avocat peut, à titre exceptionnel, être différée pendant la durée de sa garde à vue afin de ne pas compromettre la recherche des auteurs de crimes et délits en matière de terrorisme ou de garantir la sécurité des personnes, il incombe au législateur de définir les conditions et les modalités selon lesquelles une telle atteinte aux conditions d'exercice des droits de la défense peut être mise en œuvre* ».

Or, les dispositions contestées se bornent à prévoir, pour une catégorie d'infractions, que le juge peut décider que la personne gardée à vue sera assistée par un avocat désigné par le bâtonnier de l'ordre des avocats sur une liste d'avocats habilités établie par le bureau du Conseil national des barreaux sur proposition des conseils de l'ordre de chaque barreau. Elles n'obligent pas à motiver la décision, ni ne définissent les circonstances particulières de l'enquête ou de l'instruction et les raisons permettant d'imposer une telle restriction aux droits de la défense. Le juge constitutionnel français a considéré qu'en adoptant les dispositions contestées sans encadrer le pouvoir donné au juge de priver la personne gardée à vue du libre choix de son avocat, le législateur a méconnu l'étendue de sa compétence dans des conditions qui portent atteinte aux droits de la défense. Il a en conséquence déclaré les dispositions de l'article 706-88-2 du Code de Procédure pénale contraires à la Constitution française[371].

---

370 Cons. const. 17 février 2012, n° 2011-223 QPC, *AJ pén.* 2012. 342, obs. Perrier, *Dr. pén.* 2012, p. 62, obs. Maron et Haas ; *Dr. pén.* 2012. 7, obs. Lesclous ; *Procédures* 2012, p.126, obs. Chavent-Leclère.

371 Sur cet arrêt, A.-S. CHAVENT-LECLERE, « L'inconstitutionnalité de la garde à vue en matière de terrorisme relativement à la désignation imposée de l'avocat », *Procédures*, 2012, comm. 126 ; V. NIORE et R. SOFFER, « La restriction du libre

123. Désignation de l'avocat par la personne interpellée. L'avocat est en principe désigné par la personne interpellée. En vertu de l'article 78, alinéa 7 du Code de Procédure pénale du Bénin, dans le cas où la personne comparaît et qu'elle exprime le désir de se faire assister d'un défenseur, l'officier de police judiciaire lui impartit un délai tenant compte des nécessités de l'enquête, notamment des gardes à vue.

Dans l'hypothèse où une personne retenue ou gardée à vue manifeste la volonté de se faire assister d'un conseil, ce texte précise que l'officier de police judiciaire doit immédiatement aviser celui-ci ou autoriser l'intéressé à le faire par tous moyens[372].

Selon l'article 55, alinéa 10 du Code de Procédure pénale du Sénégal, l'avocat est contacté par la personne interpellée ou par toute autre personne par elle désignée ou, à défaut, par l'officier de police judiciaire.

Cette disposition a été précisée par la circulaire du Ministre de la Justice n° 00179 MJ/DACG/MN du 11 janvier 2018. Aux termes de cette circulaire : « *Une fois le suspect informé de son droit d'être assisté par un avocat, il lui appartient de contacter cet avocat, par lui-même ou par un de ses proches. L'officier de police judiciaire peut faciliter cette communication sans être le débiteur principal de cette diligence. C'est seulement quand le suspect ne peut pas le faire que l'officier de police judiciaire se voit investi de la mission d'information* ».

Ainsi, lorsque la personne interpellée sollicite la présence d'un avocat, elle a la faculté de le choisir elle-même ; elle contactera elle-même cet avocat. Comme en matière de garde à vue, lorsque la personne interpellée ou toute autre personne par elle désignée[373], ne parvient pas à contacter

---

choix de l'avocat en matière de terrorisme jugée inconstitutionnelle », *Gaz. pal.* 25 mars 2012 ; A.-S. CHAVENT-LECLERE, « La garde à vue est morte, vive la garde à vue ! À propos de la loi n° 2011-392 du 14 avril 2011 », *Procédures*, 2011, étude 7 ; J. B. PERRIER, « Restriction au libre choix de l'avocat lors de la garde à vue en matière de terrorisme : une inconstitutionnalité et une possibilité », *AJ pén.* 2012 p. 342.

[372] Dans le même sens, V. art. 91, al. 3 du Code de Procédure pénale de la Côte d'Ivoire.

[373] V. en matière de garde à vue, F. CORDIER, « La désignation d'un avocat au profit de la personne gardée à vue par le tiers de confiance », *RSC* 2016, p. 802.

l'avocat, elle communiquera à l'officier de police judiciaire ou à l'agent délégué l'adresse de l'avocat choisi ou, à défaut, tous renseignements permettant de le joindre.

Dans ce cas, l'officier de police judiciaire a l'obligation de le contacter[374], sauf à mentionner sur le procès-verbal l'insuffisance des indications fournies pour l'identifier et le localiser[375].

Pour garantir le respect des obligations de l'enquêteur, dans chaque ressort de tribunal de grande instance, le procureur de la République devrait assurer la diffusion, auprès des services de police et de gendarmerie, de la liste des avocats inscrits au tableau ou admis en stage.

Par ailleurs, l'exécution de l'obligation de l'officier de police judiciaire de contacter l'avocat risque de poser des difficultés pratiques en raison de l'insuffisance des moyens logistiques qui prévaut dans la plupart des services de police et de gendarmerie ainsi que dans les administrations habilitées. Comment, en effet, l'enquêteur peut-il faciliter l'intervention de l'avocat et contacter ce dernier si le service d'enquête dispose d'une ligne téléphonique insuffisamment créditée ou n'en dispose pas du tout ?

À cet égard, la mise en place d'une ligne gratuite dédiée à l'information des avocats dans les services d'enquête contribuerait à rendre plus effectif le droit à l'assistance d'un avocat durant l'enquête.

124. Désignation d'office de l'avocat. Dans certains pays, la désignation peut aussi être faite d'office sur la demande de l'intéressé, par le bâtonnier de l'Ordre national des Avocats, soit parce que l'avocat choisi ne peut être joint, soit parce que la personne interpellée n'en connaît aucun (ce qui est une hypothèse assez fréquente)[376]. Il en est ainsi au Burkina Faso.

La règle 5 du protocole du Burkina Faso, inspirée du droit français, précise que lorsque la personne interpellée n'est pas en mesure de choisir un avocat ou si l'avocat choisi ne peut être contacté, elle peut demander

---

[374] Cass. crim., 23 juin 2004, *Jurisdata* n° 2004-024817 ; Cass. crim., 23 février 2011, n° 09-70.155, *Jurisdata* n° 2011-002246.

[375] CA Paris, 15 juin 1994, *Jurisdata* n° 1994-021991.

[376] CA Douai, ch. acc., 14 avril 1993, *Gaz. pal.* 1993, 2, jurispr. p. 274, note R. Lévy Leroy, n° 165.

qu'il lui en soit désigné un à ses frais par le bâtonnier. Le bâtonnier est informé de la demande par l'officier de police judiciaire ou, sous le contrôle de celui-ci par un agent de police judiciaire, sans délai et par tous moyens.

En France, l'officier de police judiciaire doit informer le bâtonnier de la demande de la personne concernée, par tout moyen et sans délai. Il ne saurait déléguer cette obligation à un tiers.

L'information étant faite *« par tous moyens »*, rien ne s'oppose à ce qu'elle soit faite par la famille de la personne interpellée. C'est à l'officier de police judiciaire de s'assurer que le bâtonnier a bien été informé[377].

La Cour d'appel de Douai a déjà jugé que la personne gardée à vue ne peut demander un conseil désigné d'office que si elle n'est pas en mesure de désigner un avocat ou si l'avocat choisi ne peut être contacté. Selon la cour, les exigences légales sont remplies dès lors qu'un avocat est désigné par la personne retenue en garde à vue et que l'officier de police judiciaire a réussi à aviser cet avocat de sa désignation.

Selon les magistrats, le refus de l'avocat désigné et dûment informé de se déplacer pour assister son client ne crée aucune obligation de solliciter du bâtonnier local la désignation d'un avocat commis d'office[378].

Au Sénégal, l'article 55 du Code de Procédure pénale et la circulaire ministérielle du 11 janvier 2018, n'ont pas envisagé la possibilité de désignation d'office de l'avocat par le bâtonnier lorsque la personne interpellée n'est pas en mesure de choisir un avocat ou si l'avocat choisi ne peut être contacté. En d'autres termes, lorsque la personne interpellée n'a pas les moyens de constituer un conseil ou que l'officier de police

---

[377] Cass. 15 octobre 1997, n° 1191. Selon cet arrêt, l'officier de police judiciaire n'a pas à rendre effectif l'entretien réclamé ; Cass. crim., 09 mai 1994, *Bull. crim.* 1994, n° 174 ; *D.* 1995, somm. p. 145, obs. J. Pradel ; Cass. crim., 13 février 1996, *Bull. crim.* 1996, n° 73 ; *D.* 1996, somm. p. 260, obs. J. Pradel ; *Procédures* 1996, comm. 230, obs. J. Buisson ; Cass. crim., 04 mai 2000, *Jurisdata* n° 2000-002724 ; Cass. crim., 12 septembre 2000, *Jurisdata* n° 2000-006311 ; CA Montpellier, 05 octobre 2000, *Jurisdata* n° 2000-128178 ; Cass. crim., 25 octobre 2000, *Jurisdata* n° 2000-007332 ; CA Paris, 20 décembre 2000, *Jurisdata* n° 2000-137711 ; Cass. crim., 28 avril 2004, *Jurisdata* n° 2004-023709 ; *Bull. crim.* 2004, n° 102.

[378] CA Douai, 14 avril 1993, *Gaz. pal.* 1993. 1. 274.

judiciaire n'a pu contacter l'avocat que cette dernière a choisi, l'enquêteur se contentera de mentionner sur le procès-verbal que la personne interpellée n'a pas constitué un conseil ou que les diligences accomplies pour contacter l'avocat se sont révélées infructueuses, avant de poursuivre ses investigations.

Ce silence constitue une grande lacune. En effet, dans un contexte socio-économique difficile, il faudra s'attendre à ce que des personnes interpellées au cours d'enquêtes n'aient pas les ressources nécessaires pour se faire assister par l'avocat de leur choix.

Par ailleurs, le système judiciaire du Sénégal est encore loin d'être conforme aux standards internationaux en matière de ratio d'avocats. En 2018, le Sénégal compte trois cent cinquante-quatre (354) inscrits au tableau de l'ordre et quarante-six (46) avocats stagiaires pour une population de quinze (15) millions d'habitants environ, dont une vingtaine seulement officie en dehors de la région de Dakar. À titre d'exemple, les régions de Kolda et de Sédhiou ne comptent qu'un seul cabinet d'avocat.

Face à la rareté, voire à l'inexistence de cabinets d'avocats dans certaines régions et à leur répartition disproportionnée sur l'étendue du territoire national, il ne sera pas rare dans la pratique que la personne interpellée ne soit pas en mesure d'indiquer le conseil de son choix ou que le conseil désigné soit dans l'impossibilité matérielle de se présenter dans le délai d'attente.

125. Apport du mécanisme de l'aide juridictionnelle. Dans un tel contexte, les États membres de l'UEMOA devraient envisager la possibilité de désignation d'office de l'avocat, lorsque la personne interpellée n'est pas en mesure de constituer un conseil pour assurer sa défense. À cet égard, la mise en place d'un système de permanence au niveau du Barrot permettra, en cas de saisine du bâtonnier, une désignation d'un avocat commis d'office dans des délais raisonnables.

La mise en œuvre effective du droit à l'assistance d'un avocat suppose le recours au mécanisme de l'aide juridictionnelle, encore appelée assistance judiciaire[379]. L'aide juridictionnelle est une mesure dont l'objet est de faciliter l'accès à la justice des personnes financièrement défavorisées[380].

Au Sénégal, une dotation de deux cents millions (200.000.000) de francs CFA a été initialement inscrite au budget du Ministère de la Justice pour l'exercice 2005 au titre de l'assistance judiciaire. Ce budget a été récemment porté à cinq cents millions (500.000.000) de francs CFA en 2017 et à six cents millions (600.000.000) de francs CFA en 2018.

Mais l'enveloppe budgétaire dédiée à l'assistance judiciaire est encore très faible compte tenu des besoins importants en matière d'aide juridictionnelle ressentis dans la pratique.

Une augmentation de cette enveloppe ainsi que sa répartition entre les différentes régions du pays présenteraient le mérite de rendre plus équitable le système d'assistance judiciaire sur toute l'étendue du territoire national. Le faible poids économique de certaines régions ne garantit pas toujours la viabilité des cabinets d'avocats qui y sont installés. En effet, au-delà des enjeux de protection des droits humains qu'il pose, le cabinet d'avocat constitue aussi une unité économique supportant des charges fixes dont la vitalité est largement tributaire du contexte socio-économique dans lequel il se meut.

En attendant l'intervention d'une loi relative à l'aide juridictionnelle et pour faire face aux nombreuses demandes d'assistance judiciaire, le Garde des Sceaux, Ministre de la Justice, le Ministre chargé du Budget

---

[379] Sur la question de l'aide juridictionnelle en matière de garde à vue, V. S. THIAM, « Une vieille habitude malheureuse de la procédure pénale sénégalaise : de la légalité à la transgression de la personne humaine », *Annales africaines*, Nouvelle série, vol. 2, décembre 2014, p. 270 ; E. DE LAMAZE, « Quelle effectivité du droit à l'assistance d'un avocat ? L'aide juridictionnelle en question », *JCP* 2012, n° 09, 27 février 2012, p. 14.

[380] S. CARBONE, « Aide juridictionnelle », *Rép. dr. pén. proc. pén.*, Dalloz, juin 2012, actualisation, octobre 2013 ; P. CHEVALIER, « L'aide juridictionnelle », *Procédures* 2001, n° 11, novembre 2001, p. 3-5 ; A. DUFOUR, « Aide juridictionnelle : la mobilisation », *LPA* 2006, n° 235 ; E. DE LAMAZE, « Quelle effectivité du droit à l'assistance d'un avocat ? L'aide juridictionnelle en question », *JCP* 2012, n° 9 ; C. MARCHESINI, « Le droit à l'aide juridictionnelle : réflexions sur l'effectivité d'un droit fondamental », *RRJ* 2003, n° 1, p. 77-94.

et le Barreau ont conclu un protocole relatif à l'aide juridictionnelle, signé le 07 avril 2005.

126. Procédure de l'aide juridictionnelle. Le Bâtonnier de l'Ordre des Avocats est chargé de la gestion des fonds sous le contrôle d'une commission ad hoc, chargé de statuer sur les demandes d'assistance judiciaire, sur les honoraires des avocats ainsi que sur les propositions du bâtonnier.

Seules les personnes qui sont dans l'impossibilité de faire face en totalité ou en partie aux frais de la Justice peuvent bénéficier de l'assistance judiciaire et le demandeur doit justifier de son état d'indigence[381].

À cet égard, l'arrêté du Ministre de la Justice n° 00864 du 31 janvier 2006 portant organisation et fonctionnement de la commission ad hoc et des sous-commissions chargées de l'assistance judiciaire a mis en place, conformément au protocole relatif à l'aide juridictionnelle du 07 avril 2005, une commission ad hoc dont le siège est provisoirement fixé à la Cour d'appel de Dakar.

En vertu de l'article 2 de l'arrêté ministériel précité, cette commission est chargée de statuer sur les demandes d'admission à l'aide juridictionnelle relatives aux instances portées devant les juridictions du premier et du second degré à l'exception de l'exécution des décisions de justice[382].

Il est également mis en place une sous-commission d'aide juridictionnelle au siège de chaque tribunal de grande instance, chargée notamment de se prononcer sur les demandes d'admission à l'aide juridictionnelle relatives

---

[381] V. art. 5 du protocole relatif à l'aide juridictionnelle en date du 07 avril 2005. Sur les conditions de ressources, V. S. CARBONE, « Aide juridictionnelle », *Rép. dr. pén. proc. pén.,* Dalloz, juin 2012, actualisation, octobre 2013, n° 13.

[382] La commission *ad hoc* est présidée par le Premier Président de la Cour d'appel de Dakar ou le magistrat par lui désigné. Le vice-président est le procureur général près la Cour d'appel de Dakar ou le magistrat du parquet général par lui désigné. Le secrétariat est assuré par le greffier en chef de la Cour d'appel de Dakar. Ce dernier est secondé par un greffier de la Cour désigné par le premier président.

aux instances portées devant les juridictions du premier et du second degré, à l'exception de l'exécution des décisions de justice[383].

L'article 8 de l'arrêté n° 00864 du 31 janvier 2006 précité précise que toute personne physique demeurant au Sénégal et dont les ressources sont insuffisantes pour faire valoir ses droits en justice peut adresser sa demande d'aide juridictionnelle à la sous-commission du lieu de son domicile. Le Ministre chargé de la Justice, peut également saisir la commission ad hoc de demandes d'assistance judiciaire.

L'avocat commis ou désigné d'office dans les cas prévus par la loi peut également saisir la sous-commission compétente au lieu et place de la personne qu'il assiste.

La sous-commission, avant de prononcer l'admission provisoire à l'aide juridictionnelle, peut recueillir tous renseignements sur la situation financière de l'intéressé.

Elle peut demander aux autorités administratives, judiciaires, fiscales, douanières, communication de tous renseignements ou pièces pouvant permettre d'apprécier les ressources de l'intéressé.

Dans les cas d'urgence et si la commission ad hoc et les sous-commissions ne peuvent être réunies, le bâtonnier ou son représentant au niveau régional peut saisir le président de la commission ad hoc ou de la sous-commission, selon le cas, pour voir statuer sur les demandes d'assistance judiciaire[384].

Les décisions des sous-commissions peuvent être déférées devant la commission ad hoc de la Cour d'appel de Dakar. Les recours peuvent être exercés par l'intéressé ou son conseil. La commission ad hoc statue sans recours.

127. Aide juridictionnelle et assistance de l'avocat dès l'interpellation. En vertu de ce dispositif juridique, il semble que la

---

[383] La sous-commission est présidée par le Président du tribunal de grande instance ou le magistrat qu'il désigne. Le vice-président est le procureur de la République ou son substitut. Le secrétariat est assuré par le greffier en chef du tribunal de grande instance. Il est secondé par un greffier désigné par le président du tribunal de grande instance.

[384] V. art. 9 de l'arrêté n° 00864 du 31 janvier 2006.

personne interpellée dont les ressources sont insuffisantes pour faire valoir son droit à l'assistance d'un avocat peut adresser une demande d'aide juridictionnelle à la sous-commission du lieu de son domicile. Le Ministre chargé de la Justice, peut même saisir la commission ad hoc de demandes d'assistance judiciaire. L'avocat commis ou désigné d'office dans les cas prévus par la loi peut également saisir la sous-commission compétente aux lieu et place de la personne qu'il assiste.

Dans la pratique, l'aide juridictionnelle ne fonctionne pas suivant la procédure décrite par l'arrêté ministériel du 31 janvier 2006, puisque, de fait, le processus d'admission de l'aide juridictionnelle implique surtout le bâtonnier de l'ordre des avocats et le Premier Président de la Cour d'appel.

En tout état de cause, la mise en œuvre effective du droit à l'assistance d'un avocat dès l'interpellation, qui passe par la possibilité de désignation d'office de l'avocat, exige une redynamisation du mécanisme de l'aide juridictionnelle.

B.- L'obligation de moyens de l'enquêteur

128. Une obligation de moyens. Pour garantir l'effectivité du droit à l'assistance d'un avocat durant l'enquête, diverses obligations ont été mises à la charge de l'agent enquêteur. Il s'agit notamment de l'obligation de prendre contact avec l'avocat choisi par la personne interpellée, celle de faciliter la communication entre cette personne et son avocat, l'obligation de garantir la confidentialité de l'entretien et celle de ne pas faire obstacle à la présence du défenseur aux auditions et confrontations, etc.

Malgré l'importance de ces obligations, l'enquêteur ne contracte pas dans leur exécution, une obligation de résultat mais simplement une obligation de moyens. Étant débiteur d'une obligation de moyens, l'enquêteur ne peut garantir à la personne interpellée de rendre effective l'assistance de l'avocat mais, il devra s'engager simplement « *à apporter tous les soins d'un bon père de famille à l'exécution de son obligation* »[385]. En effet, le

---

[385] Selon la formule de l'article 7, alinéa 2 du Code des Obligations civiles et commerciales.

débiteur d'une obligation de moyens est engagé à faire tout ce qui est possible en vue d'un résultat qui reste incertain[386].

Selon la formule de la Chambre criminelle de la Cour de Cassation française, l'officier de police judiciaire n'a pas à « *rendre effective* » l'intervention de l'avocat[387]. La circulaire ministérielle du 11 janvier 2018 s'est voulue très claire à ce propos : « *Cette obligation subsidiaire de l'officier de police judiciaire est aussi une obligation de moyens.*

L'officier de police judiciaire y satisfait au regard des moyens logistiques et humains disponibles. Si le suspect ou l'officier de police judiciaire ne peuvent pas contacter l'avocat, l'officier de police judiciaire en fait mention dans le procès-verbal d'audition ». Comme en matière de garde à vue, l'enquêteur n'a pas à rendre effectif l'entretien de la personne interpellée avec son avocat et que le déroulement de l'enquête de police ne saurait être conditionné par l'intervention de l'avocat[388].

Il a été déjà jugé en France que si la loi « *impose à l'officier de police judiciaire de prévenir, par tous moyens, l'avocat choisi par la personne gardée à vue, il ne lui fait pas obligation de rendre effectif l'entretien avec cet avocat* »[389].

À titre d'exemple, lorsque la personne interpellée a fait le choix d'un avocat, si elle ne peut contacter cet avocat, il incombe à l'officier de police judiciaire de le contacter et de prendre toutes les dispositions permettant à l'auxiliaire de justice d'assister son client dans les meilleures conditions.

En France, la circulaire du 15 avril 2011 relative aux droits de la personne gardée à vue, suite aux arrêts de l'Assemblée plénière de la Cour de

---

[386] J-P. TOUSI, *Droit des obligations au Sénégal*, Dakar, LGDJ-NEA, n° 38 ; PH. LE TOURNEAU, « Obligations de moyens et de résultat », *Juriclass. civ.*, fasc. 20, art. 1136 à 1145 ; A. TUNC, « La distinction des obligations de résultats et des obligations de moyens », *JCP* 1945, I. 449.

[387] M. L. RASSAT, *Procédure pénale*, Paris, Ellipses, 3e édition, 2017, p. 506.

[388] Cass. crim., 04 novembre 2004, *Jurisdata* n° 2004-026016.

[389] Cass. crim., 04 mai 2000, *Jurisdata* n° 2000-002724.

Cassation du 15 avril 2011[390], précise qu'en cas de désignation par le mis en cause d'un avocat, les officiers ou agents de police judiciaire le contacteront ou procéderont, en fonction des éléments d'identification que la personne gardée à vue leur aura communiqués, aux recherches nécessaires pour le contacter. S'ils ne parviennent pas à l'identifier ou s'ils ne peuvent s'entretenir avec l'avocat au téléphone (parce que l'avocat ne répondrait pas ou parce que seule une messagerie s'enclencherait), ils demanderont à la personne gardée à vue si elle souhaite désigner un autre avocat ou bien être assistée par un avocat commis d'office.

S'il a accompli toutes les diligences nécessaires, consignées dans le procès-verbal, sans réussir à joindre l'avocat ou si l'avocat joint ne se présente pas, cette situation ne saurait entraîner l'annulation de la procédure. L'officier de police judiciaire, contractant une simple obligation de moyens, la procédure n'est pas nulle lorsqu'il a vainement téléphoné à plusieurs reprises au numéro de la permanence indiqué par le bâtonnier, le silence de la standardiste s'expliquant par exemple par une grève du barreau[391].

L'absence de l'avocat n'est donc pas de nature à paralyser le déroulement de l'enquête de police qui ne saurait être conditionné par l'intervention de ce dernier[392]. D'ailleurs, l'article 55, alinéa 13 du Code de Procédure pénale du Sénégal prévoit que lorsque l'avocat choisi ne peut être contacté l'officier de police judiciaire en fait la mention au procès-verbal.

---

[390] Sur cet arrêt, A. GIUDICELLI, « Droit à l'assistance effective d'un avocat au cours de la garde à vue : l'Assemblée plénière rappelle au respect des décisions de la Cour européenne des droits de l'homme », *RSC* 2011, p. 410.

[391] Cass. crim., 09 mai 1994, *Bull. crim.* 1994, n° 174 ; *D.* 1995, somm. p. 145, obs. J. Pradel ; Cass. crim., 13 février 1996, *Bull. crim.* 1996, n° 73 ; *D.* 1996, somm. p. 260, obs. J. Pradel ; *Procédures* 1996, comm. 230, obs. J. Buisson ; Cass. crim., 04 mai 2000, *Jurisdata* n° 2000-002724 ; Cass. crim., 12 septembre 2000, *Jurisdata* n° 2000-006311 ; CA Montpellier, 05 octobre 2000, *Jurisdata* n° 2000-128178 ; Cass. crim., 25 octobre 2000, *Jurisdata* n° 2000-007332 ; CA Paris, 20 décembre 2000, *Jurisdata* n° 2000-137711 ; Cass. crim., 28 avril 2004, *Jurisdata* n° 2004-023709 ; *Bull. crim.* 2004, n° 102.

[392] En ce sens pour l'entretien, Cass. crim., 04 novembre 2004, *Jurisdata* n° 2004-026016.

En matière de garde à vue, la jurisprudence énonce que les diligences effectuées par l'officier de police judiciaire doivent être consignées sur le procès-verbal[393].

129. Fardeau de la preuve de l'accomplissement des diligences. La circulaire du Ministre de la Justice du Sénégal du 11 janvier 2018 évoque une obligation « *de faciliter l'entretien du suspect avec son avocat et d'annexer à la procédure les observations écrites éventuelles de ce dernier* ».

En matière de garde à vue, la Cour de Cassation français rappelle souvent qu'il appartient à l'officier de police judiciaire d'accomplir les formalités nécessaires à l'exercice du droit à l'assistance d'un avocat dès le début de la garde à vue et fait peser la charge de la preuve sur lui. La jurisprudence considère que les diligences effectuées par l'officier de police judiciaire afin de permettre à une personne gardée à vue de se faire assister par un défenseur devraient être mentionnées sur le procès-verbal[394].

La haute juridiction de cassation prononce la nullité de la garde à vue dès lors que le procès-verbal n'établissait pas que l'officier avait accompli les diligences nécessaires pour que l'intéressé exerce son droit dès le début de la mesure[395].

Dans un arrêt rendu le 12 septembre 2000[396] par la Chambre criminelle de la Cour de Cassation, une personne, à l'appui d'un pourvoi, arguait de la violation de son droit de s'entretenir avec son avocat au motif qu'elle n'avait pu s'entretenir avec l'avocat qu'il avait choisi, au terme de la soixante-douzième heure prévu dans le cadre d'une enquête pour association de malfaiteurs constitutive d'actes de terrorisme.

---

[393] Cass. civ. 14 juin 2005, *Bull civ.* I, n° 248.

[394] Cass. crim. 8 mars 2000, *Bull. crim.,* n° 109 ; cass crim. 14 juillet 2005, *Dr. pén.* 2005, n° 133.

[395] Cass. crim. 10 mai 2001, n° 01-81.762 ; Cass. 1er, 06 mai 2009, n° 08-12.358, *Dr. pén.* 2010. 7, obs. Lesclous. Mais dès lors que ces formalités étaient accomplies, la cour considérait que le droit à l'assistance d'un avocat était respecté. V. crim. 09 mai 1994, n° 94-80.802, *D.* 1995. somm. 145, obs. Pradel.

[396] Cass. crim. 12 septembre 2000, n° 00-83.539, *Procédures* 2001. 48, obs. Buisson.

La haute juridiction a approuvé l'arrêt de la chambre d'accusation qui, pour refuser d'annuler la procédure, énonce que l'avocat avait fait connaître à l'officier de police judiciaire qu'il serait en mesure d'être présent en fin de matinée, mais s'était présenté inopinément, le même jour à 06 heures 44 minutes. Les juges ajoutent que bien qu'ayant été invité à attendre l'arrivée à 07 heures 05 de l'officier de police judiciaire, le conseil avait quitté le poste à 06 heures 58 minutes. En outre, la chambre d'accusation relève que dès l'arrivée de l'avocat, toutes les mesures nécessaires avaient été prises pour qu'il soit fait droit à la demande d'entretien avec son client.

Les hauts magistrats ont estimé que l'auteur du pourvoi n'a pu exercer son droit à l'assistance d'un avocat « *que par suite de circonstances imputables à son avocat* »[397].

Dans l'arrêt *Khalifa Ababacar SALL et autres c/ l'État du Sénégal*, rendu le 29 juin 2018 c/ l'État du Sénégal, la Cour de Justice de la CEDEAO a eu l'occasion d'affirmer le principe selon lequel la charge de la preuve de l'accomplissement des formalités relatives à l'information de la personne interpellée de son droit à l'assistance d'un conseil incombe à l'officier de police judiciaire, donc à l'État du Sénégal.

Dans cette espèce, les conseils de Khalifa Ababacar SALL et autres avaient invoqué une violation de leur droit à l'assistance d'un conseil durant l'enquête. Ils ont soutenu que leurs clients ont été interrogés le 21 février 2017 de 09 heures 05 minutes à 19 heures 20 minutes par les officiers de police judiciaire dans le cadre de l'enquête préliminaire sans l'assistance d'un avocat. Ils ont ajouté que Khalifa Ababacar SALL n'a pas pu aussi bénéficier de cette assistance avant sa confrontation avec d'autres coprévenus, effectuée dans les locaux de la Brigade des Affaires générales (BAG).

L'État du Sénégal a rétorqué que les requérants n'ont pas rapporté la moindre preuve de la violation du droit à l'assistance d'un avocat pendant

---

[397] Pour un commentaire de cette décision, J. BUISSON, « Est justifié l'entretien tardif avec un avocat par suite de circonstances imputables à celui-ci », *Procédures* 2001. 48.

l'enquête privant ainsi la cour de tout moyen d'exercer son contrôle. Il a fait valoir que si l'absence d'un défenseur constitue une atteinte au droit à l'assistance d'un avocat, encore faut-il que celle-ci lui soit imputable. L'État du Sénégal a précisé que selon la Cour européenne des droits de l'homme, dans son arrêt *Tripoli c/ Italie* du 22 février 1994, il ne saurait être imputé à l'État la responsabilité d'une défaillance de l'avocat choisi par l'accusé.

La haute juridiction communautaire d'Abuja a énoncé que : « *les dispositions l'article 55 nouveau du Code de Procédure pénale sénégalais viennent conforter les prescriptions des instruments juridiques internationaux invoqués par les requérants à savoir l'article 14. 3-d du Pacte international relatif aux droits civils et politiques, l'article 7. 1 c de la Charte africaine des droits de l'homme et des peuples et l'article 5 du Règlement n° 05/CM/UEMOA relatif à l'harmonisation des règles régissant la profession d'avocat dans l'espace ; la Cour retient que le respect des prescriptions de cet article incombe à l'officier de police judiciaire qui interpelle une personne ; II appartient à l'agent de l'État de prouver, par la mention au procès-verbal d'enquête préliminaire, que l'obligation qui pèse sur lui, à savoir l'information à porter à la connaissance de la personne interpellée, de son droit de constituer un conseil, a été accomplie de façon régulière* ».

La Cour de Justice d'Abuja a constaté que le procès-verbal n°146/DIC/BAG en date du 02 mars 2017 établi à la suite de l'enquête préliminaire ne fait pas état de ce que les personnes interpellées ont été assistées durant l'enquête par leurs conseils ou ont été informées de leur droit à en constituer.

En conséquence, la Cour a conclu à la violation du droit à l'assistance d'un conseil de Khalifa Ababacar SALL et autres au moment de leur interpellation[398].

130. Modes de preuve de l'accomplissement des diligences. Si la charge de la preuve des diligences accomplies incombe à l'enquêteur, par

---

[398] CJ CEDEAO, arrêt n° ECW/CCJ/JUD/17/18 du 29 juin 2018, khalifa Ababacar SALL et autres c/ État du Sénégal, *annexe n° 14.*

quels modes de preuve ce dernier pourrait-il établir l'accomplissement de son obligation de facilitation de l'entretien de l'avocat avec la personne interpellée ?

En France, la circulaire française du 15 avril 2011 insiste sur la nécessité pour les officiers ou agents de police judiciaire d'acter précisément en procédure leurs diligences y compris le nombre d'appels téléphoniques et les numéros appelés.

Au Sénégal, l'article 55, alinéa 12 du Code de Procédure pénale énonce clairement que : « *Si l'avocat choisi ne peut être contacté, l'officier de police judiciaire en fait la mention au procès-verbal d'audition* ».

S'il est vrai que les mentions consignées sur les procès-verbaux relatant les diligences accomplies par l'agent enquêteur (notification du droit à l'assistance d'un avocat, nombre d'appel téléphoniques émis, conditions de confidentialité de l'entretien, etc.) peuvent servir à prouver le respect de ses obligations, la question de la force probante de telles mentions ne manquera pas de se poser dans la pratique.

En effet, sauf dans les cas où les procès-verbaux valent jusqu'à preuve contraire[399] ou jusqu'à inscription de faux[400], en principe les procès-verbaux de police ne valent qu'à titre de simples renseignements. Il résulte de l'article 417 du Code de Procédure pénale du Sénégal que sauf dans les cas où la loi dispose autrement, les procès-verbaux et les rapports constatant les délits ne valent qu'à titre de simples renseignements[401].

Leur portée est donc faible puisque le juge n'est en aucun cas tenu de considérer comme avérés les constatations qu'ils contiennent : ces procès-verbaux ne font pas foi par eux-mêmes[402].

---

399 V. art. 418 du Code de Procédure pénale du Sénégal.
400 V. art. 420 du Code de Procédure pénale du Sénégal.
401 V. art. 417 du Code de Procédure pénale du Sénégal. Sur cette question, V. H. RUELLAN, *Des procès-verbaux. Des différentes catégories de procès-verbaux. Leur force probante,* Thèse, Rennes, 1921 ; J. BUISSON, *L'acte de police*, Thèse préc., n° 1 ; J. BUISSON, « Les procès-verbaux et rapports de police ont une valeur probante limitée », *Procédures* n° 03, mars 2009, comm. 95.
402 Cass. crim. 09 avril 1973, *Bull. crim.*, n° 180 ; Cass. crim., 21 juillet 1977, n° 76-92.400, *Jurisdata* n° 1977-097271.

Dès lors, les mentions contenues dans le procès-verbal d'audition ne sauraient valoir ni jusqu'à inscription de faux, ni jusqu'à preuve contraire ; elles sont laissées à l'appréciation du juge. D'ailleurs, le Conseil d'État français, saisi d'une demande d'avis[403], a estimé que seuls les procès-verbaux établis par les officiers ou agents de police judiciaire pour constater des infractions au Code de la Route font foi jusqu'à preuve contraire en ce qui concerne la constatation des faits constitutifs des infractions à l'exclusion des autres mentions du procès-verbal comme celles relatives à l'information du contrevenant en matière de retrait de points du permis de conduire. Selon le Conseil d'État, les mentions portées sur ces procès-verbaux selon lesquelles le contrevenant a reçu l'information selon laquelle il encourt un retrait de points si la réalité de l'infraction est établie et qu'il existe un traitement automatisé des retraits et reconstitutions de points auquel il peut accéder, ne sont pas revêtues de la même force probante.

En tout état de cause, les mentions consignées sur le procès-verbal d'enquête relatant les diligences accomplies par l'enquêteur sont laissées à l'appréciation des magistrats. À cet égard, le respect par l'enquêteur de ses obligations de facilitation de l'assistance de l'avocat pourrait être conforté par une réquisition adressée au fournisseur de service de télécommunication (la SONATEL au Sénégal) établissant le nombre et les heures des appels manqués émis par ce dernier.

PARAGRAPHE II : LES SANCTIONS DE LA VIOLATION DES OBLIGATIONS DE L'ENQUÊTEUR

131. Diversité des sanctions. Dans les États membres de l'UEMOA, une grande importance est accordée aux obligations des officiers de police judiciaire et des fonctionnaires auxquels des pouvoirs de police judiciaire sont attribués dans le cadre de la mise en œuvre du droit à l'assistance d'un conseil durant l'enquête. En effet, le non-respect de ces obligations est assorti de sanctions très dissuasives et assez variées. Ainsi, à côté de la nullité qui peut frapper l'acte vicié ou éventuellement la procédure

---

[403] CE, avis, 30 janvier 2002, JO 29 mars 2002, *D*. 2002. IR. 862.

ultérieure (I), l'enquêteur défaillant et l'État peuvent également voir leurs responsabilités engagées (II).

I.- La nullité

132. Mécanisme de l'annulation. La plupart des États de l'espace UEMOA ont prévu, comme sanction de la méconnaissance des obligations incombant à la police judiciaire et aux administrations habilitées, l'annulation du procès-verbal d'audition irrégulier, voire celle de la procédure ultérieure. L'annulation, qui est la sanction applicable aux actes irréguliers, consiste à mettre à néant l'acte irrégulier, voire la procédure subséquente. Il s'agit d'une sanction particulièrement dissuasive et efficace. Il ne sert à rien, en effet, d'élaborer des règles de procédure protectrices pour garantir l'effectivité de l'assistance de l'avocat dès l'interpellation, si leur violation est dépourvue de sanction.

La Cour d'appel de Dakar a jugé dans un arrêt rendu le 13 janvier 2020 que la nullité pour violation du droit à l'assistance d'un avocat durant l'enquête étant « *une nullité textuelle, la juridiction saisie ne peut après constatation de cette violation que prononcer la sanction prévue par l'article 55 précité en ce qui concerne l'audition des mis en cause et leur confrontation, les autres cas de nullité prévus au niveau de l'enquête préliminaire n'entrant pas dans le champ d'application de cette norme communautaire* »[404].

L'annulation apparaît comme le meilleur moyen de restaurer la légalité.

D'ailleurs, les actes ayant fait l'objet d'une annulation sont retirés du dossier et classés au greffe de la cour d'appel[405].

133. Spécificité du droit douanier. Cependant, il faut, relever une particularité du droit douanier. L'article 316. 2 du Code des Douanes du Sénégal énonce que les procès-verbaux nuls en la forme ne valent que

---

[404] CA Dakar n° 29 du 13 janvier 2020, MP et François Etienne Déthié SENE c/ Thione SECK et Alaye DJITEYE, *inédit*.

[405] V. art. 167 du Code de Procédure pénale du Sénégal : « Les actes annulés sont retirés du dossier d'information et classés au greffe de la Cour d'Appel. Il est interdit d'y puiser aucun renseignement à peine de forfaiture pour les magistrats et de poursuites devant leurs conseils de discipline pour les défenseurs ».

comme témoignages écrits. En d'autres termes, même nuls et annulés pour vice de forme, les procès-verbaux de douane, à la différence des actes de procédure de droit commun, *« survivent dans la mesure où ils peuvent encore valoir, comme témoignage écrits »*[406]. On pourrait être tenté de penser que même après leur annulation, les procès-verbaux de douane peuvent servir à titre de simples renseignements.

Pour mieux appréhender la portée de la sanction de l'annulation, il convient d'examiner les conditions de la nullité (A) avant d'analyser sa mise en œuvre (B).

A.- Les conditions de la nullité

134. Conditions de l'annulation. Dans le cadre de l'exercice du droit à l'assistance d'un avocat durant l'enquête, le prononcé de l'annulation de l'acte irrégulier et éventuellement de la procédure subséquente pour violation des obligations de l'enquêteur obéit à des conditions précises. Il résulte des textes applicables dans les États membres de l'UEMOA que l'annulation suppose la démonstration d'une irrégularité procédurale (1) et l'absence de renonciation à la nullité (2).

1.- La démonstration d'une irrégularité procédurale

135. Existence d'une irrégularité. Dans le cadre du droit à l'assistance d'un avocat dès l'interpellation, le prononcé de la sanction de la nullité suppose la caractérisation d'une irrégularité, c'est-à-dire la démonstration d'un vice affectant la procédure d'enquête.

En matière de garde à vue, pendant longtemps, la jurisprudence criminelle française a considéré que les irrégularités affectant la mesure n'étaient sanctionnées que lorsqu'elles avaient eu pour effet de vicier la recherche de la vérité[407]. Le Code de procédure du Bénin a semblé avoir

---

[406] V. ND. FALL, *Le droit pénal africain à travers le système sénégalais*, Dakar, EDJA, 2003, p. 471.

[407] V. Cass. crim. 26 février 1991, n° 90-87. 295, *D.* 1992. Somm. 99, obs. Pradel. Sur une critique de cette jurisprudence, R. MERLE et A. VITU, *Traité de droit criminel, Procédure pénale,* Paris, Cujas, 5e éd., 2001, n° 261 et 478 ; G. STEFANI, G. LEVASSEUR et B. BOULOC, *Procédure pénale*, Paris, Dalloz, 15e éd., 2001, n° 324 ; J. PRADEL, *Procédure pénale,* Paris, Cujas., 7e éd., n° 317 ; R. MERLE, *Rapport au XIIeme journées franco-belgo-luxembourgeoises de droit pénal*, Poitiers,

repris cet état de la jurisprudence française, puisque l'article 78 in fine du Code de Procédure pénale énonce que la nullité de l'acte (procès-verbal d'audition) est encourue « *lorsque l'irrégularité ou l'omission constatée a eu pour effet de vicier ou d'altérer fondamentalement la recherche de la vérité* »[408].

Dans le cadre de la mise en œuvre du droit à l'assistance d'un conseil dès l'interpellation, les irrégularités affectant l'enquête peuvent résulter soit de l'absence de mention de la notification du droit à l'assistance d'un conseil sur le procès-verbal (a), soit d'une violation des droits de la défense (b).

a.- L'absence de mention de la notification du droit à l'assistance d'un conseil sur le procès-verbal d'enquête

136. Obligation de notification du droit à l'assistance d'un conseil. Dans la plupart des États membres de l'UEMOA, le non-respect de la formalité de notification du droit à l'assistance d'un conseil entraîne la nullité du procès-verbal d'audition[409].

Au Sénégal, en vertu de l'article 55, alinéa 10 du Code de Procédure pénale, la mention de cette formalité est obligatoirement faite sur le procès-verbal d'audition à peine de nullité. Il s'agit d'une nullité textuelle[410].

Le Tribunal de grande Instance de Thiès, dans un jugement rendu le 21 décembre 2016[411], a énoncé qu'il résulte de l'ancien article 55 du Code

---

1970, Paris, PUF, 1971, p. 155 ; J. PRADEL et A. VARINARD, *Les grands arrêts du droit criminel*, Paris, Dalloz, 1994, t. 2, n° 17 ; D. MAYER, note ss. cass. crim., 21 oct. 1980, *D.* 1981, p. 204.

408 V. également art. 76-5, alinéa 2 du Code de Procédure pénale de la Côte d'Ivoire.

409 V. art. 76, alinéa 8 du Code de Procédure pénale du Mali et art. 76-1, alinéa 3 du Code de Procédure pénale de la Côte d'Ivoire ; art. 787, alinéa 5 du Code de Procédure pénale du Bénin ;

410 C. GOYET, « À propos des nullités de l'instruction préparatoire. Quelques remarques sur la distinction des nullités textuelles et des nullités substantielles », *RSC* 1976, p. 899 ; J. DANET, « Brèves remarques sur la typologie et la mise en œuvre des nullités », *AJ pén.* 2005, p. 133.

411 TGI Thiès, n° 1558 du 21 décembre 2016, MP et Mamadou Oumar BOCOUM c/ Ibrahima DIA et Ndandina DIA, *inédit*.

de Procédure pénale qu'en cas de prolongation de la garde à vue, l'officier de police judiciaire doit non seulement notifier à la personne gardée à vue son droit de constituer conseil parmi les avocats inscrits mais aussi il doit faire mention de cette notification sur le procès-verbal d'audition. Dès lors que la formalité de la notification du droit de constitution d'un conseil, édictée à peine de nullité, n'a pas été respectée, « *l'officier de police judiciaire a violé les droits fondamentaux des prévenus* ».

Un autre jugement du Tribunal de grande Instance de Thiès du 28 décembre 2016[412] a annulé un procès-verbal du commissariat du premier arrondissement pour violation des droits de la défense au motif que le procès-verbal a omis de mentionner la notification du droit du suspect à se faire assister par un avocat, comme prescrit par l'article 55, alinéa 10 du Code de Procédure pénale.

Ces solutions, dégagées à propos de la garde à vue[413], peuvent être transposées à l'interpellation des personnes durant l'enquête, lorsque le droit à l'assistance d'un avocat n'a pas été notifié au suspect.

Le Tribunal correctionnel de Thiès, dans plusieurs espèces, a annulé des procès-verbaux d'enquête de police pour violation de l'obligation de notification à la personne interpellée de son droit à l'assistance d'un avocat sur le fondement de l'article 5 du Règlement de l'UEMOA et de l'article 55 du Code de Procédure pénale sénégalais. Les magistrats ont jugé que cette violation des droits de la défense à l'entame de la procédure entraîne la nullité tant des procès-verbaux de police sur la base desquels tous les actes postérieurs ont été accomplis que celle de toute la procédure subséquente[414].

---

412 TGI Thiès, n° 1697 du 28 décembre 2016, MP c/ Balla Baïdy DIAGNE et autres, *inédit*.

413 C. CIRAULT, « Les nullités de la garde à vue », *AJ pén.* 2005 p.140.

414 V. TGI Thiès, n° 66 du 13 janvier 2017, MP et Sophie NDIONE c/ Ountou GASSAMA, *annexe n° 09* ; TGI Thiès, n° 64 du 13 janvier 2017, MP c/ Maguette NDIAYE, et Aly CAMARA, *annexe n° 08* ; TGI Thiès, n° 784 du 26 juin 2017, MP c/ Moussa GUEYE, *annexe n° 10*. Il faut préciser qu'en matière de garde à vue, une jurisprudence constante de la Cour d'appel de Dakar et des tribunaux de grande instance décidait de prononcer l'annulation du procès-verbal d'enquête préliminaire

La première chambre correctionnelle du Tribunal de grande Instance hors Classe de Dakar, dans une décision rendue le 03 mai 2018[415], a jugé que la violation de l'obligation de mention de la notification du droit à l'assistance d'un avocat dès l'interpellation en violation des dispositions de l'article 55 du Code de Procédure pénale et de l'article 5 du Règlement de l'UEMOA, entraîne la nullité des procès-verbaux d'enquête ainsi que toute la procédure subséquente.

137. Position de la chambre d'accusation : affaire *Khalifa Ababacar SALL.* Dans l'arrêt *Khalifa Ababacar SALL* rendu le 16 mai 2017[416], la Chambre d'accusation de la Cour d'appel de Dakar a eu l'occasion d'apprécier pour la première fois, les conditions de la nullité en cas de violation de l'obligation de mention sur le procès-verbal de la notification du droit de la personne interpellée à l'assistance d'un avocat prévu par l'article 5 du Règlement de l'UEMOA. Dans cette affaire, très médiatisée, les conseils de l'ex-maire de Dakar avaient saisi la chambre d'accusation d'une requête aux fins d'annulation de la procédure dirigée contre Khalifa SALL. Ils ont fait valoir que l'officier de police judiciaire, lors de l'enquête préliminaire, n'a pas informé leur client de son droit de constituer conseil et n'a pas fait mention de cette formalité sur le procès-verbal. Ils ont sollicité l'annulation du procès-verbal d'audition sur le fondement de l'article 5 du Règlement n° 05/CM/UEMOA relatif à l'harmonisation des règles régissant la profession d'Avocat dans l'espace

---

et de la procédure subséquente pour violation de l'obligation de notification du droit à l'assistance d'un conseil dans des espèces où le procès-verbal était le support exclusif des poursuites. V. en ce sens, CA Dakar, n° 379 du 18 mai 2009, MP et Déguène MBAYE c/ Henry Louis Houmenou alias Loulou CAMARA et Aliou SENE, in *Bulletin des arrêts rendus par la Cour d'Appel de Dakar en matière pénale*, vol. n° 02, 2001, p. 28 ; dans le même sens, CA Dakar n° 182 du 03 mars 2008, MP c/ Sadio Baldé Séne Embalo, *inédit* ; CA Dakar, n° 651 du 08 août 2008, MP et Administration des Douanes c/ Nouha SIDIBE et Bernard NDECHOUAN, *inédit* ; CA Dakar, n° 791 du 24 novembre 2008, MP c/ Richard LOMBOT- Moustapha GUEYE, *inédit* ; TGI Thiès, n° 1558 du 21 décembre 2016, MP et Mamadou Oumar BOCOUM c/ Ibrahima DIA et Ndandina DIA, *inédit* ; TGI Thiès, n° 1697 du 28 décembre 2016, MP c/ Balla Baïdy DIAGNE et autres, *inédit*.

[415] TGIHC Dakar, 1ère ch. corr. n° 407 du 03 mai 2018, MP c/ Hameth FALL et Khadim DRAME et autres, *annexe n° 12*.

[416] CA Dakar, ch. acc. n° 168 du 16 mai 2017, MP c/ khalifa Ababacar SALL et autres, *annexe n° 07.*

UEMOA et de l'article 55, alinéas 10 à 13 et 15 du Code de Procédure pénale issu de la loi n° 2016-30 du 08 novembre 2016 modifiant le Code de Procédure pénale.

La chambre d'accusation, ne contestant pas l'absence de consignation de la notification du droit à l'assistance d'un avocat sur le procès-verbal d'audition de M. SALL, a jugé cependant qu' « *il résulte des éléments du dossier que le mis en cause avait connaissance de son droit de constituer conseil, le seul fait pour l'officier de police judiciaire de n'en avoir pas fait mention au procès-verbal ne pourrait alors entraîner la nullité de celui-ci, puisqu'en définitive, l'objectif de cette formalité n'est que la preuve de l'information de l'intéressé; or, en l'espèce, Khalifa Ababacar SALL a lui-même reconnu avoir fait appel à l'un de ses avocats qui s'était présenté dans les locaux de l'officier de police judiciaire pour l'assister, ce, dès son interpellation; Qu'il s'en infère qu'il avait été informé de son droit de se faire assister d'un conseil (...)* ». Dès lors, la Cour, estimant qu'aucune violation des droits de la défense du requérant n'était établie, a rejeté le moyen tendant à l'annulation du procès-verbal d'enquête préliminaire.

138. Appréciation critique. Cette décision de la chambre d'accusation, qui subordonne l'annulation du procès-verbal d'enquête ne comportant pas la mention de la notification du droit à l'assistance d'un avocat faite à la personne interpellée, à une violation des droits de la défense, a retenu une interprétation assez étonnante de l'article 166 du Code de Procédure pénale.

En effet, selon la cour, en énonçant qu'il y a également nullité en cas de violation des dispositions substantielles du présent titre, autres que celles visées à l'article 164 du Code de Procédure pénale « *et notamment en cas de violation des droits de la défense* », l'article 166, alinéa 1er du Code de Procédure pénale subordonne le prononcé de l'annulation du procès-verbal d'audition pour méconnaissance de l'obligation de consignation de la notification du droit à l'assistance d'un avocat sur le procès-verbal à la démonstration d'une violation des droits de la défense.

Selon l'interprétation de la chambre d'accusation, cette exigence concernerait toutes les nullités autres que celles prévues par l'article 164 du Code de Procédure pénale (nullité du procès-verbal d'interrogatoire de première comparution et du procès-verbal d'interrogatoire de fond) tirant leur source d'une méconnaissance des droits de la défense. Ainsi, l'exigence de la démonstration d'une violation des droits de la défense s'appliquerait également aux nullités textuelles, même commises durant l'enquête, comme la nullité prévue par l'article 55, alinéa 10 du Code de Procédure pénale tirée du défaut de mention de la notification du droit à l'assistance d'un conseil sur le procès-verbal d'audition.

En d'autres termes, le seul constat de l'absence de mention de la notification du droit à l'assistance d'un conseil sur le procès-verbal d'enquête ne suffirait pas pour emporter l'annulation dudit procès-verbal, encore faudrait que la personne interpellée justifie du grief que lui cause cette irrégularité formelle, par la démonstration d'une violation des droits de la défense[417]. En l'espèce, dès lors que le sieur SALL était déjà informé de son droit à un avocat durant l'enquête, les magistrats de la chambre d'accusation ont estimé que le seul fait pour l'officier de police judiciaire de n'avoir pas fait mention de la notification du droit d'accéder à un avocat sur le procès-verbal ne saurait entraîner la nullité de celui-ci, puisqu'en définitive, « *l'objectif de cette formalité n'est que la preuve de l'information de l'intéressé* ».

Cette analyse de la chambre d'accusation suscite quelques interrogations.

En premier lieu, on peut d'abord se poser la question de savoir si en exigeant, au-delà du défaut de mention de la notification du droit à un conseil sur le procès-verbal, la démonstration d'un préjudice aux intérêts de la personne interpellée constituée par la violation des droits de la défense, la chambre d'accusation n'ajoute pas à la loi pénale. Il est légitime de le penser. En effet, en énonçant que la mention du respect de la formalité de la notification du droit à un avocat est obligatoirement

---

[417] Sur cette question, G. CLÉMENT, « De la règle pas de nullité sans grief en droit judiciaire privé et en procédure pénale », *RSC* 1984, p. 433 ; J.-P. BROUILLAUD, *Les nullités de procédure : des procédures pénales et civiles comparées*, Paris, Dalloz 1996, p. 98.

faite sur le procès-verbal d'audition à peine de nullité, l'article 55, alinéa 10 du Code de Procédure pénale sénégalais ne subordonne nullement l'annulation du procès-verbal à un quelconque grief aux intérêts de la personne interpellée. Il s'agit d'une nullité textuelle encourue dès la constatation de la non consignation de la notification du droit à un conseil sur le procès-verbal.

Il faut rappeler qu'en France, la loi n° 75-701 du 06 août 1975[418], tirant les conséquences d'une jurisprudence établie[419], a introduit dans l'article 802 du Code de Procédure pénale, la règle « *pas de nullité sans grief* »[420].

Près de vingt ans plus tard, la loi du 04 janvier 1993 a décliné la règle de l'article 802 du Code de Procédure pénale dans l'article 172 du Code de Procédure pénale français. Ainsi, pour se prononcer sur une demande en annulation, le juge devra, au-delà de la caractérisation de l'irrégularité, établir que la méconnaissance des formalités a effectivement causé un préjudice à la personne qui l'invoque.

Par la suite, la chambre criminelle de la Cour de Cassation française a progressivement forgé la théorie du grief nécessaire. En effet, les mesures privatives de liberté (garde à vue notamment), sont soumises à une réglementation minutieuse traduisant le souci du législateur d'assurer la protection des droits des personnes (notification des droits de la personne interpellée, assistance d'un avocat, etc.). La jurisprudence a estimé que cette réglementation devait être appliquée avec une grande rigueur. À cet égard, la Cour de Cassation française a jugé que porte nécessairement atteinte aux intérêts de la personne concernée la notification tardive des droits de la personne placée en garde à vue. Selon la haute juridiction, « *tout retard injustifié dans la mise en œuvre de cette obligation porte nécessairement atteinte aux intérêts de la partie qu'elle concerne* »[421].

---

[418] Journal officiel du 07 août 1975.

[419] Cass. crim. 24 novembre 1960, *D.* 1961, p. 67, note Patin.

[420] Sur cette question, A. MAURICE-HERSANT, « Réflexions sur l'article 802 du Code de Procédure pénale », *D.* 1976, p. 117 ; P. COUVRAT, « Les méandres de la procédure pénale », *D.* 1976, p. 43.

[421] Cass. crim. 04 janvier 1996, *Bull. crim.* n° 5 ; cass crim. 30 avril 1996, n° 95-82.217, *RSC* 1996, p. 879, obs. Dintilhac ; cass. crim. 18 juin 1998, *Bull. crim.* n° 200 ; cass. crim. 10 mai 2000, *Bull. crim.* n° 182.

Dans ce cas, la condition du grief n'a pas disparu, mais sa preuve en est largement facilitée en ce que l'irrégularité est considérée comme étant intrinsèquement porteuse de préjudice[422]. Il s'agit d'une sorte de présomption de grief[423]. La méconnaissance de certaines formalités tenues pour particulièrement importantes, fait nécessairement grief. La solution revient à déduire la nullité de la seule violation des prescriptions légales[424].

Mais en droit sénégalais, faute d'une consécration législative de la règle *« pas de nullité sans grief »*, elle ne saurait trouver à s'appliquer.

En second lieu, la subordination du prononcé de toutes les nullités autres que celles prévues par l'article 164 du Code de Procédure pénale à la démonstration d'une violation des droits de la défense, conduit à des solutions impraticables. Comment, sans incohérence, subordonner le défaut de mention de la prestation de serment de l'interprète ad hoc sur chaque acte[425] et le non-respect des formalités relatives à la perquisition durant l'enquête (présence du mis en cause, interdiction de la perquisition de nuit, etc.)[426], sanctionnés par des nullités textuelles, à une violation des droits de la défense ?

En réalité, l'article 55, alinéa 10 du Code de Procédure pénale a prévu une nullité textuelle, encourue dès que le juge constate le non-respect par l'enquêteur de son obligation de mention de la formalité de notification du droit à l'assistance d'un avocat sur le procès-verbal. La mention de ladite notification sur le procès-verbal semble être une « *formalité guillotine* » sanctionnée par une nullité textuelle automatique.

---

[422] M. GUERRIN, « Nullité de procédure », *Rép. pén.* Dalloz, n° 57.

[423] C. GIRAULT « Une nouvelle présomption de grief en matière de garde à vue », *AJ pén.* 2010 p. 37.

[424] En ce sens, F. DESPORTES et L. LAZERGES-COUSQUER, *Traité de procédure pénale*, Paris, Economica, 2e éd., 2013, n° 2012 ; J. DUMONT, « Les nullités de l'information », *Jurisclass. proc. pén.* art. 170 à 174-1, n° 91.

[425] V. art. 92, alinéa 2 du Code de Procédure pénale du Sénégal.

[426] V. art. 51 du Code de Procédure pénale du Sénégal.

Ce régime rigoureux de nullité traduit l'importance que le législateur sénégalais attache à l'information de la personne interpellée sur son droit à l'assistance d'un avocat pendant l'enquête.

139. Arrêt de la Cour de la CEDEAO. Dans l'affaire *Khalifa Ababacar SALL,* la Cour de Justice de la CEDEAO, saisie en matière de violation des droits de l'homme, n'a pas retenu le même raisonnement que la Chambre d'accusation de la Cour d'appel de Dakar.

En effet, par une requête en date du 26 décembre 2017, les conseils de Khalifa Ababacar SALL et autres ont saisi la Cour de Justice de la CEDEAO d'une requête en violation des droits de l'homme.

A l'appui, ils ont notamment invoqué une violation du droit à l'assistance d'un conseil durant l'enquête en application de l'article 14-3-d du Pacte international relatif aux droits civils et politiques, de l'article 7-1 de la Charte africaine des droits de l'homme et des peuples, de l'article 5 du Règlement n° 05/CM/UEMOA relatif à l'harmonisation des règles régissant la profession d'avocat dans l'espace, de l'article 9, alinéa 4 de la Constitution du Sénégal et de l'article 55 du Code de Procédure pénale sénégalais.

Selon les conseils de Khalifa Ababacar SALL et des autres prévenus, ces derniers ont été interrogés le 21 février 2017 de 9 heures 05 minutes à 19 heures 20 minutes par les officiers de police judiciaire sans l'assistance d'un avocat. Ils ont ajouté que M. SALL n'a pas pu bénéficier de l'assistance d'un avocat avant sa confrontation avec d'autres coprévenus effectuée dans les locaux de la Brigade des Affaires générales (BAG). Ils ont conclu que la violation du droit d'accès à un avocat porte nécessairement atteinte au droit à un procès équitable.

Les conseils de l'État du Sénégal ont rétorqué que les requérants n'ont pas rapporté la moindre preuve de la violation du droit à l'assistance d'un avocat pendant l'enquête privant ainsi la Cour de tout moyen d'exercer son contrôle. Ils ont précisé que saisie de la question, la Chambre d'accusation de la Cour d'appel de Dakar, dans son arrêt n°168 du 16 mai 2017, a énoncé que Khalifa Ababacar SALL a lui-même reconnu avoir fait appel à l'un de ses avocats. Ce dernier s'était présenté dans les locaux de l'officier de police judiciaire pour l'assister, ce, dès son interpellation et qu'il avait été informé de son droit de se faire assister d'un conseil. En outre, il n'a pas été établi que c'est l'officier de police judiciaire qui s'est opposé à l'assistance d'un conseil.

La chambre d'accusation a précisé qu'aucun élément du dossier ne prouve, qu'il a été fait obstacle à l'accès de cet avocat dans les locaux où s'était tenue l'enquête et dès lors, aucune violation des droits de la défense du requérant n'est établie.

L'État du Sénégal a fait valoir que si l'absence d'un défenseur constitue une atteinte au droit à l'assistance d'un avocat, encore faut-il que celle-ci lui soit imputable. Il a ajouté que selon la Cour européenne des droits de l'homme, dans son arrêt *Tripoli c/ Italie* du 22 février 1994, il ne saurait être imputé à l'État la responsabilité d'une défaillance de l'avocat choisi par l'accusé.

Pour les conseils de l'État du Sénégal, la Cour de Justice de la CEDEAO, dans son arrêt ECW/CCJ/APP/03/07 du 22 mars 2007, à propos de l'affaire *Moussa Léo KEITA c/ l'État du Mali*, a énoncé qu'elle n'a pas pour compétence pour réviser les décisions rendues par les juridictions des États membres en ce qu'elle n'est, ni une juridiction d'appel, ni une juridiction de cassation de ces décisions.

Dans son arrêt rendu le 29 juin 2018[427], la Cour de Justice d'Abuja a d'abord souligné que la Chambre d'accusation de la Cour d'appel de Dakar était appelée à se prononcer sur la nullité du procès-verbal d'enquête préliminaire pour inobservation par l'officier de police judiciaire d'une formalité substantielle et non sur la violation d'un droit humain. En d'autres termes, alors que la chambre d'accusation était amenée à se prononcer sur une question de procédure pénale, la Cour d'Abuja, conformément à sa compétence, a statué en matière de violation des droits de l'homme.

La Cour communautaire de la CEDEAO, s'écartant de la motivation de la Chambre d'accusation, fondée sur l'absence de grief liée à la

[427] CJ CEDEAO, arrêt n° ECW/CCJ/JUD/17/18 du 29 juin 2018, khalifa Ababacar SALL et autres c/ État du Sénégal, *annexe n° 14*.

connaissance par la personne interpellée de son droit de constituer conseil, s'est attachée aux mentions du procès-verbal de police pour se déterminer sur le respect par l'officier de police judiciaire de ses obligations légales.

La Cour d'Abuja a constaté que le procès-verbal d'enquête ne mentionne pas que les personnes interpellées ont été effectivement assistées durant l'enquête par leurs conseils ou ont été informés de leur droit de constituer des avocats. Elle en a conclu une violation du droit à l'assistance d'un conseil de Khalifa Ababacar SALL et autres au moment de leur interpellation.

Ainsi, n'étant pas saisie de la régularité de la procédure pénale dirigée contre ces derniers, la Cour communautaire de la CEDEAO, s'est contentée de constater la violation du droit à l'assistance d'un avocat durant l'enquête des requérants avant de condamner l'État du Sénégal à payer aux requérants la somme de trente-cinq millions (35.000.000) de francs CFA, à titre de réparation. La Cour n'a donc pas procédé à l'annulation, ni du procès-verbal d'enquête, ni de la procédure subséquente.

b.- La violation des droits de la défense

140. Nullités substantielles. Dans le cadre de l'exercice du droit à l'assistance d'un avocat dès l'interpellation, le non-respect par l'enquêteur de ses obligations peut dans certains cas entraîner une nullité substantielle pour violation des droits de la défense.

En effet, il existe en dehors des nullités textuelles, des nullités substantielles. Ces dernières nullités sont encourues, même lorsqu'elles n'ont pas été expressément prévues par la loi, dès lors qu'ont été méconnues des formalités substantielles ; c'est pourquoi ces nullités sont encore appelées des nullités virtuelles.

Les formalités substantielles sont des règles essentielles de la procédure pénale, des règles d'ordre public établies dans l'intérêt d'une bonne administration de la justice, c'est-à-dire des principes fondamentaux de procédure pénale (principe de la séparation des fonctions de poursuite et de jugement, principe de la loyauté des preuves, compétence des officiers de police judiciaire, publicité des débats, etc.).

Il s'agit également des règles qui sont nécessaires à la garantie d'un procès équitable et, notamment à la protection des droits de la défense.

141. Notion de violation des droits de la défense. En droit sénégalais, les nullités substantielles sont prévues par l'article 166, alinéa 1er du Code de Procédure pénale.

Aux termes de ce texte : « *Il y a également nullité en cas de violation des dispositions substantielles du présent titre, autres que celles visées à l'article 164 et notamment en cas de violation des droits de la défense* ». La violation des droits de la défense renvoie à une irrégularité commise qui a pour effet de porter atteinte aux droits de la défense, en tant que garantie d'un procès équitable.

Les formalités visées par l'article 164 du Code de Procédure pénale, auxquelles renvoie l'article 166 du Code de Procédure pénale, concernant le procès-verbal d'interrogatoire de première comparution et le procès-verbal d'interrogatoire de fond, doivent être observées à peine de nullité tant de l'acte lui-même que de la procédure ultérieure ; il s'agit donc de « *formalités guillotines* » qui sont sanctionnées par une nullité textuelle automatique, dès lors que l'irrégularité est constatée. Dans ces cas, le juge prononce l'annulation de l'acte suivie de celle de la procédure subséquente, dès qu'il constate l'irrégularité.

L'emploi par le législateur de l'expression « *et notamment en cas de violation des droits de la défense* », (surtout l'usage de la conjonction de coordination « *et* ») montre que la violation des droits de la défense constitue une cause autonome de nullité de la procédure par rapport à la méconnaissance des autres formalités substantielles prévues par le titre III consacré à l'instruction (art. 70 à 217 du Code de Procédure pénale).

En d'autres termes, les irrégularités commises, même au cours de l'enquête, qui ont effet de porter atteinte aux droits de la défense peuvent être sanctionnées par une nullité substantielle sur le fondement de l'article 166 du Code de Procédure pénale. Ainsi, dans l'exercice du droit à l'assistance d'un avocat durant l'enquête, les nullités pour violation des droits de la défense peuvent résulter soit de la méconnaissance par l'enquêteur de son obligation d'information à l'égard de la personne interpellée, soit de son obligation de facilitation de l'intervention de l'avocat.

✓ *Les irrégularités relatives à l'obligation d'information de l'enquêteur*

142. Diversité des irrégularités. Dans la mise en œuvre de ses obligations d'information à l'égard de la personne interpellée plusieurs irrégularités commises peuvent affecter les droits de la défense. Il peut s'agir de la notification du droit à l'assistance d'un conseil dans une langue non comprise, de la notification tardive de ce droit ou du défaut d'information sur la nature de l'infraction objet de l'enquête.

143. Notification du droit à l'assistance d'un avocat dans une langue non comprise. La violation des droits de la défense peut résulter aussi bien d'un défaut de notification du droit à l'assistance d'un avocat dès l'interpellation, que de la notification de ce droit dans une langue non comprise par la personne interpellée. En effet, cette irrégularité est de nature à porter atteinte aux droits de la défense.

Dans un jugement rendu le 06 mars 2017 par la Chambre criminelle du Tribunal de grande Instance de Louga[428], les conseils des prévenus avaient soulevé la nullité de procès-verbaux d'enquête en soutenant qu'ils ont été dressés en violation des règles relatives à la présence d'un interprète assermenté à l'enquête de police. La Chambre criminelle a rejeté l'exception de nullité en énonçant que « *la violation des formalités relatives à la traduction et l'interprétariat n'est pas expressément sanctionnée par la nullité des actes d'audition* ».

La motivation de cette décision nous semble très discutable. En effet, si la notification du droit à l'assistance d'un avocat durant l'enquête dans une langue non comprise par la personne interpellée et sans aucune traduction n'est pas sanctionnée par une nullité textuelle, cette

---

[428] TGI, Louga, ch. crim., n° 01 du 06 mars 2017, MP c/ Thierno KA et Adama KA, *inédit*.

irrégularité est de nature à porter atteinte aux droits de la défense conformément à l'article 166 du Code de Procédure pénale. La notification du droit à l'assistance d'un avocat constitue le point de départ à partir duquel la personne interpellée peut véritablement exercer son droit à un avocat. Or, une notification faite dans une langue que la personne interpellée ne comprend pas affecte forcément les droits de la défense, puisque cette notification ne permet pas à ce dernier d'exercer son droit à l'assistance d'un avocat.

Dans l'affaire *Ossigbovo Thomas Uwuilekhue* jugée le 06 février 2018 par la Chambre criminelle du Tribunal de grande Instance de Kaolack[429], les conseils des accusés avaient soulevé une exception de nullité de la procédure tirée de la violation de l'article 166 du Code de Procédure pénale au motif que les enquêteurs avaient entendu leurs clients sans l'assistance d'un interprète alors que Uwuilekhue ne parlait que la langue anglaise. Ils ont soutenu que la pratique consistant pour les agents verbalisateurs de s'attacher les services d'un co-accusé pour les besoins de l'interprétation de ses déclarations est irrégulière.

La Chambre criminelle du Tribunal de grande Instance de Kaolack a rejeté ladite exception au motif que même si la présence d'un interprète est une formalité substantielle, la nullité prévue à l'article 166 Code de Procédure pénale du Sénégal « *est exclusivement prononcée par la chambre d'accusation* ».

Les juges de la Chambre criminelle du Tribunal de grande Instance de Kaolack semblent admettre que l'intervention d'un interprète lorsque les mis en cause ne parlent pas la langue officielle constitue une formalité substantielle au sens de l'article 166 du Code de Procédure pénale de nature à entraîner la nullité de la procédure.

Mais le motif du rejet de l'exception de nullité nous semble très curieux, si l'on sait le prononcé de la nullité pour violation des droits de la défense n'est pas un monopole de la chambre d'accusation. L'article 166 du Code de Procédure pénale reconnaît seulement un pouvoir d'appréciation à la

---

[429] TGI, Kaolack ch. crim., n° 10 du 06 février 2018, MP c/ Mahamadine Cissé et Ossigbovo Thomas Uwuilekhue, *inédit*.

chambre d'accusation pour décider si l'annulation doit être limitée à l'acte vicie ou s'étendre à tout ou partie de la procédure ultérieure, sans lui conférer un pouvoir exclusif d'annulation[430]. D'ailleurs, l'article 168 du Code de Procédure pénale reconnaît le même pouvoir d'annulation à la juridiction criminelle (chambre criminelle), à la juridiction correctionnelle et de simple police.

144. Notification tardive du droit à l'assistance d'un avocat. Le droit à l'assistance d'un avocat peut être exercé dès le premier contact du suspect avec l'enquêteur, bien avant son interrogatoire.

Selon la circulaire ministérielle du Sénégal du 11 janvier 2018 : « *l'officier de police judiciaire, à moins qu'il ne soit absolument sûr à l'avance que l'interpellation à laquelle il procède sera très brève et ne conduira à aucune audition ou interrogatoire à consigner sur procès-verbal, doit procéder à la notification au suspect de son droit à être assisté par un avocat* ». Cette circulaire énonce que l'officier de police judiciaire « *doit s'en acquitter sans délai* ».

Que l'interpellation de la personne résulte d'une mesure de contrainte (arrestation, garde à vue, retenue douanière) ou tienne à l'existence de soupçons pesant sur cette dernière, indépendamment de toute mesure privative de liberté (suspect libre), la notification du droit à l'assistance d'un avocat devrait intervenir dès son premier contact avec l'officier de police judiciaire, c'est-à-dire avant le début de son premier interrogatoire.

D'ailleurs, en vertu de l'article 76, alinéa 8 du Code de Procédure pénale du Mali, le droit à l'assistance d'un avocat est porté à la connaissance de l'intéressé « *avant tout interrogatoire ou audition* » *; mention devra en être faite au procès-verbal.*

D'après le guide de l'officier de police judiciaire, élaboré par la Division des Investigations criminelles (DIC), la notification du droit à l'assistance d'un avocat doit intervenir « dès l'interpellation du suspect

[430] A. DIOP, « Une juridiction méconnue : la Chambre d'accusation », *Rev.sén. dr.* décembre 1975, n° 18, p. 33 et s.

d'après les textes ; en d'autres termes dès son arrivée devant l'officier de police judiciaire (...) ».

En matière de garde vue, une jurisprudence française bien établie énonce que « *l'officier de police judiciaire ou, sous son contrôle, l'agent de police judiciaire, a le devoir de notifier immédiatement les droits attachés au placement en garde à vue ; que tout retard dans la mise en œuvre de cette obligation, non justifié par une circonstance insurmontable, porte nécessairement atteinte aux intérêts de la personne concernée* »[431].

L'information tardive injustifiée constitue une cause de nullité du procès-verbal d'audition, éventuellement de la procédure ultérieure pour violation des droits de la défense[432].

En France, il a été jugé que tout retard injustifié dans la notification des droits est susceptible d'entacher de nullité la procédure pour violation des droits de la défense[433]. Il appartient à la chambre de l'instruction, saisie d'une requête en nullité, d'apprécier les raisons d'un retard dans la notification[434].

Cette jurisprudence doit être approuvée. En effet, le retard dans la notification du droit à l'assistance d'un conseil peut gravement porter atteintes aux droits de la défense, dès lors que ce droit peut être exercé

---

[431] Cass. crim., 29 avril 1998, *Bull. crim.* 1998, n° 145 ; *Dr. pén.* 1998, comm. 123 ; Cass. crim., 14 décembre 1999, *Jurisdata* n° 1999-004844 ; *Dr. pén.* 2000, comm. 39, note A. Maron ; Cass. crim., 29 février 2000, *Jurisdata* n° 2000-001022 ; *Dr. pén.* 2000, comm. 80, note A. Maron ; Cass. crim., 10 mai 2000, *Bull. crim.* 2000, n° 182 ; Cass. crim., 18 octobre 2000, *Jurisdata* n° 2000-006924 ; Cass. crim., 25 octobre 2000, *Jurisdata* n° 2000-007331 ; Cass. crim., 06 décembre 2000, *Jurisdata* n° 2000-007689 ; Cass. civ., 09 janvier 2008, *Jurisdata* n° 2008-042203 ; Cass. civ., 12 janvier 2011, n° 09-15.791, *Jurisdata* n° 2011-000240.

[432] A. FOSSAERT-SABATIER, « Le contrôle de la Cour de Cassation en matière de garde à vue. De prérogative policière, la garde à vue est devenue le terrain des droits de l'homme - terrain dont la Cour suprême assure le contrôle », *Dr. pén.* 1997, chr. p. 04 ; V. BÜCK, « Vers un contrôle plus étendu de la garde à vue. Contentieux relatif à la notification immédiate des droits », *RSC* 2001, p. 325.

[433] Cass. crim. 25 juin 2013, n° 13-81.977, *Bull. crim.* n° 154 ; cass. crim. 2 février 2005, n° 04-86. 805, *Bull. crim.* n° 41 ; cass. crim. 06 mai 2003, n° 02-87.567, *Bull. crim.* n° 93.

[434] Cass. crim. 26 mai 1999, n° 99-81.457, *Bull. crim.* n° 105.

dès le premier contact de la personne interpellée avec l'officier de police judiciaire.

145. Défaut d'information sur la nature de l'infraction objet de l'enquête. En droit pénal sénégalais, le non-respect de l'obligation d'informer de l'avocat sur la nature de l'infraction objet de l'enquête n'est pas expressément sanctionné par la nullité.

Il est certain que la méconnaissance de cette formalité substantielle au sens de l'article 166 du Code de Procédure pénale du Sénégal, est de nature à entamer la régularité du procès-verbal. Cette formalité rentre dans le cadre du respect des droits de la défense, l'information donnée par l'officier de police judiciaire à l'avocat sur la nature de l'infraction recherchée lui permet d'organiser la défense de son client.

En effet, la qualification de l'infraction pénale objet de l'enquête détermine souvent les règles de procédure applicables. À titre d'exemple, les délais de garde à vue sont doublés en ce qui concerne les crimes et délits contre la sûreté de l'État (espionnage, trahison, attroupements illicites, etc.)[435], ce qui n'est pas le cas des infractions de droit commun (meurtre, vol, abus de confiance, recel, etc.).

Contrairement à l'obligation de notification du droit à l'assistance d'un conseil dès l'interpellation, qui est sanctionnée par une nullité textuelle, l'obligation d'information sur la nature de l'infraction recherchée donne lieu au prononcé d'une nullité virtuelle pour violation des droits de la défense.

L'article 184, alinéa 2 du Code de Procédure pénale du Bénin, qui a pour équivalent l'article 166, alinéa 2 du Code de Procédure pénale sénégalais, dispose que doivent être observées à peine de nullité de l'acte et même s'il y échet, de la procédure ultérieure, « *les dispositions substantielles du présent titre, et notamment celles concernant les droits de la défense* »[436].

---

[435] V. art. 55, alinéa 8 du Code de Procédure pénale sénégalais.

[436] V. également art. 172, alinéa 1er du Code de Procédure pénale de la Côte d'Ivoire ; art. 172, alinéa 1er du Code de Procédure pénale du Burkina Faso ; art. 145, alinéa 1er du Code de Procédure pénale du Togo ; art. 163, alinéa 1er du Code de Procédure pénale du Niger ; art. 166, alinéa 1er du Code de procédure pénale du Sénégal.

Un arrêt de la Cour de Cassation française du 16 juin 2015[437] a déjà jugé que le défaut d'information de la personne gardée à vue de la nature de l'infraction recherchée, alors qu'il existait, dès le début de la garde à vue, une ou plusieurs raisons plausibles de soupçonner qu'elle avait également commis un viol ou tenté de le commettre, porte atteinte à ses intérêts[438].

✓ *La méconnaissance de l'obligation de facilitation de l'intervention de l'avocat*

146. Nature de la nullité encourue. Le non-respect par l'officier de police judiciaire de son obligation de faciliter l'intervention de l'avocat (refus de contacter l'avocat choisi, obstacle à l'entretien de l'avocat avec son client, violation de la confidentialité de l'entretien entre l'avocat et son client, etc.) constitue une irrégularité pouvant entraîner l'annulation du procès-verbal d'audition de la personne interpellée et éventuellement de la procédure subséquente, pour violation des droits de la défense au sens de l'article 166 du Code de Procédure pénale.

La circulaire sénégalaise du 11 janvier 2018 précitée énonce que l'obligation de moyens de l'officier de police judiciaire n'en reste pas moins une obligation. « *Elle n'est pas facultative. Elle n'est pas discrétionnaire. Elle doit être exécutée en toute bonne foi, en mettant en œuvre des efforts à la mesure du droit protégé. La bonne foi s'apprécie au regard des circonstances de la cause. La non communication avec l'avocat découlant de la mauvaise foi de l'officier de police judiciaire qui prend seulement prétexte du manque de moyens, peut entraîner l'annulation de la procédure pour violation d'un droit substantiel* ».

147. Etat de la jurisprudence. Il a été déjà jugé que doit être annulé le procès-verbal d'audition d'une personne gardée à vue réalisée en partie après la vingtième (25e) heure lorsqu'il n'est pas justifié que les policiers

---

[437] Cass. crim. 16 juin 2015, n° 14-87.878, *AJ pén.*, 2015, p. 505, obs. D. Brach-Thiel ; sur cet arrêt, V. A. GIUDICELLI, « Complétude de l'information sur la nature des faits justifiant le placement en garde à vue », *RSC* 2015, p. 678.

[438] D. BRACH-THIEL, « Nullité de la garde à vue en cas d'absence de notification immédiate de la nature d'une infraction », *AJ pén.*, 2015, p. 505.

ont accompli les diligences nécessaires pour que l'intéressé exerce son droit de s'entretenir avec un avocat dans les délais[439].

Dès lors, lorsqu'aucun avocat ne se présente, malgré la demande de la personne interpellée et si aucun élément de la procédure n'établit que l'enquêteur a effectué les diligences nécessaires, la procédure est irrégulière[440].

La jurisprudence française estime que l'officier de police judiciaire doit, à peine de nullité, mentionner les diligences qu'il a accomplies pour que l'intéressé bénéficie de son droit d'accéder à un avocat dans le délai légal ainsi que les suites données aux appels téléphoniques émis pour contacter les avocats désignés ou les services de l'ordre des avocats[441].

Cependant, aucune annulation ne peut être prononcée lorsque le défaut d'entretien est imputable à l'avocat[442].

Dans l'arrêt *Idrissa SECK*, rendu le 10 octobre 2005[443], la Chambre d'Accusation de la Cour d'appel de Dakar a eu l'occasion d'apprécier un moyen tiré d'une violation par l'officier de police judiciaire de son obligation de faciliter l'intervention de l'avocat en matière de garde à vue. Dans cette espèce, l'inculpé avait soulevé un moyen de nullité tiré de l'obstruction à son droit de prendre contact avec son conseil à l'expiration de la première période de garde à vue. Il a, en effet, soutenu avoir reçu notification de la garde à vue le 16 juillet 2005 et qu'il avait été porté à sa connaissance que la police judiciaire avait le droit de le retenir pendant quatre-vingt-seize (96) heures et qu'au terme des quarante-huit (48) heures, il aurait le droit de constituer un avocat.

Il fait valoir que la garde à vue ayant commencé le 15 juillet 2005 à 12 heures 25 minutes, son conseil devait pouvoir le rencontrer dès le 19 juillet 2005 à 12 heures 25 minutes du matin et qu'aux termes des articles

---

439 V. cass. crim. 10 mai 2001, n° 01-81.762.

440 En matière de garde à vue, V. cass. crim. 08 mars 2000, *Bull. cim.*, n° 109 ; cass.crim. 10 mai 2010, *Bull. crim.* n° 118.

441 Cass., 23 janvier 2003, *D.* 2003, IR, p. 667 ; Cass. crim., 10 mai 2001, *Bull. crim.*, n° 118 ; 08 mars 2000, *Bull. crim.*, n° 109.

442 Cass. crim., 12 septembre 2000, *Procédures* 2001, comm. n° 48.

443 CA Dakar, ch. acc., n° 123 du 10 octobre 2005, MP c/ Idrissa SECK, *inédit*.

55 bis et 55 ter du Code de Procédure pénale sénégalais, l'officier de police judiciaire avait l'obligation de tout faire pour contacter son avocat et de mentionner sur le procès-verbal toutes les diligences et informations données et demandes faites en application de l'article 55 bis du Code de Procédure pénale, à peine de nullité.

La chambre d'accusation a rejeté ce moyen de nullité aux motifs l'inculpé ayant constitué un conseil, l'officier de police a avisé téléphoniquement celui-ci qui s'est entretenu pendant trente (30) minutes avec son client à son arrivée dans les locaux de la police. Les juges ont ajouté « *qu'il s'ensuit qu'il n'y a pas obstruction au droit de prendre contact avec son conseil après prolongation du délai de garde à vue, prolongation régulièrement autorisée par le procureur de la République* ».

Dans l'affaire *Khalifa Ababacar SALL* jugée par la Chambre d'Accusation de la Cour d'Appel de Dakar le 16 mai 2017[444], les conseils de l'ex Maire de Dakar ont, à l'appui de leur requête en annulation de la procédure, soutenu que lorsque l'un de ses avocats s'est présenté dans les locaux de la Brigade des Affaires générales (BAG), pour l'assister dès l'interpellation, les autorités policières lui ont refusé l'accès aux locaux.

La chambre d'accusation de la Cour d'Appel de Dakar a rejeté la demande en annulation de la procédure au motif notamment « *qu'aucun élément du dossier ne prouve qu'il avait été fait obstacle à l'accès de cet avocat aux locaux où s'était tenue l'enquête* ».

En France, un retard d'une heure dans les diligences accomplies par l'officier de police judiciaire a été tenu pour excessif, d'autant que les enquêteurs avaient entrepris l'audition de l'intéressé avant même de prévenir l'avocat. La haute juridiction de cassation a jugé que le retard apporté par l'officier de police judiciaire dans l'information donnée à

[444] CA Dakar, ch. acc. n° 168 du 16 mai 2017, MP c/ khalifa Ababacar SALL et autres, *annexe n° 07*.

l'avocat de permanence désigné par le bâtonnier, portait nécessairement atteinte aux intérêts de la personne gardée à vue[445].

La jurisprudence considère comme admissible un retard d'une demi-heure dans l'accomplissement des diligences de l'officier de police judiciaire[446].

148. Violation de la confidentialité de l'entretien. Le non-respect de la confidentialité de l'entretien de l'avocat avec son client est susceptible d'entraîner la nullité du procès-verbal d'audition et éventuellement celle de toute la procédure. En matière de garde à vue, il a été jugé que la présence d'un fonctionnaire de police durant l'entretien en raison de l'absence d'un local spécifique entache la garde à vue de nullité[447].

Mais l'entretien par l'intermédiaire de microphones placés de chaque côté d'une cloison vitrée séparant l'avocat et la personne gardée à vue est possible, si le dispositif mis en place ne porte pas atteinte à la confidentialité de l'entretien[448].

149. Obligation d'annexion des observations de l'avocat. S'agissant spécifiquement de l'obligation d'annexion des observations de l'avocat à la procédure, la circulaire ministérielle du 11 janvier 2018 énonce que la défaillance de l'officier de police judiciaire « *entraîne la nullité du procès-verbal, en application de l'article 55 ter du Code de Procédure pénale* » puisque « *ce texte renvoie toujours à l'article 55 bis qui est virtuellement abrogé mais dont le contenu est repris dans l'article 55 du Code de Procédure pénale* ».

Cette analyse nous semble entachée d'erreur. En effet, si la méconnaissance de l'obligation d'annexion des observations de l'avocat au procès-verbal constitue une irrégularité, elle ne saurait être sanctionnée par une nullité textuelle sur le fondement de l'article 55 ter du Code de Procédure pénale. Selon ce texte, l'officier de police

---

[445] Cass. crim. 29 novembre 2006, n° 06-82.699 ; civ. 28 juin 2005, *Bull. crim.* I, n° 281 ; crim. 06 décembre 2005, *Bull. crim.* I, n° 473.
[446] Cass. 28 juin 2005, *Bull. crim.* I, n° 282.
[447] CA Paris, 24 janvier 2005, *Jurisdata,* n° 2005-270827.
[448] Cass. crim., 12 septembre 2000, *Jurisdata,* n° 2000-006309.

judiciaire mentionne au procès-verbal d'audition de la personne gardée à vue les informations données et les demandes faites en application de l'article 55 bis du Code de Procédure pénale ainsi que la suite qui leur a été donnée. Ces mentions sont prescrites à peine de nullité du procès-verbal.

Ainsi, l'article 55 ter du Code de Procédure pénale, qui a subsisté (du moins formellement) à la réforme introduite par la loi n° 2016-30 du 08 novembre 2016, ne vise que les personnes gardées à vue et non les suspects libres. En outre, les mentions prescrites à peine de nullité par ce texte sont celles relatives aux informations données, aux demandes faites en application de l'article 55 bis et aux suites qui leur ont été données et non celles attachées à la formalité de l'annexion des observations de l'avocat à la procédure.

Une question se pose : le défaut d'annexion des observations de l'avocat au dossier peut-il être sanctionné par une nullité virtuelle pour violation des droits de la défense au sens de l'article 166 du Code de Procédure pénale ? Il est certain que les observations faites par le conseil à l'issue de l'entretien rentrent dans le cadre de l'organisation de la défense de la personne interpellée, lesdites observations faisant suite à l'entretien de l'avocat avec la personne interpellée.

Pour autant, l'irrégularité résultant du non-respect de l'obligation d'annexion des observations de l'avocat constitue-t-elle une violation des droits de la défense ? Il est légitime de le penser.

Il est vrai que les observations formulées à l'issue de l'assistance de la personne interpellée sont des appréciations « *personnelles* » portées par l'avocat sur la régularité de la procédure qui n'affectent pas forcément la procédure d'enquête. La chambre d'accusation ou même le tribunal, saisi de la régularité de la procédure, peut rejeter ces moyens de nullité comme mal fondés.

Cependant, les observations faites par l'avocat à l'issue de l'accomplissement des actes d'assistance, lui permettent de relever les irrégularités constatées (tortures, brimades, violation de la confidentialité de l'entretien, obstacles à l'entretien, etc.) rentrent incontestablement dans le cadre de l'exercice des droits de la défense. Indépendamment de leur caractère fondé ou non, le défaut d'annexion des observations au procès-verbal constitue une entrave à l'exercice des droits de la défense.

Dès lors, la formalité de l'annexion des observations de l'avocat au dossier constitue une formalité substantielle de nature à entraîner la nullité de la procédure pour violation des droits de la défense.

2.- L'absence de renonciation à la nullité.

150. Possible renonciation à la nullité. L'assistance d'un avocat durant l'enquête étant un droit et non une obligation, la personne interpellée peut y renoncer de façon non équivoque.

Mais le suspect peut-il pour autant renoncer à se prévaloir de la nullité résultant de violation de son droit à l'assistance d'un conseil ?

Il faut préciser que ce qui est en cause ici c'est la renonciation a posteriori de la nullité résultant de la méconnaissance du droit à l'assistance d'un avocat et non la renonciation anticipée qui intervient avant même l'existence de l'irrégularité.

Dans les droits des États membres de l'UEMOA, les législateurs ont prévu la possibilité pour les parties de renoncer aux nullités édictées dans leur seul intérêt.

À titre d'exemple, l'article 166, alinéa 3 du Code de Procédure pénale du Sénégal énonce que les parties peuvent renoncer de façon expresse à se prévaloir des nullités résultant de la violation des droits de la défense, lorsqu'elles ne sont édictées que dans leur seul intérêt[449]. Il s'agit en réalité d'un cas de renonciation a posteriori possible après que l'irrégularité ait été commise[450]. Cette renonciation doit être expresse ; elle ne saurait résulter de la seule attitude de la personne interpellée.

---

[449] V. également, l'article 168, alinéa 4 du Code de Procédure pénale sénégalais.

[450] F. DESPORTES et L. LAZERGES-COUSQUER, *Traité de procédure pénale*, Paris, Economica, 2e éd., 2013, p. 1326, n° 2024.

Dans une espèce jugée par la Cour de Cassation sénégalaise le 18 mai 1999[451], un inculpé avait renoncé expressément et au surplus en présence de son avocat à se prévaloir de la nullité résultant du fait qu'il a été interrogé sans que son avocat fût présent. La cour régulatrice a rejeté le pourvoi formé contre l'arrêt de la cour d'appel qui a énoncé que « *la renonciation à la nullité d'un acte déjà effectué lui est nécessairement postérieure et a pour effet de régulariser la procédure et que la saisine de la chambre d'accusation par le juge d'instruction désireux d'expurger sa procédure d'un vice qu'elle comporte ne s'impose que lorsque la partie dont les droits ont été méconnus ne veut ou ne peut renoncer à la nullité qui affecte cet acte* ».

Selon les hauts magistrats : « *les juges du fond ont justifié leur décision au regard des articles 164 alinéa 2, 165 et 166 alinéa 3 et 168 alinéa 4 du Code de Procédure pénale qui prévoient la renonciation à une nullité édictée dans le seul intérêt de la partie tant devant le juge d'instruction que devant la chambre d'accusation et devant la juridiction correctionnelle ou de simple police* ».

151. Renonciation à la nullité tirée de la violation du droit à un avocat. Il semble, dès lors, que la personne interpellée peut renoncer à la nullité résultant de la méconnaissance par l'officier de police judiciaire de son droit à l'assistance d'un avocat. Il en est ainsi lorsque ce dernier ne lui notifie pas son droit ou n'accomplit pas les diligences nécessaires pour assurer l'intervention ou la communication avec son avocat. En effet, les nullités résultant de la méconnaissance des droits de la défense ont été instituées dans l'intérêt exclusif de la personne interpellée. Il s'agit, à travers la sanction de la nullité, de garantir le respect et l'effectivité des droits de la défense pendant la phase policière du procès pénal[452].

---

[451] Cass. ch. pén. n° 61 du 18 mai 1999, Assane DIAGNE et Sada Abdoul SY c/ Ministère Public et la Caisse de Sécurité sociale, *inédit*.

[452] V. EL. M. MBOUP, « Les nullités de l'enquête et de l'instruction : un exemple de déclin de la légalité procédurale ? », in M. BADJI, O. DEVAUX et B. GUEYE, *Droit sénégalais, Conflictualité en Afrique francophone,* n° 10, 2011-2012, Presses de l'Université de Toulouse I, p. 336.

Cette analyse est d'autant plus légitime qu'à l'étape de l'information judiciaire, il est reconnu à l'inculpé la faculté de renoncer à se prévaloir de la méconnaissance des formalités relatives à l'interrogatoire de première comparution et de celles relatives à l'interrogatoire au fond[453].

Il s'agit notamment, de l'obligation pour le magistrat instructeur, avant toute inculpation de donner avis à la personne conduite devant lui de son droit de choisir un conseil parmi les avocats inscrits au tableau ou admis au stage et de mettre à la disposition du conseil de l'inculpé la procédure vingt-quatre (24) heures au plus tard avant chaque interrogatoire.

B.- La mise en œuvre de la nullité

152. Titulaires du recours en annulation. La chambre d'accusation est chargée de procéder au contrôle de la régularité des actes d'information. En effet, les actes d'instruction, y compris les procès-verbaux d'enquête, peuvent être atteints de nullité lorsqu'ils sont irréguliers[454]. Or, le magistrat instructeur n'est pas habilité à annuler ses propres actes.

Normalement, la nullité doit être demandée à la chambre d'accusation tant que l'information est encore en cours. Il appartient au juge d'instruction de saisir la chambre d'accusation pour faire prononcer l'annulation de l'acte, après avoir recueilli l'avis du procureur de la République et avoir averti l'inculpé et la partie civile[455].

Le Ministère public bénéficie aussi de la même prérogative si le juge d'instruction ne prend pas cette initiative ; il requiert alors communication de la procédure et présente à la chambre d'accusation une requête aux fins d'annulation des actes incriminés[456]. Si c'est l'inculpé ou la partie civile qui estime qu'une nullité a été commise, il saisit par une requête motivée la chambre d'accusation qui réclame immédiatement le dossier de la procédure au juge d'instruction[457].

---

453 V. art. 164, alinéa 2 du Code de Procédure pénale du Sénégal.

454 J. M. ROBERT, « Nullité de procédure pénale et bonne administration de la justice», *D.* 1971, chr. 85.

455 V. art. 165, alinéa 1er du Code de Procédure pénale du Sénégal.

456 V. art. 165, alinéa 2 du Code de Procédure pénale du Sénégal.

457 V. art. 165, alinéa 3 du Code de Procédure pénale du Sénégal.

153. Spécificités. Dans le cadre de l'exercice du droit à l'assistance d'un avocat dès l'interpellation, le régime processuel des nullités relatives à la violation des obligations de l'officier de police judiciaire présente certaines particularités relatives aux conséquences de la nullité (1). Par ailleurs, les systèmes procéduraux des États membres de l'UEMOA ont mis en place des techniques permettant de neutraliser les nullités encourues (2).

1.- Les conséquences de la nullité

154. Conséquences procédurales. La question de la détermination des conséquences de l'annulation pour méconnaissance du droit d'accéder à un avocat durant l'enquête pose le problème de l'étendue de la nullité (a) ainsi que celui des suites de l'annulation (b).

a.- L'étendue de la nullité

155. Position du problème. En principe, la nullité n'affecte que l'acte, c'est-à-dire le procès-verbal d'audition de la personne interpellée dressé en méconnaissance des dispositions légales.

Mais en pratique, certains actes d'enquête ou d'instruction peuvent être intimement liés à l'audition de la personne interpellée. Il arrive qu'une perquisition, l'audition d'un témoin ou un procès-verbal d'interrogatoire de flagrant délit soit établi sur le fondement des informations réunies pendant l'audition de la personne interpellée. Il y a même des cas où le procureur de la République qui décide d'ouvrir une information judiciaire vise dans son réquisitoire introductif, le numéro et la date d'un procès-verbal de police ou de gendarmerie entaché de nullité. Dans ce cas, peut-on considérer que l'irrégularité du procès-verbal d'audition irradie également les actes pris sur son fondement ? C'est toute la question de la portée de la nullité du procès-verbal d'audition de la personne interpellée qui est ainsi posée.

156. Régime spécifique de la violation des formalités de l'instruction. Pour rappel, les formalités prévues par l'article 164 du Code de Procédure pénale obéissent à un régime procédural spécifique.

En effet, ces formalités concernant le procès-verbal d'interrogatoire de première comparution et le procès-verbal d'interrogatoire de fond doivent être observées à peine de nullité tant de l'acte lui-même que de la procédure ultérieure ; il s'agit donc de « *formalités guillotines* » qui sont donc sanctionnées par une nullité textuelle automatique de l'acte et de la procédure ultérieure dès lors que l'irrégularité est constatée.

Un jugement rendu le 03 octobre 2017 par la Chambre criminelle du Tribunal de grande Instance hors Classe de Dakar[458] illustre bien le caractère automatique des nullités prévues par l'article 164 du Code de Procédure pénale. Le tribunal a énoncé que la violation de l'article 105 du Code de Procédure pénale (interrogatoire d'un inculpé sans la présence de son avocat) « *est sanctionnée, au regard de l'article 164 du Code de Procédure pénale, par la nullité de l'acte lui-même et de la procédure ultérieure ; Que ladite nullité est prononcée sans vérifier l'existence d'un grief dès lors qu'il s'agit d'une nullité textuelle, c'est-à-dire une nullité consacrée par un texte ; ce qui exclut toute recherche de grief par le juge lequel est consubstantiel à la règle violée* ».

La Chambre criminelle du Tribunal de grande Instance de Louga, dans un jugement rendu le 20 mars 2017[459], a jugé que le non-respect du délai d'attente de vingt-quatre (24) heures imposé au juge par l'article 101 du Code de Procédure pénale avant de procéder à l'interrogatoire de première comparution est sanctionné par la nullité tant du procès-verbal de première comparution que de la procédure ultérieure[460].

La Chambre d'accusation de la Cour d'appel de Kaolack a énoncé dans son arrêt rendu le 20 juin 2016[461] que l'annulation du procès-verbal d'interrogatoire de première comparution et de toute la procédure a eu pour effet de rendre caduc le titre de détention (mandat de dépôt) décerné

---

[458] TGIHC Dakar, ch. crim. n° 084 du 03 octobre 2017, MP c/ Emmanuel DASYLVA, *inédit*.

[459] TGI Louga, ch. crim., n° 04 du 20 mars 2017, MP et Mamadou Aliou Seyni BA c/ Djiby Abdoul DEME, *inédit*.

[460] Dans le même sens, TGI Matam, n° 19 du 10 juillet 2017, MP c/ Maguette Diène dit Ass, *inédit* ; TGI Louga, n° 07 du 28 avril 2016, MP c/ Abdou Sow et autres, *inédit*.

[461] CA Kaolack, ch. acc. du 20 juin 2016, MP c/ Ousmane Faye, *inédit*.

par le magistrat instructeur. Elle a ainsi ordonné la mise en liberté immédiate de l'accusé qui n'était pas détenu pour autre cause.

157. Large pouvoir d'appréciation du juge des nullités. Dans la plupart des États membres de l'UEMOA, la mention de la notification du droit à l'assistance d'un conseil est obligatoirement faite sur le procès-verbal d'audition « *à peine de nullité* »[462].

En outre, dans ces États, le non-respect par l'officier de police judiciaire de son obligation de facilitation de l'assistance de l'avocat n'est pas sanctionné par une nullité textuelle mais par une nullité virtuelle pour violation des droits de la défense. Il en est ainsi par exemple, lorsque l'officier de police judiciaire se garde d'informer l'avocat de la nature de l'infraction recherchée ou s'il n'accomplit aucune diligence en vue de contacter l'avocat désigné par la personne interpellée.

La loi n'a pas expressément sanctionné ces irrégularités par la nullité (nullités textuelles).

Mais il ne fait pas l'ombre d'un doute que de telles irrégularités entravent gravement l'exercice des droits de la défense ainsi que le droit à l'assistance d'un avocat.

La violation du droit à l'assistance d'un avocat dès l'interpellation devrait-elle emporter l'annulation seulement procès-verbal d'audition ou de toute la procédure subséquente ?

En matière de garde à vue, un arrêt de la Cour d'appel de Dakar du 18 mai 2009 a déjà jugé que « *les formes et délais prescrits par l'article 55 du Code de Procédure pénale constituent des formalités substantielles dont l'inobservation est sanctionnée par la nullité du procès-verbal d'enquête et des actes ultérieurs* »[463].

---

[462] V. notamment art. 55, alinéa 10 du Code de Procédure pénale du Sénégal ; art. 76-5 du Code de Procédure pénale de la Côte d'Ivoire ; art. 78, alinéa 4 du Code de Procédure pénale du Bénin.

[463] CA Dakar, n° 379 du 18 mai 2009, MP et Déguène MBAYE c/ Henry Louis Houmenou alias Loulou CAMARA et Aliou SENE, in *Bulletin des arrêts rendus par la Cour d'appel de Dakar en matière pénale,* vol. n° 02, 2001, p. 28 ; dans le même sens, V. CA Dakar n° 182 du 03 mars 2008, MP c/ Sadio Baldé Séne Embalo, *inédit* ;

La circulaire sénégalaise du 11 janvier 2018 prévoit également que l'officier de police judiciaire doit s'acquitter sans délai de son obligation de notification à la personne interpellée de son droit à l'assistance d'un conseil et « *l'omission de cette formalité entraîne la nullité de la procédure* ».

À propos de l'obligation de facilitation de la communication entre l'avocat et la personne interpellée, la circulaire ministérielle a précisé que « *la non communication avec l'avocat découlant de la mauvaise foi de l'officier de police judiciaire qui prend seulement prétexte du manque de moyens, peut entraîner l'annulation de la procédure pour violation d'un droit substantiel* ».

Toutefois, cette conclusion nous semble hâtive. En effet, dans les États membres de l'UEMOA, les législateurs laissent une grande liberté d'appréciation au juge des nullités pour décider si l'annulation doit être cantonnée à l'acte vicié ou s'étendre à tout ou partie de la procédure subséquente. Les textes ne précisent pas les conditions de cette éventuelle extension[464].

En vertu de l'article 166, alinéa 2 du Code de Procédure pénale du Sénégal, en cas d'irrégularités résultant notamment d'une violation des droits de la défense « *la chambre d'accusation décide si l'annulation doit être limitée à l'acte vicié ou s'étendre à tout ou partie de la procédure ultérieure* ». La chambre d'accusation peut ainsi cantonner au strict

---

CA Dakar, n° 651 du 08 août 2008, MP et Administration des Douanes c/ Nouha SIDIBE et Bernard NDECHOUAN, *inédit* : « Qu'il est établi au vu du procès-verbal en l'espèce que lesdites dispositions n'ont pas été observées en ce qu'il n'est mentionné ni les heures de garde à vue, ni la durée des interrogatoires et des repos, ni le jour et l'heure de la conduite des prévenus devant le magistrat compétent ; Qu'il est manifeste que de telles omissions portent atteinte aux droits de la défense et sont de nature à entraîner la nullité » ; CA Dakar, n° 791 du 24 novembre 2008, MP c/ Richard LOMBOT-Moustapha GUEYE, *inédit*.

[464] Y. ROUSSEL, « Le régime des nullités de la procédure pénale après les lois du 4 janvier 1993 et du 24 août 1993 », *Gaz. pal.* 20 janv. 1996, p. 72 ; B. BOULOC, « Observations sur les nullités en matière de procédure pénale », *RSC* 2000, p. 417 ; EL. M. MBOUP, « Les nullités de l'enquête et de l'instruction : un exemple de déclin de la légalité procédurale ? », in M. BADJI, O. DEVAUX et B. GUEYE, *Droit sénégalais, Conflictualité en Afrique francophone,* n° 10, 2011-2012, Presses de l'Université de Toulouse I, p. 331.

nécessaire les effets de l'annulation ou procéder à son extension à toute la procédure ultérieure[465].

La même liberté d'appréciation est reconnue à la juridiction criminelle, au tribunal correctionnel et au tribunal de simple police saisis d'une demande de nullité[466]. L'article 168, alinéa 1er du Code de Procédure pénale énonce que la juridiction d'assises (chambre criminelle), la juridiction correctionnelle ou de simple police peut, le Ministère public et les parties entendus, prononcer l'annulation des actes qu'elle estime atteints de nullité et « *décider si l'annulation doit s'étendre à tout ou partie de la procédure ultérieure* ». Par une démarche casuiste, les magistrats se livrent à un véritable impressionnisme judiciaire et apprécient au cas par cas, s'il faut circonscrire la nullité à l'acte irrégulier ou s'il est nécessaire de l'étendre à toute la procédure subséquente.

158. Théorie des «*fruits de l'arbre empoisonné*». Pour apprécier l'étendue de l'annulation du procès-verbal, la jurisprudence criminelle a progressivement forgé la théorie des «*fruits de l'arbre empoisonné*». Selon cette construction jurisprudentielle, la sanction de l'irrégularité d'un acte, notamment la nullité, s'étend à tous les actes qui en sont la conséquence directe. C'est une nullité par contagion, sorte de nullité par ricochet qui résulte de l'invalidation de l'acte dont elle est l'accessoire[467]. Il s'agit d'une application du principe selon lequel « *ne sont nuls que les actes qui procèdent d'actes dont la nullité a été prononcée* »[468].

---

465 En ce sens, cass. crim. 10 décembre 1968, *Bull. crim.* n° 333 ; cass. crim. 04 juin 1969, *Bull. crim.* n° 186 ; *JCP* 1970, II, 16187, note Chambon ; cass. crim. 1er décembre 1987, *Bull. crim.* n° 437 ; cass. crim. 24 avril 1990, *Bull. crim.*, n° 151, *RSC*, p. 805, osb. Braunschweig ; cass. crim. 27 février 1001, *Bull. crim.*, n° 98.

466 C. GUÉRY, « Le tribunal correctionnel et les nullités de l'instruction », *Dr. pén.* 2004, chron. 10

467 M. GUERRIN, « Nullité de procédure », *Rép. pén.* Dalloz, n ° 179.

468 Pour des exemples récents, cass. crim. 11 juillet 2012, n° 12-82.881 ; cass. crim. 05 février 2013, n° 12-80.57 ; cass. crim. 20 mars 2013, n° 12-85.148.

Un peu comme la chute d'un domino, l'annulation peut, en effet, déclencher une réaction en chaîne susceptible d'emporter celle de la totalité de la procédure ultérieure[469].

159. Thèse jurisprudentielle du support nécessaire et exclusif. La Cour de Cassation française considère que la nullité de l'acte vicié ne doit s'étendre qu'aux actes dont il est « *le support nécessaire et exclusif* »[470]. Dans le même sens, la haute juridiction énonce que « *lorsqu'une irrégularité constitue une cause de nullité de la procédure, seuls doivent être annulés les actes affectés par cette irrégularité et ceux dont ils sont le support nécessaire* »[471]. L'appréciation des liens entre l'acte vicié et les actes ultérieurs relève du pouvoir souverain des juges du fond[472]. Il est évident qu'une pièce ne peut être considérée comme le support d'une autre que si elle lui est antérieure[473].

160. Support juridique ou intellectuel de l'acte annulé. Deux cas de figure peuvent se présenter. Une pièce peut être le support juridique ou intellectuel d'une autre.

Dans le premier cas, l'acte annulé est une condition de sa validité. La Cour de Cassation française vérifie, soit à la demande de l'auteur du pourvoi, soit d'office, l'existence de la relation entre l'acte annulé et la procédure ultérieure[474]. Selon sa chambre criminelle, lorsque la chambre de l'instruction prononce l'annulation d'actes de la procédure, les actes ultérieurs ne doivent être annulés que s'ils trouvent leur support

---

[469] S. FUCINI, « Nullités de procédure : état des lieux de la jurisprudence de la Chambre criminelle», *AJ pén.* 2018, p. 359.

[470] Cass. crim., 26 mai 1999, n° 99-81.764, *Jurisdata* n° 1999-002621 ; *Bull. crim.* 1999, n° 106 ; cass. crim., 23 juin 1999, n° 99-82.186, *Jurisdata* n° 1999-002991 ; *Bull. crim.* 1999, n° 149 ; *Procédures* 2000, comm. 22, obs. Buisson ; cass. crim., 26 janvier 2000, n° 99-86.166, *Jurisdata* n° 2000-000732 ; *Bull. crim.* 2000, n° 46 ; cass. crim. 15 octobre 2003, n° 03-82.683, *JCP* 2004. IV. 1044.

[471] Cass. crim., 03 avril 2007, n° 06-87.264, *Jurisdata* n° 2007-038631 ; *Bull. crim.*, n° 104.

[472] Cass. crim. 26 janvier 2000, n° 99-86.166, *D.* 2000. IR 93 ; *Dr. pén.* 2000. 95, obs. Maron.

[473] Cass. crim. 30 avril 1996, *Bull. crim.* n° 142. ; cass. crim. 06 mai 2003, *Bull. crim.* n° 93 ; cass. crim. 04 janvier 2005, *Bull. crim.*, n° 05.

[474] Cass. crim., 1er décembre 1987, n° 87-85.270, *Jurisdata* n° 1987-002030 ; *Bull. crim.* 1987, n° 437.

nécessaire dans les actes viciés[475]. De sorte que si la pièce initiale est annulée, la pièce dont elle est le support devient elle-même irrégulière et doit être annulée par voie de conséquence. Ainsi, en cas d'annulation d'un réquisitoire introductif non signé, toute la procédure subséquente devient elle-même irrégulière puisque le magistrat instructeur n'aura pas été régulièrement saisi[476].

Dans le même sens, la haute juridiction énonce que « *lorsqu'une irrégularité constitue une cause de nullité de la procédure, seuls doivent être annulés les actes affectés par cette irrégularité et ceux dont ils sont le support nécessaire* »[477].

En revanche, la Cour de Cassation française a censuré une cour d'appel qui, ayant annulé des actes ultérieurs ne découlant pas de l'acte annulé[478], s'est gardée de constater la nullité des réquisitions du Ministère public et des ordonnances du juge d'instruction ayant pu se référer à des actes annulés[479]. La haute juridiction a également censuré un arrêt d'une cour d'appel qui a refusé d'annuler le procès-verbal d'audition d'un témoin entendu au sujet de pièces saisies au cours d'une perquisition dont l'annulation a été prononcée[480]. Il en est de même de la cour d'appel qui refuse d'annuler un procès-verbal d'expertise et des auditions trouvant leur support nécessaire dans une audition faite sous hypnose et annulée[481].

---

[475] Cass. crim., 26 mai 1999, n° 99-81.764, *Jurisdata* n° 1999-002621 ; *Bull. crim.* 1999, n° 106 ; Cass. crim., 23 juin 1999, n° 99-82.186, *Jurisdata* n° 1999-002991 ; *Bull. crim.* 1999, n° 149 ; *Procédures* 2000, comm. 22, obs. Buisson ; cass. crim., 26 janvier 2000, n° 99-86.166, *Jurisdata* n° 2000-000732 ; *Bull. crim.* 2000, n° 46.
[476] Cass. crim. 23 avril 1971, *Bull. crim.*, n° 115.
[477] Cass. crim., 03 avril 2007, n° 06-87.264, *Jurisdata* n° 2007-038631 ; *Bull. crim.* 2007, n° 104.
[478] Cass. crim., 06 mai 2003, n° 02-87.567, *Jurisdata* n° 2003-019167 ; *Bull. crim.* 2003, n° 93 ; *JCP* G. 2003, IV, 2176 ; Cass. crim., 12 février 991, n 90-86.888, *Jurisdata* n° 1991-700980 ; *Bull. crim.* 1991, n° 68.
[479] Cass. crim., 29 octobre 1985, n° 85-93.590, *Jurisdata* n° 1985-702810 ; *Bull. crim.* 1985, n° 330, *D.* 1986, inf. rap. p. 118, obs. J. Pradel.
[480] Cass. crim., 04 juin 1997, n° 97-81.706, *Jurisdata* n° 1997-002624 ; *Bull. crim.* 1997, n° 221 ; *Procédures* 1997, comm. 269, obs. Buisson.
[481] Cass. crim., 28 novembre 2001, n° 01-86.467, *Jurisdata* n° 2001-012269 ; *Bull. crim.* 2001, n° 248.

Un acte annulé peut également être le support intellectuel d'un autre.

Tel est le cas lorsque les informations qu'il a permis de recueillir ont déterminé l'accomplissement d'un acte ultérieur.

La théorie du support nécessaire et exclusif élaboré en matière de garde à vue devrait normalement avoir vocation à s'appliquer à la situation de la personne interpellée.

La nullité du procès-verbal d'audition de la personne interpellée emporte celle de toute la procédure ultérieure lorsque cet acte a été le support nécessaire et exclusif des poursuites. Il en est ainsi lorsque le réquisitoire introductif du procureur de la République, visant uniquement le procès-verbal d'enquête de police, a été établi sur la base exclusive des indices de culpabilité révélés par le procès-verbal d'enquête de police annulé. Dans ce cas, le procès-verbal d'audition constitue le support intellectuel du réquisitoire introductif, puisque les informations qu'il a permis de recueillir ont déterminé de façon exclusive les poursuites pénales.

161. Annulation totale de la procédure. Le Tribunal correctionnel de Thiès a eu l'occasion, dans plusieurs espèces, d'annuler des procès-verbaux d'enquête de police pour violation de l'obligation de notification à la personne interpellée de son droit à l'assistance d'un avocat sur le fondement de l'article 5 du Règlement de l'UEMOA et de l'article 55 du Code de Procédure pénale sénégalais. Les magistrats ont jugé que cette violation des droits de la défense à l'entame de la procédure entraîne la nullité tant des procès-verbaux de police « *sur la base desquels tous les actes postérieurs ont été accomplis que celle de toute la procédure subséquente* »[482]. Dans ces cas, l'extension de la nullité à toute la

[482] V. TGI Thiès, n° 66 du 13 janvier 2017, MP et Sophie NDIONE c/ Ountou GASSAMA, *annexe n° 09* ; TGI Thiès, n° 64 du 13 janvier 2017, MP c/ Maguette NDIAYE, et Aly CAMARA, *annexe n° 08* ; TGI Thiès, n° 784 du 26 juin 2017, MP c/ Moussa GUEYE, *annexe n° 10*. Dans le même sens, CA Dakar, n° 379 du 18 mai 2009, MP et Déguène MBAYE c/ Henry Louis Houmenou alias Loulou CAMARA et Aliou SENE, in *Bulletin des arrêts rendus par la Cour d'Appel de Dakar en matière pénale*, vol. n° 02, 2001, p. 28 ; dans le même sens, CA Dakar n° 182 du 03 mars 2008, MP c/ Sadio Baldé Séne Embalo, *inédit* ; CA Dakar, n° 651 du 08 août 2008, MP et Administration des Douanes c/ Nouha SIDIBE et Bernard NDECHOUAN, *inédit* ; CA Dakar, n° 791 du 24 novembre 2008, MP c/ Richard LOMBOT-

procédure est justifiée par le fait que le procès-verbal d'audition de la personne interpellée a été le fondement nécessaire et exclusif des poursuites notamment du procès-verbal d'interrogatoire de flagrant délit ayant saisi le Tribunal des flagrants délits de Thiès.

D'ailleurs, l'article 168, alinéa 3 du Code de Procédure pénale précise qu'au cas où la nullité de l'acte entraîne celle de toute la procédure subséquente, la juridiction de jugement ordonne un supplément d'information si la nullité est réparable ou, s'il y échet, elle renvoie le Ministère public à mieux se pourvoir.

La première Chambre correctionnelle du Tribunal de grande Instance hors Classe de Dakar, dans une décision rendue le 03 mai 2018[483], a jugé que la violation de l'obligation de notification du droit à l'assistance d'un avocat dès l'interpellation en violation des dispositions de l'article 55 du Code de Procédure pénale et de l'article 5 du Règlement de l'UEMOA, entraîne la nullité des procès-verbaux d'enquête ainsi que toute la procédure subséquente, « *qui présente un lien nécessaire avec eux* ».

162. Flottements jurisprudentiels. Cependant, les juges sénégalais ne sont pas toujours constants dans la mise en œuvre de la théorie du support exclusif et nécessaire. En effet, dans un jugement rendu le 06 décembre 2017[484], le Tribunal de grande Instance de Fatick a procédé à l'annulation d'un procès-verbal d'enquête au motif que l'officier de police judiciaire ne s'est pas conformé à son obligation de consignation dans le procès-verbal de la notification du droit à l'assistance d'un avocat dès l'interpellation en violation de l'article 55 du Code de Procédure pénale.

Le Tribunal correctionnel a jugé que la nullité du procès-verbal d'enquête ne saurait rejaillir sur la procédure ultérieure. Selon le tribunal, « *c'est le procès-verbal d'interrogatoire de flagrant délit qui saisit le tribunal ; Que ledit procès-verbal a été régulièrement établi ; que les déclarations*

Moustapha GUEYE, *inédit* ; TGI Thiès, n° 1558 du 21 décembre 2016, MP et Mamadou Oumar BOCOUM c/ Ibrahima DIA et Ndandina DIA, *inédit* ; TGI Thiès, n° 1697 du 28 décembre 2016, MP c/ Balla Baïdy DIAGNE et autres, *inédit*.

[483] TGIHC Dakar, 1ère ch. corr. n° 407 du 03 mai 2018, MP c/ Hameth FALL et Khadim DRAME et autres, *annexe n° 12*.

[484] TGI Fatick, n° 490 du 06 décembre 2017, MP c/ Mohamed NDIAYE, *inédit*.

qu'il contient ont été consignées par le représentant du Ministère public et, notamment, sur interpellation du prévenu ; qu'elles ne trouvent donc pas pour support uniquement le procès d'enquête de police». Ainsi, estimant que « *la nullité du procès-verbal d'enquête de police ne peut déteindre sur la procédure ultérieure*», le tribunal a déclaré l'action publique recevable avant de condamner le prévenu à deux (2) ans d'emprisonnement ferme pour offre et cession de chanvre indien.

Le tribunal de Fatick semble considérer que le procès-verbal d'enquête annulé ne constitue pas le support exclusif des poursuites, dès lors que le parquet peut fonder lesdites poursuites sur les déclarations faites par le prévenu et consignées sur le procès-verbal d'interrogatoire de flagrant délit.

La motivation du juge nous semble affecté d'une erreur de raisonnement. En effet, comment le Ministère public peut-il asseoir les indices de culpabilité justifiant le déclenchement des poursuites sur des déclarations contenues dans le procès-verbal d'interrogatoire de flagrant délit si l'on sait que cet acte constitue précisément l'acte de poursuite ?

L'acte de nature à fonder les poursuites pénales est nécessairement distinct de l'acte de poursuite (procès-verbal d'interrogatoire de flagrant délit). En réalité, dans le cas d'espèce, en l'absence d'un autre acte ou rapport d'enquête, le procès-verbal d'enquête constitue le support exclusif des poursuites. Son annulation devrait logiquement et nécessairement entraîner celle de la procédure subséquente.

La Cour d'Appel de Dakar a jugé dans un arrêt rendu le 13 janvier 2020[485] que le procès-verbal d'enquête préliminaire comporte deux régimes de nullité différents, liés à la garde à vue relativement au choix de la personne retenue de se faire assister d'un conseil, ceci en vertu de l'alinéa 10 qui a été soulevé en l'espèce et 9 de l'article 55 du Code de Procédure pénale en cas de prolongation de la mesure après quarante-huit heures, et sur ce second point, les enquêteurs se sont conformés à la loi puisque la notification et les réponses des mis en cause figurent

[485] CA Dakar n° 29 du 13 janvier 2020, MP et François Etienne Déthié SENE c/ Thione SECK et Alaye DJITEYE, *inédit*.

bien dans le procès-verbal ainsi que leur droit de se faire consulter par un médecin de leur choix.

Les autres cas de nullité concernent les conditions dans lesquelles la mesure s'est déroulée s'agissant de la durée de l'interrogatoire, du temps de repos, et l'inobservation des règles prévues par les articles 48, 49 et 51 en matière de perquisition, et celui plus classique lié à la compétence territoriale des officiers de police judiciaire, à leur défaut de qualité et à l'absence de signature des procès-verbaux.

La juridiction d'appel a estimé que « *l'annulation par contagion n'est possible que lorsque l'acte annulé est le seul support des actes subséquents et un lien de causalité doit exister entre les deux* ».

Selon le juge d'appel, le droit à l'assistance d'un avocat violé ne concerne que l'audition des prévenus devant les enquêteurs.

La Cour d'Appel de Dakar a précisé que les investigations menées par les enquêteurs qui ne sont entachées d'aucune irrégularité, sont antérieures à toute déclaration effectuée par les mis en cause et que la nullité prononcée ne peut avoir un effet rétroactif au point d'anéantir les actes régulièrement posés avant la prise des actes irréguliers.

La Cour ajoute que le législateur a lui-même posé le principe de la survie de la procédure après annulation et il appartient au juge de se prononcer sur l'importance de l'acte annulé en fonction de l'intérêt juridique protégé.

En conséquence, la Cour d'appel a décidé de limiter les effets de la nullité aux actes viciés énumérés et retirés du dossier.

Mais l'arrêt de la Cour d'appel de Dakar a été cassé par un autre arrêt de la chambre criminelle de la Cour suprême du 04 mars 2021.

La haute juridiction de cassation, par une motivation assez évasive, a estimé qu'il y a lieu, par substitution de dispositif, et en application des dispositions des articles 55, 167 et 168 du Code de Procédure pénale, de dire que la nullité du procès-verbal d'enquête n°286 du 27 mai 2015 s'étend nécessairement au réquisitoire introductif qui s'y est fondé exclusivement et vicie par voie de conséquence tous les actes subséquents[486].

163. Annulation partielle de la procédure. L'annulation du procès-verbal d'audition de la personne interpellée ne saurait entraîner celle de toute procédure ultérieure lorsque ledit procès-verbal ne constitue pas la base exclusive des poursuites. C'est le cas lorsque le Ministère public peut fonder ses poursuites sur un acte distinct du procès-verbal d'enquête, notamment sur un rapport d'enquête d'un corps de contrôle de l'État, comme l'Inspection générale d'État (IGE) ou l'Inspection générale des Finances (IGF), si ce dernier acte n'est pas entaché de nullité.

Il en est de même lorsque le parquet peut également fonder sa conviction sur des indices de culpabilité résultant d'un rapport établi par l'Office National de la Lutte contre la Fraude et la Corruption (OFNAC).

L'analyse de la jurisprudence française montre que la condition relative au support nécessaire et exclusif est appréciée de façon assez restrictive. Il a été jugé qu'une perquisition effectuée à la suite des auditions de garde à vue ne peut être annulée s'il est établi que les policiers disposaient de renseignements avant et en dehors de l'audition du mis en cause[487]. La chambre criminelle de la Cour de Cassation française a estimé qu'une notification tardive n'entraîne pas l'annulation des procès-verbaux d'audition postérieurs à la notification, ni celle de la perquisition effectuée pendant la garde à vue si celle-ci n'en est pas le support[488].

La chambre criminelle a aussi approuvé une chambre de l'instruction pour n'avoir pas étendu l'annulation d'actes de la procédure à une expertise ultérieure dès lors que l'expert ne s'est référé à aucun des actes annulés[489]. Elle a également rejeté le pourvoi formé contre l'arrêt de la chambre de l'instruction qui a refusé d'annuler la procédure ultérieure au

---

[486] CS ch. crim. n°07 du 04 mars 2021, Thione Seck c/ MP et la Banque Centrale des États de l'Afrique de l'Ouest (BCEAO), *inédit*.
[487] Cass. crim. 28 mars 2000, n° 00-80.090, *Procédures* 2000. 175, obs. Buisson ; cass. crim. 20 juin 2001, n° 01-82.614, *Dr. pén.* 2001. 135, obs. Maron.
[488] Cass. crim., 27 juin 2000, *Bull. crim.*, n° 246.
[489] Cass. crim., 13 juillet 1971, n° 71-91.16, *Bull. crim.* 1971, n° 230.

motif que « *les actes annulés n'apparaissent pas comme le soutien exclusif et indispensable de la poursuite de la procédure* »[490].

Le Tribunal de grande Instance de Saint-Louis, dans une décision rendue le 10 mars 2017[491], a procédé à l'annulation du procès-verbal d'audition concernant un inculpé, pour violation du droit à l'assistance d'un avocat en cas de prolongation de la garde à vue, conformément aux articles 55 et 55 bis du Code de Procédure pénale. Le tribunal a cependant écarté le procès-verbal d'audition de l'inculpé des débats en précisant que les déclarations antérieures restent valables.

La Cour suprême, dans un arrêt rendu le 31 juillet 1973[492], a rejeté le pourvoi formé contre un arrêt d'une cour d'appel qui, après avoir annulé les procès-verbaux concernant des inculpés pour lesquels les prescriptions de la garde à vue n'ont pas été respectées, a déclaré réguliers d'autres procès-verbaux servant de base au réquisitoire introductif.

On peut lire sous la plume des hauts magistrats que : « *l'arrêt (de la chambre d'accusation) ayant relevé que certains des procès-verbaux de l'enquête préliminaire paraissent réguliers et devaient être maintenus au dossier, on doit considérer que ces procès-verbaux ont valablement servi de base au réquisitoire introductif qui a saisi in rem le juge d'instruction et que c'est à bon droit que la chambre d'accusation n'a annulé que les procès-verbaux concernant les inculpés pour lesquels la prescription de la garde à vue n'avait pas été respectée* ».

Dans l'affaire *Khalifa Ababacar SALL* jugée le 30 août 2018[493], la Cour d'Appel, saisie en appel de la décision du Tribunal de grande Instance hors Classe de Dakar, après avoir constaté que les prévenus ont été entendus à l'enquête de police sans l'assistance de leurs conseils, a eu

---

490 Cass. crim., 28 juin 1983, n° 83-91.676, *Jurisdata* n° 1983-701716 ; *Bull. crim.* 1983, n° 201.

491 TGI Saint-Louis, n° 05 du 08 mars 2017, MP c/ Babacar TRAORE et autres, *inédit*.

492 CS, n° 45 du 31 juillet 1973, PG c/ Soumaré, *Revue EDJA*, n° 78, juillet 1990, p. 22.

493 CA Dakar, ch. corr. n° 454 du 30 août 2018, Ministère public et État du Sénégal et la ville de Dakar c/ Khalifa Ababacar SALL et autres, *annexe n° 16.*

l'occasion d'apprécier la portée de l'annulation du procès-verbal de police.

Selon la Cour, en vertu de l'article 168 du Code de Procédure pénale du Sénégal « *l'annulation d'un acte de l'enquête préliminaire n'entraîne pas, à elle seule, celle du réquisitoire introductif, dès lors que celui-ci est également fondé sur d'autres pièces de la procédure* ».

Or, en l'espèce, au vu du réquisitoire introductif du 07 mars 2017, il apparaît clairement que les faits poursuivis sont fondés à la fois sur le procès-verbal d'enquête préliminaire n° 146 du 02 mars 2017 de la DIC/BAG et sur le rapport n° 12/2016 du 24 mars 2016 de l'Inspection générale d'État (IGE), relatif à la vérification financière de la ville de Dakar, qui demeure valable.

Dès lors, le juge d'appel a estimé que « *la demande tendant à l'extension de la nullité des actes viciés au réquisitoire introductif et à l'interrogatoire de première comparution des prévenus n'est pas justifiée, un réquisitoire introductif pouvant s'appuyer sur toutes pièces pouvant caractériser les faits sur lesquels le procureur entend librement ouvrir une information judiciaire* ».

Les magistrats de la Cour d'appel ont précisé que la demande de nullité du réquisitoire introductif est d'autant plus injustifiée que les articles 55, alinéa 10 et 55 ter du Code de Procédure pénale ne sanctionnent le défaut d'information du suspect de son droit à l'assistance d'un conseil que par la nullité du procès-verbal d'audition.

Face au constat de la violation du droit à l'assistance d'un conseil à la police, la Cour d'appel de Dakar a mis en œuvre la « *théorie des fruits de l'arbre empoisonné* », en procédant à l'annulation partielle de la procédure.

Le juge d'appel a refusé d'étendre l'annulation au réquisitoire introductif à l'interrogatoire de première comparution et aux actes de la procédure subséquente (procès-verbal d'interrogatoire au fond, d'audition des témoins, instruction d'audience, etc.). C'est justement sur la base de ces actes que la cour a jugé les prévenus.

Cette décision doit être approuvée, du moins du point de vue de la portée de la nullité. En effet, dans le cas d'espèce, le procès-verbal de police annulé n'était pas le support exclusif des poursuites, le Ministère public pouvant fonder ses poursuites sur le rapport n° 12/2016 du 24 mars 2016 de l'Inspection générale d'État (IGE) antérieure à l'enquête ; d'ailleurs, le réquisitoire introductif avait bien visé le rapport de l'IGE qui n'est pas entaché de nullité.

b.- Les suites de l'annulation

164. Suites de la nullité. La problématique des suites de l'annulation de la procédure en raison du non-respect du droit à l'assistance d'un avocat pendant l'enquête pose la question du pouvoir d'évocation de la juridiction d'appel et le débat de la reprise de la procédure après annulation.

✓ *Le pouvoir d'évocation de la juridiction d'appel*

165. Notion d'évocation. L'évocation est un mécanisme qui permet à une juridiction d'avoir la connaissance de l'ensemble d'une l'affaire. Évoquer consiste à se saisir et à se rendre maître d'une affaire qui jusque-là était entre les mains d'une autre juridiction[494]. L'évocation présente l'avantage d'éviter de retarder la procédure.

166. Constitutionnalité de l'évocation. Le mécanisme de l'évocation n'est pas contraire à la Constitution. En France, la Chambre criminelle de la Cour de Cassation[495] a refusé de saisir le Conseil constitutionnel d'une question prioritaire de constitutionnalité fondée sur la non-conformité à la Constitution de l'article 520 du Code de Procédure pénale relatif à l'évocation. Selon la cour régulatrice « *ne présente pas un caractère sérieux la question prioritaire de constitutionnalité prise de ce que les dispositions de l'article 520 du Code de Procédure pénale priveraient la personne poursuivie du double degré de juridiction, dès lors que ce mécanisme doit intervenir dans tous les cas après annulation*

---

[494] P. CHAMBON, *La chambre d'accusation*, Paris, Dalloz, 1978, p. 190, n° 295.

[495] Cass. crim., 15 février 2011, n° 10-90.123, *Jurisdata* n° 2011-002664 ; *Dr. pén.* 2011, comm. 57, par A. Maron et M. Haas ; *D.* 2011, p. 307, obs. Girault.

du jugement et que l'arrêt rendu sur évocation est susceptible de pourvoi en cassation. Dans ces conditions, il n'est porté atteinte ni au droit à un recours juridictionnel effectif, ni au droit à un procès équitable garantis par l'article 16 de la Déclaration des droits de l'homme et du citoyen ».

Le Conseil constitutionnel français n'a jamais proclamé que le double degré de juridiction avait une valeur constitutionnelle. La France a d'ailleurs formulé des réserves lors de la ratification du protocole n° 07 de la Convention européenne de sauvegarde des droits de l'homme et des libertés fondamentales.

En conséquence, l'article 520 du Code de Procédure pénale français ne méconnaît pas les dispositions de l'article 2-1 du protocole n° 07 précité selon lesquelles le condamné peut faire apprécier une seconde fois en fait, par une juridiction supérieure, la déclaration de culpabilité et la condamnation prononcées contre lui[496].

167. Formes de l'évocation. En matière pénale, il y a plusieurs formes d'évocation dont certaines peuvent concerner la nullité d'une procédure pour violation du droit à l'assistance d'un avocat durant l'enquête.

L'article 200, alinéa 2 du Code de Procédure pénale du Sénégal a prévu un cas d'évocation résultant de l'infirmation d'une ordonnance du juge d'instruction. Ce texte énonce que lorsque, en toute autre matière, la chambre d'accusation infirme une ordonnance du juge d'instruction, elle peut soit évoquer dans les conditions prévues aux articles 194, 195, 197 et 198, soit envoyer le dossier au juge d'instruction ou à tel autre, afin de poursuivre l'information.

Dans un arrêt rendu par l'ancienne Cour de Cassation du Sénégal le 21 août 2007[497], une chambre d'accusation, saisie d'un appel contre deux ordonnances aux fins, l'une d'hypothèque conservatoire et l'autre, de nomination d'expert, a infirmé la première, puis, sur évocation, a dit n'y

---

[496] Cass. crim., 26 février 1997, n° 96-82850 ; Cass. crim., 07 décembre 2010, n° 10-87.339, *Jurisdata* n° 2010-025732.

[497] Cass. crim. n° 64 du 21 août 2007, Abdouaye DIAKITÉ ès-nom et ès-qualité de gérant de la Société SIDEC- LDA c/ Abdoul MBAYE, Charlotte MBAYE BST, *inédit.*

avoir lieu à suivre. La haute juridiction de cassation a estimé qu'en statuant ainsi, alors qu'il ne ressort d'aucune énonciation de l'arrêt que la partie civile ait été invitée à présenter ses observations sur le règlement éventuel de la procédure, la chambre d'accusation a méconnu l'article 200 du Code de Procédure pénale.

Un autre arrêt rendu par la Chambre criminelle de la Cour suprême sénégalaise le 02 mai 2014[498] a bien délimité le domaine d'application de cette forme d'évocation. En l'espèce, une chambre d'accusation, saisie d'un appel contre une ordonnance de garde provisoire, pour renvoyer les inculpés des fins de la poursuite, a évoqué en retenant que « *l'évocation écartée en matière de détention provisoire est permise dans toutes les autres matières après infirmation de la décision du juge d'instruction, comme c'est le cas en l'espèce* ».

La cour régulatrice a jugé qu'« *en statuant ainsi, au-delà des limites légales prévues aux articles 194, 197 et 198 du Code de Procédure pénale, la chambre d'accusation a méconnu le sens et la portée des textes visés au moyens* ».

L'évocation prévue par l'article 200 du Code de Procédure pénale du Sénégal n'affecte pas, du moins directement, la nullité résultant de la violation du droit à l'assistance d'un avocat.

Cependant, il n'en est pas de même de la faculté d'évocation de la chambre d'accusation et de l'obligation d'évocation de la chambre des appels correctionnelles de la Cour d'appel.

168. Faculté d'évocation de la chambre d'accusation. L'évocation peut être une faculté donnée à la chambre d'accusation, lorsqu'elle est saisie, de s'emparer de l'affaire et de poursuivre elle-même les investigations en lieu et place du juge d'instruction[499]. Elle permet à la chambre d'accusation, saisie d'une procédure en cours ou en fin

---

[498] CS n° 67 du 02 mai 2014, MP et ACODIS c/ Mamadou Lamine KANE et autres, *inédit*.

[499] F. DESPORTES et L. LAZERGES-COUSQUER, *Traité de procédure pénale*, Paris, Economica, 2e éd., 2013, p. 1410, n° 2164 ; également, R. MEURISSE, « L'évocation et le Code de Procédure pénale », *RSC* 1964, p. 545.

d'information, d'aller au-delà de sa fonction d'appel et de son pouvoir de réformation pour décider d'exercer le pouvoir de révision, donc de se substituer au magistrat instructeur[500].

Il s'agit d'une faculté d'évocation sur annulation d'une ordonnance du juge d'instruction prévue dans la plupart des États membres de l'UEMOA[501]. Selon l'article 199, alinéa 3 du Code de Procédure pénale, du Sénégal, lorsque la chambre d'accusation découvre une cause de nullité, elle prononce la nullité de l'acte qui en est entaché et s'il échet, celle de tout ou partie de la procédure ultérieure. Aux termes de ce texte : « *Après annulation, elle (chambre d'accusation) peut soit évoquer et procéder dans les conditions prévues aux articles 194, 199 et 197, soit renvoyer le dossier de la procédure au même juge d'instruction ou à tel autre de son choix, afin de poursuivre l'information* ».

Un arrêt de la Chambre d'accusation de la Cour d'appel de Dakar du 14 mai 2013[502] résume bien la portée de l'évocation. Selon la cour, le pouvoir d'évocation de la chambre d'accusation « *a pour effet de permettre à celle-ci d'accéder indirectement, en dépit du caractère limité de sa saisine, au pouvoir de révision comme si elle était saisie de l'entier dossier* ».

Dans la pratique, il arrive souvent qu'après évocation, la chambre d'accusation désigne un des membres pour procéder à l'audition d'un ou

---

[500] A. DIOP, « Une juridiction méconnue : la Chambre d'accusation », *Rev.sén. dr.*, décembre 1975, n° 18, p. 33 et s. ; W. JEANDIDIER, *La juridiction d'instruction au second degré*, 1982, Paris, Cujas, p. 135 et s. ; J. BROUCHOT, *La chambre d'accusation*, *RSC* 1959, p. 327 ; W. JEANDIDIER, « Requiem pour la chambre d'accusation », *JCP* 2000. I. 1270 ; P. MIMIN, « Pitié pour la chambre d'accusation », *JCP* 1956. I. 1324 ; R. VOUIN, « Prière pour la chambre d'accusation », *JCP* 1955. I.1221; du même auteur, « Justice pour la chambre d'accusation », *JCP* 1956. I. 1327.

[501] V. art. 225, al. 3 du Code de Procédure pénale du Bénin ; art. 206, al. 3 du Code de Procédure pénale de la Côte d'Ivoire ; art. 199, al. 3 du Code de Procédure pénale du Niger ; art. 178 du Code de Procédure pénale du Togo ; art. 206, al. 3 du Code de Procédure pénale du Mali ; art. 206 du Code de Procédure pénale du Burkina Faso.

[502] CA Dakar, ch. acc. n° 97 du 14 mai 2013, MP c/ Mamadou Lamine KANE et autres, *inédit*.

de plusieurs inculpés. Elle peut également d'office, le Ministère public entendu, prononcer sa mise en liberté[503].

En cas d'évocation, la chambre d'accusation peut ordonner que soient inculpées des personnes qui n'ont pas été renvoyées devant elle, à moins qu'elles n'aient fait l'objet d'une ordonnance de non-lieu devenue définitive[504].

Ainsi, lorsque la chambre d'accusation ne fait pas usage de son pouvoir d'évocation, elle doit renvoyer le dossier au juge d'instruction pour qu'il poursuive son information. Elle peut également dessaisir le magistrat instructeur en renvoyant le dossier à l'un de ses collègues[505].

En principe, la chambre d'accusation choisit une de ces trois solutions sans avoir à en justifier[506].

Cette liberté de choix disparaît si l'annulation résulte de l'incompétence du juge d'instruction initialement saisi. Il en est de même si la chambre d'accusation décide qu'il y a lieu d'inculper des personnes.

Ne pouvant sans excès de pouvoir donner d'injonction au juge d'instruction saisi de l'affaire, elle doit, dans cette hypothèse, évoquer et ordonner un supplément d'information[507].

En vertu de l'article 199, alinéa 3 du Code de Procédure pénale du Sénégal, lorsqu'au cours de l'information, la chambre d'accusation découvre que le procès-verbal d'enquête préliminaire est entaché de nullité, notamment, pour méconnaissance du droit à l'assistance d'un avocat dès l'interpellation, elle peut évoquer l'affaire et ordonner un acte

---

503 V. art. 194 du Code de Procédure pénale du Sénégal.

504 V. art. 197 du Code de Procédure pénale du Sénégal.

505 F. DESPORTES et L. LAZERGES-COUSQUER, *Traité de procédure pénale*, Paris, Economica, 2e éd., 2013, p. 1411, n° 2165.

506 Cass. crim., 09 octobre 1990, n° 90-84.327, *Jurisdata* n° 1990-702686 ; *Bull. crim.* 1990, n° 336 ; cass. crim., 23 novembre 1993, n° 92-85.652, *Jurisdata* n° 1993-704983 ; *Bull. crim.* 1993, n° 349.

507 Cass. crim., 25 juin 1996, n° 96-81.239, *Jurisdata* n° 1996-003204 ; *Bull. crim.* 1996, n° 06.

d'information complémentaire utile[508], que l'annulation rejaillisse ou non sur la procédure subséquente.

169. Obligation d'évocation de la chambre des appels correctionnelles de la cour d'appel. L'évocation consiste pour la juridiction du second degré à statuer sur le fond, lorsqu'elle annule un jugement irrégulier de première instance et à ne pas se borner à renvoyer les parties devant les premiers juges, quelle qu'ait été l'étendue de l'appel[509] ; il s'agit d'un cas d'évocation sur annulation d'un jugement d'instance. L'obligation d'évoquer et de statuer au fond est destinée à améliorer le fonctionnement de la justice en évitant les retards d'un renvoi de l'affaire aux juges de première instance à la suite de l'annulation du jugement.

Cependant, le mécanisme de l'évocation porte atteinte au principe du double degré de juridiction puisqu'au lieu de renvoyer l'affaire devant les juges de première instance après l'annulation, la cour d'appel statue elle-même sur le fond de l'affaire.

Les législateurs des États membres de l'UEMOA ont presque tous prévu ce cas d'évocation. Par exemple, en droit sénégalais, l'article 508 du Code de Procédure pénale du Sénégal énonce que : « *Si le jugement est annulé pour violation ou omission non réparée de formes prescrites par la loi à peine de nullité, la cour évoque et statue sur le fond* »[510].

Cette forme d'évocation, qui constitue une véritable obligation, est à distinguer de la faculté d'évocation de la chambre d'accusation prévue par l'article 199, alinéa 3 du Code de Procédure pénale du Sénégal, en cas d'annulation d'un acte de l'information[511].

---

[508] V. art. 194 du Code de Procédure pénale du Sénégal.
[509] F. DESPORTES et L. LAZERGES-COUSQUER, *op.cit.*, p. 2159, n° 3413.
[510] V. art. 391 du Code de Procédure pénale du Togo ; art. 509 du Code de Procédure pénale du Niger ; art. 537 du Code de Procédure pénale du Bénin ; art. 503 du Code de Procédure pénale du Mali ; art. 513 du Code de Procédure pénale de la Côte d'Ivoire ; art. 520 du Code de Procédure pénale du Burkina Faso.
[511] En ce sens, C. DIAKHOUMPA, *Traité théorique et pratique de procédure pénale*. Tome I, La phase préparatoire du procès pénal, 1ère édition, 2015, p. 303, n° 483.

170. Conditions de l'évocation. Le juge sénégalais interprète assez largement les conditions de l'évocation prévues par l'article 508 du Code de Procédure pénale. Un arrêt de la Cour d'appel de Dakar du 03 février 2003[512] a annulé un jugement comportant des irrégularités liées notamment au fait que l'ordonnance aux fins de transmission de pièces saisissait non le tribunal mais la chambre d'accusation. La cour a ainsi évoqué avant de déclarer le prévenu coupable des faits à lui reprochés[513].

Mais le pouvoir d'évocation de la cour ne peut s'exercer lorsque le jugement d'instance est rendu par défaut. En France, la Cour de Cassation a déjà énoncé que l'article 520 du Code de Procédure pénale ne permet pas à la cour d'appel de se prononcer à l'égard d'une partie qui n'était pas présente en première instance[514].

Dans le même sens, la Cour d'appel de Dakar a jugé que « *les droits de la partie civile ayant été réservés, il lui appartiendra de faire enrôler l'affaire devant le juge sur intérêts civils ; ce permettra en outre de respecter le principe du double degré de juridiction* »[515].

Il a été jugé que les dispositions de l'article 508 du Code de Procédure pénale s'appliquent en cas de violation ou d'omission non réparée de formes prescrites par la loi à peine de nullité et non lorsque la violation invoquée concerne le fond du litige notamment l'appréciation des éléments constitutifs de l'infraction[516].

---

[512] CA Dakar, ch. corr. n° 80 du 03 février 2003, MP et Mbaye Diaw c/ Kaouri DIOP, *inédit.*
[513] CA Dakar, ch. corr n° 174 du 10 mars 2003, MP et Serigne Modou GUEYE c/ Aladji DIOP, *inédit.* Dans cette espèce, la cour a annulé un jugement du tribunal d'instance qui s'est prononcé sur une affaire de coups de blessures volontaires ayant entraîné une interruption totale de travail de vingt et un (21) jours, avant d'évoquer le fond.
[514] Cass. crim. 08 novembre 1983, *Bull. crim.*, n° 292, *Gaz. pal.* 1984.2.609, note Daverat.
[515] CA Dakar, ch. corr. n° 240 du 27 février 2006, MP et Mamadou Oumar BA c/ Oumar Djiby SY, *inédit.*
[516] CA Dakar, ch. corr n° 792 du 08 août 2005, MP et les héritiers de feu Georges KHAZAAL c/ Ndoumbé MBENGUE - LA SARL OFFIM AIM, *inédit ;* V. également, CA Dakar, ch. corr n° 869 du 14 octobre 2011, MP et Bara DIA c/ Sidy KANTE, *inédit.*

L'évocation est également prohibée lorsque le jugement est annulé pour incompétence, les juges d'appel ne pouvant remplir l'office de premiers juges incompétents[517].

Il en est de même lorsque les premiers juges n'ont pas été régulièrement saisis de la prévention, pour avoir statué après avoir annulé une citation irrégulière[518] ou lorsque le prévenu n'a pas été cité ou n'a pas été informé de la date d'audience et que le jugement lui est ainsi inopposable[519].

171. Approche extensive de l'évocation. Malgré le domaine assez restrictif de l'article 508 du Code de Procédure pénale, qui semble subordonner le droit d'évocation à l'annulation d'un jugement pour violation ou omission de formes prescrites par la loi à peine de nullité (composition du tribunal, mentions requises à peine de nullité, etc.), la jurisprudence a depuis longtemps entendu octroyer à l'évocation un domaine beaucoup plus large, dans un souci d'une bonne administration de la justice, en donnant à l'article 508 du Code de Procédure pénale sénégalais un caractère non limitatif.

En droit français, pour l'interprétation de l'expression « *violation ou omission non réparée des formes prescrites par la loi* », contenue dans l'article 520 du Code de Procédure pénale, la Cour de Cassation a précisé, dans des arrêts anciens, qu'il n'y avait pas lieu de distinguer si les irrégularités constatées se référaient au jugement, à l'instruction ou aux actes en vertu desquels le tribunal avait été saisi[520].

Au Sénégal, dans l'arrêt *Mayacine DIOP* rendu le 27 décembre 1978, la Cour suprême a eu l'occasion de retenir une conception très large de la notion de « *violation ou omission non réparée des formes prescrites par la loi* » prévue par l'article 508 du Code de Procédure pénale. Dans cette espèce, le pourvoi avait fait grief à la Cour d'appel d'avoir évoqué en

---

[517] M. MEURISSE, « L'évocation en procédure pénale en cas d'incompétence ratione loci ou ratione materiae », *Gaz. pal.* 1966. 2, doctr. 31.
[518] Cass. crim. 21 mars 1979, *Bull. crim.,* n° 115.
[519] Cass. crim. 17 novembre 1987, *Bull. crim.*, n° 414 ; cass. crim. 05 juin 1991, *Bull. crim.*, n° 239.
[520] V. Cass. crim., 11 février 1898, *Bull. crim.* 1898, n° 60 ; cass. crim., 9 avril 1925, *Bull. crim.* 1925, n° 126.

application des dispositions de ce texte qui ne permet l'évocation que lorsque les violations incriminées concernent le jugement lui-même. Le pourvoi avait aussi fait valoir qu'en l'espèce, il y avait eu violation des règles imparties pour la sauvegarde des droits de la défense au cours de l'information. La haute juridiction de cassation a jugé que la cour d'appel doit évoquer le fond que l'irrégularité s'attache à l'instruction ou au jugement lui-même[521].

Elle a également jugé que les dispositions impératives de l'article 508 du Code de Procédure pénale s'appliquent également en cas d'annulation d'irrégularités relatives à l'instruction préparatoire[522].

Un arrêt de la Cour suprême du 05 février 2015[523] a cassé une décision d'une cour d'appel qui, saisie d'un appel formé contre un jugement déclarant l'action irrecevable en application de la règle *electa una via non recursus ad alteram*, après infirmation, a déclaré l'action recevable et réservé les dépens sans vider le litige. Selon la cour régulatrice en statuant ainsi, alors qu'elle était tenue d'évoquer et de statuer sur l'action publique et les intérêts civils, la cour d'appel, a méconnu le sens et la portée de l'article 508 du Code de Procédure pénale visé au moyen.

La Chambre criminelle de la Cour d'appel de Kaolack, dans un arrêt rendu le 23 mars 2018,[524] a décidé d'évoquer le fond dans une espèce où seuls les procès-verbaux de nouvel interrogatoire et de confrontation ont été annulés ainsi que les actes subséquents, ce qui laissait subsister les procès-verbaux d'enquête préliminaire et ceux de première comparution.

Selon les magistrats, « *aux termes des dispositions de l'article 508 Code de Procédure pénale, si le jugement est annulé pour violation ou omission non réparée des formes prescrites par la loi à peine de nullité, la cour évoque et statue sur le fond lorsque la nullité de l'acte entraîne celle de toute la procédure ultérieure, la juridiction de jugement ordonne*

---

[521] CS, n° 36/ 78 du 27 décembre 1978, affaire *Mayacine DIOP*, *inédit*.
[522] CS, n° 55/ du 25 juin 1988, MP c/ SOW et CISSE, *inédit*.
[523] CS, ch. crim. n° 06 du 05 février 2015, Crédit lyonnais devenu Crédit du Sénégal c/ Grands Travaux de l'Ouest africain, *inédit*.
[524] CA Kaolack, ch. crim. du 23 mars 2018, MP c/ Vieux Toumany DIEDHIOU et Jean Pierre BOISSY, *inédit*.

un supplément d'information au cas où la nullité est réparable ». La chambre criminelle a considéré qu'il est de droit d'évoquer le fond de l'affaire et a ordonné un supplément d'information aux fins d'entendre les accusés, en désignant un conseiller pour ce faire.

Il résulte de la jurisprudence précitée que lorsque la cour d'appel annule totalement la procédure d'enquête pour violation du droit à l'assistance d'un avocat dès l'interpellation, elle doit évoquer et statuer au fond.

✓ *La reprise de la procédure après annulation*

172. Position du problème. Dans l'hypothèse d'une annulation du procès-verbal d'enquête suivie de celle de la procédure subséquente, pour violation du droit à l'assistance d'un avocat durant l'enquête, est-il possible de reprendre la procédure à partir du dernier acte non vicié par la nullité (reprise de la procédure sur ses derniers errements) ? En d'autres termes, suite au prononcé de l'annulation de la procédure, le Ministère public peut-il saisir à nouveau l'officier de police judiciaire en visant les mêmes faits en vue de l'ouverture d'une nouvelle enquête ?

173. Thèses en présence. Le Code de Procédure pénale est resté muet sur la question de la reprise des poursuites suite à une décision d'annulation ? Aussi, ce problème donne-t-il lieu à des divergences d'interprétation dans la pratique judiciaire.

Pour certains praticiens du droit, la reprise de la procédure est possible dès lors que l'action publique n'est pas éteinte par la prescription. Par ailleurs, cette technique permet de rendre la justice aux victimes d'infractions, en leur offrant la possibilité de faire valoir leurs droits dans le cadre d'une nouvelle instance, après l'annulation d'une première procédure.

Pour d'autres acteurs judiciaires, la reprise de la procédure porte atteinte à la règle *non bis in idem*. En outre, elle est difficilement admissible au regard de l'impératif de sécurité judiciaire inhérente à toute décision de justice passée en force de chose jugée. En effet, il est à craindre que la présomption de vérité attachée à une décision de justice soit remise en cause et ouvrir ainsi les vannes d'une insécurité sans pareille. Par ailleurs, quel sort réserver aux années de détention provisoire déjà purgées par le prévenu ? Comment démêler l'écheveau de la computation des délais de détention par rapport à une nouvelle détention provisoire suite à une condamnation qui pourrait intervenir, si l'on sait que les actes annulés doivent être retirés du dossier de la procédure ?[525].

174. Position de la jurisprudence. Au regard des décisions récemment rendues par la Chambre d'accusation de la Cour d'appel de Kaolack, il est possible de relever que les juges ne sont pas hostiles à la reprise d'une information suite à l'annulation de l'acte vicié et de la procédure ultérieure.

Dans une affaire jugée le 20 février 2017[526] par la Chambre d'accusation de la Cour d'appel de Kaolack, la Chambre criminelle du Tribunal de grande Instance de Kaolack avait annulé les procès-verbaux de nouvel interrogatoire et de confrontation des inculpés et de toute la procédure ultérieure et a renvoyé le Ministère public à mieux se pourvoir.

Par la suite, les accusés ont saisi la chambre d'accusation d'une demande de mise en liberté d'office sur le fondement de l'arrêt de la chambre criminelle. La chambre d'accusation a rejeté leur demande au motif que l'annulation des actes d'instruction a laissé intacts les actes antérieurs, notamment le procès-verbal d'interrogatoire de première comparution et le mandat de dépôt. Selon la chambre criminelle, une simple continuation de l'instruction permettrait de juger les inculpés, la nullité les ayant placés dans une situation d'avant renvoi. La chambre d'accusation a ordonné le retour de l'affaire devant le juge d'instruction aux fins de continuation de l'information.

Ainsi, la Chambre d'accusation de la Cour d'appel de Kaolack semble valider la pratique de la continuation de l'information judiciaire dans une espèce où la Chambre criminelle du Tribunal de grande Instance de

---

[525] Sur toute cette question, V. les pénétrantes observations de notre collègue O. GUEYE, « Nullités commises au cours de l'information judiciaire », Communication, Rentrée des Chefs de juridictions, Hôtel Terrou bi, le 28 avril 2018.

[526] CA Kaolack, ch. acc. n° 10 du 20 février 2017, MP c/ Vieux Toumani DIEDHUIOU et Jean Pierre BOISSY, *inédit*.

Kaolack avait annulé le procès-verbal d'interrogatoire de l'inculpé et toute la procédure subséquente.

Une solution similaire a été retenue par la Chambre d'accusation de la Cour d'Appel de Kaolack dans l'arrêt *Bouba TOURE et Aboubacar TRAORE*[527]. Dans cette espèce, à la suite de l'annulation du procès-verbal d'interrogatoire de première comparution et toute la procédure ultérieure par la Chambre criminelle du Tribunal de grande Instance de Tambacounda, le procureur de la République avait saisi de nouveau le juge d'instruction d'un réquisitoire introductif visant les mêmes faits et concernant la même personne. Le juge d'instruction a procédé à l'inculpation de Boubacar TOURE et Aboubacar TRAORE avant de les laisser en liberté provisoire. Sur appel du Ministère public, la chambre d'accusation a confirmé la décision du juge sur la mise en liberté provisoire des inculpés. Ainsi, la chambre d'accusation, en confirmant cette décision a, implicitement légitimé la technique de la reprise de l'information judiciaire suite à l'annulation de la procédure.

À la lumière de ces solutions jurisprudentielles, rien ne devrait s'opposer à la reprise de la procédure d'enquête à la suite de l'annulation de la procédure subséquente pour violation du droit à l'assistance d'un avocat dès l'interpellation, à la seule condition que l'action publique ne soit pas éteinte par la prescription.

L'argument tiré de la violation de la règle *non bis in idem* ne saurait prospérer, dès lors qu'une seule condamnation a été prononcée, l'annulation, ne portant pas sur le fond de l'affaire, est sans effet sur l'action publique[528].

Ainsi, même si le procès-verbal d'enquête était le support exclusif et nécessaire des poursuites, son annulation et celle de toute la procédure ultérieure ne devrait pas fermer toute possibilité au Ministère public de faire diligenter une nouvelle enquête pouvant, éventuellement conduire à

---

527 CA Kaolack, ch. acc. n° 15 du 18 avril 2017, MP c/ Bouba TOURE et Aboubacar TARORE, *inédit*.

528 En ce sens, V. O. GUEYE, « Nullités commises au cours de l'information judiciaire », Communication, Rentrée des Chefs de juridictions, Hôtel Terrou bi, le 28 avril 2018.

de nouvelles poursuites, dans le respect des délais de prescription de l'action publique.

175. Nécessité de l'encadrement législatif d'une pratique. En raison des risques d'atteintes aux droits et libertés individuelles qu'elle est susceptible de poser, la reprise de la procédure (d'enquête ou d'information) après annulation, qui relève de la pratique, devrait être encadrée par le législateur.

Déjà, on peut lire dans l'arrêt de la Chambre d'accusation de la Cour d'appel de Kaolack du 18 avril 2017 précité que « *la reprise des poursuites suite à une annulation devant l'instance de jugement pose le problème de la détention au vu de la gravité des faits mais risque de violer les droits de la défense au regard de la durée de la détention* ».

L'encadrement de cette pratique est d'autant plus nécessaire qu'il n'est pas sûr que la période de détention résultant de la procédure annulée soit prise en compte et déduite de la durée de la peine éventuellement encourue à la suite de la reprise de la procédure. En effet, il résulte de l'article 22 du Code pénal sénégalais qu'en cas de détention provisoire, cette détention sera intégralement déduite de la durée de la peine qu'aura prononcée le jugement ou l'arrêt de condamnation, à moins que le juge n'ait ordonné, par disposition spéciale et motivée, que cette imputation n'aura pas lieu ou qu'elle n'aura lieu que pour partie. Or, la période de détention liée à une procédure viciée et annulée ne saurait être déduite de la peine définitivement prononcée, à la suite de la reprise de la procédure, pour concerner une instance différente.

2.- La neutralisation de la nullité

176. Mécanismes de neutralisation de la nullité. Dans un souci de sécurisation des procédures, les législateurs des États membres de l'UEMOA ont instauré des mécanismes permettant d'éviter le prononcé de la nullité de l'acte ou de la procédure subséquente. Ces techniques d'évitement de la nullité, pouvant être de nature à affecter le droit à l'assistance d'un avocat dès l'interpellation[529], existent aussi bien en droit commun (a) qu'en matière douanière (b).

a.- Les techniques de neutralisation de la nullité en droit commun

177. Droit commun. En droit commun, plusieurs mécanismes permettent d'éviter l'annulation d'actes ou de la procédure subséquente.

La nullité résultant de la méconnaissance d'un droit à l'assistance d'un avocat durant l'enquête peut être neutralisée par deux techniques. Il s'agit d'une part, de la forclusion et d'autre part, de la purge des nullités.

✓ *La forclusion*

178. Mécanisme. La forclusion est un mécanisme de neutralisation de la nullité consistant à déclarer irrecevable le moyen tiré de la nullité de la procédure à l'expiration d'un certain délai ; elle fait obstacle à la présentation par les parties d'une demande en annulation.

Il est en principe loisible à toute partie de soulever des exceptions de nullité d'acte ou de la procédure aussi bien devant les juridictions du premier degré que devant celles du second degré.

Mais ces moyens de nullité doivent être soulevés, à peine d'irrecevabilité, à un moment donné de la procédure[530].

Aux termes des dispositions de l'article 373, alinéa 1er du Code de Procédure pénale du Sénégal : « *Les exceptions tirées de la nullité soit de la citation, soit de la procédure doivent, à peine de forclusion, être présentées avant toute défense au fond* »[531].

---

529 Sur ces techniques processuelles de neutralisation des nullités, V. C. DIAKHOUMPA, *Le régime juridique des nullités dans le Code de Procédure pénale sénégalais*, Thèse Doctorat, Dakar, année 2011-2012, p. 225 et s.

530 Sur cette question, O. BACHELET, « Garde à vue et champ temporel des droits de la défense : la panoplie de la chambre criminelle », *Gaz. pal.* 7 juin 2011, n° 158, p. 7.

531 V. art. 388 du Code de Procédure pénale du Bénin ; art. 374 du Code de Procédure pénale de la Côte d'Ivoire ; art. 366 du Code de Procédure pénale du Niger ; art. 265 du Code de Procédure pénale du Togo ; art. 377 du Code de Procédure pénale du Mali ; art. 388 du Code de Procédure pénale du Bénin.

Un arrêt de la Cour de Cassation française rendu le 29 mars 1995 a jugé que l'interrogatoire du prévenu sur les faits implique qu'il s'est engagé dans la défense au fond[532].

La Cour suprême du Niger a eu l'occasion de mettre en œuvre le mécanisme de la forclusion. Dans son arrêt rendu le 27 juin 1973[533], la haute Cour nigérienne a jugé qu'aux termes de l'article 366 du Code de Procédure pénale, les exceptions de nullité tirées non seulement de la citation, mais encore de la procédure antérieure, doivent, à peine de forclusion, être présentée avant toute défense sur le fond. Ainsi, précise la Cour suprême, en annulant les procès-verbaux de Douanes, sans avoir préalablement constaté que l'exception de nullité avait été soulevée *in limine litis* par le défendeur, une cour d'appel n'a pas donné de base légale à sa décision.

179. Application de la forclusion à la nullité pour violation du droit d'accès à un avocat. En France, il a été jugé que la forclusion de l'article 385 du Code de Procédure pénale français[534] s'applique à toutes les nullités ayant été commises jusqu'à la délivrance de la citation[535].

La Cour d'appel de Dakar, dans l'affaire *Barthélemy Toye DIAS* jugée le 25 septembre 2006[536], a fait application du mécanisme de la forclusion dans une espèce où une nullité de la procédure a été invoquée pour absence de mention de la durée des repos sur le procès-verbal d'enquête. Les magistrats ont déclaré irrecevable l'exception de nullité au motif que la défense avait déjà plaidé le fond du litige.

Dans cette espèce, un des conseils du prévenu avait abordé de prime abord le fond de l'affaire, en faisant valoir le défaut d'exactitude et de régularité du procès-verbal d'enquête préliminaire, qui serait selon lui

---

532 Cass. crim. 29 mars 1995, *Bull. crim.*, n° 137.
533 CS Niger, n° 15 du 27 juin 1973 : https://juricaf.org
534 D. FORTIN, « L'article 385 du Code de Procédure pénale est-il un mur en trompe-l'œil? », *D.* 1992, chron. 88.
535 Cass. crim. 05 septembre 1988, *Bull. crim.*, n° 313.
536 CA Dakar, ch. corr. n° 748 du 25 septembre 2006, MP c/ Barthélemy Toye DIAS, *inédit.*

tronqué. Il avait conclu à l'infirmation du jugement entrepris et à la relaxe pure et simple de son client.

Par la suite, un autre conseil du prévenu, avait soulevé le moyen tiré de la nullité de la procédure en raison de l'absence de mention de la durée des repos sur le procès-verbal d'enquête, alors que son prédécesseur avait déjà plaidé le fond.

En application des dispositions de l'article 373 du Code de Procédure pénale, la cour a déclaré irrecevable l'exception de nullité soulevée pour cause de forclusion.

Dans l'arrêt *Obi Ezeadi JOHN* rendu par la Cour d'appel de Dakar le 26 juillet 2010[537], les conseils des prévenus avaient soulevé des exceptions de nullité du procès-verbal d'enquête de gendarmerie pour violation des articles 48, 49 et 55 du Code de Procédure pénale et pour violation des droits de la défense. Ils avaient soutenu, à l'appui, que l'officier de police judiciaire ne s'est pas attaché les services d'un interprète alors que OBI Ezeadi JOHN ne parlait pas la langue française.

Sur le fondement de l'article 373 du Code de Procédure pénale, la cour a déclaré ces exceptions de nullité irrecevables pour être « *présentées alors que la défense au fond était enclenchée* ».

Il en résulte que l'exception de nullité de la procédure résultant de la violation du droit à l'assistance d'un avocat dès l'interpellation ne doit pas être soulevée à n'importe quelle étape de la procédure[538].

Elle doit être soulevée *in limine litis* c'est-à-dire dès le début de la procédure. Cette exception doit être invoquée après l'interrogatoire d'identité et la notification de la prévention. Dès que le prévenu a commencé à fournir des explications sur les faits à lui reprochés, toute exception de nullité de la procédure devient irrecevable.

---

[537] CA Dakar, ch. corr. n° 688 du 26 juillet 2010, MP c/ Obi Ezeadi JOHN, Emilienne GANDOUNOU et Ernest Anayo ANOLIEFO, *inédit*.

[538] C. GIRAULT, « Inconventionnalité de la garde à vue : forclusion de la requête en nullité », *Act.Jur.pén.* 2012, p. 43 ; C. DIAKHOUMPA, *op.cit.*, p. 229, n° 385.

✓ *La purge des nullités*

180. Technique de la purge des nullités. Afin d'éviter qu'une irrégularité ne soit invoquée tardivement et qu'elle n'entraîne l'annulation de tout ou partie de la procédure, plusieurs mois, voire plusieurs années après l'ouverture de l'information, les législateurs des États membres de l'UEMOA ont institué des mécanismes de purge des nullités affectant les actes de l'instruction[539].

La plupart des Codes de Procédure pénale desdits États traitent la question de la purge des nullités dans le cadre des dispositions relatives au pourvoi en cassation ou au recours en révision.

En droit pénal béninois, l'article 587 du Code de Procédure pénale, inséré dans le livre III intitulé « *Des voies de recours extraordinaires* », et le titre premier sur le pourvoi en cassation, dispose que : « *Lorsque la chambre d'accusation statue sur le règlement d'une procédure dans un cas autre que celui visé à l'article précédent, tous moyens tirés des nullités de l'information doivent lui être proposés, faute de quoi l'inculpé ou la partie civile ne sont plus recevables à en faire état, sauf le cas où ils n'auraient pu les connaître, et sans préjudice du droit qui appartient à la cour suprême de relever tous moyens d'office* ».

En droit malien, l'article 524 du Code de Procédure pénale énonce que lorsque la chambre d'accusation est saisie d'une procédure d'instruction, tous moyens pris de la nullité de l'information doivent être proposés. Faute de quoi, ils ne peuvent plus l'être ultérieurement.

Au Sénégal, le mécanisme de la purge des nullités est prévu par l'article 558 du Code de Procédure pénale. Aux termes de ce texte : « *Lorsque la chambre d'accusation est saisie d'une procédure d'instruction, tous moyens pris de nullité de l'information doivent être proposés. Faute de quoi, ils ne peuvent plus l'être ultérieurement* ».

Ainsi, les nullités se trouvent purgées à la suite de la saisine de la chambre d'accusation d'une procédure d'instruction.

---

[539] F. DESPORTES et L. LAZERGES-COUSQUER, *Traité de procédure pénale*, Paris, Economica, 3e éd., 2016, p. 1359, n° 2034.

En France, un système de purge des nullités résultant de l'arrêt de la chambre de l'instruction a été instauré par l'article 595 du Code de Procédure pénale. En vertu de ce texte, lorsque la chambre de l'instruction statue sur le règlement d'une procédure tous moyens pris de nullités de l'information doivent lui être proposés, faute de quoi les parties ne sont plus recevables à en faire état, sauf le cas où elles n'auraient pu les connaître, et sans préjudice du droit qui appartient à la Cour de Cassation de relever tous moyens d'office.

La jurisprudence française a eu l'occasion de déclarer irrecevables devant la Cour de Cassation en matière correctionnelle des moyens de nullité qui n'avaient pas été proposés devant la chambre de l'instruction[540].

Une personne mise en examen qui ne s'est pas pourvue contre un arrêt de la chambre de l'instruction ayant annulé des actes de la procédure, ne peut, à l'occasion du pourvoi formé contre l'arrêt ultérieur de renvoi, se prévaloir de l'insuffisance des annulations alors décidées[541].

La Chambre criminelle de la Cour de Cassation française, dans un arrêt rendu le 27 septembre 2011, a jugé que la personne mise en examen, qui n'est plus recevable à faire état auprès de la chambre de l'instruction d'un moyen de nullité pris de l'irrégularité d'une garde à vue, ne saurait être admise à invoquer devant la Cour de Cassation un tel moyen pour faire grief à l'arrêt d'avoir rejeté sa requête en annulation d'actes de la procédure[542].

---

[540] Cass. crim., 26 février 1991, n° 90-87.295, *Jurisdata* n° 1991-000966 ; *Bull. crim.* 1991, n° 97 ; Cass. crim., 27 juin 1991, n° 91-82.706, *Jurisdata* n° 1991-002233 ; *Bull. crim.* 1991, n° 285 ; Cass. crim., 19 juillet 1993, n° 93-82.258, *Jurisdata* n° 1993-001581 ; *Bull. crim.* 1993, n° 245 ; *Dr. pén.* 1993, comm. 230, note A. Maron ; Cass. crim., 07 septembre 1993, n° 93-82.904, *Jurisdata* n° 1993-001993 ; *Bull. crim.* 1993, n° 262 ; Cass. crim., 27 avril 1994, n° 94-80.547, *Jurisdata* n° 1994-001037 ; *Bull. crim.* 1994, n° 4 ; Cass. crim., 30 octobre 2001, n° 01-84.779, *Jurisdata* n° 2001-011592 ; *Bull. crim.* 2001, n° 223.

[541] Cass. crim., 1er septembre 1987, n° 87-83.370, n° 85-92.518, *Jurisdata* n° 1987-001902 ; *Bull. crim.* 1987, n° 308.

[542] Cass. crim., 27 septembre 2011, n° 11-81.458, *Jurisdata* n° 2011-021623 ; *Bull. crim.* 2011, n° 186 ; *Act. Jur. pén.* 2012, p. 43 ; dans le même sens, cass. crim., 25 octobre 2011, n° 11-84.485, *Jurisdata* n° 2011-023737.

181. Domaine du mécanisme de la purge des nullités. La place des dispositions prévoyant la purge des nullités dans les Codes de procédure pénale des États de l'UEMOA pose la question du champ de l'irrecevabilité résultant cette purge.

En premier lieu, ces textes évoquent l'irrecevabilité de « *moyens pris de la nullité de l'information* ». Mais il ne faudrait pas avoir une interprétation trop étroite de cette expression. Les nullités de l'information ne concernent pas seulement celles relatives aux actes de l'instruction préparatoire (procès-verbal d'interrogatoire de première comparution, d'interrogatoire au fond, procès-verbal de perquisition, etc.). Elles s'appliquent également aux actes d'enquête, notamment au procès-verbal d'audition de la personne interpellée, la notion d' « *actes de l'information* », renvoyant à tous les actes accomplis pour les besoins de la manifestation de la vérité.

En second lieu, les textes relatifs à la purge des nullités de l'information sont insérés dans la partie des codes de procédure pénale consacrée aux voies de recours extraordinaires et notamment au pourvoi en cassation. À titre d'exemple, au Sénégal, l'article 558 du Code de Procédure pénale est contenu dans le livre III sur les voies de recours extraordinaires et dans le titre unique intitulé « *Du pourvoi en cassation et des demandes en révision* ».

Cette rédaction n'implique-t-elle pas une volonté législative de circonscrire le champ de la purge à l'instance en cassation ? En d'autres termes, l'irrecevabilité ne concernerait-elle pas seulement les moyens de nullité de l'information soulevés comme moyens de cassation devant la Cour suprême, après la saisine de la chambre d'accusation d'un recours en annulation ?

182. Position de la jurisprudence. Le Tribunal correctionnel de Dakar, saisi de l'affaire *Khalifa Ababacar SALL et autres* a, par un jugement rendu le 30 mars 2018[543], retenu une approche très large du champ de l'irrecevabilité prévue par l'article 558 du Code de Procédure pénale.

---

[543] TGIHC Dakar, n° 316/2018 du 30 mars 2018, MP et État du Sénégal et c/ Khalifa Ababacar SALL et autres, *annexe n° 13*.

Dans cette espèce, à la suite du rejet de la demande en annulation de la procédure, pour notamment violation par l'officier de police judiciaire de son obligation de notification du droit à l'assistance d'un avocat, par l'arrêt de Chambre d'accusation de la Cour d'appel de Dakar du 16 mai 2017[544], les conseils de Khalifa Ababacar SALL ont soulevé devant le Tribunal de grande Instance hors Classe de Dakar, une exception de nullité du procès-verbal d'enquête de la Division des Investigations Criminelles (DIC), sur le fondement de l'article 5 du Règlement de l'UEMOA et de l'article 55 du Code de Procédure pénale, en ce que le procès-verbal ne mentionne pas la notification faite aux prévenus de leur droit de se faire assister par le conseil de leur choix.

En outre, les conseils de Mbaye TOURE et autres ont soulevé devant le tribunal correctionnel l'exception de nullité des procès-verbaux d'interrogatoire de première comparution concernant ces derniers ainsi que l'exception de nullité de la procédure.

Dans son jugement, le tribunal a énoncé, concernant l'exception soulevée par Khalifa Ababacar SALL, que l'article 199 du Code de Procédure pénale selon lequel la chambre d'accusation examine la régularité des procédures qui lui sont soumises, lui confère le pouvoir de soulever d'office les nullités des actes de l'information et fait d'elle le juge naturel du contrôle de la régularité de la procédure d'instruction.

Selon le tribunal, l'arrêt de la chambre d'accusation, devenu définitif, a acquis l'autorité de la chose jugée pour avoir tranché le litige qui lui était soumis en se prononçant sur le bien-fondé des prétentions des parties

D'ailleurs, la Cour suprême, saisie d'un pourvoi dirigé contre l'arrêt de la Chambre d'accusation, a déclaré Khalifa Ababacar SALL déchu de son pourvoi.

Dès lors, estime le tribunal, les conseils de Khalifa Ababacar SALL, ne peuvent, après avoir épuisé les voies de recours contre cet arrêt, soulever à nouveau devant le tribunal de céans, les mêmes exceptions de nullité soutenues par les mêmes arguments que ceux évoqués devant la chambre

---

[544] CA Dakar, ch. acc. n° 168 du 16 mai 2017, MP c/ khalifa Ababacar SALL et autres, *annexe n° 07*.

d'accusation et rejetées par celle-ci, sans se heurter à la fin de non-recevoir tirée de l'autorité de la chose jugée.

Le juge correctionnel a précisé que « *cette autorité de la chose jugée, qui s'attache à la validation des actes incriminés les concernant tous, s'impose également, aux autres prévenus, qui ne sont plus admis à soulever les mêmes exceptions, alors même qu'ils n'étaient pas parties à la procédure devant la chambre d'accusation ; Que cette interdiction se comprend aisément dès lors qu'ils auraient profité d'une décision d'annulation de ces actes prononcée par cette juridiction à l'initiative d'une autre partie* ».

En conséquence, le tribunal a déclaré irrecevable l'exception de nullité du procès-verbal d'enquête préliminaire, concernant Khalifa Ababacar SALL déjà tranchée par la chambre d'accusation en raison de l'autorité de la chose jugée.

En ce qui concerne les exceptions soulevées par les conseils de Mbaye TOURE et autres, le Tribunal correctionnel de Dakar a énoncé que l'article 558 du Code de Procédure pénale est un « *texte de portée générale de par son contenu et qui est toujours en vigueur, et confirme le pouvoir de contrôle et de régulation de la procédure d'instruction conféré à la chambre d'accusation par l'article 199 du Code de Procédure pénale ; Qu'il impose ainsi le principe de la concentration des moyens de nullité lorsque la chambre d'accusation est saisie d'une procédure d'instruction de sorte que les moyens qui n'ont pas été soulevés devant elle a fortiori ceux qu'elle a déjà tranchés ne peuvent plus l'être ultérieurement ; Que sous ce rapport, ni les conseils de Khalifa Ababacar SALL, ni ceux des autres prévenus ne peuvent soulever devant le tribunal de ce siège les exceptions de nullité qu'ils auraient pu soumettre à l'appréciation de la chambre d'accusation qu'ils avaient saisie par requête du 23 mars 2017* ».

En conséquence, sur le fondement des articles 199 et 558 du Code de Procédure pénale, le tribunal a déclaré irrecevables les exceptions soulevées par les conseils des prévenus pour cause de purge.

Mais saisie en appel du jugement du tribunal de grande instance, la Cour d'Appel de Dakar l'a infirmé, par un arrêt du 30 août 2018[545].

D'après la cour, il s'infère de l'article 168 du Code de Procédure pénale que la juridiction correctionnelle est juge de la régularité de la procédure qui lui est soumise et que les parties sont recevables à soutenir devant elle des moyens de nullité, dès lors que les dispositions des articles 164 et suivants relatives aux nullités de l'information dont s'inscrit l'article 168, ne prévoient aucune cause de déchéance ou d'irrecevabilité à l'encontre des nullités plaidées devant les juridictions de jugement pour des motifs liés spécifiquement à la saisine antérieure de la chambre d'accusation.

Les magistrats de la cour d'appel ont ajouté que « *l'évocation des dispositions de l'article 558 du Code de Procédure pénale pour déclarer irrecevables les exceptions plaidées en première instance n'est pas par ailleurs justifiée dans la mesure où lesdites dispositions qui s'inscrivent dans des perspectives de demande en cassation et des demandes en révision, comme le suggère le titre l'abritant, n'ont pas vocation à s'appliquer en l'espèce* ».

La cour a ajouté que « *les décisions de la chambre d'accusation qui est une juridiction d'instruction de second degré ne revêtent pas, en l'absence d'une disposition expresse, l'autorité de la chose jugée devant les juridictions de jugement* ».

En conséquence, la cour d'appel a infirmé partiellement le jugement entrepris. Statuant à nouveau, elle a déclaré recevables les exceptions de nullités soulevées par les conseils des prévenus avant d'annuler le procès-verbal de police pour violation du droit à l'assistance d'un avocat.

183. Appréciation critique. En premier lieu, en ce qui concerne l'exception de nullité de la procédure soulevée par Khalifa Ababacar SALL, il y a lieu de rappeler que c'est à la suite du rejet de la demande en annulation de la procédure, pour notamment violation par l'officier de police judiciaire de son obligation de notification du droit à l'assistance

---

[545] CA Dakar, ch. corr. n° 454 du 30 août 2018, Ministère public et État du Sénégal et la ville de Dakar c/ Khalifa Ababacar SALL et autres, *annexe n° 16.*

d'un avocat par l'arrêt de chambre d'accusation du 16 mai 2017, que les conseils de Khalifa Ababacar SALL ont soulevé devant le Tribunal de grande Instance hors Classe de Dakar, une exception de nullité du procès-verbal d'enquête de la Division des Investigations Criminelles (DIC).

L'arrêt de la chambre d'accusation est devenu définitif puisque la Cour suprême, saisie d'un pourvoi dirigé contre l'arrêt de la Chambre d'accusation, a déclaré Khalifa Ababacar SALL déchu de son pourvoi.

Sous ce rapport, l'affirmation des juges de la Cour d'appel de Dakar selon laquelle « *les décisions de la chambre d'accusation qui est une juridiction d'instruction de second degré ne revêtent pas, en l'absence d'une disposition expresse, l'autorité de la chose jugée devant les juridictions de jugement* » est particulièrement curieuse et contestable.

En effet, s'il est vrai que toutes les décisions de la chambre d'accusation ne sont pas revêtues de l'autorité de la chose jugée, il n'en est pas de même des décisions rendues relativement à la régularité des actes de procédure. Aux termes de l'article 199 du Code de Procédure pénale du Sénégal, rappelé par le Tribunal de grande Instance hors Classe de Dakar « *la chambre d'accusation examine la régularité des procédures qui lui sont soumises* ».

À ce titre, la juridiction d'instruction s'est vue reconnaître le pouvoir de contrôler de la régularité de la procédure d'instruction. Comment alors justifier que les décisions rendues par cette juridiction statuant sur la régularité de la procédure d'instruction soient dépourvues de toute autorité de la chose jugée devant les juridictions de jugement ? Comment admettre, sans méconnaître l'autorité des décisions de la chambre d'accusation, qu'un arrêt prononçant l'annulation d'un acte d'instruction ou rejetant une exception de nullité de la procédure n'ait aucune autorité de la chose jugée devant le tribunal correctionnel ?

La solution de la Cour d'appel nous semble même impraticable puisqu'elle autorise par exemple un tribunal correctionnel ou même de simple police à prendre pour régulier un acte d'instruction (procès-verbal de police par exemple) annulé par une décision passée en force de chose jugée de la chambre d'accusation, qui pourtant constitue une juridiction supérieure.

En second lieu, s'agissant des exceptions soulevées par les conseils de Mbaye TOURE et autres, force est de constater que l'interprétation donnée aux dispositions de l'article 558 par le Tribunal de grande Instance hors Classe de Dakar est légitimée par les termes très généraux utilisés par du Code de Procédure pénale.

Ce texte ne distingue pas entre les moyens de nullités soulevés devant le tribunal correctionnel et ceux présentés devant la Cour suprême, comme moyens de cassation.

Les Codes de Procédure pénale des États de l'espace UEMOA ont même envisagé de façon spécifique le mécanisme de la purge des nullités soulevées devant la juridiction de cassation comme moyens de cassation.

En effet, l'article 562 du Code de Procédure pénale du Sénégal énonce qu'en matière correctionnelle, le prévenu n'est pas recevable à présenter comme moyen de cassation les nullités commises en première instance s'il ne les a pas opposées devant la cour d'appel, à l'exception de la nullité pour cause d'incompétence lorsqu'il y a eu appel du Ministère public.

En Côte d'Ivoire, un dispositif similaire est prévu par l'article 631 du Code de Procédure pénale. Selon ce texte, en matière correctionnelle, le prévenu n'est pas recevable à présenter comme moyen de cassation les nullités commises en première instance s'il ne les a pas opposées devant la Cour d'Appel, à l'exception de la nullité pour cause d'incompétence lorsqu'il y a eu appel du ministère public[546].

En outre, l'argument tiré de la place du texte dans le Code de Procédure pénale soulevé par la Cour d'appel de Dakar n'est pas décisif.

---

[546] V. également, l'art. 528 du Code de Procédure pénale du Mali qui dispose qu'en matière correctionnelle, le prévenu n'est pas recevable à présenter comme moyen de cassation les nullités commises en première instance s'il ne les a pas opposées devant la cour d'appel, à l'exclusion de la nullité pour cause d'incompétence lorsqu'il y a eu appel du Ministère public.

En effet, le titre unique du Code de Procédure pénale du Sénégal consacré au pourvoi en cassation et aux demandes de révision comporte des dispositions qui sont pourtant étrangères à ces deux voies de recours extraordinaires. Il en est ainsi notamment de l'article 557 du Code de Procédure pénale relatif à la purge des nullités de la procédure criminelle par l'arrêt de renvoi de la chambre d'accusation.

Selon ce texte, en matière criminelle, l'arrêt de renvoi de la chambre d'accusation, devenu définitif, fixe la compétence de la cour d'assises et couvre, s'il en existe, les vices de la procédure antérieure.

Quoi qu'il en soit, il semble que l'irrecevabilité prévue par l'article 558 du Code de Procédure pénale du Sénégal a un champ très large pour couvrir tous les moyens de nullité soulevés devant une juridiction pénale (cour d'appel, tribunal correctionnel, tribunal de simple police), en raison de l'effet de purge attaché à l'arrêt de la chambre d'accusation saisie de la régularité de la procédure d'instruction.

Dès lors, lorsque la chambre d'accusation a été saisie pour se prononcer sur la régularité de la procédure d'instruction, le moyen de nullité tiré de la violation du droit à l'assistance d'un avocat doit lui être présenté, faute de quoi ce moyen n'est plus recevable devant le tribunal correctionnel, conformément à l'article 558 du Code de Procédure pénale.

184. Purge des nullités de la procédure criminelle. En plus de fixer la compétence des chambres criminelles[547], l'arrêt de renvoi de la chambre d'accusation purge les nullités de la procédure[548]. L'arrêt de mise en accusation, devenu définitif, a pour effet de couvrir les nullités de la procédure antérieure. De sorte que lorsque la chambre d'accusation statue sur le règlement d'une procédure, tous les moyens pris de la nullité de l'information doivent lui être proposés, faute de quoi, les parties ne

---

[547] V. art. 218 du Code de Procédure pénale du Sénégal ; également, M. SEGONDS, « La plénitude de juridiction du tribunal de grande instance », *JCP* 2000. I. 738 s. ; M. REDON, « Cour d'assises », *Rép. dr. pén. proc. pén.* octobre 2014, p. 9 et s.

[548] M. GUERRIN, « Nullité de procédure », *Rep. dr. pén. proc. pén.*, Dalloz, octobre 2005, n° 170.

sont plus recevables à en faire état, sauf le cas où elles n'auraient pu les connaître[549].

La défunte Cour d'Assises de Dakar a déjà jugé « *qu'en vertu de l'article 557 du Code de Procédure pénale, l'arrêt de la chambre d'accusation, une fois définitif, purge les vices de l'instruction préparatoire; que par ailleurs ledit arrêt, incontestablement est attributif de compétence écartant ainsi toute contestation devant la Cour d'Assises pour les accusés renvoyés devant elle ; qu'ainsi toute critique ne pouvait être formulée que par la voie du pourvoi en cassation avant qu'il ne devienne définitif* »[550].

Pour rappel, la loi n° 2008-50 du 23 septembre 2008, modifiant le Code de Procédure pénale[551], avait déjà procédé à la suppression du système du double degré d'instruction en matière criminelle.

L'article 175 du Code de Procédure pénale, issu de ce texte, énonce, en effet, que si le juge d'instruction estime que les faits constituent une infraction qualifiée crime par la loi, il rend une ordonnance de mise en accusation devant la cour d'assises (devenue la chambre criminelle).

Désormais, la juridiction criminelle peut être saisie aussi bien par l'arrêt de mise en accusation de la chambre d'accusation que par l'ordonnance de règlement du juge d'instruction[552].

D'ailleurs, la Chambre d'accusation de la Cour d'appel de Dakar, tirant les conséquences de cette réforme, a procédé à l'annulation des ordonnances de transmission des pièces rendues par des magistrats instructeurs, au motif que la loi n° 2008-50 du 23 septembre 2008 modifiant le Code de Procédure pénale constitue une loi de procédure régie par le principe de l'application immédiate de la loi[553].

---

[549] F-L. COSTE, « Chambre de l'instruction », *Rép. dr. pén. proc. pén.*, Dalloz, décembre 2006, n° 502.

[550] Cour ass. Dakar, n° 17 du 20 novembre 2009, MP c/ Yatma FALL et autres, *inédit*.

[551] JORS n° 6458 du 07 mars 2009, p. 210.

[552] C. DIAKHOUMPA, *Le régime juridique des nullités dans le Code de Procédure pénale sénégalais,* Thèse Doctorat, Dakar, année 2011-2012, p. 227, n° 380.

[553] En ce sens, CA Dakar, ch. acc., n° 158 du 1er septembre 2009, MP c/ Mboulé DIOUF, *inédit* ; CA Dakar, ch. acc., n° 159 du 1er septembre 2009, MP c/ Oumar

Mais le législateur n'a pas précisé que les nullités de la procédure sont également purgées par l'ordonnance de renvoi du juge d'instruction.

Certes, l'article 218, alinéa 1er du Code de Procédure pénale relatif à la plénitude de juridiction de la chambre criminelle, a été modifié par la loi n° 2016-30 du 08 novembre 2016 modifiant la loi n° 65-61 du 21 juillet 1961 portant Code de Procédure pénale[554], pour prendre en compte la saisine de la chambre criminelle par l'ordonnance du juge d'instruction.

Selon ce texte, la chambre criminelle a plénitude de juridiction pour juger en premier ressort les personnes renvoyées devant elle *« soit par une ordonnance du juge d'instruction, soit par un arrêt de la chambre d'accusation »* pour les infractions qualifiées crimes et toutes les autres infractions connexes.

Cependant, l'article 557 du Code de Procédure pénale est resté inchangé à la suite de la réforme habilitant le magistrat instructeur à saisir la juridiction criminelle par une ordonnance de mise en accusation.

En conséquence, il devrait être possible de soulever des exceptions de nullité de la procédure devant la chambre criminelle lorsque cette juridiction est saisie, non pas par un arrêt de la chambre d'accusation, mais par une ordonnance de mise en accusation du juge d'instruction.

Cette analyse est même confortée par les dispositions de l'article 168 alinéa 1er du Code de Procédure pénale modifié par la loi n° 2008-50 du 23 septembre 2008 modifiant le Code de Procédure pénale. Selon ce texte, la juridiction d'assises, la juridiction correctionnelle ou de simple police peut, le Ministère public et les parties entendues, prononcer l'annulation des actes qu'elle estime atteints de nullité et décider si l'annulation doit s'étendre à tout ou partie de la procédure ultérieure.

CISSE et autres, *inédit* ; CA Dakar, ch. acc., n° 169 du 08 septembre 2009, MP c/ Latyr MBAYE, *inédit* ; CA Dakar, ch. acc., n° 216 du 22 décembre 2009, MP c/ Antoine FAYE, *inédit*.

[554] JORS, n° 6976 du samedi 26 novembre 2016, p. 1627.

En réalité, ce texte a tiré les conséquences de la suppression du système du double degré d'instruction consacré par la loi n° 2008-50 du 23 septembre 2008 modifiant le Code de Procédure pénale.

Ce texte de portée générale, habilitant la juridiction criminelle à prononcer l'annulation des actes qu'elle estime atteints de nullité, doit être combiné avec les dispositions spécifiques de l'article 557 du Code de Procédure pénale qui attache en matière criminelle, un effet de purge à l'arrêt de renvoi de la chambre d'accusation, devenu définitif, qui couvre les vices de la procédure antérieure.

En d'autres termes, la purge ne saurait jouer lorsque la chambre criminelle est saisie par une ordonnance de mise en accusation du magistrat instructeur[555].

En définitive, en vertu de l'article 557 du Code de Procédure pénale, en matière criminelle, l'arrêt de renvoi de la chambre d'accusation, devenu définitif, couvre les irrégularités de la procédure résultant notamment de la violation du droit à l'assistance d'un avocat dès l'interpellation.

b.- Les techniques de neutralisation de la nullité en droit douanier

185. Système spécifique de nullité des procès-verbaux de douane. Le droit pénal douanier est un droit dérogatoire du droit commun. La plupart des législations des États membres de l'UEMOA ont instauré un système spécifique de nullité des procès-verbaux de douane marqué par son caractère restrictif ; l'objectif visé étant de circonscrire autant que possible la portée des nullités. Aux termes de l'article 316.1 du Code des Douanes du Sénégal : « *Les tribunaux ne peuvent admettre contre les procès-verbaux de douane d'autres nullités que celles résultant de l'omission des formalités prescrites par les articles 38, 301 à 310 et 312 du présent code* ».

En droit béninois, l'article 377 de la loi n° 2014-20 du 27 juin 2014 portant Code des Douanes énonce également que les tribunaux ne

[555] C. DIAKHOUMPA, *Le régime juridique des nullités dans le Code de Procédure pénale sénégalais,* Thèse Doctorat, Dakar, année 2011-2012, p. 227, n° 380.

peuvent admettre contre les procès-verbaux de douane d'autres nullités que celles résultant de l'omission des formalités prescrites aux articles 358, 365 à 371 dudit code[556].

En matière douanière, les procès-verbaux établis par les agents des douanes ne peuvent être annulés que dans des cas limitativement énumérés. Il en est ainsi notamment en cas de défaut de prestation de serment préalable des agents verbalisateurs et de défaut d'information du receveur-poursuivant compétent pour lui permettre d'exercer un contrôle et une surveillance sur la procédure diligentée, lorsque la constatation de l'infraction douanière est suivie de saisie ou de capture de délinquants.

Il en est de même en cas de non-respect des formalités relatives à la constatation des infractions douanières ou d'omission des mentions prévues en ce qui concerne la rédaction les procès-verbaux de saisie[557].

Ce texte ne vise pas expressément dans son énumération des causes de nullité des procès-verbaux de douane, la nullité résultant de la violation du droit à l'assistance d'un avocat durant l'enquête douanière.

Pour rappel, en matière douanière, les procès-verbaux ont une grande force probante. En vertu de l'article 314 du Code des Douanes du Sénégal[558], ces procès-verbaux rédigés par deux agents des douanes et ceux constatant des infractions douanières rédigés par deux agents assermentés de la force publique et des autres administrations habilitées à constater des infractions à la loi, font foi jusqu'à inscription de faux des constatations matérielles qu'ils relatent. Ils ne font foi que jusqu'à preuve contraire de l'exactitude et de la sincérité des aveux et déclarations qu'ils rapportent[559].

---

[556] V. art. 257 du Code des Douanes du Togo ; art. 185 du Code des Douanes du Burkina Faso ; art. 117 du Code des Douanes du Niger.

[557] V. ND. FALL, *Le droit pénal africain à travers le système sénégalais*, Dakar, EDJA, 2003, p. 471.

[558] Dans le même sens, V. art. 420 du Code de Procédure pénale du Sénégal.

[559] Sur cette question, A-S. CHAVENT-LECLÈRE, « Approche objective de la force probante d'un procès-verbal douanier », *Procédures* n° 12, décembre 2016, comm. 381.

Un arrêt de la Cour de Cassation sénégalaise du 18 avril 1995[560] a bien circonscrit la portée de la force probante des procès-verbaux en matière douanière. La haute juridiction a jugé que si les dispositions de l'ancien article 232 du Code des Douanes « *constituent une exception aux règles qui gouvernent le droit commun des preuves et excluent toute preuve contraire fournie par témoins ou par écrit, cette exception ne vaut que lorsqu'elle porte, comme l'indique d'ailleurs le demandeur, sur les faits matériels constatés par les rédacteurs des procès-verbaux eux-mêmes tels que la nature de la marchandise saisie, son poids, mais non sur les circonstances que les agents ont pu déduire des déclarations recueillies ou sur la sincérité des aveux que le juge apprécie librement* ».

Quant aux procès-verbaux de douane rédigés par un seul agent des douanes ou un seul agent assermenté de la force publique et d'autres administrations habilitées à constater des infractions à la loi font foi jusqu'à preuve contraire[561].

En matière douanière, le dispositif de neutralisation des nullités peut avoir des incidences sur le régime des nullités relatif à la violation du droit à l'assistance d'un avocat dès l'interpellation. Sa portée varie suivant que l'enquête est accomplie par les agents des douanes ou par les agents assermentés de la force publique et les autres administrations habilitées.

186. Enquête douanière menée par les agents des douanes. La mission d'accomplir les actes de recherche et de constatation des infractions douanières relève, à titre principal, de la responsabilité de l'Administration douanière. Aux termes de l'article 301. 1 du Codes des Douanes : « *La mission de recherche et de constatation des infractions en matière douanière relève à titre principal de la compétence des inspecteurs, contrôleurs et, d'une manière générale, des agents de l'Administration des douanes* ».

---

560 Cass. ch. pén. n° 13 du 18 avril 1995, Procureur général près la Cour d'appel de Dakar et Administration des Douanes c/ Demba Ibrahima DIOUM, *inédit*.
561 V. art. 315 du Code des Douanes du Sénégal.

187. Audition libre et la retenue douanière. A ce titre, à défaut de transaction, les agents des douanes, en cas de flagrant délit et lorsque cette mesure est justifiée par les nécessités de l'enquête, peuvent procéder à l'arrestation et au placement en retenue douanière de suspects[562].

Souvent dans la pratique, le placement en retenue douanière est justifié par le besoin d'interroger le suspect et d'établir le procès-verbal de constat et de saisie.

Lorsque cette mesure restrictive de liberté n'est pas nécessaire, rien ne s'oppose à ce que l'Administration douanière laisse en liberté le suspect en attendant la poursuite des investigations ; il en est ainsi notamment lorsqu'une procédure de transaction est en cours.

Dans tous les cas, que le mis en cause soit placé en retenue douanière ou soit laissé en liberté, il peut invoquer devant l'Administration douanière, dès son interpellation, le droit à l'assistance d'un avocat.

En effet, à la lumière du critère pivot tiré du soupçon isolé pour définir la notion d'interpellation, le mis en cause peut être considéré comme une personne interpellée, dès lors que des indices de culpabilité pèse sur lui au cours de l'enquête douanière[563]. D'ailleurs, la nature de l'enquête est indifférente à l'exercice du droit à l'assistance d'un avocat durant cette phase préparatoire du procès[564].

Les agents des douanes ont, dès lors, l'obligation de notifier au retenu douanier et au suspect libre leur droit à l'assistance d'un conseil dès leur interpellation et de faciliter l'intervention de l'avocat.

188. Mesure de garde à vue. Les mêmes observations valent lorsque l'Administration douanière décide d'une mesure de garde à vue.

En effet, comme indiqué dans nos développements précédents, dès lors que le suspect libre peut faire valoir son droit à l'assistance d'un conseil dès l'interpellation, il peut exercer ce droit lorsqu'il est placé en position de garde à vue.

---

[562] V. art. 311 du Code des Douanes du Sénégal.
[563] V. *supra*, n° 35 et s.
[564] V. *supra*, n° 77 et s.

En outre, même lorsque la Douane requiert les services de la police ou de la gendarmerie pour les besoins de l'incarcération du mis en cause, il reste que l'exécution de la mesure relève de sa responsabilité. Ainsi, les formalités relatives à la garde à vue du délinquant doivent être accomplies par des agents des douanes.

En d'autres termes, les formalités relatives au déroulement de la garde à vue (notification du droit à l'assistance d'un avocat, du droit à un examen médical, mention des motifs de la garde à vue, de la durée des interrogatoires et des repos, etc.) devraient être accomplies par les agents des douanes. C'est certainement la raison pour laquelle l'article 311. 2 du Code des Douanes du Sénégal énonce qu'en d'arrestation de délinquants, « *les agents assermentés de douanes ou les officiers de police judiciaire* », doivent se conformer aux dispositions du Code de Procédure pénale relatives à la garde à vue.

189. Termes du problème. Si le droit à l'assistance d'un conseil du suspect libre, du retenu douanier et du gardé en vue ne peut être discuté, on peut se poser la question de savoir si les dispositions de l'article 316.1 du Code des Douanes du Sénégal, qui limitent les causes de nullité des procès-verbaux de douane à des cas limitativement énumérés, en excluant de son domaine la nullité résultant de la méconnaissance du droit à l'assistance d'un avocat, ne constituent pas un obstacle à l'annulation du procès-verbal de douane méconnaissant ce droit?

190. Position de la jurisprudence. En matière de garde à vue, la jurisprudence pénale sénégalaise n'est pas toujours constante sur la portée du régime des nullités en matière douanière.

La Cour d'appel de Dakar, dans un arrêt du 08 août 2008[565], a eu l'occasion de procéder à la transposition des règles relatives à la garde à vue à l'enquête douanière. Elle a, en effet, jugé que l'obligation de consignation sur le procès-verbal des mentions relatives au déroulement de la garde à vue prévue par l'article 57 du Code de Procédure pénale (heures de garde à vue, durée des interrogatoires et des repos, jour et

---

565 CA Dakar, n° 651 du 08 août 2008, MP c/ Nouha SIDIBE et Bernard NDECHOUAN, *inédit*.

heure de la conduite des prévenus devant le magistrat compétent) a vocation à s'appliquer à l'enquête douanière. Selon le juge d'appel : « *Considérant qu'il ressort des dispositions de l'article 229 du Code des Douanes, qu'en cas d'arrestation de délinquants, les agents assermentés (y compris les agents de douanes) ou les officiers de police judiciaire doivent se conformer aux dispositions des articles 55 et 58 du Code de Procédure pénale ; Qu'il est établi au vu du procès-verbal en l'espèce que lesdites dispositions n'ont pas été observées en ce qu'il n'est mentionné ni les heures de garde à vue, ni la durée des interrogatoires et des repos, ni le jour et l'heure de la conduite des prévenus devant le magistrat compétent ; Qu'il est manifeste que de telles omissions portent atteinte aux droits de la défense et sont de nature à entraîner la nullité ; Considérant que le procès-verbal de douane caractérisé par les défaillances ci-dessus relevées est la base de la procédure initiée en l'espèce* ».

La Cour a annulé le procès-verbal de douane pour violation des dispositions de l'article 57 du Code de Procédure pénale du Sénégal.

Le juge d'appel a estimé que les formalités relatives au déroulement de la garde à vue prévues par l'article 57 du Code de Procédure pénale s'appliquent à la garde à vue décidée au cours d'une enquête douanière.

Dans d'autres espèces, les juges de la cour d'appel ont estimé que le régime des nullités en matière douanière est inapplicable aux irrégularités liées à la violation des règles relatives à la garde à vue commises dans les procès-verbaux établis par les agents de douane.

Dans un arrêt rendu le 23 avril 2004[566] par la Chambre d'accusation de la Cour d'appel de Dakar, des inculpés avaient, au soutien de leur requête aux fins d'annulation, exposé que les agents verbalisateurs des douanes ont omis de mentionner les motifs de la prolongation de la garde à vue ainsi que la durée des interrogatoires et des repos de la personne gardée à vue.

---

566 CA Dakar, ch. acc. n° 63 du 23 avril 2004, MP c/ Souleymane DIATTA et Jié HUA CHEN, *inédit*.

Le Ministère public a requis le rejet de l'exception en tirant argument de l'ancien article 234 du Code des Douanes du Sénégal (actuel article 316.1 du Code des Douanes), selon lequel les tribunaux ne peuvent admettre contre les procès-verbaux de douane d'autres nullités que celles résultant de l'omission des formalités prévues par les articles 31, 220 à 228 et 230 du Code des Douanes.

La Chambre d'accusation a jugé que « *c'est justement l'article 229 du Code des Douanes (actuel article 311. 2 du Code des Douanes) qui renvoie au Code de Procédure pénale pour les formalités à observer pendant la garde à vue qui a été expressément omis dans l'énumération des articles prévoyant les formalités dont l'omission est susceptible d'entraîner la nullité de procès-verbaux de douanes* ». Sur ce fondement, la cour a rejeté la requête aux fins d'annulation comme mal fondée.

Dans un autre arrêt rendu le 02 décembre 2002[567] par la première Chambre correctionnelle de la Cour d'appel de Dakar, les prévenus, poursuivis pour des infractions douanières, avaient soulevé une exception fondée sur le non-respect des articles 55, 56 et 57 du Code de Procédure pénale. Au soutien, ils ont soutenu que les enquêteurs n'ont pas mentionné dans le procès-verbal d'audition les motifs de la garde à vue, les heures et la durée des interrogatoires ainsi que des repos.

On peut lire sous la plume des magistrats que « *le Code des Douanes est un droit dérogatoire du droit commun ; Qu'à ce titre, il prévoit en son article 234 que les tribunaux ne peuvent admettre contre les procès-verbaux de douanes d'autres nullités que celles résultant de l'omission des formalités prescrites par les articles 31, 220 à 228 et 230 du même code ; Qu'ainsi, les formalités prévues par l'article 229 du Code des Douanes qui renvoient aux dispositions des articles 55 à 58 du Code de Procédure pénale n'entrent pas dans cette énumération* ». La cour a ainsi rejeté l'exception soulevée comme mal fondée.

191. Éléments de réponse. Il est certain qu'en cas de non-respect par l'Administration douanière du droit à l'assistance d'un avocat dès

---

[567] CA Dakar, ch. corr. n° 722 du 02 décembre 2002, MP et Administration des Douanes c/ Jamakiey ROUMENIEG et autres, *inédit*.

l'interpellation, le juge ne saurait avoir recours au droit commun des nullités des actes de l'information prévu par le Code de Procédure pénale en raison de l'exorbitance du système de nullité prévu par l'article 316.1 du Code des Douanes du Sénégal. En effet, dès lors que les nullités invoquées sont dirigées contre des procès-verbaux de douane, le seul régime applicable est celui prévu par le Code des Douanes. Or, la nullité résultant de la violation du droit à l'assistance d'un avocat n'est pas visée parmi les causes de nullité pouvant être admises contre les procès-verbaux de douane.

En outre, si l'article 5 du Règlement n° 05 de l'UEMOA a un effet direct et une valeur supérieure aux législations nationales, y compris au Code des Douanes, ce texte n'a fait que poser le principe de l'assistance de l'avocat dès l'interpellation, sans en fixer les modalités d'application, notamment le régime de nullité y relatif. En effet, les conditions procédurales de la nullité résultant de la méconnaissance du droit d'accès à un avocat durant l'enquête sont justiciables des législations des États membres.

Plus décisivement, le Code des Douanes ne comporte pas une disposition correspondant à l'article 166 du Code de Procédure pénale prévoyant la nullité de la procédure, en cas de violation des formalités substantielles notamment en cas de violation des droits de la défense.

Il faut, en conséquence, se convaincre qu'en l'état actuel du droit positif, les irrégularités commises par les agents des douanes dans le cadre de l'exercice du droit à l'assistance d'un avocat pendant l'enquête ne peuvent pas donner lieu à des nullités, du moins sur le fondement des dispositions du Code des Douanes.

Plusieurs raisons expliquent cette situation particulièrement préoccupante.

En premier lieu, elle tient au dépassement du Code sénégalais des Douanes, conçu à une époque où l'ouverture des droits de la défense et l'exercice du droit à un avocat durant l'enquête supposaient la prolongation de la garde à vue décidée par le parquet. La loi n° 2014-10 du 28 février 2014 portant Code des Douanes du Sénégal ne prend pas en compte dans ses prévisions la dissociation entre le droit à l'assistance d'un avocat et la contrainte (garde à vue) ainsi que l'exercice du droit d'accès à un avocat par un suspect libre désormais rendu possible par le Règlement n° 05 de l'UEMOA.

C'est d'ailleurs la raison pour laquelle en énonçant que « *lorsqu'il y a arrestation de délinquants, les agents assermentés de douanes ou les officiers de police judiciaire, doivent se conformer aux dispositions du Code de Procédure pénale relatives à la garde à vue* », l'article 311-2 du Code des Douanes ne transpose à l'enquête douanière que le droit commun de la garde à vue.

En second lieu, le législateur douanier sénégalais a institué la mesure de retenue douanière, sans l'assortir d'un régime instaurant des garanties de protection au bénéfice du retenu douanier (contrôle du parquet, droit à un examen médical, droit à l'assistance d'un avocat, etc.).

Dans un tel contexte normatif, il paraît nécessaire de procéder une réforme du Code des Douanes en vue de conformer son dispositif au Règlement communautaire de l'UEMOA.

Il s'agira de mieux encadrer le mécanisme de la retenue douanière en prévoyant le droit à l'assistance d'un avocat et d'inclure les nullités résultant de la méconnaissance du droit à l'assistance d'un conseil durant l'enquête douanière dans l'énumération des causes de nullité des procès-verbaux de douane prévue par l'article 316.1 du Code des Douanes.

192. Enquête douanière menée par les agents assermentés de la force publique et les autres administrations habilitées. Toutefois, la portée du système de nullité dérogatoire instauré par l'article 316.1 du Code des Douanes ne doit pas être exagérée.

En effet, l'Administration douanière n'a pas le monopole de l'enquête douanière. En effet, les agents assermentés de la force publique et les autres administrations peuvent être habilitées à constater des infractions douanières. Il résulte de l'article 301 du Code des Douanes que les agents assermentés de la force publique et des autres administrations habilitées à constater des infractions à la loi, peuvent apporter leur concours à l'Administration des douanes[568].

Ces agents assermentés sont les officiers, les sous-officiers et les gendarmes de la Gendarmerie nationale, les officiers et les officiers mariniers de la Marine nationale, les agents de la Police nationale, les agents des Eaux, Forêts et Chasses, les agents du Service du Commerce, les agents des Parcs nationaux, d'une manière générale tous les agents assermentés.

Lorsqu'ils constatent une infraction douanière, les agents assermentés susmentionnés, procèdent à la saisie de tous objets passibles de confiscation. Ils peuvent retenir les documents relatifs aux objets saisis ou procéder à la retenue préventive des objets affectés à la sûreté des pénalités.

Ces agents sont même habilités à procéder à l'arrestation de délinquants. En vertu de l'article 301. 3 du Code des Douanes du Sénégal, lorsque la constatation de l'infraction douanière est suivie de saisie ou de capture de délinquants, les agents assermentés doivent obligatoirement mettre le receveur poursuivant territorialement compétent en mesure d'exercer un contrôle et une surveillance sur la procédure diligentée.

Ils doivent notamment faire parvenir sans délai au receveur poursuivant tous les renseignements utiles sur l'identité des personnes en cause, l'inventaire complet des marchandises et des moyens de transport saisis ainsi qu'un exposé sommaire des circonstances de la saisie ou de la capture des délinquants.

En outre, si l'autorité douanière compétente en fait la demande, les agents assermentés doivent se dessaisir immédiatement de la procédure en cours au profit de l'Administration douanière ; le receveur poursuivant rend compte au procureur de la République et recueille auprès de l'Administration dessaisie, la liste des agents qui sont intervenus dans la saisie ou la capture.

---

568 V. art. 242.1 du Code des Douanes du Togo.

Les agents assermentés doivent aussi transmettre, dès la fin de l'enquête, au receveur poursuivant, le procès-verbal dressé reprenant les noms et qualités de tous les agents qui sont intervenus dans la saisie ou la capture.

Il résulte de ce dispositif que sauf dans le cas où l'Administration des douanes demande leur dessaisissement, les administrations habilitées peuvent constater une infraction douanière, procéder à l'arrestation du délinquant avant de transmettre à la fin de l'enquête le procès-verbal au receveur poursuivant. L'article 13, alinéa 3 du décret n° 74-571 du 13 juin 1974 portant règlement sur l'emploi et le service de la gendarmerie semble envisager la situation où les gendarmes, en tant qu'agents assermentés, établissent en matière douanière des procès-verbaux dans la forme qui leur est propre. En effet, aux termes de ce texte : « *En matière de douanes, les gendarmes peuvent rédiger des procès-verbaux dans la forme qui leur est propre. Ils ont également la faculté de se rendre au bureau des douanes le plus proche pour y rédiger ces procès-verbaux sur papier timbré fourni par le receveur qui les assiste pour rédiger le procès-verbal* ».

Quoi qu'il en soit, lorsqu'au cours de l'enquête douanière, des soupçons pèsent sur des personnes, les agents assermentés ont l'obligation de leur notifier leur droit à l'assistance d'un avocat dès leur interpellation, conformément à l'article 5 du Règlement de l'UEMOA.

Mais contrairement aux procès-verbaux établis par les agents des douanes, ceux établis par les agents assermentés de la force publique et les autres administrations habilitées ne sont pas soumis au régime dérogatoire de nullité prévu par l'article 316.1 du Code des Douanes.

En effet, ce système de nullité dérogatoire n'a vocation à s'appliquer qu'aux procès-verbaux de douane, à l'exclusion des procès-verbaux établis par les administrations habilitées (officiers de police, de gendarmerie, les agents des Eaux, Forêts et Chasses, les agents du Service du Commerce, etc.).

En conséquence, en matière douanière, les tribunaux sont en principe habilités à prononcer la nullité de procès-verbaux constatant des infractions douanières rédigés par des agents assermentés de la force publique et des autres administrations habilitées, lorsqu'ils comportent des irrégularités tirées de la violation du droit à l'assistance d'un conseil.

II.- La responsabilité de l'enquêteur et de l'État du fait de la violation du droit à l'assistance d'un avocat

193. Mécanismes d'engagement de la responsabilité de l'enquêteur et de l'État. En dehors de la nullité de l'acte vicié et éventuellement celle de la procédure ultérieure, les législations des États membres de l'UEMOA ont instauré des mécanismes permettant la mise en œuvre de la responsabilité de l'enquêteur (A) et de l'État du fait de la violation du droit à l'assistance d'un conseil durant l'enquête (B).

A.- L'engagement de la responsabilité de l'enquêteur

194. Responsabilité de l'agent enquêteur. L'officier de police judiciaire ou le fonctionnaire exerçant des pouvoirs de police judiciaire peut encourir des sanctions lorsqu'il ne s'est pas conformé à ses obligations dans le cadre de l'exercice du droit à l'assistance d'un avocat dès l'interpellation. Ainsi, sans préjudice de l'engagement de sa responsabilité pénale et civile (1), l'enquêteur peut voir sa responsabilité disciplinaire engagée pour violation du droit à l'assistance d'un avocat durant l'enquête (2).

1.- La responsabilité civile et pénale de l'enquêteur

195. Responsabilité civile. Lorsque les agissements fautifs de l'officier de police judiciaire ou de l'agent habilité ont causé à la personne interpellée un préjudice, ce dernier peut exercer une action en responsabilité civile de droit commun contre l'officier de police judiciaire sur le fondement de l'article 118 du Code des Obligations civiles et commerciales[569]. Aux termes ce texte : « *Est responsable celui qui par sa faute cause un dommage à autrui* ». La faute est un manquement à une obligation préexistante de quelque nature qu'elle

[569] V. Cass. crim., 25 janvier 2011, n° 10-82.956

soit[570]. En droit sénégalais, la faute contractuelle et la faute délictuelle sont confondues dans la seule notion générique de faute civile[571].

L'officier de police judiciaire commet une faute lorsqu'il se garde de notifier à la personne interpellée son droit à l'assistance d'un conseil durant l'enquête. Il en est de même lorsqu'il fait obstacle à l'intervention de l'avocat (refus de contacter le conseil, entrave à l'entretien de l'avocat avec son client, entrave à l'assistance de l'avocat durant les interrogatoires et confrontation, etc.). En effet, l'enquêteur est tenu à une obligation d'information et de facilitation de l'intervention de l'avocat.

Le dommage causé à la personne interpellée peut résulter notamment de la violation des droits de la défense du suspect lorsque ce dernier n'a pas pu avoir accès au ministère d'un avocat.

Dès lors, la victime de ces agissements de la police judiciaire ou des autres administrations habilitées peut obtenir réparation en portant son action devant la juridiction civile si elle établit un lien de connexité entre la faute commise par l'enquêteur et le dommage qui lui est causé. Cette action est de la compétence des juridictions de droit commun ; il peut s'agir du tribunal d'instance ou du tribunal de grande instance suivant le montant de la demande[572].

196. Responsabilité pénale. Les officiers de police judiciaire et les agents assermentés auxquels sont attribués certains pouvoirs de police judiciaire peuvent aussi commettre au cours de l'enquête des irrégularités qui supportent une qualification pénale. Dans ce cas, leur responsabilité pénale peut être engagée devant les juridictions répressives. Il en est ainsi

---

570 V. art. 119 du Code des Obligations civiles et commerciales du Sénégal.

571 En ce sens, FARNWORTH, « Le nouveau Code des obligations du Sénégal », *Annales africaines*, 1963, p. 17 ; G. RIVES, « Théorie générale des obligations en droit sénégalais », *Rev. sén. dr.*, n° 06, 1969, p. 5 et s. ; J.P. TOUSI, *Le droit des obligations au Sénégal,* LGDJ, NEA, p. 191 et s. ; F. B. DIA, « L'unité des responsabilités contractuelle et délictuelle : état de la question », in I. Y. NDIAYE, J.J. L. CORREA et A.A. DIOUF (dir.), *Code des obligations civiles et commerciales du Sénégal (COCC) : cinquante ans après,* Vol 2, Dakar, CREDILA, l'Harmattan, 2018, p. 178 et s.

572 V. P. A. TOURE, *La réforme de la composition et de la compétence des juridictions du Sénégal commentée et annotée*, Abis édition, 2017, p. 37 et s.

lorsque l'officier enquêteur qui fait obstacle à l'intervention de l'avocat exerce des violences sur ce dernier ou sur la personne interpellée.

L'agent enquêteur peut engager sa responsabilité pénale lorsqu'il porte des coups, exerce des violences ou commet des actes d'intimidation sur la personne interpellée pour obtenir des aveux ou des renseignements de sa part.

De tels comportements peuvent être qualifiés tortures. En effet, il résulte de l'article 295 du Code pénal issu de la loi n° 96-15 du 28 août 1996 modifiant le Code pénal sénégalais que constituent des tortures, les blessures, coups, violences physiques ou mentales ou autres voies de fait volontairement exercés par un agent de la fonction publique ou par toute autre personne agissant à titre officiel ou à son instigation ou avec consentement express ou tacite, soit dans le but d'obtenir des renseignements ou des aveux, de faire subir des représailles, ou de procéder à des actes d'intimidation, soit dans un but de discrimination quelconque[573].

L'officier de police judiciaire ne peut invoquer pour justifier la torture l'ordre d'un supérieur ou d'une autorité publique[574].

En outre, l'incarcération d'une personne en violation des règles relatives à la garde à vue ou le maintien en détention d'une personne interpellée en dehors des délais de garde à vue sans l'autorisation du procureur de la République peut être sanctionné sous la qualification de détention ou de séquestration arbitraire[575]. L'article 334 du Code pénal du Sénégal punit de la peine des travaux forcés à temps de dix (10) à vingt (20) ans « *ceux qui, sans ordre des autorités constituées et hors les cas où la loi ordonne*

---

573 R. OLLARD, « Tortures et actes de barbarie », *Jurisclass. pén.* Code, art. 222-1 à 222-6-2, fasc. 20, 15 septembre 2017 ; F. MASSIAS, « Torture », in L. CADIET (dir), *Dictionnaire de la Justice*, Paris, PUF, 1ère éd., 2004, p. 1295 et s. ; D. MAYER, « Réponse à ceux qui doutent de la possibilité d'action contre la torture », *RSC* 1985, p. 259.

574 V. art. 295, alinéa 5 du Code pénal sénégalais.

575 M-L. RASSAT, « Enlèvement, arrestation, détention et séquestration », *Jurisclass. pén.* Code, art. 224-1 à 224-5-2, fasc. 20, 15 mai 2009 ; R. GASSIN, *La liberté individuelle devant le droit pénal*, Paris, Sirey, 1980, n° 233 et s.

de saisir des prévenus, auront arrêté, le détenu ou séquestré des personnes quelconques ».

En France, la Cour de Cassation a refusé à un fonctionnaire de police le droit d'invoquer l'ordre d'un supérieur hiérarchique pour échapper à la sanction, suite à la commission d'un acte attentatoire à la liberté individuelle ; il s'agissait en l'espèce d'une rétention administrative illégale[576].

197. Privilège de juridiction des officiers de police judiciaire. Les officiers de police judiciaire bénéficient d'un privilège de juridiction. En effet, aux termes de l'article 661 du Code de Procédure pénale : « *Lorsqu'un officier de police judiciaire est prévenu d'avoir commis un délit dans l'exercice de ses fonctions, le Procureur général près la Cour d'appel le fait citer devant la première chambre de cette Cour qui prononce sans qu'il puisse y avoir appel* »[577].

Lorsqu'un officier de police judiciaire est prévenu d'avoir commis un crime, le Procureur général près la Cour d'appel et le Premier Président de cette cour remplissent tous les deux le premier les fonctions d'officier du Ministère public et le second celles de juge d'instruction ou désignent spécialement et respectivement des magistrats du parquet général et de la cour pour exercer ces fonctions[578].

Il reviendra ainsi à la Chambre d'accusation de prononcer s'il y a lieu le renvoi devant la Cour d'appel composée de cinq (5) magistrats au moins qui est seule compétente pour statuer sur le crime.

Un arrêt de la Cour de Cassation du 21 décembre 2004 a jugé que la chambre d'accusation n'est compétente pour instruire au premier degré que contre les officiers de police judiciaire. Selon la cour, ce privilège de juridiction est personnel et ne saurait concerner les co-auteurs et les

576 Cass. crim., 12 octobre 1993, *D.* 1994, p. 129, note D. Mayer.
577 V. art. 663 du Code de Procédure pénale sénégalais.
578 V. art. 662 du Code de Procédure pénale sénégalais.

complices dépourvus de cette qualité lesquels doivent bénéficier du double degré de juridiction qui est d'ordre public[579].

2.- La responsabilité disciplinaire de l'enquêteur

198. Diversité des sanctions disciplinaires. Sans préjudice de l'engagement de leur responsabilité pénale et civile, le non-respect des obligations des enquêteurs dans le cadre de l'exercice du droit à l'assistance d'un avocat durant l'enquête, peut donner lieu à des poursuites disciplinaires.

Outre le pouvoir de sanction disciplinaire de l'administration à laquelle il appartient[580], l'officier de police judiciaire peut être exposé à d'autres sanctions disciplinaires en cas de méconnaissance du dispositif d'assistance de l'avocat dès l'interpellation, surtout lorsque la personne interpellée a fait l'objet d'une mesure de garde à vue.

199. Chambre d'accusation : organe disciplinaire. La chambre d'accusation constitue l'instance disciplinaire des officiers de police judiciaire.

Elle exerce un contrôle sur l'activité des fonctionnaires civils et militaires et des officiers de police judiciaire pris en cette qualité[581].

Selon l'article 214 du Code de Procédure pénale du Sénégal, la chambre d'accusation est saisie, soit par le procureur général, soit par son président. Elle peut se saisir d'office à l'occasion de l'examen de la procédure qui lui est soumise. Une fois saisie, elle fait procéder à une enquête et entend le procureur général et l'officier de police judiciaire en cause. Ce dernier doit avoir été préalablement mis à même de prendre connaissance de son dossier tenu au parquet général de la cour d'appel.

---

[579] Cass. pén. n° 09 du 21 décembre 2004, MP c/ Mody NDIAYE et autres in Cour de Cassation. *Bulletin des arrêts, chambre pénale ; chambre civile; chambre commerciale; chambre sociale,* n° 18, juin 2008, p. 13.

[580] A. CHEYRON DU PAVILLON, « La police de la police », *RSC*, 1975, p. 359.

[581] V. art. 213 du Code de Procédure pénale du Sénégal.

L'officier de police judiciaire mis en cause peut se faire assister d'un avocat[582].

En vertu de l'article 59, alinéa 2 du Code de Procédure pénale, lorsque des abus sont constatés de la part des officiers de police judiciaire dans l'application des mesures de garde à vue, le procureur de la République ou son délégué ou en informe le procureur général qui saisit la chambre d'accusation. La victime des abus peut également saisir par requête la chambre d'accusation.

Cette juridiction peut soit adresser des observations à l'officier de police judiciaire, soit retirer temporairement ou définitivement la qualité d'officier de police judiciaire à l'auteur des abus, soit retourner le dossier au procureur général pour intenter des poursuites, s'il relève qu'une infraction à la loi pénale a été commise.

La chambre d'accusation peut, sans préjudice des sanctions disciplinaires qui pourraient être infligées à l'officier de police judiciaire par ses supérieurs hiérarchiques, lui adresser des observations ou décider qu'il ne pourra, soit temporairement, soit définitivement, exercer ses fonctions d'officier de police judiciaire et de délégué du juge d'instruction sur tout l'ensemble du territoire.

Si la chambre d'accusation estime que l'officier de police judiciaire a commis une infraction à la loi pénale, elle ordonne, en outre, la transmission du dossier au procureur général à toutes fins qu'il appartiendra. Les décisions prises par la chambre d'accusation contre les officiers de police judiciaire sont notifiées, à la diligence du procureur général, aux autorités dont ils dépendent.

B.- La responsabilité de l'État du fait de la violation du droit à l'assistance d'un avocat

200. Responsabilité de la puissance publique. Au-delà de la responsabilité personnelle de l'agent enquêteur, la méconnaissance du droit à l'assistance d'un avocat pendant l'enquête peut engager la responsabilité de l'État. Cette responsabilité étatique peut résulter de

---

[582] V. art. 215 du Code de Procédure pénale du Sénégal.

l'action de la police judiciaire (1) ou d'une violation des droits de l'homme (2).

1.- La responsabilité de l'État du fait de la police judiciaire

201. Principe classique de l'irresponsabilité de l'État. Les officiers de police judiciaire ainsi que les fonctionnaires qui exercent des pouvoirs de police judiciaire, peuvent accomplir des actes juridiques ou matériels qui peuvent causer des dommages aux particuliers et dont les conséquences peuvent être graves[583].

Dans le cadre de l'exercice du droit à l'assistance d'un avocat durant l'enquête, l'action de la police judiciaire est susceptible de causer des préjudices à des personnes. Il en est ainsi des agissements délibérés de l'enquêteur qui entrave l'assistance de l'avocat ou méconnait la confidentialité de l'entretien entre la personne interpellée et son avocat.

Il en est de même de l'officier de police judiciaire qui, par ignorance ou simple négligence, se garde de consigner sur le procès-verbal d'enquête la notification du droit à l'assistance d'un avocat.

En France, le principe d'irresponsabilité de l'État du fait de l'action de la police judiciaire a longtemps prévalu en jurisprudence[584]. En effet, jusqu'aux années 1950, les victimes de dommages imputables à l'exercice de la police judiciaire ne parvenaient pratiquement jamais à obtenir réparation. Deux raisons expliquaient cette situation. Il s'agit d'une part, de la difficulté de mettre en jeu la responsabilité personnelle de l'officier ou de l'agent auteur de l'acte litigieux et d'autre part, de l'impossibilité de

---

[583] J. SINGER, « Les droits des victimes des opérations de police », *Rev. adm.* 1977, p 616 ; P. LOUIS-LUCAS, « Du juge compétent pour accorder réparation des dommages causés par la police judiciaire », *D.* 1965, chron. p. 227.

[584] E. PISIER-KOUCHNER, *La responsabilité de la police,* Dossiers Thémis, PUF, 1972 ; R. VANDERMEEREN, « Police [Responsabilité des services de police] », *Rép. Responsabilité de la puissance publique*, Paris, Dalloz, 2005, n° 735 ; F. VINCENT, « Responsabilité en matière de police », *Juriclass.adm.*, Fasc. 912 ; H. VLAMYNCK, *Droit de la police*, Paris, Vuibert, 4 eme éd., 2011.

rechercher la responsabilité de l'État à raison du service public de la justice[585].

202. Jurisprudence *Giry*. Il a fallu attendre l'arrêt *Giry* rendu le 23 novembre 1956[586] pour que la Cour de Cassation française accepte de déclarer l'État responsable en raison de l'exercice de la police judiciaire.

En effet, dans cet arrêt, la Cour de Cassation ouvrait une brèche dans « *la muraille de l'irresponsabilité des services judiciaires* »[587]. Dans cette espèce, requis par un commissaire de police dans le cadre d'une enquête pénale, en vue d'examiner les victimes d'émanations de gaz, le docteur Giry avait été blessé par une explosion survenue alors qu'il accomplissait sa mission. Saisi d'une action en responsabilité dirigée contre l'État, le tribunal civil de la Seine avait retenu sa compétence.

Après avoir relevé que l'intéressé n'était ni mandataire, ni préposé de la Justice, mais participait au fonctionnement du service public judiciaire, le tribunal a estimé que le « *principe d'équité* » et la nécessité d'éviter une rupture de « *l'égalité de tous les citoyens devant les charges publiques* » exigeaient que la collectivité supporte la réparation du préjudice subi par un particulier, au cours d'une opération indispensable exécutée dans l'intérêt d'un service public[588].

La Cour d'appel de Paris a confirmé ce jugement, en adoptant une motivation différente puisque la condamnation de l'État était justifiée par l'article 1384 du Code civil et la circonstance que, dès l'intervention de la

---

[585] Cass. civ. 14 juin 1876, Perrin c/ Paillard et autres, *DP* 1876. 1. 301 ; S. 1877. 1. 193, note Labbé ; Com. 06 novembre 1950, Sté OPAC c/ Commissaire de police du Gros-Caillou, *Bull. civ.* II, n° 317 ; *D.* 1950. 738 ; *JCP* 1951. II. 5967, obs. Colombani ; req. 08 février 1876, Labadié c/ Vve Gaillardon, *DP* 1876. 1. 289 ; T. civ. Seine, 23 décembre. 1959, Panigel et autres c/ Papon, Préfet de police, *JCP* 1960. II. 11586, obs. Mimin.

[586] Cass. civ., 23 novembre 1956, Trésor public c/ Giry, *Bull. civ.* II, n° 626 ; *D.* 1957. 34, concl. Lemoine ; *RD publ.* 1958. 298, note Waline ; *AJDA* 1957. II. 91, chron. Fournier et Braibant ; *GAJA*, n° 70.

[587] A. DIOUF, « Fonctionnement du service public de la Justice et responsabilité de l'État », Discours d'usage de la rentrée solennelle des cours et tribunaux, 2010-2011.

[588] T. civ. Seine, 05 décembre 1952, *Giry*, *JCP* 1955. II. 7321.

police judiciaire dans l'immeuble où s'était produit l'explosion de gaz, la puissance publique en aurait été la gardienne[589].

La haute juridiction française a énoncé que la cour d'appel avait « *le pouvoir et le devoir de se référer, en l'espèce, aux règles du droit public* ».

Elle jugea que le docteur Giry « *requis par le représentant d'un service public, était devenu le collaborateur occasionnel de ce service* » *et que la réparation d'un dommage subi dans de telles conditions incombait « à la collectivité dans l'intérêt de laquelle le service intéressé a fonctionné* », même en l'absence de toute faute de celui-ci. Ainsi, bien qu'aucun texte général ne l'ait prévu, la responsabilité de l'État pouvait désormais être engagée au titre de la police judiciaire et appréciée par le juge civil, ou, éventuellement, le juge pénal, en fonction des règles du droit public[590].

203. Système de responsabilité pour faute. Au Sénégal, la responsabilité de l'État du fait de la police judiciaire est justiciable du système de responsabilité de l'État pour faute[591] prévu par les dispositions de l'article 142, alinéa 1er du Code des Obligations de l'Administration[592]. Aux termes de ce texte : « *Les tiers et les usagers ont droit à la réparation du dommage causé par le fonctionnement défectueux du service public. Ce fonctionnement défectueux s'apprécie en tenant compte de la nature du service, des difficultés qu'il rencontre et des moyens dont il dispose* ».

Les victimes d'actes de police judiciaire peuvent obtenir réparation suivant des conditions qui dépendent de leur situation par rapport à

---

589 CA Paris, 02 février 1955, Trésor public c/ Giry, *JCP* 1955. II. 8619, obs. Esmein ; *AJDA* 1955. II. 316 ; *Gaz. Pal.* 1955. 1. 169, concl. Dupin.

590 P. WEIL, « À propos de l'application par les tribunaux judiciaires des règles du droit public, ou les surprises de la jurisprudence *Giry* », in *Mélanges Eisenmann*, 1975, p. 379. *Rec. ASERJ* 1970, n° 1, II, 13.

591 F. LLORENS et M. FRAYSSE, « Le poids de la faute dans la responsabilité administrative », *Droits* 1987, n° 5, p. 65 ; M.-H. FRAYSSINET, « Réflexions sur la question de la faute dans la responsabilité de l'État puissance publique », *RRJ-Droit prospectif* 2003, p. 363.

592 Sur ce système de responsabilité, V. A. BOCKEL, *Droit administratif*, Dakar-Abidjan, NEA, 1978, p. 361 et s. ; D. SY, *Droit administratif*, l'Harmattan, Dakar, 2014, p. 358 et s.

l'opération de police. En France, la Cour de Cassation a énoncé que, seuls, les « *usagers du service de la justice* » peuvent se prévaloir du régime législatif de responsabilité de l'État.

Lorsque la victime n'est autre que la personne faisant l'objet des recherches policières, ce qui lui confère le statut d'« *usager* » du service public[593], c'est-à-dire à une personne qui a recours à une activité d'intérêt général, une jurisprudence constante estime que le principe est celui de la responsabilité pour faute lourde[594].

En droit administratif sénégalais, la personne interpellée dont le droit à l'assistance d'un avocat a été violé peut être considérée comme un « *usager* » du service public de la police judiciaire au sens de l'article 142 du Code des Obligations de l'Administration. Ainsi, la responsabilité de l'État du fait des agissements de la police judiciaire peut être engagée sur le fondement du régime de la responsabilité pour faute telle que prévue par l'article 142 du Code précité. En effet, même si des indices de culpabilité pèse sur la personne interpellée, le service public de la police judiciaire doit respecter les droits et les garanties de procédure reconnus à cette dernière.

En tout état de cause, le fonctionnement défectueux du service public doit être apprécié *in concreto* par le juge[595]. En effet, cette situation « *s'apprécie en tenant compte de la nature du service, des difficultés qu'il rencontre et des moyens dont il dispose* ». Ainsi, la faute de service prend en compte les spécificités du service public de la police ainsi que l'insuffisance des moyens des service d'enquête. Par exemple, l'absence ou l'insuffisance des moyens logistiques à laquelle est confrontée le service de police est prise en compte dans la détermination de la responsabilité de l'État pour faute de service.

---

[593] Sur la distinction entre l'usager et le tiers en droit de la responsabilité publique, A. BOCKEL, « La distinction du tiers et de l'usager dans le droit de la responsabilité publique », *AJDA* 1968, p. 443 ; A. BOCKEL, *Droit administratif*, Dakar-Abidjan, NEA, 1978, p. 374.

[594] Cass. civ., 25 janvier 2005, n° 02-16.572, AJT c/ Épx Girodie, *JurisData* n° 2005-026625 ; *JCP* A 2005, 1150, note Renard-Payen.

[595] F. COLIN, « Le bon fonctionnement du service public », *RRJ* 2006, n° 4, p. 2055.

204. Faute de service. La faute commise par la police judiciaire peut être une faute de service[596]. L'arrêt *Mor DIAW* rendu par la Cour suprême le 09 janvier 1970[597], définit la faute de service comme un fonctionnement défectueux du service public par rapport au fonctionnement normal présentant un certain degré de gravité, variable en fonction des activités de l'administration et compte tenu des difficultés présentées par l'exercice de cette activité et des moyens dont dispose l'administration pour éviter le dommage.

La faute de service peut être le résultat d'agissements matériels ou d'une carence de l'autorité administrative[598].

Dans le cadre de l'exercice du droit à l'assistance d'un avocat durant l'enquête la faute de service peut résulter des agissements de l'officier de police judiciaire qui, par ignorance ou par négligence, omet de notifier à la personne interpellée son droit à l'assistance d'un avocat ou se garde de consigner sur le procès-verbal la notification de ce droit, en méconnaissance des dispositions de l'article 55 du Code de Procédure pénale sénégalais.

La faute de service engage ainsi la responsabilité de l'État pour fonctionnement défectueux du service public de la police.

205. Faute personnelle. La faute commise par l'administration policière peut aussi être une faute personnelle. Il s'agit d'une faute intentionnelle, même commise dans le cadre de l'exécution d'un service public[599] Ces fautes ont pour but de nuire ou de satisfaire un intérêt personnel[600]. En vertu de l'article 145 du Code des Obligations de l'Administration, la

---

[596] M. PAILLET, « Faute de service-Notion », *Jurisclasseur Administratif*, Fasc. 818, mars 2011 ; F. COLIN, « Le bon fonctionnement du service public », *RRJ* 2006, n° 04, p. 2055.

[597] CS 09 janvier 1970, Mor DIAW c/ Commune de Dakar, *Annales africaines* 1973, p. 235.

[598] V. CA Dakar, 13 février 1973, Samba KA c/ État du Sénégal, *Penant* 1978, p. 551 ; R. ROMI, « La responsabilité pour carence des autorités de police administrative », *LPA* 10 décembre 1986, p. 28

[599] En ce sens, D. SY, *Droit administratif*, l'Harmattan, Dakar, 2014, p. 361.

[600] CA Dakar, 09 avril 1971, société Bernabé, *Annales africaines* 1973, p. 227 ; CS 08 juin 1968, Abdoulaye GUEYE, *RSD* 1969, p. 86 ; *Annales africaines* 1973, p. 219.

faute commise par un agent public à l'occasion de l'exercice de ses fonctions engage la responsabilité personnelle de son auteur, si elle est détachable du service public.

La « *détachabilité* » de la faute peut résulter du fait qu'elle a été commise en dehors de l'exercice des fonctions. Dans ce cas, la faute n'a aucun rapport avec l'objet ou le but du service public[601].

En cas de commission d'une faute personnelle détachable du service, lorsqu'une action en indemnité est intentée, l'Administration doit être mise en cause. Elle répond de la faute de son agent, sauf à exercer contre celui-ci une action récursoire[602].

En matière d'assistance de l'avocat dès l'interpellation, l'enquêteur peut commettre une faute personnelle détachable du service lorsqu'il fait obstacle délibérément à l'intervention de l'avocat ou viole intentionnellement la confidentialité de l'entretien de l'avocat avec son client.

206. Exigence jurisprudentielle d'une faute lourde. Force est de constater qu'en matière de responsabilité de l'État du fait des services de police, la jurisprudence française tend à exiger une faute lourde pour engager la responsabilité de l'État[603].

Dans un arrêt important rendu par son assemblée plénière le 23 février 2001[604], la Cour de Cassation a eu l'occasion de consacrer une définition large de la notion de faute lourde. Selon la Cour régulatrice, « *la faute lourde est celle qui a été commise sous l'influence d'une erreur tellement*

---

601 Ph. WECKEL, « L'évolution de la notion de faute personnelle », *RDP* 1990, p. 1525 ; D. SY, p. 307 ; M. GUILLAUME-HOFFNUNG, « La faute personnelle du fonctionnaire : extinction d'une centenaire », *Droits*, n° 05, 1987, p. 97/106

602 V. art. 145, alinéa 2 du Code des Obligations de l'Administration.

603 En ce sens, D. SY, *Droit administratif*, l'Harmattan, Dakar, 2014, p. 363 ; J.-F. COUZINET, « La notion de faute lourde administrative », *RD publ.* 1977, p. 283 ; N. POULET-GOBOT LECLERC, « La faute lourde n'a pas disparu, elle ne disparaîtra pas », *LPA* du 03 juillet 2002, p. 16 ; G. CHAVRIER, « Essai de justification et de conceptualisation de la faute lourde », *AJDA* 2003, p. 1026

604 Cass., ass. plén., 23 février 2001, Cts Bolle-Laroche, n° 99-16.165, Bull. ass. plén., n° 5 ; D. 2001. 1752, note Debbasch ; *AJDA* 2001. 788, note Petit ; *JCP* 2001. II. 10583, note Menuret ; *Gaz. Pal.* 2001. 2. 1119, concl. de Gouttes ; *LPA* 2002, n° 165, p. 6, note Guettier.

grossière qu'un magistrat ou un fonctionnaire de justice, normalement soucieux de ses devoirs, n'y eût pas été entraîné »[605]. Selon l'assemblée plénière, au contraire, « *constitue une faute lourde toute déficience caractérisée par un fait ou une série de faits traduisant l'inaptitude du service public de la justice à remplir la mission dont il est investi* ».

Quoique concernant, en l'espèce, le comportement de magistrats, cette conception paraît susceptible d'être transposée en matière de responsabilité policière.

La Cour de Cassation français a engagé la responsabilité de l'État pour faute lourde dans un cas où des actes de violence ont été commises au cours d'une garde à vue[606]. Dans une autre espèce, la haute juridiction a considéré qu'il y avait pas de faute lourde lorsque les procès-verbaux de gendarmerie comportaient des mentions inexactes[607].

La jurisprudence sénégalaise n'a pas encore eu l'occasion de se prononcer sur cette question. Mais la méconnaissance du droit à l'assistance d'un avocat pendant l'enquête, devrait être assimilée à une faute lourde. En effet, le non-respect, même par négligence, par l'officier de police judiciaire de ses obligations, traduit une atteinte grave aux droits de la défense qui constitue un principe à valeur constitutionnelle[608].

Concernant la personne visée par l'opération de police (la personne interpellée), un haut magistrat a estimé qu'une faute simple devrait suffire pour engager la responsabilité de l'État[609].

207. Modalités de réparation du dommage. La réparation du dommage causé suppose l'existence d'un préjudice causé à la personne interpellée. La réalisation du dommage résulte souvent du fait que cette personne n'a

---

[605] Cass. civ., 20 février 1996, Époux Lucas et autres c/ Hancy et autres, n° 94-10.606, *Bull. civ.* I, n° 94 ; *D.* 1996. IR 83.

[606] CA Paris, 06 juillet 1990, Sacerdot c/ Deguin et autre, *D.* 1990. IR 237 ; Paris, 14 juin 1996, Agent judiciaire du Trésor c/ Papail et autres, *Gaz. Pal.* 1996. 2. somm. 493 et 639.

[607] CA Paris, 21 juin 1989, Époux Saint-Aubin c/ État français, *Gaz. Pal.* 1989. 2. 944, concl. Lupé.

[608] V. art. 9 de la Constitution du Sénégal.

[609] A. DIOUF, « Fonctionnement du service public de la Justice et responsabilité de l'État », Discours d'usage de la rentrée solennelle des cours et tribunaux, 2010-2011.

pu obtenir l'assistance d'un avocat et faire valoir ainsi ses moyens de défense.

Une des particularités du droit administratif réside dans le fait que la réparation par équivalent n'existe pas, l'administration ne pouvant être tenue qu'à des dommages et intérêts[610]. C'est le sens qu'il faut donner aux dispositions de l'article 141 du Code des Obligations de l'Administration selon lesquelles : « *Le dommage causé par le fonctionnement d'un service public ou l'exécution d'un travail public, soit aux tiers, soit aux usagers, soit aux personnes participant à l'activité du service, n'est réparé que sous la forme de dommages et intérêts* ».

2- La responsabilité de l'État pour violation des droits de l'homme

208. Droit à l'assistance d'un avocat durant l'enquête : un droit de l'homme. La notion de « *droits de l'homme* » est ancienne et antérieure à celle de droits fondamentaux. Ce qui fait l'unité conceptuelle des droits de l'homme, c'est qu'ils sont envisagés sans la prise en compte nécessairement des moyens juridiques qui devraient permettre leur réalisation concrète[611]. Ces droits représentent les droits universels, inaliénables et les plus sacrés que chaque être humain acquiert du seul fait de sa naissance, et ce, quel que soit le droit de l'État dans lequel vit l'individu (les droits civils et politiques, les droits économiques et sociaux, droits à la protection de l'environnement, etc.).

Quoi qu'il en soit, le droit à l'assistance d'un conseil pendant l'enquête trouve une place de choix dans les droits de l'homme puisqu'il constitue un droit de nature procédurale, c'est-à-dire une garantie de procédure permettant le respect des droits de la défense[612]. Il est une composante

---

[610] V. A. BOCKEL, *Droit administratif*, Dakar-Abidjan, NEA, 1978, p. 385.

[611] K. MBAYE, *Les droits de l'homme en Afrique*, 2e édition, Paris, Pédone, 2003, p. 13 ; M. MUBIALA, *Le système africain de protection des droits de l'homme (théories et réalités)*, 2e édition, Abidjan, EDA, 2001 ; B. KANTE, « Les droits fondamentaux constituent-ils une nouvelle catégorie juridique en Afrique ? », in *L'homme et le droit, Mélanges en hommage au Professeur Jean-François FLAUSS*, Paris, Pédone, 2014, p. 450.

[612] F. SUDRE, *Droit européen et international des droits de l'homme*, Paris, PUF, 7e édition 2005, p. 318.

des droits de la défense proclamés aussi bien par la Déclaration universelle des droits de l'homme que par la Charte africaine des droits de l'homme et des Peuples.

Dans l'espace UEMOA, le non-respect du droit d'accéder à un avocat dès l'interpellation prévu par le Règlement du 25 septembre 2014 ainsi que par les instruments internationaux de protection des droits de l'homme peut engager la responsabilité de l'État pour violation des droits de l'homme devant la Cour africaine des droits de l'homme et devant la Cour de Justice de la CEDEAO[613].

209. Compétence de la Cour africaine des droits de l'homme et des Peuples. La Cour africaine des Droits de l'Homme et des Peuples est une cour régionale créée en vertu de l'article 1er du Protocole relatif à la Charte africaine des droits de l'homme et des peuples portant création d'une Cour africaine des droits de l'homme et des peuples afin d'assurer la protection des droits de l'homme et des peuples, des libertés et des devoirs en Afrique[614]. La Cour applique les dispositions de la Charte

[613] Le Comité des droits de l'homme des Nations Unies a également des compétences en matière de violation des droits de l'homme. Il s'agit d'un organe de surveillance du Haut-Commissariat des Nations unies aux droits de l'homme, responsable du Pacte international relatif aux droits civils et politiques et ses protocoles facultatifs. Le Comité des droits de l'homme est un organe composé d'experts indépendants qui surveille la mise en œuvre du Pacte international relatif aux droits civils et politiques par les États parties. Selon l'article 1er du Protocole facultatif se rapportant au Pacte international relatif aux droits civils et politiques, tout État partie au Pacte qui devient partie au présent Protocole reconnaît que le Comité a compétence pour recevoir et examiner des communications émanant de particuliers relevant de sa juridiction qui prétendent être victimes d'une violation, par cet État partie, de l'un quelconque des droits énoncés dans le Pacte. Le Comité ne reçoit aucune communication intéressant un État Partie au Pacte qui n'est pas partie au présent Protocole.
En outre, tout particulier qui prétend être victime d'une violation de l'un quelconque des droits énoncés dans le Pacte et qui a épuisé tous les recours internes disponibles peut présenter une communication écrite au Comité pour qu'il l'examine (V. art. 2 du Protocole facultatif se rapportant au Pacte international relatif aux droits civils et politiques). Mais le Comité des droits de l'homme, qui n'est pas un organe juridictionnel, peut simplement émettre des recommandations à l'endroit des États.

[614] M. MUBIALA, « La Cour africaine des droits de l'Homme et des peuples : mimétisme institutionnel ou avancée judiciaire ? », *RGDIP*, vol. 102, n°03, 1998, p. 765-780 ; F. OUGUERGOUZ, « La Cour africaine des droits de l'homme et des peuples - Gros plan sur le premier organe judiciaire africain à vocation continentale », in *AFDI,* volume 52, 2006, p. 213-240 ; M. DEBOS, « La création de la Cour

africaine des droits de l'homme et des Peuples ainsi que tout autre instrument pertinent relatif aux droits de l'homme et ratifié par l'État concerné[615].

Elle complète et renforce les fonctions de la Commission africaine des droits de l'homme et des peuples[616]. Il résulte de l'article 3 dudit Protocole que la Cour a compétence pour connaître de toutes les affaires et de tous les différends dont elle est saisie concernant l'interprétation et l'application de la Charte africaine des droits de l'homme et des Peuples, du Protocole relatif à la Charte africaine des droits de l'homme et des peuples portant création d'une Cour africaine des droits de l'homme et des peuples et de tout autre instrument pertinent relatif aux droits de l'homme et ratifié par les États concernés[617].

Ainsi, la cour est bien compétente pour connaître d'une violation du droit à l'assistance d'un avocat durant l'enquête en tant que composante des droits de la défense proclamés par l'article 7 de la Charte africaine des droits de l'homme et des Peuples.

La Cour peut être saisie par la Commission, l'État partie qui a saisi la Commission, l'État partie contre lequel une plainte a été introduite, l'État partie dont le ressortissant est victime d'une violation des droits de l'Homme et les organisations inter-gouvernementales africaines.

---

africaine des droits de l'Homme et des peuples. Les dessous d'une ingénierie institutionnelle multicentrée », *Cultures & Conflits*, 60, hiver 2005, consulté le 30 septembre 2016 : http://conflits.revues.org/1934; A. D. MOUSSA, « Chronique de la Cour africaine des Droits de l'Homme et des Peuples à la Cour de Justice de l'Union africaine : Histoire d'une coexistence pacifique en attendant la fusion », *Revue internationale de droit pénal* 2005/1-2 (vol. 76), p. 135 à 138 ; A-K. DIOP, « La Cour africaine des droits de l'homme et des peuples ou le miroir stendhalien du système africain de protection des droits de l'homme », *Les Cahiers de droit*, 55 (2), p. 529–555

615 V. art. 7 du Protocole relatif à la Charte africaine des droits de l'homme et des peuples portant création d'une Cour africaine des droits de l'homme et des peuples

616 F. OUGUERGOUZ, « La Commission africaine des droits de l'homme et des peuples : présentation et bilan d'activités (1988-1989) », *AFDI,* volume XXXV, 1989, p. 557-571.

617 M. H. SINKONDO, « La Charte africaine des droits de l'homme et des peuples ou les apories juridiques d'une convention encombrante », *Penant*, octobre-décembre 1994, p. 303.

La Cour peut permettre aux individus ainsi qu'aux organisations non gouvernementales (ONG) dotées du statut d'observateur auprès de la Commission d'introduire des requêtes directement devant elle. Mais ces recours ne sont recevables que lorsque l'État contre lequel la plainte est introduite a fait une déclaration acceptant la compétence de la Cour pour recevoir de telles plaintes[618].

Lorsqu'elle estime qu'il y a eu violation d'un droit de l'homme ou des peuples, la cour ordonne toutes les mesures appropriées afin de remédier à la situation, y compris le paiement d'une juste compensation ou l'octroi d'une réparation[619].

Dans les cas d'extrême gravité ou d'urgence et lorsqu'il s'avère nécessaire d'éviter des dommages irréparables à des personnes, la Cour ordonne les mesures provisoires qu'elle juge pertinentes.

Mais force est de constater que la Cour africaine des droits de l'homme et des peuples est rarement saisie de cas de violations des droits de l'homme en Afrique.

210. Compétence de la Cour de Justice de la CEDEAO. Dans l'espace CEDEAO, la responsabilité de l'État peut être engagée du fait de la violation du droit à l'assistance d'un avocat durant l'enquête devant la Cour de Justice de la CEDEAO. Cette Cour est le principal organe judiciaire de la Communauté. Elle a d'abord été créée par un protocole signé en 1991, puis sa mise en place a été formalisée dans l'article 15 du Traité révisé de la CEDEAO en 1993.

---

[618] Sur cette question, M. MUBIALA, « L'accès de l'individu à la Cour africaine des droits de l'homme et des peuples », in KOHEN M. G. (dir.), La promotion de la justice, des droits de l'homme et du règlement des conflits par le droit international. Liber amicorum Lucius Caflisch, Nijhoff, 2007, p. 369-378 ; G. NIYUNGEKO, « La problématique de l'accès des particuliers à la Cour africaine des droits de l'homme et des peuples en matière contentieuse », in ALEN A, JOOSTEN V., LEYSE R., VERRIJDT W. (dir.), Liberae Cogitationes. Liber Amicorum Marc Bossuyt, 2013, pp. 481-497 ; W. HOEFFNER, « Cour africaine des droits de l'homme et des peuples- Conséquences juridiques du retrait par le Rwanda de sa déclaration facultative d'acceptation de la juridiction obligatoire de la Cour à l'égard des individus et ONG», *RGDIP*, 2016-II, p. 373-375.

[619] V. art. 27 du Protocole relatif à la Charte africaine des droits de l'homme et des peuples portant création d'une Cour africaine des droits de l'homme et des peuples.

À partir de l'année 2005, les textes de la CEDEAO ont procédé à l'extension des compétences de la Cour de Justice de la CEDEAO à la violation des droits de l'homme[620]. En vertu de l'article 9.4 du le Protocole additionnel A/SP.1/01/05 du 19 janvier 2005 portant amendement du Protocole PA/P. 1/7/91 relatif à la Cour de Justice de la Communauté, la Cour de la CEDEAO est compétente pour connaître des cas de violation des droits de l'homme dans tout État membre.

Ce texte est précisé par l'article 10 du Protocole. Selon ce texte, la saisine de la juridiction communautaire de la CEDEAO est subordonnée à deux conditions : la demande ne doit pas être anonyme et ne doit pas avoir été portée devant une autre Cour internationale, comme la Cour africaine des droits de l'Homme et des Peuples. Ainsi, l'épuisement des voies de recours internes n'est pas une condition de la saisine de la Cour de la CEDEAO[621]. Ce dispositif a vocation à s'appliquer dans les huit (8) États membres de l'UEMOA, puisque ces États sont également membres de la CEDEAO.

211. Appréciation critique de l'extension de la compétence de la Cour de Justice de la CEDEAO. L'extension de la compétence de la Cour de Justice de la CEDEAO au contentieux des droits de l'homme constitue une option majeure permettant de promouvoir la protection des droits humains dans la communauté[622].

---

[620] V. MICHEL, « Droits de l'homme », *Rép. dr. eur.* août 2007 ; P. WACHSMANN, , « Les droits de l'homme », *RTD eur.* 1997, p. 883 ; P. PESCATORE, « Les droits de l'homme et l'intégration européenne », *Cah. dr. eur.* 1968, p. 633 ; M. WAELBROECK, « La protection des droits fondamentaux à l'égard des États membres dans le cadre communautaire », in *Mélanges F. Dehousse*, 1979, vol. 2, p. 333, éd. Labor.

[621] A. SALL, « Les débuts des Cours de justice de la CEDEAO et de l'UEMOA : propos sur la faiblesse du droit jurisprudentiel de l'intégration en Afrique de l'ouest », in *Nouvelles Annales africaines* 2010, n° 01, p. 23 ; T. ZOGBELEMOU, *Droit des organisations d'intégration économique en Afrique (CEDEAO-CEMAC-UEMOA-ZMAO)*, Paris, l'Harmattan, 2014, p. 265-266 ; V. A. SALL, *La justice de l'intégration. Réflexions sur les institutions judiciaires de la CEDEAO et de l'UEMOA*, Dakar, l'Harmattan, 2008, 2e édition revue, corrigée et augmentée, p. 328.

[622] Sur cette question, T. ZOGBELEMOU, *Droit des organisations d'intégration économique en Afrique (CEDEAO-CEMAC-UEMOA-ZMAO)*, Paris, l'Harmattan, 2014, p. 125.

Cependant, la consécration de ce nouveau titre de compétence présente le risque de favoriser une certaine dilution du droit communautaire de la CEDEAO et l'encombrement du prétoire de la Cour, en raison surtout du caractère brumeux de la notion de « *droits de l'homme* ».

En effet, l'appréciation judiciaire de cette notion dépasse le cadre réduit des instruments juridiques adoptés par les instances de la CEDEAO pour impliquer des textes très généraux de protection des droits de l'homme comme la Déclaration universelle des droits de l'homme du 10 décembre 1948, le Pacte international relatif aux droits civils et politiques du 16 décembre 1966 et la Charte africaine des droits de l'homme et des Peuples[623].

Le risque de dilution du droit communautaire de la CEDEAO est d'autant réel que le concept de droits de l'homme a par nature une assise plus philosophique que juridique.

Il est frappant de relever que dans le cadre de l'affaire *Khalifa Ababacar SALL* jugée le 29 juin 2018[624], en l'absence d'un corps de règles de référence dans l'espace CEDEAO, l'élargissement de la compétence de la Cour de Justice de la CEDEAO a amené cette haute juridiction a apprécier la violation du droit à l'assistance d'un avocat durant l'enquête invoquée par les requérants sur le fondement de l'article 14-3-d du Pacte international relatif aux droits civils et politiques du 16 décembre 1966, de l'article 7-1 de la Charte africaine des droits de l'homme et des peuples, de l'article 5 du Règlement n° 05/CM/UEMOA.

En tout état de cause, en cas d'engagement de la responsabilité de l'État pour violation des droits de l'homme la Cour peut prescrire des mesures de réparation nécessaires. Il résulte des dispositions de 24.1 résultant du

---

[623] En ce sens, A. SALL, « Les débuts des Cours de justice de la CEDEAO et de l'UEMOA : propos sur la faiblesse du droit jurisprudentiel de l'intégration en Afrique de l'ouest », in *Nouvelles Annales africaines* 2010, n° 01, p. 23 ; T. ZOGBELEMOU, *Droit des organisations d'intégration économique en Afrique (CEDEAO-CEMAC-UEMOA-ZMAO),* Paris, l'Harmattan, 2014, p. 265-266 ; V. A. SALL, *La justice de l'intégration. Réflexions sur les institutions judiciaires de la CEDEAO et de l'UEMOA*, Dakar, l'Harmattan, 2008, 2e édition revue, corrigée et augmentée, p. 26.

[624] CJ CEDEAO, arrêt n° ECW/CCJ/JUD/17/18 du 29 juin 2018, khalifa Ababacar SALL et autres c/ État du Sénégal, *annexe n° 14.*

Protocole Additionnel (A/SP. 1/01/05) du 19 janvier 2005 portant amendement du Protocole (AIP. 1/7/91) relatif à la Cour de Justice de la communauté que la juridiction peut rendre des arrêts comportant « *...à la charge des personnes ou des États une obligation pécuniaire ...* ».

212. Affaire *Khalifa Ababacar SALL* : arrêt de la Cour de la CEDEAO. Dans l'affaire *Khalifa Ababacar SALL*, la Cour de Justice de la CEDEAO, saisie en matière de violation des droits de l'homme, a eu l'occasion d'engager la responsabilité de l'État du Sénégal pour violation du droit à l'assistance d'un avocat dès l'interpellation.

En effet, par une requête en date du 26 décembre 2017, les conseils de Khalifa Ababacar SALL et autres ont saisi ladite cour d'une requête en violation des droits de l'homme.

A l'appui, ils ont notamment invoqué une violation du droit à l'assistance d'un conseil durant l'enquête en application de l'article 14-3-d du Pacte international relatif aux droits civils et politiques du 16 décembre 1966, de l'article 7-1 de la Charte africaine des droits de l'homme et des peuples, de l'article 5 du Règlement n° 05/CM/UEMOA relatif à l'harmonisation des règles régissant la profession d'avocat dans l'espace, de l'article 09, alinéa 4 de la Constitution du Sénégal et de l'article 55 du Code de Procédure pénale sénégalais.

Selon les conseils de Khalifa Ababacar SALL et des autres prévenus, ces derniers ont été interrogés le 21 février 2017 de 9 heures 05 minutes à 19 heures 20 minutes par les officiers de police judiciaire sans l'assistance d'un avocat. Ils ont ajouté que M. SALL n'a pas pu bénéficier de l'assistance d'un conseil avant sa confrontation avec d'autres coprévenus effectuée dans les locaux de la Brigade des Affaires générales (BAG). Ils ont conclu que la violation du droit à un avocat porte nécessairement atteinte au droit à un procès équitable.

Les conseils de l'État du Sénégal ont rétorqué que les requérants n'ont pas rapporté la moindre preuve de la violation du droit à l'assistance d'un avocat pendant l'enquête privant ainsi la Cour de tout moyen d'exercer son contrôle.

Ils ont précisé que saisie de la question, la Chambre d'accusation de la Cour d'appel de Dakar, dans son arrêt n°168 du 16 mai 2017, a énoncé que Khalifa Ababacar SALL a lui-même reconnu avoir fait appel à l'un de ses avocats. Ce dernier s'était présenté dans les locaux de l'officier de police judiciaire pour l'assister, ce, dès son interpellation et qu'il avait été informé de son droit de se faire assister d'un conseil. En outre, il n'a pas été établi que c'est l'officier de police judiciaire qui s'est opposé à l'assistance d'un conseil.

La chambre d'accusation a précisé qu'aucun élément du dossier ne prouve qu'il a été fait obstacle à l'accès de cet avocat dans les locaux où s'était tenue l'enquête et dès lors, aucune violation des droits de la défense du requérant n'est établie.

L'État du Sénégal a fait valoir que si l'absence d'un défenseur constitue une atteinte au droit à l'assistance d'un avocat, encore faut-il que celle-ci lui soit imputable. Il a ajouté que selon la Cour européenne des droits de l'homme, dans son arrêt *Tripoli c/ Italie* du 22 février 1994, il ne saurait être imputé à l'État la responsabilité d'une défaillance de l'avocat choisi par l'accusé.

Pour les conseils de l'État du Sénégal, la Cour de Justice de la Communauté CEDEAO dans son arrêt ECW/CCJ/APP/03/07 du 22 mars 2007, à propos de l'affaire *Moussa Léo KEÏTA c/ l'État du Mali*, a énoncé qu'elle n'a pas pour compétence pour réviser les décisions rendues par les juridictions des États membres en ce qu'elle n'est, ni une juridiction d'appel, ni une juridiction de cassation de ces décisions.

Dans son arrêt rendu le 29 juin 2018[625], la Cour de Justice d'Abuja a d'abord insisté sur le caractère fondamental du droit à l'assistance d'un avocat dans le cadre de la procédure pénale en général. Les hauts magistrats de la Cour de Justice d'Abuja ont énoncé que : « *le droit à l'assistance d'un conseil est un droit fondamental institué au profit de toute personne faisant l'objet d'une procédure pénale* ».

[625] CJ CEDEAO, arrêt n° ECW/CCJ/JUD/17/18 du 29 juin 2018, khalifa Ababacar SALL et autres c/ État du Sénégal, *annexe n° 14*.

La haute cour communautaire a précisé que la Chambre d'accusation de la Cour d'appel de Dakar était appelée à se prononcer sur la nullité du procès-verbal d'enquête préliminaire pour inobservation par l'officier de police judiciaire d'une formalité substantielle et non sur la violation d'un droit humain.

En d'autres termes, alors que la chambre d'accusation était amenée à se prononcer sur une question de procédure pénale, la Cour d'Abuja, conformément à sa compétence, a statué en matière de violation des droits de l'homme.

La Cour de Justice de la CEDEAO, s'écartant de la motivation de la chambre d'accusation, fondée sur l'absence de grief liée à la connaissance par la personne interpellée de son droit de constituer conseil, s'est attachée aux mentions du procès-verbal de police pour se déterminer sur le respect par l'officier de police judiciaire de ses obligations légales. Elle a refusé de prendre en compte l'argument de la chambre d'accusation tiré de la connaissance par M. SALL de son droit à l'assistance d'un conseil.

La Cour d'Abuja a constaté que le procès-verbal d'enquête ne mentionne pas que les personnes interpellées ont été effectivement assistées durant l'enquête par leurs conseils ou ont été informés de leur droit de constituer des avocats. Elle en a conclu une violation du droit à l'assistance d'un conseil de Khalifa Ababacar SALL et autres au moment de leur interpellation.

La Cour a estimé que la responsabilité de l'État du Sénégal par le truchement de ses autorités policières et judiciaires est engagée.

La Cour communautaire de la CEDEAO a constaté la violation du droit à l'assistance d'un avocat durant l'enquête des requérants avant de condamner l'État du Sénégal à payer aux requérants la somme de trente-cinq millions (35.000.000) de francs CFA, à titre de réparation.

À la suite du prononcé de l'arrêt de la Cour de la CEDEAO, les conseils de Khalifa Ababacar SALL ont sollicité de la Cour d'appel de Dakar, saisie de l'appel contre le jugement du Tribunal de grande instance de Dakar du 30 mars 2018, l'annulation de la procédure et par voie de conséquence la libération immédiate de Khalifa Ababacar SALL aux motifs que la décision de la Cour de Justice de la CEDEAO a un caractère obligatoire, définitif et exécutoire, au regard des articles 6 et 15 du traité révisé de la CEDEAO et 19 du protocole A/P1/7/91 et que cette décision s'impose à la cour d'appel de Dakar.

Ils ont ajouté que les constats des violations des droits de Khalifa Ababacar SALL à bénéficier d'un procès équitable et de l'assistance d'un conseil ont autorité de la chose jugée dans l'espace CEDEAO et ne peuvent plus être remis en cause par les juges de la cour d'appel.

L'agent judiciaire de l'État et les avocats de l'État ont, à leur tour, conclu au rejet de ladite requête en faisant valoir que la Cour de Justice de la CEDEAO a débouté les requérants de leur demande de libération immédiate et de cessation immédiate des poursuites et qu'ils ne peuvent solliciter le bénéfice de ces mesures en se basant sur l'arrêt de la juridiction communautaire.

Ils ont précisé que les demandes des requérants sont d'autant plus injustifiées que la juridiction communautaire n'a pas ordonné la libération d'office de Khalifa Ababacar SALL et de ses coprévenus, alors que, dans d'autres cas où la situation le justifiait, à l'instar de la procédure Mamadou TANDJAN contre l'État du Niger, cette juridiction a fait injonction à l'État du Niger de libérer le susnommé.

Ils ont, par ailleurs, fait remarquer qu'il n'existe aucun mécanisme permettant d'annuler la procédure d'appel pendante sur la base de l'arrêt allégué de la Cour de Justice, ce d'autant que cette juridiction n'a pas vocation à réviser les décisions des juridictions des États membres.

La Cour d'Appel de Dakar, dans son arrêt du 18 juillet 2018[626] a jugé que la force obligatoire des décisions de justice communautaires plusieurs fois affirmée par la jurisprudence de la Cour de la CEDEAO, n'autorise pas pour autant la juridiction communautaire à se substituer aux

626 CA Dakar, ch. corr. n° 399 du 18 juillet 2018, Ministère et État du Sénégal et la ville de Dakar Khalifa Ababacar SALL et autres, *annexe n° 15.*

juridictions nationales ni à les concurrencer sur leur propre terrain qui est celui de l'interprétation des textes nationaux.

Elle a souligné que l'arrêt de la Cour de la CEDEAO rendu le 29 juin 2018, constatant la violation de droits de l'homme, en plus de son caractère obligatoire, en ce qu'il comporte le paiement de sommes d'argent à Khalifa Ababacar SALL et autres pour un montant de trente-cinq millions (35.000.000 FCFA), est immédiatement exécutoire par l'État du Sénégal, partie au litige en application des dispositions de l'article 24 du Protocole, en ce qu'il comporte à la charge de l'État une obligation pécuniaire.

Selon la Cour d'appel de Dakar, c'est sous ce prisme qu'il faut lire la décision de la Cour de Justice de la CEDEAO qui, en plus des obligations pécuniaires, interpelle l'État du Sénégal, partie au litige sur la nécessité de hisser sa législation au niveau des textes internationaux pertinents dont la violation est constatée mais qui ne sont pas « *self executing* » par le juge pénal national.

La cour d'appel a estimé que « *la cour communautaire n'est pas une Cour suprême fédérale dotée d'un pouvoir de cassation, de réformation ou d'annulation des décisions rendues par les juridictions nationales* ».

En outre, la juridiction d'appel est seule compétente, en application des règles relatives à l'organisation judiciaire et à la procédure pénale sénégalaises pour examiner les griefs portés contre la décision rendue le 30 mars 2018 et apprécier le bien-fondé de la demande de libération faite pour le compte de Khalifa Ababacar SALL et autres.

En conséquence, les juges d'appel, estimant que l'arrêt rendu par la Cour de Justice de la CEDEAO n'impacte pas les procédures pendantes devant les juridictions nationales des États membres, ont rejeté les demandes de nullité et de libération immédiate et de liberté d'office formulées par les prévenus.

213. Appréciation critique. La portée de l'arrêt de la Cour de Justice de la CEDEAO ainsi que son incidence sur la procédure pénale dirigée contre Khalifa Ababacar SALL et autres pendante devant la Cour d'appel de Dakar doivent être appréciées à la lumière des textes régissant la Cour de la CEDEAO.

À cet égard, il importe de rappeler que la Cour de Justice de la CEDEAO était amenée à se prononcer sur un litige relevant du contentieux de la violation d'un droit de l'homme (droit à l'assistance d'un avocat), ce, conformément à l'article 9.4 du le Protocole additionnel A/SP.1/01/05 du 19 janvier 2005 portant amendement du Protocole PA/P. 1/7/91 relatif à la Cour de Justice de la Communauté. Cette haute juridiction n'était pas saisie d'une question de procédure pénale liée à la régularité de la procédure dirigée contre Khalifa Ababacar SALL et autres.

N'étant pas saisie d'une requête en annulation de ladite procédure, la Cour communautaire s'est contentée de constater la violation du droit à l'assistance d'un avocat durant l'enquête des requérants avant de condamner l'État du Sénégal à payer aux requérants la somme de trente-cinq millions (35.000.000) de francs CFA, à titre de réparation. La Cour n'a donc pas procédé à l'annulation, ni du procès-verbal d'enquête, ni de la procédure subséquente ; elle n'a pas encore moins ordonné la libération des requérants.

La force exécutoire attachée aux arrêts de la Cour de Justice de la CEDEAO, proclamée par les articles 6 et 15 du traité révisé de la CEDEAO et 19 du protocole A/P1/7/91, ne saurait emporter l'annulation systématique de la procédure pénale pour violation du droit à l'assistance d'un avocat.

Elle met simplement à la charge du Sénégal l'obligation d'exécuter la condamnation d'un montant de trente-cinq millions (35.000.000) de francs CFA, à titre de réparation prononcée à son encontre.

La Cour d'appel de Dakar a précisé, à juste titre, que cette force exécutoire « *n'autorise pas pour autant la juridiction communautaire à se substituer aux juridictions nationales ni à les concurrencer sur leur propre terrain qui est celui de l'interprétation des textes nationaux* ».

Pour autant, la force exécutoire des arrêts de la Cour de la CEDEAO n'autorise pas les juridictions sénégalaises à revenir sur la violation du droit à l'assistance d'un avocat constatée par la Cour d'Abuja.

En réalité, les conséquences procédurales à tirer du constat de la violation du droit à l'assistance d'un avocat fait par le juge communautaire (responsabilité de l'officier de police judiciaire, nullité de la procédure, étendue de la nullité, forclusion, purge à la nullité, etc.) relèvent de la législation pénale procédurale sénégalaise.

Cependant, il est curieux de constater que la Cour d'appel de Dakar, après avoir apprécié la portée de l'arrêt de la Cour de la CEDEAO a rejeté la demande en annulation de la procédure formulée par les prévenus au motif que cette décision n'impacte pas les procédures pendantes devant les juridictions nationales des États membres.

La Cour aurait pu, elle-même, tirer les conséquences processuelles de la violation du droit à l'assistance d'un avocat constatée par le juge communautaire sur la procédure pénale pendante devant elle.

Ce n'est que par un arrêt du 30 août 2018 que la Cour d'appel a procédé à l'annulation partielle de la procédure dirigée contre Khalifa SALL et autres, pour violation du droit à l'assistance d'un avocat durant l'enquête, en ignorant presque « *royalement* » l'arrêt de la Cour de la CEDEAO dans son raisonnement juridique.

À cet égard, la contradiction dans la motivation de la Cour est manifeste. En effet, après avoir rejeté, par un arrêt du 18 juillet 2018, la demande de nullité de procédure pour violation du droit d'accéder à un avocat, la Cour y a fait droit, dans la même affaire, par un autre arrêt du 30 août 2018.

En tout état de cause, au regard des règles de procédure applicables au Sénégal, force est de constater que la question de la régularité de la procédure tirée de la violation du droit à l'assistance d'un avocat a été définitivement réglée par l'arrêt de la Chambre d'accusation du 16 mai 2017 qui a rejeté la demande en nullité soulevée par les conseils de Khalifa Ababacar SALL.

S'agissant des nullités alléguées par les conseils de Mbaye TOURE et autres devant le tribunal correctionnel, elles sont purgées pour n'avoir pas été soulevées devant la Chambre d'accusation en application des article 199 et 558 du Code de Procédure pénale. Ainsi, devant la Cour d'appel de Dakar il est vrai qu'une violation du droit à l'assistance d'un avocat durant l'enquête a été constatée par la Cour de Justice de la CEDEAO.

Mais, comme nous l'avons déjà démontré, à la lumière de la législation sénégalaise, les exceptions de nullité de la procédure soulevées aussi bien par Khalifa Ababacar SALL que par Mbaye TOURE et autres pour violation du droit à l'assistance d'un avocat sont irrecevables pour cause d'autorité de la chose et de purge.

Dans un autre arrêt rendu le 15 décembre 2023[627], la Cour de Justice de la CEDEAO a estimé que « *le fait d'interroger des personnes au cours de l'enquête préliminaire sans leur accorder le droit à un avocat tel que garanti par l'article 7 (1) (c) de la Charte africaine des Droits de l'homme et des Peuples et l'article 14 (3) (d) du Pacte international relatif aux droits civiques et politiques constitue une violation du droit qui y est énoncé* ». Selon la haute juridiction, la garantie à cet égard est que les personnes accusées doivent bénéficier de l'assistance d'un avocat, qui peut être celui de leur choix ou celui fourni par l'État.

Par conséquent, en ce qui concerne le grief de violation du droit à l'assistance d'un avocat formulé par les requérants, la Cour estime que ce droit a été violé et statue en conséquence.

SECTION II

L'OFFICE DE L'AVOCAT DURANT L'ENQUÊTE

215. Modalités d'intervention. L'avocat est un acteur clé du dispositif de mise en œuvre de la règle posée par l'article 5 du Règlement de l'UEMOA. Le mot « *avocat* » vient du latin « *advocatus* », qui signifie « celui qui assiste quelqu'un en justice ». L'avocat est un professionnel du droit dont la vocation naturelle est d'être appelé à l'aide en justice[628]. « *Être avocat, c'est le plus bel état du monde* » disait Voltaire. L'avocat

[627] CJ CEDEAO, arrêt n° ECW/CCJ/JUD/58/23 du 15 décembre 2023, AP AN, B AL A et MME AO AG c/ République du Mali, *inédit*.
[628] B. VATIER, « Le rôle de l'avocat », *Journal du droit des Jeunes* 2001/5, n° 205, p. 22-23.

est un professionnel du droit qui conseille des clients en droit et/ou les représente et plaide devant les cours et tribunaux[629].

Il est un auxiliaire de justice et un professionnel du droit qui a une mission de représentation et d'assistance des parties. Maître Doudou NDOYE a écrit, à ce propos, que : « *La nécessité d'un avocat se présente dans toutes les étapes de la procédure car c'est sa vocation, son métier. C'est aussi son art* »[630]. Il faut relever que le législateur communautaire de l'UEMOA ne qualifie pas l'avocat d'auxiliaire de justice. En effet, selon l'article 2, alinéa 3 du Règlement de l'UEMOA : « *Les Avocats exercent des fonctions judiciaires et juridiques. Ils sont un des acteurs principaux du service public de la justice* ».

L'étendue de l'office de l'avocat constitue un critère à l'aune duquel est appréciée la vitalité du principe des droits de la défense durant la phase de l'enquête. Ainsi, l'encadrement des modalités d'intervention de l'avocat présente des enjeux majeurs pour la mise en œuvre des droits de la défense ainsi que l'exercice effectif du droit à l'assistance d'un avocat (paragraphe premier).

Cependant, le périmètre d'intervention délimité aux avocats par les textes des États membres de l'UEMOA ne manque pas de poser le problème de sa conformité avec les exigences constitutionnelles (paragraphe II).

PARAGRAPHE PREMIER : LES MODALITÉS DE L'ASSISTANCE DE L'AVOCAT

216. Périmètre de l'assistance. À l'exception du Togo, de la Guinée-Bissau[631] et du Niger[632], les autres États membres de l'UEMOA ont aménagé des règles délimitant l'étendue de l'intervention de l'avocat dès

[629] D. SOULEZ-LARIVIERE, « Avocat », in L. CADIET (dir), *Dictionnaire de la Justice,* Paris, PUF, 1ère éd., 2004, p. 106 ; D. SOULEZ-LARIVIERE, *L'avocature*, Paris, le Seuil, 1995.

[630] D. NDOYE, *Les avocats au Sénégal*, Dakar, EDJA, 1991, p. 37.

[631] Le droit pénal togolais et bissau-guinéen ignorent encore la présence de l'avocat même pendant la garde à vue.

[632] En droit nigérien, de façon assez curieuse, l'article 71 du Code de Procédure pénale prévoit le droit du suspect « de prendre un avocat à partir de la 24e heure de la garde à vue sous peine de nullité de la procédure » ; sans préciser les modalités d'intervention de l'avocat.

l'interpellation dans leurs Codes de Procédure pénale ou dans d'autres textes spécifiques (I). Malgré l'importance du droit à l'assistance d'un avocat, des exigences liées à l'efficacité des investigations ont justifié des restrictions apportées aux prérogatives de l'avocat (II).

I.- L'ÉTENDUE DE L'ASSISTANCE DE L'AVOCAT

217. Des approches différenciées. Dans les droits pénaux des États membres de l'UEMOA, on constate deux approches de l'intervention de l'avocat dans la phase policière du procès pénal. Ainsi, pour garantir le respect des droits de la défense durant l'enquête, certains États ont consacré une présence timide de l'avocat pendant cette phase du procès pénal (A) alors que d'autres États ont amorcé un renforcement de la posture de l'avocat (B).

A.- Une présence encore timide de l'avocat

218. Une posture passive de l'avocat. À l'analyse des dispositifs pénaux mis en place dans les États d'Afrique de l'ouest, force est de constater que l'on est encore bien loin d'une « *assistance effective* » de la personne interpellée à l'image de celle prévue pour l'inculpé durant l'information judiciaire. Certains États se contentent encore d'un rôle passif de l'avocat durant l'enquête, ce qui traduit une méfiance des législateurs à l'égard de l'introduction du principe des droits de la défense et du principe du contradictoire pendant la phase policière du procès pénal.

Le rôle passif dévolu à l'avocat se manifeste soit par une simple présence physique de l'auxiliaire de justice (1), soit par un entretien confidentiel avec son client (2).

1.- La simple présence physique de l'avocat

219. L'avocat : un soutien moral. Au Bénin et en Côte d'Ivoire, une lecture attentive des textes montre que l'intervention de l'avocat se réduit à un soutien psychologique. Aux termes de l'article 78, alinéa 9 du Code de Procédure pénale du Bénin : « *L'assistance de l'avocat consiste en sa présence physique aux côtés de son client, à relever et à faire mentionner au procès-verbal, toute irrégularité éventuelle qu'il estime de nature à* *préjudicier aux droits de son client*». Lorsque l'avocat fait des observations, il signe le procès-verbal.

On retrouve une formulation similaire dans l'article 93 du Code de Procédure pénale de la Côte d'Ivoire. Selon ce dernier texte, l'assistance de l'avocat consiste en sa présence physique aux côtés de son client, à relever et à faire mentionner, au procès-verbal toute irrégularité éventuelle qu'il estime de nature à préjudicier aux droits de son client.

Lorsque l'avocat fait des observations, il signe le procès-verbal.

Ces textes ne prévoient même pas, du moins expressément, la possibilité pour le conseil de s'entretenir avec la personne interpellée, l'avocat se contentant d'accompagner son client et de relever éventuellement des irrégularités de nature à lui porter préjudice.

On le voit, la présence physique de l'avocat aux côtés de son client constitue pour la personne interpellée un soutien moral ou psychologique. Elle est aussi un élément décisif du contrôle du déroulement de l'enquête, notamment lorsque le mis en cause est placé en garde à vue. L'avocat est ainsi un réconfort moral et un témoin de la régularité de la procédure d'enquête.

La Cour européenne des droits de l'homme, dans l'arrêt *Dayanan*, rendu le 13 octobre 2009[633], évoque d'ailleurs le rôle de réconfort et de soutien joué par l'avocat auprès de son client. Elle énonce que l'équité de la procédure requiert que l'accusé puisse obtenir toute la vaste gamme d'interventions de l'avocat notamment « *le soutien de l'accusé en détresse* ».

Cette vision classique de l'intervention de l'avocat pendant l'enquête semble être bâtie sur une conception inquisitoriale de la procédure pénale et une culture de l'efficacité policière encore vivaces dans les systèmes processuels des États membres de l'UEMOA. Cette approche tenace, inspirée du modèle français, est marqué par une méfiance, sinon par une

---

[633] CEDH 13 octobre 2009, Dayanan c/ Turquie, n° 7377/03 ; *RSC* 2010. 23, obs. Roets ; *D.* 2009. 2897, note Renucci ; *AJ pén.* 2010. 27, note Saas ; *Dr. pén.* 2010. chron. 1, obs. Guérin ; *Dr. pén.* 2010. chron. 3, obs. Dreyer.

défiance, à l'égard des avocats surtout dans la phase préliminaire du procès pénal.

2.- L'entretien de l'avocat avec la personne interpellée

220. Consécration du droit d'entretien. C'est à propos de l'entretien confidentiel de l'avocat avec son client que le Conseil constitutionnel français a analysé l'intervention de l'avocat comme « *un droit de la défense qui s'exerce durant la phase d'enquête de la procédure pénale* »[634].

En droit sénégalais, en vertu de l'article 55 du Code de Procédure pénale, l'intervention de l'avocat durant l'enquête dès l'interpellation se résume à un entretien avec son client. À cet égard, le législateur a transposé le régime de l'intervention de l'avocat applicable en cas de prolongation de la garde à vue, lorsque l'officier de police judiciaire procède à l'interpellation du suspect.

Il résulte de l'article 55 du Code de Procédure pénale du Sénégal, issu de la loi du 08 novembre 2016, que l'avocat n'a, ni le droit d'accéder au dossier, ni le droit d'assister aux auditions et confrontations. Dans son office, il ne peut ainsi interférer dans le déroulement de l'enquête. L'entretien confidentiel est destiné à permettre à l'auxiliaire de justice de s'assurer du bon déroulement de la procédure[635].

La circulaire ministérielle du 11 janvier 2018 précitée précise que : « *L'avocat a le droit de communiquer avec son client. L'officier de police judiciaire facilite cette communication de sorte qu'elle ne soit ni gênée ni perturbée...* ». Le droit d'entretien est également prévu au Burkina Faso par la règle 6 du protocole. Selon ce texte : « *L'avocat peut communiquer avec la personne interpellée* ».

221. Durée de l'entretien. Au Sénégal, comme au Burkina Faso, l'entretien ne peut excéder trente (30) minutes. Il ne saurait être

---

[634] Cons. const. n° 93-326 DC du 11 août 1993, n° 2004-492 DC, 02 mars 2004.
[635] S. GUINCHARD et J. BUISSON, *Procédure pénale*, Paris, Litec, 2008, p. 507, n° 754.

fractionné et la durée prévue doit s'entendre du temps réellement consacré à l'entretien et non à ses préparatifs.

La circulaire ministérielle du Sénégal du 11 janvier 2018 contient une précision d'importance. Selon cette circulaire, il faut voir dans cette limite temporelle une précaution pour éviter que l'officier de police judiciaire ne perde le contrôle de la gestion du temps de son enquête. Il lui appartient donc de faire preuve de jugement et « *en cas de nécessité, l'officier de police judiciaire peut accorder un temps plus long, sans que cette extension n'affecte la régularité de la procédure* ».

En réalité, la latitude donnée à l'officier de d'accorder un temps d'entretien plus long à l'avocat est contraire aux dispositions légales de l'article 55, alinéa 14 du Code de Procédure pénale. Ce texte législatif est très claire : l'entretien confidentiel entre l'avocat et son client « *ne peut excéder trente minutes* ». Sous ce rapport, les dispositions de la circulaire ministérielle du 11 janvier 2018 relatives à la durée de l'entretien de l'avocat, ont une nature réglementaire, pour comporter des dispositions ajoutées et contraires à la loi.

En effet, la circulaire est définie comme un document hiérarchique à destination collective dans lequel le chef de service, en sa qualité de supérieur hiérarchique, transmet à ses services subordonnés (déconcentrés ou décentralisés) ses instructions ainsi que ses directives sur la manière dont il souhaite voir fonctionner ses services ou sur l'interprétation qu'il donne à des textes législatifs et réglementaires qu'il est chargé d'appliquer[636]. Ainsi, la circulaire, qui a souvent un objet interprétatif, ne saurait ajouter de nouvelles dispositions à la loi ou au règlement[637].

---

[636] Y. GAUDEMET, « Remarques à propos des circulaires administratives », *Mélanges Stassinopoulos*, Paris, LGDJ, 1974, p. 559 ; J. M. NZOUANKEU, obs. sous CS 21 février 1978, Parti démocratique sénégalais, *GDJAS*, tome I, *RIPAS*, 1984, p. 161.

[637] En ce sens, G. KOUBY, « Circulaires interprétatives et jurisprudence administrative », *LPA* 24 janvier 1996, n° 11, p. 17 ; G. KOUBY, « Distinguer l'impératif du réglementaire au sein des circulaires interprétatives », *RD publ.* 2004, p. 499.

222. Moment de l'entretien. Les textes des États membres de l'UEMOA ne fixent pas souvent le moment de l'entretien confidentiel.

À titre d'exemple, au Sénégal, l'article 55 du Code de Procédure pénale est muet sur cette question.

Mais le respect des droits de la défense, qui implique une liberté dans l'organisation de la défense, devrait permettre de reconnaître à l'avocat le pouvoir de décider librement du moment de l'entretien.

D'ailleurs, la circulaire du Ministre de la Justice du Sénégal du 11 janvier 2018 énonce que l'entretien de trente (30) minutes « *est déterminé à la demande de l'avocat* ». Il a une liberté d'appréciation par rapport au moment de l'entretien. Ainsi, d'après le guide de l'officier de police judiciaire élaboré par la Division des Investigations criminelles (DIC), l'avocat peut s'entretenir avec son client avant, pendant ou après l'audition de la personne interpellée.

En France, où l'avocat est habilité à accéder à certains éléments du dossier d'enquête, en matière de garde à vue et d'audition libre, la circulaire du 15 avril 2011 relative aux droits de la personne gardée à vue suite aux arrêts de l'Assemblée plénière de la Cour de Cassation du 15 avril 2011 précise qu'il appartient à l'avocat de décider s'il souhaite prendre connaissance des pièces consultés avant ou après l'entretien de trente (30) minutes.

Il est certain qu'un entretien avec son client après la consultation du dossier permet à l'avocat de mieux affûter sa stratégie de défense[638]. En tout état de cause, une grande liberté d'appréciation lui est laissée quant à la détermination du moment de l'entretien.

223. Modalités de l'entretien. L'entretien doit-il être réalisé physiquement entre l'avocat et son client dans un local spécialement aménagé à cet effet ou bien peut-il se faire à distance au moyen des technologies modernes de l'information et de la communication (téléphone, courrier électronique, visioconférence, etc.) ?

---

[638] Sur la stratégie judiciaire, J. VERGES, *De la stratégie judiciaire*, Paris, Minuit, 1968.

Au Sénégal, l'exposé des motifs de la loi n° 99-06 du 29 janvier 1999 modifiant certaines dispositions du Code de Procédure pénale, qui a introduit dans le paysage procédural la présence de l'avocat durant la garde vue, énonçait déjà que la rareté, voire l'absence d'avocats dans certaines régions du Sénégal et les difficultés de déplacement dans des délais raisonnables, rendent nécessaire la possibilité d'un entretien par téléphone ou par tous autres moyens de communication de l'avocat avec le mis en cause.

En outre, en matière de garde à vue, l'article 55 bis du Code de Procédure pénale, qui subsiste (du moins formellement) à la réforme du 08 novembre 2016, prévoit qu'en matière de garde à vue, l'avocat peut communiquer, y compris par téléphone ou par tous autres moyens de communication, s'il ne peut se déplacer dans les meilleurs délais avec la personne gardée à vue.

La possibilité pour l'avocat de communiquer avec la personne interpellée au téléphone ou à l'aide de tous autres moyens de communication est expressément consacrée par l'article 55, alinéa 11 du Code de Procédure pénale. Aux termes de ce texte : « *L'avocat peut communiquer, y compris par téléphone ou par tous autres moyens de communication, s'il ne peut se déplacer dans les meilleurs délais avec la personne interpellée dans des conditions qui garantissent la confidentialité de l'entretien* ».

Ainsi, lorsque l'avocat n'est pas en mesure, en raison de son éloignement, de se déplacer dans les locaux de la police, de la gendarmerie ou du service d'enquête, il peut communiquer avec son client au téléphone, par courrier électronique ou même via un système de visioconférence.

L'essentiel est que l'officier de police judiciaire garantisse la confidentialité de l'entretien.

224. Confidentialité de l'entretien. L'article 55, alinéa 11 du Code de Procédure pénale du Sénégal dispose que l'avocat peut communiquer avec la personne gardée à vue « *dans des conditions qui garantissent la confidentialité de l'entretien* ».

La circulaire sénégalaise du 11 janvier 2018 précise que l'entretien « *se passe dans le respect de la confidentialité garantie pour toute communication entre l'avocat et son client* ». L'entretien se déroule dans des conditions qui garantissent la confidentialité des propos échangés[639].

Au Burkina Faso, le protocole est plus explicite à ce propos : « *L'avocat peut communiquer avec la personne interpellée dans des conditions qui garantissent la confidentialité de l'entretien. L'entretien a lieu à portée de vue et non à portée d'ouïe de l'officier de police judiciaire* ». La confidentialité est la possibilité de s'entretenir « *hors de portée d'ouïe d'un tiers* ».

Le droit à la confidentialité des entretiens de la défense a été reconnu dès le XIXe siècle par la Cour de Cassation française[640]. La haute juridiction a jugé que « *le principe de libre défense domine toute la procédure criminelle et commande de respecter les communications confidentielles des accusés avec les avocats qu'ils ont choisis ou veulent choisir comme défenseurs* ».

Dans la pratique, l'obligation de confidentialité de l'entretien n'est souvent pas respectée par les officiers de police judiciaire. En effet, en raison du manque de moyens et notamment l'insuffisance de locaux, il n'est pas rare que des avocats s'entretiennent avec leurs clients dans le bureau même du commissaire de police ou du commandant de bridage et en présence de ce dernier. Pourtant, le non-respect de la confidentialité de l'entretien de l'avocat avec son client est susceptible d'entraîner la nullité du procès-verbal d'audition, et éventuellement celle de toute la procédure ultérieure[641]. En matière de garde à vue, il a été jugé que la présence d'un fonctionnaire de police durant l'entretien en raison de l'absence d'un local spécifique entache la garde à vue de nullité[642].

225. Obligation de confidentialité de l'avocat. Au-delà de la confidentialité de l'entretien, l'avocat est également tenu à une obligation

---

[639] Sur cette question en droit belge, P. LAMBERT, *La protection des confidences du client à son avocat au regard de la Convention européenne des Droits de l'Homme*, Liber Amicorum J. Van Der Heuvel, Kluweer 1999, p. 37 ; également, M. FRANCHIMONT, A. JABOBS et A. MASSET, *Manuel de procédure pénale,* Bruxelles, Larcier, 2016, p. 1148.

[640] Cass. crim. 09 décembre 1897, *Bull. crim.* n° 309.

[641] V. *infra*, n° 148.

[642]CA Paris, 24 janvier 2005, *Jurisdata* n° 2005-270827.

de discrétion et de confidentialité[643]. L'article 44 du Règlement de l'UEMOA énonce que l'Avocat, en toute matière, ne doit commettre aucune divulgation contrevenant au secret professionnel.

En vertu de l'article 55, alinéa 15 du Code de Procédure pénale du Sénégal, l'avocat ne peut faire état de son entretien avec la personne interpellée auprès de quiconque.

D'ailleurs, en vertu du principe du secret de l'enquête, sauf dans les cas où la loi en dispose autrement, et sans préjudice des droits de la défense, la procédure au cours de l'enquête est secrète. Toute personne, y compris un avocat, qui concourt à cette procédure est tenue au secret professionnel dans les conditions et sous les peines de l'article 363 du Code pénal sénégalais[644].

Ce dernier texte pénal incrimine, sous la qualification de violation du secret professionnel, toutes personnes dépositaires, par état ou par profession ou par fonctions temporaires ou permanentes, des secrets qu'on leur confie, qui, hors le cas où la loi les oblige ou les autorise à se porter dénonciateurs, auront révélé ces secrets.

Ainsi, l'avocat, qui divulgue à des tiers l'entretien qu'il a eu avec la personne interpellée au cours de l'enquête, se rend coupable du délit de violation du secret professionnel.

Émile GARCON, écrivait, à la fin du siècle dernier, dans son *Code pénal annoté* [645] que : « *Le bon fonctionnement de la société veut que le malade trouve un médecin, le plaideur un défenseur, le catholique un confesseur,*

---

[643] F. DOYEZ, « Avocat et secret professionnel », *AJ pén.* n° 4/2004, p. 144 ; P. GATE, « Le secret professionnel de l'avocat », *Gaz. pal.* 1987.1, doctr. 199 ; R.-V. CATALAYUD, « L'arrêté du 18 juin 1999 et le secret professionnel des avocats », *Gaz. pal.* 2000.2, doctr. 13 ; J. CHAMARRE, « Secret professionnel de l'avocat et incitation à la dénonciation », *Gaz. pal.* 2002.1.7 ; P. GATE, « Le secret professionnel de l'avocat », *Gaz. pal.* 1987. 1. doctr. 199 ; M. VÉRON, « L'avocat trop bavard », *Dr. pén.* 2002, comm. n° 16 ; J. LASSAUSSOIS, « Couper la langue aux avocats », *Gaz. pal.* 1987. 1. doctr. 140 ; CH. FÉRAL-SCHUHL, « Le renforcement du secret professionnel de l'avocat », *D.* 2012, p. 2584.

[644] V. art. 11 du Code de Procédure pénale du Sénégal.

[645] E. GARCON, *Code pénal annoté*, nouvelle édition refondue et mise à jour par Marcel Rousselet, Maurice Patin et Marc Ancel, Tome 1, Paris, Sirey, 1952, V. art. 378.

mais ni le médecin, ni l'avocat, ni le prêtre ne pourraient accomplir leur mission si les confidences qui leur sont faites n'étaient assurées d'un secret inviolable.

Il importe donc à l'ordre social que ces confidents nécessaires soient astreints à la discrétion et que le silence leur soit imposé sans condition ni réserve, car personne n'oserait plus s'adresser à eux si l'on pouvait craindre la divulgation du secret confié. Ce secret est donc absolu et d'ordre public ».

Le secret est l'élément central du principe de confiance légitime parce qu'il n'y a pas de défense possible si celui à qui une personne se confie, livre ses secrets à ses adversaires ou à l'accusation.

En prévoyant l'obligation de discrétion de l'avocat, les législateurs africains ont sans doute entendu préserver le sentiment de confiance légitime que les citoyens nourrissent à l'égard de leurs avocats[646].

226. Annexion des observations écrites de l'avocat à la procédure. À la fin de l'entretien confidentiel, il sera loisible à l'avocat de faire des observations écrites qui feront l'objet d'une annexion au dossier de la procédure. Cette faculté constitue un moyen supplémentaire de garantir un contrôle effectif du déroulement de l'enquête, notamment lorsque la personne interpellée est privée de liberté[647].

Aux termes de l'article 55, alinéa 14 du Code de Procédure pénale du Sénégal : « *A l'issue de l'entretien qui ne peut excéder trente minutes, l'avocat présente, le cas échéant, des observations écrites qui sont jointes à la procédure* ». L'officier de police judiciaire ne jouit pas d'une grande discrétion quant à l'accomplissement de la formalité de l'annexion des observations écrites de l'avocat au dossier de la procédure.

La circulaire sénégalaise du 11 janvier 2018 considère d'ailleurs que l'annexion des observations écrites de l'avocat à la procédure constitue une obligation.

---

[646] En ce sens, J. PRADEL, *Procédure pénale*, Paris, éditions Cujas, 2004, p. 481.
[647] C. MAURO, « Garde à vue », *Rép, dr. pén. proc.pén.* Dalloz, n° 166.

En effet, l'avocat a le droit de présenter des observations écrites « *qui seront obligatoirement annexées à la procédure* ».

Comme pour la présence physique de l'avocat, l'entretien confidentiel ne permet pas d'organiser une véritable défense, puisque l'auxiliaire de justice n'a pas accès au dossier, n'assiste pas aux auditions et confrontations ; il ne peut pratiquement prendre aucune initiative, sinon déposer des observations écrites jointes à la procédure[648].

B.- Une posture plus active de l'avocat

227. Renforcement du rôle de l'avocat. Prenant en compte la place de l'avocat dans la mise en œuvre des droits de la défense, certains États de l'espace UEMOA ont franchi un pas vers un renforcement de ses prérogatives pendant l'enquête. Dans ces pays, il a été consacré une présence de l'avocat pendant les auditions et confrontations (1) et/ou un droit d'accès au dossier de la procédure (2).

1.- La présence de l'avocat aux auditions et confrontations

228. Assistance aux auditions et confrontations. Dans les États membres de l'UEMOA, seuls, le Burkina Faso, le Sénégal et le Mali ont prévu la présence de l'avocat aux auditions et confrontations.

Selon la règle 8 du protocole burkinabé, la personne interpellée peut demander que l'avocat assiste à ses auditions et confrontations. La première audition, sauf si elle porte uniquement sur les éléments d'identité, ne peut débuter sans la présence de l'avocat choisi ou désigné, avant l'expiration d'un délai de deux (2) heures suivant l'avis donné à ce dernier.

Ainsi, le délai d'attente de deux (2) heures n'interdit pas une audition portant sur les éléments d'identité ; c'est ce qu'on appelle communément « *l'audition de première comparution* » par référence à l'interrogatoire de première comparution de la procédure d'instruction.

---

648 F. DESPORTES et L. LAZERGES-COUSQUER, *Traité de procédure pénale*, Paris, Economica, 2009, n° 2593 ; M. KONATE, *Le temps et le procès pénal*, Thèse de Doctorat, Université de Dakar, 2017, p. 245, n° 556.

Au Sénégal, l'article 55 du Code de Procédure pénale réduit l'intervention de l'avocat à un entretien confidentiel de trente (30) minutes.

Mais la circulaire du Ministre de la Justice du 11 janvier 2018 énonce que : « *L'avocat a le droit d'être présent durant l'audition de son client* ».

Le Ministre de la Justice du Sénégal justifie cette extension des prérogatives de l'auxiliaire de Justice par une interprétation très généreuse des dispositions de l'article 55 du Code de Procédure pénale.

Il indique que : « *L'exigence de cette présence est sous-jacente dans le texte de l'article 55 du Code de Procédure pénale. Cette présence est consacrée dans les pays qui appliquent l'article 5 du Règlement n° 5 de l'UEMOA. Elle donne de la substance à la faculté ouverte à l'avocat de faire des observations écrites sur la régularité de la procédure* ».

En évoquant les États qui appliquent l'article 5 du Règlement n° 5 de l'UEMOA, le ministre fait certainement référence au Mali et Burkina Faso qui reconnaissent à l'avocat un droit d'assistance de son client durant les auditions et confrontations.

Cette assistance traduit une approche passive de l'office de l'avocat pendant l'enquête. Le guide de l'officier de police judiciaire élaboré par la Division des Investigations criminelles (DIC) illustre bien la posture passive de l'avocat. Selon ce document, en dehors de l'entretien confidentiel, le suspect a le droit de se faire « *assister passivement aux interrogatoires et confrontations auxquels il est soumis, pendant toute la durée de l'enquête* ».

229. Appréciation critique. Cette analyse, très curieuse, n'est pas à l'abri de la critique. En effet, la possibilité donnée à l'avocat de formuler des observations jointes à la procédure fait suite à l'entretien confidentiel; elle n'est pas liée à sa présence aux auditions et confrontations.

Manifestement, en droit sénégalais, le pouvoir reconnu à l'avocat d'assister à l'audition de son client est ajouté à l'article 55 du Code de Procédure pénale. Là encore, la circulaire ministérielle du 11 janvier

2018 a une nature réglementaire, pour contenir des prescriptions contraires au Code de Procédure pénale.

Au-delà de la légalité des prescriptions de la circulaire ministérielle du 11 janvier 2018 relatives à la présence de l'avocat pendant les auditions et confrontations, leur constitutionnalité se pose. En vertu de l'article 67 de la Constitution, la procédure pénale relève du domaine exclusif de la loi. Il s'agit de « *l'ensemble des règles relatives à la constatation des infractions ainsi qu'à l'identification, l'appréhension, la poursuite et le jugement de leurs auteurs* »[649].

Parce qu'elle met en jeu les droits et libertés fondamentaux des citoyens, la procédure pénale fait partie des matières relevant intégralement de la compétence législative[650].

La Cour d'appel de Dakar a eu l'occasion de repréciser la compétence législative en matière de procédure pénale dans l'arrêt *Aïssatou Guèye DIAGNE* rendu le 22 août 2012[651]. Dans cette espèce, la cour a jugé que l'article 27, alinéa 3 du décret n°2009-328 du 08 avril 2009 fixant le statut des notaires, qui subordonne les poursuites contre les notaires à l'autorisation du Garde des Sceaux, Ministre de la Justice, après avis de la chambre disciplinaire, intervient dans le domaine de la loi et méconnait l'article 67 de la Constitution.

Selon la cour d'appel, « *ce texte aménage une procédure pénale spéciale dérogatoire aux règles édictées par la loi n° 65-61 du 21 juillet 1965 portant Code de Procédure pénale et constitue une garantie*

---

649 F. DESPORTES et L. LAZERGES-COUSQUER, *Procédure pénale*, Paris, Economica, 3e édition, 2013, p. 1.

650 G. ROUJOU DE BOUBEE, « Les deux sources du droit pénal d'après la Constitution du 04 octobre 1958 », *JCP*, 1961, I, 1638 ; également, G. RIVES, « La classification des infractions selon leur gravité en droit sénégalais », *Annales africaines* 1973, p. 185 ; R. GASSIN, « La règle de procédure pénale au sens de l'article 34 de la Constitution », in *Les droits et le Droit, Mélanges B. Bouloc*, Paris, Dalloz, p. 363 ; F. DESPORTES et L. LAZERGES-COUSQUER, *op. cit.*, p. 104.

651 CA Dakar n° 890 du 22 août 2012, MP c/ Aïssatou Guèye DIAGNE, in *Bulletin des arrêts rendus par la Cour d'Appel de Dakar en matière pénale*, année 2014, p. 134 ; dans le même sens, CA Dakar, n° 635 du 12 juillet 2010, MP et la Société Nationale d'Assurances Mutuelles dite SONAM c/ Serigne MBAYE BADIANE, *inédit*.

supplémentaire pour le notaire ; il viole manifestement ladite loi ainsi que l'article 67 de la Constitution, en s'immisçant subrepticement dans les attributions relevant exclusivement du domaine du pouvoir législatif». Une règle de procédure pénale ne saurait avoir pour support ni un texte réglementaire (décret ou arrêté), ni une circulaire. Le seul objet de la circulaire est d'interpréter ou de préciser les modalités d'application de règles de procédure pénale.

Mais autant les prescriptions de la circulaire relatives à la présence de l'avocat pendant les auditions et confrontations ne sont pas conformes à l'article 55 du Code de Procédure pénale sénégalais, autant elles se rapprochent de la lettre de l'article 5 du Règlement de l'UEMOA qui consacre un véritable droit à l'assistance de la personne interpellée, ce qui suppose une posture active de l'avocat.

230. Questions de l'avocat. Le droit pénal malien a même consacré le droit pour l'avocat de poser des questions par l'intermédiaire de l'officier de police judiciaire. C'est ce qui résulte de l'article 76, alinéa 7 du Code de Procédure pénale selon lesquelles : « *Les avocats ne peuvent poser des questions que par l'intermédiaire de l'officier de police judiciaire et sur autorisation de celui-ci. En cas de refus, mention en est faite au procès-verbal* ».

Le Burkina Faso a mis en place un dispositif d'intervention de l'avocat inspiré de la loi française n° 2011-392 du 14 avril 2011. La règle 10 du protocole énonce, en effet, qu'à l'issue de chaque audition ou confrontation à laquelle il assiste, « *l'avocat peut faire poser des questions* ». Donc, l'auxiliaire de justice ne peut poser des questions qu'à l'issue des auditions ou confrontations.

231. Pouvoir de direction de l'interrogatoire de l'officier de police judiciaire. L'audition ou la confrontation est menée sous la direction de l'officier ou de l'agent de police judiciaire, l'enquête restant inquisitoire. Aussi, l'officier de police judiciaire conserve-t-il l'exclusive direction de l'interrogatoire ou de la confrontation. C'est pourquoi, pour le bon déroulement de l'enquête, il peut refuser de poser les questions suggérées par l'avocat. Mention du refus est, dans ce cas, portée au procès-verbal[652].

D'ailleurs, aux termes de la règle 9 du protocole du Burkina Faso : « *L'audition ou la confrontation est menée sous la direction de l'officier de police judiciaire ou de l'agent de police judiciaire sous le contrôle de l'officier de police judiciaire, qui peut à tout moment, en cas de difficulté incombant à l'avocat y mettre un terme. Il en avise immédiatement le procureur du Faso qui informe, s'il y a lieu, le bâtonnier qui peut, le cas échéant, désigner un autre avocat en remplacement de celui qu'il avait précédemment désignée* ».

Par exemple, des interventions intempestives et incessantes de l'avocat au cours de l'audition de la personne interpellée, de nature à entraver les investigations, pourraient autoriser l'officier de police judiciaire à mettre un terme à l'audition ou à la confrontation[653].

Comme pour l'entretien confidentiel, à l'issue de l'audition ou de la confrontation l'avocat peut présenter des observations écrites dans lesquelles il consignera, le cas échéant, les questions refusées. Ces observations seront jointes à la procédure et l'avocat pourra même en adresser copie au procureur du Faso[654]. En d'autres termes, s'il estime que ses questions peuvent être utiles à l'exercice des droits de la défense, l'avocat ne peut que saisir le procureur de la République en lui soumettant ses observations écrites et ce, à la fin de l'audition, à la suite du refus de l'officier de police judiciaire[655].

---

[652] V. la règle 10 du protocole du Burkina Faso.

[653] En ce sens, F. DESPORTES et L. LAZERGES-COUSQUER, *Traité de procédure pénale*, Paris, Economica, 2e éd., 2013, n ° 2595.

[654] V. la règle 10, alinéa, 2 du protocole du Burkina Faso : « A l'issue de chaque entretien avec la personne interpellée et de chaque audition ou confrontation à laquelle il a assisté, l'avocat peut présenter des observations écrites dans lesquelles il peut consigner les questions refusées. Ces observations sont jointes à la procédure. L'avocat peut en adresser copie au procureur du Faso tout le temps que la personne interpellée est maintenue sous la contrainte dans les locaux du service de police judiciaire ».

[655] Cass.crim. 20 novembre 2013, n° 13-84.280, *Gaz. pal.*, n° 40-42, 2014, p. 41, obs. Fourment.

2.. -L'accès au dossier d'enquête

232. Position du problème. La consultation par l'avocat des pièces de la procédure concernant la personne interpellée constitue une question essentielle pour garantir l'exercice effectif des droits de la défense au stade de l'enquête.

En matière de garde à vue, l'accès par l'avocat au dossier de l'enquête a toujours été une question sensible[656]. Ce problème se trouve placé au confluent de deux visions de l'enquête : celle d'une recherche de la vérité, excluant toute communication de pièces de l'enquête à l'avocat et celle d'une protection des droits de la défense, qui postule un accès total de l'avocat au dossier[657].

Faustin-Hélie[658] écrivait déjà en 1860 « *qu'il s'agit de concilier les garanties nécessaires à la conservation de l'ordre dans la société et les garanties que réclame en même temps la liberté civile ; il faut que l'accusation ait les moyens de rechercher et de convaincre ; que la défense ait les moyens de se justifier* ».

233. Thèse de l'accès à l'intégralité du dossier d'enquête. La question de l'accès de l'avocat aux pièces de l'enquête a suscité en France des hésitations et de vives controverses.

---

[656] E. VERGES, « Garde à vue : Le rôle de l'avocat au cœur d'un conflit de normes nationales et européennes », *D.* 2011, Point de vue p. 3005.

[657] Sur ce débat, J. PRADEL, « Du droit de l'avocat d'accéder au dossier établi au cours d'une garde à vue » *Sem. jur.* éd. G. n° 46, 12 novembre 2012, doctr. 1223 ; C. RIBEYRE, « Défense des droits de la défense avant jugement », in V. MALABAT, B. DE LAMY et M. GIACOPELLI (dir.), *La réforme du Code pénal et du Code de Procédure pénale, Opinio doctorum,* Paris, Dalloz, 2010, p. 237 ; E. DAOUO et S. AKORRI, « Plaidoyer pour l'accès complet au dossier en garde à vue », *Lamy Droit pénal des affaires*, act., avril 2014, n° 138, p. 1 et s.

[658] M. FAUSTIN-HELIE, *Traité de l'instruction criminelle*, 2e éd., 1866, I, n° 1, in fine, p. 4.

Les partisans d'un accès total au dossier de l'enquête justifient cette solution par la nécessité de respecter les droits de la défense à toutes les étapes de la procédure[659], qui constituent un principe constitutionnel[660].

En effet, les droits de la défense ne peuvent être garantis avec une intensité variable au cours des différentes phases du procès.

Certains auteurs ont soutenu que le système de consultation limitée à certaines pièces constitue une manifestation de la primauté de l'investigation policière sur les droits de la défense, puisque l'avocat ne dispose que d'une vue partielle du dossier de la procédure, les documents consultables ne permettant pas l'organisation d'une véritable défense[661].

Or, l'exercice effectif des droits de la défense exige que l'avocat puisse, dès les premiers stades de l'enquête, construire et organiser un système de défense efficace au profit de son client[662]. Cela passerait par la reconnaissance du droit de l'avocat d'accéder au dossier d'enquête et d'y rechercher des éléments favorables à son client.

En France, la conception restrictive des pièces accessibles retenue par le législateur a soulevé la réprobation générale du barreau au motif notamment qu'une bonne défense suppose une connaissance de toutes les pièces du dossier[663]. La commission dite « *d'Outreau* » avait même proposé que l'avocat puisse prendre connaissance du dossier de l'enquête à partir de la prolongation de la garde à vue[664].

---

659 Pour un accès total de l'avocat au dossier d'enquête, V. Aperçu rapide H. Matsopoulou, *JCP* éd. G 2011, act. 542 ; *D.* 2011, p. 3038 ; *D.* 2011, p. 1705 ; *Gaz. pal.*, 16-18 sept. 2012, p. 19 et s. ; *Gaz. pal.* 30 sept.-2 oct. 2012, p. 10 et s. ; A. Giudicelli, *RSC* 2011, p. 410.
660 V. art. 9 de la Constitution du Sénégal.
661 F. DESPREZ, « Garde à vue : consultation des pièces de procédure par l'avocat », *D.* 2013 p. 2760.
662 En ce sens, V. en matière de garde à vue, E. VERGES, « Garde à vue : le rôle de l'avocat au cœur d'un conflit de normes nationales et européennes », *D.* 2011. Point de vue 3005 ; J. ALIX, « Les droits de la défense au cours de l'enquête de police après la réforme de la garde à vue : état des lieux et perspectives », *D.* 2011. chron. 1699.
663 J.-Y. LE BORGNE, *La garde à vue. Un résidu de barbarie*, Paris, éd. Cherche midi, 2011, p. 96-97.
664 J. LEROY « Personnes soupçonnées et ne faisant pas l'objet d'une garde à vue », *Jurisclass. proc. pén.* art. 53 à 73, fasc. 40. 20, n° 181.

234. Thèse de l'accès limitée au dossier d'enquête. Les auteurs favorables à la consultation limitée à certaines pièces du dossier de l'enquête ont fait valoir que l'accès de l'avocat à tout le dossier risque d'entraver la manifestation de la vérité.

En d'autres termes, la consultation par la défense de toutes les pièces dès l'étape de l'enquête pourrait dans certains cas nuire à la recherche de la vérité qui est élevée par le Conseil constitutionnel français au rang d'« *objectif à valeur constitutionnelle* »[665]

Un auteur a donné l'exemple d'une plainte déposée par une jeune femme pour viol détaillant aux enquêteurs les circonstances de l'infraction. L'avocat du suspect, ayant accès à l'ensemble du dossier, et notamment à la déposition de la victime, ne serait-il pas tenté de communiquer les termes de cette déposition à son client ? Ce dernier ne pourrait-il pas également adapter sa déposition aux déclarations de la victime ? [666].

Certains auteurs ont soutenu que dans la situation d'un accès limité au dossier, les droits de la défense ne sont pas absents puisque l'avocat peut consulter le procès-verbal constatant la notification des droits, les procès-verbaux d'audition et de confrontation et les procès-verbaux de perquisition et de saisie de la personne qu'il assiste.

Il est ainsi au courant de la qualification retenue par les enquêteurs et des premières explications données par son client. L'avocat peut également s'assurer du respect par l'officier de police judiciaire de son obligation de notification du droit à l'assistance d'un conseil à la personne interpellée.

Certes, le défenseur n'a pas accès à toutes les pièces mais après la fin de l'enquête policière, se succèdent une phase d'instruction (parfois) et une phase de jugement si les charges sont suffisantes. Or, pendant ces deux

---

[665] Comme le rappelle la décision du Conseil constitutionnel du 18 novembre 2011 précitée. V. déjà dans le même sens Cons. const., décembre 16 juillet 1996, n° 96-377 DC et Cons. const., décembre 19 janvier 2006, n° 2005-532 DC. Sur cette question, F. LUCHAIRE, « Brèves remarques sur une création du Conseil constitutionnel, l'objectif de valeur constitutionnelle », *RFD const.* 2005, p. 675.
[666] Sur l'ensemble de cette question, J. PRADEL, *Ibid.*

phases qui sont judiciaires, l'avocat dispose nécessairement de tout le dossier. Ainsi, les droits de la défense n'auront été que repoussés[667].

Les auteurs hostiles à l'accès intégral au dossier ont soutenu que l'enquête n'est pas une procédure judiciaire, elle est une procédure policière dont la recherche de la vérité est le but.

La décision du Conseil constitutionnel français du 18 novembre 2011 précitée[668]a déjà énoncé que l'enquête « *n'a pas pour objet de permettre la discussion de la légalité des actes d'enquête et du bien-fondé des éléments de preuve rassemblés par les enquêteurs, qui n'ont pas donné lieu à une décision de poursuite de l'autorité judiciaire et qui ont vocation, le cas échéant, à être discutés devant les juridictions d'instruction ou de jugement (...)* ».

La procédure judiciaire, serait la seule contradictoire[669]. Ainsi, selon les partisans de l'accès limité au dossier d'enquête, le principe du contradictoire invoqué à l'appui de la consultation totale du dossier ne reçoit pas la même application durant l'enquête et l'instruction préparatoire[670].

235. Pièces accessibles. Le débat de l'accès par l'avocat au dossier d'enquête a été relancé dans les États membres de l'UEMOA sous l'influence de l'article 5 du Règlement de l'UEMOA. Face à la sensibilité

---

667 En ce sens, V. J. PRADEL, « Du droit de l'avocat d'accéder au dossier établi au cours d'une garde à vue » *Sem. jur.* éd. G. n° 46, 12 novembre 2012, doctr. 1223.

668 Cons. const., du 18 novembre 2011, n° 2011-191/194/195/196/197 QPC, JO 19 novembre 2011, p. 19480 ; *D.* 2011. 3034, note Matsopoulou ; *D.* 2012. Pan. 1638, obs. Bernaud et Jacquinot ; *AJpén.* 2012. 102, obs. Perrier, *RSC* 2012. 185, obs. Danet ; *RSC* 2012. 217, obs. De Lamy ; *Dr. pén.* 2012. chron. 7, obs. Lesclous ; *Dr. pén.* 2012. 1, obs. Georget.

669 Comp. J. ALIX, « Les droits de la défense au cours de l'enquête de police après la réforme de la garde à vue : études, lieux et perspectives », *D.* 2011, p. 1699 et s. Cet auteur regrette que l'enquête ne soit pas alignée sur l'instruction.

670 Pour un accès limité, V. notamment, J. PRADEL, « Du droit de l'avocat d'accéder au dossier établi au cours d'une garde à vue », *Sem. jur.* éd. G. n° 46, 12 novembre 2012, doctr. 122 ; C. RIBEYRE, « Défense des droits de la défense avant jugement », in V. MALABAT, B. DE LAMY et M. GIACOPELLI, (dir.), *La réforme du Code pénal et du Code de Procédure pénale, Opinio doctorum*, Paris, Dalloz, 2010, p. 237.

de la question, le Burkina Faso est le seul État à avoir consacré un droit d'accès de l'avocat aux pièces de la procédure d'enquête.

Le protocole du Burkina Faso, s'inspirant largement du droit français, a adopté une position transactionnelle en instaurant un système d'accès limité à certaines pièces. A l'image de l'article 63-4-1 du Code de Procédure pénale français, le protocole burkinabé permet à l'avocat de consulter certaines pièces de la procédure limitativement énumérées et de prendre des notes, sans pour autant pouvoir demander ou réaliser une copie des actes.

Lors des travaux préparatoires de la loi du 14 avril 2011, devant le Sénat, M. Robert BADINTER, ancien Garde des Sceaux, déclarait que : « *L'obligation de communiquer la totalité du dossier ne vaut qu'au stade de la mise en examen quand des charges suffisantes, et non une raison plausible de soupçonner qu'il a commis une infraction, ont été réunies contre celui qui n'était jusque-là qu'en garde à vue. Il s'agit alors d'un degré de gravité tout à fait différent et l'avocat, qui devient dans ce cas le défendeur à l'action publique doit évidemment avoir accès à toutes les pièces du dossier en vertu du principe du contradictoire* ».

Selon la règle 7 du protocole : « *A sa demande, l'avocat peut consulter le procès-verbal d'interpellation constatant la notification des droits attachés à la mesure prise ainsi que les procès-verbaux d'audition et de confrontation de la personne qu'il assiste et les procès-verbaux de perquisition et de saisie la concernant.*

L'avocat ne peut demander ou réaliser copie des actes. Il peut toutefois prendre des notes.

A sa demande, la personne interpellée peut également consulter les mêmes documents ». Cette énumération étant exhaustive, l'avocat ne peut consulter aucune autre pièce tels que les procès-verbaux d'audition des témoins, de transport sur les lieux, d'audition de la victime, etc.

En France, en cas d'audition libre, le législateur est resté muet sur la question de l'accès au dossier par l'avocat. La circulaire d'application du 19 décembre 2014 a cependant invité les procureurs à faire en sorte que le régime juridique de l'audition libre quant à l'assistance du suspect par un avocat se rapproche de celui de la garde à vue[671].

236. Appréciation critique. L'accès aux procès-verbaux d'audition de la personne gardée à vue est très utile puisqu'il permet à l'avocat de vérifier le respect par l'officier de police judiciaire de son obligation de notification du droit à l'assistance d'un avocat et de connaître les éventuels indices qui pèsent sur son client[672].

L'intention des rédacteurs du protocole du Burkina Faso de limiter l'accès de l'avocat au dossier au cours de l'enquête est évidente. Au fond, l'avocat ne peut obtenir communication que des éléments relatifs à la personne interpellée (son client) sans pouvoir consulter les autres pièces de la procédure.

Au Burkina Faso, les documents auxquels l'avocat a accès se limitent aux pièces établies à l'occasion de l'interpellation de son client. Il peut, en effet, accéder aux procès-verbaux de perquisition et de saisie le concernant qui sont bien souvent des actes postérieurs à l'interpellation.

La circulaire française du 15 avril 2011 précitée précise d'ailleurs qu'il appartient à l'avocat de décider s'il souhaite prendre connaissance de ces pièces avant ou après l'entretien de trente (30) minutes.

Le droit d'accès au dossier au cours de l'enquête de police est loin d'être aligné sur le droit de consultation des pièces pendant l'information judiciaire. En effet, au cours de l'instruction, dans tous les États membres de l'UEMOA, les conseils des parties ont accès à toutes les pièces de l'information.

À titre d'exemple, en droit sénégalais, l'article 105, alinéas 3 et 4 du Code de Procédure pénale dispose que, sauf en cas d'urgence résultant soit de l'état d'un témoin ou d'un co-inculpé en danger de mort, soit de l'existence d'indices sur le point de disparaître, la procédure doit être mise à la disposition du conseil de l'inculpé vingt-quatre (24) heures au

---

671 J. LEROY « Personnes soupçonnées et ne faisant pas l'objet d'une garde à vue », *Jurisclass. proc. pén.* art. 53 à 73, fasc. 40, n° 65.

672 J. PRADEL, « Du droit de l'avocat d'accéder au dossier établi au cours d'une garde à vue », *Sem. jur.* éd. G. n° 46, 12 novembre 2012, doctr. 1223.

plus tard avant chaque interrogatoire ou confrontation. Le dossier doit également être mis à la disposition du conseil de la partie civile, vingt-quatre (24) heures au plus tard avant l'audition de cette dernière.

La Chambre d'Accusation de la Cour d'appel de Dakar a rappelé dans plusieurs espèces que : « *Le conseil régulièrement constitué peut prendre connaissance de l'ensemble des pièces de la procédure ; le juge d'instruction peut délivrer, s'il juge opportun, copie de tout acte même d'instruction à un conseil régulièrement constitué, l'avocat étant tenu au secret professionnel au même titre que le juge lui-même et toute personne qui participe à l'instruction à titre professionnel tel que cela résulte des dispositions de l'article 11 du Code de Procédure pénale* »[673].

237. Question du renouvellement de l'intervention de l'avocat. Une question de fond ne manquera de se poser dans la pratique. L'avocat qui intervient pour assister son client dès le début de l'enquête peut-il renouveler son intervention au cours des investigations ?

Par exemple, un avocat qui s'entretient avec son client dès son interpellation à la police et formule des observations jointes à la procédure, est-il habilité à réitérer son intervention, en cas de prolongation de la garde à vue, en sollicitant un nouvel entretien confidentiel avec son client ? En d'autres termes, les actes d'assistance posés par l'avocat peuvent-ils être réitérés au cours des investigations policières ?

Force est de constater qu'à l'exception du protocole du Burkina Faso, les droits pénaux des États membres de l'UEMOA n'ont pas envisagé cette situation spécifique.

Il faut rappeler que l'article 5 du Règlement de l'UEMOA a prévu un droit à assistance d'un avocat « *dès l'interpellation* ». La rédaction de ce texte, qui postule l'exercice de ce droit dès que le suspect fait l'objet d'une interpellation, n'exclut pas que l'avocat puisse intervenir à nouveau au cours des investigations pour poursuivre ou renouveler

[673] CA Dakar ch. acc. n° 72 du 10 août 1993, *inédit* ; CA Dakar ch. acc. n° 94 du 26 mai 1994, MP c/ Wade, *inédit*.

l'accomplissement des actes rentrant dans le cadre de l'organisation de la défense de la personne interpellée.

Il faut, dès lors, se convaincre que les actes d'assistance de l'avocat peuvent être renouvelés tant que l'enquête est en cours.

Mais la notification du droit à l'assistance d'un conseil faite par l'officier de police judiciaire n'a pas à être renouvelée. C'est tout le sens de la règle 13 du protocole du Burkina Faso selon laquelle : « *A l'exception de la notification initiale des droits, qui n'a pas à être renouvelée, les règles précitées s'appliquent en cas de prolongation de la garde à vue* ».

Ce texte ne semble prévoir une possibilité de renouvellement des actes d'assistance de l'avocat qu'en cas de prolongation de la garde à vue.

Cette approche restrictive ne nous semble pas conforme à l'article 5 du Règlement n° 05 de l'UEMOA. En réalité, rien dans le texte communautaire n'exclut la possibilité d'une réitération de l'intervention de l'avocat, dès lors que l'enquête pénale n'est pas encore clôturée.

D'ailleurs, le guide de l'officier de police judiciaire élaboré par la Division des Investigations criminelles (DIC), en énonçant que la notification du droit à l'assistance d'un avocat n'a pas à être réitéré par écrit à chaque acte de procédure concernant le suspect, qu'il soit placé en position de garde à vue ou laissé en liberté, ne semble pas exclure une possibilité de renouvellement des actes d'assistance de l'avocat.

II.- Les limites de l'intervention de l'avocat

238. Restrictions du droit à l'assistance d'un avocat. Dans les États membres de l'UEMOA, seul le Burkina Faso et le Sénégal ont aménagé des dispositifs prévoyant des restrictions à l'assistance de l'avocat dès l'interpellation au cours de l'enquête.

Les limites apportées au droit à l'assistance d'un conseil sont assez diverses. Certaines restrictions sont liées à l'indisponibilité de l'avocat (A), d'autres tiennent à l'efficacité des investigations (B).

A.- Les restrictions tenant à l'indisponibilité de l'avocat

239. Audition de la personne interpellée à l'expiration du délai d'attente. Il n'est pas prévu de délais dans lesquels l'avocat informé doit comparaitre pour assurer l'assistance de son client, lorsqu'il ne décide pas de s'entretenir avec son client à l'aide des technologies de l'information et de la communication (téléphone, courrier électronique, etc.). La loi ne prescrit pas non plus une obligation d'attente à laquelle l'enquêteur est astreint.

Dès lors que l'officier de police judiciaire n'est pas tenu à une obligation de moyens, les enquêteurs doivent pouvoir procéder à l'audition de la personne interpellée si tous les moyens ayant été pris pour prévenir l'avocat, celui ne s'est pas présenté au service d'enquête.

En effet, le respect de l'esprit de la loi requiert, une fois l'avocat informé, qu'un délai raisonnable soit aménagé pour lui permettre d'arriver sur les lieux. Le délai raisonnable est fonction de la distance séparant le cabinet de l'avocat du lieu où se déroule l'enquête (commissariat, gendarmerie, etc.) et de tout autre facteur objectif.

L'officier de police judiciaire ou le fonctionnaire disposant des pouvoirs de police judiciaire n'est pas obligé d'assujettir le déroulement de ses investigations à la disponibilité de l'avocat, même si ce dernier a un empêchement légitime.

Lorsque l'avocat n'est pas immédiatement disponible pour quelque raison que ce soit, il lui appartient, en concertation avec son client, d'organiser sa substitution ou d'user des moyens de télécommunication (par exemple, la voie téléphonique) pour communiquer avec son client, comme prévu par l'article 55 du Code de Procédure pénale du Sénégal.

Il est nécessaire d'éviter que le retard de l'avocat ne soit utilisé comme moyen dilatoire pour entraver les investigations policières, notamment pour empêcher ainsi toute audition.

240. Fixation du délai d'attente. Il est très délicat de fixer le moment à partir duquel le constat de carence peut être établi. La circulaire du 11 janvier 2018 a prévu un délai d'attente de deux (2) heures. Selon cette circulaire : « *L'attente ne doit pas excéder deux heures, notamment dans la région de Dakar* ».

Au Burkina Faso, le même délai d'attente a été prévu par la règle 8, alinéa 1er du protocole. Selon cette règle, la première audition, sauf si elle porte uniquement sur les éléments d'identité, ne peut débuter sans la présence de l'avocat choisi ou désigné, « *avant l'expiration d'un délai de deux heures suivant l'avis donné à ce dernier* ». Il s'agit en réalité d'une possibilité d'audition de la personne interpellée sans avocat à l'expiration du délai d'attente de deux (2) heures.

Au Sénégal, dans le silence de la circulaire du 11 janvier 2018, ce délai de deux (2) heures devrait courir à compter de l'avis donné à l'avocat de sa désignation. La circulaire française du 15 avril 2011 relative aux droits de la personne gardée à vue recommande « *que l'heure à laquelle cet avis aura été donné soit mentionnée sur procès-verbal, de même que l'heure à laquelle l'audition aura commencé* ».

Ainsi, dans l'hypothèse où l'avocat fait savoir à l'officier de police judiciaire qu'il se trouve dans l'impossibilité de se présenter dans les locaux du service d'enquête avant l'expiration du délai de deux (2) heures, l'officier de police judiciaire peut procéder sans désemparer aux actes d'enquête nécessaires (auditions, confrontation, etc.). Mention en est faite au procès-verbal[674].

Une situation pratique peut se poser. Lorsqu'à l'expiration du délai d'attente de deux (2) heures, l'avocat de la personne interpellée ne se présente pas au service d'enquête, alors que la personne interpellée réclame la présence de son conseil, quelle attitude l'officier de police judiciaire doit-il adopter ? D'après le guide de l'officier de police judiciaire élaboré par la Division des Investigations criminelles (DIC) : « *à l'issue de ces deux heures, si le suspect continue à réclamer l'arrivée de son avocat avant d'être interrogé ou confronté, l'officier de police judiciaire doit en prendre acte et respecter son droit au silence*[675]. *Il peut*

[674] V. la règle 8, alinéa 5 du protocole du Burkina Faso.

[675] Sur cette question, J-F. RENUCCI, « Le droit de se taire et le droit à l'assistance effective d'un avocat », *RSC* 2012 p. 925.

néanmoins continuer à poser d'autres actes et à l'issue du délai légal de garde à vue, transmettre le dossier au parquet ou au juge mandant ».

Cette recommandation du Guide de l'officier de police judiciaire est très respectueuse des droits de la défense du suspect.

En effet, le droit au silence, qui est une des composantes des droits de la défense, a été consacré par la Cour européenne des droits de l'homme dans l'arrêt *Funke c/ France*[676].

La cour rattache le droit au silence à l'article 6 de la Convention européenne des droits de l'homme ainsi qu'aux « *normes internationales généralement reconnues qui sont au cœur de la notion de procès équitable* »[677]. Elle déduit plusieurs conséquences du droit de se taire. Ce droit vise à protéger l'accusé contre une coercition abusive de la part des autorités policières[678]. La recherche des preuves ne peut se faire au moyen de la contrainte ou de pressions, au mépris de la volonté du suspect[679].

241. Possible extension du délai d'attente. Au Sénégal, prenant en compte l'hypothèse d'un déplacement de l'avocat hors de Dakar, la circulaire du 11 janvier 2018 a prévu une possibilité d'extension du délai d'attente. Cette extension est discutée entre l'officier de police judiciaire et l'avocat. Dans tous les cas, l'officier de police judiciaire et l'avocat peuvent s'accorder sur les date et heure d'audition du suspect pour permettre à l'avocat d'y assister en ajustant son calendrier de travail.

Que décider lorsque l'avocat désigné arrive après l'expiration du délai d'attente de deux (2) heures, pendant l'audition ou la confrontation de la personne interpellée ? Dans ce cas, l'officier de police devrait interrompre les opérations pour lui permettre de s'entretenir avec son client, sauf si la personne interpellée ne demande pas à s'entretenir avec l'avocat.

---

[676] CEDH, 25 février 1993, n° 10588/83 ; CEDH, 8 février 1996, n° 18731/91, John Murray c/ Royaume-Uni.
[677] CEDH, 17 décembre 1996, n° 19187/91, Saunders c/ Royaume Uni
[678] CEDH, 16 juin 2015, n° 41269/08, § 38, Schmid-Laffer c. Suisse.
[679] CEDH, 10 mars 2009, n° 4378/02, Bykov c/ Russie.

Le droit burkinabé est assez explicite sur cette question. En vertu de la règle 8 du protocole, lorsque l'avocat se présente après l'expiration du délai de deux (2) heures alors qu'une audition ou une confrontation est en cours, « *celle-ci est interrompue à la demande de la personne interpellée afin de lui permettre de s'entretenir avec son avocat dans des conditions garantissant la confidentialité de l'entretien* ».

Par contre, lorsque la personne interpellée ne demande pas à s'entretenir avec son avocat, celui-ci peut assister à l'audition ou à la confrontation en cours dès son arrivée dans les locaux du service de police judiciaire.

En France, à la différence de la procédure de garde à vue, la loi n°2014-535 du 27 mai 2014 portant transposition de la directive 2012/13/UE du Parlement européen et du Conseil du 22 mai 2012 relative au droit à l'information dans le cadre des procédures pénales n'a pas prévu de délai de carence, à l'issue duquel l'audition du suspect libre peut débuter quand bien même l'avocat, régulièrement sollicité, ne se serait pas présenté.

La circulaire française du 19 décembre 2014 de présentation des dispositions de la loi n°2014-535 du 27 mai 2014[680] s'en explique en énonçant qu'« un tel dispositif est apparu inutile dans la mesure où, la personne *étant libre de quitter les locaux de police ou de gendarmerie à tout moment, elle ne peut, par définition, être retenue pendant une durée de temps déterminée* ».

242. Audition immédiate de la personne interpellée. Il s'agit d'une restriction de l'intervention de l'avocat résultant d'une audition sans avocat de la personne interpellée avant l'expiration du délai d'attente.

L'audition immédiate vise le cas où, pour les nécessités de l'enquête, une audition immédiate s'impose avant l'expiration du délai de deux (2) heures. Une telle audition sera possible sur autorisation écrite et motivée

---

[680] Sur cette circulaire, E. GALLARDO, « Procédure pénale : accès à l'avocat (Circulaire du 19 décembre 2014 de présentation des dispositions applicables à compter du 1er janvier 2015 de la loi n° 2014-535 du 27 mai 2014 portant transposition de la directive 2012/13/UE du Parlement européen et du Conseil, du 22 mai 2012 relative au droit à l'information dans le cadre des procédures pénales (accès à l'avocat dans le cadre de l'audition libre) », *RSC* 2015 p. 447.

du procureur de la République agissant sur la demande de l'officier de police judiciaire.

Dans les États de l'espace UEMOA, seul le Burkina Faso a prévu le mécanisme de l'audition immédiate. La règle 8, alinéa 4 du protocole du Burkina Faso énonce que lorsque les nécessités de l'enquête exigent une audition immédiate de la personne interpellée, le procureur du Faso peut, par décision écrite et motivée, autoriser, sur demande de l'officier de police judiciaire, que des actes urgents soient exécutés sans attendre l'expiration du délai d'attente de deux (2) heures. Mention de l'autorisation est portée au procès-verbal et l'autorisation écrite et motivée est jointe à la procédure.

Ainsi, le délai d'attente n'est pas intangible. Le Ministère public peut en dispenser les enquêteurs en prenant en considération un critère relativement vague tiré des « *nécessités de l'enquête* ».

À titre d'exemple, il peut être nécessaire d'entendre immédiatement la personne interpellée pour prévenir ou interrompre une activité criminelle ou encore pour conserver urgemment des éléments de preuve.

Malgré le silence du protocole du Burkina Faso, il n'est pas douteux que la possibilité d'une audition immédiate de la personne interpellée ne dispense pas l'officier de police judiciaire d'effectuer immédiatement toutes les diligences nécessaires en vue de contacter l'avocat désignée.

Les enquêteurs ne sont pas donc autorisés à procéder à l'audition immédiate avant d'avoir procédé auxdites diligences[681].

En outre, lorsque l'avocat se présente dans les locaux du service d'enquête, l'officier de police judiciaire devrait interrompre les opérations pour lui permettre de s'entretenir avec son client, sauf si la personne interpellée ne demande pas à s'entretenir avec lui[682].

---

[681] Cass. crim. 29 novembre 2006, n° 06-82-699.

[682] V F. DESPORTES et L. LAZERGES-COUSQUER, *Traité de procédure pénale*, Paris, Economica, 2e éd., 2013, n° 2598-1.

B.- Les restrictions tenant à l'efficacité des investigations

243. Report de l'assistance de l'avocat. Le besoin de garantir pour des raisons impérieuses l'efficacité de certaines investigations judiciaires peut justifier des restrictions apportées à l'intervention de l'avocat, à travers le report de son assistance. La possibilité de report de l'assistance de la personne interpellée par un avocat n'est prévue par aucun texte des États membres de l'UEMOA.

Cette restriction de l'intervention de l'avocat consiste à décider que l'avocat, qu'il soit ou non présent, ne pourra pas assister la personne interpellée pendant une certaine durée. Le mécanisme du report de l'assistance d'un avocat constitue une atteinte beaucoup plus marquée aux droits de la défense que l'audition immédiate de la personne interpellée.

244. Conventionalité et la constitutionnalité du report. En France, il a été déjà jugé que la possibilité de différer l'intervention de l'avocat ne heurte pas les principes fixés par la Constitution et par la Convention européenne des droits de l'homme.

Le Conseil constitutionnel français, dans sa décision rendue le 18 novembre 2011, a jugé que le droit à la présence d'un avocat lors des auditions peut connaître des restrictions en considération des circonstances particulières de l'affaire pour permettre de rassembler ou de conserver des preuves ou d'assurer la protection des personnes[683].

Le juge constitutionnel français a énoncé de façon plus explicite que : « *Le respect des droits de la défense [...] n'interdit pas qu'en raison de la particulière gravité ou de la complexité de certaines infractions commises par des personnes agissant en groupe ou en réseau, l'assistance de l'avocat à la personne gardée à vue puisse être reportée par une décision du procureur de la République, du juge d'instruction ou*

---

[683] Cons. const. 18 novembre 2011, n° 2011-191/194/195/196/197 QPC, D. 2011. 3034, note Matsopoulou ; *D.* 2012. pan. 1638, obs. Bernaud et Jacquinot ; *AJ pén.* 2012. 102, obs. Perrier; *RSC* 2012. 185, obs. Danet; *RSC* 2012. 217, obs. De Lamy; *Dr. pén.* 2012. chron. 7, obs. Lesclous ; *Dr. pén.* 2012. 1, obs. Georget ; *Dr. pén.* 2012. 4, note Leroy ; Cons. const. 18 juin 2012, n° 2012-257 QPC.

du juge des libertés et de la détention, lorsqu'un tel report apparaît nécessaire pour permettre le recueil ou la conservation des preuves ou prévenir une atteinte aux personnes »[684].

La Cour européenne des droits de l'homme, dans l'arrêt *Salduz* et les arrêts ultérieurs, a jugé que l'accès à un avocat devrait être consenti dès le premier interrogatoire d'un suspect par la police, « *sauf à démontrer, à la lumière des circonstances particulières de l'espèce qu'il existe des raisons impérieuses de restreindre ce droit* »[685]. Donc une dérogation à l'intervention de l'avocat est possible, mais elle doit faire l'objet d'une appréciation *in concreto,* au cas par cas et doit être justifiée par des raisons impérieuses.

La Chambre criminelle de la Cour de Cassation française s'est alignée sur la jurisprudence *Salduz* dans deux arrêts rendus le 19 octobre 2010[686].

Elle a jugé que « *sauf exceptions justifiées par des raisons impérieuses tenant aux circonstances particulières de l'espèce, et non à la seule nature du crime ou délit reproché, toute personne soupçonnée d'avoir commis une infraction (devrait), dès le début de la garde à vue, être informée de son droit de se taire et bénéficier, sauf renonciation non équivoque, de l'assistance d'un avocat* »[687].

---

[684] Cons. const. du 21 novembre 2014, n° 2014-428-QPC. Sur cette décision, J-B. PERRIER, « Criminalité organisée : constitutionnalité du report de l'intervention de l'avocat lors de la garde à vue », *AJ pén.* 2015 p.100.

[685] CEDH 27 du novembre 2008, Salduz c/ Turquie, req. n° 36391/02, § 50-62, *JCP* 2009. I. 104, obs. Sudre ; *Dr. pén.* 2009. chron. 04, obs. Dreyer ; *Dr. pén.* 2010. chron. 1, obs. Guérin.

[686] Cass. crim. 19 octobre 2010, n° 10-82.902 et no 10-85.051, *AJ pén.* 2010. 479, obs. Allain, *D.* 2010. 2434, obs. Lavric ; *D.* 2010. 2696, obs. Mayaud.

[687] H. MATSOPOULOU, « Une réforme inachevée. À propos de la loi du 14 avril 2011 », *JCP* 2011. 542. ; H. MATSOPOULOU, « Garde à vue : la Cour de Cassation partagée entre conventionnalité et constitutionnalité », *JCP* 2010. 1104 ; C. MAURO, « Réflexions sur la garde à vue : à propos de l'arrêt Brusco c/ France de la Cour européenne des droits de l'homme du 14 octobre 2010 », *Dr. pén.* 2010. étude 29 ; O. BACHELET, « Nouvelle violation par la France du droit à l'assistance d'un avocat », *D.* actualité 09 novembre 2011 ; H. MATSOPOULOU, « Les dispositions de la loi du 14 avril 2011 sur la garde à vue déclarées conformes à la constitution », *D.* 2011, p. 3034 ; A. GIUDICELLI, « Droit à l'assistance effective d'un avocat au cours de la garde à vue : l'Assemblée plénière rappelle au respect des décisions de la Cour européenne des droits de l'homme », *RSC* 2011, p. 410 ; J. PRADEL, « Un regard

245. Régime du report. En France, le report de l'assistance de l'avocat au-delà des premières douze (12) heures est possible, en droit commun, à titre exceptionnel, lorsque cette mesure apparaît indispensable pour des raisons impérieuses tenant aux circonstances particulières de l'enquête, soit pour permettre le bon déroulement d'investigations urgentes tenant au recueil ou à la conservation des preuves, soit pour prévenir une atteinte imminente aux personnes.

On peut imaginer le cas où la personne interpellée, étant soupçonnée d'enlèvement ou de séquestration, il est indispensable d'obtenir très vite des indications pouvant permettre de retrouver la victime en vie.

Le report est décidé seulement sur décision écrite et motivée du juge des libertés et de la détention, saisi par le procureur de la République et seulement en présence d'une infraction punie d'une peine d'emprisonnement égale ou supérieure à cinq (5) ans.

En droit commun, le report ne peut affecter que l'assistance de l'avocat aux auditions et confrontations, et accessoirement si le magistrat en décide ainsi, la possibilité pour l'avocat de consulter les pièces de la procédure. Il n'est donc pas possible de reporter l'entretien entre l'avocat et le suspect.

En matière de criminalité organisée, l'article 706-88 du Code de Procédure pénale français prévoit la possibilité d'un report de la présence de l'avocat. Ce report est prévu s'il y a des raisons impérieuses tenant aux circonstances particulières de l'enquête ou de l'instruction afin de permettre le recueil ou la conservation des preuves ou de prévenir une atteinte aux personnes.

Comme en droit commun, la décision doit être écrite et motivée et préciser la durée du report. Enfin, la décision est prise par le procureur

---

perplexe sur la nouvelle garde à vue - À propos de la loi du 14 avril 2011 », *JCP* éd. G 2011, 665 ; J. ALIX, « Les droits de la défense au cours de l'enquête de police après la réforme de la garde à vue : état des lieux et perspectives », *D*. 2010, p. 1699.

de la République ou par le juge des libertés et de la détention provisoire selon la durée du report[688].

Toutefois, par dérogation au droit commun, la loi permet de différer l'intervention de l'avocat dans son ensemble, qu'il s'agisse de l'entretien confidentiel, de la présence aux auditions et confrontations, que de l'accès au dossier d'enquête.

Dans ce cas, le report dispense d'aviser immédiatement l'avocat[689]. Il permet surtout de différer sa présence pour une durée très longue. En effet, si le procureur de la République peut décider de reporter l'intervention de l'avocat de vingt-quatre (24) heures, le juge des libertés et de la détention peut différer la présence de l'avocat au-delà des premières vingt-quatre (24) heures pendant une durée maximale de quarante-huit (48) heures et de soixante-douze (72) heures en matière de trafic de stupéfiants et terrorisme[690].

PARAGRAPHE II : L'OFFICE DE L'AVOCAT À L'ÉPREUVE DES EXIGENCES CONSTITUTIONNELLES

246. Champ limité d'intervention. Les États membres de l'UEMOA ont délimité un domaine assez limité d'intervention de l'avocat durant l'enquête. Ils ont, en effet, consacré plus une présence qu'une véritable assistance de la personne interpellée par son avocat dans la phase de l'enquête. Ainsi, les prérogatives reconnus à l'avocat ne manquent pas de poser un problème de conformité par rapport exigences

---

[688] Sur cette question, M. TOUILLIER, « Quelle politique criminelle en matière de droits de la défense dans les procédures pénales dérogatoires ? », *Arch. pol. crim.* 2015/1 (n° 37), p. 42 ; Ch. LAZERGES, « Dédoublement de la procédure pénale et garantie des droits fondamentaux », in *Les droits et le droit, Mélanges dédiés à Bernard Bouloc*, Paris, Dalloz, 2006, p. 573 ; É. RUBI-CAVAGNA, « L'extension des procédures dérogatoires », *RSC*, 2008, p. 23 ; M. L. CESONI, « Paradigme de l'efficacité et désuétude des principes fondamentaux. Introduction générale », in M. L. CESONI (dir.), *Nouvelles méthodes de lutte contre la criminalité : la normalisation de l'exception. Étude de droit comparé (Belgique, États-Unis, Italie, Pays-Bas, Allemagne, France)*, Bruxelles, Bruylant, LGDJ, 2007, p. 05.

[689] F. DESPORTES et L. LAZERGES-COUSQUER, *Traité de procédure pénale*, Paris, Economica, 2e éd., 2013, n° 2599-2.

[690] W. JEANDIDIER, « Criminalité et délinquance organisées », *Rép. dr. pén. proc. pén.*, Dalloz, janvier 2017, n° 42.

constitutionnelles tirées d'une part, du respect des droits de la défense (I) et d'autre part, du principe de l'égalité des armes (II).

I.- L'OFFICE DE L'AVOCAT FACE AU PRINCIPE DES DROITS DE LA DÉFENSE

247. Principe des droits de la défense. Le principe du respect des droits de la défense est consacré par la Déclaration universelle des droits de l'homme du 10 décembre 1948. Aux termes de l'article 11 de cette Déclaration : « *Toute personne accusée d'un acte délictueux est présumée innocente jusqu'à ce que sa culpabilité ait été légalement établie au cours d'un procès public où toutes les garanties nécessaires à sa défense lui auront été assurées* ».

L'article 14. 3 du Pacte international relatif aux droits civils et politiques du 16 décembre 1966 énonce que toute personne accusée d'une infraction pénale a droit, en pleine égalité, « *à disposer du temps et des facilités nécessaires à la préparation de sa défense et à communiquer avec le conseil de son choix* ».

La Charte africaine des droits de l'homme et des peuples n'a retenu parmi les droits de la défense que le droit de se défendre soi-même ou par un défenseur de son choix. Selon l'article 7 de la Charte africaine des droits de l'homme et des peuples, toute personne a droit à ce que sa cause soit entendue. Ce droit comprend le droit à la défense, y compris celui de se faire assister par un défenseur de son choix.

La plupart des Constitutions des États membres de l'Union économique et monétaire ouest-africaine (UEMOA) ont consacré le principe des droits de la défense à propos de celui de la présomption d'innocence.

D'autres États ont admis le principe des droits de la défense à toute hauteur de la procédure. En droit constitutionnel sénégalais, les droits de la défense ont été érigés en principe constitutionnel par l'article 9, alinéa 2 de la Constitution sénégalaise selon lequel « *la défense est un droit absolu dans tous les états et à tous les degrés de la procédure* ». Le constituant a délimité un champ très large au principe des droits de la défense en affirmant son absolutisme à toutes les étapes de la procédure.

La Constitution du Mali du 27 février 1992 dispose, en son article 9, alinéa 4 que : « *Le droit à la défense, y compris celui de se faire assister par l'avocat de son choix est garanti depuis l'enquête préliminaire* ».

248. Intégration au bloc de constitutionalité. Dans la plupart des États de l'espace UEMOA, les principes dégagés par la Déclaration universelle des droits de l'homme et par la Charte africaine des droits de l'homme et des peuples ont été intégrés dans le bloc de constitutionnalité.

Au Sénégal, à la suite de son homologue français[691], le Conseil constitutionnel, dans une décision rendue le 16 décembre 1993[692], a explicitement intégré le préambule de la Constitution dans le « *bloc de constitutionnalité* » ; c'est-à-dire dans les normes auxquelles se réfère le juge constitutionnel pour apprécier la conformité d'une loi ou d'un engagement international à la Constitution[693].

Or, dans le préambule de la Constitution, le constituant marque son attachement aux principes dégagés par la Déclaration universelle des droits de l'homme et la Charte africaine des droits de l'homme et des peuples.

D'ailleurs la formule qui clôt le préambule de la Constitution sénégalaise du 22 janvier 2001 est ainsi rédigée : « *Approuve et adopte la présente Constitution dont le Préambule est partie intégrante* ».

249. Position du problème. La question posée est de savoir si les prérogatives accordées à l'avocat dans le cadre de l'assistance de la

---

[691] Cons. const., 16 juillet 1971, n° 71-44 DC, *Rec. Cons. const.* 1971, p. 29 ; *AJDA* 1971, p. 537, note J. Rivéro ; *D.* 1971, chron. p. 83, note L. Hamon ; *RDP* 1971, p. 1171, note J. Robert.

[692] Cons. const. n° 03/C/93 du 16 décembre 1993, in I. M. FALL, *Les décisions et avis du Conseil constitutionnel du Sénégal*, Dakar, CREDILA, 2008, p. 97 et s., obs. A. SALL ; pour des commentaires de cette décision, A. SALL, « Observations sous Conseil constitutionnel 16 décembre 1993, Traité portant harmonisation en Afrique du Droit des Affaires », *Penant*, n° 837, 1998, p. 223 ; également, J-J. RAYNAL, « Intégration et souveraineté : le problème de la constitutionnalité de l'OHADA», *Penant (Revue trimestrielle de Droit africain)*, n° 832, 2000, p. 15 à 17.

[693] X. PRETOT, « Bloc de constitutionnalité », *Jurisclass. adm.* 2016, fasc. 1418 ; C. DENIZEAU, *Existe-t-il un bloc de constitutionnalité ?,* Paris, LGDJ, 1997 ; M. BLANQUER, « Bloc de constitutionnalité ou ordre constitutionnel ? », in *Mélanges J. Robert*, Paris, Montchrestien, 1998, p. 227.

personne interpellée par les législations des États membres de l'UEMOA sont conformes aux exigences constitutionnelles liées au respect des droits de la défense.

Dans les États membres de l'UEMOA, consacrant la présence de l'avocat durant l'enquête, à l'exception du Burkina Faso qui instaure un droit d'accès restreint de l'avocat au dossier d'enquête, l'intervention de l'avocat se limite à une présence physique[694], un entretien confidentiel avec son client ou à une assistance passive aux auditions et confrontations[695].

Au fond, son rôle se limite à réconforter son client, à le conseiller et à s'assurer de la régularité des opérations[696]. Il s'agit plus d'une « *présence symbolique* » que d'une véritable assistance impliquant l'organisation d'une défense.

La plupart des États de l'UEMOA n'ont pas consacré un droit à l'assistance de l'avocat, mais une simple présence de l'avocat. L'on a même parlé, à propos de la France, d'une « *défense de façade* »[697] qui est loin de l'assistance dont bénéficie l'inculpé durant la phase de l'instruction.

D'ailleurs, les intitulés des mesures prises au Sénégal et au Burkina Faso pour fixer les modalités d'intervention de l'avocat renseignent sur la volonté de réduire à sa plus simple expression l'office de l'avocat durant l'enquête. La circulaire du Ministre de la Justice, des Droits humains et de la Promotion civique du Burkina Faso n° 2015-004/MJDHPC/CAB du 05 mars 2015 est relative à « *la présence de l'avocat dès l'interpellation* » et celle du Ministre de la Justice du Sénégal porte sur les modalités d'application de l'article 5 du Règlement n°05/CM/UEMOA et des dispositions du Code de Procédure pénale,

---

694 V. art. 76. 3, al. 2 du Code de Procédure pénale de la Côte d'Ivoire ; art. 78, al. 9 du Code de Procédure pénale du Bénin.

695 V. la circulaire ministérielle du Sénégal du 11 janvier 2018 ; règle 8 du Protocole du Burkina Faso et art. 76, alinéa 7 du Code de Procédure pénale du Mali.

696 F. RENUCCI, « L'avocat et la garde à vue : exigences européennes et réalités nationales », *D.* 2009, p. 2897.

697 Déclaration de Maître Guilloux, Secrétaire général de la Conférence des Bâtonniers, Le Télégramme.com, 17 novembre 2009.

« *relativement à la présence de l'avocat dès l'interpellation de son client par l'officier de police judiciaire* ».

Traditionnellement, au cours du procès, les droits de la défense reçoivent une application graduelle. S'ils sont nettement plus étendus au stade de l'instruction préparatoire et à l'étape du jugement, ces droits n'existent souvent, au stade de l'enquête qu'à l'état embryonnaire.

Cela explique, sans doute, que l'avocat ait un rôle assez limité durant cette phase de la procédure pénale puisque pendant l'enquête, aucune accusation n'est encore portée à l'encontre de la personne mise en cause.

250. Position de la Cour européenne des droits de l'homme. La Cour européenne des droits de l'homme, dans l'arrêt *Dayanan*, rendu le 13 octobre 2009[698], a déjà eu l'occasion de juger que : « *L'équité de la procédure requiert que l'accusé puisse obtenir toute la vaste gamme d'interventions qui sont propres au conseil [...] la discussion de l'affaire, l'organisation de la défense, la recherche des preuves favorables à l'accusé, la préparation des interrogatoires, le soutien de l'accusé en détresse et le contrôle des conditions de détention [qui] sont des éléments fondamentaux de la défense que l'avocat doit librement exercer* »[699].

Les juges européens ont entendu détailler les éléments fondamentaux de la défense que l'avocat doit « *librement* » exercer, à savoir la discussion de l'affaire, l'organisation de la défense, la recherche des preuves favorables à l'accusé, la préparation des interrogatoires, le soutien de l'accusé en détresse et le contrôle des conditions de détention.

S'il est vrai que l'arrêt *Dayanan* n'évoque expressément, ni l'assistance de l'avocat aux interrogatoires, ni l'accès au dossier, il pose l'effectivité de l'assistance de l'avocat comme une exigence[700]. En outre, bien que la

---

[698] CEDH 13 octobre 2009, Dayanan c/ Turquie, n° 7377/03 ; *RSC* 2010. 23, obs. Roets ; *D*. 2009. 2897, note Renucci ; *AJ pén.* 2010. 27, note Saas ; *Dr. pén.* 2010, chron. 1, obs. Guérin ; *Dr. pén.* 2010, chron. 3, obs. Dreyer.

[699] J-F. RENUCCI, « L'avocat et la garde à vue : exigences européennes et réalités nationales », *D*. 2009, p. 2897 ; G. ROUJOU DE BOUBEE, « Garde à vue et exigences européennes », *D*. 2010, p. 72.

[700] En ce sens, J-F. RENUCCI, « L'avocat et la garde à vue : exigences européennes et réalités nationales », *D*. 2009, p. 2897.

Cour de Strasbourg ne le prévoit pas expressément, l'exercice des prérogatives de l'avocat semble induire un accès au dossier de la procédure ou au moins aux documents significatifs relatifs à la mise en cause du suspect, ce qui lui permettrait d'assurer une défense effective.

251. État du droit communautaire de l'UEMOA. Il faut rappeler que le Règlement de l'UEMOA, en prévoyant que les avocats assistent leurs clients dès l'interpellation durant l'enquête préliminaire, consacre une assistance et non pas simplement une présence de l'avocat. Les rédacteurs du Règlement de l'UEMOA distinguent bien la mission de représentation de la mission d'assistance de l'avocat[701].

L'organisation de la défense par l'avocat peut se faire au moyen de deux principales techniques : la représentation et l'assistance[702]. Fondamentalement l'avocat est au service des justiciables et des usagers du droit, soit qu'il les représente, soit qu'il les assiste[703].

252. Mission de représentation de l'avocat. La mission de représentation (on dit aussi de « *postulation* »), consiste à accomplir au nom et pour le compte de son client les actes de procédure utiles. Il y a représentation dans l'exercice de l'action lorsqu'une personne se voit confier la charge d'exercer une action en justice au lieu et place d'une autre personne[704]. Le représentant n'agit pas pour son propre compte,

---

[701] En ce sens, V. art. 5, alinéa 3 du Règlement n° 05 de l'UEMOA : « Les Avocats assistent et défendent leurs dès la première comparution devant le juge d'instruction » ; art. 81 du Règlement n° 05 de l'UEMOA : « L'Avocat est tenu, lorsqu'il représente ou assiste son client de procéder aux règlements pécuniaires directement liés à son activité professionnelle, conformément aux dispositions régissant le fonctionnement de la Caisse Autonome de Règlements Pécuniaires des Avocats (CARPA) ».

[702] En ce sens, F. SAINT-PIERRE, « Défense pénale », *Rép. dr. pén. proc. pén.*, Dalloz, novembre 2015, n° 2.

[703] P. A. TOURE, « L'assistance : une mamelle des droits de la défense », in *L'amphithéâtre et le prétoire. Au service des droits de l'homme et de la démocratie, Mélanges en l'honneur du Président Robert Dossou,* Paris, l'Harmattan, 2020, p. 326 et s.

[704] J-J. TAISNE, « Avocat », *Rép. proc. civ*. Dalloz, n° 65.

mais pour le représenté qui sera partie à l'instance et seul bénéficiaire du jugement rendu[705].

À ce titre, l'avocat est considéré comme le mandataire *ad litem* de son client[706]. Par la représentation *ad litem*, une personne, partie à une instance, confie à une autre personne, par un contrat de mandat, le soin d'accomplir en son nom et pour son compte, les divers actes nécessaires au déroulement de la procédure.

Il faut distinguer cette forme de représentation de la représentation *ad agendum* qui a pour objet l'exercice de l'action elle-même. Il s'agit d'une représentation par laquelle une personne, le représentant, tient de la loi, d'un jugement ou d'un contrat de mandat, le pouvoir d'agir au nom et pour le compte d'une autre personne, le représenté. Le titre que détient le représentant lui confère la possibilité d'exercer l'action dont le représenté est titulaire et qu'il n'est pas en mesure de mettre en œuvre lui-même

En vertu de l'article 3 du Règlement de l'UEMOA, dans l'exercice des fonctions judiciaires, les avocats ont qualité pour plaider, postuler et représenter, sans limitation territoriale[707], les parties en toutes matières devant les juridictions ou organismes juridictionnels ou et devant les instances arbitrales, sauf dispositions particulières prévues par la législation nationale[708].

L'article 5 du Règlement de l'UEMOA ajoute que devant toute juridiction et en tout état de procédure, la représentation des personnes physiques ne peut être assurée que par les Avocats. Toutefois, devant les juridictions de première instance, les personnes physiques peuvent

---

705 D. CHOLET, « Assistance et représentation en justice », *Rép. proc. civ.*, Dalloz, octobre 2017, n° 8.
706 Sur cette question, V. LETARTRE, « Le mandat ad litem », *RJ com.* 1993, p. 309 ; J. VIATTE, « Le mandat ad litem », *Gaz. pal.* 1976. 1. doctr. 392.
707 M. CARATINI, « Postulation et territorialité », *Gaz. pal.* 1984. 2. Doctr. 397.
708 L'article 4, alinéa 1er de la loi sénégalaise n° 84-09 du 04 janvier 1984 portant création de l'ordre des avocats énonce que, sous réserve de cas spécifiques, devant les juridictions les avocats, ont seuls les avocats ont qualité pour plaider, postuler, assister et représenter les parties en toutes matières.

donner mandat spécial de représentation aux conditions et modalités prévues par les législations nationales.

253. Mission d'assistance de l'avocat. L'assistance en justice est la mission en général confiée par le plaideur lui-même à un avocat[709].

C'est la mission traditionnelle par excellence, celle que le grand public connaît le mieux. Au titre de sa mission d'assistance, l'avocat est présent aux côtés de son client, pour le rassurer ou pour le défendre en présentant des explications dans son intérêt[710]. L'assistant assiste et conseille une partie engagée dans un procès. La plaidoirie est au cœur de la mission d'assistance : c'est son point d'orgue, sa face la plus visible et la plus symbolique. C'est la fonction traditionnelle de l'avocat. L'expression suprême de ce ministère est la plaidoirie.

Cependant l'assistance ne consiste pas en la seule mission de plaider.

Elle implique aussi des conseils sur l'opportunité d'agir en justice, sur le choix des arguments et sur l'attitude à adopter à l'issue de l'instance ainsi que l'information sur le déroulement du procès en général[711].

Aujourd'hui, l'assistance peut même avoir lieu sans plaidoirie par de simples conseils[712]. L'article 4, alinéa 5 de la loi n° 84-09 du 04 janvier 1984 relative à l'Ordre des Avocats modifiée par loi n° 2009-25 du 08 juillet 2009 énonce que les avocats peuvent donner conseils et consultations en matière juridique.

---

709 D. CHOLET, « Assistance et représentation en justice », *Rép. proc. civ.*, Dalloz, octobre 2017, n° 94.

710 Cass. civ. 18 novembre 1946, *D.* 1947, p. 40.

711 M. BOURRY d'ANTIN, « Devoir de conseil et responsabilité de l'avocat. L'avocat doit-il prouver qu'il est de bon conseil ? », *Gaz. pal.* 1997. 2. doctr. 1477.

712 D. MARTIN, « Les avocats sevrés de plaidoiries », *JCP* 2006. Actu. 96 ; « La plaidoirie, pour quoi faire ? », *Procédures* 2017, dossier 1 ; P. ESTOUP, « Sur le rôle de la plaidoirie et la responsabilité de l'avocat », *Gaz. pal.* 1988, doctr. p. 768.

« *Assister* » veut dire porter aide ou secours[713]. Il y a assistance lorsque le plaideur comparaît en personne, qu'il en ait l'obligation ou la possibilité et que son avocat se tient à ses côtés[714].

Antoine-Gaspard Boucher d'Argis, dans son *Histoire abrégée de l'ordre des avocats*, écrivait, à la fin du XVIII e siècle, que : « *Chez toutes les nations policées, il y a toujours eu des hommes zélés et vertueux, lesquels étant particulièrement versés dans les principes du droit et de l'équité, aidaient les autres de leurs conseils et défendaient en jugement ceux qui n'étaient pas dans l'état de se défendre eux-mêmes, ou qui avaient moins de confiance en leurs propres idées que dans les lumières de leurs généraux défenseurs* ». L'assistance en justice se distingue de la représentation en ce que la personne qui assiste n'engage pas la partie. Elle emporte pouvoir et devoir de conseiller la partie et de présenter sa défense sans l'obliger.

La Cour de cassation française a précisé que la mission d'assistance en justice de l'avocat lui impose de conseiller utilement son client sur l'exécution du jugement ; il doit par ailleurs, pour assurer utilement son devoir de conseil, recueillir, de sa propre initiative, les éléments d'information et les documents nécessaires pour défendre au mieux les intérêts de son client ; il est tenu, dès que l'affaire est terminée ou qu'il en est déchargé, de restituer sans délai ces documents, même s'il ne s'agit pas d'originaux et sans qu'une réclamation soit nécessaire et il doit justifier de ses diligences en cas de contestation[715].

L'assistance n'est pas une notion inconnue en procédure pénale. Elle a été plusieurs fois employée par le législateur communautaire de l'UEMOA.

L'alinéa 2 de l'article 3 du Règlement de l'UEMOA précise que les avocats « *assistent également leurs clients devant toutes administrations publiques* ». Selon, l'article 9, alinéa 2 du règlement intérieur de l'Ordre

---

[713] V. *Le petit Larousse illustré*, Paris, 2002, p. 92.
[714] R. MARTIN, « Avocats. Généralités. Fonctions », *Jurisclass. proc. civ*. Fasc. 300-60, n° 15.
[715] Cass. civ., 04 juin 2014, n° 13-16.959, *JurisData* n° 2014-012585.

des Avocats du Sénégal, l'avocat assiste son client au cours des mesures d'instruction prescrites ou ordonnées en toutes matières, notamment en matière pénale.

Le verbe « *assister* » est également utilisé par le législateur communautaire de l'UEMOA à propos de la mission dévolue à l'avocat devant le magistrat instructeur. Aux termes de l'article 5, alinéa 3 du Règlement de l'UEMOA : « *Les Avocats assistent et défendent leurs clients dès la première comparution devant le juge d'instruction* ». Or, les droits de la défense, notamment le droit à l'assistance d'un avocat s'exercent pleinement au cours de l'information judiciaire.

254. Nécessité d'une réforme pénale. Au-delà des mesures nationales prises (circulaires et protocoles), il apparait nécessaire d'engager une réforme des Codes de Procédure pénale des États membres de l'UEMOA, en vue de conformer les systèmes procéduraux ouest-africains aux exigences de l'article 5 du Règlement de l'UEMOA.

Cette réforme a d'ailleurs été annoncée par le protocole burkinabé, compte tenu de l'appartenance de la procédure pénale au domaine législatif. Il ne s'agira pas, à travers cette réforme législative, d'incorporer la règle de l'assistance de l'avocat dès l'interpellation dans les ordres pénaux des États membres. En effet, le principe de l'assistance de l'avocat dès l'interpellation a été clairement posé par le Règlement communautaire de l'UEMOA, directement applicable dans les États membres.

L'objet de cette réforme est de fixer dans les corpus législatifs des États les modalités de l'intervention de l'avocat dès l'interpellation ainsi que les diligences qui incombe à l'enquêteur dans le respect de l'esprit de la législation communautaire et des exigences constitutionnelles.

À cet égard, il semble qu'en habilitant les avocats à assister les personnes interpellées durant l'enquête, le législateur communautaire de l'UEMOA a entendu leur conférer un rôle actif et non pas seulement une simple présence passive. En vue de se conformer au droit communautaire ainsi qu'aux exigences constitutionnelles tirées du respect des droits de la défense, l'avocat devrait au-delà de l'entretien confidentiel avec son client et de l'assistance aux auditions et confrontations, avoir au moins accès au dossier de l'enquête. D'ailleurs, la Cour européenne des droits de l'homme a jugé, dans plusieurs affaires, que l'avocat doit avoir accès au dossier puisque cela est indispensable à une bonne défense[716].

On voit mal comment l'auxiliaire de justice pourrait remplir convenablement la mission d'assistance de la personne interpellée qui lui est assignée par l'article 5 du Règlement de l'UEMOA, s'il ne peut consulter les éléments du dossier. Déjà la Cour européenne des droits de l'homme dans l'arrêt *Dayanan*, rendu le 13 octobre 2009[717], a énoncé que : « *L'équité de la procédure requiert que l'accusé puisse obtenir toute la vaste gamme d'interventions qui sont propres au conseil [...] la discussion de l'affaire, l'organisation de la défense, la recherche des preuves favorables à l'accusé, la préparation des interrogatoires, le soutien de l'accusé en détresse et le contrôle des conditions de détention [qui] sont des éléments fondamentaux de la défense que l'avocat doit librement exercer* »[718].

Comment l'avocat peut-il organiser la défense de son client, contrôler les conditions de la détention, rechercher les preuves favorables à la personne interpellée et formuler ainsi des observations annexées au dossier s'il ne peut, au-delà de l'entretien confidentiel et de l'assistance aux auditions et confrontation, avoir accès aux éléments du dossier ? Il s'agit en réalité de donner à la notion d'assistance un contenu conceptuel plus conforme à la législation communautaire et aux instruments internationaux de protection des droits de l'homme.

---

716 CEDH 18 mars 1997, Foucher c/ France, *Rec. CEDH* 1997-II, § 36, *D.* 1997. somm. 360, obs. J.-F. Renucci ; *RSC* 1997, p. 891, obs. L.-E. Pettiti et 1998. 395, obs. R. Koering-Joulin; *JCP* 1998. I. 107, n° 30, obs. F. Sudre ; *RGDP* 1998. 247, obs. J.-F. Flauss.

717 CEDH 13 octobre 2009, Dayanan c/ Turquie, n° 7377/03 ; *RSC* 2010. 23, obs. Roets ; *D.* 2009. 2897, note Renucci ; *AJ pén.* 2010. 27, note Saas ; *Dr. pén.* 2010, chron. 1, obs. Guérin ; *Dr. pén.* 2010, chron. 3, obs. Dreyer.

718 J-F. RENUCCI, « L'avocat et la garde à vue : exigences européennes et réalités nationales », *D.* 2009, p. 2897 ; G. ROUJOU DE BOUBEE, « Garde à vue et exigences européennes », *D.* 2010, p. 72.

Seule une posture plus active de l'avocat permettrait de donner la pleine mesure à la mission d'assistance prévue par le Règlement de l'UEMOA et aux exigences constitutionnelles tirées du respect des droits de la défense.

255. Question de l'accès intégral au dossier. Si la consultation du dossier paraît nécessaire à l'assistance de la personne interpellée, l'exercice effectif des droits de la défense suppose-t-il nécessairement un accès à toutes les pièces de l'enquête ? La consultation peut-elle être confinée à certains éléments du dossier d'enquête sans qu'il résulte en une méconnaissance du principe des droits de la défense ? Cette question donnera lieu sans nul doute à de vifs débats dans la pratique.

256. Position de la jurisprudence française. Le Conseil constitutionnel français a considéré, dans sa décision rendue le 18 novembre 2011[719], que les dispositions de l'article 63-4-1 du Code de Procédure pénale, prévoyant un accès limité de l'avocat au dossier d'enquête «*assurent entre le respect des droits de la défense et l'objectif de valeur constitutionnelle de rechercher des auteurs d'infractions une conciliation qui n'est pas déséquilibrée* »[720].

Dans un autre arrêt rendu le 11 juillet 2012[721], La Chambre criminelle de la Cour de Cassation française est allée dans le même sens. Elle a estimé que l'absence de communication de l'ensemble des pièces du dossier, à ce stade de l'enquête, n'est pas de nature à priver la personne d'un droit effectif et concret à un procès équitable, dès lors que ces pièces peuvent

---

[719] Cons. const., du 18 novembre 2011, n° 2011-191/194/195/196/197 QPC, JO 19 novembre 2011, p. 19480 ; *D.* 2011. 3034, note Matsopoulou ; *D.* 2012. Pan. 1638, obs. Bernaud et Jacquinot ; *AJ pén.* 2012. 102, obs. Perrier ; *RSC* 2012. 185, obs. Danet ; *RSC* 2012. 217, obs. De Lamy; *Dr. pén.* 2012. chron. 7, obs. Lesclous ; *Dr. pén.* 2012. 1, obs. Georget.

[720] Pour un commentaire de cette décision, V. J. PRADEL, « La loi du 14 avril 2011 sur la garde à vue réussit son examen de passage devant le Conseil constitutionnel », *JCP* éd. G. 2011, note 1452 ; H. MATSOPOULOU, « Les dispositions de la loi du 14 avril 2011 sur la garde à vue déclarées conformes à la Constitution », *D.* 2011, p. 3034 et s. ; E. DAOUD ET C. GHRENASSIA, « D'une garde à vue à l'autre : commentaire de la décision n° 2011-194 du Conseil constitutionnel », *Rev. Lamy dr. aff.* mars 2012, p. 85 et s.

[721] Cass. crim., 11 juillet 2012, n° 12-82.136, *Jurisdata* n° 2012-015587; *Gaz. pal.* 16 septembre 2012, p. 19, note O. Bachelet.

ensuite être communiquées devant les juridictions d'instruction et de jugement[722]. Elle a considéré que « *le demandeur a bénéficié de l'assistance d'un avocat au cours de sa garde à vue dans des conditions conformes à l'article 6 de la Convention européenne des droits de l'homme* ».

Dans l'arrêt rendu le 19 septembre 2012[723], la Chambre criminelle de la Cour de Cassation a jugé que la restriction de l'accès au dossier n'est pas incompatible avec l'article 6, § 3 de la Convention européenne des droits de l'homme, « *l'absence de communication de l'ensemble des pièces du dossier, à ce stade de la procédure n'étant pas de nature à priver la personne d'un droit effectif et concret à un procès équitable, dès lors que l'accès à ces pièces est garanti devant les juridictions d'instruction et de jugement* »[724].

257. Droit de l'Union européenne. La Directive 2012/13/UE du 22 mai 2012 relative au droit à l'information dans le cadre des procédures pénales a validé le principe de l'accès restreint au dossier par l'avocat.

Selon l'article 7, § 1 de la directive du 22 mai 2012, « lorsqu'une personne est arrêtée et détenue à n'importe quel stade de la *procédure pénale, les États membres veillent à ce que les documents relatifs à l'affaire en question détenus par les autorités compétentes qui sont essentiels pour constater de manière effective conformément au droit national la légalité de l'arrestation ou de la détention soient mis à la disposition de la personne arrêtée ou de son avocat* ». On aura relevé que le texte évoque des documents « *essentiels* » et non pas de toutes les pièces de la

---

722 F. DESPREZ, « Accès au dossier lors de la garde à vue : le risque d'une condamnation par la Cour européenne des droits de l'homme », *D.* 2012, p. 2640 ; F. DESPREZ, « Garde à vue : consultation des pièces de procédure par l'avocat », *D.* 2013, p. 2760.

723 Cass. crim., 19 septembre 2012, n° 11-88.111, *Jurisdata* n° 2012-020807 ; *D.* 2012. Actu. 2246, obs. Girault ; *D.* 2012, p. 2640, obs. Desprez; *AJ pén.* 2013. 50, obs. Ascensi ; *Dr. pén.* 2012. 151, obs. Maron et Haas ; *Procédures* 2012, n° 331, obs. Chavent-Leclère ; *Gaz. pal.* n° 39-40, 2013, p. 42, obs. Fourment ; Cass. crim., 26 juin 2013, n° 13-81.491, *Jurisdata* n° 2013-014612.

724 L. ASCENSI, « L'accès de l'avocat aux pièces du dossier pendant la garde à vue », *AJ pén.* 2013, p. 50.

procédure[725] ; ce qui postule, de toute évidence que la consultation du dossier n'est pas intégrale.

Ce dispositif juridique devrait permettre à l'avocat d'accéder au moins au procès-verbal d'audition de la personne interpellée. Il faut surtout relever qu'il résulte du § 4 de l'article 7 de la Directive du 22 mai 2012 que «*pour autant que le droit à un procès équitable ne s'en trouve pas affecté, l'accès à certaines pièces peut être refusé lorsque cet accès peut constituer une menace grave pour la vie ou les droits fondamentaux d'un tiers ou lorsque le refus d'accès est strictement nécessaire en vue de préserver un intérêt public important, comme dans le cas où cet accès risque de compromettre une enquête en cours ou de porter gravement atteinte à la sécurité nationale de l'État membre dans lequel la procédure pénale est engagée* ».

Ce texte ajoute que les États membres veillent à ce que, conformément aux procédures de droit national, une décision refusant l'accès à certaines pièces soit prise par une autorité judiciaire ou soit au moins soumise à un contrôle juridictionnel. La décision d'exclusion de la consultation de certaines pièces sera donc prise au cas par cas et par une autorité judiciaire.

II.- L'OFFICE DE L'AVOCAT FACE AU PRINCIPE DE L'ÉGALITÉ DES ARMES

258. Principe de l'égalité des armes. Le principe de l'égalité des armes constitue, avec le principe du contradictoire, un des fondements majeurs du droit à un procès équitable[726].

---

[725] B. THELLIER DE PONCHEVILLE, « La saga de la garde à vue : épisode Union européenne », *Rev. pénit.* 2012, p. 453.

[726] D. JEAN-PIERRE et F. MELIN-SOUCRAMANIEN, « Le principe de l'égalité des armes », *RRJ* 1993-2, p. 489-510 ; G. COHEN-JONATHAN, « L'égalité des armes selon la Cour européenne des droits de l'homme », *LPA* du 02 novembre 2002, n° 238, p. 22 et s. ; S. LAVRIC, *Le principe d'égalité des armes dans le procès pénal*, Thèse dactylographiée, Nancy, 2008 ; J.-P. DINTILHAC, « L'égalité des armes dans les enceintes judiciaires », in *Cour de Cassation, Rapport, 2003-II, Etudes et documents,* Documentation française, 2003, p. 130; M. MASCLET DE BARBARIN, « Du principe de l'égalité des armes à l'égalité des droits des parties en matière fiscale », *RJJ*, 2005, p.1449-1461

La Commission européenne des droits de l'homme l'a dégagé, pour la première fois, dans un arrêt *Neumeister c/ Autriche* du 27 juin 1968[727].

Le principe de l'égalité des armes, comme élément fondamental du procès équitable, a été affirmé très tôt par la Cour européenne des droits de l'homme, dans l'arrêt *Swabowicz c/ Suède* rendu le 30 juin 1959.

Selon la cour : « *Toute partie à une action civile et a fortiori à une action pénale, doit avoir une possibilité raisonnable d'exposer sa cause au tribunal dans des conditions qui ne la désavantagent pas d'une manière appréciable par rapport à la partie adverse* »[728].

D'après l'arrêt *Neumeister*, l'égalité des armes « *implique l'obligation d'offrir à chaque partie une possibilité raisonnable de présenter sa cause (...) dans des conditions qui ne la placent pas dans une situation de net désavantage par rapport à son adversaire* »[729]. Les parties doivent avoir des droits équivalents et équilibrés, ce qui exclut des « *disparités grossières révélant une rupture d'équilibre dans le procès* »[730]. En réalité, des disparités entraînant un net désavantage pour une partie, autorisent à relever une rupture d'équilibre dans le procès pénal[731].

L'expression « *égalité des armes* », n'apparaît, ni dans la Charte africaine des droits de l'homme, ni dans la Convention européenne des droits de l'homme. La Cour de Strasbourg pose la règle selon laquelle le principe d'égalité des armes implique l'obligation d'offrir à chaque partie une possibilité raisonnable de présenter sa cause, y compris ses preuves « *dans des conditions qui ne la placent pas dans une situation de net désavantage par rapport à son adversaire* »[732]. L'égalité des armes pose

---

727 CEDH, 27 juin 1968, Neumeister c/ Autriche, Série A, n° 8 ; également, CE, sect., 11 juillet 2012, n° 349752, Etrillard et a, *Jurisdata* n° 2012-016367.

728 CEDH, du 30 juin 1959, Swabowicz c/ Suède, Annuaire II, p. 535.

729 CEDH, 27 juin 1968, Neumeister c/ Autriche, Série A, n° 08.

730 F. DESPORTES et L. LAZERGES-COUSQUER, *Traité de procédure pénale*, Paris, Economica, 2e éd., 2013, p.293, n° 439 et s.

731 H. RUIZ-FABRI, « Égalité des armes et procès équitable dans la jurisprudence de la Cour européenne des droits de l'homme » in T. LAMBERT (dir.), *Égalité et équité. Antagonisme ou complémentarité*, Paris, Economica, 1999, p. 47.

732 CEDH, 27 octobre 1993, n° 14448/88, Dombo Beheer BV c/ Pays-Bas, série A, n° 274, § 33 ; CEDH, 18 février 1997, n° 18990/91, Nideröst-Huber c/ Suisse, *RTD civ.* 1997, p. 1006, obs. J.-P. Marguénaud ; CEDH, 18 mars 1997, n° 22209/93, Foucher

plus une question d'équilibre qu'une question d'équité[733]. La Cour de Strasbourg ne confère pas à ce principe un sens absolu. L'égalité des armes n'est pas entendue par la Cour européenne des droits de l'homme comme impliquant une égalité rigoureuse entre l'accusation et la défense.

En effet, la doctrine sur ce point marque bien que ce principe n'a pas une portée absolue et que l'égalité ne peut être que relative et doit s'apprécier « *raisonnablement* »[734].

259. Position du Conseil d'État français. Le Conseil d'État français s'est prononcé sur la légalité de la partie de la circulaire d'application de la loi relative aux modalités de communication et sur la question de la consultation du dossier par l'avocat. La haute juridiction administrative a jugé le 11 juillet 2012 que l'accès limité au dossier prévu par l'article 63-4-1 du Code de Procédure pénale «*permet à l'avocat de la personne gardée à vue d'avoir connaissance des informations essentielles pour apprécier la légalité de la détention de son client* » et « *que par suite, il n'est pas de nature à porter atteinte au principe d'égalité des armes, au rôle du défenseur de l'avocat ni à l'effectivité des droits de la défense garantis par l'article 6 de la Convention EDH* »[735].

Selon les juges administratifs, l'égalité des armes s'apprécie de façon souple et que l'essentiel est que l'avocat puisse apprécier la légalité de la détention, c'est-à-dire les conditions fixées par la loi, les droits de la défense n'étant pas réellement atteints. La connaissance des pièces du dossier doit permettre à ce stade de contester la légalité de la mesure elle-même et non de préparer une véritable défense. On retrouve implicitement l'idée que les droits de la défense sont seulement repoussés dans le temps[736].

---

c/ France, *JCP* éd. G. 1998, I, 107, n° 30, obs. F. Sudre ; *D*. 1997, p. 360, obs. J.-F. Renucci.

[733] En ce sens, J. P. MARGUENAUD, « Egalité des armes », in L. CADIET (dir), *Dictionnaire de la Justice*, Paris, PUF, 1 ère éd., 2004, p. 405.

[734] J.-F. RENUCCI, *Traité de droit européen des droits de l'homme*, Paris, LGDJ, 1ère éd., 2007, p. 47.

[735] CE, sect., 11 juillet 2012, n° 349752, Etrillard et a., *Jurisdata* n° 2012-016367.

[736] J. PRADEL, « Du droit de l'avocat d'accéder au dossier établi au cours d'une garde à vue », *Sem. jur.* éd. G. n° 46, 12 novembre 2012, doctr. 1223.

À la faveur de l'adoption de la loi n° 2014-535 du 27 mai 2014 portant transposition de la directive 2012/13/UE du Parlement européen et du Conseil du 22 mai 2012 relative au droit à l'information dans le cadre des procédures pénales, le législateur français a finalement décidé de consacrer les solutions antérieures et de ne pas étendre l'accès à l'ensemble des pièces de la procédure au risque de limiter les possibilités de contester effectivement la légalité de la garde à vue.

CONCLUSION

260. Consécration d'un droit fondamental. En énonçant très succinctement que : « *Les Avocats assistent leurs clients dès leur interpellation, durant l'enquête préliminaire, dans les locaux de la police, de la gendarmerie, ou devant le parquet* », l'article 5, alinéa 1er du Règlement n° 05/CM UEMOA du 25 septembre 2014 relatif à l'harmonisation des règles régissant la profession d'Avocat dans l'espace UEMOA a consacré un droit fondamental et une puissante garantie de procédure dans le contexte des États membres dominé par une conception inquisitoriale de l'enquête et par un culte de l'efficacité policière.

261. Émergence du statut de personne interpellée. La consécration communautaire du droit à l'assistance d'un avocat dès l'interpellation durant l'enquête permet de consolider la protection des droits et des libertés individuelles et notamment les droits de la défense dans cette phase sensible de la procédure pénale où les atteintes les plus fréquentes aux droits humains (brimades, tortures, etc.) sont alléguées par les justiciables[737].

Sous l'angle de la technique pénale, les rédacteurs de l'article 5 du Règlement de l'UEMOA ont instauré un nouveau statut pénal dans le paysage procédural des États membres de l'UEMOA : le statut de personne interpellée, distinct des qualités de personne gardée à vue, de retenu douanier, de témoin ou de victime.

La reconnaissance du statut de personne interpellée, confirmée par la circulaire ministérielle du Sénégal du 11 janvier 2018 et par le protocole

[737] I. RICUPERO, « Les détenus en préventive », *Les conditions de détention en Afrique*, Actes d'un séminaire panafricain, Kampala, Ouganda, 19-21 septembre 1996, Paris, RPI, 1997, p. 70 ; B. BOULOC, « Les abus en matière de procédure pénale », *RSC* 1991, p. 221.

du Burkina Faso, présente des enjeux pénaux non négligeables puisqu'il est attributif du droit à l'assistance d'un avocat.

262. Fixation des modalités d'exercice du droit à l'assistance d'un avocat. Le législateur communautaire s'est contenté de consacrer le droit à l'assistance d'un avocat dès l'interpellation durant l'enquête sans en fixer les modalités précises d'exercice.

En effet, aucune indication sur les conditions de mise en œuvre de ce droit n'est prévue dans le texte communautaire. Il s'agit notamment des diligences devant être accomplies par l'enquêteur et de l'étendue de l'office de l'avocat assistant son client. En tout état de cause, l'article 91 du Règlement de l'UEMOA, en déclarant applicables, les dispositions des législations et règlementations nationales des États membres qui ne sont pas contraires audit Règlement, a légitimé la prévision dans les États membres de dispositions spécifiques encadrant les modalités d'intervention de l'avocat durant l'enquête.

Ainsi, la plupart des États membres de l'UEMOA, à l'image du Bénin, du Burkina Faso, de la Côte d'Ivoire, du Mali et du Sénégal, ont prévu dans leurs Codes de procédure pénale ou à travers des mesures d'ordre intérieur (circulaires, protocole), des dispositions précisant les obligations des officiers de police judiciaire ainsi que l'office de l'avocat dans le cadre de la mise en œuvre du droit à l'assistance de l'avocat durant l'enquête.

263. Contraintes constitutionnelles et communautaires. Toutefois, la procédure pénale relevant du domaine de la loi, d'après les droits constitutionnels des États membres de l'UEMOA, l'encadrement des modalités d'exercice du droit à l'assistance d'un avocat dès l'interpellation devrait avoir pour support normatif exclusif la loi (Code de Procédure pénale) et non des circulaires ou protocoles d'accord.

D'ailleurs la légalité, voire la constitutionnalité de certaines directives contenues dans ces mesures d'ordre intérieur est douteuse. Il en est ainsi des prescriptions de la circulaire sénégalaise prévoyant une possible prolongation de l'entretien confidentiel de l'avocat au-delà de trente (30) minutes qui sont manifestement contraires à l'article 55 du Code de

Procédure pénale. Il en est de même du droit reconnu à l'avocat d'assister aux auditions et confrontations de la personne interpellée.

Au-delà de la compatibilité des mesures d'application prévues par rapport aux textes législatifs nationaux, les prérogatives limitées reconnues à l'avocat dans le cadre l'assistance de la personne interpellée pose un problème de conformité avec le Règlement communautaire de l'UEMOA et les instruments internationaux de protection des droits de l'homme, qui postulent l'organisation d'une véritable assistance et non pas un soutien psychologique ou une simple présence physique de l'avocat.

264. Nécessité de mesures d'accompagnement. En tout état de cause, il serait illusoire de penser que la consécration du droit à l'assistance d'un avocat durant l'enquête et la fixation législative des modalités d'intervention de l'avocat suffisent pour « *opérationnaliser* » cette garantie de procédure dans les États membres de l'UEMOA.

Dans la plupart de ces États où prévalent encore une approche policière et inquisitoriale de l'enquête pénale ainsi qu'une culture de l'aveu, la précarité de la situation économique dans laquelle se trouvent l'écrasante majorité des citoyens ainsi que l'insuffisance des effectifs des avocats ne permettent pas de garantir l'effectivité du droit à l'assistance d'un avocat pendant l'enquête.

Beaucoup de personnes interpellées au cours des enquêtes pénales, désireuses de se faire assister par un avocat, sont demeurées sans défense, soit parce qu'elles n'ont pas les moyens recourir au ministère d'avocat soit, parce qu'aucun cabinet d'avocat n'est établi sur place.

Dans un tel contexte, il paraît nécessaire d'assortir le droit à l'assistance d'un avocat de mesures d'accompagnement en vue de rendre effectif son exercice durant l'enquête. Cette option passe nécessairement par la massification des effectifs des avocats, le renforcement des moyens logistiques des services d'enquête ainsi que l'opérationnalisation du mécanisme de l'aide juridictionnelle, qui est loin d'être une réalité dans la plupart des États membres de l'UEMOA.

C'est à ces seules conditions que le droit fondamental à l'assistance d'un avocat de la personne interpellée, constituera une garantie efficace des droits de la défense durant la phase de l'enquête pénale.

BIBLIOGRAPHIE

I.- OUVRAGES ET THESES

ABDOULATIF (I.-M.), *L'arrestation en droit pénal*, Thèse, Strasbourg III, 1999.

BOUZA (P.) et PINATEL (J.), *Traité de droit pénal et de criminologie, Tome II. Procédure pénale. Régime des mineurs. Domaine des lois pénales dans le temps et dans l'espace*, Paris, Librairie Dalloz, 1970.

BELFAYOL (E.), *Le contentieux pénal douanier*, Paris, Economica, 2016.

BORGNE (J.-Y.), *La garde à vue. Un résidu de barbarie*, Paris, éd. Cherche midi, 2011, p. 96-97.

CARPENTIER (V.), *Guide pratique du contentieux douanier*, Paris, Litec, 1996.

CORNU, (G.) *Vocabulaire juridique*, Paris, PUF, 2014.

DANET (J.), *Défendre : pour une défense pénale critique*, Paris, Dalloz, 2004.

DECOCQ (A.), MONTREUIL (J.), BUISSON (J.), *Le droit de la police*, Paris, Litec, 2e éd. 1998.

DENIS (G.), *L'enquête préliminaire. Étude théorique et pratique,* Paris, 1ère éd. Police-Revue, 1974.

DERRERARD (F.), *Le suspect dans le procès pénal*, Paris, LGDJ, Systèmes-Droit, 2005.

DESPORTES (F.) et LAZERGES-COUSQUER (L.), *Traité de procédure pénale*, Paris, Economica, 2e éd., 2013.

DIAKHOUMPA (C.), *Le régime juridique des nullités dans le Code de Procédure pénale sénégalais,* Thèse Doctorat, Dakar, année 2011-2012.

DIAKHOUMPA (C.), *Traité théorique et pratique de procédure pénale. Tome I :la phase préparatoire du procès pénal*, 1ère édition, 2015.

DIAKHOUMPA (C.), *Traité théorique et pratique de procédure pénale. Tome II : la phase décisoire du procès pénal,* 1ère édition, 2018.

DIALLO (Y), *Le procureur de le République. La pratiquc du parquet*, Dakar, L'Harmattan-Sénégal, 2018.

DIENG (A. O.), *Le contentieux dans la loi n° 2014-10 du 28 février 2014 portant Code des douanes du Sénégal : un équilibre réussi ?,* Dakar, 2014.

FALL (I. M.), *Les décisions et avis du Conseil constitutionnel du Sénégal*, Dakar, CREDILA, 2008.

FALL (ND.), *Le droit pénal africain à travers le système sénégalais*, Dakar, *EDJA*, 2003.

FAUSTIN-HELIE (M.), *Traité de l'instruction criminelle*, 2e éd., 1866.

FERNANDEZ (P.), *L'arrestation par la force publique ou par un particulier*, Thèse, Toulouse I, 1996.

FOFANA (M. L.), *La police et le citoyen au Sénégal*, Dakar, Editions juridiques africaines, 1993, 84 pages.

FOURMENT (F.), *L'arrestation, menace à la liberté individuelle devant le droit français (de source nationale ou internationale),* Thèse, Paris II, 1995.

FRANCHIMONT (M.), JABOBS (A.) et MASSET (A.,) *Manuel de procédure pénale*, Bruxelles, Larcier, 2016.

GARRAUD (R.), *Traité théorique et pratique du droit pénal français*, Paris, Sirey, 3e éd. 1914, t. II.

KONATE (M.), *Le temps et le procès pénal*, Thèse de Doctorat, Université de Dakar, 2017.

LAURENT (N.), *La notion de suspect en matière pénale*, Thèse Lyon 3, 2001.

Le petit Larousse illustré, Paris, 2002.

Lexique des termes juridiques, Paris, Dalloz, 2010, 17e édition, 2009.

MATSOPOULOU (H.), *Les enquêtes de police*, Paris, LGDJ 1996.

MBALLO (M. D.), SENE (B.) et WANE (M. B.), *Justice militaire. Recueil de textes annoté*, Dakar, éditions Abis, 1ère édition, 2018.

MBAYE (K.), *Les droits de l'homme en Afrique*, 2e édition, Paris, Pédone, 386 p.

MERLE (R.) et VITU (A.), *Traité de droit criminel, Procédure pénale*, Paris, Cujas, 5e éd., 2001.

NDOYE (D.), *Les avocats au Sénégal*, Dakar, EDJA, 1991.

PRADEL (J.) et VARINARD (A.), *Les grands arrêts du droit criminel*, Paris, Dalloz, 1994, t. 2.

PRADEL (J.), *Procédure pénale*, Paris, éditions Cujas, 2004.

RASSAT (M. L.), *Procédure pénale*, Paris, Ellipses, 3e édition, 2017.

RENUCCI (J.-F.), *Traité de droit européen des droits de l'homme*, Paris, LGDJ, 1 ère éd., 2007.

RIDEAU VALENTINI (S.), *Contribution à l'étude des particularismes de la matière pénale douanière*, Thèse Nice, 1999.

SADY (S.), *La gendarmerie nationale sénégalaise*, Paris, l'Harmattan, 2001.

SAINT-PIERRE (F.), *Le guide de la défense pénale*, Dalloz, 2004.

SOULEZ-LARIVIERE (D.), *L'avocature*, Paris, Le Seuil, 1995.

SOULARD (Ch.), *Guide pratique du contentieux douanier*, Paris, Litec, coll. Litec professionnels, 2008.

STEFANI (G.), LEVASSEUR (G.) et BOULOC (B.), *Procédure pénale*, Paris, Dalloz, 15e édition, 2001.

SUDRE (F.), MARGUENAUD (J.-P.), ANDRIANTSIMBAZOVINA (J.), GOUTTENOIRE (A.) et LEVINET (M.), *Les grands arrêts de la Cour européenne des droits de l'homme,* Paris, PUF, 2003.

SY (K.), *Douanes sénégalaises. Vie et vues du brigadier de brousse*, Paris, l'Harmattan, 2015.

SY (M.), *La protection constitutionnelle des droits fondamentaux en Afrique : l'exemple du Sénégal*, Paris, l'Harmattan, 2007.

TALL (S. N.), *Droit des organisations internationales africaines. Théorie générale. Droit communautaire comparé. Droit de l'homme, paix et sécurité*, Paris, l'Harmattan, 2015.

TOURE (P. A.), *La réforme de l'organisation judiciaire du Sénégal commentée et annotée*, Paris, l'Harmattan, 2016.

TOURE (P. A.), *La réforme de la composition et de la compétence des juridictions du Sénégal commentée et annotée*, Abis édition, 2017.

TOURE (P. A.), *Droit pénal général sénégalais, tome 1, L'infraction pénale,* Dakar, l'Harmattan, 2023.

TOURE (P. A.), *Droit pénal général sénégalais, tome 2, La responsabilité pénale et la sanction pénale*, Dakar, l'Harmattan, 2023.

TOURE (P. A.), *Les grandes décisions de la jurisprudence de Droit pénal général sénégalais*, Dakar, l'Harmattan, 2024.

TOURE (P. A.), *Cybercriminalité. Code pénal et lois pénales spéciales commentés et annotés,* Dakar, l'Harmattan, 2024.

TOURE (P. A.), *La transposition des directives de l'espace de l'UEMOA : entre exigence juridique et technique légistique*, Dakar, l'Harmattan, 2024.

ZOGBELEMOU (T.), *Droit des organisations d'intégration économique en Afrique (CEDEAO-CEMAC-UEMOA-ZMAO),* Paris, l'Harmattan, 2014.

II.- ARTICLES DE DOCTRINE ET CHRONIQUES

ALIX (J.), « Les droits de la défense au cours de l'enquête de police après la réforme de la garde à vue : état des lieux et perspectives », *D.* 2011 p. 1699.

ALLÉHAUT (M.), « Les droits de la défense », in *Mélanges Patin*, 1965, Paris, Cujas, p. 453 et s.

AMBROISE-CASTÉROT (C.), « Arrestation », *Rép. proc. pén.* octobre 2006.

ANDRE (G.), « La protection et les garanties de la personne soupçonnée ou poursuivie en droit sénégalais », *Rev. sén. dr.*, n° 11, 1972, p. 3.

ARCAUTE-DESCAZEAUX (M.J.), « Retenue douanière et garde à vue », *RSC* 1994, p. 721.

ASCENSI (L.), « L'accès de l'avocat aux pièces du dossier pendant la garde à vue », *AJ pén.* 2013, p.50.

BACHELET (O.), « Droits de la défense : transposition ambivalente de la «directive information » », *Gaz. Pal.* 1er février 2014, p. 9, 165 p. 2.

BACHELET (O.), « Nouvelle violation par la France du droit à l'assistance d'un avocat », *D.* actualité 9 nov. 2011.

BADIANE (O.), « Le Sénégal doit se conformer aux règles régissant la profession d'avocat dans l'espace UEMOA (Droits de l'homme) » : http://www.pressafrik. (consulté le 27 juillet 2014).

BERLAUD (C.), « Contrôle d'identité discriminatoire ? », *Gaz. pal.* 22 nov. 2016, n° 41, p. 43.

BIANCARELLI (J.) et MAIDANI (D.), « L'incidence du droit communautaire sur le droit pénal des États membres », *RSC* 1984, p. 225 s.

BLANQUET (M.), « Effet direct du droit communautaire », *Rép. comm.*, Dalloz, août 2008.

BLONDET (M.), « Les pouvoirs de la police et de la gendarmerie au cours de l'enquête préliminaire », *JCP* éd. G 1956, I, 1311.

BLONDET (M.), « L'enquête préliminaire dans le nouveau Code de Procédure pénale », *JCP* 1959. I. 1513.

BODIAN (Y.) et FALL (P. T.), « À propos de la présence de l'Avocat aux premières heures de la garde-à-vue », *Le Soleil* du 28 août 2015, p.1.

BORE (J.), « La difficile rencontre du droit pénal français et du droit communautaire », *Mélanges A. VITU,* Paris, Cujas, 1989, p. 25 s.

BOULOC (B.), « Observations sur les nullités en matière de procédure pénale », *RSC* 2000, p. 417.

BOULOC (B.), « L'influence du droit communautaire sur le droit pénal interne », *Mélanges offerts à Georges Levasseur*, Paris, Litec 1992, p. 103 s.

BRACH-THIEL (D.), « Nullité de la garde à vue en cas d'absence de notification immédiate de la nature d'une infraction », *AJ pén.* 2015 p.505.

BÜCK (V.), « Vers un contrôle plus étendu de la garde à vue. Contentieux relatif à la notification immédiate des droits », *RSC* 2001, p. 325.

BUISSON (J.), « Contrôles et vérifications d'identité », *J-class. pr. pén.*, fasc. 10 et 20.

BUISSON (J.), « Droit à l'interprétation et à la traduction », *Procédures* 2013, comm. 357.

BUISSON (J.), « Enquête préliminaire », *Rép. dr. pén. proc. pén.* Dalloz, 2017.

CHAVENT-LECLERE (A.-S.), « La garde à vue est morte, vive la garde à vue ! À propos de la loi n° 2011-392 du 14 avril 2011 », *Procédures*, 2011, étude 7.

CHAVENT-LECLERE (A.-S.), « L'inconstitutionnalité de la garde à vue en matière de terrorisme relativement à la désignation imposée de l'avocat », *Procédures*, 2012, comm. 126.

CHAVENT-LECLERE (A.-S.), « Restriction au libre choix de l'avocat lors de la garde à vue en matière de terrorisme : une inconstitutionnalité et une possibilité », *AJ pén.* 2012 p.342.

CIRAULT (C.), « Les nullités de la garde à vue », *AJ pén.* 2005 p.140.

CISSE (A.), « Lois relatives à la répression de l'enrichissement illicite de retour ou le lifting laborieux d'un lit de procuste mite par une désuétude méritée », *Revue EDJA*, n° 106, juillet-août-septembre 2015, p. 9 et s.

CLÉMENT (G.), « De la règle pas de nullité sans grief en droit judiciaire privé et en procédure pénale », *RSC* 1984, p.433.

COHEN-JONATHAN (G.), « L'égalité des armes selon la Cour européenne des droits de l'homme », *LPA* 2 novembre 2002, n° 238, p. 22 et s.

CONTE (Ph.), « Placement en garde à vue et nécessités de l'enquête », *Dr. pén.* 2015, étude 12, p. 8.

DAOUD (E.) ET GHRENASSIA (C.), « D'une garde à vue à l'autre : commentaire de la décision n° 2011-194 du Conseil constitutionnel », *Rev. Lamy dr. aff.* mars 2012, p. 85 et s.

DAOUD (E.) et RENNUIT-ALEZRA (L.), « Le droit à un interprète : la consécration d'un nouveau droit », *AJ pén.* 2013, p. 527.

DEFFERARD (F.), « Réflexions sur la preuve dans la suspicion légitime d'infraction pénale », *D.* 2001, p. 2692.

DEME (H.), « Le mineur délinquant de moins de 13 ans devant la justice : entre théorie et pratique », *Revue EDJA*, n° 77, avril-mai-juin 2008, p. 25.

DENIS (G.), « Puissance convaincante et nature juridique de l'enquête préliminaire », *Gaz. pal.* 1974, 1, doctr. 969.

DENIS (G.), « De quelques aspects de l'enquête préliminaire », *Rev.pol.nat.* 1969, juin-juillet, p. 5.

DESPREZ (F.), « Garde à vue : consultation des pièces de procédure par l'avocat », *D.* 2013, p.2760.

DETRAZ (S.), « Douanes. Procédure », *J-class. lois pénales spéciales*, Fasc. 40.

DETRAZ (S.), « La retenue douanière des personnes : une anomalie persistante de la procédure pénale », *Dr. pén.* 2010, étude 4 ;

DIOP (A.), « Une juridiction méconnue : la Chambre d'accusation », *Rev.sén. dr.*, décembre 1975, n° 18, p. 33 et s.

DIOUF (N.), « Procès pénal et droits de l'homme : l'exemple du Sénégal», *RASDP*, n° 02, juillet-décembre, 1995, p. 1.

DOYEZ (F.), « Avocat et secret professionnel », *AJ pén.* n° 4/2004, p. 144.

DREUILLE, « Droits de la défense au cours de la garde à vue : la réforme des juges et le projet de loi », in *Les lumières du pénal*, L'Irascible, Paris, l'Harmattan, 2011, p. 209 s. ;

DUMONT (J.), « Les nullités de l'information », *Jurisclass. proc. pén.* art. 170 à 174-1, n° 91.

DUMONT (J.), « Audition des témoins », *J-class. pr. pén.*, art. 101 à 113-8, fasc. 10.

ESCHYLLE (J.-F.), « L'interprète en matière pénale », *RSC*, 1992, p. 259 et s., spéc. n° 1.

FAYE (A.), « Le suspect dans les enquêtes de police », *Rev.ass.sén.dr.pén*, 2010, n° 09, p. 17.

FAYE (EL. H. B.,) « Droit à un conseil dès l'interpellation : de la portée de la réforme du Code de Procédure pénale », *Les Echos du Palais*, n° 01, février 2018, p. 23 et s.

FAYE (M.), La présence de l'avocat dans le Règlement de l'UEMOA et les procédures douanières », in *Le droit africain à la quête de son identité,* Mélanges offerts au Professeur Isaac Yankhoba Ndiaye, Dakar, l'Harmattan, 2021, p. 525.

FLEURIOT (C.), « Droit à l'information dans le cadre des procédures pénales » *AJ pén.* 2012 p.307.

FOFANA (M. L.), « La procédure douanière et la garantie des libertés individuelles », in *L'État de droit au Sénégal*, Actes du 8e colloque de la RIPAS, Dakar, 1er- 4 décembre 1992, *RIPAS*, janvier-décembre 1993, n° 29-30, p. 33 et s.

FOSSAERT-SABATIER (A.), « Le contrôle de la Cour de Cassation en matière de garde à vue. De prérogative policière, la garde à vue est devenue le terrain des droits de l'homme - terrain dont la Cour suprême assure le contrôle », *Dr. pén.* 1997, chr. p. 4.

FOURMENT (F.), « Contrôles d'identité : « Contrôlez, contrôlez, il en restera toujours quelque chose », *Gaz. pal.* du 14 janv. 2012, n° 14, p. 8.

GALMOT (Y.), « Directives et règlements en droit communautaire », *CJEG* 1990. 73.

GATE (P.), « Le secret professionnel de l'avocat », *Gaz. pal.* 1987.1, doctr. 199.

GAUDEMET (Y.), « Remarques à propos des circulaires administratives », *Mélanges Stassinopoulos*, Paris, LGDJ, 1974, p. 559.

GENDREL (M.), « Garde à vue et droits de l'individu. La défense doit-elle commencer dans les locaux de gendarmerie ou de police ? », *Dr. pén.* 1992, chron. 10.

GIACOPELLI (M.) et JOSEPH-RATINEAU (Y.), « Témoin », *Répert. dr. pén.* proc. pén. 2016.

GINESTET (C.), « Les droits de la défense en procédure pénale », in E. CABRILLAC, M. A. FRISON-ROCHE et Th. REVET, *Libertés et droits fondamentaux*, Paris, Dalloz, 16e éd., 2010, p. 543.

GIRAULT (C.), « Une nouvelle présomption de grief en matière de garde à vue », *AJ pén.* 2010 p.37.

GIUDICELLI (A.), « Droit à l'assistance effective d'un avocat au cours de la garde à vue : l'Assemblée plénière rappelle au respect des décisions de la Cour européenne des droits de l'homme », *RSC* 2011, p. 410.

GOGORZA (A.), « Arrestation et garde à vue : des fondements et de la régularité des interpellations pendant la phase policière », *Dr. pén.* 2012, étude 23.

GOGORZA (A.), « L'interrogatoire au stade policier. À propos d'un concept oublié », *Dr. pén.* 2015, étude 16.

GOYET (C.), « À propos des nullités de l'instruction préparatoire. Quelques remarques sur la distinction des nullités textuelles et des nullités substantielles », *RSC* 1976, p. 899.

GUERRIN (M.), « Les changements opérés par la loi relative à la présomption d'innocence sur les nullités de procédure dans la phase préalable au jugement pénal », *RSC* 2000, p. 135-144.

GUERRIN (M.), « Nullité de procédure », *Rép. pén.* Dalloz, n° 57.

GUERY (CH.), « L'avenir du suspect (suite...) », *AJ pén.* 2013, p. 459.

GUERY (CH.), « L'avenir du suspect », *AJ pén.* 2005, p. 232.

GUIDICELLI-DELAGE (G.), « Droits de la défense », in L. CADIET (dir), *Dictionnaire de la Justice*, Paris, PUF, 1ère éd., 2004, p. 365.

GUINCHARD (S.), « La défense pénale », *Rev. pénit.*,2010, n° spécial, p. 275.

HAROUNE (A.), « Quand appréhender n'est pas « interpeller », *D.* 2000, chron. 856.

JACQUELIN (M.), « Audition libre », *Rép. dr pén. proc. pén.* Dalloz, 2017, n° 57.

JEAN-PIERRE (D.) et MELIN-SOUCRAMANIEN (F.), « Le principe de l'égalité des armes », *RRJ* 1993-2, p. 489-510.

KANDJI (D.), « Le procès pénal », *Nouvelles Annales Africaines*, Revue de la FSJP, n° 08, 2008, p. 287.

KANTE (B.), « Les droits fondamentaux constituent-ils une nouvelle catégorie juridique en Afrique ? », in *L'homme et le droit, Mélanges en hommage au Professeur Jean-François FLAUSS*, Paris, Pédone, 2014, p. 445 et s

KARSENTI (J.), « Contrôles d'identité : comment lutter contre le contrôle au faciès ? », *Gaz. pal.* 14 janv. 2012, n° 14, p. 19.

KOVAR (R.), « L'applicabilité directe du droit communautaire », *JDI* 1973, p. 279.

LAMBERT, « La garde à vue policière en droit comparé », *RSC* 1970, p. 457.

LANGLOIS (L.), « L'enquête de flagrant délit », *JCP* éd. G 1961, I, 1611.

LAZERGES (C.), « Les désordres de la garde à vue », *RSC* 2010. 275 ;

LEROY (J.), « La garde à vue : des pistes pour une réforme », in MALABAT, DE LAMY et GIACOPELLI (dir.), *La réforme du Code pénal et du Code de Procédure pénale. Opinio Doctorum*, Paris, 2009, Dalloz, p. 179 s.

LEAUTE (J.), « Les principes généraux relatifs aux droits de la défense », *RSC* 1953, p. 47.

LENNO (J.-L.), « Les raisons justifiant le placement en garde à vue du suspect », *D.* 2006, p. 887.

LENNON (J. L.), « Les aspects coercitifs et intrusifs de l'enquête préliminaire ou l'effritement de la distinction entre enquête de flagrance et enquête préliminaire », *Dr. pén*, 2007, Etudes. 21.

LENNON (J.-L.), « L'arrestation flagrante du délinquant sur le fondement de l'article 73 du Code de Procédure pénale », *D.* 2005, chron. 42.

LEROY (J.), « Personnes soupçonnées et ne faisant pas l'objet d'une garde à vue », *Jurisclass. proc. pén.* art. 53 à 73, fasc. 40.

LEROY (J.), « Garde à vue : le droit à l'avocat », *Gaz. pal.* n° 209-211, 2013, p. 19.

LEROY (J.), « Garde à vue », *Jurisclass. proc. pén.*, 2011, App. Art. 53 à 73.

LESCLOUS (V.), « Enquête préliminaire », *Jurisclass.proc. pén.* 2017, art. 75 à 78.

LESCLOUS (V.), « Un an de droit de la garde à vue », *Dr. pén.* 2007, p. 37 ; 2008, p. 43, *Dr. pén.* 2009, p. 42 ; *Dr. pén.* 2010, p. 36.

LIÉNARD (L.F.), « L'avocat et la garde à vue : le malaise », *Gaz. pal.* n° 78-80, 2012, p. 14.

MARECHAL (J.-Y.), « Contrôles d'identité abusifs : les propositions du Défenseur des droits », *JCP* 2012. 1168.

MARECHAL (J.-Y.), « Les droits de la défense durant l'enquête de police. Avis de la CNCDH du 29 avril 2014 », *JCP* éd. G. 2014, 605.

MARECHAL (J.-Y.), « Loi du 27 mai 2014 : principales dispositions relatives aux droits de la personne suspectée », *JCP* éd. G. 2014, 9 juin 2014, p. 649.

MARON (A.) et HAAS (M.), « Retenue douanière - La retenue douanière au piquet », *Dr. pén.* n° 11, nov. 2010, comm. 131.

MARON (A.), « La garde à vue fait une poussée de Bourbouille », *Dr. pén.* 1999, chron. 5.

MAROUN (J. M.), « La loi n°81-53 du 10 juillet 1981 relative à la répression de l'enrichissement illicite », *RIPAS*, n° 2, octobre-décembre 1981, p. 274 et s.

MARTIN (R.), « Avocats. Généralités. Fonctions », *Jurisclass. proc. civ.* Fasc. 300-60, n° 15.

MASSIAS (F.), « Traitements inhumains et dégradants », in L. CADIET (dir), *Dictionnaire de la Justice*, Paris, PUF, 1ère éd., 2004, p. 1300 et s.

MASSIAS (F.), « Torture », in L. CADIET (dir), *Dictionnaire de la Justice*, Paris, PUF, 1ère éd., 2004, p. 1295 et s.

MASCLET (J-C.), « Règlement », *Rép. dr. eur.*, juin 2011.

MATSOPOULOU (H.), « Garde à vue : la Cour de Cassation partagée entre conventionnalité et constitutionnalité », *JCP* 2010. 1104.

MATSOPOULOU (H.), « Les dispositions de la loi du 14 avril 2011 sur la garde à vue déclarées conformes à la constitution », *D.* 2011, p. 3034.

MATSOPOULOU (H.), « Une réforme inachevée. À propos de la loi du 14 avril 2011 », *JCP* 2011. 542.

MAURO (C.), « Garde à vue » *Rép. pén.* Dalloz.

MAURO (C.), « Réflexions sur la garde à vue : à propos de l'arrêt Brusco c/ France de la Cour européenne des droits de l'homme du 14 octobre 2010 », *Dr. pén.* 2010. Étude 29.

MAYAUD (Y.), « Les droits de la défense, cause d'irresponsabilité pénale », in *Mélanges GASSIN*, Marseilles, PUAM, 2007.

MAYAUD (Y.), « La garde à vue "à la française" aux oubliettes ? », *D.* 2010, p. 2696.

MBOUP (EL. M.), « Les nullités de l'enquête et de l'instruction : un exemple de déclin de la légalité procédurale ? », in M. BADJI, O. DEVAUX et B. GUEYE, *Droit sénégalais, Conflictualité en Afrique francophone*, n° 10, 2011-2012, Presses de l'Université de Toulouse I, p. 334 et s.

MERLE (R.), « La garde à vue », *Gaz. pal.* 1969, 2, doctr. p. 18.

MESA (R.), « Le renforcement relatif des droits procéduraux du suspect pendant la e renforcement relatif des droits procéduraux du suspect pendant la phase d'enquête », *Gaz. pal.* du 20 septembre 2014, n° 263, p. 17.

MICHELET (E.), « Flash sur la procédure pénale sénégalaise issue de la loi du 27 février 1985 », *RIPAS*, n° 12-13, janvier-juin 1985, p. 205 et s.

MININ (P.), « La nouvelle enquête policière », *JCP*, G. 1959, I, 1500.

MONTREUIL (J.), « Crimes et délits flagrants », *J-class. proc pén.*, Art. 53 à 73, fasc. 10.

MONTREUIL (J.), « L'audition du témoin par la police : base légale technique et valeur de la preuve par témoin », *Police nat.,* oct.-déc. 1976, p. 25.

MONTREUIL (J.), « Les arrestations », *Rev. pol. nat.* mars 1979, p. 5-16.

MORANGE (J.), « Le nouveau régime des contrôles d'identité », *RFDA* 1987, p. 85.

MORANGE (J.), « Les vérifications d'identité », *AJDA* 1981. 285.

MORANGE (J.), « Police administrative et police judiciaire. Recherche d'un critère de distinction », *AJDA,* 1963, p. 68.

NDIAYE (A.), « La présence de l'avocat dès l'interpellation et durant la garde à vue de son client : une aubaine pour la personne mise en cause », *Plumitif, Revue trimestriel du Greffe*, numéro 2.

NDIAYE (A. N.), « Droits de la défense : Désormais, l'avocat peut être présent dès l'interpellation » : http://www.lesoleil.sn/2016-03-22-23-29-31/item/74285-droits-de-la-defense-desormais-l-avocat-peut-etre-present-des-l-interpellation.html

NDIAYE (Y.), « Les droits de la défense durant la garde à vue, de l'ambition à la réalité » https://ceracle.com

NDIOGOU (TH. A.), « Réflexions sur la nouvelle législation sénégalaise antiterroriste », *Droits fondamentaux*, n° 16, janvier 2018, décembre 2018

NIORE ET R. SOFFER (V.), « La restriction du libre choix de l'avocat en matière de terrorisme jugée inconstitutionnelle », *Gaz. pal*. 25 mars 2012.

NZOUANKEU (J. M.), obs. sous CS 21 février 1978, Parti démocratique sénégalais, GDJAS, tome I, *RIPAS*, 1984, p. 161.

OLLARD (R.), « Quel statut pour le suspect au cours de l'enquête pénale ? À propos de la loi du 27 mai 2014 », *JCP* G. 2014, doctr., p. 912.

OLLARD (R.), « Tortures et actes de barbarie », *J-class. pén.* Code, art. 222-1 à 222-6-2, fasc. 20, 15 septembre 2017.

PELLE (S.), « Garde à vue : la réforme de la réforme (acte I) », *D.* 2014, chron. 1508, spec. n° 12.

PÈRE (D.), « Pour une réflexion sur le statut juridique du suspect », *D.* 2010, p. 1638.

PRADEL (J.), « Défense pénale et régime de procédure », *Rev. pénit.* 2010, n° spécial, p. 153.

PRADEL (J.), « Du droit de l'avocat d'accéder au dossier établi au cours d'une garde à vue » *Sem. jur.* éd. G. n° 46, 12 novembre 2012, doctr. 1223.

PRADEL (J.), « La loi du 14 avril 2011 sur la garde à vue réussit son examen de passage devant le Conseil constitutionnel », *JCP* éd. G. 2011, note 1452.

PRADEL (J.), « Les personnes suspectes ou poursuivies après la loi du 15 juin 2000. Evolution ou révolution ? », *D.* 2001, n° 13, p. 1039-1124.

PRADEL (J.), « Un regard perplexe sur la nouvelle garde à vue - À propos de la loi du 14 avril 2011 », *JCP* éd. G. 2011, 665.

REBSTOCK, « L'évolution de la garde à vue », in *L'évolution de la justice pénale, Les nouveaux problèmes actuels de sciences criminelles*, PU Aix-Marseille, vol. 24, 2013.

RENUCCI, « L'avocat et la garde à vue : exigences européennes et réalités nationales », *D.* 2009, p. 2897.

RIBEYRE (C.), « Défense des droits de la défense avant jugement », in V. MALABAT, B. DE LAMY ET M. GIACOPELLI (dir.), *La réforme du Code pénal et du Code de Procédure pénale, Opinio doctorum,* Paris, Dalloz, 2010, p. 237.

RIVES (G.), « Le droit criminel sénégalais », *Rev. sén. dr.*, juin 1974, n° 15, 7e année, p. 45.

RIVES (G.), « La classification des infractions selon leur gravité en droit sénégalais », *Annales africaines* 1973, p. 185.

ROETS (D.), « Du droit à l'assistance d'un avocat dès le début de la garde à vue », *RSC* 2010, p. 231.

ROUJOU DE BOUBEE (G.), « Garde à vue et exigences européennes », *D.* 2010, p. 72.

ROUJOU DE BOUBÉE (G.), « La réforme de la garde à vue : commentaire de la loi n° 2011-392 du 14 avril 2011 », *D.* 2011. chron. p. 1570.

ROUSSEL (Y.), « Le régime des nullités de la procédure pénale après les lois du 4 janvier 1993 et du 24 août 1993 », *Gaz. pal.* 20 janv. 1996, p. 72.

RYZIGZER (F.), « Les rapports entre le droit pénal français et le droit communautaire », *Gaz. pal.* 1986, I, doctr. 219.

SAAS (C.), « Défendre en garde à vue : une révolution… de papier ? », *AJ pén.* 2010, p. 27.

SAINT PIERRE (F.), « La nature juridique des droits de la défense dans le procès pénal », *D.* 2007, p. 260.

SAINT-PIERRE (F.), « L'avocat face au dossier de la procédure », *Act.jur.pén*, 2007, p. 306.

SCREVENS (R.), « Le statut du témoin et sa protection avant, pendant et après le procès pénal », *RD pén. crim.* 1989. 3.

SIMON (D.), « Constitution, souveraineté pénale, droit communautaire », *Cahiers du Conseil constitutionnel* n° 26, Dossier : La Constitution et le droit pénal, août 2009.

SOULAS DE RUSSEL (D.), « La retenue des personnes pour délits de douanes : une mesure mal connue de privation temporaire de liberté », *Rev. pénit.* 1999, p. 503.

SOULEZ-LARIVIERE (D.), « Avocat », in L. CADIET (dir), *Dictionnaire de la Justice*, Paris, PUF, 1ère éd., 2004, p. 106.

SOURZAT (C.), « Les droits de la défense », *Dr. pén.*, 2011, étude 18.

STEFANI, (G.), « L'acte d'instruction », in *Problèmes contemporains de procédure pénale, Mélanges Hugueney*, Paris, Sirey, 1965, p. 135.

SUSINI (J.), « Un pouvoir de police l'arrestation », *RSD* 1979, p. 901.

SUSINI (J.), Le témoin, le témoignage et la police, *RSC* 1980. 499.

TAISNE (J-J.), « Avocat », *Rép. Proc. civ.* Dalloz.

TAUPIAC- NOUVEL ET A. BOTTON (G.), « La réforme du droit à l'information en procédure pénale », *JCP* éd. G. 2014, p. 80.

THELLIER DE PONCHEVILLE (B.), « La saga de la garde à vue : épisode Union européenne », *Rev. pénit.* 2012, p. 453.

THIAM (S.), « Une vieille habitude malheureuse de la procédure pénale sénégalaise de la légalité à la transgression de la personne humaine », *Annales africaines,* Nouvelle série, vol. 2, décembre 2014, p. 255 et s.

THOMAS (D.), « Le suspect en quête d'un statut procédural », in *Mélanges Cabrillac*, Paris, Dalloz, Litec, 1999, p. 823 s.

TOUILLIER (M.), « Le statut du suspect à l'ère de l'européanisation de la procédure pénale : entre "petite" et "grande" révolutions », *RSC* 2015, p. 127.

TOURE (P. A.), « L'assistance de l'avocat dès l'interpellation dans la réforme du Code pénale et du Code de Procédure pénale du Sénégal : la greffe processuelle n'a pas bien pris ! », *La Balance, Revue semestrielle de L'union des Magistrats Sénégalais*, n° 01, janvier-juin 2017, p. 315 et s.

TOURE (P. A.), « L'article 5 du Règlement 05/CM UEMOA du 25 septembre 2014 relatif à l'assistance de l'avocat dès l'interpellation devant la Chambre d'accusation de la Cour d'Appel de Dakar : à propos de l'arrêt n° 149 du 22 septembre 2015, affaire *Thione SECK* », *Annales africaines*, nouvelle série, vol 02, n° 03, décembre 2015, p. 323 et s.

TOURE (P. A.), « L'assistance : une mamelle des droits de la défense », in *L'amphithéâtre et le prétoire. Au service des droits de l'homme et de la démocratie, Mélanges en l'honneur du Président Robert Dossou*, Paris, l'Harmattan, 2020, p. 326 et s.

VEIL (P.-V.) et PERE (D.), « La renonciation à l'assistance d'un avocat en garde à vue est-elle conforme aux exigences du procès équitable ? », *D.* 2012, p. 2400.

VERGES (E.), « Emergence européenne d'un régime juridique du suspect, une nouvelle rationalité juridique », *RSC* 2012, p. 635.

VERGES (E.), « Garde à vue : le rôle de l'avocat au cœur d'un conflit de normes nationales et européennes », *D.* 2011. Point de vue 3005.

VERGES (E.), « Le statut juridique du suspect : un premier défi pour la transposition du droit de l'Union européenne en procédure pénale », *Dr. pén.* 2014, étude 15.

VERGES (E.), « L'enquête pénale au cœur d'un changement de paradigme : le statut et les droits du mis en cause dans la procédure pénale », *Rev. pénit.* 2009, p. 837.

VERGES (E.), « Principes directeurs du procès pénal-Principes propres aux droits des victimes. Droits des victimes », *Jurisclass. proc. pén.,* art. prél., fasc. 40, 2017.

VERGES (E.), « Un corpus juris des droits des victimes : le droit européen entre synthèse et innovations », *RSC* 2013, p. 121.

VERGES, « Garde à vue : le rôle de l'avocat au cœur d'un conflit de normes nationales et européennes », *D.* 2011. 3005.

VLAMYNCK (H.), « Approche policière pratique du projet de loi relatif à la garde à vue », *AJ pén.* 2010. 474.

VLAMYNCK (H.), « La garde à vue, du Code d'instruction criminelle à nos jours », *AJ pén.* 2008. p. 257.

VLAMYNCK (H.), « Le policier et la garde à vue : remarques et interrogations », *AJ pén.* 2004. 269.

ANNEXES

ANNEXE N° 01

Le Règlement n° 05/CM UEMOA du 25 septembre 2014 relatif à l'harmonisation des règles régissant la profession d'Avocat dans l'espace UEMOA (article 5)

Article 5- Les Avocats assistent leurs clients dès leur interpellation, durant l'enquête préliminaire, dans les locaux de la police, de la gendarmerie, ou devant le parquet.

A ce stade, aucune constitution ne peut être exigée de l'Avocat.

ANNEXE N° 02

La circulaire n° 2015-004/MJDHPC/CAB du 5 mars 2015 relative à la présence de l'avocat dès l'interpellation.

BURKINA FASO

Unité-Progrès-Justice

MINISTERE DE L'ADMINISTRATION TERRITORIALE DE LA DECENTRALISATION ET DE LA SECURITE

Direction générale de la Police judiciaire

N° 2015…3307 / MATDS/DGPN/DPJ

Ouagadougou, le 16 juin 2015

<u>CIRCULAIRE</u>

Tout Directeur central

Tout Directeur régional de la police nationale

Tout Directeur provincial de la police nationale

Tout officier de police Judiciaire

<u>Objet</u> : Présence de l'avocat dans la phase des enquêtes

Le Règlement n° 05/CM/UEMOA relatif à l'harmonisation des règles régissant la profession d'avocat dans l'espace UEMOA est entrée en vigueur le 1 er janvier 2015. Une copie de ce règlement vous a été transmise sur mes instructions le 03 avril 2015.

L'article 5 dudit règlement dispose que : « Les avocats assistent leurs clients dès leur interpellation, durant l'enquête préliminaire, dans les locaux de la police, de la gendarmerie ou devant le parquet.

À ce stade, aucune lettre de constitution ne peut être exigée de l'avocat. »

Cette disposition rompt avec le Code de Procédure pénale et la pratique qui ne prévoyaient pas l'intervention de l'avocat au stade de l'enquête de police. Au regard des difficultés pratiques qui peuvent subvenir dans son application sur le terrain, il me paraît nécessaire que soient clarifiées les modalités de cette assistance afin de guider les OPJ dans l'exécution des actes posés dans leurs missions. C'est pourquoi je vous invite à observer scrupuleusement les directives ci-après :

- intégrer cette nouvelle donne dans la gestion des affaires de police judiciaire particulièrement, lors des interpellations ou de prises de mesures de garde à vue à l'encontre des suspects,

- demander la conduite à tenir aux procureurs du Faso près les TGI de de votre ressort territorial face à toutes difficultés.

- notifier ses droits à toute personne interpellée, notamment celui de se faire assister d'un conseil de son choix.

- notifier la garde à vue, sa durée, éventuellement la prolongation aux suspects gardés à vue ;- mentionner la présence de l'avocat dans la procédure,

- inviter l'avocat qui voudrait faire des observations à les reverser par un écrit qui sera annexé à la procédure.

J'attache du prix au respect strict de la présente circulaire.

Directeur Général de la Police Nationale

Lazare TARPAGA

Ampliation:

- MATDS (ATCR)

- PF/TGI-O (Pour info)

ANNEXE N° 03

Protocole de procédures et de bonnes pratiques relatif à l'assistance de l'avocat dans les enquêtes pénales

BURKINA FASO

UNITE-PROGRES-JUSTICE

PROTOCOLE DE PROCEDURES ET DE BONNES PRATIQUES RELATIF A L'ASSISTANCE DE L'AVOCAT DANS LES ENQUÊTES PENALES

Entre :

Le Ministère de la Justice, des Droits humains et de la Promotion civique

Le Ministère de la Sécurité

Le Ministère de la Défense nationale et des Anciens Combattants

Et l'Ordre des avocats du Burkina Faso ;

Vu le Règlement n° 05/CM/UEMOA du 25 septembre 2014 relatif à l'harmonisation des règles régissant la profession d'avocat dans l'espace UEMOA ;

Vu la circulaire n° 2015-004/MJDHPC/CAB du 5 mars 2015 relative à la présence de l'avocat ; dès l'interpellation ;

Vu l'arrêté n° 2017-030 MJDHPC du 9 mars 2017 portant création, attributions, composition et organisation d'un Comité tripartite chargé de réfléchir sur les modalités pratiques de l'effectivité de la présence de l'Avocat en enquête préliminaire ;

Vu les propositions et recommandations dudit comité ;

Les soussignés,

CONSIDERANT que l'article 5 du Règlement n° 05/CM/UEMOA du 25 septembre 2014 dispose que « Les avocats assistent leurs clients dès leur interpellation durant l'enquête préliminaire dans les locaux de la police, de la gendarmerie ou devant le parquet » ;

CONSIDERANT que ces dispositions relevant d'une norme supra nationale sont entrées en vigueur au Burkina Faso le 1er janvier 2015 ;

CONSIDERANT que le règlement UEMOA pose le principe de l'assistance de l'avocat pendant l'enquête pénale sans régler toutefois les modalités concrètes de cette intervention ;

CONSIDERANT qu'en l'absence de précisions quant aux conditions de mise en œuvre du nouveau principe, celui-ci a été appliqué de façon disparate au Burkina Faso depuis le 1er janvier 2015 et a donné lieu à plusieurs incidents entre des avocats et des officiers de police judiciaire ;

CONSIDERANT que les parties sont convenues de la nécessité de réglementer les conditions de mise en œuvre de l'assistance de l'avocat pendant l'enquête pénale ; qu'à cette fin, le Ministre de la Justice, des Droits humains et de la Promotion civique, Garde des Sceaux a constitué un comité tripartite chargé de proposer des solutions ;

CONSIDERANT que l'assistance de l'avocat dans l'enquête pénale est une question de procédure pénale qui relève en tant que telle du domaine de la loi, conformément aux dispositions de l'article 101 de la Constitution ;

CONSIDERANT que le Ministre de la Justice, des Droits Humains et de la Promotion Civique entend soumettre au gouvernement un avant-projet de loi ayant pour objet l'insertion dans le Code de Procédure pénale de dispositions définissant les modalités de l'assistance de l'avocat dans l'enquête pénale ;

CONSIDERANT que le processus législatif ne trouvera pas son aboutissement avant plusieurs mois

A L'UNANIMITÉ, les parties conviennent, avant l'adoption de la loi, des règles suivantes qui déterminent les conditions de mise en œuvre de l'assistance de l'avocat pendant l'enquête pénale :

Règle 1 : Les avocats assistent leurs clients dès leur interpellation durant l'enquête préliminaire ou l'enquête en matière de crime ou délit flagrant dans les locaux de la police, de la gendarmerie, des administrations et services publics dont les fonctionnaires ou agents sont chargés de certaines fonctions de police judiciaire ou devant le parquet.

Règle 2 : Au sens du présent protocole, le terme interpellation désigne le moment à partir duquel une personne mise en cause dans une enquête pénale comparaît ou est conduite dans les locaux de police judiciaire en vue d'y être entendue.

Règle 3 : La mission d'assistance emporte pour l'avocat pouvoir et devoir de conseiller la personne interpellée et de préparer sa défense.

Règle 4 : La personne interpellée est immédiatement informée par un officier de police judiciaire ou, sous le contrôle de celui-ci, par un agent de police judiciaire, dans une langue qu'elle comprend :

- du droit d'être assistée d'un avocat ;

- de la qualification, de la date et du lieu présumé de l'infraction qu'elle est soupçonnée d'avoir commis ou tenté de commettre.

Mention de cette information et de la réponse sont portées au procès-verbal d'audition ou de placement en garde à vue et signée par la personne interpellée. En cas de refus de signer, il en est fait mention.

Règle 5 : Si la personne interpellée n'est pas en mesure de choisir un avocat, ou si l'avocat choisi ne peut être contacté, elle peut demander qu'il lui en soit désigné un à ses frais par le bâtonnier.

Le bâtonnier est informé de la demande par l'officier de police judiciaire ou, sous le contrôle de celui-ci par un agent de police judiciaire, sans délai et par tous moyens.

L'avocat peut également être choisi par un tiers pour le compte de la personne interpellée.

L'avocat contacté est informé par l'officier de police judiciaire ou, sous le contrôle de celui-ci par un agent de police judiciaire, de la nature et de la date présumée de l'infraction sur laquelle porte l'enquête.

Lorsque l'avocat mandaté par un tiers se présente spontanément dans les locaux du service de police judiciaire, les informations mentionnées au paragraphe précédent sont portées à sa connaissance.

Les mêmes informations sont données au mis en cause convoqué qui comparaît non accompagné de son avocat.

Règle 6 : L'avocat peut communiquer avec la personne interpellée dans des conditions qui garantissent la confidentialité de l'entretien.

L'entretien a lieu à portée de vue et non à portée d'ouïe de l'officier de police judiciaire.

La durée de l'entretien ne peut excéder trente minutes.

Règle 7 : A sa demande, l'avocat peut consulter le procès-verbal d'interpellation constatant la notification des droits attachés à la mesure prise, ainsi que les procès-verbaux d'audition et de confrontation de la personne qu'il assiste et les procès-verbaux de perquisition et de saisie la concernant.

L'avocat ne peut demander ou réaliser copie des actes. Il peut toutefois prendre des notes.

A sa demande, la personne interpellée peut également consulter les mêmes documents.

Règle 8 : La personne interpellée peut demander que l'avocat assiste à ses auditions et confrontations. La première audition, sauf si elle porte uniquement sur les éléments d'identité, ne peut débuter sans la présence de l'avocat choisi ou désigné, avant l'expiration d'un délai de deux heures suivant l'avis donné à ce dernier.

Si l'avocat se présente après l'expiration du délai de deux heures alors qu'une audition ou une confrontation est en cours, celle-ci est interrompue à la demande de la personne interpellée afin de lui permettre de s'entretenir avec son avocat dans des conditions garantissant la confidentialité de l'entretien.

Si la personne interpellée ne demande pas à s'entretenir avec son avocat, celui-ci peut assister à l'audition ou à la confrontation en cours dès son arrivée dans les locaux du service de police judiciaire.

Lorsque les nécessités de l'enquête exigent une audition immédiate de la personne interpellée, le procureur du Faso peut, par décision écrite et motivée, autoriser sur demande de l'officier de police judiciaire, que ces actes urgents soient exécutés sans attendre l'expiration du délai de deux heures. Mention de l'autorisation est portée au procès-verbal et l'autorisation écrite et motivée est jointe à la procédure.

Si l'avocat fait savoir à l'officier de police judiciaire qu'il se trouve dans l'impossibilité de se présenter dans les locaux du service avant l'expiration du délai de deux heures, l'officier de police judiciaire peut procéder sans désemparer aux actes d'enquête nécessaires. Mention en est faite au procès-verbal.

Lorsque la personne demande l'assistance d'un avocat aux perquisitions et saisies, l'avocat aussitôt avisé se présente sans désemparer.

Règle 9 : L'audition ou la confrontation est menée sous la direction de l'officier de police judiciaire, ou de l'agent de police judiciaire sous le contrôle de l'officier de police judiciaire, qui peut à tout moment, en cas de difficulté incombant à l'avocat, y mettre un terme. Il en avise immédiatement le procureur du Faso qui informe, s'il y a lieu, le bâtonnier qui peut, le cas échéant, désigner un autre avocat en remplacement de celui qu'il avait précédemment désigné.

Règle 10 : A l'issue de chaque audition ou confrontation à laquelle il assiste, l'avocat peut faire poser des questions. Toutefois, pour le bon déroulement de l'enquête, l'officier de police judiciaire peut refuser de poser ces questions. Mention du refus est portée au procès-verbal.

A l'issue de chaque entretien avec la personne interpellée et de chaque audition ou confrontation à laquelle il a assisté, l'avocat peut présenter des observations écrites dans lesquelles il peut consigner les questions refusées. Ces observations sont jointes à la procédure. L'avocat peut en adresser copie au procureur du Faso tout le temps que la personne interpellée est maintenue sous la contrainte dans les locaux du service de police judiciaire.

Règle 11 : Sauf dans les cas où la loi en dispose autrement et sans préjudice des droits de la défense, la procédure au cours de l'enquête et de l'instruction est secrète. Toute personne qui concourt à cette procédure est tenue au secret professionnel dans les conditions et sous les peines prévues par les dispositions du Code pénal relatives aux révélations de secrets.

Règle 12 : Si la victime est confrontée avec une personne interpellée, elle peut demander à être assistée par un avocat choisi par elle, ou à sa demande et à ses frais, désigné par le bâtonnier.

La victime est informée de ce droit avant qu'il soit procédé à la confrontation. Mention de l'information est portée au procès-verbal. A sa demande, l'avocat peut consulter les procès-verbaux d'audition de la personne qu'il assiste.

Règle 13 : Ces règles sont applicables à toute personne mise en cause dans une enquête pénale et retenue dans les locaux d'un service de police judiciaire ou des administrations et services publics dont les fonctionnaires ou agents sont chargés de certaines fonctions de police judiciaire et devant le parquet. Elles sont également applicables aux personnes placées en garde à vue dans le cadre d'une enquête préliminaire, d'une enquête de flagrance ou sur commission rogatoire. A l'exception de la notification initiale des droits qui n'a pas à être renouvelée, les règles précitées s'appliquent en cas de prolongation de la garde à vue. Les dispositions de la règle 12 sont applicables aux victimes.

Règle 14 : Bienséance et courtoisie doivent être observées en toutes circonstances dans les rapports entre les officiers de police judiciaire et les avocats lorsque ces derniers se présentent dans les locaux des services de police judiciaire pour y assister leurs clients.

Règle 15 : Les ministres signataires, chacun en ce qui le concerne, assureront par voie de circulaire, ou ensemble par voie de circulaire interministérielle, sans préjudice d'autres moyens qu'ils jugeront appropriés, la plus large diffusion du présent protocole aux juridictions et aux services placés sous leur tutelle ou sous leur autorité. Le Bâtonnier de l'Ordre des Avocats assurera par les moyens appropriés la plus large diffusion auprès de l'ensemble des avocats du Burkina Faso.

ANNEXE N° 04

La circulaire n° 00179 MJ/DACG/MN du 11 janvier 2018 relative aux modalités d'application de l'article 5 du Règlement n°05/CM/UEMOA et des dispositions du Code de Procédure pénale, relativement à la présence de l'avocat dès l'interpellation de son client par l'officier de police judiciaire

REPUBLIQUE DU SENEGAL

Un Peuple-Un But -Une Foi

MINISTERE DE LA JUSTICE

Le Garde des Sceaux, Ministre de la Justice

N°00179 MJ/DACG/MN

Dakar, le 11 janvier 2018

CIRCULAIRE

À

Messieurs les procureurs généraux près les cours d'appel

Messieurs les procureurs de la République près les tribunaux de grande instance

Mesdames, Messieurs les délégués des procureurs de la République près les tribunaux d'instance

Mesdames, Messieurs les présidents des tribunaux d'instance exerçant les fonctions de délégué du procureur de la République

POUR EXÉCUTION

Monsieur le Directeur de la sécurité publique

Monsieur le Directeur de la Police judiciaire

Monsieur le Commandant de la Gendarmerie territoriale

POUR INFORMATION

Objet : Modalités d'application de l'article 5 du Règlement n°05/CM/UEMOA et des dispositions du Code de Procédure pénale, relativement à la présence de l'avocat dès l'interpellation de son client par l'officier de police judiciaire

Le Conseil des Ministres de l'UEMOA a adopté le 25 septembre 2014 à Lomé, au Togo, le Règlement n°05/CM/UEMOA relatif à l'harmonisation des règles régissant la profession d'avocat dans l'espace UEMOA.

Ce texte, entré en vigueur le 1er Janvier 2015, dispose en son article 5 que « les avocats assistent leurs clients dès leur interpellation, durant l'enquête préliminaire, dans les locaux de la police, de la gendarmerie et devant le parquet[1] ».

Ce texte est d'application immédiate dans notre ordre juridique interne[2]. Toutefois, des difficultés ont été notées dans sa mise en œuvre ; sans doute parce qu'il est relativement inhabituel de se référer à une norme supranationale pour une pratique procédurale habituellement régie par le Code de Procédure pénale (CPP).

Par une loi entrée en vigueur en novembre 2016[3], le Code de Procédure pénale a repris la disposition précitée, dans un nouvel article 55 ; article dont les alinéas 10 et suivants décrivent les séquences de la consécration du droit à l'assistance du conseil. L'obligation de la notification du droit est proclamée et les sanctions attachées à son omission sont précisées ; les modalités d'information de l'avocat, la durée et les formes de sa communication avec son client sont clarifiées ; le droit de l'avocat d'annexer des observations écrites est également affirmé ainsi que l'obligation qui pèse sur lui de préserver le secret des communications pendant la durée de la garde à vue.

Cette description détaillée ne fournit cependant pas toutes les réponses aux problèmes pratiques qui vont surgir dans l'interaction régulière entre l'avocat, son client et l'officier de police judiciaire[4] (OPJ). Toute une série d'interrogations de la part des praticiens a déjà été recensée ; interrogations sans réponses claires dans la mouture actuelle des textes.

---

[1] Notre Constitution consacre déjà en son article 9, alinéa 2 la défense comme "un droit absolu dans tous les états et à tous les degrés de la procédure".

[2] Les règlements de l'UEMOA sont obligatoires et directement applicables dans tout État membre (Article 43, alinéa 1er du Traité).

[3] Loi n° 2016-30 du 8 novembre 2016 modifiant la loi n°. 65-61 du 21 juillet 1965 portant Code de Procédure pénale, publiée au Journal officiel du samedi 26 novembre 2016.

[4] Le texte de l'article 5 du Règlement de l'UEMOA englobe aussi la comparution devant le parquet. Cette circulaire n'aborde pas cette situation spécifique qui est déjà réglée par l'article 63 al. 1er du Code de Procédure pénale.

L'objet de cette circulaire est d'apporter davantage de clarté à quelques zones d'ombre. En y procédant, cette circulaire n'ajoute pas à la loi. Elle s'appuie sur les travaux préparatoires et sur le contexte de l'élaboration des nouvelles normes pour en préciser la portée. Elle recense également certaines bonnes pratiques développées dans un environnement juridique similaire, pour favoriser le respect de l'esprit des textes et l'application homogène dans l'espace UEMOA d'une norme régionale[5].

Parmi les questions relevées et qui requièrent clarification figurent les suivantes :

1. Le contenu de la notion d'interpellation ;
2. L'étendue et les modalités de l'obligation d'information qui pèse sur l'OPJ ;
3. Les délais pour la comparution de l'avocat ;
4. Le contenu des diligences de l'avocat.

1. La notion d'interpellation

L'interpellation au sens du Règlement n°5 de l'UEMOA et de l'article 55 nouveau du Code de Procédure pénale, ne se réduit pas à la garde à vue. Elle englobe une réalité plus vaste. Elle s'étend à toutes les situations dans lesquelles le suspect est à la disposition de l'OPJ aux fins d'un interrogatoire ou d'une enquête[6].

Elle ne s'étend pas cependant à la brève vérification d'identité ou verbalisation, notamment dans la rue, qui ne conduit pas à une enquête ou à une audition sur procès-verbal[7].

---

[5] Le Ministère de la justice (DACG) a organisé le 16 mars 2017 un atelier qui a réuni avocats, OPJ et procureurs de la République pour recenser les problèmes susceptibles de surgir lors de la mise en œuvre du Règlement n° 5 de l'UEMOA et de nouvelles dispositions du Code de Procédure pénale. Les ébauches de réponse identifiées lors de cet atelier servent d'ossature à la présente circulaire.

[6] Cette définition n'est pas aussi large que celle consacrée dans le "Vocabulaire Juridique" de G. Cornu (Paris, PUF, 2014 p. 566) d'après laquelle: « *l'interpellation est la sommation adressée par l'agent de l'autorité à un individu en vue d'un constat ou d'un rappel à l'ordre* ». L'interpellation ne se confond toutefois pas avec la garde à vue. Dans la première mouture de l'article 55 présentée à l'assemblée nationale, la présence de l'avocat était liée à la garde à vue. Cette version a été finalement modifiée après discussions, pour substituer à l'expression « garde à vue » le terme "interpellation" jugé plus large et donc plus protecteur des droits du suspect.

[7] Cette lecture ne découle pas seulement d'une conclusion de bon sens, au regard de l'impossibilité pratique d'associer l'avocat non présent sur les lieux à une procédure qui en principe ne dure que quelques minutes. Elle est suggérée également par les dispositions *in fine* de l'alinéa 14 de l'article 55 du Code de Procédure pénale qui associent la présence de l'avocat à sa faculté de présenter, "*le cas échéant, des observations écrites qui sont jointes à la procédure.*"

Toutefois, l'OPJ, à moins qu'il ne soit absolument sûr à l'avance que l'interpellation à laquelle il procède sera très brève et ne conduira à aucune audition ou interrogatoire à consigner sur procès-verbal, doit procéder à la notification au suspect de son droit à être assisté par un avocat[8].

La nature de l'enquête est indifférente à l'obligation de notification du droit à l'assistance d'un avocat. Ce droit est consacré autant pour les enquêtes préliminaires que pour les enquêtes de flagrance[9].

La notification immédiate s'applique également quelle que soit la nature de l'infraction objet de l'enquête[10].

2. Les obligations d'information qui pèsent sur l'OPJ

2.1 Obligations directes et exclusives

2.1.1 La première obligation est d'informer le suspect de son droit à l'assistance d'un avocat. Il s'agit d'une obligation qui pèse exclusivement sur lui. Il doit s'en acquitter sans délai. L'omission de cette formalité entraine la nullité de la procédure[11].

---

[8] Le Parquet du TGI de Saint Louis applique une démarche de prudence qui consiste à instruire systématiquement les officiers de police judiciaire de notifier aux suspects leur droit à l'assistance d'un avocat et ce, dès le premier contact. Cette démarche est à élever au rang de bonne pratique qu'il faut encourager.

[9] Le Règlement n° 5 de l'UEMOA se réfère à l'enquête préliminaire. La Chambre d'accusation de la Cour d'appel de Dakar, dans son arrêt n° 149 du 22 septembre 2015, dans l'affaire *Le procureur de la République c. Thione SECK*, avait privilégié la lettre du texte, en consacrant un domaine d'application limité aux seules enquêtes préliminaires. Il était reproché à cette interprétation de méconnaitre le caractère générique du langage du Règlement n° 5 qui en fait, entendait couvrir toutes les enquêtes. En tout état de cause, avec l'avènement du nouvel article 55 du Code de Procédure pénale, cette restriction ne peut plus être de mise. L'article 55 nouveau est logé dans une section consacrée à « l'enquête de flagrance ». Les deux dispositions mises ensemble couvrent donc autant l'enquête préliminaire que l'enquête de flagrance.

[10] Il a été envisagé dans le projet de texte de l'article 677-28 du Code de Procédure pénale de retarder la présence de l'avocat jusqu'à l'expiration du premier délai de garde à vue, en matière de terrorisme. Cette option a finalement été abandonnée devant le parlement. Les trois alinéas qui lui donnaient corps ont été biffés de l'article 677-28 du Code de Procédure pénale. L'article 677-26 qui aurait également dû être réécrit dans la même foulée, ne l'a pas été. Or son second paragraphe semble suggérer que la présence de l'avocat reste subordonnée au renouvellement de la garde à vue. Dans l'apparente contradiction des textes, il faudra privilégier la volonté du législateur qui, à travers la réécriture de l'article 677-28, a voulu consacrer une application sans exception du droit à l'assistance du suspect par son conseil dès l'interpellation.

[11] Le 28 décembre 2016, le Tribunal des flagrants délits du TGI de Thiès a annulé le procès-verbal n. 561 du 16 décembre 2016 du commissariat du 1er arrondissement de Thiès et a ordonné la main levée des mandats de dépôt. Le motif de cette annulation était tiré de la violation des droits de la défense, par omission dans le procès-verbal de la notification du droit du suspect à se faire assister par un avocat, comme prescrit par l'article 55, alinéa 10 du Code de Procédure pénale. Ref. "Chroniques du Parquet général". 30 décembre 2016.

2.1.2 L'autre obligation de même nature à sa charge est d'informer l'avocat qui assiste le suspect de la nature des infractions objet de l'enquête. Il n'y a pas de forme particulière requise pour cette communication. Elle peut être verbale, y compris par téléphone si la communication est entretenue par ce biais avec l'avocat qui n'a pas pu se présenter dans les locaux de la police ou de la gendarmerie. L'OPJ peut y procéder par lui-même ou par un agent de police judiciaire qui opère sous son contrôle[12].

2.1.3 Une dernière obligation qui pèse sur l'OPJ est de faciliter l'entretien du suspect avec son avocat et d'annexer à la procédure les observations écrites éventuelles de ce dernier. La durée de l'entretien est plafonnée à 30 minutes. Il faut cependant voir dans cette limite une précaution pour éviter que L'OPJ ne perde le contrôle de la gestion du temps de son enquête. Il lui appartient donc de faire preuve de jugement. En cas de nécessité, il peut accorder un temps plus long, sans que cette extension n'affecte la régularité de la procédure.

L'OPJ ne jouit pas par contre de la même discrétion quant au respect des droits de l'avocat d'annexer ses observations écrites au procès-verbal. Sa défaillance entraine la nullité du procès-verbal, en application de l'article 55 ter du Code de Procédure pénale[13].

2.2 Obligations subsidiaires et de moyens

Une fois le suspect informé de son droit d'être assisté par un avocat, il lui appartient de contacter cet avocat, par lui-même ou par un de ses proches. L'OPJ peut faciliter cette communication sans être le débiteur principal de cette diligence. C'est seulement quand le suspect ne peut pas le faire que l'OPJ se voit investi de la mission d'information.

Cette obligation subsidiaire de l'OPJ est aussi une obligation de moyens. L'OPJ y satisfait au regard des moyens logistiques et humains disponibles. Si le suspect ou l'OPJ ne peuvent pas contacter l'avocat, l'OPJ en fait mention dans le procès-verbal d'audition[14].

---

[12] La loi ne requiert pas l'OPJ d'indiquer dans le procès-verbal qu'il s'est acquitté de cette formalité. Toutefois, une telle mention ne serait pas superflue et pourrait même éviter toute équivoque.

[13] Cet article renvoie toujours à l'article 55 bis qui est virtuellement abrogé mais dont le contenu est repris dans l'article 55.

[14] L'obligation de moyens n'en reste pas moins une obligation. Elle n'est pas facultative. Elle n'est pas discrétionnaire. Elle doit être exécutée en toute bonne foi, en mettant en œuvre des efforts à la mesure du droit protégé. La bonne foi s'apprécie au regard des circonstances de la cause. La non communication avec l'avocat découlant de la mauvaise foi de l'OPJ qui prend seulement prétexte du manque de moyens, peut entrainer l'annulation de la procédure pour violation d'un droit substantiel.

3. Les délais de comparution de l'Avocat

Il n'est pas indiqué de délais dans lesquels l'avocat informé doit comparaitre pour assurer l'assistance de son client. La loi ne prescrit pas non plus une obligation d'attente à laquelle l'OPJ est astreint. Le respect de l'esprit de la loi requiert, cependant, une fois l'avocat informé, qu'un délai raisonnable soit aménagé pour lui permettre d'arriver sur les lieux. Le délai raisonnable est fonction de la distance et de tout autre facteur objectif.

L'OPJ n'est pas toutefois obligé d'assujettir son programme de travail à la disponibilité de l'avocat, même si ce dernier a un empêchement légitime[15]. Si l'avocat n'est pas immédiatement disponible pour quelque raison que ce soit, il lui appartient, en consultation avec son client, d'organiser sa substitution ou d'user de la voie téléphonique pour communiquer avec son client, comme prévu par l'article 55 du Code de Procédure pénale. L'attente ne doit pas excéder deux heures, notamment dans la région de Dakar[16].

4. Les diligences de l'avocat

Il faut distinguer entre ce que l'avocat peut faire et ce qu'il ne peut pas faire.

4.1 Ce que l'avocat peut faire

4.11. L'avocat a le droit de communiquer avec son client. L'OPJ facilite cette communication de sorte qu'elle ne soit ni gênée ni perturbée et se passe dans le respect de la confidentialité garantie pour toute communication entre l'avocat et son client.

4.1.2. L'avocat a le droit de présenter des observations écrites qui seront obligatoirement annexées à la procédure.

4.1.3 L'avocat a le droit d'être présent durant l'audition de son client. L'exigence de cette présence est sous-jacente dans le texte de l'article 55 du Code de Procédure pénale. Cette présence est consacrée dans les pays qui appliquent l'article 5 du Règlement n° 05 de l'UEMOA. Elle donne de la

---

[15] L'OPJ doit se préparer à faire face dans ce cas au refus du suspect de coopérer sans la présence de son avocat. Ce refus ne doit pas constituer un obstacle à la conduite de son enquête. L'OPJ ne doit pas non plus retarder son enquête en étendant par exemple la garde à vue au seul motif qu'il attendait que le suspect accepte enfin de parler. Avec ou sans l'assistance d'un avocat, le suspect n'est jamais obligé de parler ou de coopérer. L'OPJ ne peut en aucune façon forcer le suspect à parler, y compris par des voies de coercition indirecte. Il l'avertit que s'il persiste dans son refus de coopérer, il prendra acte de ce refus et en fera mention dans le procès-verbal qui sera transmis au procureur de la République.

[16] Dans l'hypothèse d'un déplacement hors de Dakar, les délais peuvent être étendus. Cette extension est discutée entre l'OPJ et l'avocat. Dans tous les cas, l'OPJ et l'avocat peuvent s'accorder sur les date et heure d'audition du suspect pour permettre à l'avocat d'y assister en ajustant son calendrier de travail.

substance à la faculté ouverte à l'avocat de faire des observations écrites sur la régularité de la procédure.

4.2 Ce que l'avocat ne peut pas faire

L'avocat ne peut pas prendre une part active dans le déroulement de l'enquête. Sa présence durant l'interrogatoire est essentiellement passive. Il ne peut pas poser des questions[17] durant l'interrogatoire. Il ne peut pas répondre à la place du suspect, lui suggérer ou souffler des réponses ou plaider devant l'OPJ, sous quelque forme que ce soit. Hormis la consultation de 30 minutes prévue avec son client, consultation dont le moment est déterminé à la demande de l'avocat, ce dernier se contente d'observer le déroulement de l'enquête. Il n'a pas accès au dossier et ne peut pas en réclamer une copie. L'avocat n'est pas associé aux autres actes de l'enquête. Il n'assiste pas à l'interrogatoire de témoins ou d'autres suspects, sauf s'ils doivent être confrontés à son client.

Les procureurs de la République partageront la présente circulaire avec les OPJ de leur ressort et veilleront à qu'ils respectent strictement les nouvelles dispositions explicitées ci-dessus. La circulaire sera classée au registre ad hoc de leur parquet.

Toute difficulté rencontrée dans la mise en œuvre de la circulaire me sera signalée.

ANNEXE N° 05

Application des dispositions des articles 05 du règlement 05 /CM/UEMOA et 55 du Code de Procédure pénale relatives à la présence de l'avocat guide de l'officier de police judiciaire

À la suite de la circulaire n° 00179/MJ/DACG/MN du 11 janvier 2018, précisant les modalités d'application des dispositions visées supra, l'intervention de l'OPJ peut être essentiellement résumée sur les points suivants : moment de la notification, personnes concernées, forme de la notification et le contenu de l'assistance de l'avocat.

[17] Il n'est toutefois pas exclu que l'Avocat puisse suggérer à l'OPJ des questions pertinentes qui auraient pu être omises par l'OPJ. L'OPJ restera le juge de l'opportunité de reprendre à son compte les questions suggérées.

I. QUAND FAUT-IL FAIRE LA NOTIFICATION ?

Elle se fait dès l'interpellation du suspect d'après les textes ; en d'autres termes dès son arrivée devant l'OPJ, peu Importe le cadre juridique d'enquête (enquête préliminaire ou de flagrance), la nature de l'infraction (crimes, délits) ou l'objet (enquête, exécution d'un mandat de justice, suite à un ordre d'extraction, etc.).

La brève vérification d'identité ou verbalisation, notamment dans la rue qui ne conduit pas à une enquête ou à une audition sur procès-verbal, ne fera pas l'objet d'une notification.

Exemple : Le fait de convoquer quelqu'un pour lui demander un simple renseignement relativement à l'attribution d'un numéro de téléphone avec lequel il a communiqué.

Deux situations peuvent se présenter :

- le suspect a été appréhendé et conduit devant l'OPJ.
- le suspect a été convoqué et il s'est présenté librement devant l'OPJ.

Dans tous les cas, la notification est faite, mais pour le premier, elle est souvent suivie de la notification de garde à vue tandis que pour le second, à l'issue de son interrogatoire, l'OPJ peut décider de laisser partir ou de le retenir. Le cas échéant, la notification de la garde à vue intervient à la fin de l'interrogatoire qui sera également l'heure à prendre en considération pour le début de la garde à vue.

II- PERSONNES ET ACTES DE PROCEDURE CONCERNES PAR LA NOTIFICATION

Pour 1e premier point, il s'agit des suspects ou mis cause. Les victimes et témoins ne sont donc pas concernés.

Pour ce qui est des actes, sont concernés les interrogatoires et les confrontations.

A priori, les autres actes sont donc exclus notamment la perquisition, les missions d'investigations en compagnie du suspect, etc.

NB : Lorsqu'un individu est convoqué en qualité de témoin ou de plaignant mais, en cours d'enquête, devient mis en cause, notification doit aussitôt lui être faite de son droit de constituer conseil.

III- FORME DE LA NOTIFICATION

La notification se fait par écrit et sur procès-verbal. Elle doit permettre d'informer d'une manière explicite le suspect :

- Qu'il a le droit de s'entretenir confidentiellement avec son conseil pendant une durée n'excédant pas 30 mn.

- Que s'il le désire, son conseil peut assister passivement aux interrogatoires et confrontations auxquels il sera soumis, pendant toute la durée de l'enquête.

Il est recommandé, le cas échéant de contacter l'avocat avant la mention de clôture. Ainsi, le suspect en signant le procès-verbal, confirmera de facto les diligences entreprises par l'OPJ pour informer son conseil.

Cette formulation a l'avantage d'éviter de répéter la notification par écrit à chaque nouvel acte de procédure concernant le suspect, qu'il soit placé en position de garde à vue ou laissé en liberté pendant la durée de l'enquête.

EXEMPLES DE FORMULATION

Poursuivant,

Notifions au nommé (nom, prénom, date et lieu de naissance, profession) conformément aux articles 5 du Règlement 05/CM/UEMOA et 55 de la loi n° 2016-30 du 08 novembre 2016 modifiant la loi n° 65-61 du 21 juillet 1965 portant code de procédure pénale, son droit de constituer un conseil de son choix parmi les avocats inscrits sur le tableau de l'Ordre ou admis en stage pour un entretien confidentiel d'une durée n'excédant pas trente (30) minutes ; qu'il peut également s'il le désire se faire assister passivement par son conseil lors des actes de procédure le concernant directement (interrogatoire et confrontation).

OU BIEN TOUT SIMPLEMENT

Poursuivant,

Conformément à la loi, notifions au nommé (nom, prénom, date et lieu de naissance, profession) son droit de constituer un conseil de son choix parmi les avocats inscrits sur le tableau de l'Ordre ou admis en stage pour un entretien confidentiel d'une durée n'excédant pas trente (30) minutes ; qu'il peut également s'il le désire se faire assister passivement par son conseil lors des actes de procédure le concernant directement (interrogatoire et confrontation).

ENSUITE

Il nous déclare

« J'ai pris acte de mon droit à l'assistance d'un avocat.......

C'est tout ce que j'ai à déclarer. »

Sans désemparer avons joint au téléphone Me....... Lequel, informé de la requête

de …

Dont mention...

Le Commissaire de Police

IV- CONTENU DE L'ASSISTANCE DE L'AVOCAT

L'avocat informé peut s'il le désire en cas d'impossibilité de se déplacer, s'entretenir avec son client par téléphone ou tout autre moyen garantissant la confidentialité.

S'il promet de passer pour s'entretenir avec son client, l'attente ne doit pas excéder 02 heures, particulièrement dans la région de Dakar.

Cependant, à l'issue de ces 02 heures, si le suspect continue à réclamer l'arrivée de son avocat avant d'être interrogé ou confronté, l'OPJ doit en prendre acte et respecter son droit au silence. Il peut néanmoins continuer à poser d'autres actes et à l'issue du délai légal de garde à vue, transmettre le dossier au Parquet ou au juge mandant.

L'avocat ne peut pas intervenir durant l'interrogatoire. Il ne peut pas poser de question ni répondre à la place du suspect, lui suggérer ou souffler des réponses ou plaider devant l'OPJ sous quelque forme que ce soit. Il n'a pas accès au dossier et il ne peut pas demander de copie.

Il peut néanmoins suggérer à l'OPJ des questions mais ce dernier gardera la latitude d'en apprécier la pertinence.

Il est cependant libre d'apprécier le moment opportun pour s'entretenir avec son client (avant, pendant ou après l'audition).

Il serait cependant judicieux pour l'enquêteur de demander à l'avocat, à l'entame de l'interrogatoire, s'il veut s'entretenir avec son client avant ou à l'issue. En effet, une suspension de l'audition à un moment donné pourrait permettre à l'avocat de faire revenir son client sur certaines déclarations ou orienter ses futures réponses.

Les éventuelles interventions écrites de l'avocat sont annexées à la procédure mais il ne signe pas les P.V. de son client.

Quid de la lecture dudit P.V. si le suspect est illettré ou ne sait ni lire ni écrire le français ? Son Conseil peut-il se substituer à l'OPJ pour lui faire la lecture de ses déclarations ?

L'obligation incombe à l'OPJ avec au besoin l'assistance d'un APJ et/ou d'un interprète La lecture et la traduction doivent cependant être faites en présence de l'avocat sauf s'il décide de partir avant.

ANNEXE N° 06

CA Dakar, Ch. acc. n° 149 du 22 septembre 2015, affaire Thione Ballago SECK in, *Annales africaines,* nouvelle série, vol 02, n° 03, décembre 2015, p. 323 et s., obs. P.A. TOURE

SUR LES FAITS

Au courant des mois d'avril et mai 2015, les gendarmes de la Section Recherches de Colobane, exploitant une information faisant état de l'existence d'un réseau de confection de faux billets de banque animé par A. C. S. et A. D. surnommé « Derrick », lesquels s'apprêteraient à produire une importante quantité de faux billets de banque à l'artiste chanteur Th. S. dit B., organisaient une surveillance des susnommés.

Ainsi, le 27 mai 2015, après avoir observé, vers 11 heures, le sieur Th. B. S. remettre un sac à deux individus se trouvant à bord d'un véhicule 4X4 au niveau de la station ELTON d'Ouest Foire, les gendarmes constataient également, au cours de leur filature, qu'un autre véhicule de marque FORD, à bord duquel étaient deux individus fortement soupçonnés par eux d'être des trafiquants de faux billets, s'était rendu au domicile du chanteur précité, sis à Ouest Foire, aux environs de 18 heures. Selon les enquêteurs, ledit véhicule, après que ses deux occupants se sont entretenus devant le portail avec Th. S., est reparti, toujours filé par leurs éléments. En cours de route l'un des occupants, plus tard identifié comme étant le nommé A. Ch. S., était déposé au niveau des Deux Voies de Liberté 6 avant que le véhicule ne poursuive sa route jusqu'à Front de Terre et se gare à la devanture d'une maison où le conducteur est entré pour en ressortir quelques minutes plus tard avec un sac et un fut en caoutchouc qu'il embarque dans le véhicule. Ayant démarré et se dirigeant vers le quartier Ouest FOIRE, ledit véhicule était finalement intercepté par les enquêteurs et son occupant, identifié sous le nom d'A. D., appréhendé.

La fouille du véhicule permettait aux enquêteurs de découvrir dans un sac des faux billets de dollars.

C'est ainsi que, s'étant scindés en deux groupes, les enquêteurs organisaient simultanément un transport aux domiciles respectifs d'A. D. et Th. B. S.

Chez A.D., à Front de Terre, les gendarmes découvraient de faux billets en euros d'une valeur de 2050 euros et une somme de 8.480.000 FCFA ainsi que divers matériels de fabrication de faux billets.

Chez Th. B. S., étaient retrouvés un sac contenant 43 paquets portant des impressions de billets de cent euros en plus des sommes de 27 millions de francs CFA et 5.000.000 FCFA.

Entendu, A.D. reconnaissait être un confectionneur de faux billets et expliquait que sa méthode consistait à scanner de vrais billets en euros et en dollars qu'il proposait à ses clients moyennant diverses sommes. Il niait toutefois avoir un quelconque lien avec Th. B. S. et déclarait s'être rendu chez ce dernier uniquement dans le cadre de ses recherches d'un appartement à louer, ce, en compagnie du nommé A. Ch. S. qui serait un courtier.

Entendu, Th. B. S. déclarait que le sac contenant des impressions de billets d'euros, dont l'analyse révélait qu'ils étaient faux, correspondait à un acompte de 50.000.000 d'euros qu'il avait reçu de la part d'un nommé J. C. Il expliquait que le sieur C. lui avait proposé une série de concerts qu'il devait tenir en Europe sur six mois moyennant une rémunération de 100.000.000 euros. Sur ses relations avec A.D., Th. B. S. reconnaissait s'être entretenu avec ce dernier dans le but de lui indiquer une maison à louer.

Inculpé d'association de malfaiteurs, contrefaçon de signes monétaires ayant cours légal sur le territoire ou à l'étranger, blanchiment de capitaux et escroquerie, et placé sous mandat de dépôt, Th. S. contestait les faits qui lui était reprochés et déclarait avoir été dupé par le nommé J. C. à qui il aurait prêté la somme de 80.000.000 FCFA après qu'il lui a remis le sac contenant les billets litigieux.

Par requête en date du 02/06/2015, les conseils de Th. B. S. saisissaient le juge d'instruction d'une demande de désignation d'un expert médical aux motifs qu'il résultait d'un certificat médical du 01/06/2015 établi par le Docteur M. S. D. de l'hôpital Abass NDAO que Th. S. souffre d'une maladie incompatible avec la détention.

Par ordonnance du 24/06/2015, le magistrat instructeur rejetait ladite requête aux motifs que le certificat médical invoqué ne faisait état que d'un diabète de type 2 dont le traitement était compatible avec la détention.

Par acte du 30/06/2015, les conseils de l'inculpé SECK interjetait appel contre ladite décision.

Par autre requête du 25/06/2015, les conseils de Th. S. saisissaient la chambre de céans aux fins d'annulation du procès-verbal d'enquête et des actes subséquents.

Considérant que l'appel et la requête en annulation procèdent des mêmes faits reprochés au même inculpé ;

Qu'il échet, en application de l'article 203, alinéa 1er du Code de Procédure pénale, d'ordonner la jonction des deux procédures afin qu'il y soit statué par une seule et même décision ;

EN LA FORME

Considérant que la requête et l'appel ont été introduits dans les forme et délai légaux ;

Qu'il échet de les déclarer recevables ;

AU FOND

Sur la requête aux fins d'annulation du procès-verbal d'enquête et des actes subséquents

Considérant qu'au soutien de leur demande en annulation, les conseils de Th. B. S. font valoir, que la perquisition opérée par les enquêteurs au domicile de leur client suivant procès-verbal n°286 du 27/05/2015 a été faite en violation de l'article 68 du Code de Procédure pénale en ce que le consentement exprès et écrit de Th. S. n'a pas été recueilli ;

Que la violation de cette formalité constitue une atteinte aux droits de la défense, ce, d'autant plus que l'inventaire des objets saisis n'a pas été effectué immédiatement, ce qui aurait permis de contrôler la quantité et la nature des objets mis sous scellés ;

Qu'ils ajoutent que les enquêteurs, en violation de l'article 5 du Règlement n°05/CM/UEMOA relatif à l'harmonisation des règles régissant la profession d'avocat dans l'espace UEMOA, le commandant de la Section Recherches de la Gendarmerie nationale a refusé aux conseils de Th. S. de l'assister dès le début de son interpellation ; Or, font-ils observer, ledit texte dispose que : « Les avocats assistent leurs clients dès leur interpellation, durant l'enquête préliminaire, dans les locaux de la police, de la gendarmerie et devant le parquet. » ; Que cependant, dans le procès-verbal d'enquête, il a été mentionné par l'officier de police judiciaire que Th. S. a été avisé de son droit de s'entretenir avec un avocat de son choix à l'issue de la 48e heure de garde à vue pour une durée de 30 mn, ce qui prouve la violation, par l'officier de police judiciaire, de l'article 5 du Règlement précité ;

Qu'ils ajoutent que la durée du temps de repos dont a bénéficié Th. S. n'a pas été indiqué avec précision, ce, en violation des articles 57 et 57 bis du Code de Procédure pénale ;

Qu'ils font observer, par ailleurs, que Th. S. a été conduit au parquet par les enquêteurs le 29/05/2015 ; Que toutefois, selon eux, le Procureur de la république n'a pris son réquisitoire que le 01/06/2015, ce qui fait une durée de 48 heures entre la fin de la garde à vue et le réquisitoire constitutive d'une prolongation de fait de la garde à vue et une violation de l'article 55 et suivants du Code de Procédure pénale, le Procureur ne pouvant, sans base légale, maintenir une personne à sa disposition ;

Qu'ils ajoutent que le réquisitoire introductif ne vise aucun motif et les articles visés ne sont pas individualisés, c'est-à-dire ne visent pas personnellement les mis en cause de telle sorte que la personne poursuivie, faute de comprendre les motifs pour lesquels elle est poursuivie et les articles qui la vise personnellement est dans l'impossibilité de se défendre ;

Qu'en outre, selon eux, le procureur de la république, conformément au Règlement précité de l'UEMOA, était tenu d'entendre la personne poursuivie en présence de conseil et de porter à sa connaissance les faits qui lui sont reprochés et de recueillir ses observations, toujours en présence de son conseil ; Or, selon eux, cette formalité substantielle a été omise dans le réquisitoire du procureur de la république ;

Qu'ils font valoir, enfin, que dans sa livraison du mercredi 10/05/2015, le journal « Le Quotidien a intégralement publié le procès-verbal d'enquête et cette publication a été reprise par les sites d'internet ; Qu'ainsi, les suspects en fuite ont pu accéder au procès-verbal précité et se construire des moyens de défense; Que cette publication constitue ainsi une atteinte aux droits de la défense de Th. S. et à l'Administration de la Justice ainsi qu'à la présomption d'innocence ;

Que pour toutes ces raisons, et en application des articles 164 et suivants du Code de Procédure pénale, ils sollicitent l'annulation du procès-verbal d'enquête préliminaire et des actes subséquents ;

Considérant que l'Avocat général a fait valoir que la perquisition opérée par les enquêteurs au domicile de Th. S. a été faite dans le respect des dispositions des articles 48 et 49 du Code de Procédure pénale qui exigent simplement que celle-là soit faite en présence de la personne poursuivie, ce qui a été le cas en l'espèce ; Que les objets saisis ont été identifiés devant Th. S. et l'article 48 fine du Code de Procédure pénale autorise, en cas de difficultés, que l'inventaire puisse être différé ;

Qu'il fait observer, en outre, que même si l'article 05 du Règlement de l'UEMOA invoqué par les conseils de l'inculpé, s'applique indistinctement à l'enquête préliminaire et à l'enquête de flagrance, il n'en demeure pas moins que ledit texte ne pourrait, en l'état, recevoir application puisque les conditions d'intervention de l'avocat pour assister son client ne sont pas encore définies ; Qu'il précise, à cet égard, que c'est dans ce sens que l'article 90 dudit Règlement a prévu que « la commission prendra les actes d'application du présent règlement, après avis de la conférence des barreaux instituée par le règlement relatif à la libre circulation et l'établissement des avocats ressortissants de l'Union au sein de l'espace UEMOA » ;

Qu'il ajoute, par ailleurs, que le réquisitoire du procureur de la république renseigne suffisamment sur les chefs d'infraction poursuivis, les personnes visées, les dispositions qui prévoient et répriment les infractions visées ; Que sur le temps écoulé entre la fin de la garde à vue et la date du réquisitoire introductif, il fait remarquer que ce décalage s'explique par le fait que le dossier de la procédure avait été transmis au Président du tribunal de grande instance pour avis conformément à l'article 74 du Code de Procédure pénale et qu'à la décharge dudit magistrat, les 30 et 31 2015 ont coïncidé aux jours de samedi et dimanche non ouvrables ;

Qu'il soutient, enfin, que la violation du secret de l'enquête ne constitue pas une cause d'annulation de la procédure ;

Considérant que les conseils de Th. B. S. rétorquent que contrairement aux réquisitions du Ministère public, le Règlement n°05/CM/UEMOA est d'application immédiate, ce qui fait que l'article 55 du Code de Procédure pénale prévoyant l'intervention de l'avocat après la prorogation de la garde à vue n'est plus applicable ; Que l'article 05 du Règlement précité est précis et ne nécessite pas un acte d'application ; Que ledit règlement ne fait aucune distinction entre enquête de flagrance et enquête préliminaire ;

Qu'ils sollicitent en conséquence qu'il soit fait droit à leur requête aux fins d'annulation ;

SUR CE,

1/Sur la régularité de la perquisition

Considérant qu'il importe de faire remarquer que l'article 68 du Code de Procédure pénale prévoyant l'assentiment exprès et écrit de la personne au domicile de laquelle a lieu une perquisition se situe dans le chapitre II dudit code traitant de l'enquête préliminaire ; Or, l'enquête préliminaire (article 67 et suivants du Code de Procédure pénale) est distincte de l'enquête de flagrance régie, elle, par le chapitre premier du code précité et obéit à un régime juridique différent organisé par les articles 45 à 66 du Code de Procédure pénale ; Que la perquisition, en matière d'enquête de flagrance est règlementée par les articles 48 et 49 dudit code, lesquels, même s'ils exigent que les opérations se fassent en la présence de la personne au domicile de laquelle la perquisition a lieu, ne requièrent pas pour autant l'assentiment de celle-là encore moins celle des personnes soupçonnées ;

Qu'en l'espèce, les enquêteurs de la Section Recherches de la Gendarmerie nationale ayant agi dans le cadre de la flagrance, n'ont pas violé les textes susvisés en ne recueillant pas l'assentiment de l'inculpé Th. B. S. lors de la perquisition de son domicile, dès lors qu'il est constant que cette opération s'est déroulée en la présence constante de ce dernier ;

Considérant, par ailleurs, que même si l'article 48, alinéa 4 du Code de Procédure pénale dispose que « tous les objets et documents saisis sont immédiatement inventoriés et placés sous scellés », il n'en demeure pas moins que l'alinéa 5 dudit texte permet à l'officier de police judiciaire, en cas de difficultés, d'effectuer cet inventaire ultérieurement, ce qu'en l'espèce, celui-là a fait (CF cote D1/88) ; Que du reste, au moment de la saisie, l'officier de police judiciaire a présenté à Th. B. S., pour reconnaissance, l'ensemble des objets saisis qu'il a énumérés au susnommé (cote D1/108) ;

Qu'il suit de tout ce qui précède que les moyens tendant à l'annulation de la perquisition ne sont pas fondés ;

2/Sur le moyen tiré de la violation de l'article 05 du Règlement n° 05/CM/UEMOA relatif à l'harmonisation des règles régissant la profession d'avocat dans l'espace UEMOA

Considérant qu'il y'a lieu de faire remarquer, contrairement à la position du Ministère public, que l'article 5 du Règlement précité n'a nullement besoin d'un acte d'exécution pour être applicable ;

Qu'en effet, si les articles 4, 23, 29 et 38 dudit Règlement prévoient, pour leur application, que des actes d'exécution soient pris par l'organe compétent de l'Union, il en est autrement des autres dispositions notamment l'article 5 qui ne subordonnent pas leur entrée en vigueur à la prise d'un quelconque acte ; Qu'il s'ensuit que les actes d'application visés par l'article 90 du règlement précité ne sont autres que ceux déjà prévus par les articles 4, 23, 29 et 38 précités et dont l'article 90 n'a fait qu'annoncer la procédure d'élaboration ;

Que par ailleurs, l'article 05 du Règlement, en prévoyant l'assistance d'un avocat dès l'interpellation à l'enquête préliminaire, n'a dérogé au droit national qu'en ce qui concerne le moment d'intervention de l'avocat, ce moment étant fixé à la prolongation de la garde à vue par l'article 55 in fine du Code de Procédure pénale; Qu'en revanche, les modalités d'intervention de l'avocat restent régies par l'article 55 bis du Code de Procédure pénale, vu que ce texte n'est en rien contraire au Règlement précité dont l'article 91 précise que «demeurent applicables, les dispositions des législations et règlementations nationales des États membres qui ne sont pas contraires au présent Règlement » ; Que dès lors, l'application de l'article 05 dudit Règlement ne se heurte à aucun vide juridique;

Considérant cependant, que l'article 05 du Règlement précité dispose en son alinéa 1er que « Les avocats assistent leurs clients dès leur interpellation, durant l'enquête préliminaire, dans les locaux de la police, de la gendarmerie ou devant le parquet. » ; Qu'ainsi, l'intervention de l'avocat n'est prévue par ce texte que lorsque le mis en cause a été interpellé dans le cadre d'une enquête préliminaire;

Or, il a été rappelé supra que l'enquête préliminaire est différente de l'enquête de flagrance en vertu de laquelle les enquêteurs ont agi dans le cas d'espèce ; Que l'enquête de flagrance n'ayant pas été visée par le Règlement précité, demeure par conséquent régie par les articles 45 et suivants du Code de Procédure pénale, notamment l'article 55 in fine dudit code qui, inapplicable dorénavant en matière d'enquête préliminaire, demeure en vigueur en matière de flagrance ; Qu'il ressort de ce texte que l'intervention de l'avocat n'est permise qu'après la prolongation de la garde à vue, d'où il suit qu'en refusant cette intervention au début de la garde à vue aux conseils de l'inculpé, les enquêteurs n'ont pas commis d'irrégularité ;

3/Sur le moyen tiré de l'absence de précision des temps de repos dans le procès-verbal d'enquête

Considérant que, contrairement aux allégations des conseils de l'inculpé, le procès-verbal d'enquête a bien indiqué les temps de repos dont a bénéficié Th. S. puisqu'il a été précisé que les auditions ont duré, le 28/05/2015, de 01 H 27 mn à 03 H 25 minutes pour reprendre le même jour de 18 h 06 mn à 19 H 00 mn, les temps de repos, déterminables dans les intervalles horaires précités, étant pris dans la chambre de sûreté et le bureau de la Section de recherches (CF cote D.1/84) ; Que ces mentions ont été signées de Th. S. ;

Que le moyen tiré de la violation de l'article 57 du Code de Procédure pénale n'est pas fondé

4/Sur la régularité du réquisitoire introductif

Considérant qu'il a été jugé supra que l'article 05 du Règlement 05/CM/UEMOA n'est applicable qu'en matière d'enquête préliminaire ; Que la présence de l'avocat devant le parquet, prévue dans le cadre de l'enquête de flagrance par l'article 63 du Code de Procédure pénale, n'est requise que si le procureur de la République envisage d'entendre le mis en cause déféré devant lui, ce qui n'a pas été le cas en l'espèce, ce magistrat ayant opté pour l'ouverture d'une information judiciaire ;

Que, par ailleurs, même si le réquisitoire introductif a été pris deux jours après la fin de la garde à vue de l'inculpé, c'est-à-dire le 01/06/2015, il n'en demeure pas moins qu'aucune disposition du Code de Procédure pénale ne sanctionne ce fait par la nullité étant entendu qu'aucun délai n'est assigné au procureur de la république pour ouvrir une information après réception d'un procès-verbal d'enquête ;

Qu'en outre, l'article 71 du Code de Procédure pénale n'oblige pas le procureur de la République de motiver son réquisitoire ; Que contrairement aux allégations des conseils de l'inculpé Th. S., le réquisitoire querellé a bien précisé que le susnommé et A.D. sont tous deux poursuivis des mêmes chefs d'association de malfaiteurs, contrefaçon, falsification, altération de signes monétaires ayant cours légal à l'étranger, blanchiment de capitaux et tentative d'escroquerie, ce qui ne laisse aucun doute sur les faits reprochés aux susnommés ;

Qu'il résulte ainsi de tout ce qui précède que les moyens tendant à l'annulation du réquisitoire introductif sont mal fondés ;

5/Sur la violation du secret de l'enquête

Considérant qu'aucune disposition du Code de Procédure pénale ne sanctionne, par la nullité du procès-verbal d'enquête, les violations du secret de l'enquête ;

Qu'en outre, les conseils du requérant n'ont pas précisé en quoi la publication d'une partie du procès-verbal d'enquête par un journal de la place a nuit aux droits de la défense de leur client ; Que ce moyen n'est pas fondé ;

Considérant qu'en définitive, l'ensemble des moyens invoqués à l'appui de la requête en annulation sont mal fondés ;

Qu'il échet de rejeter ladite requête ;

SUR L'APPEL

Considérant que les conseils de Th. B. S. font valoir que qu'ils avaient requis la désignation d'un expert médical aux fins de déterminer si l'état de santé de leur client est ou non compatible avec la détention ; Qu'au lieu de répondre à cette requête, le magistrat instructeur a, selon eux, plutôt statué sur le certificat médical produit au dossier ; Que le juge n'étant pas un homme de l'art, ne peut apprécier la compatibilité de l'état de santé de l'inculpé avec la détention ;

Que c'est le droit de tout inculpé de solliciter une expertise sur son état de santé ;

Qu'ils sollicitent en conséquence l'infirmation de l'ordonnance entreprise et la désignation d'un expert médical aux fins de déterminer si l'état de santé de Th. B. S. est compatible ou non avec la détention ;

Considérant que l'Avocat général a fait observer que l'expertise médicale, au sens de l'article 149 du Code de Procédure pénale, ne peut être ordonnée que lorsqu'il se pose une question d'ordre technique, ce qui n'est pas le cas en l'espèce puisque, comme l'a relevé le magistrat instructeur, le certificat médical produit aux débats ne fait ressortir qu'un diabète de type 2 dont souffre l'inculpé et dont le traitement sous insuline peut se faire en milieu carcéral ;

Qu'il sollicite en conséquence la confirmation de l'ordonnance entreprise ;

SUR CE,

Considérant que les conseils de Th. S., dans leur requête aux fins d'expertise médicale, se sont fondés sur le certificat médical du 01/06/2015 établi par le Docteur M. S. D. de l'hôpital Abass Ndao ; Or, ledit certificat médical fait état d'un diabète de type 2 dont souffre l'inculpé et précise que celui-ci est sous traitement insuline, sans pour autant dire que l'état de santé du concerné est incompatible avec la détention ;

Que dès lors, aucun élément de la procédure encore moins de l'état physique de l'inculpé Th. S. ne justifie la désignation d'une expertise médicale aux fins demandées par ses conseils ; Que c'est donc à bon droit que le magistrat instructeur a rejeté la demande de désignation d'expert médical ;

Qu'il échet de confirmer l'ordonnance entreprise ;

PAR CES MOTIFS

Statuant en chambre du conseil, hors la présence de l'inculpé, de ses conseils, du Ministère public et du Greffier ;

-Ordonne la jonction de l'appel et de la requête aux fins d'annulation ;

EN LA FORME

-Déclare l'appel et la requête recevables ;

AU FOND

-Rejette la requête aux fins d'annulation ;

-Confirme l'ordonnance entreprise ;

-Réserve les dépens.

ANNEXE N° 07

CA Dakar, ch. acc. n° 168 du 16 mai 2017, MP c/ khalifa Ababacar SALL et autres, *inédit*

LA COUR,

Vu la procédure suivie contre les susnommés Inculpés des chefs susvisés ;

Vu la requête aux fins d'annulation de la procédure en date du 23/03/2017 adressée par le Président de la Chambre d'Accusation par les conseils de l'inculpé Kh. A. S.;

Vu le réquisitoire n°152/PG du 31/04/2017 ;

Ouï Monsieur le Conseiller Ahmadou Moustapha FALL en son rapport oral, lecture faite des pièces du dossier par le greffier ;

Ouï les conseils des parties en leurs observations orales ;

Ouï Monsieur l'Avocat général Madiaw DIAW en ses réquisitions orales ;

Vu les pièces du dossier ;

Après en avoir délibéré conformément à la loi ;

EN LA FORME

Considérant qu'il y a lieu de déclarer recevable la requête introduite conformément à la loi ;

AU FOND

SUR LES FAITS :

Considérant qu'il résulte des pièces de la procédure les faits suivants ;

Par soit-transmis du 07/02/2017 le procureur de la République près le Tribunal de grande Instance hors Classe de Dakar, faisait parvenir à la Division des Investigations criminelles (DIC), pour enquête, un rapport de l'Inspection générale d'État portant vérification de la gestion de la Mairie de Dakar pour la période 2011-2015. Il résultait, en effet, de ce rapport que les crédits votés pour le compte 6490 « dépenses diverses », servant à alimenter la caisse d'avance de la mairie précitée, ont été intégralement dépensés. Les inspecteurs avaient constaté que chaque mois, le GIE K. T. livrait à la mairie du riz et du mil d’une valeur totale de 30.000.000 F CFA, montant correspondant à l'alimentation mensuelle de la caisse d'avance. Pour le renouvellement mensuel de cette caisse il a été relevé que son gérant, en l'occurrence Mb. T., Directeur Administratif et Financier (DAF) de la ville de Dakar, présentait au receveur percepteur municipal deux factures définitives du GIE K. T. et deux procès-verbaux de réception signés par lui, A. M. D. et I. Y. D. tous membres de la commission de réception de ladite ville dont le sieur T. assurait la présidence ;

Entendu par les enquêteurs, Mb. T. Directeur administratif et financier de la ville de Dakar et gérant de la caisse d'avance depuis 2003, soutenait que celle-ci fonctionnait comme un fond politique que tous les différents maires qui se sont succédés à la ville de Dakar utilisaient de façon discrétionnaire depuis 1983. D'après lui, le fait que cette caisse soit alimentée mensuellement à hauteur de 30.000.000 F CFA et l'acceptation des pièces justificatives par les receveurs percepteurs municipaux, prouvait qu'il ne s'agissait pas d'une caisse d'avance en réalité, mais de fonds politiques. Il précisait que les factures portant l'entête du GIE K. T. ainsi que les procès-verbaux de réception qui étaient produits pour le renouvellement mensuel de cette caisse, ne correspondaient en réalité à aucune livraison et avaient été confectionnés pour juste être en règle avec la comptabilité. Il soutenait ne pas connaître les membres du GIE K. T. qui, selon lui, n'a jamais fourni de denrées alimentaires à la mairie ;

Il reconnaissait avoir signé les procès-verbaux de réception, en sa qualité de Président de la commission de réception, avec les autres membres que sont A. M. D. et I. Y. D. ;

Entendus, A. M. D. et l. Y. D. reconnaissaient avoir signé les procès-verbaux de réception que leur présentait le nommé Y. B., agent de la Direction administrative et financière de la mairie. Ils confirmaient qu'il n'y avait eu aucune livraison de mil et de riz et que leurs signatures étaient apposées sur ces documents pour simplement justifier les dépenses faites sur la caisse d'avance et permettre son renouvellement mensuel puisque celui-ci ne pouvait se faire qu'après justification de l'emploi de la précédente dotation. Ils précisaient que c'est la Direction Administrative et Financière de la mairie qui confectionnait les factures de même que les procès-verbaux de livraison. Selon eux, la caisse d'avance était considérée comme un fond politique à la discrétion du maire. Ils déclaraient ne pas connaître l'utilisation qui était faite des 30.000.000 F CFA mensuels qui alimentaient cette caisse. Ils faisaient savoir aux enquêteurs qu'ils ne percevaient aucune prime en tant que membres de la commission de réception ;

Entendu, Y. B., agent de la Direction Administrative et Financière de la mairie de Dakar, soutenait avoir été approché, au courant de l'année 2010, par son supérieur hiérarchique Mb. T. qui lui demandait de se rapprocher de sa secrétaire, la dame F. T., membre du GIE K. T., pour qu'elle lui remette l'entête et le cachet dudit GIE. Selon lui, Mb. T. lui avait expliqué que cette démarche visait à justifier les dépenses de la caisse d'avance. C'est donc dans ce cadre qu'il a contacté la dame F. T. pour lui expliquer la situation et que cette dernière lui a remis les documents demandés. Il précisait que l'idée de mettre du riz et du mil était suggérée par Mb. T., tandis que lui, se chargeait de faire des combinaisons pour que le montant des factures corresponde à celui de la caisse d'avance, en l'occurrence 30.000.000 F CFA. Il déclarait qu'au début, la dame F. T. apposait sa signature et le cachet du GIE, mais au bout de deux ans, elle lui a remis le cachet pour lui éviter les déplacements et, lui, se chargeait finalement de tout. D'après lui, chaque mois il établissait les factures servant à justifier l'emploi de la caisse d'avance, ce, de 2010 à 2015 date à laquelle la caisse a cessé d'être alimentée, sur recommandation de l'Inspection générale d'État ;

Entendue, la dame F. T. confirmait les déclarations de Y. B.. Elle soutenait avoir gracieusement remis à celui-ci l'entête et le cachet du GIE K. T., pour lui permettre de justifier les dépenses de la caisse d'avance, vu que ledit GIE ne fonctionnait plus. Elle déclarait également que ce GIE, qu'elle animait avec son frère I.T. et d'autres membres de sa famille, n'a jamais livré du mil et du riz à la Mairie de Dakar et que les seuls marchés qu'il avait exécutés pour celle-ci, avant la cessation de ses activités, étaient relatifs à du matériel bureautique et du détergent ;

Lors de son audition en qualité de témoin, I.T. soutenait que le GIE n'avait plus gagné de marché de la mairie de Dakar depuis 8 ans et déclarait n'avoir pas été au courant de ce que des factures à son entête étaient utilisées pour justifier des dépenses. Il précisait que le GIE avait cessé de fonctionner et que ses membres étaient dans d'autres activités ;

Les sieurs I. T. et M. O. B., inspecteurs du trésor qui se sont succédés à la perception municipale de la ville de Dakar connue receveurs percepteurs municipaux pendant la période incriminée, étaient également entendus par les enquêteurs sur les conditions dans lesquelles ils décaissaient les crédits correspondant à la caisse d'avance de la Mairie de Dakar. Ils soutenaient, tous, qu'ils libéraient mensuellement la somme de 30.000.000 F CFA entre les mains de Mb. T., DAF de la mairie, qui, à cet effet, leur présentait comme document un mandat de paiement signé par l'ordonnateur, en l'occurrence le Maire de la ville Kh. A. S., ainsi que des factures du fournisseur et des procès-verbaux de réception signés par les membres de la commission de réception de la ville. Selon eux, leurs qualités de comptables publics faisaient qu'ils ne pouvaient pas contrôler la véracité des informations figurant sur les factures et procès-verbaux de réception. Leur responsabilité se limitait à vérifier la régularité formelle des pièces qui leur étaient fournies notamment la correspondance entre les données figurant sur les factures et celles des procès-verbaux de réception. Ils soutenaient qu'après ce contrôle de régularité formelle, qu'ils assurent avoir toujours effectué, ils libéraient les fonds puisque le mécanisme de fonctionnement de la caisse d'avance, est la justification à postériori, Ainsi, d'après eux, il fallait justifier les dépenses effectuées sur l'alimentation précédente pour que la caisse puisse être à nouveau alimentée et, ce, pour chaque mois. Ils précisaient que cette caisse d'avance comme son nom l'indique et conformément aux termes de l'arrêté la créant, n'était pas un fond politique·

Entendu, Kh. A. S. confirmait les déclarations de Mb. T.. Il soutenait que la caisse d'avance était en réalité un fond politique utilisé à la discrétion du maire de la ville de Dakar et qu'il en était ainsi depuis 1960. Il expliquait que le mode de fonctionnement de cette caisse est dérogatoire du droit commun en ce sens qu'aucune justification ne devait être faite de son utilisation ;

Selon lui, les fonds issus de cette caisse ont été utilisés conformément à l'arrêté n°00503/MDV/SM/IAAF du 31/01/2003 pris par le maire d'alors et que pour des raisons d'éthique, il ne pourrait communiquer l'identité des personnes qui en ont bénéficié. Il précisait en outre que ces fonds servaient à faire face à diverses sollicitations des populations et des personnes morales et qu'il ne les a jamais utilisés à des fins personnelles ;

Inculpés d'association de malfaiteurs, faux et usage de faux en écritures de commerce, complicité de détournement de deniers publics et d'escroquerie aux deniers publics portant sur la somme provisoire de 1.830.000.000 F CFA et placés sous mandat de dépôt, Y. B. et F. T. contestaient les faits lors de leur première comparution ;

Inculpés d'association de malfaiteurs, faux et usage de faux dans des documents administratifs, complicité de détournement et d'escroquerie portant sur des deniers publics pour le montant précité et placés sous mandat de dépôt, I. Y. D. et A. M. D. contestaient les faits ;

Kh. A. S. et Mb. T. étaient, quant à eux, inculpés d'association de malfaiteurs, complicité de faux et usage de faux en écritures privées de commerce, faux et usage de faux dans des documents administratifs, détournement et escroquerie aux deniers publics portant sur le montant de 1.830.000.000 F CFA et blanchiment de capitaux. Ils étaient également placés sous mandat de dépôt, après avoir contesté les faits ;

Enfin, M. O. B. et I. T., respectivement ancien et actuel percepteur municipal de Dakar étaient inculpés de complicité de détournement et d'escroquerie portant sur les deniers publics, mais laissés en liberté provisoire sous contrôle judiciaire, le magistrat instructeur ayant estimé que leurs contestations étaient sérieuses.

Lors de leurs auditions aux fonds, tous les inculpés réitéraient leurs déclarations faites à l'enquête préliminaire, Kh. A. S. précisant, par ailleurs, que l'ensemble des sommes issues de la caisse d'avance et qu'il qualifiait de fonds politiques, avait été mis à sa disposition par Mb. T.;

Les témoins entendus lors de l'enquête préliminaire, en l'occurrence I.T. et A. D. (comptable matière de la Mairie de Dakar) réitéraient leurs déclarations selon lesquelles aucune livraison de mil et de riz n'avait été faite par le GIE T. à l'institution municipalE ;

Par requête en date du 23/03/2017, les conseils de Kh. A. S. saisissaient la Chambre de céans d'une requête aux fins d'annulation. Dans cette requête, ils soulevaient d'abord l'exception d'inconstitutionnalité de l'article 6, alinéa 3 de la loi n° 2005-23 du 11/08/2005 portant statut des inspecteurs généraux d'état en ce que ledit texte violait, selon eux, l'article 102 de la Constitution consacrant le principe de la libre administration des collectivités locales et sollicitaient, par conséquent, le renvoi de l'affaire devant le Conseil Constitutionnel pour qu'elle soit statuée sur ladite exception conformément à l'article 92 de la Constitution. Ils invoquaient ensuite, à l'appui de leur requête, d'une part, la violation, par l'officier de police judiciaire, des articles 5 du Règlement 05/CM/UEMOA relatif à l'harmonisation des règles régissant la profession d'Avocat dans l'espace UEMOA, 55, alinéa 10 à 13 et 15 modifiés du Code de Procédure pénale; d'autre part la violation par le juge d'instruction et le procureur de la République des articles 140 du Code de Procédure pénale, alinéa 1er et 7, alinéa 4 de la Constitution concernant les principes d'égalité de traitement devant la loi et la justice;

EN LA FORME

Considérant que la requête a été introduite dans les forme et délai légaux ; Qu'il échet de la déclarer recevable ;

AU FOND

Considérant que les conseils de Kh. A. S. ont fait valoir, dans leur requête aux fins d'annulation, que les poursuites ont été initiées contre leur client sur la base des rapports n° 11 et 12/2016 de l'Inspection générale d'État sur la ville de Dakar transmis aux enquêteurs par le procureur de la République;

Or, selon eux, la saisine de l'Inspection générale d'État, faite sur le fondement de l'article 6, alinéa 3 de la loi n° 2005-23 du 11 août 2005 portant statut des Inspecteurs Généraux d'État est irrégulière car cette disposition légale, qui prévoit la possibilité pour les Inspecteurs généraux d'État de contrôler la gestion des collectivités locales, viole l'article 102 de la Constitution du Sénégal qui prévoit le principe de la libre administration des collectivités locales; Qu'ils font observer qu'en vertu d'un tel principe, le Président de la République ne peut ordonner une mission de vérification sur les comptes d'une collectivité locale, le contrôle desdits comptes étant dévolu à la Cour des Comptes;

Que le rapport de l'Inspection générale d'État fait sur la gestion de la ville de Dakar est dès lors nul, d'après eux ;

Qu'ils sollicitent en conséquence, en vertu de l'article 92 de la loi constitutionnelle n°2016-10 du 05 avril 2016 portant révision de la Constitution, le renvoi de l'exception d'inconstitutionnalité ci-dessus soulevée devant le Conseil constitutionnel et qu'il soit sursis à statuer jusqu'à ce que ladite juridiction statue sur l'exception;

Qu'ils ont fait remarquer, par ailleurs, que le procès-verbal d'enquête préliminaire n° 146/DIC du 07/02/2017 a été établi en violation des dispositions de l'article 5 du Règlement n°05/CM/UEMOA relatif à l'harmonisation des règles régissant la profession d'avocat dans l'espace UEMOA, mais aussi des articles 55, alinéas 10 à 13 nouveau, 129 et 130 du Code de Procédure pénale; Que ces dispositions, prévoient le droit pour toute personne d'être assistée par un avocat dès son interpellation;

Or, selon eux, Kh. A. S. a été interrogé le 27/02/2017 de 9 heures 05 minutes à 19 heures 20 minutes par les officiers de police judiciaire sans l'assistance d'un avocat; Que lorsque l'un de ses avocats s'est présenté dans les locaux de la Brigade des Affaires générales, dès l'interpellation, les autorités policières lui ont refusé l'accès aux locaux pour l'assister; Qu'en outre, l'officier de police judiciaire devait informer Kh. A. S. de son droit de constituer un avocat et de contacter ce dernier et communiquer avec lui par tous moyens garantissant la confidentialité de l'entretien; Que mention de cette information devait être faite à peine de nullité sur le procès-verbal en vertu de l'article 55 du Code de Procédure pénale;

Que toutes ces obligations légales ont été violées par l'officier de police judiciaire qui a ainsi porté gravement atteinte aux droits de la défense de Kh. S., l'empêchant notamment de se faire assister par un avocat avant la confrontation avec les autres personnes mises en cause ;

Que l'article 166 du Code de Procédure pénale sanctionne de la nullité toute violation des droits de la défense ;

Que dès lors, en application des textes susvisés et de l'article 9, alinéa 4 de la Constitution, ils sollicitent l'annulation du procès-verbal d'enquête préliminaire et de tous les actes subséquents, notamment le réquisitoire introductif, le procès-verbal de première comparution et le mandat de dépôt décerné contre le requérant ;

Qu'ils ont fait observer, en outre, que le réquisitoire introductif en date du 03/03/2017 par lequel le procureur de la République a saisi le magistrat instructeur a été fait en violation du principe constitutionnel d'égalité de traitement devant la loi, tels que consacrés par les articles 140 du Code de

Procédure pénale, alinéa 1er et 7 alinéa 4 de la Constitution du 22/01/2001 combinés à l'article 140 précité;

Qu'en effet, selon eux, le procureur de la République a requis, dans l'acte précité, l'inculpation des percepteurs municipaux pour complicité de détournement deniers publics et d'escroquerie portant sur les deniers publics et leur placement sous contrôle judiciaire alors qu'il a requis, concernant Kh. A. S., son inculpation pour détournement et escroquerie portant sur les deniers publics et son placement sous mandat de dépôt; Que cette différence de traitement par le parquet d'instance sur le sort de l'inculpé Kh. A. S. et des percepteurs municipaux est donc constitutive de violation de l'égalité des citoyens devant la loi dès lors que ces personnes étaient dans une situation identique du fait des poursuites entreprises contre elles; Que pour cette raison, ils sollicitent l'annulation du réquisitoire Introductif;

Qu'ils ont, enfin soutenu, que le magistrat instructeur a également violé le principe d'égalité prévu par les textes susvisés ainsi que par la Déclaration Universelle des droits de l'homme, le Pacte international relatif aux droits civils et politiques et la Charte africaine des droits de l'homme et des peuples; Qu'en effet, selon eux, c'est en violation de ces principes que le magistrat instructeur a laissé en liberté provisoire les percepteurs municipaux tout en plaçant Kh. A. S. en détention, ce, alors que tous les inculpés ont formulé les mêmes contestations; Qu'en outre, ils ont fait remarquer que le magistrat instructeur, à l'audience de première comparution de Kh. A. S., n'a pas pris en compte les observations des conseils de ce dernier en ce qu'il ne les a pas notées et ne leur a pas apporté de réponse; Que le magistrat instructeur ne devait pas écarter une demande de mise en liberté provisoire pour contestations sérieuses sans y statuer par une ordonnance motivée susceptible de voies de recours conformément aux articles 129 130, 177, alinéa 1 et 180 du Code de Procédure pénale; Qu'enfin, le magistrat instructeur n'a pas fait figurer sur le procès-verbal de première comparution les observations de l'inculpé, en violation de l'article 101 du Code de Procédure pénale;

Que cette attitude du magistrat instructeur constitue une violation des droits de la défense et justifie l'annulation du procès-verbal de première comparution et des actes subséquents ;

Que la violation des textes et principes sus invoqués constitue une méconnaissance de dispositions substantielles ; Qu'ils sollicitent dès lors, en application de 1 article 166 du Code de Procédure pénale l'annulation de toute la procédure ;

Considérant que par conclusions du 27/04/2017, l'avocat général rétorque que l'article 102 de la constitution qui prévoit le principe de la libre administration des collectivités locales n'exclut pas la possibilité pour le Président de la République de saisir l'Inspection générale d'État pour opérer un contrôle à postériori sur la gestion des Collectivités locales ; Que les Inspecteurs Généraux d'État ne se sont, en l'espèce, jamais immiscés dans la gestion de la ville de Dakar ;

Qu'ainsi, selon lui, l'exception d'inconstitutionnalité doit être rejetée; Qu'il fait observer, en outre, qu'il n'est pas prouvé qu'un conseil de Kh. A. S. avait été empêché d'assister ce dernier à l'enquête préliminaire; Que Kh. A. S. ne s'est jamais plaint d'une quelconque obstruction à sa défense ni devant les enquêteurs, ni devant le magistrat instructeur alors qu'il a toujours comparu libre à toutes les étapes de l'enquête, ce qui justifie l'absence de toute mention relative à la présence des avocats dans le procès-verbal d'enquête;

Qu'il soutient par ailleurs que le réquisitoire introductif et le procès-verbal de première comparution n'encourent la nullité qu'en l'absence de certaines mentions obligatoires indiquées aux articles 71 et 101 du Code de Procédure pénale ;

Que ces textes n'exigent pas du juge d'instruction de prendre note ou de consigner des déclarations orales des avocats de la défense ;

Qu'enfin il fait valoir que le principe d'individualisation en matière pénale exige que la situation de chaque inculpé soit appréciée en tenant compte de sa personne uniquement, sans aucune référence à son coinculpé ;

Que le procureur de la République et le magistrat instructeur ont appliqué l'article 140 du Code de Procédure pénale en appréciant les conditions de son application par rapport à la situation de chaque inculpé, ce qui ne constitue pas une violation du principe d'égalité ;

Qu'il sollicite en considération de tout ce qui précède, le rejet de la requête aux fins d'annulation comme mal fondée ;

Considérant que par conclusions du 03/05/2017, les conseils de Kh. A. S. ont rectifié l'objet de l'exception d'inconstitutionnalité soulevée en visant l'article 5 de la loi n°2011-14 du 08 juillet 2011 qui a abrogé et remplacé la loi n°2005-23 du 11 août 2005 ;

Considérant que par conclusions du 03/05/2017, les conseils de l'Agent Judiciaire de l'État ont fait observer que la Chambre d'Accusation ne peut connaître de l'exception d'inconstitutionnalité soulevée en l'espèce puisque le rapport de l'Inspection générale d'État n'est pas un acte d'instruction pris par le juge d'instruction; Qu'en outre, selon eux, la Chambre d'Accusation est une formation spéciale de la Cour d'appel ayant une compétence d'attribution prévue par les articles 185 et suivants du Code de Procédure pénale; Or, ces textes ne prévoient pas la compétence de la chambre d'accusation pour connaître de l'exception d'inconstitutionnalité; Qu'ainsi, d'après eux, seules les juridictions de fond peuvent connaître de ladite exception au sens de l'article 92 de la loi constitutionnelle n°2016-10 du 05 avril 2016 ;

Qu'ils font observer, au surplus, que la solution du litige n'est pas subordonnée à l'appréciation de la conformité de l'article 5 de la loi n°2011-14 du 8 juillet 2011 à l'article 102 de la Constitution ;

Qu'ils sollicitent dès lors le rejet de l'exception d'inconstitutionnalité soulevée par Kh. A. S. ;

Qu'ils soutiennent, par ailleurs, que le requérant n'a pas prouvé que l'un de ses avocats a été interdit d'accès aux locaux de la Brigade des Affaires Générales où s'est déroulée l'enquête préliminaire;

Qu'en outre, selon eux, dans son réquisitoire introductif, le procureur de la République a visé le rapport n°12/2016 du 24 mars 2017 de l'Inspection générale d'Etat mais aussi le procès-verbal d'enquête préliminaire; Que c'est par la suite que le magistrat instructeur a procédé à l'inculpation de Kh. A. S.; Que rien n'obligeait le juge d'instruction à répondre aux observations orales formulées par les conseils de l'inculpé;

Qu'ils soutiennent que le principe d'égalité devant la loi n'a pas été violé puisque les percepteurs, comptables publics, n'ont pas été dans la même situation que Kh. A. S. ;

Qu'ils sollicitent en conséquence le rejet de la requête en annulation comme étant mal fondée ;

Considérant que par conclusions du 05/05/2017, les conseils de Kh. A. S. ont rétorqué que c'est à bon droit qu'ils ont soulevé l'exception d'incompétence devant la Chambre de céans qui est une formation de la Cour d'appel et, comme telle, a l'obligation de transmettre la question de constitutionnalité soulevée au Conseil constitutionnel;

Qu'ils soutiennent que le chapitre 10 du Code de Procédure pénale intitulé «des nullités de l'information» ne s'applique pas aux seuls actes du juge d'instruction, mais à tout autre acte de la procédure versée à l'appui ou aux fins d'une investigation dans le dossier d'information; Que le rapport de l'Inspection générale d'État versé au dossier est un acte d'investigation dont la nullité peut être prononcée par la Chambre; Or, ledit rapport est le fondement aussi bien de l'enquête préliminaire que de la saisine du juge d'instruction ;

Que son annulation entraîne celle de toute la procédure; Qu'ainsi selon eux, l'exception d'inconstitutionnalité soulevée s'il y était fait droit par le Conseil Constitutionnel enlèverait audit rapport toute base légale et entraînerait son annulation ainsi que, subséquemment, celle de toute la procédure;

Considérant qu'à, l'audience de la juridiction de céans, les requérants ont, dans leurs observations orales réitéré les termes de leurs écritures, de même que l'avocat général, l'Agent judiciaire de l'État et ses conseils ;

SUR CE

I.- Sur la saisine du Conseil Constitutionnel

Considérant que l'article 22 de la loi n°2016-23 du 14 juillet 2016 relative au Conseil Constitutionnel dispose, en son alinéa 1er, que: « Lorsque la solution d'un litige porté devant la Cour d'Appel ou la Cour Suprême est subordonnée à l'appréciation de la conformité des dispositions d'une loi ou des stipulations d'un accord international à la Constitution, la juridiction saisit obligatoirement le Conseil Constitutionnel de l'exception d'inconstitutionnalité ainsi soulevée et sursoit à statuer jusqu'à ce que le Conseil Constitutionnel se soit prononcé» ;

Considérant qu'il y a lieu de préciser, d'emblée, que la Chambre d'Accusation bien que disposant d'une compétence spécifique, n'en est pas moins une formation de la Cour d'appel; Qu'ainsi, l'exception d'inconstitutionnalité peut bien être soulevée devant elle à l'occasion des litiges relevant de sa compétence;

Considérant, ceci étant précisé, qu'il ressort du texte susvisé que la Cour d'Appel ne saisit le Conseil Constitutionnel de l'exception d'incompétence soulevée devant elle que si la solution du litige dont elle est saisie dépend de la conformité ou non d'une disposition légale à la Constitution ;

Considérant, qu'en l'espèce, pour solliciter l'annulation du rapport de 1 Inspection générale d'État n°12/2016 du 24 mars 2016, le requérant fait valoir que les inspecteurs généraux d'état ne sont pas compétents pour contrôler la' gestion des collectivités locales en raison de l'inconstitutionnalité de l'article 5 de la loi n°2011-14 du 08 juillet 2014 conférant une telle compétence à ces autorités ;

Que toutefois il importe de relever qu'au sens des dispositions des articles 164 et suivants du Code de Procédure pénale, seuls les actes de l'information sont susceptibles d'annulation par la Chambre d'Accusation ; Or, le rapport de l'Inspection générale d'État ne constitue pas un acte de l'information au sens de l'article 165 dudit code; Qu'en effet, par « acte de l'information », ledit texte entend, non pas n'importe quelle pièce de la procédure, mais tout acte établi dans le cadre de 1 information et qui y concourt; celle-là, au sens large, allant de 1 enquête préliminaire à l'instruction;

Que le rapport de l'Inspection générale d'État étant un acte purement administratif dressé en dehors de toute information judiciaire, n'est pas justiciable du régime des nullités de l'information prévu aux articles 164 et suivants du Code de Procédure pénale et, en tant que tel, ne peut être annulé par la Chambre de céans quel que soit, par ailleurs, le vice dont il serait entaché;

Qu'au surplus, même si ledit rapport avait pu être qualifié d' « acte de l'information », le vice invoqué par le requérant, à savoir l'incompétence des inspecteurs généraux d'état, à le supposer établi, n'aurait pas pu causer son annulation; Qu'en effet, aux termes des articles 164 et 166 combinés du Code de Procédure pénale, les seules irrégularités susceptibles d'entraîner la nullité d'un acte de l'information sont, d'une part, la violation des formalités prévues aux articles 101 à 105, d'autre part celle des dispositions substantielles du titre III (« De l'instruction ») du Livre 1 dudit code et, enfin, la violation des droits de la défense; Or, l'incompétence des inspecteurs généraux d'état ne rentre dans aucun de ces cas de figure;

Qu'au regard donc de tout ce qui précède, il apparait que la conformité ou non de l'article 5 de la loi n°2011-14 du 08 juillet 2011 portant statut des inspecteurs généraux d'état n'aurait aucune incidence sur l'issue de la demande d'annulation du rapport querellée, ladite demande étant, en tout état de cause, mal fondée;

Qu'il échet en conséquence de dire n'y avoir lieu à saisir le Conseil Constitutionnel de l'exception d'inconstitutionnalité soulevée par Kh. A. S. ;

II-Sur la nullité du procès-verbal d'enquête préliminaire

Considérant que Kh. A. S. a fait valoir que 1 officier de police judiciaire, lors de l'enquête préliminaire, ne l'a pas informé de son droit de constituer conseil et n'a pas fait mention de cette formalité sur le procès-verbal; Qu'il a, en outre, soutenu que l'un de ses avocats qui s'était présenté dans les locaux de la Brigade des Affaires Générales où s'était déroulée l'enquête, a été interdit d'accéder auxdits locaux pour l'assister; Qu'il invoque ainsi la violation des articles 5 du Règlement n°05/CM/UEMOA relatif à l'Harmonisation des règles régissant la profession d'avocat dans l'espace UEMOA et 55 nouveau, alinéas 10 à 13 et 15 du Code de Procédure pénale;

Considérant qu'en effet, l'article 5 du Règlement n°05/CM/UEMOA dispose que: « Les avocats assistent leurs clients dès leur interpellation, durant l'enquête préliminaire, dans les locaux de la police, de la gendarmerie ou devant le parquet » ;

Qu'il ressort également de l'article 55 nouveau, alinéa 10 du Code de Procédure pénale que « L'officier de police judiciaire informe la personne interpellée de son droit de constituer conseil parmi les avocats inscrits au tableau ou admis en stage. Mention de cette formalité est faite obligatoirement sur le procès-verbal d'audition à peine de nullité» ;

Que cependant, il y a lieu de préciser que s'il résulte des éléments du dossier que le mis en cause avait connaissance de son droit de constituer conseil, le seul fait pour l'officier de police judiciaire de n'en avoir pas fait mention au procès-verbal ne pourrait alors entraîner la nullité de celui-ci, puisqu'en définitive, l'objectif de cette formalité n'est que la preuve de l'information de l'intéressé ;

Or, en l'espèce, Kh. A. S. a lui-même reconnu avoir fait appel à l'un de ses avocats qui s'était présenté dans les locaux de l'officier de police judiciaire pour l'assister, ce, dès son interpellation; Qu'il s'en infère qu'il avait été informé de son droit de se faire assister d'un conseil ; Que toutefois, il n'a pas établi que c'est l'officier de police judiciaire qui a empêché ledit conseil de l'assister; Qu'aucun élément du dossier ne prouve, en effet, qu'il avait été fait obstacle à l'accès de cet avocat aux locaux où s'était tenue l'enquête;

Que dès lors, aucune violation des droits de la défense du requérant n'étant établie, il échet de rejeter le moyen tendant à l'annulation du procès-verbal d'enquête préliminaire;

III-Sur la nullité du réquisitoire introductif et du procès-verbal d'interrogatoire de première comparution

Considérant qu'il importe de préciser que la violation du principe d'égalité devant la loi invoquée contre lesdits actes ne fait pas partie des vices susceptibles de causer la nullité de l'information; Qu'en effet, comme il a été rappelé supra, il résulte des articles 164 et 166 du Code de Procédure pénale que seules les violations de articles 101 à 105 dudit Code, des dispositions substantielles du titre III relative à l'instruction et des droits de la défense peuvent entraîner l'annulation d'un acte de l'information; Or, aucune disposition des textes précités n'est afférente au principe d'égalité devant la loi; Qu'en outre ledit principe ne figure dans aucune disposition du titre III du Code de Procédure pénale relative à l'Instruction et n'a aucun rapport avec les droits de la défense qui impliquent seulement que l'inculpé ait été mis à même de présenter ses moyens de défense;

Qu'en tout état de cause, le principe d'égalité de traitement devant la loi s'applique aux personnes se trouvant dans la même situation; Que Kh. A. S. n'a pas établi qu'il se trouvait dans une situation identique à celle des percepteurs municipaux pour justifier un traitement identique avec ces derniers, ce, étant entendu que le magistrat instructeur et le procureur de la République apprécient souverainement le caractère sérieux des contestations émises en tenant compte des arguments qui leur sont présentés et en fonction de la situation personnelle de chaque mis en cause;

Considérant, par ailleurs, que contrairement aux arguments de Kh. A. S., le magistrat instructeur n'est pas tenu, lors de la première comparution, de noter les observations de ses conseils encore moins d'y répondre, à ce stade de la procédure ;

Que la seule obligation mise à sa charge par l'article 101, alinéa 3 du Code de Procédure pénale, est de consigner les déclarations de l'inculpé dans le procès-verbal de première comparution, ce qui a été fait en l'espèce ;

Qu'en conséquence, le reproche fait au magistrat instructeur sur ce point n'est pas fondé ;

Considérant, qu'en définitive, la requête aux fins d'annulation est mal fondée ;

Qu'il échet de la rejeter ;

PAR CES MOTIFS

Statuant en chambre du conseil, hors la présence des parties et de leurs conseils, du Ministère public et du greffier ;

EN LA FORME

Reçoit la requête;

AU FOND

Dit n'y avoir lieu à saisir le Conseil constitutionnel ;

Rejette la requête aux fins d'annulation introduite par Kh. A. S. ;

Réserve les dépens ;

Ainsi fait, jugé et prononcé par la Chambre d'Accusation de la Cour d'Appel de Dakar, les jour, mois et an que dessus ;

ANNEXE N° 08

TGI Thiès, n° 64 du 13 janvier 2017, MP c/ Maguette NDIAYE, et Aly CAMARA, *inédit.*

LE TRIBUNAL,

Vu les pièces du dossier ;

Oui la défense ; .

Ouï le Ministère public en ses réquisitions ;

Après en avoir délibéré conformément à la loi ;

Attendu que suivant procès-verbaux d'interrogatoire du 30 décembre 2016, Monsieur le procureur de la République a traduit M. Nd. et A. C devant le tribunal des flagrants délits de céans sous la prévention : d'avoir, courant 2016, en tout cas avant prescription de l'action publique, offert ou cédé à titre onéreux ou gratuit deux cornets de chanvre indien en vue d'une consommation personnelle ;Faits prévus et punis par l'article 99 du Code des Drogues ;

EN LA FORME

Attendu que le conseil des prévenus a soulevé, *in limine litis*, la nullité du procès-verbal d'enquête pour violation du Règlement n°05 de l'UEMOA et de l'article 55 du Code de Procédure pénale ainsi que la main levée des mandats de dépôt ;

Qu'il a expliqué que les prévenus n'ont pas été informés de leur droit de constituer conseil dès leur interpellation ;

Attendu que le Ministère public a requis le rejet de l'exception au motif que même si la notification doit être faite dès l'interpellation, la mention peut figurer dans n'importe quelle partie du procès-verbal ; Qu'en l'espèce, celle-ci figure sur les procès-verbaux d'audition des prévenus ;

SUR CE

Attendu que le Règlement n°05/ CM UEMOA du 25 septembre 2014 relatif à l'harmonisation des règles régissant la profession dans l'espace UEMOA prévoit en son article 05, alinéa 01 que : « Les avocats assistent leur client dès leur interpellation, durant l'enquête préliminaire, dans les locaux de la police, de la gendarmerie ou devant le parquet » ; Que l'article 55 de la loi n° 2016-30 du 08 novembre 2016 modifiant la loi 65-61 du 21 juillet 1965 portant Code de

Procédure pénale dispose en son alinéa 10 que : « L'officier de police judiciaire informe la personne interpellée de son droit de constituer conseil parmi les avocats inscrits au tableau ou admis en stage. Mention de cette formalité est faite obligatoirement sur le procès-verbal d'audition à peine de nullité » ; Qu'il ressort clairement de la combinaison de ces textes que la notification au mis en cause de son droit de constituer conseil doit être faite dès son interpellation, soit préalablement à son audition, la formalité étant portée sur le procès-verbal d'audition ;

Attendu qu'en l'espèce, il ne résulte d'aucun élément du dossier que l'officier de police judiciaire a procédé à cette notification lors de l'interpellation des prévenus ;

Qu'en effet, il ne ressort nullement du procès-verbal notamment du premier feuillet dans lequel les circonstances de l'interpellation de M. Nd. et A. C. ont été résumées que notification de ce droit leur a été faite avant leur mention sur les procès-verbaux d'audition ; Que cette violation des droits de la défense à l'entame de la procédure entraîne la nullité tant du procès-verbal n°041 du 28 décembre 2016 établi par le poste de police de Nguinth sur la base duquel tous les actes postérieurs de la procédure ont été accomplis que celle de la procédure subséquente ;

Qu'il échoit de la prononcer et ordonner par conséquent [a mainlevée des mandats de dépôt ;

PAR CES MOTIFS

Statuant publiquement, contradictoirement, en matière correctionnelle et en premier ressort :

EN LA FORME

- Annule le procès-verbal n° 041 du 28 décembre 2016 établi par le poste de police de Nguinth et celle de la procédure subséquente ;

-Ordonne par conséquent la mainlevée des mandats de dépôt de M. Nd. et A. C.

ANNEXE N° 09

TGI Thiès, n° 66 du 13 janvier 2017, MP et Sophie NDIONE c/ Ountou GASSAMA, *inédit.*

LE TRIBUNAL,

Vu les pièces du dossier ;

Oui défense

Ouï le Ministère public en ses réquisitions',

Après en avoir délibéré conformément à la loi ;

Attendu que suivant procès-verbal d'interrogatoire du 25 novembre 2016, Monsieur le procureur de la République a renvoyé devant le tribunal des flagrants délits de céans O. G. sous les préventions ;

1/d'avoir, courant 2016, en tout cas avant prescription de l'action publique, commis des actes pédophiles avec des gestes, attouchements à des fins sexuelles sur la mineure nommée S. Nd. ;

2/d'avoir dans les mêmes circonstances de temps et de lieu, commis un attentat à la pudeur sans violence sur celle-ci ;

3/ d'avoir enfin, sans fraude ni violence, détourné cette dernière ;

faits prévus et punis par les articles 319, 320 bis et 348 du Code pénal ;

Attendu que la partie civile a comparu

Qu'il échoit de statuer contradictoirement

EN LA FORME

Attendu que le conseil du prévenu a soulevé, *in limine litis*, la nullité du procès-verbal d'enquête pour violation du Règlement n°05 de L'UEMOA et de l'article 55 du Code de Procédure pénale ainsi que la mainlevée du mandat de dépôt ;

Qu'il a expliqué que le prévenu n'a pas été informé de son droit de constituer conseil dès son interpellation en violation de ces textes ; Qu'il a précisé que les articles 91 et 92 du règlement de l'UEMOA dont fait état le Ministère public ne peuvent abroger les dispositions de l'article 55 du Code de Procédure pénale dès lors qu'il n'existait pas à la date d'entrée en vigueur dudit règlement intervenue le 01 janvier 2015 Qu'il a en outre relevé que l'article 55 sus cité n'est en rien contraire au règlement de I'UEMOA

Attendu que le Ministère public a requis le rejet de l'exception au motif que l'article 55 du Code de Procédure pénale est contraire aux dispositions du règlement lequel a, dans ses articles 91 et 92 expressément abrogé toutes les dispositions contraires ;

Qu'il en déduit que faute pour le règlement de I'UEMOA de prévoir une quelconque sanction en cas de défaut de notification du droit invoqué, 'a nullité n'est pas encourue ;

SUR CE

Attendu que le Règlement n° 05/ CM UEMOA du 25 septembre 2014 relatif à l'harmonisation des règles régissant la profession d'avocat dans l'espace UEMOA prévoit en son article 05, alinéa 1er que : « Les avocats assistent leur client dès leur interpellation, durant l'enquête préliminaire, dans les locaux de la police, de la gendarmerie ou devant le parquet » ;

Que l'article 55 de la loi n° 2016-30 du 08 novembre 2016 modifiant la loi n° 65-61 du 21 juillet 1965 portant Code de Procédure pénale dispose en son alinéa 10 que : « L'officier de police judiciaire informe la personne interpellée de son droit de constituer conseil parmi les avocats inscrits au tableau ou admis en stage. Mention de cette formalité est faite obligatoirement sur le procès-verbal d'audition à peine de nullité » ;

Qu'il n' y a pas entre ces deux dispositions des contrariétés ;

Qu'au contraire, elles sont complémentaires dès lors qu'en sus de consacrer le même droit que le règlement cité, c'est dans l'article 55 du Code Procédure pénale qu'est prévue la sanction en cas de non-respect de l'obligation ;

Qu'ainsi, les moyens tirés de l'abrogation et de la contrariété sont inopérants;

Qu'il échoit de les rejeter ;

Attendu qu'il ne résulte d'aucun élément du dossier que l'officier de police judiciaire a notifié à la personne interpellée son droit de constituer conseil ;

Que cette violation des droits de la défense à l'entame de la procédure entraine la nullité tant du procès-verbal n°482 du 21 novembre 2013 établi par le commissariat central de Thiès sur la base duquel tous les actes postérieurs ont été accomplis que celle de toute la procédure subséquente ;

Qu'il échoit de prononcer la nullité et ordonner par conséquent la mainlevée du mandat de dépôt ;

PAR CES MOTIFS

Statuant publiquement, contradictoirement, en matière correctionnelle et en premier ressort :

EN LA FORME

-Annule le procès-verbal n°482 du 21 novembre 2016 établi par le commissariat central de Thiès et celle de la procédure subséquente ;

-Ordonne par conséquent la mainlevée du mandat de dépôt de O. G. ;

Ainsi fait, jugé et prononcé les jour, mois et an que dessus ;

Et ont signé le Président et le Greffier.

ANNEXE N° 10

TGI Thiès, n° 784 du 26 juin 2017, MP c/ Moussa GUEYE, *inédit.*

LE TRIBUNAL,

Vu les pièces du dossier ;

Ouï le prévenu en son interrogatoire ;

Ouï le Ministère public en ses réquisitions ;

Après en avoir délibéré conformément à la loi ;

Attendu que M. G. comparait devant le tribunal correctionnel de céans sous la prévention de viol pédophilie et détournement de mineure de moins de 15 ans ;

Qu'il échet de statuer contradictoirement à son égard ;

Attendu qu'il est reproché au sieur M. G. :

- d'avoir à Thiès, dans le ressort judiciaire de Thiès, courant 2017, en tout cas avant prescription de l'action publique, commis un viol sur la personne de A. K. mineure ;

- d'avoir dans les mêmes circonstances de temps et de lieu commis par geste des attouchements, caresse à des fins sexuelles sur une mineure de moins 16 ans ;

- d'avoir dans ces mêmes circonstances sans fraude ni violences détourné une mineure de 14 ans ;

Attendu que ce fait constitue le délit prévu et puni par les articles 320, 320 bis et 348 du Code pénal ;

Attendu qu'à l'audience le conseil du prévenu a soulevé une exception relative au non-respect du Règlement n° 5 de l'UEMOA et de la loi n° 2016-30 ;

Qu'il échet recevoir l'exception et d'annuler le procès-verbal d'enquête préliminaire n° 353 du 23 mai 2017 et la procédure subséquente ;

PAR CES MOTIFS

Statuant publiquement, contradictoirement, en matière correctionnelle et en premier ressort ;

EN LA FORME

- Reçoit l'exception ;

AU FOND

VU le Règlement 5 de l'UEMOA et la loi n°2016-30 du 08 novembre 2016 ;

- Annule le procès-verbal n° 353 du 23 mai 2017 et la procédure subséquente ;

- Ordonne la mainlevée du mandat de dépôt de M. G. ;

Et ont signé le Président et le Greffier.

ANNEXE N° 11

TGI Fatick, n° 490 du 06 décembre 2017, MP c/ Mohamed NDIAYE, *inédit*

LE TRIBUNAL,

Attendu que suivant procès-verbal de flagrant délit du 23 novembre 2017, M. Nd. comparait devant la juridiction de céans sous la prévention d'avoir à Fatick, le 20 novembre 2017, en tout cas avant temps n'emportant pas prescription de l'action publique offert ou cédé deux kilogrammes cinq cents grammes de chanvre indien en vue de la consommation personnelle ;

Faits prévus et punis par l'article 99 de la loi n° 2007 -31 du 27 décembre 2007 portant Code des Drogues ;

SUR L'ACTION PUBLIQUE

En la forme

Sur l'exception de nullité du procès-verbal d'enquête

Attendu que le conseil de la défense a, *in limine litis*, soulevé la nullité du procès-verbal d'enquête et des actes subséquents pour violation des dispositions révisées de l'article 55 alinéa 10 du Code de Procédure pénale qui font obligation aux officiers de police judiciaire d'aviser la personne interpellée de son droit de constituer conseil parmi les avocats inscrits au tableau ou admis en stage ;

Que par ailleurs, il a relevé que son client n'a pas, non plus, été avisé de son droit d'être assisté par un médecin ;

Qu'il a fait observer que le non-respect, dans le procès-verbal d'enquête, de ces formalités qui sont des dispositions d'ordre public instituées pour un procès juste et équitable entraine la nullité de la procédure ;

Attendu que le Ministère public a répliqué en précisant d'abord que l'assistance médicale n'est prévue que dans l'hypothèse d'une prolongation de la mesure de garde à vue ce qui n'est pas le cas en l'espèce ;

Qu'ensuite, l'inobservation de la mention prévue à l'article 55 alinéa 10 du Code de Procédure pénale précité ne peut déteindre sur la procédure entière en ce sens que le tribunal a été saisi par le procès-verbal de flagrant délit du procureur de la République qui ne souffre, quant à lui, d'aucune irrégularité ;

Attendu qu'en réponse, le conseil de la défense a reprécisé sa pensée en relevant que la véritable violation de la loi commise par les éléments du commissariat urbain de Fatick est l'obligation qui leur est faite d'aviser le mis en cause de son droit d'être assisté par un conseil ;

Que par ailleurs, il a prétendu que la juridiction de jugement, juge de la liberté, devra en outre ordonner la mainlevée du mandat de dépôt délivré par le procureur de la République du simple fait de la nullité encourue ;

Sur ce ;

Attendu qu'il résulte des dispositions de l'article 55-10 du Code de Procédure pénale révisé que : « L'officier de police judiciaire informe la personne interpellée de son droit de constituer conseil parmi les avocats inscrits au tableau ou admis en stage. Mention de cette formalité est faite obligatoirement sur le procès-verbal d'audition à peine de nullité » ;

Que cette formalité, prescrite en vue de renforcer les droits de la défense, est par conséquent substantielle ;

Attendu qu'en l'espèce, il ne figure nulle part dans le procès-verbal d'enquête le respect de cette formalité ; que partant, un tel procès-verbal comporte un vice entamant sa régularité ;

Qu'il convient, en conséquence, de l'annuler ;

Attendu que c'est le procès-verbal d'interrogatoire de flagrant délit qui saisit le tribunal ;

Que dit procès-verbal a été régulièrement établi ; que les déclarations qu'il contient ont été consignées par le représentant du Ministère public et, notamment, sur interpellation du prévenu ; qu'elles ne trouvent donc pas pour support uniquement le procès d'enquête de police ;

Que dès lors, la nullité du procès-verbal d'enquête de la police ne peut déteindre sur la procédure ultérieure ;

Qu'il y'a lieu, en définitive, de déclarer recevable l'action publique ;

Au fond

Les faits et moyens des parties :

Attendu qu'il résulte tant du procès-verbal d'interrogatoire de flagrant délit du procureur de la République de céans et de l'instruction d'audience que le prévenu avait été trouvé, dans un véhicule où il voyageait, par les éléments du commissariat urbain de Fatick, en possession d'un sac à dos contenant trois paquets de chanvre indien d'une quantité de deux kilogrammes cinq cents grammes ;

Attendu que le prévenu avait reconnu les faits d'offre et de cession, qui lui étaient reprochés, lors de l'interrogatoire de flagrant délit ;

Qu'il avait affirmé que le chanvre était destiné à un certain B. domicilié à Dakar sans autres précisions ;

Qu'il est revenu sur de telles déclarations à l'audience ;

Qu'il a, en effet, soutenu à la barre s'être rendu le jour des faits à Nioro pour solliciter des prières d'un marabout, après avoir réussi le concours de la gendarmerie ;

Qu'au retour, et étant originaire de la ville, il avait rendu visite à ses amis d'enfance ; Que ces derniers, à la vue de son compagnon Ab. K. M. qui portait une tenue treillis, avaient cru à une descente de la police ; qu'ils avaient ainsi fui, laissant sur place un sachet noir qui contenait de la drogue ; que son compagnon lui avait proposé d'emporter le produit illicite ,ce qu'il avait refusé ; que cependant, étant allé cueillir des fruits sauvages à proximité des lieux, ce dernier, à son insu, avait introduit le sachet noir dans son sac à dos qu'il avait mis dans la malle de la voiture ; que c'est cette drogue qui avait été découverte par les policiers dans son sac situé dans la malle du véhicule ;

Attendu que le représentant du Ministère public a requis la disqualification des faits en délit d'offre ou cession réprimé par l'article 100, alinéa 2 du Code des Drogues d'une peine de six mois à deux ans ;

Attendu que le conseil de la défense a sollicité du tribunal la disqualification des faits telle que proposée par le maitre des poursuites ; que dans ce sillage, il a plaidé une application extrêmement clémente de la loi pénale ; qu'ainsi il a fait noter que le prévenu, ainé de sa famille, en est, en outre, le seul soutien depuis l'expulsion de sa mère du domicile conjugal par sa coépouse consécutivement au décès de leur époux ;

Sur l'offre et la cession de drogue :

Attendu que l'article 99 de la loi n° 2007-31 du 27 décembre 2007 sus évoquée punit d'un emprisonnement de cinq à dix ans l'offre ou la cession de drogue à une personne en vue de la consommation personnelle ;

Attendu qu'en l'espèce, il ressort des débats d'audience et principalement des propres déclarations du prévenu, qu'il avait été découvert, dans le véhicule qui le transportait, un sac à dos lui appartenant et contenant trois paquets de chanvre indien ;

Qu'il est constant que ledit sac à dos est sa propriété exclusive ;

Que, contrairement à ses déclarations selon lesquelles ce sac avait été trouvé dans la malle arrière du véhicule et que c'est son compagnon qui y aurait introduit la drogue, il importe de relever qu'il avait reconnu sa propriété lors de son interrogatoire devant le procureur de la République ;

Que par ailleurs, la destination du chanvre à d'éventuels acquéreurs ne peut être sérieusement contestée en raison de son importante quantité (2,500 kilogrammes) ; Attendu qu'au demeurant la disqualification sollicitée par le représentant du Ministère public ne peut être retenue en ce sens que l'offre ou la cession prévue à l'article 100, alinéa 2 du Code des Drogues ne concerne que les drogues du tableau III or le chanvre indien est considéré comme drogue à haut risque du tableau I ;

Qu'en définitive, au vu de tout ce qui précède, il convient de déclarer le prévenu coupable des faits d'offre et de cession de chanvre indien en vue de la consommation personnelle réprimée par l'article 99 du Code des Drogues ;

Attendu que les faits sont graves et méritent une sanction dissuasive pour empêcher le prévenu de les réitérer ;

Attendu cependant qu'il existe dans la cause des circonstances permettant de lui faire bénéficier des dispositions de l'article 433 du Code pénal ;

Qu'il échet de le condamner, à une peine d'emprisonnement ferme de deux ans, en application des dispositions précitées ;

Attendu qu'il convient d'ordonner la confiscation et la destruction de la drogue saisie ;

Sur les dépens

Attendu que le prévenu a succombé ; qu'il échet de mettre les dépens à sa charge, conformément aux dispositions de l'article 41 du Code pénal et 460 du Code de Procédure pénale ;

PAR CES MOTIFS

Statuant publiquement, contradictoirement, en matière correctionnelle et en premier ressort ;

En la forme

- Déclare le procès-verbal d'enquête du commissariat urbain de Fatick nul ;
- Reçoit, en revanche, l'action publique ;

Au fond

- Déclare le prévenu coupable des faits qui lui sont reprochés ;

- Le condamne à une peine d'emprisonnement ferme de deux ans en application des articles 99 du Code des Drogues et 433 du Code pénal ;
- Ordonne la confiscation et la destruction de la drogue saisie ;
- Met les dépens à la charge du prévenu ;

Ainsi fait jugé et prononcé publiquement les jour, mois et an que dessus ;

Et ont signé le président et le greffier.

ANNEXE N° 12

TGIHC Dakar, 1ère ch. corr. n° 407 du 03 mai 2018, MP c/ Hameth FALL, Khadim DRAME et autres, *inédit.*

LE TRIBUNAL,

Attendu que suivant exploits en dates des 17 et 18 juillet 2017, servis par Maître Basile DIOUF, Huissier de Justice à Dakar, le procureur de la République a attrait H. F., Kh. D., M. Mb., A. B. D., O. C. et El H. O. S. devant la juridiction de ce siège sous les préventions :

1. d'avoir, à Dakar, courant l'année 2016, en tout cas avant prescription de l'action publique, frauduleusement accédé ou tenté d'accéder à tout ou partie d'un système informatique ;

2. et d'avoir, dans les mêmes circonstances de temps et de lieu, par le biais d'un système informatique, proféré à l'encontre d'A. S. et A. F. des injures exprimées en ces termes : « Depuis l'arrivée à Pasteur, il a semé la zizanie entre les pasteuriens par une politique basée sur le favoritisme, la calomnie et le népotisme,…malhonnête inspecteur du travail, mauvais DRH sans déontologie…imbu de son orgueil mal placé le mauvais DRH a continué ses manœuvres diaboliques…malhonnête inspecteur du travail, mauvais DRH, orgueilleux et prétentieux » ;

Que ces infractions sont prévues et punies par les dispositions des articles 262, 248, 431-58 et 431-8 du Code pénal ;

Attendu qu'il y a lieu de statuer contradictoirement à l'égard de toutes les parties en ce sens que, non seulement les prévenus ont comparu à l'audience mais que les parties civiles ont été dûment représentées à celle-ci ;

EN LA FORME

Sur l'exception tirée de la nullité des procès-verbaux et de toute la procédure subséquente

Attendu que les prévenus ont, par le canal de leurs conseils, soulevé l'exception tirée de la nullité des procès-verbaux et de toute la procédure subséquente ;

Qu'à l'appui de leurs prétentions, ils se sont prévalu de la violation des dispositions de l'article 5 du Règlement n° 05 relatif à l'harmonisation des règles régissant la profession d'avocat dans l'espace UEMOA, étant entendu que leur droit de se faire assister par un avocat ne leur avait pas été notifié ;

Attendu que le Ministère public a fait noter qu'aucune définition de la notion d'interpellation contenue dans le texte de l'UEMOA invoqué n'était donnée et que la lettre circulaire portant modalité d'application de l'article 5 du Règlement n° 05/CM/UEMOA et des dispositions du Code de Procédure pénale, relativement à la présence de l'avocat dès l'interpellation de son client par l'officier de police judiciaire, faisait allusion à la personne sur qui pesaient des charges ;

Qu'il a fait remarquer que la procédure avait débuté par une « plainte contre X » et qu'au moment de leurs auditions les prévenus n'avaient pas fait l'objet d'interpellation dans la mesure où aucune charge ni aucun indice ne pesaient sur eux ;

Qu'il a soutenu que c'était ultérieurement que le parquet les avait poursuivis ;

Attendu que les parties civiles ont estimé que les dispositions susmentionnées du Règlement n° 05 de l'UEMOA n'étaient pas applicables en l'espèce dans la mesure où l'enquête préliminaire était antérieure à l'entrée en vigueur dudit règlement, ladite entrée en vigueur étant intervenue par le biais de la loi du 22 août 2016 portant modification du Code de Procédure pénale ;

Qu'elles ont ajouté qu'en vertu des dispositions pertinentes de la Constitution il fallait, en plus de la ratification et de l'approbation, la réciprocité pour qu'il soit reconnu une valeur supérieure à une norme communautaire qui, par ailleurs ne pouvait rétroagir ;

Attendu que les prévenus ont rétorqué que les normes communautaires, étant d'application directe et immédiate, n'avaient besoin d'aucun mécanisme d'incorporation dans le corpus interne ;

Qu'ils ont souligné que même si, à l'origine, il y avait une plainte contre X, il n'en demeurait pas moins que des personnes identifiées avaient été entendues en qualité de suspects ;

SUR CE ;

Sur l'applicabilité des dispositions du Règlement n° 05 relatif à l'harmonisation des règles régissant la profession d'avocat dans l'espace UEMOA ;

Attendu qu'en vertu des stipulations de l'article 43 du Traité de l'UEMOA, les règlements sont obligatoires dans tous leurs éléments et sont directement applicables dans tout État membre ;

Qu'il est de principe qu'aucune mesure de réception en droit interne n'est nécessaire pour qu'un règlement de l'UEMOA soit applicable en droit sénégalais ;

Qu'en conséquence, l'applicabilité du règlement précité ne saurait être tributaire de l'entrée en vigueur de la loi portant modification du code sénégalais de procédure pénale ;

Sur la nullité alléguée des procès-verbaux d'enquête ;

Attendu qu'en vertu des dispositions de l'article 5 du Règlement n° 5 relatif à l'harmonisation des règles régissant la profession d'avocat dans l'espace UEMOA, les avocats assistent leurs clients dès leur interpellation, durant l'enquête préliminaire, dans les locaux de la police, de la gendarmerie ou devant le parquet ;

Qu'il résulte des dispositions de l'article 55 du Code de Procédure pénale qu'à peine de nullité, le procès-verbal d'audition doit faire mention de la formalité consistant pour l'officier de police judiciaire à informer la personne interpellée de son droit de constituer conseil parmi les avocats inscrits au tableau ou admis en stage ;

Que l'interpellation est définie comme toute situation dans laquelle le suspect est à la disposition de l'officier de police judiciaire aux fins d'un interrogatoire ou d'une enquête ;

Attendu qu'en l'espèce, il est constant comme résultant des éléments de la procédure que les prévenus ont fait l'objet de convocations et que les déclarations qu'ils ont faites ont été recueillies et consignées sur procès-verbaux ;

Que lesdits procès-verbaux, dont la nullité est alléguée, précisent, en ce qui concerne I. N., H. S. et S. D., leur qualité de témoins par une mention portée en marge des actes ;

Que toutefois, en ce qui concerne les prévenus, cette précision n'est pas faite ;

Qu'en outre, l'emploi du terme audition en ce qui concerne les individus identifiés comme témoins, et celui du terme interrogatoire pour les prévenus, renseigne sur leur qualité de suspects à ce stade de la procédure ;

Que plus décisivement, la nature des questions qui leur ont été posées démontre à suffisance les suspicions qui pesaient sur eux, même si la plainte avait, à l'origine, été dirigée contre X ;

Qu'il ressort de ces constatations que la situation dans laquelle se trouvaient les prévenus à ce stade de la procédure correspond à celle de personnes interpellées ;

Qu'au demeurant, il n'est pas contesté que la formalité prévue à peine de nullité par les dispositions de l'article 55 du Code de Procédure pénale, ainsi que par l'article 5 du Règlement UEMOA n° 05 précité, consistant en la notification au profit des personnes interpellées de leur faculté de se faire assister par un avocat, n'a pas été respectée ;

Qu'en définitive, eu égard à tout ce qui précède, il y a lieu de déclarer nuls les procès-verbaux d'enquête ainsi que toute la procédure subséquente, qui présente un lien nécessaire avec eux ;

PAR CES MOTIFS

Statuant publiquement, contradictoirement, en matière correctionnelle et en premier ressort ;

EN LA FORME

- Déclare nuls les procès-verbaux d'enquête ainsi que toute la procédure subséquente ;

- Renvoie le Ministère public à mieux se pourvoir.

ANNEXE N° 13

TGIHC Dakar, n° 316/2018 du 30 mars 2018, MP et État du Sénégal et c/ Khalifa Ababacar SALL et autres, *inédit.*

Le Tribunal,

Vu les pièces du dossier ;

Ouï les conseils des parties civiles en leurs demandes ;

Ouï le Ministère en ses réquisitions ;

Ouï les conseils de la défense en leurs demandes ;

Attendu que suivant ordonnance rendue le 07 décembre 2017 par le Doyen des Juges d'instruction, les nommés

1) Kh. A. S.,

2) Mb. T.,

3) A. M. D.,

4) I. Y. D.,

5) I. T.,

6) M. O. B.,

7) F. T. et

8) Y. B.

ont été renvoyés devant le tribunal de céans sous la prévention : d'association de malfaiteurs contre tous, de faux et d'usage de faux en écritures de commerce contre 7e et 8e ; de complicité de faux et d'usage de faux en écritures de commerce contre 1er et 2e ; de détournement de deniers publics, d'escroquerie portant sur des deniers publics et de blanchiment de capitaux contre 1er et 2e ; de faux et d'usage de faux dans des documents administratifs contre 1er à 4e ; de complicité de détournement de deniers publics et d'escroquerie portant sur des deniers publics contre 3e à 8e ;

Délits prévus et punis par les articles 45, 46, 135, 136, 137, 152, 153, 238 et 239 du Code pénal et la loi uniforme n° 2004-09 du 06 février 2004 relative à la lutte contre le blanchiment de capitaux ;

En la forme

Sur la nullité du procès-verbal d'enquête préliminaire, du réquisitoire introductif, du procès-verbal d'interrogatoire de première comparution des prévenus, de l'ordonnance de renvoi et de la procédure

Sur la recevabilité de ces exceptions

Attendu qu'il est important de rappeler qu'aux termes de l'article 199 du Code de Procédure pénale : « La chambre d'accusation examine la régularité des procédures qui lui sont soumises » ;

Que ce texte confère ainsi à la chambre d'accusation le pouvoir de soulever d'office les nullités des actes de l'information et fait d'elle le juge naturel du contrôle de la régularité de la procédure d'instruction ;

Que, conformément aux dispositions de l'article 165 du Code de Procédure pénale, elle peut être saisie par le juge d'instruction, le Ministère public, l'inculpé ou la partie civile ;

Que sous ce rapport, il y a lieu de relever, en l'espèce, que les conseils de Kh. A. S. ont, par requête du 23 mars 2017, saisi la chambre d'accusation aux fins de l'entendre prononcer la nullité du procès-verbal d'enquête préliminaire n°146/DIC du 07 février 2017, du réquisitoire introductif pris le 03 mars 2017, du procès-verbal d'interrogatoire de première comparution le concernant et, par voie de conséquence, de toute la procédure ;

Que saisie de cette requête, la chambre d'accusation, après avoir entendu toutes les parties en leurs moyens et conclusions, a statué, par arrêt n°168 du 16 mai 2017, sur les différents chefs de demande qu'elle a rejetés comme mal fondés ;

Que non satisfait de cette décision, Kh. A. S. a formé un pourvoi contre cet arrêt, suivant déclaration faite au greffe de la cour d'appel de Dakar, le 18 mai 2017 ;

Que toutefois, la Cour suprême a déclaré Kh. A. S. déchu de son pourvoi pour n'avoir pas satisfait aux dispositions des articles 34-2 et 65 de la loi organique n° 2017-09 du 17 janvier 2017 sur la Cour suprême qui prévoient le versement de la consignation ;

Qu'il ne peut ainsi être discuté que cet arrêt de la chambre d'accusation, devenu définitif, a acquis l'autorité de la chose jugée pour avoir tranché le litige qui lui était soumis en se prononçant sur le bien-fondé des prétentions des parties ;

Que dès lors, les conseils de Kh. A. S., ne peuvent, après avoir épuisé les voies de recours contre cet arrêt, soulever à nouveau, devant le tribunal de céans, les mêmes exceptions de nullité soutenues par les mêmes arguments que ceux évoqués devant la chambre d'accusation et rejetés par celle-ci ;

Que cette nouvelle demande d'annulation se heurte manifestement à la fin de non-recevoir tirée de l'autorité de la chose jugée ;

Que cette autorité de la chose jugée, qui s'attache à la validation des actes incriminés les concernant tous, s'impose également, aux autres prévenus, qui ne sont plus admis à soulever les mêmes exceptions, alors même qu'ils n'étaient pas parties à la procédure devant la chambre d'accusation ;

Que cette interdiction se comprend aisément dès lors qu'ils auraient profité d'une décision d'annulation de ces actes prononcée par cette juridiction à l'initiative d'une autre partie ;

Que, par conséquent, il y a lieu de déclarer irrecevables les exceptions de nullité du procès-verbal d'enquête préliminaire, du réquisitoire introductif et du procès-verbal d'interrogatoire de première comparution de Kh. A. S. déjà tranchées par la chambre d'accusation en raison de l'autorité de la chose jugée;

Attendu que par ailleurs, il y a lieu de rappeler les termes de l'article 558 du Code de Procédure pénale selon lesquels « lorsque la chambre d'accusation est saisie d'une procédure d'instruction, tous moyens pris de la nullité de l'information doivent être proposés. Faute de quoi, ils ne peuvent plus l'être ultérieurement » ;

Que ce texte, de portée générale de par son contenu et qui est toujours en vigueur, confirme le pouvoir de contrôle et de régulation de la procédure d'instruction conféré à la chambre d'accusation par l'article 199 du Code de Procédure pénale ;

Qu'il impose ainsi le principe de la concentration des moyens de nullité lorsque la chambre d'accusation est saisie d'une procédure d'instruction de sorte que les moyens, qui n'ont pas été soulevés devant elle, a fortiori ceux qu'elle a déjà tranchés, ne peuvent plus l'être ultérieurement ;

Que sous ce rapport, les conseils de Kh. A. S. ni ceux des autres prévenus ne peuvent soulever devant le tribunal de ce siège les exceptions de nullité qu'ils auraient pu soumettre à l'appréciation de la chambre d'accusation qu'ils avaient saisie par requête du 23 mars 2017 ;

Qu'il y a lieu, par conséquent, sur le fondement des articles 199 et 558 du Code de Procédure pénale, de déclarer irrecevables l'exception de nullité des procès-verbaux d'interrogatoire de première comparution de Mb. T., Y. B., I. Y. D., A. M. D. et F. T. et l'exception de nullité de la procédure tirée de l'incompétence personnelle du juge d'instruction, de la violation du droit d'entendre ou de faire entendre des témoins, du secret de l'information, de l'article 155 in fine du Code pénal et de la procédure d'inscription de faux ; Attendu qu'il y a lieu, par contre, de recevoir l'exception de nullité de la procédure tirée de la violation de l'immunité parlementaire de Kh. A. S. et celle de l'ordonnance de renvoi qui ne sont pas atteintes par l'autorité de la chose jugée ni par l'interdiction de l'article 558 du Code de Procédure pénale ;

-Sur l'exception préjudicielle de débet.

Attendu que cette exception a été soulevée, en violation de l'article 374 du Code de Procédure pénale, bien après les débats au fond ; Qu'il y a lieu, en conséquence, de la déclarer irrecevable ;

Sur le bien-fondé de la nullité de l'information pour irrégularité de la procédure de levée de l'immunité parlementaire de Kh. A. S.

Attendu qu'il est constant comme résultant du dossier que Kh. A. S. est poursuivi sur la base du réquisitoire introductif du 03 mars 2017 et inculpé le 07 mars 2017 par le Doyen des juges d'instruction ;

Qu'il est important de relever qu'à cette période, il n'avait pas encore acquis la qualité de député à l'Assemblée nationale ;

Que tous les actes d'interrogatoire et de confrontation le concernant ont été accomplis avant son élection intervenue officiellement par décision du conseil constitutionnel du 14 août 2017 et que l'information a été clôturée après la levée de son immunité parlementaire ;

Attendu qu'il ressort de l'examen de l'extrait du procès-verbal analytique versé au dossier, que l'assemblée nationale a, en sa séance plénière du 25 novembre 2017 (cote D 52/1), levé l'immunité parlementaire du député Kh. A. S. ;

Que, contrairement aux déclarations de ses conseils, l'extrait du procès-verbal analytique de cette séance plénière, signé le même jour par le secrétaire général de l'institution parlementaire et régulièrement produit au dossier, renseigne clairement sur l'existence de la mesure de levée de l'immunité parlementaire de Kh. A. S. ; qu'il fait également état des débats et des votes intervenus lors de cette séance plénière ;

Attendu que les conditions de vote et la régularité de la procédure de levée de cette immunité parlementaire échappent au contrôle de la juridiction de céans qui ne peut s'immiscer dans les attributions du pouvoir législatif ;

Que, dès lors, le moyen tiré de l'irrégularité de la levée de l'immunité parlementaire de Kh. A. S., invoqué par la défense, n'est pas pertinent ; qu'il y a lieu de le rejeter comme non fondé ;

Sur le bien-fondé des autres exceptions

-Sur l'exception de nullité de l'ordonnance de renvoi tirée de la violation de l'article 169 du Code de Procédure pénale

Attendu qu'aux termes de l'article 169 du Code de Procédure pénale : « Aussitôt que l'information lui paraît terminée, le juge d'instruction communique aux conseils de l'inculpé et de la partie civile le dossier de la procédure qui est mis à leur disposition durant trois jours après l'avis qui leur a été donné » ;

Attendu qu'au regard de ce qui précède, le tribunal relève que Maître Doudou NDOYE, conseil de F. T., s'est constitué au mois de septembre 2017 alors que le dossier de la procédure était déjà communiqué au procureur de la République aux fins de clôture de l'information depuis le 10 avril 2017 et l'avis de clôture donné aux conseils de la défense le 03 avril 2017 ; Que s'étant constitué bien après, il ne peut dès lors invoquer les dispositions de l'article 169 précité pour justifier une prétendue nullité de l'ordonnance de renvoi ; Attendu que concernant Maître Mbaye SENE, il y a lieu de souligner que le fait qu'il n'ait pas reçu notification de l'avis de clôture, alors que les seize autres conseils, constitués à ses côtés pour la défense du même prévenu, Kh. A. S., l'ont bien reçu, ne saurait suffire à justifier la nullité invoquée ; que le droit à l'information du prévenu, afférent à cette formalité, a été respecté avec la réception effective dudit avis par ses confrères ;

Qu'il s'ensuit que l'exception soulevée n'est pas fondée ; qu'il échet la rejeter ;

-Sur la nullité de l'information tirée de la violation de l'article 181 du Code de Procédure pénale

Attendu que l'article 181 du Code de Procédure pénale prévoit que «lorsqu'il est interjeté appel d'une ordonnance autre qu'une ordonnance de règlement, le juge d'instruction poursuit son information, sauf décision contraire de la chambre d'accusation » ;

Qu'au regard de ce texte, il ne peut être contesté que l'ordonnance de communication de la procédure au Ministère public aux fins de règlement définitif et celle de renvoi de l'affaire devant le tribunal sont des actes d'instruction que le juge d'instruction peut valablement prendre nonobstant l'appel interjeté contre son ordonnance de refus de la demande d'expertise ;

Qu'on ne peut ainsi reprocher au juge d'instruction d'avoir pris de tels actes qui rentrent parfaitement dans les prévisions de l'article 181 du Code de Procédure pénale ; Qu'il s'ensuit que cette exception n'est pas opérante ; qu'il convient de la rejeter;

-Sur l'exception de prescription de l'action publique

Attendu qu'en vertu des dispositions combinées des articles 7 et 8 du Code de Procédure pénale, l'action publique, en matière correctionnelle, se prescrit par trois années révolues à compter du jour où le délit a été commis si dans cet intervalle, il n'a été fait aucun acte d'instruction ou de poursuite ;

Que toutefois, pour les infractions prévues aux articles 152 et 153 du Code pénal et à la loi n°2004-09 du 06 février 2004 relative à la lutte contre le blanchiment de capitaux, la prescription est de sept années révolues à compter du jour où le fait délictuel a été commis ;

Attendu qu'en l'espèce, il y a lieu de relever, au regard des dispositions de l'article 196 du Code de Procédure pénale, que toutes les infractions visées dans l'ordonnance de renvoi sont connexes dès lors qu'il est reproché aux prévenus de s'être concertés à l'avance, pour le délit d'association de malfaiteurs, en vue de commettre les autres délits et d'avoir commis les faux et usages de faux pour se donner les moyens de réaliser l'escroquerie portant sur des deniers publics, le détournement de deniers publics et le blanchiment de capitaux;

Que cette connexité vaut également pour les délits de faux et usages de faux successifs qui auraient été commis de 2011 à 2015 du fait qu'il résulterait de ces infractions une unité de conception, de modus operandi et de dessein, conditions retenues également pour la connexité ;

Que chaque faux ou chaque usage de faux visé en l'espèce, a pour effet de faire courir un nouveau délai de prescription de sorte que le nouveau point de départ est la date de la dernière infraction réalisée ;

Qu'en l'espèce, il s'agit des faux et usages de faux qui auraient été commis en décembre 2015 ;

Qu'il apparaît, ainsi, qu'entre cette date et celle du réquisitoire introductif, pris le 03 mars 2017, il ne s'est pas écoulé trois ans ; qu'on ne saurait ainsi faire état de prescription pour l'ensemble des délits de faux et d'usages de faux poursuivis;

Que cela est également valable pour le délit d'association de malfaiteurs connexe aux infractions de faux et usage de faux, d'escroquerie portant sur des deniers publics et de détournement de deniers publics ;

Que le délai de prescription de cette infraction ne commence à courir qu'à compter du mois de décembre 2015, date de commission alléguée des derniers actes constitutifs des délits de faux et usage de faux, de détournement de deniers publics et d'escroquerie sur des deniers publics;

Que, par ailleurs, concernant le moyen tiré de la prescription des actes de complicité des infractions d'escroquerie sur des deniers publics et de détournement de deniers publics, il y a lieu de préciser que le délai de prescription de sept ans, prévu par l'article 8 du Code de Procédure pénale, s'attache aux infractions et non pas au mode de participation des personnes poursuivies de ces chefs ;

Que, dès lors, les actes de complicité ne sont pas soumis à un délai de prescription différent de celui prévu pour l'infraction principale;

Qu'il s'ensuit que l'exception de prescription de l'action publique soulevée n'est pas fondée ;

Qu'il y a lieu de la rejeter ;

-Sur l'exception tirée de l'extinction partielle de l'action publique pour cause de chose jugée

Attendu qu'aux termes de l'article 6 du Code de Procédure pénale, l'action publique pour l'application de la peine s'éteint entre autres par la chose jugée ;

Qu'il importe de souligner que la chose jugée suppose la preuve de la triple identité de parties, d'objet et de cause ;

Que sous ce rapport, il y a lieu de relever qu'en vertu de l'article 33 de la loi organique n°2012-23 du 27 décembre 2012 sur la Cour des Comptes, la Cour ne juge que les comptes des comptables publics qui sont seuls susceptibles d'être déchargés de leur gestion ; Que Kh. A. S., en sa qualité d'ordonnateur, ne peut, au regard de l'article 14 du décret n°2011-1880 du 24 novembre 2011 précité qui distingue les fonctions de comptable public et celles d'ordonnateur, valablement invoquer à son profit une quelconque décharge des percepteurs comme exception de chose jugée ;

Qu'il convient dès lors de rejeter cette exception comme mal fondée ;

Sur la demande de sursis à statuer.

Attendu qu'en vertu de l'article 43 du traité de l'UEMOA, « les règlements ont une portée générale. Ils sont obligatoires dans tous leurs éléments et sont directement applicables dans tout État membre » ;

Qu'il y a lieu de relever que l'article 05 dudit règlement a fait l'objet de transposition dans le Code de Procédure pénale, précisément à son article 55 ;

Que l'exception tirée de la violation de ces dispositions a été évoquée et déclarée irrecevable pour cause de chose jugée ;

Que dès lors la demande de sursis aux fins de saisine de la Cour de justice de l'UEMOA pour interprétation des dispositions de l'article 5 du Règlement n°05 devient sans objet pour la suite de la procédure ;

Qu'il échet la rejeter comme non fondée ;

Attendu que l'action publique est recevable pour avoir été initiée dans les forme et délai de la loi ;

(...)

Par ces motifs

Statuant publiquement, contradictoirement, en matière correctionnelle et en premier ressort ;

En la forme

Déclare irrecevables les exceptions de nullité du procès- verbal d'enquête préliminaire, du réquisitoire introductif, des procès-verbaux d'interrogatoire de première comparution, de la procédure pour violation du droit à un procès équitable et l'exception préjudicielle de débet ;

Rejette les exceptions de nullité de la procédure tirée de l'irrégularité de la levée de l'immunité parlementaire de Kh. A. S. et de l'ordonnance de renvoi ;

Rejette également l'exception de prescription de l'action publique et la demande de sursis à statuer ;

Au fond

Sur l'action publique

Relaxe tous les prévenus du délit d'association de malfaiteurs ;

Relaxe F. T.du chef d'usage de faux en écriture de commerce ;

Relaxe Mb. T. et Kh. A. S. des chefs de détournement de deniers publics et de blanchiment de capitaux ;

Relaxe F. T., A. M. D., I. Y. D., M. O. B., Y. B. et I. T. du chef de complicité de détournement de deniers publics ;

Relaxe F. T., M. O. B., A. M. D., I. T. et I. Y. D. du chef de complicité d'escroquerie portant sur des deniers publics ;

Relaxe I. Y. D. et A. M. D. du chef d'usage de faux dans des documents administratifs ;

Requalifie les faits de faux en écriture de commerce reprochés à F. T. en complicité de faux en écriture de commerce ;

Déclare, par conséquent, F. T. coupable de complicité de faux en écriture de commerce ;

Déclare A. M. D. et I. Y. D. coupables de faux dans des documents administratifs ;

Déclare Y. B. coupable de faux et usage de faux en écriture de commerce et complicité d'escroquerie sur des deniers publics ;

Requalifie les faits de complicité d'usage de faux en écriture de commerce reprochés à Mb. T. en usage de faux en écriture de commerce ;

Déclare, par conséquent, Mb. T. coupable de complicité de faux en écriture de commerce, usage de ces faux, de faux et usage de faux dans des documents administratifs et escroquerie portant sur des deniers publics ;

Requalifie les faits de complicité de faux et usage de faux en écriture de commerce reprochés à Kh. A. S. en faux et usage de faux en écriture de commerce ;

Déclare, par conséquent, Kh. A. S. coupable de faux et usage de faux en écriture de commerce, de faux et usage de faux dans des documents administratifs et escroquerie portant sur des deniers publics ;

Condamne F. T. à deux (02) ans d'emprisonnement dont six (06) mois ferme, en application des dispositions des articles 45, 135, 433 du code pénal, 704 et suivants du Code de Procédure pénale ;

Condamne I. Y. D. et A. M. D. chacun à deux (02) ans d'emprisonnement dont un (01) an ferme, en application des dispositions des articles 137, 433 du code pénal, 704 et suivants du Code de Procédure pénale ;

Condamne Y. B. à cinq (05) ans d'emprisonnement ferme et à une amende de 500.000 FCFA ferme, en application des articles 5, 45, 135, 136, 152 et 153 du code pénal ;

Condamne Mb. T. à cinq (05) ans d'emprisonnement ferme et à une amende de 5.000.000 FCFA ferme, en application des articles 5, 45, 135, 136, 137, 152 et 153 du code pénal ;

Condamne Kh. A. S. à cinq (05) ans d'emprisonnement ferme et à une amende de 5.000.000 FCFA ferme, en application des articles 5, 135, 136, 137, 152 et 153 du Code pénal ;

Ordonne la confiscation du cinquième des biens présents de Y. B., Kh. A. S. et Mb. T. au profit de la Nation ce, en application des articles 30, 31, 32 et 154 du Code pénal ;

Sur les intérêts civils

Sur la recevabilité

Déclare irrecevable la constitution de partie civile de la ville de Dakar pour défaut de pouvoir de représentation de M. S. ;

Rejette la fin de non-recevoir tirée du défaut d'intérêt à agir de l'État du Sénégal ;

Reçoit la constitution de partie civile de l'État du Sénégal ;

Au fond

Déboute l'État du Sénégal de sa demande de paiement de dommages et intérêts comme mal fondée ;

Condamne F. T., Y. B., A. M. D., I. Y. D., Kh. A. S. et Mb. T. aux entiers dépens ;

Fixe la durée de la contrainte par corps au maximum ;

En application de l'article 707 du Code de Procédure pénale, le tribunal avertit F. T., A. M. D. et I. Y. D. qu'en cas de nouvelle condamnation, la peine prononcée sera exécutée sans confusion possible avec la seconde et que les peines de la récidive seront encourues dans les termes des articles 43 et 44 du Code pénal ;

Le tribunal avise les prévenus Y. B., Kh. A. S. et Mb. T. qu'ils ont un délai de trois (03) mois, à compter du jour où la décision sera devenue définitive, pour s'acquitter du paiement de l'amende entre les mains de l'agent du trésor public ;

Il est également porté à leur connaissance les dispositions de l'article 155 du Code de Procédure pénale

ANNEXE N° 14

CJ CEDEAO, arrêt n° ECW/CCJ/JUD/17/18 du 29 juin 2018, khalifa Ababacar SALL et autres c/ État du Sénégal, *inédit.*

COUR DE JUSTICE DE LA COMMUNAUTE CEDEAO, ABUJA-NIGERIA

Rôle Général : n° ECW/CCJ/APP/01/18

Arrêt n° ECW/CCJ/JUD/17/18 du 29 juin 2018

Monsieur Kh. A. S.,

Madame F. T.,

Monsieur Mb. T.,

Monsieur I. Y. N.,

Monsieur A. M. D.,

Monsieur Y. B. : **DEMANDEURS ;**

Contre

L'État du Sénégal : **DEFENDEUR**

COMPOSITION DE LA COUR

Hon. Juge Jérôme TRAORE, Président

Hon. Juge Hamèye Founé MAHALMADANE,

Juge Rapporteur Hon. Juge Yaya BOIRO, Membre,

Maître Aboubakar Djibo DIAKITE, Greffier

LA COUR DE JUSTICE DE LA COMMUNAUTE CEDEAO

A rendu, dans l'affaire Monsieur Kh. A. S. et cinq (05) autres contre l'État du Sénégal, en matière de violation des droits de l'homme, l'arrêt dont la teneur suit

PARTIES

DEMANDEURS :

Monsieur Kh. A. S. né le 1er janvier 1956 à Louga, fils de feu Mb. et d'A. N., de nationalité sénégalaise, ancien Ministre de la République du Sénégal, Député à l'Assemblée Nationale, Maire de la ville de Dakar (Sénégal), à Dakar au 24, Avenue Jean Jaurès, détenu à la Maison d'arrêt de Rebeuss à Dakar (Sénégal)

Madame F. T. : née le 04 mars 1957 à Dakar, fille de M. et d'A. G., assistante de direction, de nationalité sénégalaise, domiciliée aux HLM Grand Yoff à Dakar, détenue à la Maison d'arrêt pour femmes à Liberté 6 à Dakar (Sénégal)

Monsieur Mb. T.: né le 06 février 1962 à Guinguinéo, fils de Ch. et de B. D., de nationalité sénégalaise, économiste, demeurant à la Sicap Liberté 6 extension lot n° 151 à Dakar, détenu à la Maison d'arrêt de Rebeuss à Dakar (Sénégal)

Monsieur I. Y. D. : né le 12 octobre 1973 à Dakar, fils d'I. et de R. D., économiste, domicilié à Ouest Foire extension, villa n o 114 à Dakar, de nationalité sénégalaise, détenu à la Maison d'arrêt de Rebeuss à Dakar (Sénégal)

Monsieur A. M. D. : né le 05 mars 1956 à Dakar, fils d'I. et de F. D., contrôleur gestion, domicilié à Dakar au quartier Ouakam, de nationalité sénégalaise, détenu à la Maison d'arrêt de Rebeuss à Dakar (Sénégal)

Monsieur Y. B. : né le 18 juin 1958 à Djibidionen, comptable domicilié à Ouakam cité Avion, villa n° 698 à Dakar, de nationalité sénégalaise, détenu à la Maison d'arrêt de Rebeuss à Dakar (Sénégal)

Tous ayant pour avocats

Maître Ciré Clédor LY : Avocat à la Cour, 40, Avenue

Malick SY, Dakar (Sénégal), Tél, port : (+221) 77 396 02 02, Tél/Fax. Bur (+221) 33 822 82 11, E-mail : cabinetcledorly@yahoo.fr;

Maître Demba Ciré BATHILY : Avocat à la Cour, 57,

Avenue Georges Pompidou, Tél. Port : (+221) 77 139 27 30, Tél. Bur (+221) 33 825 31 32, E-mail mebathily@bathilyetassocies.net;

Maître Mohamed Seydou DIAGNE : Avocat à la Cour, 5, Place de l'Indépendance, Dakar (Sénégal), Tél. Port. (+221) 77 369 58 55, Tél/Fax. Bur : (+221) 33 823 02

64, BP 6677, E-mail : seydodiagne@gmail.com;

DEFENDEUR

L'ETAT DU SENEGAL : représenté par l'Agent Judiciaire de l'État ayant ses bureaux sis à l'Avenue Carde X Boulevard de la République, Dakar, Sénégal ayant pour conseils Maîtres Yérim THIAM, Papa Moussa Félix SOW,

Baboucar CISSE, Samba BITEYE et Ousmane DIAGNE tous avocats à la Cour d'Appel de Dakar et ayant élu domicile au 15, Boulevard Djily MBAYE, à Dakar, Sénégal

FAITS ET PROCEDURE

11.1- Monsieur Kh. A. S., Madame F. T., Monsieur Mb. T., Monsieur I. Y. D. / Monsieur A. M. D. et Monsieur

Y. B. ont saisi la Cour de Justice de Communauté CEDEAO d'une requête introductif d'instance en date du 26 décembre 2017, enregistrée au greffe le 05 janvier 2018, contre l'État du Sénégal pour violation des droits de l'homme

11.2- Ladite requête était accompagnée d'une seconde requête en procédure accélérée et d'une troisième autre en référé

11.3- Toutes les trois (03) requêtes ont été notifiées à l'État du Sénégal par courrier DHL expédié le 11 janvier 2018

11.4- Le défendeur a réagi par trois (03) mémoires en réponse sans date mais tous reçus au greffe le 29 janvier 2018 : le premier est relatif à la requête introductive d'instance, le second à la procédure accélérée et le troisième concerne la procédure en référé

11.5- Lesdits mémoires, notifiés aux requérants, n'ont pas suscité de réaction de leur part

La procédure écrite a été ainsi clôturée à l'expiration du délai imparti

11.6- L'affaire a été enrôlée pour être débattue à l'audience hors-siège de Bamako tenue le 23 avril 2018

A cette date, toutes les parties, représentées par leurs conseils, ont développé leurs écritures

11.7- L'affaire a été débattue et mise en délibéré pour décision être rendue le 29 juin 2018 au siège de la Cour à Abuja (République Fédérale du Nigéria)

MOYENS ET PRETENTIONS DES PARTIES

111.1- Monsieur Kh. A. S., Madame F. T., Monsieur Mb. T., Monsieur I. Y. D., Monsieur A. M. D. et Monsieur Y. B. ont attrait l'État du Sénégal devant la Cour de Justice de céans pour entendre statuer sur le mérite de leur requête introductive d'instance en violation des droits de l'homme dans les plaidoiries de leurs conseils à la barre qu'ils sont citoyens de la Communauté au sens de la définition de l'article 1.1 (a) du protocole A/P3/5/82 ; que l'État du Sénégal est signataire du Traité révisé de la Communauté du 24 juillet 1993, de la Charte africaine des droits de l'homme et des peuples, du Pacte international relatif aux droits civils et politiques, du Protocole A/ SPI/ 12/01 sur la Démocratie et la Bonne gouvernance additionnel au Protocole relatif au mécanisme de prévention, de gestion, de règlement des conflits, de maintien de la paix et de la Sécurité en date du 21 décembre 2001, du Protocole additionnel A/SP1/01/05 portant amendement du Protocole A/P1/7/91 relatif à la Cour de Justice de la Communauté et est tenu au respect des directives et principes du droit à un procès équitable et à l'assistance judiciaire en Afrique a conduit avec certains de ses camarades de parti, d'autres partis et des mouvements de la société civile, une liste ayant remporté quinze des dix-neuf communes de la ville de Dakar ; qu'à partir de 2014, le pouvoir l'a considéré comme un adversaire politique à combattre et a commencé à poser des actes pour entraver son travail de Maire et les projets de la ville ; que la même année direction du Parti Socialiste du Sénégal ayant manifesté sa volonté de soutenir le Président Macky SALL lors des prochaines élections prévues en juillet 2017, Monsieur Kh. A. S. a exprimé encore sur ce point son désaccord avec la position officielle de la direction du Parti et a décidé de présenter une liste aux élections législatives de juillet 2017 que la rupture avec la coalition au pouvoir étant consommée, l'Inspection générale d'État rattachée à la Présidence de la République fut activée contre lui ; que par soit transmis n° 004/C en date du 7 février 2017, enregistré à la Division des Investigations Criminelle sous le n° 358/DIC du 7 février 2017, le procureur de la République a fait parvenir le rapport n° 12/2016 du 24 mars 2016 relatif à la vérification administrative et financière de la ville de Dakar

111.4- Ils ont indiqué que la Police sénégalaise les a interrogé sans l'assistance d'un avocat durant toute l'enquête préliminaire et sans notification de ce qu'ils avaient ce droit dès leur interpellation ; que le procureur de la République; après avoir tenu une conférence de presse le 03 mars 2017 où il avait fait de graves déclarations violant la présomption d'innocence, a saisi le Doyen des Juges d'instruction aux fins d'ouverture d'une information judiciaire demandant qu'ils soient tous mis en détention, ce qui fut fait dès le 07 mars 2017 ;

111.5- Les requérants ont expliqué que l'enquête de l'Inspection générale d'État et l'enquête préliminaire de police ont été émaillées de graves violations des droits de l'homme et des droits politiques notamment le droit d'être assisté par un Avocat, le droit à la présomption d'innocence, le droit de faire entendre des témoins, le droit de bénéficier d'une instruction à décharge par une mesure d'expertise tendant à établir des contestations sérieuses et le droit à un procès équitable ; que le 03 avril 2017, le Doyen des Juges d'instruction a notifié à leurs avocats que la procédure était terminée en leur rappelant qu'ils disposaient d'un délai de trois jours pour leurs observations que par ordonnance de soit communiqué en date du 10 avril 2017, le juge d'instruction a transmis le dossier au procureur de la République avec les demandes de la défense formulées le 05 avril 2017 que par ailleurs, alors qu'il était candidat à la députation, aucune disposition n'a été prise pour permettre à Monsieur Kh. A. S. de concourir également avec les autres candidats ; qu'il fut privé de campagne électorale et ne put ni rencontrer, ni discuter avec les électeurs qu'il ne put enfin, ni se rendre aux urnes pour exercer son droit de vote, ni disposer de moyens pour exercer son droit effectif de vote ; que l'État n'a jamais cherché à observer le principe de proportionnalité, lequel exige le respect de la présomption d'innocence et des droits politiques de la personne

111.6- Ils ont soutenu que la violation du droit à l'assistance d'un conseil est consécutive à la violation de l'article 14-3-d du Pacte international relatif aux droits civils et politiques, l'article 7-1 de la Charte africaine des droits de l'homme et des peuples, l'article 5 du Règlement n°5/CM/UEMOA relatif à l'harmonisation des règles régissant la profession d'avocat dans l'espace, l'article 9, al 4 de la Constitution du Sénégal et de l'article 55 bis alinéa 10 à 13 et 15 de la loi n° 99-06 du 29 janvier 1999 du Code de Procédure pénale sénégalais que Monsieur Kh. A. S. a été interrogé le 21 février 2017 de 9heures 05 minutes à 19 heures 20 minutes par les officiers de Police Judiciaire dans le cadre de l'enquête préliminaire et ce, sans l'assistance d'un avocat ; qu'il en fut de même pour ses co-inculpés ; que Monsieur S. n'a pas pu aussi bénéficier de l'assistance d'un Avocat avant la confrontation, entre les nom s A. M. D., I. Y. D., Mb. T., Y. B., F. T. et A. D. et lui, effectuée dans les locaux de la Brigade des Affaires générales le 02 mars 2017 de 16 heures 30 minutes à 17 heures 50 minutes ; que la violation de ce droit porte nécessairement atteinte au droit à un procès équitable.

111.7- Ils ont avancé que la violation de la présomption d'innocence est consécutive à la violation de l'article 2 du Pacte international relatif aux droits civils et politiques, l'article 7 b de la Charte africaine des droits de l'homme et des peuples, l'article 11 de la Déclaration universelle des droits de l'homme du 10 décembre 1948, du paragraphe e-2 de la section 6 du chapitre N sur les dispositions applicables aux procédures relatives aux accusations pénales des Directives et Principes sur le droit à un procès équitable

111.8- Les requérants ont affirmé qu'au mépris de la présomption d'innocence, le procureur de la République a, au cours d'une conférence de presse tenue le 03 mars 2017, avancé des propos d'une extrême gravité et fondamentalement violé la présomption d'innocence des requérants car ne laissant aucun doute dans l'esprit du public sur l'imputation des faits de détournement de deniers publics ; qu'il a notamment déclaré :

« **1.** On a tenté une diversion en posant le problème autrement » alors que l'affaire de la caisse d'avance de la mairie de Dakar n'est pas politique mais plutôt celle de justification d'un « montant d'un milliard huit cents millions qu'on a pris des caisses de la ville de Dakar sur la base de faux documents »

2. « Ce qui s'est passé dans l'affaire de la caisse d'avance de la mairie de Dakar est très simple. L'Inspection générale d'État (IGE) dans son rapport n° 12-2016 du 24 mars 2016 m'a saisi pour me demander dans a recommandation n°1, l'ouverture d'une information pour élucider la manière dont les fonds ont été gérés dans la mairie de Dakar, il s'agit là, de la caisse d'avance. Cette inspection a relevé un montant de 1,800 milliard qui a été dépensé sans aucune forme de justification. Devant cette recommandation, je ne pouvais que saisir l'enquêteur pour tirer au clair cette affaire. Alors, la Division des investigations criminelles (DIC) a été saisie et a commencé à mener son enquête. Depuis lors, on n'a plus de calme, On a traité la justice et le procureur de tous les noms d'oiseaux et on a fait beaucoup d'amalgames »

3. « On a parlé de politique, on n'a pas répondu aux questions. Je crois que, dans cette affaire, la première question à laquelle il fallait répondre, c'était la question du Directeur des affaires financières (DAF). Le DAF qui est aussi un proche collaborateur des Inspecteurs généraux d'État, a écrit, et aussi devant les enquêteurs de la DIC, a dit et répété devant Kh. S. en confrontation que tous les papiers et toutes les pièces qui ont été confectionnés sont faux. Il expliqué devant les enquêteurs que tout cela était faux et n'était destiné qu'à couvrir les 30 millions de FCFA qu'il prenait et qu'il remettait en mains propres à Kh. S., C'est ça le problème mais pas de la politique »

4. « La question était de répondre au responsable des magasins de la mairie, alors qu'on lui a posé la question de savoir est-ce que vous receviez chaque mois, de 2011 à 2015, la valeur de quinze millions de francs en mil et quinze millions en riz. Ce magasinier a dit que, de 2011 à 2015, il n'a pas reçu un grain de riz, il n'a pas vu un grain de mil et c'est un proche collaborateur de Monsieur Kh. S.. C'est là où se situe le problème »

Que le droit à la présomption d'innocence s'applique n seulement à la manière dont la personne est traitée devant le tribunal et à l'appréciation des éléments de preuve, mais aussi au traitement dont elle fait l'objet avant le procès ; que ce droit s'applique aux suspects avant qu'ils ne soient inculpés puis par la suite jusqu'à ce qu'ils soient condamnés à l'issue de l'ultime recours ; que le procureur de la République a implicitement laissé entendre aux yeux du public que Monsieur S. était coupable de détournement de deniers publics

111.9- Ils ont rappelé, pour soutenir la violation des droits de Kh. S. de présenter des témoins pour sa propre défense et de demander une expertise, que la présomption d'innocence comporte aussi le droit de proposer des témoins pour établir son innocence ainsi que le droit de demander une expertise pour apporter la contre preuve de fausses allégations ou imputations portées contre soi que ce droit d'apporter la contre preuve de fausses allégations ou imputations est une composante essentielle du droit à un procès équitable garanti et protégé par les instruments de droit de l'homme et le droit interne sénégalais ; que le refus à une personne mise en cause d'une mesure qu'il estime nécessaire pour sa propre défense et qui ne gêne en rien la bonne administration de la justice est une violation du droit de la personne à un procès équitable.

111.10- Ils ont indiqué en ce qui concerne la violation de l'égalité des citoyens devant la Loi et devant la justice et du droit à un procès équitable est consécutive à la violation des articles 14,1 et 26 du Pacte International relatif aux droits civils et politiques, les articles 7 et 10 de la Déclaration Universelle des droits de l'homme, l'article 3-1-2 de la Charte africaine des droits de l'homme et des peuples et l'article 7, alinéa 4 de la Constitution sénégalaise que l'égalité des citoyens devant la justice suppose également l'existence, pour tous les justiciables, de garanties égales, ce qui implique l'existence d'une procédure juste et équitable pour des personnes placées devant les mêmes conditions ; que le Doyen des Juges d'instruction a non seulement refusé les demandes de fournir une caution mais les a privé de leur droit de recours devant la Chambre d'Accusation consacré par l'article 180 du Code de Procédure pénale que le refus de caution, la violation du droit d'appel ainsi que le renvoi devant la juridiction de jugement des requérants ont pour seul objectif de les faire condamné à une peine ferme les privant de leurs droits civils et politiques de sorte que Kh. S. perdrait son siège au parlement et serait inéligible pour les prochaines présidentielles que par ailleurs le procureur de la République et le Juge d'instruction ont réservé un traitement juridique différent pour eux et deux (02) autres personnes inculpées dans la même procédure ; que pour ces deux personnes, Messieurs M. B. et I. T., pourtant des comptables publics, et alors que la loi sénégalaise rend en principe obligatoire la détention, le procureur de la République a requis la mise en liberté sous contrôle judiciaire et te Juge d'instruction l'a suivi, portant ainsi manifestement atteinte à l'égalité des citoyens devant la loi ;

111.11- Les requérants ont poursuivi que la violation des droits politiques de Kh. A. S. ainsi que celle de son immunité parlementaire sont consécutives à la violation de l'article 25 du Pacte International relatif aux droits civils et politiques, l'article 13-1 de la Charte africaine des droits de l'homme et des peuples les articles 1.d et 4-g du Traité révisé des principes de convergence constitutionnelle de la CEDEAO, de l'article 8 de la Constitution Sénégalaise et les articles 51 et 52 alinéa 2 et 3 de la loi organique portant règlement intérieur de l'Assemblée nationale ;

111.12- Ils ont fait savoir que la campagne électorale pour les élections législatives de juillet 2017 a débuté le 09 juillet et Monsieur Kh. A. S., candidat et tête de liste de la coalition «TAXAWOU SENEGAL », du fait de sa détention, avait été privé de son droit politique de solliciter le suffrage de ses concitoyens et en même temps d'exercer son droit de vote ; qu'il avait sollicité, sans succès, par requêtes adressées aux autorités administratives et judiciaires de pouvoir se rendre aux urnes pour exercer son droit ou tout au moins de disposer d'une urne le jour du scrutin à la maison d'arrêt ; qu'au moment où il était privé de son droit de vote, il ne se trouvait dans aucun cas d'incapacités légales ou d'inéligibilité prévue par la loi électorale

111.13- Ils ont mentionné que l'article 51 du règlement intérieur de l'assemblée nationale a prévu le bénéfice de l'immunité parlementaire pour tout député nouvellement élu ; qu'en l'espèce Monsieur S. a donc bénéficié de l'immunité parlementaire dès la proclamation des résultats définitifs des élections législatives du 14 août 2017 par le Conseil constitutionnel ; que la disposition relative à la levée de l'immunité parlementaire a été violée en ce qu'il n'a jamais été entendu par la Commission et n'a pas été mis en mesure de comparaitre personnellement à l'Assemblée pour se défendre ou pour désigner un défenseur

la Cour :

- déclarer leur requête recevable ;
- se déclarer compétente ;
- constater les violations suivantes :
  - la présomption d'innocence de Kh. A. S. et ses co-inculpées ;
  - le droit de Kh. A. S. de faire entendre des témoins à décharge et de demander une expertise pour se défendre d'une accusation pénale ;
  - le droit de Kh. A. S. d'interjeter appel des décisions dont l'exercice du droit d'appel lui est reconnu par le droit interne ;
  - l'égalité des citoyens devant la loi et devant la justice avec le droit de cautionner pour obtenir une liberté provisoire ou une atténuation de la peine ou enfin un aménagement de la peine consacrés par le droit interne (articles 140 du Code de Procédure pénale et 155 du Code pénal) le droit des requérants à un procès équitable ;
  - le droit d'antenne de Kh. A. S. pendant la campagne ;
  - le droit de battre campagne et à l'égalité dans la compétition et la campagne électorale de Kh. A. S. ;
  - le droit de vote le jour du scrutin pour Kh. A. S. ;
  - les droits civiques et politiques et l'immunité parlementaire de Kh. A. S.
  - l'exigence du respect du principe de proportionnalité dans l'application de la loi et le respect des droits et libertés garantis et protégés par les instruments internationaux des droits de l'homme par le Sénégal

En conséquence

- dire et juger que les enquêtes menées par la Direction des Investigations criminelles n'ont pas respecté les droits de la défense des requérants et leur droit à un procès équitable ;

- dire et juger que le renvoi en jugement des inculpés ne garantissait pas le droit de ces derniers à un procès équitable ;
- ordonner à l'État du Sénégal de respecter ses lois dans l'administration de la justice et l'exercice des droits politiques des citoyens ainsi que les instruments internationaux juridiques internationaux qu'il a ratifiés ;
- ordonner à l'État du Sénégal de procéder à la libération immédiate des requérants jusqu'à ce que leur droit à une expertise, celui de faire entendre des témoins pour rapporter la preuve de la fausse accusation pénale à leur encontre, leur droit de proposer une caution pour bénéficier des droits prévus par la loi conformément aux exigences d'égalité des citoyens devant la loi et devant la justice dire que les violations commises à l'encontre de Kh. A. S. et ses co-inculpés ont causé à ces derniers en outre un préjudice énorme qui mérite réparation ;
- ordonner la réparation par l'État du Sénégal du préjudice subi par les requérants et leur allouer la somme de cinquante milliards (50.000.000.000) ;
- mettre les dépens à la charge de l'État du Sénégal.

111.15- L'État du Sénégal, dans son mémoire en réponse à la requête introductive d'instance, a développé ses moyens de défense ainsi qu'il suit

111.16- Le défendeur a, dans ses écritures et oralement par ses représentants et conseils, soutenu que suite à une vérification administrative et financière de la ville de Dakar pour la période 2011-2015, l'Inspection générale d'État a établi le rapport n°12/16 du 24 mars 2016 ; que dans ledit rapport les vérificateurs ont mentionné l'existence de pièces justificatives faisant état de la livraison, tous les mois, à la ville de Dakar par une structure privée dénommée GIE K. T., de riz de mil à hauteur de trente millions (30.000.000) francs CFA ; qu'ils y ont consigné avoir constaté que pour le renouvellement de l'alimentation financière de la caisse d'avance; le Directeur administratif et financier de la ville de Dakar présentait au receveur percepteur municipal, à la fin de chaque mois, deux factures définitives du GIE K. T. et deux procès-verbaux de réception respectivement de mil et de riz signés d'une part par le Directeur lui-même et Messieurs A. M. D. et I. Y. D., membres de la commission de réception et d'autre part par Monsieur Kh. A. S., Maire de la ville ;

111.17- Il a indiqué que le procureur de la République près le Tribunal de grande Instance hors Classe de Dakar a saisi la Division des Investigations criminelles, une unité de la Direction de la Police judiciaire afin de procéder à une enquête autour des faits relatés dans le rapport qu'au cours de l'enquête Monsieur Mb. T. a reconnu que les denrées n'ont été ni achetées ni livrées et a avoué que les factures et les procès-verbaux de réception produits étaient des faux établis afin de justifier la dépense des fonds qui étaient par la suite remis au Maire pouvant les utiliser à sa discrétion que ces déclarations de Monsieur T. ont été confirmées par Monsieur S., Maire de la ville ; que Monsieur Y. B., agent de la Mairie a reconnu que les commandes et les livraisons de denrées alimentaires étaient fictives que Messieurs I. T. et O. B., Inspecteurs du Trésor qui se sont succédé à la Perception municipale de Dakar en qualité de receveurs percepteurs municipaux pendant la période sous revue, ont déclaré qu'ils libéraient mensuellement la somme de trente millions (30.000.000) francs CFA entre les mains de Monsieur T. contre remise d'un mandat de paiement signé de Monsieur S., maire de ville et ordonnateur, ainsi que des factures et procès-verbaux de réception signés des membres de la commission de réception

111.18- Le défendeur a précisé que c'est sur la base de ces faits que Kh. A. S., Mb. T., Y. B., I. Y. D., M. O. B., I. T. et F. T. ont été inculpés par le Doyen des juges d'instruction du Tribunal de différents chefs d'infractions dont le détournement de deniers publics pour un montant d'un -milliard huit cent trente millions (1.830.000.000) francs CFA que l'information a été clôturée par le renvoi de tous les inculpés devant le tribunal correctionnel de Dakar pour y être jugés conformément à la loi ; que toutes les normes prévues par les législations interne et internationale ont été minutieusement observées.

111.19- Évoquant la violation du droit à l'assistance d'un conseil, l'État du Sénégal a rétorqué que les requérants convoquent des dispositions nationale et internationale sans rapporter la moindre preuve de la violation privant ainsi la Cour de tout moyen d'exercer son contrôle ; que d'ailleurs, saisie de la question, la Chambre d'accusation de la Cour d'appel de Dakar a rappelé la véracité des faits et l'application des dispositions pénales nationales qu'en effet, dans son arrêt n° 168 du 16 mai 2017, la Chambre d'accusation répondait que « ...or, en l'espèce, Kh. A. S. a, lui-même reconnu avoir fait appel à l'un de ses avocats qui s'était présenté dans les locaux de l'officier de police judiciaire pour l'assister, ce, dès son interpellation ; qu'il s'en infère qu'il avait été informé de son droit de se faire assister d'un conseil ; que toutefois, il n'a pas établi que c'est l'officier d police judiciaire qui a empêché ledit conseil de l'assiste Qu'aucun élément du dossier ne prouve, en effet, qu'il ait été fait obstacle à l'accès de cet avocat aux locaux où s'était tenue l'enquête

Que dès lors, aucune violation des droits de la défense du requérant n'étant établie, il échet de rejeter le moyen tendant à l'annulation du procès-verbal d'enquête préliminaire... »

111.20- Il a développé que s'il ne fait l'ombre d'aucun, doute que l'absence d'un défenseur constitue une atteinte au droit à l'assistance d'un avocat, encore faut-il que celle-ci lui soit imputable que selon la Cour européenne des Droits de l'homme, dans son arrêt *Tripoli* contre Italie du 22 février 1994, il ne saurait en effet être imputé à l'État la responsabilité d'une défaillance de l'avocat choisi par l'accusé. Il en est d'ailleurs de même pour l'avocat commis d'office selon les termes de l'arrêt *Artico* du 13 mai 1980 dans lequel elle a affirmé « qu'on ne saurait imputer à l'État la responsabilité de toute défaillance d'un avocat d'office » ; que la Cour de justice de la Communauté CEDEAO dans son arrêt ECW/CCJ/APP/03/07 du 22 mars 2007, dans l'affaire Moussa Léo KEÏTA contre l'État du Mali, au point 26, a signalé que « La Cour... n'a pas pour compétence réviser les décisions rendues par les juridictions des États membres ; elle n'est pas une juridiction d'appel ni de cassation des décisions des juridictions nationales et à ce titre l'action du requérant ne saurait prospérer »

(...)

111.26- L'État du Sénégal a, à la suite de tous ces développements, sollicité de la Cour de :

- dire et juger que la Cour n'a pas pour rôle d'examiner les législations des États membres de la Communauté in abstracto ni compétence pour apprécier les décisions judiciaires rendues par les États membres ;
- dire et juger que la Cour n'a pas de compétence pour apprécier les décisions judiciaires rendues par l'État du Sénégal ;
- dire et juger que l'État du Sénégal n'a violé aucun des droits de l'homme allégués En conséquence ;
- rejeter la requête introductive d'instance comme mal fondée ;

IV- MOTIVATION

SUR LA COMPETENCE DE LA COUR

IV.1- L'État du Sénégal a, dans ses moyens de défens sollicité que la Cour dise qu'elle n'a pas de compétence pour apprécier les décisions judiciaires rendues par ses juridictions nationales ;

Pour justifier sa démarche, il a invoqué la jurisprudence de la Cour notamment l'arrêt ECW/CCJ/APP/03/07 du 22 mars 2007, (Affaire Moussa Léo KEÏTA contre l'État du Mali, au point 26) ainsi libellé : « La Cour... n'a pas pour compétence de réviser les décisions rendues par les juridictions des États membres elle n'est pas une juridiction d'appel ni de cassation des décisions des juridictions nationales... »

IV. 2- Les conseils des requérants n'ont pas réagi à cette demande du défendeur ;

IV.3- Aux termes des dispositions de l'article 87 du Règlement de la Cour de Justice de la Communauté CEDEAO, toute demande relative à une exception ou un incident doit être formulée à titre d'exception préliminaire et présentée par acte séparé ;

En l'espèce, le moyen de l'État sénégalais sur l'incompétence de la Cour à connaitre de la requête a été porté par le mémoire au fond en réponse à la requête introductive d'instance

L'exception du défendeur ne respecte pas la forme prescrite pour sa présentation

Il est en principe irrecevable

Cependant, compte tenu du fait que la partie adverse ne l'a pas évoqué et surtout dans le souci d'alimenter le débat sur sa compétence, la Cour se fait le devoir d'examiner le moyen

IV.4- La Cour a déjà retenu dans sa jurisprudence, notamment dans l'arrêt indiqué par le défendeur (ECW/CCJ/APP/03/07 du 22 mars 2007 - Paragr. 35) l'arrêt relatif à l'affaire El Hadj Marne Abdou GAYE contre la République du Sénégal (ECW/CCJ/JUG/01/12 du 26 janvier 2012 - Paragr. 28), qu'elle n'était pas compétente à connaitre de recours contre les décisions des juridictions nationales

IV.5- La Cour fait observer que le Protocole additionnel A/SP.1/01/05 du 19 janvier 2005 portant amendement du Protocole PA/P. 1/7/91 relatif à la Cour de Justice de la Communauté lui confère explicitement la compétence pour connaitre des cas de violation des droits de l'homme dans tout État membre ;

IV.6- La Cour rappelle que relativement à sa compétence, elle a fixé sa jurisprudence dans plusieurs décisions au nombre desquelles les arrêts n° ECW/CCJ/JUG/01/12 du 26 janvier 2012 (Affaire El Hadj Marne Abdou GAYE contre la République du Sénégal paragr. 29) et n° ECW/CCJ/JUD/09/11 du 07 octobre 2011 (Affaire Madame AMEGANVI Manavi Isabelle et autres contre l'État du Togo - Paragr. 53)

IV. 7- Elle souligne qu'elle a, en effet, précisé dans lesdites décisions que « les allégations de violations des, droits de l'homme dans une requête suffisent à faire admettre sa compétence formelle sans préjuger de la véracité des faits et que « de simple référence aux instruments internationaux, qui constituent l'essentiel de l'ordre juridique communautaire en matière de droits de l'homme, induit la compétence formelle de la Cour telle que déterminée par l'article 9,4 du Protocole en ce qui concerne la matière et 10 d) en ce qui concerne la saisine de la Cour »

IV.8- Elle relève que les requérants ont allégué d'une part être victimes de violations de droits humains qui auraient été commises par l'État du Sénégal/ État membre de la Communauté Économique des États de l'Afrique de l'Ouest (CEDEAO) et invoqué d'autre part d I instruments juridiques internationaux relatifs aux droits de l'homme, à savoir la Charte africaine des droits de l'homme et des peuples et le Pacte international relatif aux droits civils et politiques, auxquels l'État défendeur est partie

IV.9- La Cour constate alors que les éléments qui l'ont guidée, par le passé, à fixer sa jurisprudence en matière de compétence sont réunis ;

Elle doit, dans ces conditions, retenir sa compétence et apprécier les griefs allégués par les requérants

SUR LES PRETENTIONS DES REQUERANTS

IV. 10- Monsieur Kh. A. S., Madame F. T., Monsieur Mb. T., Monsieur I. Y. D., Monsieur A. M. D. et Monsieur Y. B. ont attrait l'État du Sénégal devant la Cour de Justice de la Communauté CEDEAO pour diverses violations de droits de l'homme et des droits politiques ;

IV. 11- Les requérants ont affirmé que, depuis son désaccord avec la position officielle de la direction du Parti Socialiste sénégalais de soutenir le Président Macky SALL et sa coalition politique et sa décision de présenter une liste aux élections législatives de juillet 2017, Monsieur Kh. A. S. a été considéré par le pouvoir en place comme un adversaire politique à combattre ; que c'est dans cette optique que l'Inspection générale d'État, rattachée aux services de la Présidence de la République, a été activée contre lui ; que le rapport n° 12/2016 du 24 mars 2016 relatif à la vérification administrative et financière de la ville de Dakar établie par cette structure a été transmis à la Divisions des Investigations Criminelles (DIC) de la Police sénégalaise pour enquête ; que tant l'inspection administrative et financière que l'enquête préliminaire de police l'instruction préparatoire devant le Doyen des Juges d'instruction de Dakar ont été émaillées de graves violations des droits de l'homme et de leurs droits politiques

IV. 12- Ils ont soutenu que les droits de l'homme et les droits politiques violés sont : le droit à l'assistance d'un conseil, la présomption d'innocence, le droit de présenter des témoins pour sa défense et de demander une expertise, l'égalité des citoyens devant la loi et devant la justice, le droit à un procès équitable d'une part, et les droits politiques et l'immunité parlementaire de Monsieur S., d'autre part

Les conseils ont, également, développé, à l'audience, les moyens relatifs à la détention de Monsieur Kh. A. S.

Les droits invoqués sont respectivement prévus par :

- les articles 14-3-d du Pacte international relatif aux droits civils et oolitiques ; 7-1c de la Charte africaine des droits de l'homme et des peuples ; 5 du Règlement n° 5/CM/UEMOA relatif à l'harmonisation des règles régissant la profession d'avocat dans l'espace ; 9 al.4 de la Constitution du Sénégal et 55 bis alinéa 10, 13 et 15 de la loi n° 99-06 du 29 janvier 1999 du Code de procédure pénale sénégalais

- les articles 14-2.du Pacte international relatif aux droits civils et politiques ; 7 b de la Charte Africaine des droits de l'homme et des peuples 11 de la Déclaration universelle des droits de l'homme du 10 décembre 1948 et du paragraphe e-2 de la section 6 du chapitre N sur les dispositions applicables aux procédures relatives aux accusations pénales des directives et principes sur le droit à un procès équitable
- les articles 14,1 et 26 du Pacte droits civils et politiques ; 7 et 10 de la Déclaration Universelle des droits de l'homme ; 3-1-2 de la Charte africaine des droits de l'homme et des peuples et 7 alinéa 4 de la Constitution sénégalaise
- les articles 25 du Pacte international relatif aux droits civils et politiques ; 13-1 de la Charte africaine des droits de l'homme et des peuples ; 1.d et 4-g du Traité révisé des principes de convergence constitutionnelle de la CEDEAO ; 8 de la Constitution sénégalaise et 51 et 52, alinéa 2 et 3 de la loi organique portant règlement intérieur de l'assemblée nationale ;
- les articles 6 de la Charte africaine des droits de l'homme et des peuples et la Déclaration Universelle des droits de l'homme ;

SUR LA VIOLATION DU DROIT À L'ASSISTANCE D'UN CONSEIL

IV. 13- Relativement au droit à l'assistance d'un conseil, les différents instruments juridiques internationaux invoqués disposent :

Article 14. 3-d du Pacte international relatif aux droits civils et politiques :

« Toute personne accusée d'une infraction pénale a droit, en pleine égalité, au moins aux garanties suivantes :

d) à être présente au procès et à se défendre elle-même ou à avoir l'assistance d'un défenseur de son choix ; si elle n'a pas de défenseur, à être informé de son droit d'en avoir un, et, chaque fois que l'intérêt de la justice l'exige, à se voir attribuer d'office un défenseur, sans frais, si elle n'a pas les moyens de le rémunérer »

Article 7. 1 c de la Charte africaine des droits de l'homme et des Peuples :

« Toute personne a droit à ce que sa cause soit entendue. Ce droit comprend :

c. le droit à la défense, y compris celui de se faire assister par un défenseur de son choix »

Article 5 du Règlement n° 5/CM/UEMOA relatif à l'harmonisation des règles régissant la profession d'avocat dans l'espace :

« Les Avocats assistent leurs clients dès leur interpellation, durant l'enquête préliminaire, dans les de la police, de la gendarmerie, ou devant le parquet. A ce stade, aucune lettre de constitution ne peut être exigée de l'Avocat... »

IV. 14- La Cour retient, de l'ensemble des dispositions invoquées ci-dessus, que le droit à l'assistance d'un conseil est un droit fondamental institué au profit de toute personne faisant l'objet d'une procédure pénale ; Il apparait que ce droit doit être observé dès l'interpellation de la personne par l'information qui doit être portée à sa connaissance de son droit de se faire assister d'un défenseur ;

IV. 15- En l'espèce, les requérants ont reproché à l'État défendeur d'avoir été interrogés et confrontés dans le cadre de l'enquête préliminaire par ses agents notamment des Officiers de Police judiciaire sans l'assistance de leurs Avocats

IV. 16- L'État du Sénégal, pour se défendre de ce grief, a soutenu que par arrêt n o 168 du 16 mai 2017, la Chambre d'accusation a tranché la question en concluant qu'aucune violation des droits de la défense du requérant n'ayant été établie, il échet de rejeter le moyen tendant à l'annulation du procès-verbal d'enquête préliminaire

IV. 17- La Cour souligne que la Chambre d'accusation de la Cour d'appel de Dakar était appelée à se prononcer dans l'arrêt cité, sur la nullité du procès-verbal d'enquête préliminaire pour inobservation par l'officier de police judiciaire d'une formalité substantielle et non- sur la violation d'un droit humain ;

La Cour réaffirme qu'autant elle n'est pas juge d'appel ou de cassation des décisions des juridictions nationales, autant de telles décisions ne peuvent faire obstacle à son intervention quand il s'agit de faits relevant de sa compétence à savoir en l'espèce la violation d'un droit fondamental ; Seule, la saisine préalable d'une autre juridiction internationale, également compétente, peut faire échec à sa saisine régulière ;

IV. 18- Elle fait, cependant, observer que même si elle n'est pas encline à examiner les décisions judiciaires nationales, elle a estimé que cette vision de sa compétence ne doit être interprétée de façon absolue ;

Elle a en effet, retenu dans l'affaire Farimata MAHAMADOU et 3 autres contre l'État du Mali (arrêt n° ECW/CCJ/JlJD 1 11/16 du 17 mai 2016) que « lorsqu'une décision de justice est, en elle-même attentatoire aux droits de l'homme, il va de soi que le juge communautaire, qui a reçu mandat de protéger les droits des citoyens de la communauté, ne saurait avoir d'autre choix que d'intervenir et dénoncer cette violation ; qu'il ne saurait rester inerte face à une violation flagrante des droits de l'homme, peu importe l'acte qui est à l'origine de cette violation »

IV. 19- La Cour, en tenant compte de sa jurisprudence, dit qu'elle ne peut se satisfaire de la démarche de la Chambre d'accusation de Dakar, ayant conduit au rejet du moyen tendant à l'annulation du procès-verbal d'enquête préliminaire, pour écarter les arguments d requérants relatifs à la violation du droit à l'assista d'un conseil

IV .20- L'État défendeur a, ensuite, laissé entendre que pour que la violation du droit à l'assistance d'un conseil puisse prospérer il faudrait que celle-ci lui soit imputable

La Cour ne peut laisser prospérer une telle position ;

En effet, elle estime que toute violation du droit- à l'assistance d'un conseil ne peut, dans le domaine concerné, se réaliser que dans des procédures conduites devant des organes de l'État

IV. 21- En l'espèce, les requérants se sont plaints de la violation de leur droit à l'assistance d'un conseil à la phase de l'enquête préliminaire c'est-à-dire devant les services de police de l'État Sénégalais ;

Dans ces conditions comment le défendeur peut-il soutenir qu'une violation qui aurait été commise par ses services de police au cours d'une enquête préliminaire ne lui est pas imputable ?

A l'examen, il ressort expressément de l'arrêt n° 168 du 16 mai 2017 de la Chambre d'accusation de la Cour d'Appel de Dakar que l'article 55 nouveau alinéa 10 du Code de Procédure pénale prévoit que : « L'officier de police judiciaire informe la personne interpellée de son droit de constituer conseil parmi les avocats inscrits au tableau ou admis en stage. Mention de cette formalité est faite obligatoirement sur le procès-verbal d'audition à peine de nullité »

IV. 22- La Cour note que les dispositions l'article 55 nouveau du Code de Procédure pénale sénégalais viennent conforter les prescriptions des instruments juridiques internationaux invoqués par les requérants à savoir l'article 14. 3-d du Pacte international relatif aux droits civils et politiques, l'article 7. 1. c de la Char africaine des droits de l'homme et des peuples et l'article 5 du Règlement n°5/CM/UEMOA relatif à l'harmonisation des règles régissant la profession d'avocat dans l'espace ;

IV. 23- La Cour retient que le respect des prescriptions de cet article incombe à l'officier de police judiciaire qui interpelle une personne ;

II appartient à l'agent de l'État de prouver, par la mention au procès-verbal d'enquête préliminaire, que l'obligation qui pèse sur lui, à savoir l'information à porter à la connaissance de la personne interpellée, de son droit de constituer un conseil, a été accomplie de façon régulière

Or, la Cour constate que le procès-verbal n° 146/DIC/BAG en date du 02 mars 2017 établi à la suite de l'enquête préliminaire effectuée par la Division des Investigations Criminelles de la Direction de la Police judiciaire ne fait nulle part état de ce que les interpellés ont été assistés durant l'enquête de leurs conseils ou ont été informés de leur droit à en constituer

Dans ces conditions, la Cour doit conclure à la violation du droit à l'assistance d'un conseil des requérants au moment de leur interpellation ;

IV. 24- La Cour dit, au regard des circonstances qui précèdent, que le droit à l'assistance d'un conseil des requérants a été violé et que la responsabilité de l'État du Sénégal doit être engagée

(…)

PAR CES MOTIFS

Statuant publiquement, contradictoirement en matière de violation des droits de l'homme, en premier et dernier ressort

En la forme

La Cour se déclare compétente' à examiner la requête introduite par Monsieur Kh. A. S. et cinq (05) autres ;

Au fond

- Dit que le droit à l'assistance d'un conseil, le droit à la présomption d'innocence et le droit à un procès équitable des requérants ont été violés ;
- Dit, également que la détention, de Monsieur Kh. A. S. entre la date de la proclamation des résultats de I' élection législative par le Conseil Constitutionnel, c'est-à-dire le 14 août 2017, et celte de la levée de son immunité parlementaire, à savoir le 25 novembre 2017, est arbitraire.
- Dit que la responsabilité de l'État du Sénégal, par le truchement de ses autorités policières et judiciaires, est engagée ;
- Condamne le défendeur à payer aux requérants la somme de trente-cinq millions (35.000.000) francs CFA à titre de réparation ;
- Déboute les requérants du surplus de leurs prétentions ;
- Met les dépens à la charge de l'État du Sénégal

ANNEXE N° 15

CA Dakar, ch. corr. n° 399 du 18 juillet 2018, Ministère et État du Sénégal et la ville de Dakar Khalifa Ababacar SALL et autres

LA COUR

Vu le jugement du Tribunal de grande Instance de Dakar en date du 30/032018 ;

Vu les appels relevés contre le jugement par les prévenus Kh. A. S. et Y. B., les parties civiles, et le Ministère public ont relevé appel du jugement sus énoncé suivant actes du greffe en date des 25, 26 et 30 avril 2018

Ouï Monsieur le Conseiller Amady DIOUF en son rapport ;

Ouï Monsieur l'Avocat Général en ses réquisitions ;

Vu les pièces du dossier ;

Après en avoir délibéré conformément à la loi ;

Considérant que par actes n° 708 du 25 avril 2018 et n°717 du 26 avril 2018, n°729 du 30 avril 2018, régulièrement reçus au greffe, Maîtres François SARR, Youssoupha CAMARA et Doudou NDOYE, avocats à la cour, ont interjeté appel respectivement pour le compte de Kh. A. S. et Y. B., contre le jugement n° 106 /2018 rendu le 30 mars 2018 par le Tribunal de Grande Instance Hors Classe de Dakar, statuant en matière correctionnelle et dont le dispositif est conçu ainsi qu'il suit :

«Statuant publiquement, contradictoirement, en matière correctionnelle et en premier ressort ;

EN LA FORME

Déclare irrecevables les exceptions de nullité du procès-verbal d'enquête préliminaire, du réquisitoire introductif, des procès-verbaux d'interrogatoire de première comparution, de la procédure pour violation du droit à un procès équitable et l'exception préjudicielle de débet ;

Rejette les exceptions de nullité de la procédure tirée de l'irrégularité de la levée de l'immunité parlementaire de Kh. A. S. et de l'ordonnance de renvoi ;

Rejette également l'exception de prescription de l'action publique et la demande de sursis à statuer ;

AU FOND

1- Sur l'action publique

Relaxe tous les prévenus du délit d'association de malfaiteurs ;

Relaxe F. T. du chef d'usage de faux en écriture de commerce ;

Relaxe Mb. T. et Kh. A. S. des chefs de détournement de deniers publics et de blanchiment de capitaux ;

Relaxe F. T., A. M. D., I. Y. D., M. O. B., Y. B. et I. T. du chef de complicité de détournement de deniers publics ;

Relaxe F. T., M. O. B., A. M. D., I. T. et I. Y. D. du chef de complicité d'escroquerie portant sur des deniers publics ;

Relaxe I. Y. D. et A. M. D. du chef d'usage de faux dans des documents administratifs ;

Requalifie les faits de faux en écriture de commerce reprochés à F. T. en complicité de faux en écriture de commerce ;

Déclare, par conséquent, F. T. coupable de complicité de faux en écriture de commerce ;

Déclare A. M. D. et I. Y. D. coupables de faux dans des documents administratifs ;

Déclare Y. B. coupable de faux et usage de faux en écriture de commerce et complicité d'escroquerie sur des deniers publics ;

Requalifie les faits de complicité d'usage de faux en écriture de commerce reprochés à Mb. T. en usage de faux en écriture de commerce ;

Déclare, par conséquent, Mb. T. coupable de complicité de faux en écriture de commerce, d'usage de ces faux, de faux et usage de faux dans des documents administratifs et d'escroquerie portant sur des deniers publics ;

Requalifie les faits de complicité de faux et usage de faux en écriture de commerce reprochés à Kh. A. S. en faux et usage de faux en écriture de commerce :

Déclare, par conséquent, Kh. A. S. coupable de faux et usage de faux en écriture de commerce, de faux et usage de faux dans des documents administratifs et d'escroquerie portant sur des deniers publics ;

Condamne F. T. à deux (02) ans d'emprisonnement dont six (06) mois ferme, en application des dispositions des articles 45, 135, 433 du code pénal, 704 et suivants du Code de Procédure pénale;

Condamne Ibrahima Y. D. et A. M. D. chacun à deux (02) ans d'emprisonnement dont un (01) an ferme, en application des dispositions des articles 137, 433 du code pénal, 704 et suivants du Code de Procédure pénale ;

Condamne Y. B. à cinq (05) ans d'emprisonnement ferme et à une amende de 500.000 FCFA ferme, en application des articles 5, 45, 135, 136, 152, 153 et 154 du code pénal ;

Condamne Mb. T. à cinq (05) ans d'emprisonnement ferme et à une amende de 5.000.000 FCFA ferme, en application des articles 5, 45, 135, 136, 137, 152, 153 et 154 du code pénal ;

Condamne Kh. A. S. à cinq (05) ans d'emprisonnement ferme et à une amende de 5.000.000 FCFA ferme, en application des articles 5, 135, 136, 137, 152, 153 et 154 du Code pénal ;

Ordonne la confiscation du cinquième des biens présents de Y. B., Kh. A. S. et Mb. T. au profit de la Nation ce, en application des articles 30, 31, 32 et 154 du Code pénal;

2 - Sur les intérêts civils

Sur la recevabilité

Déclare irrecevable la constitution de partie civile de la ville de Dakar pour défaut de pouvoir de représentation de M. S. ;

Rejette la fin de non-recevoir tirée du défaut d'intérêt à agir de l'État du Sénégal;

Reçoit la constitution de partie civile de l'État du Sénégal ;

Sur la demande de réparation de l'État du Sénégal

Déboute l'État du Sénégal de sa demande de paiement de dommages et intérêts comme mal fondée ;

Condamne F. T., A. M. D., A. M. D., Ibrahima Y. D., Kh. A. S. et Mb. T. aux entiers dépens ;

Fixe la durée de la contrainte par corps au maximum en application des articles 460, 709 et suivants du Code de Procédure pénale ;

En application de l'article 707 du Code de Procédure pénale, le tribunal avertit F. T., A. M. D. et Ibrahima Y. D. qu'en cas de nouvelle condamnation, la peine prononcée sera exécutée sans confusion possible avec la seconde et que les peines de la récidive seront encourues dans les termes des articles 43 et 44 du code pénal ;

Le tribunal avise les prévenus Y. B., Kh. A. S. et Mb. T. qu'ils ont un délai de trois (03) mois, à compter du jour où la décision sera devenue définitive, pour s'acquitter du paiement de l'amende entre les mains de l'agent du trésor public ;

Il est également porté à leur connaissance les dispositions de l'article 155 du Code de Procédure pénale ; »

Considérant que par acte n°703 reçu au greffe le 25 avril 2018, Maîtres Ousseynou GAYE et Ibrahima DIAW, avocats à la Cour, agissant pour le compte de la ville de Dakar, a interjeté appel contre le même jugement du 30 mars 2018, en ce qu'il a déclaré irrecevable la constitution de partie civile de la ville de Dakar ;

Considérant que par acte n°714 reçu au greffe le 26 avril 2018, Maître Baboucar CISSE, avocat à la Cour, a interjeté appel pour le compte de l'État du Sénégal, en ce qu'il a été débouté par ledit jugement de sa constitution de partie civile ;

Considérant que par acte n°729 du 30 avril 2018, le procureur de la République a interjeté appel contre toutes les dispositions du jugement du 30 mars 2018 susvisé ;

EN LA FORME :

Considérant que par conclusions écrites en date du 10 Juillet 2018, Maître François SARR, conseil de Kh. A. S. a saisi la Cour de céans d'une requête tendant à l'annulation de la procédure et à la mise en liberté immédiate de son client en faveur de qui la Cour de Justice de la Communauté Economique des États de l'Afrique de l'Ouest dite CEDEAO a rendu une décision le 29 juin 2018 dans le cadre d'une procédure initiée contre l'État du Sénégal et dont le dispositif est ainsi conçu :

« Dit que le droit à l'assistance d'un conseil, le droit à la présomption d'innocence et le droit à un procès équitable des requérants ont été violés ;

Dit également que la détention de Kh. A. S. entre la date de proclamation des résultats des élections législatives par le conseil constitutionnel, c'est-à-dire le 14 Août 2017 et celle de la levée de son immunité parlementaire, à savoir le 25 novembre 2017 est arbitraire ;

Dit que la responsabilité de l'État du Sénégal, par le truchement de ses autorités policières et judiciaires est engagée ;

Condamne le défendeur à payer aux requérants la somme de trente-cinq millions (35.000.000) de Francs CFA à titre de réparation.

Déboute les requérants du surplus de leurs prétentions.

Met les dépens à la charge de l'État du Sénégal ; »

Que Maîtres Khassim TOURE et Youssoufa CAMARA ont pour leur part, et à la suite des conseils de Kh. A. S., respectivement plaidé les mêmes demandes pour le compte de Mb. T. et de Y. B. ;

Considérant que les conseils de Kh. A. S. ont, dans leurs plaidoiries subséquentes, fait remarquer au soutien de leur demande de nullité et de libération immédiate que la décision de la Cour de justice de la CEDEAO a un caractère obligatoire, définitif et exécutoire, au regard des articles 6 et 15 du traité révisé de la CEDEAO et 19 du protocole référencé A/P1/7/91 et que cette décision s'impose pour tout ce qui a été jugé par la Cour de justice de la CEDEAO à la cour d'appel de céans;

Qu'ils ajoutent, par ailleurs, que les constats des violations des droits de Kh. A. S. à bénéficier d'un procès équitable et de l'assistance d'un conseil et à jouir de son immunité parlementaire ont autorité de la chose jugée dans l'espace CEDEAO et ne peuvent plus être, selon eux, remis en cause par les juges de la cour d'appel;

Qu'ils considèrent que tout jugement rendu dans un tel contexte de violations de ces droits sus indiqués est définitivement irrégulier et inéquitable et, comme tel, doit être annulé ;

Qu'ils soutiennent que cet arrêt de la Cour communautaire, qui est applicable dès son prononcé, étend ses effets au-delà du jugement entrepris du 30 mars 2018 et influe sur la validité même du présent procès;

Que de telles violations et irrégularités s'étant produites au début de la procédure et ne pouvant nullement être régularisées à postériori, ils sollicitent l'annulation de la procédure et par voie de conséquence la libération immédiate de Kh. S., détenu arbitrairement depuis le 25 novembre 2017, dès lors que le mandat de dépôt est devenu caduc ;

Qu'ils ont en outre saisi la Cour de céans d'une requête en inconstitutionnalité d'abord de l'article 155 du Code pénal en ce qu'il opère, selon eux, une discrimination entre les prévenus disposés à rembourser et les autres, ce qui pousserait à l'auto incrimination, puis de la loi 2004-09 sur le blanchiment de capitaux, en ce que sa rédaction est confuse ;

Que maîtres Khassimou TOURE et Youssoufa CAMARA ont plaidé les mêmes moyens et demandes pour le compte respectif de Mb. T. et Y. B., précisant que l'annulation de la procédure par voie de conséquence devra bénéficier à tous les prévenus ;

Considérant que les conseils de la ville de Dakar ont indiqué que la disponibilité de l'intégralité de l'arrêt de la Cour de justice communautaire est indispensable dans le cadre de cette présente procédure ;

Considérant que l'agent judiciaire de l'État et les avocats de l'État du Sénégal ont conclu en revanche au rejet de ladite requête en faisant valoir que la Cour de justice de la CEDEAO a débouté les requérants de leur demande de libération immédiate et de cessation immédiate des poursuites et qu'ils ne peuvent solliciter le bénéfice de ces mesures en se basant sur l'arrêt de la juridiction communautaire qui ne l'a pas ordonné; qu'ils soutiennent que la juridiction communautaire a relevé que l'immunité de Kh. A. S. a été levée, contrairement aux allégations des requérants, dès lors qu'elle a fondé la détention arbitraire du susnommé dans la période séquentielle comprise entre la proclamation des résultats et la levée effective de son immunité ;

Qu'ils soutiennent que les demandes sont d'autant plus injustifiées que la juridiction communautaire n'a pas ordonné la libération d'office de Kh. S. et de ses coprévenus, alors que, dans d'autres cas où la situation le justifiait, à l'instar de la procédure Mamadou TANDJAN contre État du Niger, cette juridiction a fait injonction à l'État du Niger de libérer le susnommé ;

Qu'ils ont, par ailleurs, fait remarquer qu'en droit, il n'existe aucun mécanisme pour transposer la décision de la Cour et annuler la procédure pendante sur la base de l'arrêt allégué de la cour de justice, ce d'autant que la cour de justice communautaire n'est pas une juridiction de recours et qu'elle n'a pas vocation à réviser les décisions des juridictions des pays membres ; la jurisprudence de la Cour de la CEDEAO renseigne sur l'incidence de ses propres arrêts en droit interne ;

Qu'ils plaidaient enfin que la libération sollicitée par les conseils des prévenus ne peuvent être appréciée que sous l'angle des dispositions des articles 140 et suivants du Code de Procédure pénale ;

Que, par ailleurs, la Cour de céans a déjà répondu sur l'exception d'inconstitutionnalité de l'article 155 du Code pénal et s'agissant de la loi sur le blanchiment, elle n'est qu'une internalisation de la loi uniforme sur le blanchiment, elle-même supérieure à la Constitution ;

Considérant que par notes en cours de délibéré en date du 16 juillet 2018 reçues le même jour, les conseils de l'État du Sénégal déclarent réitérer leurs plaidoiries orales, après analyse de l'arrêt de la Cour de justice de la CEDEAO désormais publié et notifié par courrier électronique ;

Qu'en premier lieu, ils ont critiqué, au regard notamment de la jurisprudence de la Cour de Cassation française et de la Cour européenne des droits de l'homme, l'ensemble des violations retenues par la Cour de justice dans sa motivation, relativement au droit à l'assistance d'un conseil, au droit à un procès équitable et à la détention arbitraire ;

Qu'ensuite, ils ont indiqué que la Cour communautaire, dans sa jurisprudence constante, s'est toujours refusé de remettre en cause des décisions rendues par les juridictions des États membres ;

Qu'enfin, quand aux effets de ladite décision sur le jugement frappé d'appel, ils ont souligné que la Cour de justice s'est limitée à son rôle, qui est de relever les cas de violations des droits de l'homme dans les États et de les sanctionner au besoin par l'allocation de dommages et intérêts;

Qu'en conséquence, ils ont conclu que l'arrêt de la CEDEAO n'a aucune incidence, ni sur le jugement avant dire droit du 2 février 2018, ni sur le jugement de fond du 30 mars 2018;

Considérant que le Procureur général a fait noter que la décision communautaire doit être respectée, en ce qu'elle a prononcé une sanction pécuniaire en réparation des violations des droits constatées dans le cadre de la procédure ; que la Cour de justice de la CEDEAO est compétente pour ordonner des mesures individuelles portant libération immédiate, ou alors des mesures de réparation comme dans le cas d'espèce ;

Qu'il a indiqué que dans le contentieux de la Cour de justice, ce ne sont pas les juridictions qui sont attraites mais les États; que les manquements constatés induisent, de la part des États, des modifications et réformes dans le respect des droits de l'homme;

Que l'arrêt de la CEDEAO qui n'a jamais ordonné la libération des prévenus ni conclu à la nullité de la procédure engagée ;

Considérant que par conclusions écrites en réponses en date du 16 juillet 2018 reçues le même jour, le procureur général est revenu sur les exceptions soulevées par la défense à l'audience du 9 juillet 2018 et dans ses écritures en date du 10 juillet 2018;

Qu'ainsi, s'agissant tout d'abord de l'inconstitutionnalité des articles 155 du Code pénal et 2 de la loi n°2004-09 du 6 février 2004 sur le blanchiment de capitaux, il a fait observer que le juge saisi de l'exception décide souverainement « si la solution du litige est subordonnée à l'appréciation de la conformité des dispositions d'une loi ou des stipulations d'un accord international à la Constitution »; que si sa réponse est négative, le rejet de ladite exception s'impose, ce qui est le cas en l'espèce, au regard de la jurisprudence constante de la Cour suprême;

Que l'article 2 de la loi n°2004-09 du 06 février 2004 est une loi d'essence communautaire, alors que l'article 155 du Code pénal a été institué au profit des personnes poursuivies pour des infractions sur les deniers publics, afin de leur permettre de bénéficier, sous certaines conditions, de circonstances atténuantes, du sursis ou de la libération conditionnelle;

Qu'en second lieu, le Ministère public est revenu sur la portée des arrêts rendus par la Cour de justice au regard de sa propre jurisprudence rappelant que son arrêt ne peut avoir une quelconque influence sur la décision que la Cour de céans va prendre, ce qui signifie qu'elle n'entend point faire échec à la procédure en cours, d'autant plus qu'elle a opté pour l'allocation d'une réparation pécuniaire;

Qu'en outre, s'agissant de la libération immédiate ou d'office plaidée par la défense, le procureur général a précisé que la Cour communautaire n'a jamais mis en cause la régularité du mandat de dépôt en dehors de la période visée, et qu'en se déterminant ainsi, la Cour a énoncé, à contrario certes, mais de façon non équivoque que la détention de Kh. A. S., en dehors de ladite période, est tout à fait régulière, à quoi s'ajoute par ailleurs, que l'arrêt de la Chambre d'accusation, sur l'assistance d'un conseil, a acquis l'autorité de la chose jugée;

Qu'au total, il a requis le rejet de toutes les exceptions et de la demande de libération présentées par les conseils de la défense;

SUR CE,

Sur la portée de l'arrêt de la Cour de Justice de la CEDEAO

Considérant que la Cour de céans entend tout d'abord préciser que l'ordre juridique communautaire de la CEDEAO est caractérisé par un monisme judiciaire compétent entre autres, pour connaître en premier et dernier ressort des questions relevant de l'interprétation et de l'unification du droit communautaire, des renvois préjudiciels qui peuvent lui être faits par les juridictions nationales des États membres et des saisines par les ressortissants des États membres sur les violations des droits de l'homme;

Que la Cour de Justice rend ainsi, dans les domaines relevant de sa compétence, en application des dispositions de l'article 15-4 du Traité révisé, des arrêts obligatoires à l'égard des États membres, des institutions de la communauté, des personnes physiques et morales ;

Que la force obligatoire des décisions de justice communautaires a été affirmée avec force dans l'affaire Jerry UGOKWE contre République fédérale du Nigéria, jugée le 7 octobre 2005, où la Cour soutient que l'obligation d'exécuter ses décisions incombe aux tribunaux nationaux des États membres bâtis sur un ordre communautaire intégré sans pour autant laisser supposer l'existence d'une relation verticale entre la Cour communautaire et les juridictions nationales des États membres;

Considérant qu'il y a lieu cependant de préciser que la force obligatoire et exécutoire attachée aux arrêts de la Cour de Justice, essentielle à la pénétration du droit communautaire dans les ordres juridiques nationaux, n'autorise pas pour autant la juridiction communautaire à se substituer aux juridictions nationales ni à les concurrencer sur leur propre terrain qui est celui de l'interprétation des textes nationaux ainsi que cela a été affirmé avec pertinence dans un obiter dictum;

Qu'il est dès lors indéniable que l'arrêt rendu le 29 juin 2018 dans le différend opposant Kh. A. S. et autres contre État du Sénégal, en application des dispositions de l'article 62 du règlement de procédure de la Cour, constatant la violation de droits de l'homme, produit des effets obligatoires conformément aux dispositions de l'article 15-4 du Traité révisé de la CEDEAO;

Considérant qu'en plus de son caractère obligatoire, l'arrêt du 29 juin 2018 en ce qu'il comporte le paiement de somme d'argent à Kh. A. S. et autres pour un montant de trente-cinq millions (35.000.000 FCFA) que la Cour a estimé être la juste réparation des préjudices à eux causés, est immédiatement exécutoire par l'État du Sénégal, partie au litige en application des dispositions de l'article 24 du Protocole, en ce qu'il comporte à la charge de l'État une obligation pécuniaire;

Considérant que c'est sous ce prisme qu'il faut lire la décision de la Cour de Justice de la CEDEAO qui, en plus des obligations pécuniaires, interpelle l'État du Sénégal, partie au litige sur la nécessité de hisser sa législation au niveau des textes internationaux pertinents dont la violation est constatée mais qui ne sont pas self executing par le juge pénal national;

Considérant que cette position est conforme à celle clairement exprimée par la Cour communautaire dans l'affaire Baldino Saliou contre Burkina Faso, ECW/CCJ/JUD/13/12 du 31 octobre 2012, p. 59, à l'occasion de laquelle elle a précisé que « lorsqu'elle examine une affaire qui se rapporte à une procédure judiciaire en cours dans un État membre, ses décisions n'ont pas vocation à interférer avec les décisions que les juridictions nationales seraient amenées à prendre. La Cour ne peut ordonner des mesures dont l'exécution viendrait à fragiliser ou anéantir l'autorité et l'indépendance du juge national dans la conduite des affaires dont il est saisi » ;

Qu'il en est ainsi parce que la Cour communautaire n'est pas une Cour suprême fédérale dotée d'un pouvoir de cassation, de réformation ou d'annulation des décisions rendues par les juridictions nationales; Que cette position constante de la Cour communautaire a été rappelée dans les affaires Moussa KEITA et autres contre République du Mali du 22 mars 2007, Abdoulaye BALDE et autres contre République du Sénégal du 22 février 2013 et El Hadji HAMMANI contre République Fédérale du Nigéria du 28 juin 2017;

Considérant qu'il résulte de ce qui précède que la Cour de céans est seule compétente, en application des règles relatives à l'organisation judiciaire et à la procédure pénale sénégalaises pour examiner les griefs portés contre la décision rendue le 30 mars 2018 et apprécier le bien fondé de la liberté sollicitée pour le compte de Kh. A. S., Mb. T. et Y. B. ;

Sur la nullité de la procédure et la libération immédiate ou liberté d'office comme conséquence de l'arrêt du 29 juin 2018 de la Cour de Justice de la CEDEAO plaidée par Kh. S. et autres

Considérant qu'il convient de rappeler que les arrêts rendus par la Cour de Justice de la CEDEAO n'impactant pas les procédures pendantes devant les juridictions nationales des États membres ainsi qu'il a été amplement démontré ci-dessus, il y a lieu de rejeter les demandes de nullité et de libération immédiate ou liberté d'office formulées par les prévenus ;

Sur l'exception d'inconstitutionnalité de l'article 155 du Code pénal et de l'article 2 de la loi 2004-09 du 6 février 2004 :

Considérant qu'il y a lieu de faire remarquer que la Cour de céans a déjà répondu précédemment à cette exception tirée de l'inconstitutionnalité de l'article 155 du Code pénal soulevée par maître Alioune CISSE pour le compte de Kh. A. S.; qu'une telle demande ne pouvant être réitérée devant la Cour, il échet de la rejeter ;

Considérant, s'agissant du grief formulé à l'encontre de l'article 2 de la loi 2004-09 du 6 février 2004, il y a lieu de faire observer que celle-ci est née de la transposition de la directive n°7/2002/CM/UEMOA du 19 septembre 2002 relative à la lutte contre le blanchiment des capitaux dans les États membres de l'UEMOA ;

Considérant toutefois que cette loi a été expressément abrogée par la loi 03/2018 du 23 février 2018 relative à la lutte contre le blanchiment de capitaux et le financement du terrorisme ;

Qu'il s'ensuit que la loi critiquée n'existe plus dans l'ordonnancement juridique ; que dès lors, l'exception soulevée doit être rejetée comme étant dépourvue de tout caractère sérieux ;

PAR CES MOTIFS

Statuant publiquement, contradictoirement, en matière correctionnelle et avant dire droit,

Reçoit les exceptions ;

Rejette comme non fondées les exceptions de nullité de la procédure, d'inconstitutionnalité de l'article 155 du Code pénal et de l'article 2 de la loi 2004-09 du 6 février 2004 et la demande libération immédiate des prévenus détenus ;

Réserve les dépens.

Ainsi fait, jugé et prononcé publiquement par la Cour d'Appel de Dakar, les jour, mois et an que dessus.

ANNEXE N° 16

CA Dakar, ch. corr. n° 454 du 30 août 2018, Ministère public et État du Sénégal et la ville de Dakar c/ Khalifa Ababacar SALL et autres

LA COUR

Vu le jugement du Tribunal de grande Instance de Dakar en date du 30/03/2018 ;

Vu les appels relevés contre le jugement par les prévenus Kh. A. S., Y. B., le Ministère public et les parties civiles suivant actes du greffe en date des 25, 26 et 30 avril 2018

Ouï Monsieur le Conseiller Amady DIOUF en son rapport ;

Ouï Monsieur l'Avocat Général en ses réquisitions ;

Vu les pièces du dossier ;

Après en avoir délibéré conformément à la loi ;

Considérant que par déclarations reçues au greffe suivant actes n°708 du 25 avril 2018 et n°729 du 30 avril 2018, Maîtres François SARR et Doudou NDOYE, avocats à la Cour, agissant pour le compte de Kh. A. S., ont interjeté appel, en toutes ses dispositions, contre le jugement n°316 rendu le 30/03/2018 par le Tribunal de Grande Instance Hors Classe de Dakar, et dont le dispositif est conçu ainsi qu'il suit :

« Statuant publiquement, contradictoirement, en matière correctionnelle et en premier ressort ;

EN LA FORME

Déclare irrecevables les exceptions de nullité du procès-verbal d'enquête préliminaire, du réquisitoire introductif, des procès-verbaux d'interrogatoire de première comparution, de la procédure pour violation du droit à un procès équitable et l'exception préjudicielle de débet ;

Rejette les exceptions de nullité de la procédure tirée de l'irrégularité de la levée de l'immunité parlementaire de Kh. A. S. et de l'ordonnance de renvoi ;

Rejette également l'exception de prescription de l'action publique et la demande de sursis à statuer ;

AU FOND

1. Sur l'action publique

Relaxe tous les prévenus du délit d'association de malfaiteurs ;

Relaxe F. T. du chef d'usage de faux en écriture de commerce ;

Relaxe Mb. T. et Kh. A. S. des chefs de détournement de deniers publics et de blanchiment de capitaux ;

Relaxe F. T., A. M. D., Ibrahima Y. D., M. O. B., Y. B. et I. T. du chef de complicité de détournement de deniers publics ;

Relaxe F. T., M. O. B., A. M. D., I. T. et I. Y. D. du chef de complicité d'escroquerie portant sur des deniers publics ;

Relaxe Ibrahima Y. D. et A. M. D. du chef d'usage de faux dans des documents administratifs ;

Requalifie les faits de faux en écriture de commerce reprochés à F. T. en complicité de faux en écriture de commerce ;

Déclare, par conséquent, F. T. coupable de complicité de faux en écriture de commerce ;

Déclare A. M. D. et Ibrahima Y. D. coupables de faux dans des documents administratifs ;

Déclare Y. B. coupable de faux et usage de faux en écriture de commerce et complicité d'escroquerie sur des deniers publics ;

Requalifie les faits de complicité d'usage de faux en écriture de commerce reprochés à Mb. T. en usage de faux en écriture de commerce ;

Déclare, par conséquent, Mb. T. coupable de complicité de faux en écriture de commerce, d'usage de ces faux, de faux et usage de faux dans des documents administratifs et d'escroquerie portant sur des deniers publics ;

Requalifie les faits de complicité de faux et usage de faux en écriture de commerce reprochés à Kh. A. S. en faux et usage de faux en écriture de commerce :

Déclare, par conséquent, Kh. A. S. coupable de faux et usage de faux en écriture de commerce, de faux et usage de faux dans des documents administratifs et d'escroquerie portant sur des deniers publics ;

Condamne F. T. à deux (02) ans d'emprisonnement dont six (06) mois ferme, en application des dispositions des articles 45, 135, 433 du Code pénal, 704 et suivants du Code de Procédure pénale ;

Condamne Ibrahima Y. D. et A. M. D. chacun à deux (02) ans d'emprisonnement dont un (01) an ferme, en application des dispositions des articles 137, 433 du Code pénal, 704 et suivants du Code de Procédure pénale ;

Condamne Y. B. à cinq (05) ans d'emprisonnement ferme et à une amende de 500.000 FCFA ferme, en application des articles 5, 45, 135, 136, 152, 153 et 154 du Code pénal ;

Condamne Mb. T. à cinq (05) ans d'emprisonnement ferme et à une amende de 5.000.000 FCFA ferme, en application des articles 5, 45, 135, 136, 137, 152, 153 et 154 du Code pénal ;

Condamne Kh. A. S. à cinq (05) ans d'emprisonnement ferme et à une amende de 5.000.000 FCFA ferme, en application des articles 5, 135, 136, 137, 152, 153 et 154 du Code pénal ;

Ordonne la confiscation du cinquième des biens présents de Y. B., Kh. A. S. et Mb. T. au profit de la Nation ce, en application des articles 30, 31, 32 et 154 du Code pénal ;

2. Sur les intérêts civils

SUR LA RECEVABILITÉ

Déclare irrecevable la constitution de partie civile de la ville de Dakar pour défaut de pouvoir de représentation de Moussa SOW ;

Rejette la fin de non-recevoir tirée du défaut d'intérêt à agir de l'État du Sénégal ;

Reçoit la constitution de partie civile de l'État du Sénégal ;

SUR LA DEMANDE DE RÉPARATION DE L'ETAT DU SÉNÉGAL

Déboute l'État du Sénégal de sa demande de paiement de dommages et intérêts comme mal fondée ;

Condamne F. T., Y. B., A. M. D., Ibrahima Y. D., Kh. A. S. et Mb. T. aux entiers dépens ;

Fixe la durée de la contrainte par corps au maximum en application des articles 460, 709 et suivants du Code de Procédure pénale ;

En application de l'article 707 du Code de Procédure pénale, le tribunal avertit F. T., A. M. D. et Ibrahima Y. D. qu'en cas de nouvelle condamnation, la peine prononcée sera exécutée sans confusion possible avec la seconde et que les peines de la récidive seront encourues dans les termes des articles 43 et 44 du Code pénal ;

Le tribunal avise les prévenus Y. B., Kh. A. S. et Mb. T. qu'ils ont un délai de trois (03) mois, à compter du jour où la décision sera devenue définitive, pour s'acquitter du paiement de l'amende entre les mains de l'agent du trésor public ;

Il est également porté à leur connaissance les dispositions de l'article 155 du Code de Procédure pénale ; »

Que par déclaration reçue au greffe suivant acte n°717 du 26 avril 2018, Maître Youssoupha CAMARA, avocat à la Cour, a interjeté appel pour le compte de Y. B., contre ledit jugement, en ses dispositions suivantes :

« Déclare irrecevables les exceptions de nullité du procès-verbal d'enquête préliminaire, du réquisitoire introductif, des procès-verbaux d'interrogatoire de première comparution, de la procédure pour violation du droit à un procès équitable et l'exception préjudicielle de débet ;

Rejette les exceptions de nullité de la procédure tirée de l'irrégularité de la levée de l'immunité parlementaire de Kh. A. S. et de l'ordonnance de renvoi ;

Rejette également l'exception de prescription de l'action publique et la demande de sursis à statuer ;

Déclare Y. B. coupable de faux et usage de faux en écriture de commerce et complicité d'escroquerie sur des deniers publics ;

Condamne Y. B. à cinq (05) ans d'emprisonnement ferme et à une amende de 500.000 FCFA ferme ;

Ordonne la confiscation du cinquième des biens présents de Y. B. au profit de la Nation ;

Rejette la fin de non-recevoir tirée du défaut d'intérêt à agir de l'État du Sénégal ;

Reçoit la constitution de partie civile de l'État du Sénégal ;

Condamne Y. B. … aux entiers dépens ;

Fixe la durée de la contrainte par corps au maximum ;

Que par déclaration reçue au greffe suivant acte n°703 du 25 avril 2018, Maîtres Ousseynou GAYE et Ibrahima DIAW, avocats à la Cour, agissant pour le compte de la ville de Dakar, prise en qualité de partie civile, a interjeté appel contre ledit jugement, en ce qu'il a déclaré irrecevable la constitution de partie civile de la ville de Dakar ;

Que par déclaration reçue au greffe suivant acte n°714 du 26 avril 2018, Maître Baboucar CISSE, avocat à la Cour, agissant pour le compte de l'État du Sénégal, pris en qualité de partie civile, a également interjeté appel contre ce même jugement, en ce qu'il a débouté l'État du Sénégal de sa constitution de partie civile ;

Que par déclaration reçue au greffe suivant acte n°724 du 27 avril 2018, le procureur de la République près le tribunal de grande instance hors classe de Dakar a interjeté appel contre toutes les dispositions pénales du jugement n°316 du 30 mars 2018 ;

EN LA FORME

SUR LA RECEVABILITÉ

Considérant que les appels susvisés doivent être déclarés recevables pour avoir été interjetés dans les formes et délais prescrits par les dispositions des articles 485 et suivants du Code de procédure pénale (CPP) ;

SUR LA PRESCRIPTION

Considérant que les conseils de la défense ont plaidé la prescription de l'action publique pour les délits de faux et usage de faux dans des documents administratifs et en écritures privées et complicité des dites infractions reprochées à Kh. A. S., Mb. T., Ibrahima Y. D., A. M. D. et Y. B. ;

Qu'ils faisaient remarquer au soutien de cette exception que le délit de faux est une infraction instantanée et le délai de prescription commence à courir à compter de l'acte matériel constitutif de falsification, de dénaturation ou d'altération de la vérité ; que les premiers juges ont considéré à tort que le faux était une infraction continuée ; que la référence à l'article 196 du Code de Procédure pénale qui ne vise que des impératifs d'une bonne administration de la justice pour asseoir l'idée que le faux est une infraction continuée participe d'une mauvaise application de la loi ; que les juges ne peuvent pas indiquer qu'il y a cent dix (110) délits de faux sans admettre que le délai de prescription de 03 ans commence à partir de la date de la commission du faux, pour chaque document pris isolément ; que les faits réprimés pour les délits de faux, d'usage de faux, d'association de malfaiteurs ne peuvent concerner que la période du 03 mars 2014 au 02 mars 2017, date du réquisitoire introductif ;

Qu'ils faisaient par ailleurs valoir que le délai de prescription de l'action publique du délit d'escroquerie portant sur des deniers publics avant la loi 2016-30 du 28 novembre 2016 était de 03 ans ; que la loi nouvelle ne peut pas régir une situation qui lui est antérieure et que la cour doit déclarer au regard du principe de la non rétroactivité de la loi pénale l'action publique éteinte pour les faits supposés d'escroquerie sur des deniers publics qui sont prescrits pour toute la période antérieure au 03 mars 2014 ;

Que s'agissant de F. T., ils soutenaient que cette dernière a cessé de signer les factures bien avant 2010, ce qui éteint l'action publique pour tous les chefs de délits dont elle est poursuivie ;

Considérant que les conseils de l'État plaident la confirmation de la décision attaquée, qu'ils estiment plus que justifiée, qui a rejeté les prescriptions plaidées ; qu'ils soutenaient que les délits de faux, usage de faux, escroquerie portant sur des deniers publics, détournement de deniers publics, association de malfaiteurs et blanchiment de capitaux ne sont pas prescrits puisqu'ils forment entre eux un tout indivisible, une opération délictueuse unique ; que le délai de prescription de l'action publique qui a commencé à courir le 07 décembre 2015, date de la dernière fausse facture a été interrompu par le réquisitoire introductif du Ministère public en date du 03 mars 2017 ;

Que s'agissant de F. T., ils signalaient que sa situation de complice ne la plaçait pas dans une situation différente de celles des auteurs principaux, au regard des dispositions pertinentes régissant la prescription en matière pénale ;

Sur ce ;

Considérant que, comme rappelé par les premiers juges, la prescription de l'action publique en matière correctionnelle est, aux termes des dispositions combinées des articles 7 et 8 du Code de Procédure pénale, de trois (03) années révolues si, dans cet intervalle, il n'a été fait aucun acte d'instruction ou de poursuite ; que toutefois, pour les infractions prévues aux articles 152 et 153 du Code pénal (CP) et à la loi 2004-09 du 06 février 2004 relative à la lutte contre le blanchiment de capitaux, modifiée, la prescription est de sept (07) années révolues à compter du jour où le fait délictueux a été commis;

Considérant que s'il est admis que pour les infractions instantanées, le point de départ de la prescription se situe au jour où l'infraction a été commise, en revanche, pour les infractions continues et continuées qui supposent une action qui se prolonge dans le temps, avec la persistance corrélative de la volonté coupable, la prescription ne peut commencer à courir qu'à partir du jour où l'état délictueux a pris fin ;

Considérant qu'il ne peut être contesté, sous ce rapport, comme résultant des éléments objectifs du dossier, qu'aussi bien les faits de faux, usage de faux que les faits de détournement et d'escroquerie portant sur des deniers publics, se caractérisent, pour chaque infraction, par un ensemble d'actes successifs qui se sont étalés dans le temps et durant des années, mais dont la particularité réside sur le fait que lesdits actes sont intrinsèquement liés les uns et les autres par une unité de but ;

Qu'il s'infère de cette indivisibilité fondée sur une unité de dessein et de droit violé, que chaque faux et usage de faux fait courir et marque un nouveau point de départ de la prescription du fait du caractère continué de l'infraction ;

Que, corrélativement, chaque remise de fonds consommant définitivement les délits d'escroquerie portant sur des deniers publics ou de détournement de deniers publics, marque un nouveau point de départ de la prescription au regard de ce caractère continué et de l'unicité des infractions poursuivies ;

Considérant qu'il y a lieu de noter au regard de ce qui précède que les derniers actes suspectés de faux et usage de faux auraient été commis en 2015 de sorte que les faux poursuivis ne sont pas prescrits, le réquisitoire introductif étant initié le 03 mars 2017, bien avant le délai maximal de trois (03) ans prévu par la loi ;

Qu'il en est de même, suivant les mêmes motifs, pour les délits de détournement de deniers publics et d'escroquerie portant sur des deniers publics, mais également, comme noté par les premiers juges, pour le délit d'association de malfaiteurs connexe aux infractions de faux et usage de faux ;

Que s'agissant de la prescription des actes de complicité des infractions d'escroquerie sur des deniers publics et de détournement de deniers publics, le délai de prescription est de sept (07) ans et il s'y ajoute que le point de départ dudit délai se situe en décembre 2015, date des dernières remises de fonds ; que la prescription de l'action publique n'est donc pas acquise, celle-ci s'attachant à l'infraction et non à son mode de commission ;

Que les derniers actes incriminés pour les faux auraient également été commis en décembre 2015, de sorte que la prescription pour complicité des faux n'est pas acquise pour les raisons sus indiquées et tenant au fait que la prescription s'attache à l'infraction principale ;

Qu'il échet au regard de ce qui précède de rejeter l'exception tirée de la prescription de l'action publique, comme non fondée ;

Sur la nullité du procès-verbal d'enquête préliminaire et de l'instruction préparatoire

Considérant que les conseils de Kh. A. S. ont plaidé tant oralement que par écritures régulièrement déposées par maître Doudou NDOYE, l'annulation aussi bien du procès-verbal de l'enquête préliminaire que celle de l'instruction préparatoire subséquente ;

Que maître Mouhamadou Bamba CISSE plaidait à son tour pour le compte aussi bien de Mb. T. que pour le compte des autres prévenus à la fois l'applicabilité des dispositions de l'article 168 du Code de Procédure pénale, les annulations du procès-verbal d'audition, de confrontation de Mb. T., et l'extension des nullités au réquisitoire introductif et de la procédure ultérieure ;

Considérant qu'au soutien des demandes de nullité sus évoquées, les conseils de la défense ont soutenu que les premiers juges ont eu tort de déclarer irrecevable sur le fondement des articles 558 et suivants du Code de Procédure pénale, l'exception de nullité tirée de la violation du Règlement n°05/CM/UEMOA du 28 Septembre 2014 et de l'article 55alinéa 10 du Code de Procédure pénale issu de la loi 2016-30 du 08 novembre 2016 modifiant la loi 65-61 du 21 juillet 1965 portant Code de Procédure pénale ;

Qu'ils faisaient remarquer qu'en se fondant sur les articles 199 et 558 du Code de Procédure pénale pour déclarer irrecevable l'exception de nullité des procès-verbaux d'interrogatoires de première comparution de Mb. T., Y. B., Ibrahima Y. D., A. M. D. et F. T., les juges ont, d'une part, affirmé le principe de la concentration des moyens de nullité lorsque la chambre d'accusation est saisie d'une procédure d'instruction et, d'autre part, soutenu que les moyens tirés de la nullité de la procédure qui n'ont pas été évoqués devant la Chambre d'accusation ou ceux déjà tranchés par cette juridiction ne peuvent plus l'être ultérieurement ;

Qu'ils considèrent que cette décision participe d'une mauvaise interprétation de la loi, les décisions de la chambre d'accusation qui est une juridiction d'instruction de second degré ne concernent que les procédures d'instruction et elles ne peuvent s'imposer à une juridiction de jugement ; que l'article 168 donne compétence au juge correctionnel de connaître des questions de nullité de procédure en disposant clairement que la juridiction correctionnelle peut, le Ministère public et les parties entendus, prononcer l'annulation des actes qu'elle estime atteints de nullité et déclarer si l'annulation devrait s'étendre à tout ou partie de la procédure ultérieure ;

Qu'ils indiquaient que de façon constante et en application de la disposition précitée, les juridictions correctionnelles et les chambres criminelles ont, chaque fois que de besoin, prononcé avec justesse et raison, la nullité de procédures et ordonné la main levée de mandats de dépôt ;

Qu'ils précisaient que manifestement, l'article 558 du Code de Procédure pénale qui a pour objet de purger les nullités et les vices de la procédure lorsque la chambre d'accusation est saisie par une ordonnance de transmission des pièces était sorti et appliqué hors de son contexte, ce qui constitue une violation de la loi ;

Considérant que les conseils de la défense ont plaidé en outre l'annulation des procès-verbaux d'audition pour violation des dispositions de l'article 05 du Règlement 05/CM/UEMOA, laquelle violation a été constatée, soutenaient-ils, par l'arrêt n°ECW/CCJ/JUD/17/18 du 29 Juin 2018 de la Cour de Justice de la CEDEAO ;

Qu'ils faisaient valoir que le Règlement n°05 a la valeur d'un texte national d'application directe, ce que confirme la circulaire n° 179/MJ/DACG/MN du 11 janvier 2018 du Garde des sceaux, Ministre de la justice, qui fait injonction à ses services d'en respecter strictement les dispositions ;

Que poursuivant, ils soulignaient que le caractère automatique du Règlement n°05 précité résulte par ailleurs clairement des dispositions des articles 43 et suivants du traité instituant l'Union Économique et Monétaire Ouest Africaine (UEMOA), lequel règlement prévoit que dans l'espace communautaire, les avocats assistent leurs clients dès l'interpellation, notion qui va cependant, selon eux, au-delà de la garde à vue ;

Qu'ils soutenaient par ailleurs que l'enquête préliminaire a été menée en violation de l'article 55 alinéa 10 du Code de Procédure pénale dès lors que Kh. A. S., Mb. T., Y. B. ainsi que les autres prévenus ont été tous entendus sans la présence ou l'assistance d'un conseil ;

Qu'ils prétendaient que l'article 55 alinéa 10 du Code de Procédure pénale prévoit expressément que l'officier de police judiciaire informe la personne de son droit de constituer conseil parmi les avocats inscrits au tableau ou admis en stage. Mention de cette formalité est faite obligatoirement au procès-verbal d'audition à peine de nullité ;

Considérant que les conseils de la défense plaidaient par ailleurs l'extension de la nullité aux actes subséquents de la procédure qui auraient été pris sur la base de ce procès-verbal, notamment le réquisitoire introductif, l'instruction préparatoire, le réquisitoire définitif, l'ordonnance de règlement définitif et les jugements des 02 Février et 30 Mars 2018 ;

Considérant que les avocats de l'État du Sénégal ont conclu au rejet de ces exceptions qu'ils considèrent comme non justifiées ; qu'ils ont plaidé à titre principal l'irrecevabilité de l'ensemble des exceptions de nullité excipées par les prévenus et à titre subsidiaire la confirmation des décisions des premiers juges en ce qu'ils ont, d'une part, déclaré irrecevables les exceptions de nullité du procès-verbal d'enquête préliminaire et des actes subséquents et, d'autre part, rejeté les exceptions tirées de la violation de l'immunité parlementaire de Kh. A. S. et des vices allégués de l'ordonnance de renvoi ;

Qu'ils faisaient remarquer au soutien du moyen tiré de l'irrecevabilité que les avocats de la défense ont déjà plaidé des moyens de fond pour contester la constitution de partie civile de l'État ; que les dispositions de l'article 373 du Code de Procédure pénale qui font obligation de soulever les exceptions de nullité avant toute défense au fond rendent irrecevables les exceptions soulevées tardivement ;
Qu'ils faisaient valoir, en outre, que l'arrêt de la Chambre d'accusation a purgé la procédure de toute nullité pouvant affecter l'instruction ;

Qu'ils faisaient remarquer que le procès-verbal de police du 07 février 2017 dont l'annulation était initialement sollicitée n'a aucun lien avec celui du 03 mars 2017 visé au réquisitoire introductif et que les conseils de la défense ne peuvent pas, après avoir découvert la méprise, solliciter en cause d'appel et pour la première fois, la nullité du procès-verbal du 03 mars 2017 ; qu'une telle démarche heurte profondément les règles gouvernant les procédures applicables devant la juridiction d'appel, qui sont marquées par le principe de l'effet dévolutif des appels ;

Qu'ils contestaient par ailleurs aussi bien l'applicabilité de l'article 05 du Règlement 05/CM/UEMOA que les dispositions de l'article 55 du Code de Procédure pénale en soutenant que les prévenus n'ont été ni interpellés ni placés sous un régime de contrainte pour être interrogés ; qu'ils ont été, au contraire, entendus sous le régime de l'audition libre qu'organise l'article 54 du Code de Procédure pénale ;

Qu'ils prétendaient que l'assistance d'un conseil est subordonnée au statut de suspect que les prévenus n'avaient pas au moment de leurs auditions, puisqu'ils étaient, pendant toute la phase d'enquête, libres de leur mouvement et pouvaient rentrer à chaque fois qu'ils le souhaitaient ; qu'ils faisaient remarquer que la défense tentait objectivement de revenir malicieusement sur des questions déjà traitées dès lors que la décision de la cour en date du 18/07/2018 relativement à la demande de nullité et de liberté immédiate fondée sur l'arrêt de la CEDEAO a réglé les exceptions de nullité qui avaient été plaidées en même temps ;

Considérant que le procureur général a requis l'annulation du procès-verbal de police, précisant que celle-ci ne peut cependant pas être étendue aux autres actes de la procédure qui restent valables ;

Considérant que les avocats de la ville n'ont fait pour leur part aucune observation ;

SUR CE ;

SUR LA RECEVABILITÉ DES EXCEPTIONS DE NULLITÉ POUR CHOSE JUGÉE

Considérant qu'il résulte de l'article 168 du Code de Procédure pénale que la juridiction d'assises, la juridiction correctionnelle ou de simple police peut, le Ministère public et les parties entendus, prononcer l'annulation des actes qu'elle estime atteints de nullité et déclarer si l'annulation devrait s'étendre à tout ou partie de la procédure ultérieure ;

Considérant qu'il s'infère de cette disposition explicite que la juridiction correctionnelle est juge de la régularité de la procédure qui lui est soumise et que les parties sont recevables à soutenir devant elle des moyens de nullité, dès lors que les dispositions des articles 164 et suivants relatives aux nullités de l'information dont s'inscrit l'article 168, ne prévoient aucune cause de déchéance ou d'irrecevabilité à l'encontre des nullités plaidées devant les juridictions de jugement pour des motifs liés spécifiquement à la saisine antérieure de la Chambre d'accusation;

Que l'évocation des dispositions de l'article 558 du Code de Procédure pénale pour déclarer irrecevables les exceptions plaidées en première instance n'est pas par ailleurs justifiée dans la mesure où lesdites dispositions qui s'inscrivent dans des perspectives de demande en cassation et des demandes en révision, comme le suggère le titre l'abritant, n'ont pas vocation à s'appliquer en l'espèce ;

Qu'il s'y ajoute que les décisions de la chambre d'accusation qui est une juridiction d'instruction de second degré ne revêtent pas, en l'absence d'une disposition expresse, l'autorité de la chose jugée devant les juridictions de jugement ;

Que la décision des premiers juges déclarant irrecevables les nullités de procédure dont ils étaient saisis n'est pas en conséquence justifiée et mérite une infirmation ;

Sur les nullités du procès-verbal d'enquête

Considérant qu'il ressort de l'article 05 du règlement 05/CM/UEMOA du 25 septembre 2014 que « les avocats assistent leurs clients dès leur interpellation durant l'enquête préliminaire, dans les locaux de la police, de la gendarmerie ou devant le parquet.

A ce stade, aucune lettre de constitution ne peut être exigée de l'Avocat.

Les avocats assistent et défendent leurs clients dès la première comparution devant le juge d'instruction » ;

Considérant que l'article 43 du traité de l'UEMOA dispose que « les règlements ont une portée générale. Ils sont obligatoires dans tous leurs éléments et sont directement applicables dans tout État membre» ; qu'il est ainsi admis au regard de ces dispositions que lesdits règlements ont une force juridique qui s'impose dans tous les États membres de l'UEMOA, sans qu'il soit nécessaire d'utiliser ou de suivre des formalités particulières pour leur mise en œuvre ;

Qu'il s'infère de cette disposition que l'assistance d'un conseil est en conséquence un droit dont tout justiciable peut réclamer le bénéfice dans les conditions déterminées par le Règlement n°05 précité ;

Considérant qu'il résulte de l'examen des pièces du dossier que les prévenus ont été entendus à l'enquête de police sans l'assistance de conseils et sans avoir été mis à même d'en bénéficier ; que toutefois les circonstances et conditions de leurs convocations et auditions à la police, le régime strict auquel ils étaient soumis indiquent que les conditions prévues par le Règlement 05 de l'UEMOA pour bénéficier de l'assistance d'un conseil étaient réunies ;

Qu'il ne peut être contesté que le droit de la personne arrêtée ou interpellée de recevoir la visite de son avocat, de le consulter et de communiquer avec lui, est un droit fondamental de la défense, en tant qu'il permet de garantir que les droits du suspect sont respectés ; que la violation de ce droit a porté en conséquence atteinte à l'intégrité des procès-verbaux d'audition et de confrontation des mis en cause, dès lors que rien n'indique qu'ils avaient renoncé à ce droit ;

Considérant que les dispositions combinées des articles 55 ter alinéa 10 et 166 du Code de Procédure pénale sanctionnent clairement par la nullité du procès-verbal d'audition la violation de ces droits, comme constaté en l'espèce ;

Qu'il échet, en conséquence, de faire droit à la demande de nullité qui est justifiée et d'ordonner que les procès-verbaux d'audition et de confrontation des prévenus, tels qu'ils ressortent du procès-verbal N°146 /DIC, soient annulés et écartés expressément des débats ;

SUR LA PORTÉE DE LA NULLITÉ

Considérant qu'il se déduit des dispositions de l'article 168 du Code de Procédure pénale que la juridiction correctionnelle qui prononce l'annulation d'un acte de procédure doit déclarer si l'annulation devrait s'étendre à tout ou partie de la procédure ultérieure ;

Considérant toutefois que l'annulation d'un acte de l'enquête préliminaire n'entraîne pas, à elle seule, celle du réquisitoire introductif, dès lors que celui-ci est également fondé sur d'autres pièces de la procédure ;

Qu'en l'espèce, au vu du réquisitoire introductif du 7 mars 2017, il apparaît clairement que les faits poursuivis sont fondés à la fois sur le procès-verbal d'enquête préliminaire n° 146 du 02 mars 2017 de la DIC/BAG et sur le rapport n° 12/2016 du 24 mars 2016 de l'Inspection Générale d'État (IGE), relatif à la vérification financière de la ville de Dakar, qui demeure valable ;

Que dès lors, la demande tendant à l'extension de la nullité des actes viciés au réquisitoire introductif et à l'interrogatoire de première comparution des prévenus n'est pas justifiée, un réquisitoire introductif pouvant s'appuyer sur toutes pièces pouvant caractériser les faits sur lesquels le procureur entend librement ouvrir une information judiciaire ;

Que la demande de nullité du réquisitoire introductif est d'autant plus injustifiée que les articles 55, alinéa 10 et 55 ter du Code de Procédure pénale ne sanctionnent le défaut d'information du suspect de son droit à l'assistance d'un conseil que par la nullité du procès-verbal d'audition ;

Qu'il échet, au regard de ce qui précède, de rejeter la demande tendant à étendre la nullité du procès-verbal n°146 /DIC au réquisitoire introductif et aux procès-verbaux de première comparution, étant entendu qu'il n'est pas par ailleurs allégué, encore moins démontré, à l'audience de céans, qu'aussi bien le réquisitoire introductif et les procès-verbaux de première comparution ne respectent pas les exigences des dispositions des articles 71 et 101 du Code de Procédure pénale qui déterminent respectivement leur régularité intrinsèque ;

Qu'il s'y ajoute que l'argument selon lequel le juge d'instruction a refusé aux avocats de faire des observations lors de l'inculpation de Kh. A. S. ne peut fonder l'annulation du procès-verbal de première comparution le concernant ; qu'en effet, si la défense est un droit absolu, elle doit s'exercer, pour autant, dans le cadre des lois et règlements et sous ce rapport, force est de noter que l'interrogatoire de première comparution qui n'est pas un interrogatoire au fond, mais seulement une phase de notification de prévention, est encadré par formalisme strict qui n'autorisent pas un débat contradictoire avec les conseils de la défense, ou avec le Ministère public ou les conseils des parties civiles ;

Qu'il echet, au vu de ce qui précède, de rejeter la demande tendant à l'annulation du réquisitoire introductif et de l'interrogatoire de première comparution des prévenus ;

Sur la nullité du réquisitoire définitif, de l'ordonnance de règlement portant renvoi en police correctionnelle, des jugements des 02 février et 30 mars 2018, sur l'irrecevabilité du rapport de l'Inspection générale d'État (IGE), la violation de l'immunité parlementaire de Kh. A. S., l'autorité de la chose jugée et l'exception de débet ;

Considérant que Maître Clédor LY, conseil de Kh. A. S., a plaidé la nullité du réquisitoire définitif du procureur et de l'ordonnance définitive de renvoi en police correctionnelle pris les 04 et 07 septembre 2017 alors qu'était toujours pendante devant la chambre d'accusation un appel interjeté contre une décision du juge d'instruction ; que poursuivant, ils soutenaient que ces décisions prises en violation des articles 180 et 181 du Code de Procédure pénale compromettent autant la régularité de la procédure qu'une bonne administration de la justice justifiant leur annulation ;

Qu'ils plaidaient subséquemment la nullité des jugements avant dire droit et de fond, dès lors qu'ils étaient rendus à la suite de violations affectant l'ensemble de la procédure ;

Qu'ils soutenaient par ailleurs que le rapport de l'IGE est irrecevable en tant que cet organe ne garantit pas une enquête administrative neutre, impartiale ; qu'elle est placée sous l'autorité directe et exclusive du président de la République et rattachée, sur le plan de ses moyens budgétaires, au cabinet du président de la République ;

Qu'ils faisaient en outre valoir que suivant décision n°05/E/2017 en date du 14 août 2017, le conseil constitutionnel a confirmé l'élection de député de Kh. A. S., lequel bénéficie à ce titre et à cette date de l'immunité parlementaire en vertu des dispositions combinées des articles 61 de la constitution du Sénégal et 51 de la loi organique portant règlement intérieur de l'Assemblée nationale ; qu'ils sollicitaient l'annulation de tous les actes de procédure postérieurs au 14 août 2017, date de la décision du conseil constitutionnel, notamment le réquisitoire du procureur en date du 25 août 2017, l'ordonnance de refus de mise en liberté provisoire du Doyen des juges d'instruction du 30 août 2017, le réquisitoire de l'avocat général, l'arrêt n° 215 rendu le 28 septembre 2017 par la Chambre d'accusation de la cour d'appel de Dakar ;

Considérant que les conseils de l'État et le Ministère public ont sollicité le rejet de ces demandes qu'ils jugent non fondées ;

SUR CE ;

Considérant qu'aux termes des dispositions combinées des articles 164 et 166 du Code de Procédure pénale, la nullité doit résulter d'une disposition textuelle ou de la violation de dispositions substantielles, notamment en cas de violation des droits de la défense ;

Que sous ce rapport, le réquisitoire définitif aux fins de règlement de la procédure du procureur de la République pris sur le fondement de l'article 169 du Code de Procédure pénale est régulier en ce sens qu'il n'est pas établi qu'il a été pris en méconnaissance d'une disposition dont la violation est sanctionnée par la nullité ; qu'il n'est pas par ailleurs prouvé qu'il viole des dispositions substantielles relatives aux droits de la défense ;

Que le Ministère public étant une partie à la procédure d'instruction dont il ne conduit pas la marche ni le déroulement, il serait vain et non justifié de lui reprocher d'avoir pris des réquisitions définitives, alors que les dispositions de l'article 169 du Code de Procédure pénale lui en imposent l'obligation, en lui impartissant, par ailleurs, des délais précis ;

Que, relativement à l'annulation de l'ordonnance de renvoi en police correctionnelle, force est de relever qu'il ne peut être discuté qu'aux termes de l'article 169 du Code de Procédure pénale, il appartient au magistrat instructeur de décider, librement et souverainement, si tous les actes utiles à la manifestation de la vérité ont été accomplis en vue de la clôture de son instruction ;

Que ledit article dispose en effet expressément qu'aussitôt « que l'information lui apparaît terminée, le juge d'instruction communique le dossier aux conseils de l'inculpé et de la partie civile ... »

Que sous ce rapport, l'ordonnance prise en application de la procédure aménagée par les dispositions de l'article 169 précité n'encourt aucune nullité textuelle et qu'en outre, il n'est pas démontré que des dispositions substantielles portant sur des droits de la défense ont été violées ; que l'article 181 du Code de Procédure pénale invoqué en vertu duquel « lorsqu'il est interjeté appel d'une ordonnance autre qu'une ordonnance de règlement, le juge d'instruction poursuit son information, sauf décision contraire de la chambre d'accusation» n'est pas pertinent pour plaider la nullité de l'ordonnance de renvoi ; que ledit article ne fait nullement obligation au juge d'instruction de poursuivre l'information judiciaire qu'il estime terminée ; qu'au contraire, l'objet autant que le but de ladite disposition est de dissuader et d'empêcher que des appels dilatoires ne servant nullement la justice puissent entraver le déroulement et la bonne marche de l'instruction ;

Considérant qu'il ne peut être également fait grief au juge d'instruction de n'avoir pas entendu P. D. ou M. D. en qualité de témoins produits par la défense, dès lors qu'il lui appartient librement de déterminer, au regard des éléments déjà recueillis, si ces auditions sont utiles à la manifestation de la vérité ;

Considérant que la demande portant sur l'irrecevabilité du rapport de l'Inspection générale d'État n'est pas davantage fondée car elle participe beaucoup plus à un procès d'intention injustifié contre l'IGE qu'à un véritable moyen de droit ;

Que la liberté de preuve en matière pénale qu'affirme expressément et sans détour l'article 414 du Code de Procédure pénale postule l'admissibilité de tous les moyens de preuve, sans préjuger de la force probante qui leur est attachée et que le juge apprécie souverainement ;

Que sous cette réserve, le rapport de l'IGE en tant qu'il constitue, non pas un acte de procédure, mais des pièces de fond versées au dossier, est recevable ; que les moyens développés tendant à leur irrecevabilité ne sont pas fondés ;

Considérant que force est de noter que les moyens visant à soutenir les exceptions de nullité des jugements du 02 février et 30 mars 2018 ne sont ni assez explicités, ni caractérisés ; qu'il s'y ajoute que l'exception visant le jugement du 02 février est irrecevable pour chose jugée, au regard de l'arrêt rendu par la cour de céans le 10 juillet 2018;

Que relativement à la nullité de certains actes de procédure pour violation de l'immunité de député de Kh. A. S., il y a lieu de relever que s'il est constant que les articles 61 de la Constitution et 51 du Règlement intérieur de l'Assemblée Nationale aménagent en faveur des députés une immunité qui conditionne la validité des poursuites intentées à leur encontre à une levée préalable de leur immunité, il reste pour autant que les motifs invoqués pour soutenir la nullité des actes ci-dessus visés ne sont pertinents que s'il est établi que Kh. A. S. jouissait de cette immunité parlementaire au moment où les poursuites étaient intentées, ce qui n'est pas démontré ou simplement allégué en l'espèce ;

Qu'il échet, en conséquence, de rejeter la demande de nullité fondée sur la violation d'une immunité parlementaire ;

Sur l'annulation du jugement du 30 mars 2018 pour défaut de notification aux condamnés détenus des dispositions de l'article 155 du Code pénal

Considérant qu'il ressort de la lecture de l'alinéa 5 de l'article 155 du Code pénal que le Président du tribunal doit porter à la connaissance du prévenu les dispositions du présent article ;

Considérant qu'il résulte clairement du dispositif du jugement du 30 mars 2018 la mention suivante : « Il est également porté à leur connaissance les dispositions de l'article 155 du Code pénal », s'agissant précisément de Kh. A. S., Y. B. et Mb. T. ;

Qu'il apparaît ainsi, à défaut de tout autre élément probant, que le jugement incriminé a suffisamment satisfait à cette exigence légale, contrairement aux allégations de la défense ;

Qu'il s'ensuit que la demande d'annulation fondée sur ce moyen ne peut prospérer et qu'il y a lieu de la rejeter ;

Considérant que l'exception tirée de la chose jugée et l'exception de débet n'ont pas été soutenues et qu'il y a lieu de les rejeter ;

AU FOND

(...)

PAR CES MOTIFS

Statuant publiquement, contradictoirement, en matière correctionnelle et en dernier ressort :

Déclare les appels recevables ;

Infirme partiellement le jugement entrepris et statuant à nouveau :

Déclare recevables les exceptions de nullités soulevées ;

Annule les procès-verbaux d'audition et de confrontation de police des prévenus ;

Dit qu'ils seront écartés expressément des débats ;

Rejette la demande tendant à étendre ces nullités aux actes subséquents de la procédure ;

Déclare F. T. coupable de complicité d'escroquerie portant sur des deniers publics ;

La condamne par application des dispositions des articles 05,152, 153 et 154 du Code pénal à cinq ans d'emprisonnement ferme et à cinq cent mille FCFA d'amende ;

Prononce la confiscation au profit de la Nation du cinquième de ses biens présents, conformément aux articles 30, 31,32 et 154 du Code pénal ;

Porte à sa connaissance les dispositions de l'article 155 du Code pénal ;

Confirme le jugement entrepris en ce qu'il a déclaré coupable et condamné à cinq ans d'emprisonnement ferme et à cinq millions de francs d'amende :

-Mb. T. des chefs de complicité de faux en écriture de commerce, d'usage de ces faux, de faux et usage de faux dans des documents administratifs et d'escroquerie portant sur des deniers publics ;

-Kh. A. S. des chefs de faux et usage de faux en écriture de commerce, de faux et usage de faux dans des documents administratifs et d'escroquerie portant sur des deniers publics ;

Confirme le jugement entrepris en ce qu'il a déclaré Y. B. coupable des chefs de faux et usage de faux en écriture de commerce et complicité d'escroquerie sur des deniers publics et l'a condamné à 5 ans d'emprisonnement ferme et à 500 000 F CFA d'amende ferme ;

Confirme le jugement entrepris en ce qu'il a déclaré F. T. coupable de complicité de faux en écriture de commerce et l'a condamnée à deux (02) ans d'emprisonnement dont six (06) mois d'emprisonnement ferme ;

Ordonne en sa faveur la confusion des peines ;

Dit en conséquence que seule la peine la plus élevée sera subie, conformément aux dispositions de l'article 05 du Code pénal ;

Avise les prévenus Y. B., Kh. A. S., Mb. T. et F. T. qu'il leur est imparti, conformément à l'article 712 du Code de Procédure pénale, un délai de trois (03) mois, à compter du jour où la décision sera devenue définitive, pour s'acquitter du paiement de l'amende au trésor public ;

Confirme le jugement entrepris en ce qu'il a déclaré A. M. D. et I. Y. D. coupables de faux dans des documents administratifs et les a condamnés chacun à deux (02) ans d'emprisonnement dont un (01) an ferme ;

Porte à leur connaissance les dispositions de l'article 707 du Code de Procédure pénale ;

Confirme le jugement entrepris en ce qu'il a renvoyé des fins de la poursuite I. T. et M. O. B. ;

Déclare irrecevable la constitution de partie civile de la ville de Dakar ;

Déclare recevable la constitution de partie civile de l'État du Sénégal ;

Lui alloue la somme de un milliard huit cent trente millions (1 830 000 000) FCFA à titre de remboursement des sommes dissipées ;

Condamne Kh. A. S., Mb. T., Y. B. et F. T. à lui payer solidairement cette somme ;

Déboute l'État du Sénégal du surplus de ses demandes de dommages et intérêts, comme non justifiées ;

Confirme pour le surplus le jugement attaqué ;

Condamne les appelants qui ont succombé aux entiers dépens.

Ainsi fait, jugé et prononcé publiquement par la Cour d'Appel de Dakar, le jour, mois et an que dessus.

ANNEXE N° 17

CA Dakar n° 378 du 15 novembre 2021, Ministère public et Yaya DIATTA c/ Kelvin OLUCHE, *inédit*

La Cour

Vu le jugement du Tribunal correctionnel de Dakar en date du 31/08/2017 ;

Vu les appels relevés par le prévenu et le parquet selon actes du Greffe en date du 29/09/2017;

Ouï Monsieur le Conseiller Ousmane Chimère DIOUF en son rapport ;

Ouï Monsieur l'Avocat général en ses réquisitions ;

Oui les parties en leurs demandes, fins, moyens et conclusions ;

Vu les pièces du dossier;

Après en avoir délibéré conformément à la loi;

Considérant que par acte n°2061 enregistré le 29 septembre 2017 par le greffe du tribunal grande instance hors classe de Dakar, K. O. a interjeté appel par l'organe de son conseil, Maitre Baba DIOP, du jugement contradictoire n°4285/2017 dudit tribunal, rendu le 31 août 2017, dans la cause l'opposant au ministère public et à Y. D. ès qualité de sa fille F. D., et dont le dispositif est ainsi conçu :

« Statuant publiquement, contradictoirement, en matière correctionnelle et en premier ressort ;

En la forme

Reçoit l'action publique

Au fond

Relaxe K. O. du chef de détournement de mineur ;

Le déclare coupable de viol sur mineur de 13 ans et pédophilie ;

Le condamne à une peine d'emprisonnement de dix ans ferme ;

Reçoit la constitution de partie civile de Y. D. ès qualité de sa fille F. D.;

Lui alloue la somme d'un million cinq cent mille francs à titre de dommages et intérêts ;

Ordonne l'exécution provisoire ;

Fixe la durée de la contrainte par corps au maximum ;

Met les dépens à la charge du prévenu ;

EN LA FORME

Considérant que l'appel a été interjeté dans les forme et délai prévus par la loi, il échet de le déclarer recevable ;

Sur l'exception de nullité tirée de la violation du règlement 5 de l'UEMOA ;

Considérant qu'à l'audience de la cour de céans, le conseil de l'appelant a soulevé l'exception de nullité du procès-verbal d'enquête pour violation du Règlement 5 de l'UEMOA ;

Considérant que le Ministère public a requis le rejet de l'exception soulevée au motif qu'elle a été soulevée après entame des débats de fond ;

Considérant qu'il résulte du procès-verbal d'enquête que les enquêteurs ont notifié au mis en cause son droit de constituer conseil parmi les avocats inscrits au tableau ou admis au stage ; qu'il ne saurait être prouvé que les enquêteurs ont manqué à cette obligation dès l'interpellation de l'appelant ; que la notification du droit à un conseil ait été faite après l'audition ne peut entrainer la nullité du procès-verbal d'enquête ;

Que selon l'alinéa 1er de l'article 5 du Règlement n°5/CM/UEMOA relatif à l'harmonisation des règles régissant la profession d'avocats dans l'espace UEMOA, « les Avocats assistent leurs clients dès leur interpellation, durant l'enquête préliminaire, dans les locaux de la Police, de la Gendarmerie, ou devant le Parquet. A ce stade, aucune lettre de constitution ne peut être exigée de l'avocat. » ;

Considérant que le droit à un conseil a été notifié à l'appelant, il échet de rejeter l'exception comme mal fondée ;

AU FOND

Sur les faits

Considérant qu'il résulte de la procédure les faits suivants ;

Le 03 juin 2017, Y. D. a saisi le commissariat de police de Grand Yoff d'une plainte dirigée contre K. O. pour des faits de viol commis sur sa fille mineure F. D.. Il a expliqué en substance avoir été informé par l'instituteur de la fille que celle-ci a été victime de viol commis par K. O. dans l'appartement de ce dernier. Il a conduit la fille à l'hôpital où le médecin traitant a examiné la fille et a conclu qu'elle a été victime d'abus sexuels.

A l'enquête subséquente, la victime a expliqué que lorsqu'elle s'est rendue chez le mis en cause pour emprunter un chargeur portable, ce dernier l'a poussée sur le lit, s'est couché sur elle, et l'a pénétrée. Après le rapport, elle a saigné, et K. O. a essuyé le sang qui coulait de ses parties intimes avant de lui demander de rentrer. Une semaine après les faits, son instituteur qui a remarqué ses pleurs l'a interrogée, et elle lui a révélé qu'elle a été violée par K. O.

Entendu sur les faits, le mis en cause a fait des aveux et a déclaré qu'après quelques minutes de causerie avec la fille, il a commencé à la caresser et l'embrasser avant de se déshabiller tous les deux. Il a entretenu un rapport sexuel protégé avec la fille, et à la fin de ce rapport, la fille a essuyé ses parties intimes et est rentrée. Il regrette son acte et demande la clémence de la justice.

Sur la culpabilité

Considérant que selon le jugement attaqué, « il est reproché à K. O. d'avoir à Dakar, courant 2017 avant prescription de l'action publique, par violence, contrainte, menace ou surprise, commis un acte de pénétration sexuelle sur la personne de F. D., avec cette circonstance que celle-ci était mineure de 13 ans, et d'avoir dans les mêmes circonstances de temps et de lieu, par gestes, attouchements ou caresses, commis un acte de pédophilie sur la personne de la susnommée, et d'avoir enfin sans violence ni fraude, détourné cette fille mineure de moins de 18 ans, faits prévus et punis par les articles 320, 320 bis et 348 du code pénal ; qu'il résulte du dossier et des débats que la culpabilité du prévenu pour les faits de détournement de mineure n'est pas établie, il échet de le relaxer de ce chef, et de le déclarer coupable des chefs de viol et de pédophilie commis sur mineure de treize (13) ans, et de le condamner à une peine d'emprisonnement de dix ans ferme, outre les dépens à sa charge » ;

Considérant qu'à l'audience de la cour de céans du 06 septembre 2021, l'appelant a plaidé par l'organe de son conseil, Me Ciré Clédor LY, l'infirmation du jugement entrepris au motif que selon lui, l'infraction de viol qui lui est reprochée n'est pas établie en ce qu'il n'y a pas de preuve du viol ; que la victime a réitéré pour sa part, ses déclarations consignées au procès-verbal d'enquête préliminaire ;

Sur ce ;

Considérant que les faits reprochés au mis en cause sont établis puisque résultant de ses aveux libres et sans contrainte ; qu'il a expressément déclaré, « qu'après quelques minutes de causerie, il a commencé à caresser la fille, à l'embrasser avant de se déshabiller tous les deux ; qu'il a entretenu un rapport sexuel protégé avec la fille, et à l'issue, F. D. a essuyé ses parties intimes avant de prendre congé ; »

Considérant que par conséquent, c'est à bon droit que le premier juge a déclaré le prévenu coupable des faits de viol et de pédophilie sur mineure de treize(13) ans et l'a condamné à dix(10) ferme et à payer à la victime la somme d'un million cinq cent mille frs(1.500.000) à titre de dommages et intérêts ;

Qu'il échet de confirmer le jugement entrepris en toutes ses dispositions et de mettre les dépens à la charge du prévenu appelant ;

PAR CES MOTIFS

Statuant publiquement, contradictoirement, en matière correctionnelle et en dernier ressort ;

EN LA FORME

Déclare l'appel du prévenu recevable ;

Rejette l'exception tirée de la violation de l'article 5 du Règlement n°5/CM/UEMOA relatif à l'Harmonisation des règles régissant la profession d'avocat ;

AU FOND

Confirme le jugement entrepris en toutes ses dispositions ;

Condamne le prévenu appelant aux dépens.

ANNEXE N° 18

CA Dakar n° 29 du 13 janvier 2020, MP et François Etienne Déthié SENE c/ Thione SECK et Alaye DJITEYE, *inédit*

La Cour

Vu le jugement du Tribunal correctionnel de Dakar en date du 23/05/2019;

Vu l'appel relevé par le parquet selon acte du Greffe en date du 27/05/2019.

Ouï Monsieur le Président Ousmane Chimère DIOUF en son rapport ;

Ouï Monsieur l'Avocat général en ses réquisitions ;

Oui les parties en leurs demandes, fins, moyens et conclusions ;

Vu les pièces du dossier;

Après en avoir délibéré conformément à la loi;

Considérant que suivant acte en date du 27 mai 2019 et portant le numéro 629 reçu au greffe du tribunal de grande Instance de Dakar, Seydina Oumar DIALLO en sa qualité de substitut du Procureur de la République a interjeté appel contre toutes les dispositions du jugement n°487/2019 rendu le 23 mai par la juridiction précitée et dont le dispositif est ainsi conçu :

Statuant publiquement, contradictoirement, en matière correctionnelle et en premier ressort ;

Déclare les exceptions soulevées par les conseils de la défense recevables ;

Rejette l'exception de nullité de l'ordonnance de renvoi du juge d'instruction fondée sur le défaut de base légale ;

Annule le procès-verbal d'enquête n°286 du 27 octobre 2015 de la Section de Recherches et de toute la procédure ultérieure ;

Renvoie le Ministère public à mieux se pourvoir ;

Ordonne la mainlevée du mandat de dépôt décerné contre A. D. sauf s'il n'est détenu pour autre cause ;

Met les dépens à la charge du Trésor public ;

EN LA FORME

Considérant que la présente procédure a été introduite dans les formes et délais prévus par la loi, il échet de la déclarer recevable ;

AU FOND

Considérant que faisant suite aux exceptions soulevées par les conseils de la défense relatives à l'annulation du procès-verbal d'enquête préliminaire pour violation du règlement 5 de l'UEMOA et de l'ordonnance de renvoi pour défaut de base légale du fait de l'abrogation des textes de loi visés pour asseoir les infractions, les premiers juges ont rendu la décision dont est appel ;

Qu'ils ont rejeté la seconde estimant que les faits n'ont jamais perdu leur caractère délictueux en ce que la loi n° 2018-02 du 23 février 2018 qui a abrogé les articles 119 à 124 du code pénal incrimine et punit de tels faits prouvant ainsi qu'il ne s'agit point d'une abrogation pure et simple qui constituerait une cause d'extinction de l'action publique mais d'une loi nouvelle de substitution qui continue de régir de tels faits ;

Que relativement au premier point concernant l'annulation du procès-verbal d'enquête préliminaire, après avoir rappelé les dispositions du règlement 5 de l'UEMOA précité, et parcouru le procès-verbal de la Section de Recherches de la Gendarmerie, ils ont constaté l'absence de la mention avertissant les prévenus de leur droit de se faire assister d'un conseil au moment de leur interpellation ;

Que tirant les conséquences de cette situation, ils ont annulé le procès-verbal en question ainsi que toute la procédure subséquente ;

Considérant que le ministère public seul appelant a requis l'infirmation de la décision entreprise au motif que cette omission ne peut en elle seule entrainer de telles conséquences en raison de la gravité des faits reprochés aux mis en cause ;

Considérant que le conseil de la BCEAO a déclaré se rapporter à la décision de la cour ;

Considérant que les conseils des prévenus ont plaidé la confirmation estimant que les premiers juges ont fait une correcte application de la loi, ce qui ne fait que confirmer la position de la Cour de céans et de la Cour Suprême dans l'affaire ministère public c/ Khalifa Sall, et de la Cour de justice de la CEDEAO dans la même affaire ;

Qu'ils ont en outre sollicité la restitution de la somme de 35 millions de francs saisie au domicile de TH. S. ;

Qu'ils ont estimé que le procès-verbal annulé formant un tout, l'annulation doit être de nature à l'anéantir dans sa totalité ainsi toute la procédure puisqu'étant à la base des poursuites ;

SUR CE :

SUR L'ANNULATION

Considérant qu'aux termes de l'article 5 du règlement n°5 de l'UEMOA précité, les avocats assistent leurs clients dès leur interpellation durant l'enquête préliminaire, dans les locaux de la police, de la gendarmerie, ou devant le parquet ;

Qu'il résulte des dispositions de l'article 55, alinéa 10 du CPP que l'officier de police judiciaire informe la personne interpellée de son droit de constituer conseil parmi les avocats inscrits au tableau ou admis en stage, mention de cette formalité est faite obligatoirement sur le procès-verbal d'audition à peine de nullité ;

Considérant qu'il n'est pas discuté en l'espèce que cette formalité tendant au respect des droits de la défense a fait défaut, puisqu'aucune mention allant dans ce sens ne figure dans le procès-verbal ;

Qu'étant une nullité textuelle, la juridiction saisie ne peut après constatation de cette violation que prononcer la sanction prévue par l'article 55 précité en ce qui concerne l'audition des mis en cause et leur confrontation, les autres cas de nullité prévus au niveau de l'enquête préliminaire n'entrant pas dans le champ d'application de cette norme communautaire ;

SUR LA PORTEE DE L'ANNULATION

Considérant qu'en l'absence de dispositions législatives contraires, l'étendue de la nullité est laissée à l'appréciation du juge et l'article 5 du règlement 5 précité après avoir posé un principe fondamental lié au respect des droits de la défense, n'a prévu aucune sanction ;

Que celle-ci et ses modalités d'application ne peuvent être recherchées qu'en droit interne ;

Qu'en dehors de l'article 164 du CPP qui sanctionne de nullité les violations faites aux dispositions des articles 101 à 105 du même code relatives à l'interrogatoire de l'inculpé et à sa confrontation avec la partie civile sur le défaut de mention de leur droit d'être assisté d'un conseil, et qui étend l'annulation à la procédure ultérieure, aucun autre texte du CPP n'aboutit directement à cette conséquence ;

Qu'au contraire, l'article 168 dispose que la juridiction saisie après avoir prononcé l'annulation des actes qu'elle estime atteints de nullité, peut décider si l'annulation doit s'étendre à tout ou partie de la procédure, et lorsqu'elle annule certains actes seulement, elle doit les écarter expressément des débats;

Considérant que le procès-verbal d'enquête préliminaire comporte deux régimes de nullité différents, liés à la garde à vue relativement au choix de la personne retenue de se faire assister d'un conseil, ceci en vertu de l'alinéa 10 qui a été soulevé en l'espèce et 9 de l'article 55 du CPP en cas de prolongation de la mesure après quarante-huit heures, et sur ce second point, les enquêteurs se sont conformés à la loi puisque la notification et les réponses des mis en cause figurent bien dans le procès-verbal ainsi que leur droit de se faire consulter par un médecin de leur choix ; que les autres cas de nullité concernent les conditions dans lesquelles la mesure s'est déroulée s'agissant de la durée de l'interrogatoire, du temps de repos, et l'inobservation des règles prévues par les articles 48, 49 et 51 en matière de perquisition, et celui plus classique lié à la compétence territoriale des OPJ, à leur défaut de qualité et à l'absence de signature des procès-verbaux ;

Considérant que les premiers juges ont estimé que l'annulation du procès-verbal pour violation de l'article 5 précité s'étend au réquisitoire introductif qui s'y est fondé exclusivement et vicie par voie de conséquence tous les actes subséquents ;

Considérant que cette annulation par contagion n'est possible que lorsque l'acte annulé est le seul support des actes subséquents et un lien de causalité doit exister entre les deux ;

Qu'il n'est pas discuté en l'espèce que la règle violée ne concerne que l'audition des prévenus devant les enquêteurs qui a eu lieu pour TH. S. le 28 mai 2015 à 1 heure 27 minutes, un autre le même jour à 18 heures 6 minutes et pour A. D. le même jour à 2 heures 43 minutes avant d'être réentendu à 16 heures 40 minutes ;

Qu'ils ont également été confrontés le même jour à 17 heures 3 minutes ;

Considérant qu'à la lecture du procès-verbal incriminé, il est apparu que les éléments enquêteurs avaient commencé leur mission de filature un mois avant de passer à l'action le 27 mai 2015 vers 11 heures ;

Qu'ils se sont immédiatement transportés à leurs domiciles respectifs en leur présence et avec leur consentement pour procéder à des perquisitions avant que ces derniers ne signent les procès-verbaux comme l'exige la loi, et ceci bien avant leur audition qui a eu lieu le 28 ;

Que la mesure de garde à vue concernant TH. S. a débuté le 27 mai 2015 à 19 heures 30 et celle de D. le même jour à 18 heures 50 minutes et c'est en ce moment que la violation de leurs droits peut être invoquée puisque le règlement 5 cité ci-dessus parle d'interpellation faite dans les locaux de la police, de la gendarmerie, ou devant le procureur ;

Qu'en effet, une mesure privative de liberté est toujours notifiée à la personne concernée ;

Considérant qu'au vu de ce qui précède, il apparait que les investigations menées par les enquêteurs qui ne sont entachées d'aucune irrégularité, sont antérieures à toute déclaration effectuée par les mis en cause ;

Que la nullité prononcée ne peut avoir un effet rétroactif au point d'anéantir les actes régulièrement posés avant la prise des actes irréguliers ;

Considérant que s'il n'est pas contesté que l'intervention d'un avocat est primordial pour un exercice réfléchi du droit de ne pas répondre, et pour l'apport psychologique que cela peut apporter à la personne gardée à vue, force est de reconnaitre également que le procès-verbal d'enquête préliminaire ne repose pas uniquement sur les déclarations des personnes poursuivies, ce qui justifie l'existence de régimes différents de nullité, certains étant d'ordre public parce que touchant aux règles relatives à l'organisation judiciaire, d'autres d'intérêt privé puisque protégeant les droits des personnes poursuivies qui peuvent y renoncer, et l'existence d'un seul cas de nullité n'entraine pas automatiquement l'anéantissement de l'entier procès-verbal encore moins de la procédure subséquente ;

Qu'il n'est pas besoin de rappeler que les déclarations des prévenus peuvent varier à tous les stades de la procédure, et devant les enquêteurs, le rôle de l'avocat est circonscrit par les dispositions de l'article 55 bis du CPP ;

Qu'en effet ce texte de loi dit clairement qu'après avoir été contacté par la personne gardée à vue ou par l'officier de police judiciaire, l'avocat peut communiquer y compris par téléphone ou par tout autre moyen de communication s'il ne peut se déplacer avec la personne gardée à vue dans les conditions qui garantissent la confidentialité de l'entretien, il est informé par l'OPJ de la nature de l'infraction et à l'issue de cet entretien qui ne peut excéder trente minutes, il peut le cas échéant présenter des observations écrites qui sont jointes à la procédure ;

Qu'il ne peut être discuté que l'information judiciaire porte sur des faits et les réponses données par les personnes gardées à vue aux questions à elles posées ne peuvent être considérées comme le support exclusif du réquisitoire introductif abstraction faite des constatations matérielles effectuées par les enquêteurs, des résultats des perquisitions, et des indices réunis contre elles de nature à motiver leur inculpation pendant toute la période de filature ;

Considérant qu'aux termes de l'article 167 du CPP, les actes annulés sont retirés du dossier et classés au greffe de la Cour d'appel, il est interdit d'y puiser aucun renseignement à peine de forfaiture pour les magistrats et de poursuite devant leur conseil de discipline pour les avocats ;

Qu'ainsi le législateur a lui-même posé le principe de la survie de la procédure après annulation et il appartient au juge de se prononcer sur l'importance de l'acte annulé en fonction de l'intérêt juridique protégé ;

Que le procès-verbal ne vaut qu'à titre de simple renseignement conformément aux dispositions de l'article 417 du CPP et ne s'impose par conséquent pas au juge ;

Considérant qu'au vu de ce qui précède, il y'a lieu de constater qu'il est impossible d'opposer aux mis en cause leurs déclarations faites devant les enquêteurs en violation des dispositions des articles 5 du règlement 5 de l'UEMOA et 55 du CPP ;

Qu'en application de ce principe, les actes du procès-verbal suivant doivent être purement et simplement écartés du dossier et classés au greffe :

D1/79 partie audition, D1/80, D1/81 partie audition, D1/82, D1/84 partie audition, D1/85 partie audition, D1/86, D1/87, D1/101, D1/102 ;

Que dans le même sillage, toute référence faite par le magistrat instructeur aux questions posées par les enquêteurs et aux réponses données par les mis en cause ne peuvent plus être opposées à ces derniers ; qu'il en est de même du réquisitoire définitif ;

Qu'au vu de ce qui précède, il y'a lieu d'infirmer partiellement le jugement entrepris en ce qu'il a étendu l'annulation aux actes subséquents et de limiter ses effets aux actes viciés sus énumérés ;

SUR L'EVOCATION

Considérant qu'aux termes de l'article 446 du CPP, le tribunal doit joindre au fond les incidents et exceptions dont il est saisi, et y statue par un seul et même jugement en se prononçant en premier lieu sur l'exception, et ensuite sur le fond ;

Considérant qu'il résulte des mentions du jugement attaqué qu'après avoir joint au fond les exceptions soulevées, le tribunal a entendu les parties, la partie civile ayant exprimé ses demandes, le Ministère public ayant requis contre TH. S. la peine de deux ans dont huit mois ferme, et contre A. D. celle de cinq ans ferme, la défense de son côté ayant plaidé la relaxe avant que les débats ne soient clôturés ;

Que du fait de l'effet dévolutif de l'appel, la juridiction de céans hérite par conséquent de l'entier dossier qui ne peut plus retourner devant les premiers juges qui ont statué après clôture des débats sur la base de leur intime conviction en limitant leur décision à l'exception soulevée ;

Que le double degré de juridiction est donc bien respecté ;

Que pour une bonne administration de la justice, il y'a lieu d'évoquer le fond, et de renvoyer l'affaire au 17 février 2020 pour permettre à la défense de mieux se préparer ;

Qu'il y'a lieu par conséquent de dire que la demande portant sur la restitution de la somme de 35 millions est prématurée ;

Qu'il échet de réserver les dépens ;

PAR CES MOTIFS

Statuant publiquement, contradictoirement, en matière correctionnelle et en dernier ressort ;

Déclare l'appel recevable ;

Infirme partiellement le jugement entrepris en ce qu'il a étendu les conséquences de l'annulation aux actes subséquents ;

Statuant à nouveau :

Dit que l'annulation est limitée aux parties suivantes du procès-verbal :

D1/79 partie audition, D1/80, D1/81 partie audition, D1/82, D1/84 partie audition, D1/85 partie audition, D1/86, D1/87, D1/101, D1/102 ;

Ordonne leur retrait du dossier et leur classement au greffe de la cour d'appel conformément aux dispositions des articles 167 et 168 du CPP ;

Dit également que les parties du réquisitoire définitif et des actes d'instruction faisant référence aux questions posées par les enquêteurs et aux réponses données par les prévenus leur sont inopposables ;

Évoquant le fond du fait de l'effet dévolutif de l'appel, renvoie l'affaire à l'audience du 17 février 2020 ;

Réserve les dépens ;

ANNEXE N° 19

CS ch. crim. n°07 du 04 mars 2021, Thione Seck c/ MP et la Banque Centrale des États de l'Afrique de l'Ouest (BCEAO), *inédit.*

LA COUR,

Ouï Monsieur Amadou BAL, Conseiller doyen, en son rapport ;

Ouï Monsieur Salobé GNINGUE, Avocat général, en ses conclusions tendant au rejet ;

Vu la loi organique n° 2017-09 du 17 janvier 2017 sur la Cour suprême ;

Vu le moyen unique annexé ;

Après en avoir délibéré conformément à la loi ;

Attendu que par l'arrêt attaqué, la Cour d'Appel de Dakar a, infirmé partiellement le jugement n°487 du 23 mai 2019 du Tribunal de grande Instance hors Classe de Dakar en ce qu'il a étendu les conséquences de l'annulation aux actes subséquents et, statuant à nouveau : Dit que l'annulation est limitée aux parties suivantes du procès-verbal à savoir DI/79 partie audition, DI/80, DI/81 partie audition, DI/82, DI/84 partie audition, DI/85 partie audition, DI/86, DI/87, DI/101, DI/102 ;

Ordonné leur retrait du dossier et leur classement au greffe de la cour d'appel conformément aux dispositions des articles 167 et 168 du Code de Procédure Pénale (CPP) ;

Dit également que les parties du réquisitoire définitif et des actes d'instruction faisant référence aux questions posées par les enquêteurs et aux réponses données par les prévenus leur sont inopposables ;

Évoquant le fond du fait de l'effet dévolutif de l'appel, renvoyé l'affaire à l'audience du 17 février 2020 et réservé les dépens ;

Sur le moyen unique tiré de la violation de l'article 5 du règlement n°5 de l'UEMOA

Vu ledit texte, ensemble les articles 55, 167 et 168 du code de procédure pénale (CPP) ;

Attendu qu'aux termes de l'alinéa premier du texte visé au moyen : « Les avocats assistent leurs clients dès leur interpellation durant l'enquête préliminaire, dans les locaux de la police, de la gendarmerie ou devant le parquet» ;

Que l'article 55, alinéa 10 du CPP dispose que « L'officier de police judiciaire informe la personne interpellée de son droit de constituer conseil parmi les avocats inscrits au tableau ou admis en stage. Mention de cette formalité est faite obligatoirement sur le procès- verbal d'audition à peine de nullité » ;

Qu'aux termes de l'article 167 dudit code : « Les actes annulés sont retirés du dossier d'information et classés au greffe de la Cour d'appel. Il est interdit d'y puiser aucun renseignement à peine de forfaiture pour les magistrats et de poursuites devant leurs conseils de discipline pour les défendeurs » ;

Que selon l'article 168 du même code, la juridiction correctionnelle [...], entre autres, décide si l'annulation doit s'étendre à tout ou partie de la procédure ultérieure et au cas où la nullité de l'acte entraine la nullité de toute la procédure ultérieure, elle ordonne un supplément d'information si la nullité est réparable ou, s'il échet, elle renvoie le Ministère public à se pourvoir ;

Attendu que l'arrêt attaqué constate « qu'il n'est pas discuté en l'espèce que cette formalité tendant au respect des droits de la défense a fait défaut, puisqu'aucune mention allant dans ce sens ne figure dans le procès-verbal » puis relève « qu'étant une nullité textuelle, la juridiction saisie ne peut après constatation de cette violation que prononcer la sanction prévue par l'article 55 précité en ce qui concerne l'audition des mis en cause et leur confrontation, les autres cas de nullité prévus au niveau de l'enquête préliminaire n'entrant pas dans le champ d'application de cette norme communautaire » et retient «qu' il y a lieu de constater qu'il est impossible d'opposer aux mis en cause leurs déclarations faites devant les enquêteurs en violation des dispositions des articles 5 du Règlement n°5 de l'UEMOA et 55 du CPP ; qu'en application de ce principe les actes du Procès-verbal suivant doivent être purement et simplement écartés du dossier et classés au greffe : DI /79 partie audition, DI/80, DI/81 partie audition, DI/82, DI/84 partie audition, DI/85 partie audition, DI/86, DI/87, DI/ 101, DI/102 ; que dans le même sillage, toute référence faite par le magistrat instructeur aux questions posées par les enquêteurs et aux réponses données par les mis en cause ne peuvent plus être opposées à ces derniers ; qu'il en est de même du réquisitoire définitif; qu'au vu de ce qui précède, il y a lieu d'infirmer partiellement le jugement entrepris en ce qu'il a étendu l'annulation aux actes subséquents et de limiter ses effets aux actes viciés sus énumérés » ;

Qu'en statuant ainsi, alors qu'en l'espèce, le réquisitoire introductif du 1" juin 2015 est fondé exclusivement sur le procès-verbal n°286/SR du 27 mai 2015 annulé, la cour d'Appel a méconnu le sens et la portée des textes précités ;

D'où il suit que la cassation est encourue ;

Attendu que les alinéas 4 et 5 de l'article 53 de la loi organique susvisée disposent que « La Cour suprême peut casser sans renvoi, lorsque la cassation n'implique pas qu'il soit à nouveau statué au fond.

Elle peut aussi, en cassant sans renvoi, mettre fin au litige lorsque les faits, tels qu'ils ont été souverainement constatés et appréciés par les juges du fond, lui permettent d'appliquer la règle de droit appropriée » ;

Que tel est le cas en l'espèce ;

D'où il suit que la cassation sera sans renvoi, la Cour suprême étant en mesure d'appliquer la règle de droit et de mettre fin au litige ;

Attendu que l'arrêt attaqué a infirmé partiellement le jugement entrepris en ce qu'il a étendu l'annulation aux actes subséquents et limité ses effets aux actes viciés énumérés et retirés du dossier ;

Qu'il y a lieu, par substitution de dispositif, et en application des dispositions des textes précités, de dire que la nullité du procès-verbal d'enquête n°286 du 27 mai 2015 s'étend nécessairement au réquisitoire introductif qui s'y est fondé exclusivement et vicie par voie de conséquence tous les actes subséquents ;

PAR CES MOTIFS

Casse et annule l'arrêt n°29 du 13 janvier 2020 de la Cour d'Appel de Dakar mais uniquement sur l'infirmation partielle du « jugement entrepris en ce qu'il a étendu les conséquences de l'annulation aux actes subséquents et statuant à nouveau :

Dit que l'annulation est limitée aux parties suivantes du procès-verbal : DI /79 partie audition, DI/80, DI/81 partie audition, DI/82, DI/84 partie audition, DI/85 partie audition,

Ordonné leur retrait du dossier et leur classement au greffe de la Cour d'Appel conformément aux dispositions des articles 167 et 168 du Code de Procédure Pénale (CPP) ;

Dit également que les parties du réquisitoire définitif et des actes d'instruction faisant référence aux questions posées par les enquêteurs et aux réponses données par les prévenus leur sont inopposables » ;

Et par substitution de dispositif, dit que la nullité du procès-verbal d'enquête n°286 du 27 mai 2015 s'étend nécessairement au réquisitoire introductif qui s'y est fondé exclusivement et à toute la procédure ultérieure ;

Met les dépens à la charge du Trésor public ;

Dit que le présent arrêt sera imprimé et qu'il sera transcrit sur les registres de la cour d'Appel de Dakar en marge ou à la suite de la décision attaquée ;

Ordonne l'exécution du présent arrêt à la diligence du Procureur général près la Cour suprême ;

Ainsi fait, jugé et prononcé par la Cour suprême, chambre criminelle, en son audience ordinaire tenue les jour, mois et an ci-dessus et à laquelle siégeaient Messieurs :

INDEX ALPHABÉTIQUE

B

C

F

G

I

P

TABLE DES MATIÈRES

Structures éditoriales du groupe L'Harmattan

L'Harmattan Italie
Via degli Artisti, 15
10124 Torino
harmattan.italia@gmail.com

L'Harmattan Hongrie
Kossuth l. u. 14-16.
1053 Budapest
harmattan@harmattan.hu

L'Harmattan Sénégal
10 VDN SICAP AMITIE 3
BP 45034 Dakar-Fann
direction@senharmattan.com

L'Harmattan Cameroun
Tsinga/Derrière polyclinique FECAFOOT
BP 11486 Yaoundé
Jacques.koukam@harmattan.fr

L'Harmattan Burkina Faso
Villa 281, secteur 23 623, rue 14.32
Ouagadougou
zagbie@outlook.fr

L'Harmattan Guinée
Almamya, rue KA 028 OKB Agency
BP 3470 Conakry
harmattanguinee@yahoo.fr

L'Harmattan RDC
185, avenue Nyangwe
Commune de Lingwala – Kinshasa
matangilamusadila@yahoo.fr

L'Harmattan Congo
219, avenue Nelson Mandela
BP 2874 Brazzaville
deunovmikhael@gmail.com

L'Harmattan Mali
Immeuble Mgr Jean Marie Cissé
Aci Hamadallaye
BP 145 Bamako
syllaka@yahoo.fr

L'Harmattan Togo
Djidjole – Maison Amela
face EPP BATOME
02 BP 20680 Lomé
didieramela1 1@gmail.com

L'Harmattan Côte d'Ivoire
Résidence Karl – Cité des Arts
Abidjan-Cocody
03 BP 1588 Abidjan
harmattan.ivoire@gmail.com

L'Harmattan Bénin
Rue 604, (Immeuble à l'entrée
de la rue UCAO- Cite de Saint-Jean)
Cotonou
stepcorpus@gmail.com

Nos librairies en France

Librairie internationale
16, rue des Écoles
75005 Paris
librairie.internationale@harmattan.fr
01 40 46 79 11
www.librairieharmattan.com

Librairie des savoirs
21, rue des Écoles
75005 Paris
librairie.sh@harmattan.fr
01 46 34 13 71
www.librairieharmattansh.com

www.ingramcontent.com/pod-product-compliance
Lightning Source LLC
LaVergne TN
LVHW021133061026
849535LV00002B/231